孟子文獻集成

孟子文獻集成編纂委員會　編纂

山東人民出版社

圖書在版編目（CIP）數據

孟子文獻集成. 第一〇一卷 / 《孟子文獻集成》編纂委員會編. --濟南 : 山東人民出版社, 2020.1
ISBN 978-7-209-12312-9

Ⅰ. ①孟… Ⅱ. ①孟… Ⅲ. ①儒家 ②《孟子》－研究資料－匯編 Ⅳ. ①B222.55

中國版本圖書館CIP數據核字(2019)第227471號

項目統籌: 胡長青
責任編輯: 劉　晨
裝幀設計: 武　斌
項目完成: 文化藝術編輯室

孟子文獻集成（第一〇一卷）
《孟子文獻集成》編纂委員會 編

主管單位　山東出版傳媒股份有限公司
出版發行　山東人民出版社
社　　址　濟南市英雄山路165號
郵　　編　250002
電　　話　總編室（0531）82098914
　　　　　市場部（0531）82098027
網　　址　http://www.sd-book.com.cn
印　　裝　山東新華印務有限責任公司
經　　銷　新華書店

規　　格　16開（210mm×285mm）
印　　張　61.5
字　　數　490千字
版　　次　2020年1月第1版
印　　次　2020年1月第1次
印　　數　1-200
ISBN 978-7-209-12312-9
定　　價　900.00圓
如有印裝質量問題，請與出版社總編室聯繫調換。

《孟子文獻集成》編纂委員會

學術顧問 杜維明 張岂之 李學勤 牟鍾鑒

學術委員會

主　　任 陳　來

副 主 任 郭齊勇 李存山

委　　員 王　傑 王中江 王志民 王其俊 王鈞林 王漢東 孔德立 杜澤遜 李存山
李景林 吴　靖 袁汝旭 徐洪興 高兆波 郭齊勇 陳　來 孫明霞 梁　樞
梁　濤 董洪利 曾振宇 楊海文 楊朝明 趙　勇 鄭傑文 劉瑾輝 顔世安
顔炳罡 龔鵬程

（按姓氏筆畫排序）

編纂委員會

主　　編 王志民

副 主 編 杜澤遜 梁　濤 胡長青 李梅訓

委　　員 王　路 王恒柱 李西寧 李振聚 李國慶 黄顯功 張　勇 張志清 趙永和
趙紅彦 劉　晨

（按姓氏筆畫排序）

编务 劉晨 楊雲雲 孫姣 李濤 劉嬌嬌 張艷艷
趙菲 吕士遠

組織實施

中國孟子研究院
山東人民出版社

序

《孟子文獻集成》是在孟子故里鄒城市委市政府鼎力支持下，由中國孟子研究院、山東人民出版社協同合作，共同致力完成的一項大型儒家文獻的搜集、整理、出版學術工程。

一

孟子是中國歷史上偉大的思想家、政治家、教育家，是僅次於孔子的儒家學派重要代表人物。戰國時期，戰爭頻仍，『角戰英雄，六經泥蟠，百家飆駭』（《文心雕龍·時序》），孔學既黜，儒道中衰。孟子遵夫子之道，批邪説，正人心，發揚光大孔子學説，復興儒學，成爲孔子之後最重要的儒家傳人和先秦原始儒學理論體系的主要奠基人。韓愈論儒家道統由堯、舜、禹、湯、文、武、周公代代相傳，言及『文、武、周公傳之孔子，孔子傳之孟軻。軻之死，不得其傳焉』（《原道》），又説『自孔子没，群弟子莫不有書，獨孟軻氏之傳得其宗』（《送王塤秀才序》）。可見，後世尊孟子爲『亞聖』，稱儒學爲『孔孟之道』，實爲孟子歷史地位使然！

《孟子》一書，是孟子及其弟子編著的全面反映孟子思想的儒家經典著作。漢文帝時，即曾設立《孟子》學博士，全國推闡。六朝時期，玄學、佛學興盛，儒學式微，《孟子》亦受冷落，但唐宋以後，隨着孟子地位的大幅提昇，《孟子》一書越來越受到統治者和學者文人的廣泛重視。唐代大儒韓愈倡論中國文化道統，其《原道》之説，影響甚大，已掀『孟子熱』；北宋時期，《孟子》與《論語》俱列入『十三經』之數；南宋朱熹作《四書章句集注》，將《孟子》列『四書』之中。南宋統治者更將其正式列入官方之學，設爲科舉考試科目，欽定爲必讀經典，學孟子、讀《孟子》，蔚然而成社會風氣。此後，孟子地位進一步提昇：元文宗封孟子爲『亞聖公』，尊其爲『百世之師』；明清兩朝更大推『四書』，地位儼然超越『五經』。《孟子》與《論語》並行，上自帝王，下至百姓，家有之，户誦之，『所研究者惟「四書」，所辨訂者亦惟「四書」』（《四庫全書總目·四書大全提要》語）。孟子思想，深入人心；《孟子》之學，遍佈各地；《孟子》

文獻，汗牛充棟。

根據我們的初步調查，歷代《孟子》文獻有兩千種之多。這些文獻，依孟子學史的發展，大致形成了以下幾点較鮮明的時代特徵：宋元文獻多義理闡發，以朱熹《孟子章句集注》爲代表；明代以王夫之《讀四書大全説》爲代表，多從心性之學挖掘孟子豐富的思想内涵；清代孟子學最盛，不僅産生了以乾嘉學者戴震《孟子字義疏證》、崔述《孟子事實録》爲代表的大量考據、辨僞著作，還出現了集前人研究成果之大成的焦循《孟子正義》。大致可以説，以東漢趙岐《孟子章句》爲發端，歷代學者多所闡釋研究。尤其宋元以來，孟學實爲千年『顯學』。《孟子》文獻内容所涉注釋訓詁、義理闡發、思想挖掘、考證辨僞等所有方面，其對孟子及《孟子》文本的研究廣度、深度可謂前無古人，後難爲繼。尤爲重要的是，歷代學者秉持儒家人生理念，一生所繫，立德立言，以『爲往聖繼絶學』爲生命追求之本，往往傾一生之力終注一經。孟子文獻不僅真實地展示了孟學及儒學發展的歷史，也留下了代代學者治學的心路，實在是應該认真进行挖掘整理的傳統文化瑰寶。

然而，毋庸諱言，孟子文獻的收集整理向未受到應有的重視。這固然與二十世紀以來，儒學命運多舛有關：批孔之時，孟子亦受其累；近數十年來，『孔子熱』不斷升温，孟子受冷落的現象却未有大的改觀，歷代孟子文獻迄未收集整理即是一例。據我們不完全統計，包括臺灣在内的中國圖書館，現存宋元至清代的刻本與鈔本計有一千二百餘種之多。由於各種原因，百分之九十餘未曾整理出版，而百分之七十以上仍處於人所罕见的塵封狀態。歷史的責任，現實的需要，未來的期盼，都在呼喚能有一套《孟子文献集成》的編纂出版。

二

二〇一三年四月底，孟子研究院在孟子故里山東省鄒城市正式成立。時值一年一度的『孟母文化節』，同時進行的還有由鄒城市、《光明日報》國學版、山東師範大學山東省齊魯文化研究院共同策劃主辦的『孟子公開課』開講儀式。來自國内各著名高校的部分主講學者和與會專家對孟子研究院成立後的學術規劃提出了許多建設性意見，多位專家提出了編纂《孟子文獻集成》的建議。

同年十月二十九日至三十日，孟子研究院學術委員會第二次會議在主任陳來先生主持下於鄒城召開。會議就《集成》的立項和編纂事宜進行了認真深入地討論，參閱審查了初選孟子文獻書目，形成了以下四點共識：一是孟子文獻的搜集、整理向稱薄弱，絶大多數迄未面世，影響了孟學研究的深度和廣度。編纂《集成》，填補空白，意義重大。二是要在廣泛搜集、精心選編的基礎上，力求將《集成》做成收羅全、質量高、權威性强的精品學術工程。三是应制定具体工作規劃，選編文献时代可由遠及近；文獻收集範圍，宜先國内後國外，分段完成，穩步推進，確保質量。四是在孟子研究院學術委員會基礎上，应增加部分孟子研究專家，充實到《集成》學術委員會；選聘孟學研究、版本目録、館藏出版等方面專家，組建高層次、有效率的編纂部和工作班子，扎實有效開展工作。

在經過編纂部四次召開籌備會議和系列籌備工作基礎上，二〇一四年五月，在濟南召開了特邀專家選目審查論證會。來自北京大學、中國人民大學、山東大學等全國各地的十餘位孟子和孟學史專家就編纂部提供的《集成》選編總目（國内）進行了認真研析、讨论審查。這次會議的召開更堅定了大家对編纂《集成》的信心和認識，許多專家從長期孟學研究的切身感受中充分肯定編纂《集成》的重大意義，一致認爲：這是一項立足當前又澤被後世的重大學術工程；目前国内編成的經典文獻集成中唯獨没有孟子文獻集成，这不僅是文化建設的一种缺憾，也从多个方面影響了孟子研究的深入和拓展，从这个意義上説，該項目的实施确是一項填補空白、意義深遠的學術工程。專家們特別指出，這項重大學術工程，由山東，特別是孟子故里鄒城市支持，由孟子研究院、山東省齊魯文化研究院牽頭承擔，正是歷史責任與當前文化建設的最佳選擇。相信《集成》的出版，對於提昇孟學研究、促進孟子研究院發展、推动山東文化强省建設，贡献巨大，意義深遠。會議還就選目原則形成以下共識：一是《集成》應當是一套研究孟子文獻的集大成之作，所收以獨立成書的研究《孟子》專書爲主，兼顧其他，儘量收全。對孟子文獻的含義可以放得寬一些，對書名没有『孟子』的，例如以『四書』『諸子』爲書名的，也要注意在考察辨析基礎上做好，要高標準、高質量。二是《集成》應兼顧古籍的重要性與稀見性，做到常見書精選善本，重要文獻不遺漏。三是海外孟子文獻應作爲一個工作目標，與海外學者合作，广匯博收，規劃編纂。四是時代大致截止到清末，現代部分可作爲『附編』或單獨列編收集出版，部分難以收入文獻應附列存目。這次專家會議的意見，得到二〇一四年六月五日召開的孟子研究院第二次學術委員會的重視和確認。

在籌備、啓動《集成》的整個過程中，得到鄒城市主要領導及社會各界鼎力支持。山東人民出版社主動、積極地參與了各項工作。二〇一四年八月二十八日，在山東省第五届文博會上，省有關領導和衆多媒體記者見證了孟子研究院與山東人民出版社共同簽訂《〈孟子文獻集成〉編纂出版協議書》的过程。

經過編纂委員會及有關方面的共同努力和各相關圖書館的大力支持，宋元時期傳世文獻已基本全部收録，共四十八種，分裝十四册，已於二〇一六年初首批出版發行。其中，收録宋元刻本十四種，海外善本四種，第一次影印的即有十六種，屬於披沙揀金的珍本，將爲孟子文獻及思想研究提供寶貴資料。

第二輯精選明代孟子文獻八十一種，分裝爲三十二册影印，已經於二〇一七年三月出版。

第三輯爲明代文獻的第二批，共收入著作四十五種，分裝爲二十册影印，其中五種來自日本，三種來自美國；其他部分也多爲稀見的珍本和善本，已經於二〇一八年三月出版。

第四輯，共收録著作六十二種。其中，明代著作四十八種，分裝爲二十四册；清代著作十四種，分裝爲十册。共出版三十四册。底本皆爲精選珍本善本，其中，明代刻本四十種，清代刻本二十二種。又有二十三種來自日本，多爲國内未見，彌足珍貴。

本次出版爲《孟子文獻集成》第五輯，清代文獻之第二部分，也是《集成》編纂以來，收録文獻最多的一輯。共收入著作三百六十八種，分裝爲一百册；至此，自康熙朝至清末絶大部分與《孟子》相關文獻已基本囊括。其中：來自日本的珍稀文獻八種；稿抄本二十六種；孤本二十二種，國内未出版者達三分之二以上。

編纂出版《孟子文獻集成》，既有利於深入挖掘孟子思想精髓，洞見《孟子》世代傳承的歷史場景，又有利於珍貴文獻的保護、傳承和共享、共用，是惠及當代、澤被後世的文化善舉。值此共出版二百册之際，我們對國内外各有關圖書館和學界同仁的鼎力支持與真誠合作表達崇高的敬意和誠摯的感謝！

讓我們黽勉同心，共同努力，以期這一重大學術工程的圓滿完成。

王志民

二〇一五年四月十二日第一稿
二〇一八年三月八日修改第二稿
二〇一八年十二月十二日修改第三稿
二〇一九年十月六日修改第四稿

凡例

一、《孟子文獻集成》匯聚歷代關於《孟子》之著述，要其旨歸，不外經學之考證、義理之推闡、文章之批點，故舉凡注釋、析義、批點等書皆酌加收録，大致以著者時代先後爲次，俾經學之大，義理之善與夫文章之美，庶幾由此而知。

二、《孟子文獻集成》選用底本多未經整理，或孤傳海外，或秘庋深閣，學者既不能徧歷中外而窺其概貌，又不能盡探二酉而知其大略，不能無憾焉。今集爲一編，則學者循覽而知《孟子》一經之本末，歷代著述之昇沉。

三、各書或得自日本、美國，或攝自國家圖書館、天津圖書館、上海圖書館、浙江圖書館、山東大學圖書館等。底本皆經選擇，其存世孤秘，列爲首選，而後出佳槧，流佈稀少，亦資採摭。

四、諸書著録書名、卷數、著者時代、姓名、撰著方式及版本，覽者便焉。

五、著者真僞，學者所重，凡有歧異，均於著者前加『題』字，略示區别。

六、諸家解《孟》之作，或爲獨立成書者，或爲總集内别裁而出者，或以『四書』著述總題者，今所匯集，以能獨立析出者爲斷。其單篇零什，概所不收。

七、裁出之書，凡原有題名者，概依原題，而於版本項注其從來；凡無獨立題名者，則仍用大題，而括注『孟子』二字；其不能析離者，則全書收録。

八、是編博訪廣蒐，固難周徧，續有所得，拟輯《補編》，庶免遺珠之憾。伏望博雅君子，匡其不逮，補其未備，是所幸焉。

目録

日講四書解義（孟子）十四卷

清　喇沙里　陳廷敬等奉敕編

清康熙十六年内府刻本

日講四書解義卷之十三

孟子上之一

孟子當戰國時憫教化衰微人心陷溺於是發明孔子之學以性善闢異端以王道黜功利進則告於列國諸侯退則與及門萬章公孫丑之徒反復論辨總不離乎仁義者是其道雖未大行而其教已被於天下後世故韓愈曰求觀聖人之道者必自孟子始書凡七篇

梁惠王章句上

孟子見梁惠王王曰叟不遠千里而來亦將有以利吾國乎孟子對曰王何必曰利亦有仁義而已矣王曰何以利吾國大夫曰何以利吾家士庶人曰何以利吾身上下交征利而國危矣萬乘之國弒其君者必千乘之家千乘之國弒其君者必百乘之家萬取千焉千取百焉不爲不多矣苟爲後義而先利不奪不饜未有仁而遺其親者也未有義而後其君者也王亦曰仁義而已矣何必曰利

此一章書是言爲人君者當躬行仁義也梁惠王名罃本魏侯都大梁僭稱王謚曰惠因稱之曰梁惠王昔孟子抱道自重不見諸侯梁惠王卑禮厚幣以招賢人孟子因而見之蓋爲行道計也惠王一見孟子因問之曰叟自鄒至梁遙遙千里乃不憚其遠而來者亦將有奇謀善策可以利寡人之國乎惠王此言但知有利乃爲己之私也孟子對曰王誠

有意治國何必以利爲言哉亦有仁義而已矣仁以愛人則可以懷保四境義以制事則可以總理萬幾此乃求治之要道也奈何舍此而言利耶且王亦未知利之爲害耳今王爲一國之主乃大夫士庶人所則效也如王所重在利自籌曰何以利吾國此端一開人皆效尤彼大夫之有家者必籌曰何以利吾家士庶人之有身者亦必籌曰何以利吾身爲上者爲利而謀取乎下爲下者爲利而謀

取乎上是上下交征也危亡之禍不從此而起乎將見萬乘之國或有弑其君者應非他人必是千乘之家以彼所利在萬故不得不弑也千乘之國或有弑其君者應非他人必是百乘之家以彼所利在千亦不得不弑也夫君有萬乘而臣取千焉君有千乘而臣取百焉以義揆之不爲不多亦可以相安無事矣苟以義爲後而以利爲先則不知分誼之可安而惟貪肆之無已不至於弑其君而盡

奪之其心固未肎饜足也利之爲害一至於此豈不甚可畏哉若所謂仁義似乎無益於國而其實未始不利也嘗見不仁之人存心刻薄因而遺棄其親者有之若所好在仁則愛親之誠出乎天性未有仁而遺棄其親者也不義之人存心僭忒因而背慢其君者有之若所好在義則敬君之念盡其當然未有義而後其君者也人皆愛親人皆敬君則其利於國者莫大於此寧可舍此而言利耶今王誠欲爲國亦惟曰仁義以使人愛親敬君而已矣何必曰利徒啓人弑奪之心哉蓋戰國之時王道衰息因孔子既歿聖學不明故也一時遊說之徒皆以功利干進而當時之君亦習而好之自孟子願學孔子獨以仁義勉惠王而內聖外王之學遂大明於天下後世誠因此言而繹思之則天德王道一以貫之矣

孟子見梁惠王王立於沼上顧鴻鴈麋鹿曰賢者亦樂此乎孟子對曰賢者而後樂此不賢者雖有此不樂也詩云經始靈臺經之營之庶民攻之不日成之經始勿亟庶民子來王在靈囿麀鹿攸伏麀鹿濯濯白鳥鶴鶴王在靈沼於牣魚躍文王以民力爲臺爲沼而民歡樂之謂其臺曰靈臺謂其沼曰靈沼樂其有麋鹿魚鼈古之人與民偕樂故能樂也湯誓曰時日害喪予及女偕亡民欲與之偕亡雖有臺池鳥獸豈能獨樂哉

此一章書是欲爲君者與民同樂之意孟子在梁時往見惠王適遇王立於沼上乃顧鴻鴈麋鹿問於孟子曰賢德之君必勤於正務宵旦不遑如此臺池鳥獸亦以之爲樂乎蓋惠王有慚愧之心謂賢者當不樂乎此也孟子對曰臺池鳥獸之樂人有同心必賢德之君使民安物阜愾息不聞而後可以常有此樂若不賢之君國亂民愁危亡將至雖有此必不能樂也所謂賢者如古之文王非乎大

雅靈臺之詩曰文王始作靈臺之時方經之以審其位次營之以正其方向而庶民即相與攻治不日之間遂以告成文王恐其勞民雖戒曰勿亟而庶民之踴躍而來者則如子之趨父事焉當臺之既成而其下則有囿文王時在靈囿則見麀鹿攸伏而不驚且濯濯而肥澤焉復見白鳥鶴鶴而鮮潔焉囿中有沼文王時在靈沼則見魚之跳躍充滿於沼之中焉詩言如此夫文王用民之力爲臺爲

沼宜乎民勞而怨矣乃不以爲勞而反歡樂之至稱其臺曰靈臺稱其沼曰靈沼若喜其速成而有神靈之助且樂其臺之下有麋鹿池之中有魚鼈文若悅其美備而歎羨之深者其故何哉蓋由文王平日能愛養斯民使之飽食煖衣與民同樂故民皆愛戴乃得有此臺池鳥獸之樂也故曰賢者而後樂此若夫不賢者則觀於夏桀可知矣湯誓曰桀自言吾有天下如天有日日亡吾乃亡至是暴

虐之甚民皆怨之曰此日何時而亡乎若亡則我寧與之俱亡是蓋欲其速亡也夫民而至欲與之速亡必平日不恤其民使之饑寒愁苦而無以自遂故民皆怨之而欲其速亡也如此則雖有臺池鳥獸豈能晏然獨樂哉故曰不賢者雖有此不樂也王誠與民同樂則臺池鳥獸之樂亦何損於王哉古聖王遊觀之事凡以爲民故文王視民如傷惠鮮懷保而臺池鳥獸愈可以徵盛德焉若桀之瑣

宮瑤臺亦惟築愁築怨耳。樂雖同而公私仁
暴不同。治亂興亡亦因之各異。可勿辨與。
梁惠王曰。寡人之於國也。盡心焉耳矣。河內凶
則移其民於河東。移其粟於河內。河東凶亦然。
察鄰國之政。無如寡人之用心者。鄰國之民不
加少。寡人之民不加多。何也。孟子對曰。王好戰。
請以戰喻。填然鼓之。兵刃既接。棄甲曳兵而走。
或百步而後止。或五十步而後止。以五十步笑
百步。則何如。曰。不可。直不百步耳。是亦走也。曰。

王如知此。則無望民之多於鄰國也。
此一章書。見人君當盡心王道。不宜以小惠
自矜也。梁惠王語於孟子曰。人君治國。以民
食爲先。尤以救荒爲急。若寡人之治國。於救
荒之策。可謂竭盡其心而無餘矣。如河內凶
荒。則移其少壯者於河東。使之就食。其老弱
不能移者。則移河東之粟於河內以養之。或
河東凶荒。其移民移粟。亦如河內之事焉。我
之盡心固如此。徧察鄰國之政。如寡人之委

曲周摯而用心者。皆無之。宜乎鄰國之民盡
歸於寡人矣。乃鄰國之民不加少。寡人之民
不加多。其故何哉。蓋惠王以移民移粟。遂自
矜盡心。而不知非至善之策也。孟子乃設喻
以曉之曰。戰鬬之事。王所素好。請以戰爲喻
可乎。夫戰之時。兩軍對壘。填然鼓之而進。勝
負固未分也。及兵刃既接。勝者固勝。而敗者
則棄其甲冑。曳其兵器而走焉。方其既敗而
走。固未嘗自計其遠近也。或有百步而止者。

或有五十步而止者。此時五十步者。遂笑百
步者而以爲怯。彼笑者。王以爲宜乎。否乎。惠
王曰。不可。五十步而止者。亦但不至於百步
耳。遠近雖有不同。其爲走一也。何得以近而
笑遠哉。孟子乃因其明而通之曰。王既知此。
則小惠及民。當無望其加多於鄰國矣。蓋治
國貴乎足民。移粟移民。皆非足民之計。王之
盡心。亦猶五十步之走耳。欲民之多於鄰國。
不其難哉。苟求其多。惟力行王政而已矣。

不違農時，穀不可勝食也。數罟不入洿池，魚鼈不可勝食也。斧斤以時入山林，材木不可勝用也。穀與魚鼈不可勝食，材木不可勝用，是使民養生喪死無憾也。養生喪死無憾，王道之始也。五畝之宅，樹之以桑，五十者可以衣帛矣。雞豚狗彘之畜，無失其時，七十者可以食肉矣。百畝之田，勿奪其時，數口之家可以無饑矣。謹庠序之教，申之以孝悌之義，頒白者不負戴於道路矣。七十者衣帛食肉，黎民不饑不寒，然而不王者，未之有也。

此二節書言治國當以王道爲急也。孟子又曰：治國以王政爲本，而王政以養民爲先。養民之物，惟食與用而已。如農時者，五穀所自出也，苟不奪其時，耕耘得以盡力，則穀不可勝食也。洿池者，魚鼈所聚之處也，如寛爲滋息，數罟不入其中，則魚鼈不可勝食也。山林者，材木所生之地也，如養其萌蘖，斧斤以時而入，則材木不可勝用也。夫穀與魚鼈材木乃食用之物，以爲飲食宮室，則可以養生；以爲祭祀棺椁，則可以送死。不勝食，不勝用，是使民養生喪死無不足之憾也。夫民至養生喪死皆無所憾，則民心已得，此王道之始事也。而凡所以養之教之者，可以次第而舉矣。每夫有五畝之宅，而牆下則樹之以桑，用以供蠶事而出絲帛，則五十之非帛不煖者，可以衣之而煖矣。雞豚狗彘之畜，無失其孕字之時，用以蕃生育而裕烹飪，則七十之非肉不飽者，可以食之而飽矣。至所授百畝之田，

勿奪其耕耘收穫之時，則穀有所出，而一家數口之衆，可以贍養而無饑矣。凡此皆養民之事，而教民之事亦由是舉焉。彼鄉學名爲庠序，所以教也，而於此益謹飭焉，務使入於正而弗納於邪。教之中特重孝弟，各有義也，而於此益申明焉，務令本乎誠而不出於僞。於是相觀而化，無弗愛親敬長，樂於代勞，須白之老者，必不負戴於道路中矣。此教民之

事也夫教養兼行至於七十之老者衣帛食肉少壯之黎民不饑不寒則熙皞之風無弗歸向有不大一統而王者未之有也王道之成蓋如此權移小惠豈可即以爲盡心耶

狗彘食人食而不知檢塗有餓莩而不知發人死則曰非我也歲也是何異於刺人而殺之曰非我也兵也王無罪歲斯天下之民至焉

此一節書言弊政害民欲其力行王政以得民也孟子又曰王不盡心於王道而徒移民

移粟遂咎夫民之不加多亦未思平日之所爲何如耳蓋王不行王政則民已無常產乃反畜養狗彘使食人之食而不愛惜檢制之是視民輕於物有以致民之死也迨既死而塗有餓莩又不知發倉廩而賑救之是視倉廩重於民無以救民之死也至於人死則曰非我不盡心也歲凶害之也夫如是則與以兵刺人而殺之乃曰非我殺之而兵刃殺之也何以異耶蓋兵雖殺人而其罪原不在兵民不加多而其罪亦不在歲王誠力行王道而無歸罪於歲則天下之民方且來歸之不遑豈但加多而已哉夫堯水湯旱天災流行古帝王未嘗無之但平日力行王政有備無患耳若彼權移小惠不過驩虞之術而兄弗能徧耶此王霸之所由分不可不辨也

梁惠王曰寡人願安承教孟子對曰殺人以梃與刃有以異乎曰無以異也以刃與政有以異乎曰無以異也曰庖有肥肉廄有肥馬民有飢

色野有餓莩此率獸而食人也獸相食且人惡之爲民父母行政不免於率獸而食人惡在其爲民父母也仲尼曰始作俑者其無後乎爲其象人而用之也如之何其使斯民飢而死也

此一章書言虐政宜急去仁政宜急行也梁惠王因孟子之言有感於心曰小惠原屬無益而王道在所當行夫子之教我誠至矣然而善政多端惟夫子盡言無隱寡人願安心受教焉孟子因其誠而設喻以問之曰殺人

者或用梃杖或用兵刃二者有以異乎王曰器雖不同而致人之死則一無以異也孟子又曰殺人者或以兵刃或以虐政二者有以異乎王曰事雖不同而致人之死亦一無以異也惠王之明蓋已有可教矣孟子遂直言之曰與一利不如除一害虐政除然後仁政可舉今王厚斂於民而使庖有肥肉廐有肥馬在民則有饑餒之色在野則有餓死之人此何異於率獸而食人乎是虐政之害民正

無異於梃刃之殺人也王亦知君國子民卽爲民之父母耶夫獸與獸相食人且見而惡之況人君爲民父母而不免於率獸食人是有子民之責而爲殘民之事惡在其爲民父母乎昔仲尼有言曰始作木偶以從葬者其人不仁之甚殆無後乎仲尼之惡之也爲其象生人之形用之殉葬而涉於忍也夫象人未至於殺人仲尼猶且惡之況實以虐政殘民使之饑餓而死如之何其可哉蓋戰國之君奢侈無度凡厚斂於民者止供其庖肉廐馬之用而民因以饑餓而死故孟子以率獸食人爲言正以侈心一啓而遂不免乎此也書曰愼乃儉德惟懷永圖夫非恤民保邦之本務與

梁惠王曰晉國天下莫強焉叟之所知也及寡人之身東敗於齊長子死焉西喪地於秦七百里南辱於楚寡人恥之願比死者一洒之如之何則可孟子對曰地方百里而可以王

此一章書言王業有可圖私怨不必報也梁惠王本魏斯之後三分晉地故曰晉後遷於梁故曰梁因喪敗之後志圖報復乃問於孟子曰我晉國當先王之時地廣兵衆天下稱強叟之所素知也及傳至寡人之身東與齊戰敗績長子死焉西爲秦人所侵喪失河內外之地七百里南又爲楚所辱是皆寡人不競以爲我先人羞寡人竊恥之今欲爲先人一洗其辱不知如何經畫而後可考惠王敗

於三國皆其過舉乃猶不能自反而徒懷忿恨豈大勇所爲哉孟子因對曰王以敗績之後國勢已促難於雪恥乎誠發奮爲雄雖百里之地亦足致王於天下况以晉國之大獨不能一圖雪恥耶是在王加之意而已

王如施仁政於民省刑罰薄稅斂深耕易耨壯者以暇日脩其孝悌忠信入以事其父兄出以事其長上可使制梃以撻秦楚之堅甲利兵矣彼奪其民時使不得耕耨以養其父母父母凍

餓兄弟妻子離散彼陷溺其民王往而征之夫誰與王敵故曰仁者無敵王請勿疑

此四節書是言仁政足以無敵也孟子又曰臣言百里可王者乃以仁政決之也王如施仁愛之政於民刑罰則省之用法常寬而不戕民命稅斂則薄之取民有制而不朘民生務令春而深耕不妨其耕夏而易耨不妨其耨又使民之壯者於閒暇之日講明孝悌忠信之理使入而在家以此理事其父兄出而在外以此理事其長上夫民衣食既足皆知禮義一旦有事必能親上死長有勇當先雖秦楚之大堅甲利兵之莫與敵者亦可使持梃而撻之况其他乎夫秦楚之堅甲利兵而謂可使制梃以撻之者蓋以彼有可乘之隙也彼煩刑重斂行不仁之政則民務農之時彼奪之矣欲深耕易耨盡力農事以養其父母豈可得哉至於父母凍餓而衣食不能給兄弟妻子離散而室家不相保是在彼之民

殆無異陷於井而溺於水也如是而王師其師徒往正其罪彼積怨之民必樂歸於我又誰肯出力用命以與王師相敵哉故古語有云仁者無敵正言一行仁政則天下歸心而莫與之抗不在强弱大小也所謂地方百里而可以王者蓋以此王請勿疑於心斷然行之卽以梁王可也何雪恥之足云戰國時兵戈相尋率皆復讐搆怨而民不勝其苦故以愛民爲念而教養兼施者則天下無敵焉以

其仁也觀周以積德累仁而遂有國祚靈長之慶則創之與守總在乎仁而已矣。

孟子見梁襄王出語人曰望之不似人君就之而不見所畏焉卒然問曰天下惡乎定吾對曰定于一。孰能一之對曰不嗜殺人者能一之。

此一章書言一統之業在於仁也昔梁惠王之子襄王孟子嘗往見之以爲行道計因其非有爲之君乃出而語人曰凡有爲之主必表見於容貌詞氣之間可以一見而決當吾

之見嗣王也始望之既不似人君之度及近而就之又不見有可畏者焉且卒然問曰今諸侯爭戰天下紛然將何所定吾對曰天下分爲列國是以不定必歸於一統則干戈息而天下可定矣王又問今諸侯各爲雄長孰能一統吾對曰列國攻伐相尋皆以嗜殺爲事是以不能相一惟有以不忍爲心而不嗜殺人者則天下歸誠自能一之矣是知好生者天地之德則不嗜殺人非居中建極統一萬方之要道與。

孰能與之對曰天下莫不與也王知夫苗乎七八月之間旱則苗槁矣天油然作雲沛然下雨則苗浡然興之矣其如是孰能禦之今夫天下之人牧未有不嗜殺人者也如有不嗜殺人者則天下之民皆引領而望之矣誠如是也民歸之由水之就下沛然誰能禦之。

此二節書言人君以好生爲心則天下無不悅而歸之也王又問曰今列國之民各統於

其君受其禁制孰能舍彼歸此乎吾對曰天下雖大蓋莫不歸於不嗜殺人之主也王知夫田間之苗乎至七八月之間時當亢旱則苗皆枯槁此正待雨以潤之也天乃油然作雲沛然下雨將見苗之枯槁者無不浡然興起矣苗之興也如是其孰得而止之乎夫民情猶物理也今夫天下之君職在牧民乃皆以爭鬭爲事驅民於鋒鏑而不顧蓋未有以仁愛爲心而不嗜殺人者也斯時也有一不

嗜殺人者則天下之民皆引領而望願以爲君亦如大旱之望雨矣望之誠切如是則來歸之勢自不容已殆猶水之就下沛然奔赴又孰能從而禦之哉所謂天下莫不與者蓋以此要之殺人之事不特戰鬬爲然凡足以害民生者皆是也故古帝王仁昭德博而猶有饑寒由我之思夫亦善推此不嗜殺人之心而已矣

齊宣王問曰齊桓晉文之事可得聞乎孟子對曰仲尼之徒無道桓文之事者是以後世無傳焉臣未之聞也無以則王乎曰德何如則可以王矣曰保民而王莫之能禦也

此一章書是言爲人君者當黜霸功而行王道也齊宣王姓田氏名辟疆一日問於孟子曰在昔五霸迭興惟齊桓晉文名爲特盛心竊慕之其所行之事亦可得而聞之乎孟子對曰臣所學者仲尼也仲尼之徒以稱五霸爲羞無有道桓文之事者是以後世無所傳焉因無所傳故臣亦未之聞此乃無可言者若必欲言之不已其惟有王天下之道乎此孟子欲以王道進齊王也王曰王天下者必有其德德何如則可以王天下矣孟子曰天爲民而立之君舍民而求王不能也有能以仁心仁政保安其民則天下之民莫不愛戴以之致王自莫之能禦也

曰若寡人者可以保民乎哉曰可曰何由知吾

可也曰臣聞之胡齕曰王坐於堂上有牽牛而過堂下者王見之曰牛何之對曰將以釁鐘王曰舍之吾不忍其觳觫若無罪而就死地對曰然則廢釁鐘與曰何可廢也以羊易之不識有諸曰有之曰是心足以王矣百姓皆以王爲愛也臣固知王之不忍也

此二節書言保民不外於一心也王曰保民者非大德不能若寡人者亦可以保民乎哉孟子對曰可王曰何由而知吾可以保民也孟子乃引事以証之曰王之臣有胡齕者臣

嘗聞其言曰。王一日坐於堂上。適有人牽牛而行過於堂之下。王一見而遂問之曰。牛將何所往。牽牛者對曰。新鑄之鐘。必用牛血以塗其釁。今有新鐘將殺此牛以釁之。故牽以往也。王曰。其舍之。吾不忍其恐懼觳觫。若無罪而就死地者。然牽牛者曰。王既不忍此牛。則無從取血。然則廢寢釁鐘之事乎。王曰。釁鐘亦國之正典。何可廢也。但以羊易之。則鐘可釁而牛亦全矣。臣聞胡齕之言如此。不知

果有此事乎。王見孟子述胡齕之言。皆一一相合。因直認之曰。以羊易牛之事。誠有之。孟子見王有善心。遂從而開導之曰。王天下之道不必遠求。止此不忍殺牛之心。即可以惠懷萬民。覆冒四海。以之致王而無不足矣。但百姓愚昧。見王以羊易牛之事。皆以王惜費而愛財。惟臣則知王之心。乃因牛觳觫之狀觸於目而感於心。有所不忍而然也。苟能因是心而擴充之。則保民而王。何難哉。蓋不忍之心。仁之端也。因而充之。則全體大用。自然及於天下者廣。入於天下者深。而天下歸仁矣。故易曰。君子體仁。足以長人。

王曰。然。誠有百姓者。齊國雖褊小。吾何愛一牛。即不忍其觳觫。若無罪而就死地。故以羊易之也。曰。王無異於百姓之以王爲愛也。以小易大。彼惡知之。王若隱其無罪而就死地。則牛羊何擇焉。王笑曰。是誠何心哉。我非愛其財而易之以羊也。宜乎百姓之謂我愛也。曰。無傷也。是乃

仁術也。見牛未見羊也。君子之於禽獸也。見其生不忍見其死。聞其聲不忍食其肉。是以君子遠庖廚也。

此三節書。是孟子以仁術導齊王也。維時齊王一聞百姓皆以爲愛之言。乃曰。然。以羊易牛。形迹之間。似乎吝惜。誠有如百姓之議我者。但我之心。初不如是。齊雖褊小之國。然一牛之費。吾何愛焉。止爲牛觳觫之狀。若無罪而就死地。甚爲不忍。故以羊易之耳。此豈百

姓之所知哉孟子從而詰之曰百姓以王爲愛王無足怪異也以羊之小而易牛之大其迹涉有可疑王之心彼惡得而知之王果隱痛其觳觫若無罪而就死地則牛無罪羊亦無罪其何所分別乎蓋孟子欲王察識而自得其本心也而王不能自解但笑曰當日以羊易牛之時誠何心哉及今思之我非愛惜其財而易之以羊者果何謂也自爲之而且不能解况百姓乎宜乎百姓之議我爲愛也

孟子乃從而解之曰以小易大雖無解於百姓而實則無傷也當王之不忍觳觫者乃王之仁也而釁鐘之典又不可廢於是不得已而以羊易之是乃仁之術也何也牛已見而羊未見也既見牛則不忍之心已發未見羊則不忍之心未形於難處之中而爲兩全之法此所以謂之仁術也若君子者豈非善於行仁者哉其於禽獸也見其平日之生卽不忍見其死聞其哀死之聲卽不忍食其肉是其仁也至禮不可廢而有不得不用者則身遠庖廚而不使接於見聞乃以養此不忍之心也王以羊易牛正是仁術卽百姓以王爲愛何傷乎

王說曰詩云他人有心予忖度之夫子之謂也夫我乃行之反而求之不得吾心夫子言之於我心有戚戚焉此心之所以合於王者何也曰有復於王者曰吾力足以舉百鈞而不足以舉一羽明足以察秋毫之末而不見輿薪則王許

之乎曰否今恩足以及禽獸而功不至於百姓者獨何與然則一羽之不舉爲不用力焉輿薪之不見爲不用明焉百姓之不見保爲不用恩焉故王之不王不爲也非不能也曰不爲者與不能者之形何以異曰挾泰山以超北海語人曰我不能是誠不能也爲長者折枝語人曰我不能是不爲也非不能也故王之不王非挾泰山以超北海之類也王之不王是折枝之類也

此三節書是勉齊王奮發爲仁之意宣王聞

孟子之言而說曰詩小雅巧言之篇有云他人有心予忖度而得之正夫子今日之謂也蓋以羊易牛之事乃我所行也及反而求之而所以易之之心竟不可得幸夫子以見牛未見羊之故言之於我始覺恍然及今我心猶有戚戚然不忍之意焉但此心甚微王道甚大夫子謂有合於王者果何在也此宣王雖有得於心而尚昧夫擴充之義孟子乃設喻以難之曰今有白於王者曰以我之力百

鈞足以舉之而一羽則不能舉以我之明秋毫之末足以察之而輿薪則不能見在王亦信而許之乎王曰否夫人既能舉重豈不能舉輕既能見小豈不能見大此不可許也孟子因而曉之曰王如知此又何民之不能保耶蓋人與物迥乎不同而加恩則有難易之別今王以羊易牛恩已足以及禽獸是能舉百鈞察秋毫也而保安之功獨不至於百姓是不舉一羽不見輿薪也其故何與然則一

羽之不舉者但不用力耳一用力則不難也輿薪之不見但不用明耳一用明則不難也百姓之不見保亦但不用恩耳一用恩則亦不難也夫既不用恩以保民何以致王而不知苟一用恩初非難事也故王之不王乃能爲而不爲非欲爲而不能也倘欲爲之亦止此愛牛之心推廣之而已所謂是心足王者蓋以此也王又問曰夫子言不爲與不能似有分別然其形狀果何以異乎孟子曰不爲

與不能之形可易見也如挾泰山之重以超北海之廣此乃天下必無之事苟以此而語人曰我不能是誠不能也非能爲而不爲也至於奉長者之命而折取草木之枝此乃天下最易之事若以此而語人曰我不能是其不爲之也非爲之而不能也不爲與不能之形有如此今王有不忍於牛之心即此推之自可保民而王然而不王者非挾泰山以超北海之類實有不能是乃折枝之類亦但不

為耳。王可不因而自勉乎。

老吾老。以及人之老。幼吾幼。以及人之幼。天下可運於掌。詩云。刑于寡妻。至于兄弟。以御于家邦。言舉斯心加諸彼而已。故推恩足以保四海。不推恩無以保妻子。古之人所以大過人者無他焉。善推其所爲而已矣。今恩足以及禽獸。而功不至於百姓者。獨何與。權。然後知輕重。度。然後知長短。物皆然。心爲甚。王請度之。

此二節書言恩當推而心當度也。孟子曰。臣

謂王之不王。猶如折枝。正以爲之甚易耳。如吾有父兄。乃吾之老也。於此盡其孝弟。是老吾老。而即推老老之心以及於人。使人皆得老其老。吾有子弟。是吾之幼也。於此盡其慈愛。是幼吾幼。而即推幼幼之心以及於人。使人皆得幼其幼。舉天下之老老幼幼。不過吾一人之心以推廣之。則措諸一世者。止如運於手掌之上。有何難哉。詩大雅思齊之篇云。文王之德能刑法于寡妻。因及于兄弟。以御治于家邦。蓋言文王齊家治國雖若甚難。然不過舉斯不忍之心以加彼寡妻兄弟以及家邦而已。夫存諸己者謂之心。而施諸人者則謂之恩。故爲人君者誠能推此心以施恩於人。則雖四海之大皆爲吾所覆冒。足以保之而無難。苟不推此心以施恩於人。則雖妻子至近。彼必不能得所。亦不足以保之矣。而況四海乎。是故古帝王之豐功偉業。所以大過於人者無他道也。亦但親親而及於仁民。

仁民而及於愛物。由此心而善推之。其施爲之間得其先後之序而已矣。今恩足及禽獸而功乃不至於百姓。則是先後無序。與古人之善推所爲者大相反矣。獨何故與。蓋王亦未嘗取其心而度之耳。從來物質不同。莫能懸揣。必用權而後知其輕重。用度而後知其長短。凡物皆然。未有任其差謬而不用權度者。至於心則應事接物。酬酢萬端。其所關爲尤甚焉。蓋心無權度。則是非利害之際顛倒錯亂非止一物之差謬也今恩足以及禽獸而功則不至於百姓王請度之不幾愛物之心重且長而仁民之心反輕且短乎試於輕重長短之間一爲較量則施恩必有序而百姓自當亟保矣

抑王興甲兵危士臣構怨於諸侯然後快於心與王曰否吾何快於是將以求吾所大欲也曰王之所大欲可得聞與王笑而不言曰爲肥甘不足於口與輕煖不足於體與抑爲采色不足

視於目與聲音不足聽於耳與便嬖不足使令於前與王之諸臣皆足以供之而王豈爲是哉曰否吾不爲是也曰然則王之所大欲可知已欲辟土地朝秦楚莅中國而撫四夷也以若所爲求若所欲猶緣木而求魚也

此三節書是孟子欲王自度其心而先代爲之度也孟子曰以王愛物之心甚於愛民而失其輕重長短者抑王欲興甲兵以示威置戰士武臣於危地因而結讐怨於諸侯然後快於心與苟以是爲快是不忍於一牛者而獨忍於萬命何不取而度之也王曰否吾何快此三者特吾有大欲故不得不以此求之耳孟子聞齊王大欲之言因探之曰王之所謂大欲者可使臣得而聞之與時齊王之大欲有難以語人者但笑而不言孟子乃試之曰王之大欲豈爲肥甘之美味不足適於口與輕煖之美衣不足適於體與抑爲華采之美色不足於目之視與鼓吹之聲音不足於

耳之聽與近習便嬖之人不足以使令於前與若止此數者則王之諸臣皆足以供王之欲而不乏而王之所求者豈爲是哉王曰否吾不爲是而求也孟子曰王不爲此而求則所謂大欲者可得而知矣殆欲土地令之開辟秦楚使之來朝臨莅中國安撫四夷成一統之盛而始遂所欲耳然有大過人之欲須有大過人之爲若止以興兵構怨之爲而求一統無外之欲是猶緣林木而求水中之魚

也豈可得哉王亦可以自審矣。

王曰若是其甚與曰殆有甚焉緣木求魚雖不得魚無後災以若所爲求若所欲盡心力而爲之後必有災曰可得聞與曰鄒人與楚人戰則王以爲孰勝曰楚人勝曰然則小固不可以敵大寡固不可以敵衆弱固不可以敵彊海內之地方千里者九齊集有其一以一服八何以異於鄒敵楚哉蓋亦反其本矣

此一節書是孟子欲王反本也王曰興兵以

求大欲雖未遽得豈至如緣木求魚之甚乎孟子曰是豈爲甚殆有甚於是者焉緣木求魚不過不得魚而已後日尚無災悔若以興兵之爲求一統之欲雖盡心竭力而爲之不惟無功而且召禍有必不可免者王曰所謂後必有災者可得聞之與孟子曰後災之說亦以天下之勢必之耳今如鄒人與楚人交戰以王揆之則以爲孰勝乎王曰楚人勝孟子曰鄒楚之不相敵者勢也王既知之則凡勝敗之形夫亦可以預定矣然則國土之小者固不可以敵國土之大人民之寡者固不可以敵人民之衆兵力之弱者固不可以敵兵力之強豈非昭然可見者哉今計海內之地爲方千里者有九區焉齊國集合其地止有九區之一以九區之一而欲服海內之八以大小衆寡強弱之勢論之何異於鄒之敵楚耶此臣所謂後必有災也王若求遂所欲愼不可以興兵搆怨爲也蓋亦反其本乎反

本則不論勢而論理不以力而以德所欲者不求而自遂矣

今王發政施仁使天下仕者皆欲立於王之朝耕者皆欲耕於王之野商賈皆欲藏於王之市行旅皆欲出於王之塗天下之欲疾其君者皆欲赴愬於王其如是孰能禦之

此一節書言反本在於行仁也孟子曰所謂反本者亦唯此不忍之仁而已今王發之於政者皆以施吾不忍之仁則仁恩所感皆歸

心向化非有以使之而若或使之矣將見天下之仕者知王之朝可以行道皆欲立於王之朝天下之耕者知王之野可以安業皆欲耕於王之野爲商賈者知王之關市無征皆欲藏於王之市凡行旅者知王之道途不滯皆欲出於王之塗天下有苦其君之虐政而望王之救之者皆欲來赴王所而愬其苦是歸仁之誠出於心之同然也其如是殆猶水之就下亦孰得而禁止之乎至此則大欲可

遂而無事興兵搆怨爲矣

王曰吾惛不能進於是矣願夫子輔吾志明以教我我雖不敏請嘗試之曰無恆產而有恆心者惟士爲能若民則無恆產因無恆心苟無恆心放辟邪侈無不爲已及陷於罪然後從而刑之是罔民也焉有仁人在位罔民而可爲也是故明君制民之產必使仰足以事父母俯足以畜妻子樂歲終身飽凶年免於死亡然後驅而之善故民之從之也輕

此三節書言恆產之不可不制也齊王感於發政施仁之言請教於孟子曰致王之道誠不外於仁政但我智識昏昧不能遽進於此願夫子輔導吾志凡政之何以發仁之何以施明以教我我雖不敏未能行之盡善然請嘗試而爲之以副夫子之教焉孟子乃指實之曰仁政先於保民保民先於制產蓋產制而禮義自出此一定之理也若不假恆產而自有禮義之恆心者惟勤學問知禮義之士

人爲能然若無知之民一無恆產無所依藉則未免爲饑寒所迫而因無禮義之恆心矣苟無恆心則將不顧廉恥出於禮義之外凡放蕩偏辟邪枉淫侈之事無不爲之矣及以此而陷於罪戾爲人君者然後加以刑辟焉是欺民愚而以法罔之也焉有保民之仁人既在位而操得爲之勢忍爲此罔民之事乎是故仁人而在位即明君也知夫民無恆心由無恆產而以制民之產爲急焉度民分地

計口授田。必使仰足以事其父母。而不憂貧。俯足以畜其妻子。而不苦乏。歲之豐而樂也。用度有餘。可以終身飽煖。年之凶歉也。有備無患。可以免於死亡。此可謂有恒產矣。然後驅策之以歸於善。則心無苦累。禮義自生。其從善也自輕易而不難矣。此所謂有恒產而有恒心。故明君以制產爲急也。

今也制民之產。仰不足以事父母。俯不足以畜妻子。樂歲終身苦。凶年不免於死亡。此惟救死

而恐不贍。奚暇治禮義哉。王欲行之。則盍反其本矣。五畝之宅。樹之以桑。五十者可以衣帛矣。雞豚狗彘之畜。無失其時。七十者可以食肉矣。百畝之田。勿奪其時。八口之家。可以無飢矣。謹庠序之教。申之以孝悌之義。頒白者不負戴於道路矣。老者衣帛食肉。黎民不飢不寒。然而不王者。未之有也。

此三節書。言制民之產。當有法。乃可以保民而王也。孟子又曰。明君制產。其盡善既若此。而今也則不然。產非不制也。而古法不存。追呼日迫。爲之民者。上既不足以事其父母。下又不足以畜其妻子。雖豐樂之歲。亦終身困苦。一遇凶歉之年。則輾轉流離。不免死亡。若此者。雖皇皇救死。尚恐不足。安有暇日以講習禮義哉。無恒產而無恒心。所必然也。王若惻然於心。欲行仁政。則何不反求其本。而以制民恒產爲急耶。而制產則固有法矣。一夫百畝之外。又授地五畝。以爲之宅。使樹桑牆

下。以供蠶事。則絲帛不缺。而五十者可以衣帛而煖矣。雞豚狗彘之畜。無失其孕字之時。則七十者可以食肉而飽矣。百畝之田。勿奪其耕耨收穫之時。八口之家。可以食之而無饑餒矣。此制恒產之法也。於是設爲庠序而謹慎其教。又於教中特重孝弟。而申明其義焉。由是人知教化。恒心以生。愛敬之誠。皆出於心之不自已。將見尊長之勞。皆樂於代任。頒白之人。必無負且戴於道路者矣。夫制產

有法以至老者衣帛食肉無負戴之勞黎民不饑不寒知孝弟之義此即熙熙皡皡三代盛王之風也而謂不能王天下者未之或有臣所謂保民而王莫之能禦者蓋以此也區區桓文之事何足道哉戰國之君皆爭圖霸功而不言王道蓋以王道爲難行耳不知不忍之心人皆有之但即此一念之微而推恩於百姓初無難也孟子反覆開導在齊王雖迷而不悟然而立言切實確可施行非帝王治平之良法與

日講四書解義卷之十三

日講四書解義卷之十四

孟子上之二

梁惠王章句下

莊暴見孟子曰暴見於王王語暴以好樂暴未有以對也曰好樂何如孟子曰王之好樂甚則齊國其庶幾乎他日見於王曰王嘗語莊子以好樂有諸王變乎色曰寡人非能好先王之樂也直好世俗之樂耳曰王之好樂甚則齊其庶幾乎今之樂由古之樂也

此一章書是孟子因齊王之好樂而勸其與民同樂亦引君當道之意也齊臣莊暴一日來見孟子曰暴向者進見於王王語暴以己之所好在於音樂暴以爲人君好尚貴慎所趨當時欲對未得其辭不知好樂何如果有害於治否孟子曰聲音之道與政相通特患王好之未甚耳誠能推廣此心大同於物則一念悅豫之情即爲一國和平之化而齊國其庶幾於治乎孟子雖與暴言然恐好樂之

旨暴未必能達之於王卽能達之於王且未必能曲暢其說故他日見於王而問曰王嘗語莊子以好樂有是言乎王乃勃然變色曰樂固不同有先王之樂有世俗之樂寡人所好非能如咸英韶濩古先聖王之所作也不過新聲雜奏適一時之聽聞而已何足道哉此齊王自慙所好之不正也孟子遂迎其機而導之曰樂論公私不論今古誠使王好之之甚不徒嗜其聲音之靡曼而得其和氣之

充周則自上達下懽然交欣齊國其庶幾於治乎蓋樂備乎文實生於情古今之樂文不同而情同古樂固足以興化今樂亦足以致治吾王欲審其所好惟在甚與不甚之間耳豈今樂獨異於古耶孟子此言非謂雅頌之音與鄭衛等正以作樂之本無非生於人心之和故卽齊王之所好而引之於正此亦格非心之一端也

曰可得聞與曰獨樂樂與人樂樂孰樂曰不若與人曰與少樂樂與衆樂樂孰樂曰不若與衆

此一節書是卽人之常情以啓王與民同樂之意也齊王因孟子言聲音之道可通於治故遂問曰夫子所言好樂之甚齊國庶幾之說可得聞乎孟子欲進王以與民同樂之說乃先詰王以獨樂與人樂之喻曰常人之情獨自作樂以爲樂與人作樂以爲樂二者果孰樂王曰樂之私何如樂之公獨樂而人不與情未舒也不若與人孟子乃復詰王以與

少樂與衆樂之喻曰常人之情人少而與之作樂爲樂人衆而與之作樂爲樂二者又孰樂王曰樂之偏隘何如樂之大同與少而衆不與情未暢也不若與衆夫獨樂不若與人與少不若與衆此事理之至明人情所共曉爲人君者特患未能推廣此量耳誠能克去己私廓然大公則萬物一體之懷卽爲宇宙太和之象甚矣同樂之爲貴也

臣請爲王言樂今王鼓樂於此百姓聞王鐘鼓

之聲管籥之音舉疾首蹙頞而相告曰吾王之好鼓樂夫何使我至於此極也父子不相見兄弟妻子離散今王田獵於此百姓聞王車馬之音見羽旄之美舉疾首蹙頞而相告曰吾王之好田獵夫何使我至於此極也父子不相見兄弟妻子離散此無他不與民同樂也今王鼓樂於此百姓聞王鐘鼓之聲管籥之音舉欣欣然有喜色而相告曰吾王庶幾無疾病與何以能鼓樂也今王田獵於此百姓聞王車馬之音見

羽旄之美舉欣欣然有喜色而相告曰吾王庶幾無疾病與何以能田獵也此無他與民同樂也今王與百姓同樂則王矣

此四節書是孟子言與民同樂及不與民同樂之效欲齊王知所法戒而行仁政以及民也孟子曰王既知與人與衆之樂則作樂之理亦不外是矣臣請爲王一一陳之可乎今王爲鼓樂之樂於此百姓聞王鐘鼓之聲管籥之音舉皆疾首蹙頞私相告語曰吾王之好鼓樂奈何使我等至此窮困之地父子不相見兄弟妻子離散顛連已極而莫之省憂乎今王爲田獵之樂於此百姓聞王車馬之音見王羽旄之美舉皆疾首蹙頞私相告語曰吾王之好田獵奈何使我等至此窮困之地父子不相見兄弟妻子離散流離已極而莫之矜恤乎夫鼓樂田獵本王適情快意之舉乃百姓觸目傷心怨聲載道者何哉蓋由平日獨樂其身不能推此好樂之心以安養

斯民故其愁苦之情有所感觸自不能已此不與民同樂之故也今王爲鼓樂之樂於此百姓聞王鐘鼓之聲管籥之音舉皆欣欣然有喜悅之色共相告語曰吾王庶幾身其康強而無疾病與不然何以能爲此鼓樂之樂也今王爲田獵之樂於此百姓聞王車馬之音見王羽旄之美舉皆欣欣然有喜悅之色共相告語曰吾王庶幾身其康強而無疾病與不然何以能爲此田獵之樂也夫同此鼓

樂同此田獵百姓欣幸之私喜見顏色者何哉蓋由平日能推好樂之心使民仰事俯育各得其所故其愛戴之情發於至誠自不可遏此與民同樂之故也夫民情之哀樂係於好樂之公私如此今王誠能推此好樂之心以及於民發政施仁養欲給求使民安居樂業愁苦不生則四海歸心王業可成矣臣所謂好樂之甚則齊國庶幾者如此樂記曰大樂與天地同和唐臣魏徵之告太宗曰樂誠

在人和蓋人主撫臨兆庶不可使一夫之不獲一物之失所必也制田里教樹畜下寬仁之詔行賑恤之典使老安少懷家給人足熙熙然如登春臺如安衽席人心既和則天地之和亦無不應此帝王作樂之本異世同揆不專求之聲音節奏間也

齊宣王問曰文王之囿方七十里有諸孟子對曰於傳有之曰若是其大乎曰民猶以爲小也曰寡人之囿方四十里民猶以爲大何也曰文王之囿方七十里芻蕘者往焉雉兔者往焉與民同之民以爲小不亦宜乎臣始至於境問國之大禁然後敢入臣聞郊關之內有囿方四十里殺其麋鹿者如殺人之罪則是方四十里爲阱於國中民以爲大不亦宜乎

此一章書是孟子因齊王論囿而引之以同民也齊王當日欲廣其囿諛佞之徒必有假文王之事以逢之者故宣王問孟子曰嘗聞文王之囿周圍凡七十里之廣果有之乎孟

子對曰據傳記所載曾有此說王又問曰文王不過百里之國爲囿如是其大乎孟子曰當日之民猶以爲小也王曰寡人之囿周圍僅四十里比於文王之囿規制甚狹乃百姓猶以爲大何也孟子曰文王之囿雖有七十里之廣然未嘗以爲己私凡民之芻以牧養蕘以採薪者皆往其中以取焉民之雉以逐禽兔以逐獸者皆往其中以取焉囿中所有無一不與民共其利既與民共其利則用者

多而出者寡民以爲小不亦宜乎若王之囿則與文王異矣臣初至於王之境上羇旅之臣必先問國之大禁知所避忌然後敢入因而聞郊關之內有囿方四十里禁人出入若有百姓擅殺囿中之麋鹿即與殺人同罪夫麋鹿與人貴賤懸殊乃賤人而貴畜立令如此之嚴爲法如此之峻雖爲苑囿實同陷阱民以爲大不亦宜乎夫同一囿耳在文王則爲民利在王則爲民害是不在規制之大小

而在與物之公私王當弛其禁令法文王同民之意可也按周書無逸有云文王不敢盤於游田以萬民惟正之供推此志也其囿未必如是之大乃孟子不辨其事之必無而但言其心之利物則知古人設立苑囿不過農隙講武非爲朝夕從禽故令寬而民不犯澤溥而君不私同民之治尚矣

齊宣王問曰交鄰國有道乎孟子對曰有惟仁者爲能以大事小是故湯事葛文王事昆夷惟智者爲能以小事大故大王事獯鬻句踐事吳以大事小者樂天者也以小事大者畏天者也樂天者保天下畏天者保其國詩云畏天之威于時保之

此一章書是孟子欲齊王以仁智交鄰以大勇安天下而先言事大事小之道也齊宣王問孟子曰講信脩睦國之大事壤地相接之國與我爲鄰交之果有其道乎孟子對曰有鄰國固有大小之殊交鄰亦有仁智之異大

凡爲大國者每多稱雄爭長侵陵小國便爲不仁惟仁者度量寬洪誠意惻怛爲能忘己之大而事鄰之小古之人有行之者若成湯之於葛伯文王之於昆夷小國雖或不恭而所以撫字之心自不能已此成湯文王之所以爲仁也爲小國者多不度德量力啓釁大國便爲不智惟智者通曉義理酌量時勢爲能安己之小而事鄰之大古之人有行之者若太王之於獯鬻句踐之於夫差大國雖見

侵陵。而所以敬事之禮。尤不敢廢。此太王句踐之所以爲智也。然大國之當事小國之當恤。仁者智者豈有所勉强於其間哉。凡此莫非天理之當然也。仁者忘其勢之在己。而嘉人之善矜人之惡。是有優容之大度。而自然合理。能樂天者也。智者順其勢之在人。而循理而行。相時而動。是有敬慎之小心。而不敢違理。能畏天者也。仁者惟其樂天。故能與天爲一。包含徧覆。無物不容。四海皆在怙冒之

中。其氣象足以容保天下。智者惟其畏天。故能聽天所命。而制節謹度。無時敢忽。强敵無一可乘之隙。其規模足以保守一國。詩經周頌我將之篇有云。人主能畏懼上天之威。不敢違逆。於是可保守天命而不失矣。此爲保天下者言也。而言畏天如此。可見畏天樂天。總不出一敬愼之念。保國保天下。究亦同此謹守之功。交鄰之道。誠莫善於此矣。

王曰。大哉言矣。寡人有疾。寡人好勇。對曰。王請無好小勇。夫撫劍疾視曰。彼惡敢當我哉。此匹夫之勇。敵一人者也。王請大之。

此二節書是齊王以小忿爲疾。而孟子進之以大勇也。齊王聞孟子之言。因嘆美之曰。夫子論仁智交鄰之道。能保國保天下。可謂大哉言矣。然欲行仁智。必有過人之量。能忍天下之所不能忍者。奈寡人有一疾病。偏好剛勇。遇小國無禮。不能包容。遇大國見侵。不能含忍。如何能成仁智之事。孟子對曰。王以爲

好勇有妨於仁智。臣正以爲仁智非勇無以濟耳。但勇有大小。王請勿好小勇。若激於一時之怒。撫劍疾視曰。何人敢與我爲敵哉。此乃憑恃血氣。匹夫之勇。僅可以敵一人。不足好也。王何不振其剛健之德。配乎道義之正。發憤爲雄。威加海內。則仁之所不能容。智之所不能忍。勇一振焉。乃克有濟。此眞帝王之大勇也。王何以爲病哉。可見不忍區區之小忿。便爲血氣之强。能伸安天下之大勇。便爲

義理之剛。人主不可不審所尚也。

詩云。王赫斯怒。爰整其旅。以遏徂莒。以篤周祜。以對于天下。此文王之勇也。文王一怒而安天下之民。書曰。天降下民。作之君。作之師。惟曰其助上帝。寵之四方。有罪無罪惟我在。天下曷敢有越厥志。一人衡行於天下。武王恥之。此武王之勇也。而武王亦一怒而安天下之民。今王亦一怒而安天下之民。民惟恐王之不好勇也。

此三節書是孟子引文武之大勇。欲齊王法

之以安天下也。孟子曰。臣謂王當以大勇爲好。蓋嘗觀之於詩。而文王之事有足徵矣。大雅皇矣之篇有云。密國違拒王命。侵陵阮國。而往至於共地。王乃赫然奮怒。整頓師旅。以止遏密人往共之衆。使之不得至於阮國。抑強扶弱。於以篤厚周家之福。於以慰答天下仰望之心。詩之所言如此。是興兵伐密。文王之所以爲勇也。文王赫然一怒。而天下之民俱賴之以安。其勇何如大哉。抑嘗觀之於書。

而武王之事更足徵矣。周書泰誓之篇有云。上天降生下民。立之君以主治。立之師以主教。其意但欲爲君師者代天宣化。輔助上帝之所不及。故使之享有天位。寵異之於四方也。今我既受天之命。而有君師之責。則凡有罪之當誅。無罪之當憫。惟我得以主之。天下何敢有過越其心志而作亂虐民者乎。書之所言如此。若有一人橫行作亂於天下。武王不勝忿恥。是以有伐商之舉。此武王之所以

爲勇也。武王亦惟赫然一怒。而天下之民俱賴以安。其勇又何如其大哉。夫文武之所以稱大勇者。以其能除暴安民耳。王今者誠能法文武之所爲。亦赫然一怒。剪除暴亂。救民水火。以安全天下元元之命。則民之想望。同於救焚拯溺。惟恐王之不好勇也。何以好勇爲病哉。此臣所謂帝王之大勇。王之當好者也。要之。仁雖事小。非以養亂爲仁。智雖事大。不以僅守爲智。惟殄暴而天下無有阻吾之

仁定亂而天下不能窮吾之智故事小事大無不咸宜豈非大勇之與仁智乃相成而不相背也哉宋臣司馬光以仁明武爲君德之要信矣

齊宣王見孟子於雪宮王曰賢者亦有此樂乎孟子對曰有人不得則非其上矣不得而非其上者非也爲民上而不與民同樂者亦非也樂民之樂者民亦樂其樂憂民之憂者民亦憂其憂樂以天下憂以天下然而不王者未之有也

此一章書是孟子欲齊王君民同樂也齊宣王館孟子於雪宮一日親往就見王誇其禮遇之隆因曰賢者從田間來亦有此安居之樂否孟子對曰君以此待賢則賢者宜有此樂也然此樂非特賢者所有當與凡人共之使爲人君者獨享其樂而不恤其民則必有非怨其上之心矣夫爲下者當安爲下之分不得其樂而遂非怨其上固非在下之所宜有然爲君者當盡爲君之道爲民上而獨享其樂致使百姓怨望亦君人者之過所以人君當推此樂公之於民不但當與賢者共之已也且憂樂同民民自無不感者如安居粒食民之樂也臺池鳥獸君之樂也爲君者誠能所欲與聚而樂民之樂則民一見君有可樂之事莫不欣然色喜而亦樂君之樂矣饑寒窮困民之憂也宵衣旰食君之憂也誠能所惡勿施而憂民之憂則民一見君有可憂之事莫不戚然動念而亦憂其憂矣夫君以民之憂樂爲念則民亦以君之憂樂爲心君

民一體上下同情是憂樂不以一己而以天下其懽忻愉怡疾痛痾癢無不相關如此將見天下之民視之如父戴之如天有不成王業者哉宋臣范仲淹有云先天下之憂而憂後天下之樂而樂惟其先憂也故閭閻無愁苦之聲惟其後樂也故朝廷享尊榮之奉人主亦知所先後可也

昔者齊景公問於晏子曰吾欲觀於轉附朝儛

遵海而南放於琅邪吾何脩而可以比於先王
觀也晏子對曰善哉問也天子適諸侯曰廵狩
廵狩者廵所守也諸侯朝於天子曰述職述職
者述所職也無非事者春省耕而補不足秋省
斂而助不給夏諺曰吾王不遊吾何以休吾王
不豫吾何以助一遊一豫爲諸侯度

此二節書是孟子引晏子告君以法古之言
而欲齊王知所以勤民也孟子曰臣謂同樂
可以致王不必遠徵諸古即齊之先君有行

之者昔者景公問於其臣晏子曰吾意欲觀
於轉附朝儛二山復遵海濱而南行至於琅
邪之邑思昔先王遊觀當時稱頌後世傳述
以爲盛事吾當何所脩爲而可以比隆往古
也晏子對曰吾君當游幸之日而有志於法
古善哉問也臣請以先王之觀言之天子十
二年一適諸侯之國謂之廵狩蓋廵狩之義
謂廵行諸侯所守之境而察其政事之治否
也諸侯六年而朝於天子謂之述職蓋述職

之義謂陳述其所受之職而待王朝之黜陟
也天子諸侯未有無事而空行者而又每年
春秋廵行郊野時當春和正百姓播種之候
也察其中有不足者發倉廩以補之時當秋
成正百姓收穫之候也察其中有不給者發
倉廩以助之天子行於畿內諸侯行於國中
其勤民之心如此之切故當時之百姓頌聲
交作流傳至今夏諺有云吾王若不行遊則
誰知吾之不足而得蒙上之休吾王若不豫

樂則誰知吾之不給而得蒙上之助一遊一
豫皆有恩惠以及民而爲四方諸侯之法則
焉觀夏諺所云則先王之補助足徵遊觀可
法矣蓋上世之君雖有省方問俗之典然車
徒不擾供應不煩故每親履田間進父老詢
疾苦布德行惠賑貧恤困君民之情有如家
人父子之相得者千載而下猶想見其熙皞
之象焉

今也不然師行而糧食飢者弗食勞者弗息睊

睊胥讒民乃作慝方命虐民飲食若流流連荒亡爲諸侯憂從流下而忘反謂之流從流上而忘反謂之連從獸無厭謂之荒樂酒無厭謂之亡先王無流連之樂荒亡之行惟君所行也

此三節書是晏子言後世遊觀之弊而欲景公取法先王也孟子引晏子之言曰今也諸侯之觀則不如先王矣人君一出則師旅從之旣有師旅便有糧食供億甚煩所至之地無不騷動於是民之饑者弗食勞者弗息睊

睊然側目相視謗言交興不勝怨惡上違天子之命下虐無罪之民糜費飲食如水之流無有窮極是乃流連荒亡縱於逸樂而爲所屬小國諸侯之累矣蓋從流下而遊蕩忘反謂之流從流上而留戀忘反謂之連從獸無厭至於廢時謂之荒樂酒無厭至於失事謂之亡同一遊觀而恣情快意遂至於此可不戒哉若在先王則非巡狩述職卽省耕省斂何嘗有流連之樂荒亡之行乎夫先王如彼今時如此得失臧否判若蒼素惟在君所行何如耳誠能痛改今時之弊而不致慢游以病民則何先王之不可幾哉晏子之言如此周公之告成王曰無皇曰今日耽樂乃非民攸訓非天攸若時人丕則有愆成王爲守成令主而周公猶惓惓告誡者誠以逸豫之不可長也

景公說大戒於國出舍於郊於是始興發補不足召太師曰爲我作君臣相說之樂蓋徵招角

招是也其詩曰畜君何尤畜君者好君也

此一節書是孟子言景公能行晏子之言亦欲齊王行己之言也孟子曰景公聞晏子之言使置而不用究亦何補於治哉乃欣然悅從遂大申命令徧布於國出而次舍郊外訪問民之疾苦晏子未言之前從未舉行於是始興發倉廩以補民之不足而晏子之言一一見之行事諫行言聽膏澤下究旣乃召樂官太師而命之曰喜起同心自古爲難我今

悦晏大夫之進諫而晏大夫亦悦我之聽言君臣相悦如此爾其播之音樂以誌一時之盛當日所作之樂即今所傳徵招角招是也蓋五聲之中徵以爲事角以爲民惟君臣爲民事而相悦故即爲民事而作樂樂以招名其繼美都俞之意乎其樂章之辭有曰畜君何尤言晏子能止畜其君之欲而不至於招尤取罪也臣思忠臣之心惟恐其君之有欲故畜止其欲跡雖似乎犯顏意實出於愛主

又何罪過之有哉景公能行晏子之言故遂有事治民安之效王能行臣之言自有民安物阜之休願王與民同樂以致王可也按孟子先勸王以君民同樂復証之以君臣相悦者何哉蓋民生之休戚田野之利病必明良交贊臣主一心而後政無不舉恩無不沛聖主養賢以及民職是故也

齊宣王問曰人皆謂我毀明堂毀諸已乎孟子對曰夫明堂者王者之堂也王欲行王政則勿毀之矣王曰王政可得聞與對曰昔者文王之治岐也耕者九一仕者世祿關市譏而不征澤梁無禁罪人不孥老而無妻曰鰥老而無夫曰寡老而無子曰獨幼而無父曰孤此四者天下之窮民而無告者文王發政施仁必先斯四者詩云哿矣富人哀此煢獨

此一章書是孟子勸齊王當行王政先正言以導之復曲誘以進之也昔周天子建明堂於泰山之下朝見諸侯至齊宣王時周室既

衰人以爲天子既不復巡狩而齊爲侯國非所宜居理當拆毀故宣王問孟子曰人皆謂我明堂當毀果毀之乎抑且止而不毀乎孟子對曰明堂非諸侯之堂乃王者所居以出政令之所王若欲行王政則當存而勿毀之矣王曰王政如何寡人可得聞與孟子對曰行王政者莫善於文王文王當日雖未嘗稱王而所行實皆王政其治岐也於耕者之田賦則行九一之法而斂從其薄於仕者之子

孫則有世祿之典，而報從其厚。於關市但稽察非類，而不征其私貨。於澤梁則任民取利，而不嚴爲禁令。於犯罪之人，法止及其本身，而不株連其妻子。文王養民之政，可謂厚矣。乃其中則尤有加意者，人之老年無妻謂之鰥夫，老年無夫謂之寡婦，老年無子謂之獨夫，幼年無父謂之孤子。此四等人，乃最爲困苦天下之窮民而無所告訴者。文王發政施仁，生全愛養，無所不周，而遇此等之人，尤加矜恤，務使得所。詩經小雅正月之篇有云：富人猶可，惟煢獨之人，情實可憐。此文王所以尤加之意也。文王治岐，雖一國之政，實治天下之規模，亦不外是。王若欲行王政，以文王爲法可也。蓋帝王以天下爲家，士農工商，平日固當有養之之政，而鰥寡孤獨之人，顛連無告，人生之最不幸者，若非加意惠鮮，多方養濟，勢必轉於溝壑，以傷天地之和。此王政之所以獨亟也。

王曰：善哉言乎。曰：王如善之，則何爲不行。王曰：寡人有疾，寡人好貨。對曰：昔者公劉好貨。詩云：乃積乃倉，乃裹餱糧，于橐于囊，思戢用光。弓矢斯張，干戈戚揚，爰方啓行。故居者有積倉，行者有裹糧也，然後可以爰方啓行。王如好貨，與百姓同之，於王何有。

此一節書是孟子因齊王之好貨，而欲其推己以及民也。公劉是后稷之曾孫。孟子既述文王治岐之政，齊王遂嘆美之曰：善哉夫子之言，眞愛民之良法也。孟子曰：聞善貴於能行，王如善之，則何爲不見之行事。王曰：寡人自揣有一疾病，寡人喜好貨財，不能行此王政耳。孟子對曰：好貨何傷。昔者公劉亦曾好貨，詩經大雅公劉之篇有云：公劉處西戎之時，乃野有露積，乃家有倉廩，乃裹其餱糧于橐于囊之中，爲遷都計。思和戢其人民，而用以光大其國家，而張我弓矢與干戈戚揚，於是方以啓行，而往遷於豳焉。詩之所言如是。

由此觀之。公劉之民。必使之居者皆有積倉。行者皆有裹糧。富足如此。然後可以爰方啓行。立國興業焉。惟其能推好貨之心。以及民也。王如好貨。亦倣公劉之意。與百姓同之。則於王天下也何難之有。蓋樂利之心。人所同有。仁君在上。必先爲之分田制産。使百姓比屋可封。征斂不擾。則府庫之財。皆爲君守。君民一體。公私各足。所以成豐亨豫大之休也。

王曰。寡人有疾。寡人好色。對曰。昔者大王好色。

愛厥妃。詩云。古公亶父。來朝走馬。率西水滸。至于岐下。爰及姜女。聿來胥宇。當是時也。內無怨女。外無曠夫。王如好色。與百姓同之。於王何有。

此一節書。是孟子因齊王之好色。而欲其推己以及民也。太王。是公劉九世之孫。名亶父。號古公。武王即位。始追尊爲太王。齊王又曰。寡人自揣。不但好貨。更有一疾。病喜好女色。不能行此王政耳。孟子對曰。好色何傷。昔者太王亦曾好色。而鍾愛厥妃。詩大雅緜之篇有云。古公亶父。因狄人侵伐。乃來朝走馬。率循西水之涯。至於岐山之下。於是及其妃姜女。同來擇宇而居。詩之所言如此。當是時也。百姓內無怨而無家之女。外無曠而無婦之夫。惟其能推好色之心。以及民也。王如好色。亦倣太王之意。與百姓同之。使室家相慶。婚姻以時。則於王天下也何難之有。要之好貨好色。公劉太王非實有此事。孟子特據詩言所及。以見聖王舉動。無不體念民情。所欲與

聚。所惡勿施。坐明堂而行王政。寧有舍此他求者哉。故曰王道本乎人情。

孟子謂齊宣王曰。王之臣有託其妻子於其友而之楚遊者。比其反也。則凍餒其妻子。則如之何。王曰。棄之。曰。士師不能治士。則如之何。王曰。已之。曰。四境之內不治。則如之何。王顧左右而言他。

此一章書。是孟子責難於君之意也。一日孟子設辭以問齊宣王曰。王之臣有寄託其妻

子於所厚之友而自往遊楚國者及其自楚反也則其妻子凍餒而此友未嘗周給王之臣將如何以處其友耶王曰朋友有通財之義受其託而負之友誼已廢不可交也當棄絕之齊王固明於友誼之當盡矣孟子又設辭以問之曰士師爲獄官之長有鄉士遂士之屬爲士師者不能統理所屬之士致使刑獄不當王當如何以處之耶王曰人臣有官守之責任其職而曠之臣職已失不可用也

當罷黜之齊王又明於臣職之當盡矣孟子因問之曰人君撫有一國若政事廢弛民生困苦而四境之內不治必有任其責者將如何以處之耶王乃顧左右以釋其愧言他事以亂其辭若不聞其說者是明於責人而暗於責己矣夫孟子以齊王可與有爲故旁引曲喻欲其反己自責虛心下問冀幸君之一悟俗之一改惓惓入告三致意焉不意其恥於聞過隱忍苟安如此所以人君貴脩身立政納諫求言以爲久安長治之計也

孟子見齊宣王曰所謂故國者非謂有喬木之謂也有世臣之謂也王無親臣矣昔者所進今日不知其亡也王曰吾何以識其不才而舍之曰國君進賢如不得已將使卑踰尊疏踰戚可不慎與

此一章書見國之所重在於人才人君當敬慎於任用之時以合民心而保國祚也孟子進見於齊宣王曰人君纘承丕基累代相傳

者謂之故國其歷年既已久遠凡高大之喬木與累世之舊臣皆所宜有獨是世臣與國義同休戚宗社生民實憑藉之則故國之所以見稱者誠不在有喬木之謂而惟在有世臣之謂也然世臣皆由於親臣今日之心膂股肱卽他年之老臣勳舊乃王則已無親臣矣昨日所進用而親信者今日卽亡去而不知親臣且無安望其將來有世臣得以稱故國乎齊王自解之曰前此亡去者皆不才之

人我初不知而誤用之故今不以其去爲意
耳我今將何術而豫識其不才遂舍置之使
所用者皆可親信之賢才乎孟子對曰國君
用人與其悔之於後何如致謹於初所以進
賢之際遲回詳審其難其慎一若爲勢所迫
欲已而不得者然蓋以用之而崇以爵位所
謂尊也倘尊非其人勢必以賢而卑者易之
是使卑踰尊矣用之而委以腹心所謂戚也
倘戚非其人勢必以賢而疏者易之是使疏

踰戚矣夫尊卑有等疏戚有序乃國家大體
攸關安可不慎之於始乎惟其始進能慎所
以任用皆賢而無事後之悔也然則求賢若
渴固人君之盛心而非慎重名器不能得眞
才此辨才論官之典爲用人之要也夫

左右皆曰賢未可也諸大夫皆曰賢未可也國
人皆曰賢然後察之見賢焉然後用之左右皆
曰不可勿聽諸大夫皆曰不可勿聽國人皆曰
不可然後察之見不可焉然後去之左右皆曰
可殺勿聽諸大夫皆曰可殺勿聽國人皆曰可
殺然後察之見可殺焉然後殺之故曰國人殺
之也如此然後可以爲民父母

此三節書是言人君用舍刑罰皆當參之於
衆而察之於獨也孟子曰進賢固所當慎而
慎之必有其道設有人於此左右近侍皆稱
其賢恐出於阿譽未敢遽信也舉朝大夫皆
稱其賢恐出於黨同亦未敢遽信也至於通
國之人皆稱其賢然後從而察之聽其言語

考其素履必眞見其才德之實然後進而用
之其慎於用賢如此夫人君用人不用則舍
舍之之道亦不可不慎也有人於此左右近
侍皆謂之不賢恐出於偏毀未敢遽聽也舉
朝大夫皆謂之不賢恐出於私惡亦未敢遽
聽也至於通國之人皆謂之不賢然後從而
察之核其生平究其心術必眞見有不賢之
實然後從而去之其不敢輕去又如此一用
一舍既採公論又加灼見則不才無由倖進

而真才不致遺棄何至有誤用之悔耶夫用舍刑罰皆人君之大權至於用刑尤不得已之甚者人主又安可不謹也有人於此左右近侍皆謂之可殺未敢遽聽也舉朝大夫皆謂之可殺未敢遽聽也至於通國之人皆謂之可殺然後從而察之驗其罪狀審其情跡必真見其有可殺之實然後從而殺之獄雖斷於朝廷而論實乎於通國故曰國人殺之也夫用賢退不肖以至於刑戮人君必周詳

慎重以求合於輿情如此斯誠不私喜而加爵以民之所好爲好不私怒而用刑以民之所惡爲惡可以爲民之父母矣人心既得邦本斯固此所以國祚久遠等於苞桑磐石也書曰天命有德天討有罪又曰天聰明自我民聰明天明畏自我民明威蓋人君承天意以從事即在因人心以出政惟賞不僭而刑不濫始可下合百姓之心上邀維皇之眷誠保世滋大之要圖也

齊宣王問曰湯放桀武王伐紂有諸孟子對曰於傳有之曰臣弒其君可乎曰賊仁者謂之賊賊義者謂之殘殘賊之人謂之一夫聞誅一夫紂矣未聞弒君也

此一章書見爲人君者當盡仁義之道也齊宣王問孟子曰自昔相傳湯放桀武王伐紂果有此事乎孟子對曰南巢之放牧野之師考之經傳誠有其事齊宣王又問曰湯武以諸侯而放桀伐紂是臣弒其君也於理可乎

孟子對曰人君爲天下共主以其能盡仁義之道立極綏猷也若害仁之人存心淫暴滅絕天理則謂之賊害義之人行事乖亂傷敗彝倫則謂之殘殘賊之人衆叛親離天命已去止可謂之一夫矣書經有云獨夫紂蓋紂自絕於天武王特奉天討爲四海除殘賊故聞誅一夫紂矣未聞其爲弒君也湯之放桀亦猶是耳蓋天生民而立之君必履仁蹈義斯足以祈天永命長享祿位故古之帝王兢

兢業業制治於未亂保邦於未危也。

孟子見齊宣王曰爲巨室則必使工師求大木。工師得大木則王喜以爲能勝其任也匠人斲而小之則王怒以爲不勝其任矣夫人幼而學之壯而欲行之王曰姑舍女所學而從我則何如今有璞玉於此雖萬鎰必使玉人彫琢之至於治國家則曰姑舍女所學而從我則何以異於教玉人彫琢玉哉。

此一章書見人君任賢當盡其才也孟子一日見齊宣王曰人君用賢以治國即如用木以治室欲爲巨室務需大木則必命工匠之師多方採取以充其用若工師果能得大木則王欣然喜慰謂有是美材斯能勝巨室之任也倘匠人誤加斲削以致短小則王艴然作怒謂其壞是美材不能勝巨室之任矣任木則欲其大如此若賢人者國家之楨幹也當幼時所講究服習皆內聖外王之大道待至壯年欲得君而事見諸施行庶不負其所學乃王不能用其所長而謂之曰姑且舍置汝之所學以從我所好夫賢人所學者仁義王之所好者功利今欲其舍所學以從王之所好是不欲其大而欲其小之也爲室則必欲盡一木之材而治國則不能盡賢人之用是任賢不如任木矣王亦比類而思之否乎。且王不任賢是不愛才亦不愛國矣試更爲王進論之今有璞玉於此其價直雖萬鎰之多極其愛重然璞玉必待彫琢而彫琢必需良工則愛玉之甚未有不付玉人而能成器者也至於國家之重甚於璞玉之貴賢人之治國甚於玉人之治玉王當簡賢任能舉國以聽之可也乃欲其姑舍所學而從我所好則何以異於教玉人彫琢玉哉是愛國不如愛玉矣王亦比類而思之否乎。蓋聖主必待賢臣而成功俊士亦俟英主以顯用誠能驩然交洽相得益彰諫行言聽道合志同將見化臻上理垂拱萬年則任賢之道得也。

齊人伐燕勝之宣王問曰或謂寡人勿取或謂寡人取之以萬乘之國伐萬乘之國五旬而舉之人力不至於此不取必有天殃取之何如孟子對曰取之而燕民悅則取之古之人有行之者武王是也取之而燕民不悅則勿取古之人有行之者文王是也以萬乘之國伐萬乘之國簞食壺漿以迎王師豈有他哉避水火也如水益深如火益熱亦運而已矣

此一章書是言征伐之道當順民心以合天

意也昔燕王噲讓國於其相子之國人大亂齊人乘釁而伐之遂大勝燕宣王乃問於孟子曰寡人興兵伐暴賴宗廟之靈師徒奏凱燕國既破或有謂燕亂已除利不可貪而勸寡人勿取者或有謂燕實無主幾不可失而勸寡人取之者自寡人思之齊與燕皆萬乘之國也以萬乘之國伐萬乘之國勢均力敵其勝負正未可決乃不待曠日持久以五旬之速而舉戰勝之功夫豈強將勁兵人力之所能及乎天意固有在矣天既以燕與我若棄而不取是違天也違天者必受其殃今欲從而取之夫子以為何如孟子對曰王欲知天意當觀民情設使取之而燕民喜悅歸附於齊則是人心已離天命已絕斯可取之古之人有行之者武王是也當時紂惡貫盈人心皆已歸周故伐商以有天下設使取之而燕民不悅思戀故主則是人心未離天命未絕即當勿取古之人有行之者文王是也當

時紂惡未稔人心猶未忘商故服事以終其身今燕之可取與否王亦惟決之於民心向背何如耳且王若欲得民心又莫先於施仁政矣今以齊萬乘之國伐燕萬乘之國并力固守勢足相當乃燕之民聞齊師入境人無鬭志以簞食壺漿迎犒王師豈有他故哉不過因燕用虐政民不堪命如在水火之中故迎齊師而望救耳王能發政施仁以拯其困苦則燕人喜慰而中心愛戴矣倘恃強力更

爲暴虐若水益加深火益加熱則燕民之望救於齊者又將待救於他人特一轉移之間耳夫豈伐之既勝而遂可以取之無患哉王亦順民心以承天意可也漢光武之勑馮異曰征伐非必畧地屠城要在平定安集之耳宋太祖之戒曹彬曰切勿暴掠生民務廣威信使自歸順可見帝王得國必以民情爲本有天地父母之心然後可以行伐暴救民之事其坐致太平享國長久也宜哉

齊人伐燕取之諸侯將謀救燕宣王曰諸侯多謀伐寡人者何以待之孟子對曰臣聞七十里爲政於天下者湯是也未聞以千里畏人者也書曰湯一征自葛始天下信之東面而征西夷怨南面而征北狄怨曰奚爲後我民望之若大旱之望雲霓也歸市者不止耕者不變誅其君而弔其民若時雨降民大悅書曰徯我后后來其蘇

此一章書是孟子告齊王以弭兵之策也齊人前欲取燕孟子告以當順民心齊人不聽竟利其有而取之於是諸侯將謀伐齊以救燕齊王聞之問於孟子曰自寡人取燕諸侯多謀伐寡人者何計以預待之乎孟子對曰臣聞古有以七十里之小國能行政於天下者商王成湯是也今齊國地方千里乃懼諸侯伐己是以千里而畏人矣臣未聞古有以千里畏人者也湯以七十里爲政於天下於書見之書經仲虺之誥有云湯初與葛國爲

鄰葛伯無道湯舉兵伐之是湯之征伐自葛國始也當時天下之人皆信湯之伐葛原爲匹夫匹婦復讐而無利天下之心湯東面而征則西夷之人怨望湯南面而征則北狄之人怨望其言曰王何不先來征我之國乎書言如此其時天下之民望王師之來又恐其不來如大旱之時望雲合而雨又恐虹見而止也及王師既至商賈安於市交易者不止農夫安於野耕耘者不變但誅戮其有罪之

君而撫慰其無罪之民如大旱之後甘雨應時而降民皆欣然大悅所以書經又載百姓之言曰待我君來我君一來庶幾各得蘇息矣此所謂七十里而爲政於天下也按此二節書孟子言雖未終而大義已見其要在天下信之四字信在天下所以致其信者在一人又不專在臨時而在於積久是故仲虺稱湯之德有曰克寬克仁彰信兆民爲人君者所當留意也

今燕虐其民王往而征之民以爲將拯己於水火之中也簞食壺漿以迎王師若殺其父兄係累其子弟毀其宗廟遷其重器如之何其可也天下固畏齊之彊也今又倍地而不行仁政是動天下之兵也王速出令反其旄倪止其重器謀於燕衆置君而後去之則猶可及止也

此二節書是孟子申明上文千里畏人之說又正答何以待之之問也孟子對齊宣王曰湯以七十里爲政於天下而齊乃以千里畏人者何耶蓋燕國之暴虐其民譬如火焚水溺王興師往伐之時燕之百姓皆以爲王將救我於水火之中故欣然各以簞食壺漿迎犒王師王必如湯之伐罪弔民發政施仁乃可以慰燕民之望若殘殺其父兄係縛其子弟拆毀其宗廟遷取其重器是如水益深如火益熱如之何其可也夫天下諸侯之心原畏忌齊國之彊欲併力以圖之特未有可乘之釁耳今齊併取燕國增地一倍而不舉行

仁政自示天下諸侯以可乘之釁是天下之兵王實有以鼓動之也能不以千里而畏人乎爲今日計王須急發號令反其所掠之老少止其欲遷之重器謀於燕之羣臣百姓就燕公子公孫中擇一賢者立以爲君而後引兵去之如是則燕亂已定齊不爲暴諸侯無以爲名尚可以及其未發而止之也王欲求所以待諸侯者亦惟如是而已夫即伐燕一事凡孟子所與齊王言者雖皆隨事匡救之

說然亦可以見聖賢之學術與王政之大端。惜乎齊王親見孟子而不能實用其言也。

鄒與魯鬨。穆公問曰。吾有司死者三十三人。而民莫之死也。誅之則不可勝誅。不誅則疾視其長上之死而不救。如之何則可也。孟子對曰。凶年饑歲。君之民老弱轉乎溝壑。壯者散而之四方者幾千人矣。而君之倉廩實。府庫充。有司莫以告。是上慢而殘下也。曾子曰。戒之戒之。出乎爾者反乎爾者也。夫民今而後得反之也。君無尤焉。君行仁政。斯民親其上。死其長矣。

此一章書見爲人君者當行仁政以恤民也。

昔鄒國與魯國戰。爲魯所敗。鄒君穆公問於孟子曰。是役也。吾有司對敵而死者。三十三人。而民未有赴救有司而死者。今將誅之。則人衆不可勝誅。將不誅之。則民怨恨其長上。視其死而不救。法令何以得行乎。不知當如之何。使刑不濫。而民亦知罪也。孟子對曰。民之疾視長上之死。有由然也。蓋凶年饑歲。君之民其老弱者展轉死於溝壑之中。其少壯者離散而之四方幾千人矣。而君之倉廩有餘粟。府庫有餘財。有司皆不肯陳告於君。使散財發粟以賑救之。是爲上者暴慢不仁。而殘虐下民也。曾子有言曰。人之立心制行。當戒之哉。戒之哉。凡怨讐之出乎爾身者。即反報爾身者也。由此言觀之。君與有司視民之死而不救。民怨久矣。至今日乃得反之。所以視有司之死而不救也。然則君無歸咎於民。亦反求諸己而可矣。若君能以愛民爲心。而

舉行仁政。則有司不敢不體君之心。亦知愛民。有司既能愛民。爲之民者。自然情義相關。居常則親其上。遇難則死其長。何至疾視而不救哉。大抵君民本同一體。民之財既當供之於君。君之財更當散之於民。豐凶散斂。上下相通。故雖水旱災荒。不能爲害。而國與民常相保也。雖然。又有說焉。散財發粟。不可廢也。不可恃也。未荒之時。別有先圖救災之方。

非專一道總又必以得人爲本所謂有治人無治法也

滕文公問曰滕小國也間於齊楚事齊乎事楚乎孟子對曰是謀非吾所能及也無已則有一焉鑿斯池也築斯城也與民守之效死而民弗去則是可爲也

此一章書見立國之道貴自強也滕文公問曰滕小國也介於齊楚二大國之間不能不事又不能兼事將事齊乎抑事楚乎孟子對

曰凡謀之出於事人者皆僥倖苟且之謀也事齊則見怒於楚事楚則見怒於齊必不能兩全而無害是謀或有人言之者然非吾所能及也君必欲吾言之而不已則別有一策焉惟是自守而已國有斯池也則鑿之而使濬國有斯城也則築之而使高然又非專恃此城池也必也爲人君者與斯民同守之其君自能效死而斯民亦感其君平時之恩患難相從而弗去此爲有地利兼有人和是則

可爲也按孟子他日之告文公也一則曰夫仁政必自經界始再則曰設爲庠序學校以教之此效死而民弗去之本也聖賢之謀人國勢有彊弱時有難易始終以帝王大道行之必不肯出於權謀苟且之說其道可彊可弱可常可變似迂遠而非迂遠後世有謂孟子窮於策滕者非善讀孟子者矣

滕文公問曰齊人將築薛吾甚恐如之何則可孟子對曰昔者大王居邠狄人侵之去之岐山

之下居焉非擇而取之不得已也苟爲善後世子孫必有王者矣君子創業垂統爲可繼也若夫成功則天也君如彼何哉彊爲善而已矣

此一章書見立國者當爲善也滕文公問曰滕薛相倚有如唇齒今齊人取薛地而將築城則滕益孤而齊益偪矣寡人甚恐當如之何而可免於吞併乎孟子對曰敝國外患從古有之昔者大王居邠狄人時來侵擾大王遂棄去邠地至於岐山之下居焉當是時非

擇岐山爲興王之地而取之也。蓋由迫於狄難不得已也。惟大王能爲善於不得已之時。故周家王業由此而起。苟後之爲人君者能如大王之爲善。其後世子孫亦必有應運而王者矣。然君子創基業於前。垂統緒於後。但能爲所當爲。使後世子孫可繼續而行耳。若夫興起王業成一統之功。則天之所爲。非人力所可必。而君子初心未嘗計及於是也。今齊彊滕弱。君將奈彼何哉。止宜勉彊爲善。盡

其在我。聽其在天而已矣。夫彊爲善一言。非止爲滕君目前之計。實有國家者經久之謀。漢儒董仲舒曰。强勉學問。則聞見博而智益明。强勉行道。則德日起而大有功。可謂得孟子之意矣。

滕文公問曰。滕小國也。竭力以事大國。則不得免焉。如之何則可。孟子對曰。昔者大王居邠。狄人侵之。事之以皮幣。不得免焉。事之以犬馬。不得免焉。事之以珠玉。不得免焉。乃屬其耆老而告之曰。狄人之所欲者。吾土地也。吾聞之也。君子不以其所以養人者害人。二三子何患乎無君。我將去之。去邠。踰梁山。邑于岐山之下居焉。邠人曰。仁人也。不可失也。從之者如歸市。或曰。世守也。非身之所能爲也。效死勿去。君請擇於斯二者。

此一章書見立國之道有二說。而滕當以守爲主也。滕文公問曰。滕褊小之國也。竭盡財力以事齊楚之大國。則不能免其侵凌之禍

焉。如之何則可。孟子對曰。昔者大王始居於邠。狄人時來侵犯。始事之以獸皮幣帛。則不得免焉。繼事之以走犬良馬。則不得免焉。終事之以明珠美玉。則不得免焉。大王乃會集邠民之耆老而告之曰。狄人之所願欲者。非皮幣犬馬珠玉也。乃吾邠之土地也。吾嘗聞之。君子以愛人爲心。不以土地之生物養人者。至於爭地以戰。反害乎人。爾二三子莫患我去之後便無君長。但使有人撫安爾等。是

即爾之君長也我將舍此而遷於他方矣遂棄去邠地經過梁山而作邑於岐山之下以居焉當其初去之時邠人相與言曰吾君乃仁人也我輩賴以爲安何忍舍之於是從之遷岐者人衆爭先有如歸市以大王之事言之此乃遷國以圖存固一說也或者又曰國家土地原祖宗貽與子孫使世世守之非我身之所得專主也縱遭患難但宜效死以守不可舍而他去以或人之論言之此乃守正

以徇國又一說也爲君今日計請於斯二者之中擇取其一勉強行之而已矣總之立國以仁民爲本爲人君者必先能仁民而後可以講隨宜處置之法本末先後萬世不能易也

魯平公將出嬖人臧倉者請曰他日君出則必命有司所之今乘輿已駕矣有司未知所之敢請公曰將見孟子曰何哉君所爲輕身以先於匹夫者以爲賢乎禮義由賢者出而孟子之後喪踰前喪君無見焉公曰諾

此一章書見人主見賢不可不專聽言不可不審也魯平公因樂正子稱孟子之賢將出而就見孟子有嬖人臧倉者忌之乃陽爲不知而請曰他日君有所出則必先命有司所之今乘輿已駕焉矣有司尚未知君將何往臣敢有請焉平公曰吾將往見孟子臧倉曰吾君乃千乘之尊孟子一匹夫而已何故吾君不自尊重而輕身以先加禮於匹夫無乃

以孟子爲賢者乎夫賢者舉動必循乎禮行事必合乎義禮義原從賢者而出而孟子之後喪其母過於前喪其父厚母薄父是不知禮義而不得爲賢者矣君勿輕身而往見也於是平公惑於其言應之曰諾遂止而不往見焉按小人之讒君子也其詞近正其術甚巧故能轉移人主之意而使之從爲人主者亦惟謀於公朝博採衆議而無取信於小人之口斯可矣

樂正子入見曰君奚爲不見孟軻也曰或告寡人曰孟子之後喪踰前喪是以不往見也曰何哉君所謂踰者前以士後以大夫前以三鼎而後以五鼎與曰否謂棺椁衣衾之美也曰非所謂踰也貧富不同也

此一節書見小人之毁易入而正人之說難行也魯平公旣惑於臧倉之言不見孟子樂正子乃入見平公而問之曰君乘輿已駕矣奚爲不往見孟軻也平公曰向吾欲見者爲

其賢也今或有告寡人者曰孟子之後喪其母踰於前喪其父則失禮義之中正而不得爲賢矣是以不往見之也樂正子曰何哉君之所謂後喪踰前喪者豈謂其前葬父用士之禮後葬母用大夫之禮前祭父用三鼎後祭母用五鼎如此之厚薄不同與平公曰吾所謂踰者非謂此也謂其葬母之棺椁衣衾美過其父也樂正子曰若此者非所謂踰也蓋孟軻前爲士其家貧貧則力不能厚故不免於薄後爲大夫其家富富則力能從厚故不敢儉其親喪具厚薄稱家有無乃所謂禮非所謂踰也君以此爲非賢不亦過乎夫樂正子之言辯矣而不能回平公之聽何也洪範有言聽曰聰聰作謀聽之不聰亂是用長君人者其愼諸

樂正子見孟子曰克告於君君爲來見也嬖人有臧倉者沮君君是以不果來也曰行或使之止或尼之行止非人所能也吾之不遇魯侯天

也臧氏之子焉能使予不遇哉

此一節書見聖賢不怨不尤樂天知命之學也樂正子不能釋平公之疑退而見孟子曰克以夫子之賢告於君君以克之言爲然將欲就見也嬖人有臧倉者進後喪踰前喪之言以沮君是以中止而不果於來也此固君聽之不聰而讒人之言亦可畏矣孟子曉之曰君子之道其遇而行也或有人先容以使之其不遇而止也或有人中沮以尼之是行

止似係乎人矣然所以行所以止非人之所能也有天存焉吾今日不遇魯侯以行吾道是氣數之厄天之未欲平治天下也彼臧氏之子一嬖人耳安能以人力害我而使我不遇於魯侯哉但安之可也夫樂天知命聖賢之學也敬天用賢則帝王之事也君子小人之消長爲天命去留所由分中庸去讒勸賢之說人君可勿深思與

日講四書解義卷之十四

日講四書解義卷之十五

孟子 上之三

公孫丑章句上

公孫丑問曰夫子當路於齊管仲晏子之功可復許乎孟子曰子誠齊人也知管仲晏子而已矣或問乎曾西曰吾子與子路孰賢曾西蹵然曰吾先子之所畏也曰然則吾子與管仲孰賢曾西艴然不悅曰爾何曾比予於管仲管仲得君如彼其專也行乎國政如彼其久也功烈如彼其卑也爾何曾比予於是曰管仲曾西之所不爲也而子爲我願之乎曰管仲以其君霸晏子以其君顯管仲晏子猶不足爲與曰以齊王由反手也

此一章書見爲治當以王道而不當以霸術也公孫丑問於孟子曰昔者齊國賢相桓公時有管仲景公時有晏子二人功業顯著後來未有能繼之者設若夫子當路於齊而居管晏之位其取威定霸之功業可使復見於

今日乎孟子曰齊人識見止囿於齊今子誠齊人也亦惟知管仲晏子而已矣外此而學術事功光明俊偉高出管晏之上者皆所不知也子獨不聞曾西之言乎昔者或人問曾西曰吾子自視人品與子路孰賢曾西蹵然不安曰子路在聖門乃吾先祖曾子所敬畏者也我何敢與之比方乎或人又問曰子既不敢比子路然則吾子自視人品與管仲孰賢曾西乃艴然不悅曰爾何乃比我於管仲

管仲相齊桓公委心信任如彼其專也行乎國政四十餘年如彼其久也其所立功業皆以機權變詐得之殊無有光明正大可言者如彼其卑也爾何乃比我於此人乎由曾西與或人問答觀之管仲者曾西之所不屑爲也而子乃爲我願之乎其待我亦淺矣公孫丑曰夫子薄管晏而不爲胡不以其功觀之管仲以其君桓公爲諸侯盟主而稱霸於當時晏子以其君景公行先王善政而顯名於天下人能爲二子是亦足矣夫子猶以爲不足爲與孟子曰設使我當路於齊而得君行道則將使天下之民舉安以齊王於天下如轉手之易耳豈特以其君霸顯而已哉此吾所以薄管晏不爲也宋儒楊時有言譬之御者子路則範我馳驅而不獲一禽者也管仲之功詭遇而獲禽耳其論確矣是故學者必能以詭遇爲羞始可以幾皐夔伊傅之爲臣爲君者必能使詭遇者不得進始可以幾禹

湯文武之爲君亦在乎慎辨之而已矣

曰若是則弟子之惑滋甚且以文王之德百年而後崩猶未洽於天下武王周公繼之然後大行今言王若易然則文王不足法與曰文王何可當也由湯至於武丁賢聖之君六七作天下歸殷久矣久則難變也武丁朝諸侯有天下猶運之掌也紂之去武丁未久也其故家遺俗流風善政猶有存者又有微子微仲王子比干箕子膠鬲皆賢人也相與輔相之故久而後失之

也尺地莫非其有也一民莫非其臣也然而文王猶方百里起是以難也

此二節書見文王之難於大行由商多賢聖之君也公孫丑曰夫子以管晏爲不足爲弟子固已惑矣今言以齊王猶反手則弟子之惑滋甚且以文王惠鮮懷保之德其及於人者盛矣又享壽百年而後崩德之施者遠矣然而教化僅及於西土猶未浹洽於天下至武王繼之而纘緒克商周公繼之而制禮作

樂然後教化大行於天下文王王天下之難如此今言王齊猶反手之易然則非惟管晏不足爲即文王亦不足法與孟子曰文王盛德何可當也其所以致王之難者所值之時勢難耳蓋商之天下始於成湯之創業以至於武丁之中興其間太甲太戊祖乙盤庚賢聖之君凡六七作其深仁厚澤浸灌民心天下之歸殷久矣久則民心愛戴既深難變而之他也當武丁之時國運雖衰王業未改一

加振作遂能朝諸侯而有天下猶運掌之易也紂雖稔惡去武丁之世未久也其在下則舊臣老成之家與夫舊民仁厚之俗其在上則脩齊教化之流風與夫紀綱法度之善政猶有存而未亡者又貴戚之卿則有微子微仲王子比干箕子異姓之卿則有膠鬲此五人者皆賢人也相與後先而輔相之故紂雖無道必久而後失之也當是時無有尺地而非商之土也無有一民而非商之臣也然而

文王由地方百里之岐周而興起其大小固懸絕矣是以文王雖有莫當之盛德而致王若斯之難也豈可謂文王不足法哉歷考創業之主未有不出於艱難者至子孫常業而安其知之者鮮矣周公大雅諸篇多歌咏王業艱難成王能知之遂爲周家一代令主後世人主法成王焉可也

齊人有言曰雖有智慧不如乘勢雖有鎡基不如待時今時則易然也夏后殷周之盛地未有

過千里者也而齊有其地矣雞鳴狗吠相聞而達乎四境而齊有其民矣地不改辟矣民不改聚矣行仁政而王莫之能禦也

此二節書見齊之易王以其時勢可乘也孟子又告公孫丑曰知文王當日王天下之所以難則知今日王天下之所以易矣齊人嘗有言曰凡人之作事雖有智慧之巧不如乘其可爲之勢乃可以濟其事凡農之治田雖有鎡基之備不如待其可耕之時乃可以利

其用觀齊人之言則知王天下者必有資於時勢矣吾之言以齊王猶反手者正以齊有可乘之時勢眞有至易而無難者也昔夏后殷周之盛時王畿之地不過千里今齊地亦方千里固已有其地矣且民居稠密雞鳴犬吠之聲自國都以至四境處處相聞又已有其民矣有其地是地不待更爲開拓而已闢矣有其民是民不待更爲招集而已聚矣王廣民稠如此視彼尺地一民莫非商家所有者不亦異哉乘此國勢而行仁政則人民之歸附益衆土地之開闢益廣其一統而王天下誰得而禁止之哉夫齊以土廣民稠孟子遂許其易王若夫四海一統天下一家無爲而治不尤易易乎雖然知其易尤當圖其難必也勅天之命惟時惟幾務使深仁厚澤周浹天下而不敢以已安已治爲心然後國家全盛之勢可以歷萬年而無替矣

且王者之不作未有疏於此時者也民之憔悴

於虐政未有甚於此時者也饑者易爲食渴者易爲飲孔子曰德之流行速於置郵而傳命當今之時萬乘之國行仁政民之悅之猶解倒懸也故事半古之人功必倍之惟此時爲然

此三節書見齊當易爲之時故能事半而功倍也孟子又告公孫丑曰齊之土廣民稠固有可乘之勢矣然不止此也蓋自文武造周以來至今七百餘年無有能繼文武而興者王者不作未有稀濶於此時者也與商之賢

聖繼作異矣。干戈賦斂。無時休息。民之憔悴於暴虐之政。未有甚於此時者也。與商之猶有善政異矣。當此之時。能行仁政。如饑者但得食。即以爲美。而易爲食。如渴者但得飲。即以爲甘。而易爲飲。是恩不必濬。而感恩者自衆也。孔子嘗有言曰。德化之流行。心相感通。其機不疾而速。不行而至。殆速於置郵而傳王命焉。使當今日饑渴之時。乘萬乘大國之勢。而行悅民之仁政。舉其憔悴而蘇之。吾知

流行必速。民之悅之。猶解倒懸之困苦也。故所施仁政之事。雖僅半於古人。而不必百年。不必繼世。致王之功。必反倍於古人。正惟此時爲能然也。所謂以齊王猶反手。豈虛語哉。夫事半功倍之說。三代而下。其得天下也。往往如是。然其取之也易。故其失之也亦不難。則是說也。可以進於應運開創之時。而不可進於繼世守成之日。率作興事。皋陶所以告大舜也。所其無逸。周公所以告成王也。後世

爲人君者。法古人所爲而力行之。勿憚其難。亦勿狃於易焉可也。

公孫丑問曰。夫子加齊之卿相。得行道焉。雖由此霸王不異矣。如此。則動心否乎。孟子曰。否。我四十不動心。曰。若是。則夫子過孟賁遠矣。曰。是不難。告子先我不動心。

此一章書見聖賢治心之學也。公孫丑問於孟子曰。夫子一旦加齊卿相之大位。得行其所學之道焉。雖由此爲管晏而成霸功。爲伊

周而成王業。固夫子之所優爲。亦不足爲怪矣。但任大責重如此。不知亦有所搖動於心否乎。孟子曰。謂我當大任而於心有所動者。否也。我自四十之時。心已不動矣。況今日乎。公孫丑曰。吾聞古有勇士孟賁。力能生拔牛角。於世畧無畏懼。今夫子當大任而能不動心。若是。則夫子之勇。過孟賁遠矣。孟子曰。如但以無所畏懼爲不動心。而不必深論其事。此亦何足爲難。求之世間。往往有其人焉。如

告子者蓋能先我而不動心不必至四十時矣夫不動心之學孟子四十始能而告子反能先之者何也先也者即所謂助長也非徒無益而又害之者也是故善爲學者必循序而漸進善爲治者必久道而化成

曰不動心有道乎曰有北宮黝之養勇也不膚撓不目逃思以一毫挫於人若撻之於市朝不受於褐寬博亦不受於萬乘之君視刺萬乘之君若刺褐夫無嚴諸侯惡聲至必反之孟施舍之所養勇也曰視不勝猶勝也量敵而後進慮勝而後會是畏三軍者也舍豈能爲必勝哉能無懼而已矣孟施舍似曾子北宮黝似子夏夫二子之勇未知其孰賢然而孟施舍守約也

此四節書見不動心各有其道也公孫丑問曰夫子言是不難告子先我不動心敢問人之不動心者亦必有所以不動之道乎孟子曰凡人之不動心者眞似淺淺不可一槩而論然皆各有所以不動之道也古有勇士北宮黝彼所以養其勇也肌膚挺然而不撓目睛凝然而不逃推其必勝之心思以一毫小挫於人如撻之於市朝之中必不肯以其小而受之不惟不受於褐寬博之賤夫亦不受於萬乘之君視刺萬乘之君與刺褐寬博之賤夫相等殊不見世間有可以畏憚之諸侯如以惡聲加之則必以惡聲報之此其人身可殺而志不可奪蓋以必勝爲主者也吾所謂不動心有道者此其一也古又有勇士孟施舍彼所以養其勇也嘗自言曰我當未戰之時雖其勢難於取勝而我視之與可以勝無殊惟知勇往直前而已若量敵之勢弱於我而後進兵慮我之必勝於敵而後會戰是無勇而畏懼三軍之事者也我所不能爲也觀舍此言彼豈有百戰百克之勇能爲必勝者哉但胆氣素定視不勝猶勝能無畏懼而已矣此其人蓋以無懼爲主者也吾所謂不動心有道者又其一也孟施舍以無懼爲主

是專務守己者於儒者中畧似曾子曾子平日凡事反求諸己者也北宮黝以必勝爲主是專務敵人者於儒者中畧似子夏子夏天性狷介不輕下人者也夫孟施舍北宮黝此二子者皆匹夫血氣之勇亦難定其孰賢然而就中較量則孟施舍之所守爲得其要焉蓋黝務敵人是求在人者也求在人則有時而不可必舍專守己是求在己者也求在己則無往而不自由此舍之所守爲得其要而

非黝之所能及也夫黝舍者孟賁之類也彼告子者孟賁黝舍之類也凡有志於學者將以學爲聖賢也而反流於匹夫之勇而不覺可乎聖賢之學本無二道而異端之說乃有千岐始於擇焉不精終至勞而罔獲可不慎與

昔者曾子謂子襄曰子好勇乎吾嘗聞大勇於夫子矣自反而不縮雖褐寬博吾不惴焉自反而縮雖千萬人吾往矣孟施舍之守氣又不如曾子之守約也

此二節書見聖賢相傳不動心之正道也孟子又告公孫丑曰吾言孟施舍似曾子而曾子不動心之道果何如昔者曾子謂其弟子子襄曰子好勇乎夫勇有大小彼血氣之小勇不足好也吾嘗聞義理之大勇於吾夫子仲尼矣夫子以天下惟理爲可恃苟反之於自而理有不直則其氣自餒所敵者雖褐寬博之賤吾安得而不惴焉苟反之於自而理

無不直則其氣自壯所敵者雖千萬人之衆吾奮然而往與之相抗而不懼矣由曾子之言觀之孟施舍之所守雖視北宮黝爲約然僅在於氣耳又不如曾子反身循理其所守者尤得其要也吾言不動心有道此則曾子不動心之道也按孟子不動心之學其原蓋出於此所謂縮者即以直養而無害也所謂千萬人吾往者即浩然之氣也孟子願學孔子以此求之思過半矣惜乎孔孟之言炳如

日星而後世猶有好高之徒陰入於告子之流而不自知者。

曰敢問夫子之不動心與告子之不動心可得聞與告子曰不得於言勿求於心不得於心勿求於氣不得於心勿求於氣可不得於言勿求於心不可夫志氣之帥也氣體之充也夫志至焉氣次焉故曰持其志無暴其氣既曰志至焉氣次焉又曰持其志無暴其氣者何也曰志壹則動氣氣壹則動志也今夫蹶者趨者是氣也而反動其心。

此二節書見不動心之道當內外交相養也。公孫丑又問曰黝舍曾子之不動心吾知其各有道矣敢問夫子之四十不動心與告子之先夫子不動心其道可得聞與孟子曰欲知告子之不動心當觀其言告子之言曰言以明理爲達所言而於理不達是不得於言也則當舍置其言而勿求其理於心恐以求心之故而動其心也心以順理爲安所爲而於心不安則當力制其心而勿求其助於氣恐以求氣之故而動其心也此告子不動心之指也就其言而論之不得於心勿求於氣似乎不以所重徇其所輕猶云可耳若夫不得於言勿求於心則一身冥然無主其不可也必矣然所謂可者猶有說焉夫心之有志所以主宰乎身而役使乎氣是氣之將帥也氣以充滿乎一身而聽命於志是志之卒徒也志固爲至極而氣即次之我故曰人當持其志使帥有常尊而又當無暴其氣使體有常充可也彼謂不得於心勿求於氣者但知強持其志豈能無暴其氣乎其爲不可則一而已公孫丑未達志至氣次之義又問曰夫子既曰志爲至極氣爲次之則志重於氣人但當守其志可矣乃又曰無暴其氣而氣亦在所當養者何也孟子曰志氣本不相離持養不可偏廢如志之所在專一則四肢百骸皆隨其運用固足以動乎氣然使氣之所在專一則心思意念或不及管攝而志亦反爲其所動矣今夫人之步履至於傾跌而蹶者奔走至於急遽而趨者是皆猝然之間氣失其平也而反能震動其心使之驚惕而不寧豈非氣壹動志之驗乎夫志壹能動氣可見志爲至極氣壹能動志可見氣卽次之此所以既持其志又必無暴其氣也孟子何以此爲疑哉按持其志無暴其氣者內外交養之學也詩曰抑抑威儀維德之隅又曰愼爾威儀

無暴其氣者愼威儀之謂也孟子蹶趨之說蓋本諸此由蹶趨推之凡盤於遊畋耽於聲色可以動志之類皆蹶趨也聖明之主可不以此爲戒與

敢問夫子惡乎長曰我知言我善養吾浩然之氣敢問何謂浩然之氣曰難言也其爲氣也至大至剛以直養而無害則塞于天地之間其爲氣也配義與道無是餒也是集義所生者非義襲而取之也行有不慊於心則餒矣我故曰告子未嘗知義以其外之也

此五節書見不動心之學貴於知言養氣而養氣貴於集義也公孫丑問曰告子之不動心固出於強制矣敢問夫子之不動心何所長於告子而能然也孟子曰我之異於告子者有二端焉我於天下之言究極其理而知其是非得失之故則與告子之不得於言勿求於心者異矣我於吾所固有浩然之氣能善養之而全其盛大流行之本則與告子之

不得於心勿求於氣者異矣此則吾所以不動心之道也丑又問曰氣則一也而夫子曰浩然必有說矣敢問何謂浩然之氣孟子曰浩然之氣惟人自養之自知之未易言也試以其本體言之其爲氣也至大而不可限量至剛而不可屈撓但恐人不能善養之耳誠能自反常直順其自然以養之而不至有所害焉使其至大者猶夫初也至剛者猶夫初也則其氣自然充塞於天地之間矣又試以

其用言之蓋天地間皆道義也惟能養吾浩然之氣則其爲氣也配合乎吾心裁制之義義所當爲者氣卽助之以有爲配合乎吾心自然之道道所當行者氣卽助之以有行是天地間不可一日無道義則不可一日無浩然之氣苟無是氣卽道義所當爲而無氣爲助亦委靡退縮而餒矣然氣之養成也固足配道義而其始養也實有資乎道義必由平日工夫事事合義久之則心無愧怍此氣自

然發生是乃集義所生者非一事偶爾合義便可感激奮厲掩襲於外而取之也若無集義之功則所行必有不合於義而不能慊然快足於心者心既不慊則氣亦從此不振而餒矣夫心之慊與不慊由於義之集與不集則義本心中自有之理而不在於外明矣我故曰告子未嘗知義正以彼言義在於外而不在於心故也既以義爲外則必不能集義以生氣其先我不動心者不過悍然不顧襲取之而已豈眞能不動心者哉夫孟子言氣必本於集義言義必歸於慊心此卽大學誠意自慊之學也能於此求之脩齊治平之道思過半矣

必有事焉而勿正心勿忘勿助長也無若宋人然宋人有閔其苗之不長而揠之者芒芒然歸謂其人曰今日病矣予助苗長矣其子趨而往視之苗則槁矣天下之不助苗長者寡矣以爲無益而舍之者不耘苗者也助之長者揠苗者也非徒無益而又害之

此一節書見集義者貴於有事而有事者貴於純全其功也孟子告公孫丑曰氣既由集義而生非由義襲而取欲集義者必須有事於義孜孜汲汲使所行皆得其宜焉而又不可預爲期必使進脩之志或雜於謀利之私也常須存此有事之心不可一時或忘而又不可躁進欲速有所作爲以助其長也愼無若宋人然宋人有憂閔其苗之不長而揠之

以助其長者芒芒然歸謂其家人曰今日吾疲甚矣苗之不長者吾助之長矣其子趨而往視之則苗已槁而死矣今天下養氣者始之以期必之心繼之以助長之念其不爲宋人之助苗長者蓋亦寡矣以養氣爲無益而舍之不事者不耘苗者也知氣當養而助之長者揠苗者也非徒無益於氣而又從而害之是故直養而無害之功則爲我所長耳按告子之學失在助長而後世學者失在不知

有事夫助長者知有事而誤焉者也使一無所事其失不尤甚乎是故學莫患於自棄而志不可以不立也

何謂知言曰詖辭知其所蔽淫辭知其所陷邪辭知其所離遁辭知其所窮生於其心害於其政發於其政害於其事聖人復起必從吾言矣

此一節書見不動心之學必貴於知言也公孫丑又問曰夫子之善養氣既得聞命矣而又曰我知言此謂何也孟子曰凡人言語皆本於心吾因其辭之顧此失彼一偏而詖則知其心見理未明爲私欲之所障蔽故也因其辭之高談闊論汎濫而淫則知其心蔽錮已深爲私欲之所迷陷故也因其辭之違背正論奇僻而邪則知其心惑於他岐與正理判然離異故也因其辭之支吾無定屢變而遁則知其心屈於正理自覺窮極而難通故也夫蔽陷離窮生於其心豈惟言受其病則將害於其政而大綱不舉矣發於其政則亦

害於其事而萬目不脩矣心術一謬綱紀皆差理固有必然者雖後有聖人復起能以一言定天下之是非亦必從吾害政害事之言而不可易矣吾所謂知言者如此若告子不得於言勿求於心何足以語此哉此我之不動心所以異於告子也宋臣歐陽脩曰自古毀譽之言未嘗不並進於前而聽納之際人主所難蓋左右之人朝夕出入其所譏諫能使人主不覺其漸惟在抑左右陰薦之言採

縉紳公正之論，若脩者誠善發孟子知言之蘊者與。

宰我子貢善爲說辭，冉牛閔子顏淵善言德行。孔子兼之，曰：我於辭命則不能也。然則夫子既聖矣乎？曰：惡，是何言也！昔者子貢問於孔子曰：夫子聖矣乎？孔子曰：聖則吾不能，我學不厭而教不倦也。子貢曰：學不厭，智也；教不倦，仁也。仁且智，夫子既聖矣。夫聖，孔子不居，是何言也。

此二節書是公孫丑以聖人推尊孟子，而孟

子不敢居也。公孫丑曰：昔孔門弟子宰我、子貢列言語之科，皆善爲說辭；冉牛、閔子、顏淵列德行之科，皆善言己身素有之德行。孔子兼此二者，然猶不敢全任，曰：我於辭命則不能也。今夫子既知言，則洞晰乎辭命之理；又善養氣，則體備乎德行之實。兼衆賢之所不能兼，任孔子之所不敢任，夫子豈不既聖矣乎？孟子聞而驚嘆曰：惡，以我爲聖，是何言也！昔者子貢問於孔子曰：夫子聖矣乎？孔子曰：聖者極至之稱，此豈吾所能哉？我但以聖人之道學諸己而不厭，又以聖人之道教諸人而不倦，如斯而已。子貢曰：學而不厭，必深知義理之無窮，故融會貫通，始終無斁，乃所謂智也；教而不倦，必不見人我之有間，故涵育熏陶，樂與同善，乃所謂仁也。仁而且智，則體用兼備，夫子業已聖矣，雖欲辭其名，豈可得乎？子貢、孔子問答之言如此。由此觀之，聖之名孔子尚不敢居，子乃以我爲聖，是何言也。

總之，聖賢爲學，當仁不讓者，任道之勇；日見不足者，求道之心。孔子、孟子雖造詣微有不同，其於爲學則一而已矣。

昔者竊聞之：子夏、子游、子張皆有聖人之一體，冉牛、閔子、顏淵則具體而微，敢問所安。曰：姑舍是。曰：伯夷、伊尹何如？曰：不同道。非其君不事，非其民不使，治則進，亂則退，伯夷也。何事非君，何使非民，治亦進，亂亦進，伊尹也。可以仕則仕，可以止則止，可以久則久，可以速則速，孔子也。皆古聖人也。吾未能有行焉。乃所願則學孔子也。
此三節書是孟子因公孫丑之問而明其志獨宗孔子也。公孫丑問曰。昔者竊聞之。聖人之道備諸己。雖大而無遺。傳之人。則分而各得。如子夏子游子張。或得聖人之文學。或得聖人之威儀。皆有其一體。如冉牛閔子顏淵。氣質不偏。理義完備。具有聖人之全體。但不能如聖人大而化之不可限量耳。夫子既不敢比孔子。敢問於此數子。何所處乎。孟子曰。

凡人立志須取法乎上。數子雖賢。且姑置之。吾未肯以之自處也。公孫丑又問曰。數子既非所處。若伯夷伊尹二人。夫子於此何如。孟子曰。伯夷伊尹之道與我不同。即以出處一節論之。非可事之君則不事。非可使之民則不使。世治則進而仕。世亂則退而隱。是以清爲其道者也。伯夷是也。得君則事。何所事而非君。得民則使。何所使而非民。世治固進而仕。世亂亦進而仕。是以任爲其道者也。伊尹是也。若夫可以仕則進而仕。可以止則退而止。可以久則久而留。可以速則速而去。在己無意必固我之私。於世合用行舍藏之妙。是得時中之道者也。孔子是也。此三等造詣各極其至。皆古之聖人。吾所行一未有能焉。但此心則惟願學孔子。因時制宜。揆義理之自然。審事幾之至當而已。我與孔子同道。而夷尹不同也。可見孟子不敢自居聖人。固存心之至虛。而必願學孔子。又立志之至確。凡人

立志必以最上者定其趨向。斯取法不偏。用力不懈。孟子事君則言稱堯舜。自任則願學孔子。誠不敢以次焉者自安也。

伯夷伊尹於孔子若是班乎。曰。否。自有生民以來。未有孔子也。曰。然則有同與。曰。有。得百里之地而君之。皆能以朝諸侯有天下。行一不義殺一不辜而得天下。皆不爲也。是則同。

此二節書言聖人之道雖不同。而其根本節目之大者則無不同也。公孫丑問曰。伯夷伊

尹孔子夫子以爲皆古聖人是夷尹二人於孔子無可優劣若是其班乎孟子曰否不但伯夷伊尹自生民以來聖人非一求其道德事功之盛如孔子者未之有也公孫丑又問曰伯夷伊尹固不能與孔子並然既俱爲聖人亦有相同之處與孟子曰相同之處烏得無有假如得百里之地而爲之君土雖不廣彼三聖人之德皆足以慰四方悅服之心副兆庶尊親之望朝諸侯有天下坐致無難若

使行一不義之事殺一不辜之人在他人雖覺甚小彼三聖人之心義精仁熟無一毫人欲之私功利之念即可以得天下亦不爲也聖人之所以爲聖人德極其盛心極其正根本節目之大惟在於此是則其所同也可見聖人作用雖有各別本體則無少異然三聖之中獨尊孔子者則以其本末一貫小大兼該聖人至此無有幾微之遺憾觀其同益知其所以異孟子之論聖精矣

曰敢問其所以異曰宰我子貢有若智足以知聖人汙不至阿其所好宰我曰以予觀於夫子賢於堯舜遠矣子貢曰見其禮而知其政聞其樂而知其德由百世之後等百世之王莫之能違也自生民以來未有夫子也有若曰豈惟民哉麒麟之於走獸鳳凰之於飛鳥泰山之於丘垤河海之於行潦類也聖人之於民亦類也出於其類拔乎其萃自生民以來未有盛於孔子也

此四節書是言孔子之不同羣聖人以明願學之意也公孫丑問曰夫子謂生民以來未有孔子敢問其異於夷尹者若何孟子曰此非獨吾言之孔門弟子已先言之矣聖人原不易知宰我子貢有若智識高明皆足以知聖人即使自處汙下欲推崇其師亦決不至阿私所好而空譽之則其言之可信明矣宰我之言曰自古聖人首稱堯舜然堯舜以道治天下勳業在一時夫子推堯舜之道以教

萬世之天下。勳業在萬世。以予觀之。賢於堯舜遠矣。子貢之言曰。古來聖人不一。要皆可考而知。如禮所以飭政。見其所制之禮。或煩或簡。則當日之政。尚質尚文可知。樂所以象德。聞其所作之樂。或善或美。則當日之德。性之反之可知。由百世之後。差等百世之王。莫有能違我之鑒別者。但見自生民以來。未有如吾夫子以一身備帝王之政。以一心兼神聖之德者也。有若之言曰。我嘗曠觀天下。豈

惟民哉。即如麒麟之於走獸。鳳凰之於飛鳥。泰山之於丘垤。河海之於行潦。爲飛爲走。爲山爲水。不可謂之非類也。聖人之於民。有形有性。俱受之於天。亦同類而已。但聖人能踐其形。能復其性。雖與衆共生。而夐然出於其類。拔乎其萃耳。以我觀之。自生民以來。出類拔萃之聖人非一。未有如孔子之盛者也。三子之言如此。則孔子之爲聖。自古莫及。豈獨伯夷伊尹乎。此吾所以願學也。按戰國時。邪說橫行。人皆溺於功利。孔子之道不明。故孟子因公孫丑之問。既自言知言養氣之功。復言願學孔子。以見其淵源有本。後世始知孔子之道。眞可以治天下國家。無不尊王黜霸。則皆孟子之言發之也。其有功於聖道。豈不大哉。

孟子曰。以力假仁者霸。霸必有大國。以德行仁者王。王不待大。湯以七十里。文王以百里。以力服人者。非心服也。力不贍也。以德服人者。中心

悅而誠服也。如七十子之服孔子也。詩云。自西自東。自南自北。無思不服。此之謂也。

此一章書。是論王霸之公私不同。而人心之感應亦異也。孟子曰。世之論治者。率以王霸並稱。而不知其公私之辨。以土地甲兵之力。假仁之名。以濟其私。則謂之霸。霸者必有大國。乃可以成一匡九合之業。若以大公至正之德。行救世安民之仁。則謂之王。王者不待有大國。自可以朝諸侯。王天下。故湯之王。以

七十里之亳文王之王以百里之岐周此其明驗也王與霸既不同故人之應之者亦各異彼霸者之以力假仁亦足以服人矣然非眞心愛戴特迫於強大力不能抗不得已而服之耳若王者之以德行仁人之服者中心愛慕喜悅發於至誠無所勉強即如七十子之於孔子初無勢力位號之聯屬而周流窮困相從不舍無有異也大雅文王之詩曰王者之化自西自東自南自北無所思而不服

此正王者以德服人而天下皆心悅誠服之謂也彼霸者何足以語此哉從來王霸之論未有若孟子此章之明切者可見得天下全在仁不在力三代而下如漢唐宋之賢君以寬代虐務愛惜百姓與天下休養生息皆享國長久彼行事之近於王者且然况實以德行仁之王者乎

孟子曰仁則榮不仁則辱今惡辱而居不仁是猶惡濕而居下也如惡之莫如貴德而尊士賢者在位能者在職國家閒暇及是時明其政刑雖大國必畏之矣

此一章書是言有國者榮辱皆由於己不可不自勉於仁而此二節先即惡辱之情勉以強仁之事也孟子曰好榮惡辱者人之常情不知榮辱無常惟人自取人君能奮發為仁則身尊國顯不期榮而自榮矣若安於不仁則身危國亂不期辱而自辱矣夫不仁既足以致辱今惡辱而反居不仁是必不能免于

辱猶惡濕而反居窪下之地必不能免於濕也人君如誠惡之則莫如去不仁而為仁不自挾其貴而貴者惟德不自恃其尊而尊者惟士賢者使在輔弼之位而匡君正俗能者使在百司之職而趨事赴功幸而國家閒暇無敵國外患之憂及是時君臣上下益加兢惕脩明其政凡大綱小紀秩然不亂脩明其刑凡五刑五罰咸得其平如此則用人行政孜孜汲汲惟務脩德以自強根本既立威命

自振雖有強大之國必且翕然畏服拱手而聽命矣何榮如之由此觀之治天下國家不可一日不從事於仁賢能卽行仁之人政刑卽行仁之具閒暇卽行仁之時然三者之中時尤難得易失人但欲坐享太平偷安無事不知在上者既厭倦萬幾在下者卽養交持祿人才銷歇紀綱隳壞禍患無不從此而起昔人以晏安比之鴆毒豈虛語哉

詩云迨天之未陰雨徹彼桑土綢繆牖戶今此

下民或敢侮予孔子曰爲此詩者其知道乎能治其國家誰敢侮之今國家閒暇及是時般樂怠敖是自求禍也禍福無不自己求之者詩云永言配命自求多福太甲曰天作孽猶可違自作孽不可活此之謂也

此四節書申言榮辱之所由致無不本諸己也孟子曰人君欲強仁以求榮則當及時以圖治昔周公作鴟鴞之詩託爲鳥言曰及天未陰雨之時往取彼桑根之皮以補葺巢之牖戶使之堅固以避陰雨之患今此在下之民其或有擊射而侮予者乎孔子讀詩而讚之曰爲此詩者其知制治於未亂保邦於未危之道乎夫人君能及時而治其國家如鳥之及時而爲巢則無隙可乘誰敢侮之詩與孔子之言如此仁則榮之說不益信哉今之爲國者不知深謀遠慮思患預防國家閒暇及是時般樂以縱欲怠傲以偷安君臣上下政荒而不問刑虐而不恤其不仁如此則國

非其國而侮之者至矣是自求禍也何辱如之乎觀仁之榮知福所由臻觀不仁之辱知禍所由集仁不仁由己則榮辱豈自外至可見禍福無不自己求之者大雅文王之詩曰爲人君者知天命不易承而反身克己長思與之配合則天心丕佑盛大之福皆其所自致矣商書太甲之篇曰己無罪而天降之災或猶可避自爲不善而陷於禍則決不可得生詩之言卽福自己求之謂書之言卽禍自

己求之謂也好榮惡辱者可不醒哉可見天命不常常於有德降祥降殃皆人事所感召斷斷不可委之氣數以自寬其責昔唐臣李泌告君曰天下人皆可言命惟人君不可言命若一言命則政事皆無用矣此誠千古至言也

孟子曰尊賢使能俊傑在位則天下之士皆悅而願立於其朝矣市廛而不征法而不廛則天下之商皆悅而願藏於其市矣關譏而不征則

天下之旅皆悅而願出於其路矣耕者助而不稅則天下之農皆悅而願耕於其野矣廛無夫里之布則天下之民皆悅而願為之氓矣

此一章書是以實行王政望時君而先舉王政之當行者詳列之也孟子曰天下之大勢在人心而人心之向背則惟在其君之行政如賢能之士君所賴以共治其國者也於賢則尊禮之使有德者盡其匡弼於能則器使之使有才者展其猷為如是則俊傑濟濟莫不在位天下之士皆悅我用人有道而願立於其朝矣至於交易有無有市區焉所以為國通財貨若逐末者多則使各出市宅之租以抑之而不更征其貨若逐末者少則但治以市官之法而已並不稅其廛則天下之商皆悅吾立法之便而願藏於其市矣道路出入有關焉所以為國備非常不過設此以稽察往來之傳節防杜奸宄而已不征其貨稅則天下之旅皆悅吾柔遠之義而願出於其

路矣農為國之本耕者終歲勤動最宜軫念但脩井田之法使八家合作助耕公田而不稅其私田之入則天下之農皆悅吾薄斂之政而願耕於其野矣居民所以實其國其民既有恒業則非游民其所居既為積貨之廛則非曠土諸如夫家之征一里之布本以懲游民曠土者槩不征之則天下之民皆悅吾厚下之仁而願為之氓矣王政行而人心附有如此者總之天下雖大不外此五者之人

而五者之中士爲尤急蓋佐人君創制立法使商賈行旅耕農居民各得其所者全在賢能俊傑故行政乃得人心之本而用人又行政之本也

信能行此五者則鄰國之民仰之若父母矣率其子弟攻其父母自生民以來未有能濟者也如此則無敵於天下無敵於天下者天吏也然而不王者未之有也

此一節書是言行王政之必王也孟子曰王

者之政能使士農商賈居民行旅無不歸心如此特患今之人君不肯實心舉行耳果能行此五者則政事修明恩德旁浹其所感被豈但本國之民歡忻愛戴尊之親之凡鄰國之民無不懷樂土之思切來蘇之望皆仰之若父母矣既仰之若父母則鄰國之民無異我之子弟假如鄰國之君欲率其民以攻我是率其子弟以攻其父母自生民以來無此悖逆之理其斷乎無濟可知如此則天下之

大安有與我爲敵者夫至無敵於天下則是膺天命而爲天吏凡逆天害民之國皆得而征討之兼弱攻昧取亂侮亡無非恭行天罰東西朔南何向不服然而不王者未之有也夫王天下在得人心得人心在行王政孟子既屢言之此又決言行王政之必王以見其必不可不行然人心得之甚難失之甚易有一政不舉即有一民不附未有天下當思人心得之之難既有天下當思人心失之之易

則久安長治千萬年丕基不拔矣

孟子曰人皆有不忍人之心先王有不忍人之心斯有不忍人之政矣以不忍人之心行不忍人之政治天下可運之掌上所以謂人皆有不忍人之心者今人乍見孺子將入於井皆有怵惕惻隱之心非所以內交於孺子之父母也非所以要譽於鄉黨朋友也非惡其聲而然也

此一章書是勉人君法先王行不忍人之政也孟子曰人受天地之氣以爲形即稟天地

生物之理以爲心。凡見人不得其所。卽有一
不忍之心萌動於中。此固不分聖凡無不同
具。但人雖有是心。率爲物慾所蔽。不能推而
達諸行事。惟先王則全體流通。觸處周徧。不
忍人之失養。則制田里。教樹畜。卽有政以厚
其生。不忍人之失教。則設學校。明禮義。卽有
政以復其性。以不忍人之心。行不忍人之政。
隨感隨應。隨應隨足。天下雖大。其治之也。不
猶運諸掌上之易乎。先王能全其皆有之心

如此。夫天下之人。至不齊矣。天下人之與先
王。甚懸絕矣。而謂其皆有不忍人之心者。於
何見之。是當於猝然發露之頃。觀其自然莫
強之意。有如今之人。乍見一無知之孺子。將
入於井。無論賢愚。必爲之怵惕而驚懼不寧。
惻隱而傷痛甚切。此其心。初非爲內交於孺
子之父母而結好也。非爲要譽於鄕黨朋友
而掠美也。幷非惡居不仁之名。而懼人之訕
議也。動於不容已。而發於不及覺。不知其然

而然。亦不期其同然而無不然。此所以謂人
皆有不忍人之心也。人人有是心。先王亦不
過有是心。先王有是心。遂成其爲先王。凡人
有是心。僅成其爲凡人。但以先王能行。凡人
不能行耳。然則人主欲法先王。苟非以實心
行實政。使天下之民無不實被其澤。雖有仁
心仁聞。亦何益哉。

由是觀之。無惻隱之心。非人也。無羞惡之心。非
人也。無辭讓之心。非人也。無是非之心。非人也。

惻隱之心。仁之端也。羞惡之心。義之端也。辭讓
之心。禮之端也。是非之心。智之端也。人之有是
四端也。猶其有四體也。有是四端而自謂不能
者。自賊者也。謂其君不能者。賊其君者也。凡有
四端於我者。知皆擴而充之矣。若火之始然。泉
之始達。苟能充之。足以保四海。苟不充之。不足
以事父母。

此四節書是推言四端之心。皆人性所固有。
而見擴充之功。不容已也。孟子曰。由乍見孺

子入井一事觀之可見無惻隱之心天下必無是人人皆有惻隱之心可知推之羞惡辭讓是非之心或有所感而即動或因所觸而即形無羞惡辭讓是非之心天下亦必無是人人皆有羞惡辭讓是非之心可知矣然是四者之心所以感即動觸即形者其故爲何蓋惻隱非他吾性中固有是慈愛之眞肫然不容已仁之端也羞惡非他吾性中固有是裁制之宜截然不可紊義之端也辭讓非他

吾性中固有是謙恭遜順自然之品節禮之端也是非非他吾性中固有是分別去取不爽之衡鑒智之端也有是性即有是情是四端爲人人之所共有即爲人人之所皆能人心之有四端猶人身之有四體也乃或自謂不能而不反求諸己是自賊而已或謂其君不能而不責難於君是賊其君而已夫人而可自賊乎哉事君而可賊其君乎哉誠使凡有是四端者果能自加察識即從一念之感

動一時之發露推而擴之使其無念不然無時不然以充滿其全量將見四者之心若火之始然泉之始達沛然勃然有不可遏塞者矣苟至於能充之則仁義禮智之用自然推行各當暨訖無外四海雖大足以保之而無難苟不充之則性分既虧彝倫日斁雖至親若父母且不足以事之況四海乎是知人君有是心始則患在不能察識既察識則又患在不能擴充孟子告梁惠王即不忍民饑一

事引之以王道告齊宣王即不忍觳觫一念引之以發政施仁無非欲其察識此心以盡擴充之功用而梁齊之君雖知之而不能行故孟子至此又痛切言之其詞愈危而其意愈切矣

孟子曰矢人豈不仁於函人哉矢人惟恐不傷人函人惟恐傷人巫匠亦然故術不可不慎也孔子曰里仁爲美擇不處仁焉得智夫仁天之尊爵也人之安宅也莫之禦而不仁是不智也

此一章書是勉人擇仁而處盡反求諸己之功。而先即其不可不擇者言之也。孟子曰。天下之人。同此心。即同此理。及其習尚一殊。而善惡遂至懸絕。即以一技言之。彼矢人之心。豈不仁於函人之心哉。乃矢人以矢爲業。則專精於矢。惟恐矢之不利而不傷人。函人以甲爲業。則專精於甲。惟恐甲之不堅而傷人。巫利人生。匠利人死。亦復如是。可見術之於人所係甚大。習於仁則仁。習於不仁則不仁。

故不可不愼也。孔子有言曰。習俗移人。賢者不免。里有仁厚之俗。擇居者尚以爲美。人若擇術而不於仁。是不知美惡之别。焉得爲智乎。由孔子之言思之。仁之爲道。自天所與而言。則天地生物之心。得之爲最先。所以統四德該萬善。而爲良貴之首。乃天之尊爵也。自其在人而言。則有天理自然之安。無人欲陷溺之危。爲日用所當處而不可暫離者。人之安宅也。莫爲之禦。而自不處仁。是有尊爵而棄之。有安宅而舍之。是非顛倒。不明已極。雖欲不謂之不智。豈可得哉。蓋性相近。習相遠。人若隨俗習非。不知其惡。而自陷於惡。所以古之聖王。兢兢業業。屛奇技淫巧。遠宦官宮妾。日求讜言。日親正士。惟恐稍一狎近不義。即爲外物蠱惑。爲聖爲狂。所分在此而已。

不仁不智。無禮無義。人役也。人役而恥爲役。由弓人而恥爲弓。矢人而恥爲矢也。如恥之。莫如爲仁。仁者如射。射者正己而後發。發而不中。不

怨勝己者。反求諸己而已矣。

此三節書是勉人之自力乎仁也。孟子曰。夫不智則不能擇仁而處。即爲不仁之人矣。不仁之人。自然嗜慾錮蔽。私累縈惑。益以不智。至於不智。而禮之孰合孰違。義之孰當孰否。皆不能察。亦遂無禮無義。四者俱無。則人道已喪。自置其身於卑賤之地。天下之有德無德者。皆可以役使之。是爲人役而已。既爲人役。雖有愧恥之心。終不能免。譬如弓人而恥

爲弓矢人而恥爲矢。即欲不爲弓矢。豈可得哉。如恥爲人役。而必求所以免之。亦無他術。莫如反其不仁而爲仁耳。蓋仁者之於仁。猶射者之於射。必內正己之志。外正己之體。極其審固而後發矢。發而不能中。則不怨人之能中而勝己者。惟反求諸己。內外之體有不正而已矣。爲仁由己。而不由於人。何以異此。一爲仁而智與禮義無不畢具。天下方宗而仰之。又奚人役之足憂乎。蓋天下之道二。出

乎仁。則入乎不仁。仁則有安富尊榮之樂。不仁則有敗亡僇辱之苦。然仁初不待外求。能發憤自強。反諸己而具足。特患人不肯立志耳。故孟子危言以激之。復正言以勉之。無非欲其立志以自強而已矣。

孟子曰。子路。人告之以有過則喜。禹聞善言則拜。大舜有大焉。善與人同。舍己從人。樂取於人以爲善。自耕稼陶漁以至爲帝。無非取於人者。取諸人以爲善。是與人爲善者也。故君子莫大乎與人爲善。

此一章書。是言取善不可不極其量也。孟子曰。古昔聖賢不一。而好善之心則同。聖門子路。人告之以過則喜。得聞而改之。其樂於遷善如此。夏王大禹。聞人之善言。則屈己拜而受之。其樂於受善如此。若夫有虞大舜。規模氣象。視由禹更有大焉。舜視此善本天下大共之理。故以天下之善。公之天下之人。而與同之。不存一己之見於心。而虛心以從人。不

知善之在己也。不存一人之見於心。而見人之善則樂取之。不知善之在人也。形迹俱泯。物我兩化。融融然同處一善之內。自耕於歷山。陶於河濱。漁於雷澤。以至登庸而爲天子。無在非取於人以爲善。其樂善之至。窮達不移。終始無間又如此。由今思之。舜取人之善以爲己善。雖未暇代爲人計。然天下有善者以見取爲榮。益日進於善。未有善者。以不見取爲辱。亦思共勉於善。是與人爲善者也。至

於與人爲善則是成己而卽成物獨善而備兼善有如天覆地載無不生成長育君子之善莫大於此取善之量必如是而始盡哉蓋嘗論之人君如天上天之載無聲無臭然日月雨露雷霆霜雪各司其職惟成一天之善人君之道淵默無爲然兵農禮樂工虞水火各效其能亦惟成一君之善若稍吝容納或疑其沽名市美則人皆消沮伏匿不敢自獻其善人君雖欲爲善從何取之故孟子從由禹上溯大舜以見善不可不取取善又不可不極其量也

孟子曰伯夷非其君不事非其友不友不立於惡人之朝不與惡人言立於惡人之朝與惡人言如以朝衣朝冠坐於塗炭推惡惡之心思與鄉人立其冠不正望望然去之若將浼焉是故諸侯雖有善其辭命而至者不受也不受也者是亦不屑就已

此一章書是言君子處世貴乎中正無取一偏之行而此先言伯夷之偏於淸也孟子曰商周之間有伯夷者其生平制行惟一於淸非可事之君則弗事非可交之友則弗友故其時國君有不善者必不肯立於其朝國人有不善者必不肯與之言使其立惡人之朝與惡人言則一息不能自安如衣朝衣冠朝冠坐塗炭之內其疾惡之嚴如此推其心非獨不與惡人言而已雖與鄉人並立其冠不正不過偶然之小失必望望然急去之若將汚累及己又非獨不立惡人之朝而已雖諸侯卑躬折節善其辭命以交接之禮至亦必拒之不受其所以然者以就之卽不潔必至降吾志而辱我身故斷斷然弗屑已吁觀夷之處世無一可與之人然則非黃農虞夏果無託足之地哉惟其若此所以爲伯夷與

柳下惠不羞汙君不卑小官進不隱賢必以其道遺佚而不怨阨窮而不憫故曰爾爲爾我爲我雖袒裼裸裎於我側爾焉能浼我哉故由由

然與之偕而不自失焉。援而止之而止。援而止之而止者。是亦不屑去已。

此一節書。是言柳下惠之偏於和也。孟子曰。魯之大夫有柳下惠者。其生平制行。惟一於和。有君則事之。雖汙君不以爲羞。有官則居之。雖小官不以爲卑。其進而仕也。不自隱其賢。而事人必以其道。其不用而遺棄。無怨尤之色。甚至於阨窮。亦無悲閔之意。常自言曰。凡人立身各有本末。爾自爲爾。我自爲我。即使袒裼裸裎。露其形體。在於我側。爾自無禮耳。安能汙及我哉。是以由由然不見一毫圭角。日與衆人偕處。惟期自不失其正而已。雖當欲去之時。有留而止之者。即從之而止。其所以然者。視天下無一不可事之君。無一不可居之官。并無一不可並處之衆。何所區別較量於其間。正不必以去爲潔。而屑屑自明其是已。吁。觀惠之處世。超然進退窮達之外。主於和光同塵。雖辱身降志。不以爲屈。惟其

若此所以爲柳下惠與。

孟子曰。伯夷隘。柳下惠不恭。隘與不恭。君子不由也。

此一節書。是論古人制行。未免一偏。不可爲處世中正之準也。孟子曰。吾由伯夷觀之。其嚴潔難犯。雖纖微細過。不肎包容。可謂淸之至矣。然以自律其躬則可。若以槩責天下。則失於太苛。孰非斯人之徒。而忍孑孑焉槩擯絕之乎。謂之爲隘。所不免矣。吾由柳下惠觀之。其平易諧俗。無人不可交接。可謂和之至矣。然應世固貴通融。而廉隅禮度。豈可盡廢。但云己不失正。人之是非可否。一槩聽其自然。不幾以世爲玩乎。謂之不恭。所不免矣。夫君子處世。自有大中至正之道。淸而不刻。和而不流。故人人皆可率循。就夷惠所造。非不自成獨至之詣。然有意爲夷。則欲效其淸。適得其隘。不至矯世違俗不止。有意爲惠。則欲效其和。適得其不恭。不至同流合汙不止。故

日君子不爲也孟子生平仕止久速一以孔子爲準此論夷惠之偏而願學之意隱然言外觀其在當時宋薛之餽則受齊之餽則不受季任儲子之交則不廢而與王驩同使則未嘗交一言斯誠處之各得其道後世所當取法也

日講四書解義卷之十五

日講四書解義卷之十六

孟子　上之四

公孫丑章句下

孟子曰天時不如地利地利不如人和三里之城七里之郭環而攻之而不勝夫環而攻之必有得天時者矣然而不勝者是天時不如地利也城非不高也池非不深也兵革非不堅利也米粟非不多也委而去之是地利不如人和也

此一章書是言有國者以得人心爲本而先舉天時地利之不足恃者言之也孟子曰自

古人君保邦制勝不可少者其術有三一曰天時干支時日占候吉凶是也一曰地利山川城隍設險守國是也一曰人和上下相親民人愛戴是也自我論之天時乃適値之會地利有可據之形天時不如地利地利猶虛設之形人心乃固結之本地利又不如人和何以見天時不如地利有如三里之城七里之郭地雖至小然或敵人環向而攻不能勝

者有之夫以環而攻之之久豈無值天時旺相之日而卒不能勝者則氣數難盡憑而形勢爲有據也是天時不如地利也何以見地利不如人和有如強敵來攻我之城非不高池非不濬且城池中之兵甲非不堅利米粟非不饒足然衆叛親離一民不肯效死舉此四者棄之而去險固雖在孰與君共守者則民心既渙散而地勢無常險也是地利不如人和也是知失人和非獨天時無用地利亦

無用得人和則天有時人即乘之地有利人即據之二者又俱與王之藉矣况時不時在天利不利在地人之和不和則在我奈何舍其可必而反求其不可必者乎

故曰域民不以封疆之界固國不以山谿之險威天下不以兵革之利得道者多助失道者寡助寡助之至親戚畔之多助之至天下順之以天下之所順攻親戚之所畔故君子有不戰戰必勝矣

此二節書是極言人和之效以見得人心不可無道也孟子曰天時地利不如人和然則有國者所急孰如人心哉故曰封疆所以域民然域民實不在封疆之界山谿所以固國然固國實不在山谿之險兵革所以威天下然威天下實不在兵革之利所視者人心去就何如耳果能得其道則羣情愛戴自然親上死長爭先效力而助之者多矣若一失其道則衆志乖違自然上下攜貳各不相顧而

助之者寡矣極寡助之所至雖其親戚無不離心離德相率叛之况其遠者乎極多助之所至雖天下至廣無不聞風慕義翕然順之况其邇者乎如此而有時用兵以行攻討之事則是以天下所順之君攻親戚所叛之國不戰則已戰則安有不勝者又何待乎天時地利哉蓋民心之去就國家之勝敗存亡即決於此孟子此言雖爲戰國時君發實萬世有天下者之龜鑑取天下固在得人心守天

下尤在得人心然人心不可以美言市不可以小數結確有其得之之道民之所好好之民之所惡惡之所欲與聚所惡勿施用人行政總不出乎此而已

孟子將朝王王使人來曰寡人如就見者也有寒疾不可以風朝將視朝不識可使寡人得見乎對曰不幸而有疾不能造朝明日出弔於東郭氏公孫丑曰昔者辭以病今日弔或者不可乎曰昔者疾今日愈如之何不弔王使人問疾

醫來孟仲子對曰昔者有王命有采薪之憂不能造朝今病小愈趨造於朝我不識能至否乎使數人要於路曰請必無歸而造於朝

此一章書見孟子守禮自重之意而其門人子弟皆不喻也孟子在齊國居賓師之位未嘗食祿爲臣齊王待孟子與孟子自待其禮自與臣下不同一日將朝齊王齊王不知使人來曰寡人欲就見夫子偶有寒疾不可以風詰朝將視朝不識夫子惠然肎來使寡人一見乎齊王不肎就見孟子使人相召直欲以臣禮屈之矣孟子不欲應其召復不欲斥言其非故權辭應之曰不幸亦有疾不能造朝又恐齊王不悟以爲眞疾次日遂出弔於齊大夫東郭氏之家公孫丑疑而問曰夫子昨以疾辭今日出弔毋乃不可乎孟子曰昨日有疾故不能造朝今日疾愈故可以出弔如之何不往哉孟子出弔之後齊王使人問疾醫來診視孟子之弟仲子自以己意對曰

昨者王召夫子適有采薪之憂不能造朝今疾小愈恐違王命趨造於朝不審已至否乎孟仲子既以此言復使數人要孟子於路曰請必無歸而造於朝夫孟子爲賓師禮不可召有難於自言者故借出弔一事微露其意庶幾齊王聞之翻然覺悟悔其來召之非乃一不喻於公孫丑再不喻於孟仲子及門子弟尚且如此何况齊王哉總之上之待下與下之事上皆不可不各盡其禮後世

有臣無賓師。君曰尊。臣曰卑。臣下之能如孟子守禮者益少。故必君以禮待其臣。然後臣能以禮自待。此孔子之告魯公。必君使臣以禮。而後臣事君以忠也。

不得已而之景丑氏宿焉。景子曰。内則父子。外則君臣。人之大倫也。父子主恩。君臣主敬。丑見王之敬子也。未見所以敬王也。曰。惡。是何言也。齊人無以仁義與王言者。豈以仁義爲不美也。其心曰。是何足與言仁義也云爾。則不敬莫大乎是。我非堯舜之道。不敢以陳於王前。故齊人莫如我敬王也。

此一節書。是孟子自言敬王之大。以曉齊臣也。景丑氏。齊大夫。孟子辭疾出弔。正欲使齊王知其非眞疾耳。乃孟仲子不以實對。而要其必朝。則失孟子之本意矣。庶幾猶可藉景丑氏以達之齊王也。不得已而之景丑氏宿焉。景子不喻其意。而責孟子曰。内而家庭。則有父子。外而朝廷。則有君臣。人道之大倫也。父子情親。則以恩爲主。至於君臣分嚴。則以敬爲主。丑見王之致敬於子也。未見子之所以敬王也。孟子因曉之曰。惡。子以我爲不敬王。是何言也。敬不在趨承之小節。而在陳納之大端。今齊人無以仁義與王言者。非不知仁義之爲美。其心以爲是何足與言仁義也云爾。誠不敬之大者矣。夫所謂仁義者。卽堯舜之道也。我平日所進說於王者。皆堯舜脩己治人之道。一切權謀功利與堯舜之道相戾者。不敢以陳於王前。蓋望王之爲堯爲舜。而不欲王苟且以圖治也。齊人孰有如我敬王者乎。而奈何以不敬加我哉。

景子曰。否。非此之謂也。禮曰。父召無諾。君命召。不俟駕。固將朝也。聞王命而遂不果。宜與夫禮若不相似然。曰。豈謂是與。曾子曰。晉楚之富。不可及也。彼以其富。我以吾仁。彼以其爵。我以吾義。吾何慊乎哉。夫豈不義而曾子言之。是或一道也。天下有達尊三。爵一。齒一。德一。朝廷莫如爵。鄉黨莫如齒。輔世長民莫如德。惡得有其一以慢其二哉。

此二節書是因齊臣疑不赴召之非而言召見者之慢德也。孟子於齊處賓師之位。故不以趨命爲敬。而以陳善爲敬。景子不知而終以臣禮責之曰。否。吾謂子之不敬王。非不與言仁義之謂也。謂於禮有未盡耳。禮曰。人子承父之召。則唯而無諾。人臣當君命來召。則不俟駕而行。今子固已將朝也。聞王命來召。

而遂不果朝。宜與夫不俟駕之禮若不相似然。以是爲不敬也。孟子曉之曰。我之意豈如子之爲是言與。曾子嘗曰。晉楚大國之富不可及也。彼以其富。我以吾仁。當之非有加於仁也。彼以其爵。我以吾義。當之非有加於義也。吾於彼更何慊然未足乎哉。曾子之言如此。夫豈不合於義而曾子言之。是或有一種道理也。蓋通天下之人皆以爲尊者有三。爵位顯榮。其一也。年齒高大。其一也。道德隆盛其一也。朝廷之上。以貴治賤。莫如爵。鄉黨之中。以少事長。莫如齒。至於輔理一世而致乂安。長率萬民以起敎化。則莫如德。夫所謂德者。卽曾子所謂仁義也。所無慊於晉楚之君者也。惡得有其爵之一。以慢其齒德之二哉。王之召我。宜耶否耶。

故將大有爲之君。必有所不召之臣。欲有謀焉則就之。其尊德樂道不如是。不足與有爲也。故湯之於伊尹。學焉而後臣之。故不勞而王。桓公

之於管仲。學焉而後臣之。故不勞而霸。

此二節書是舉古君臣以明不召見之義也。孟子曰。我謂王之不當召我者。豈自爲尊大乎。蓋審乎人臣以身輔主之原。非徒恃勢位者之可與圖治耳。故從來將大有作爲之君。必虛己下士。而有所不召之臣。如於朝野大事。欲有所商確。則枉駕而就之。何古之人臣。必欲其君之致敬盡禮如是哉。誠以其君尊奉其德。愛樂其道。如是而後求治之志切。任

賢之心誠，乃可與有爲。不如是尊德樂道，則不足與有爲也。自古大有爲之君，成王業者莫如湯，成霸業者莫如桓公，而其所不召之臣，則伊尹與管仲是也。湯之於伊尹，能尊尹之德，樂尹之道，從受學焉，然後用以爲相而臣之，故伐夏救民之事，伊尹身任而與湯爲之，遂不勞而王。桓公之於管仲，能尊仲之德，樂仲之道，從受學焉，然後用以爲相而臣之，故九合一匡之事，管仲身任而與桓公爲之，

遂不勞而霸。然則欲致王霸之業者，舍尊德樂道，其安從哉？

今天下地醜德齊，莫能相尚，無他，好臣其所教，而不好臣其所受教。湯之於伊尹，桓公之於管仲，則不敢召。管仲且猶不可召，而況不爲管仲者乎？

此二節書是言時君不足有爲，而處賓師之位者必不可召也。孟子曰：湯與桓公所由成王霸之業，皆以尊德樂道之故。今天下土地相類，德教相等，莫有能創建非常而超出乎時君之上者，此其故可知矣。無他，列國之君大都以富貴驕人，而不能屈己下士。彼奔走順承，爲我所教誨者，則好以爲臣焉；彼道德自重，爲我所受其教誨者，則不好以爲臣焉。此所以無不召之臣，而不得與王致霸，以至終莫能相尚也。然則君之於臣，獨奈何以召爲其事耶？湯之於伊尹，桓公之於管仲，一皆學焉而臣，不敢召之來見。夫所以不敢召者，

以其不可召也。伊尹爲元聖，其不可召宜矣。若夫管仲，一霸者之佐耳，且猶不可召，而況其德其道更不屑爲管仲者乎？可無惑乎不赴王之召也。孟子在齊，賓道也，非臣道也，齊王但可就見，而不可以召見，故孟子始而辭疾，繼而出弔，繼而宿景丑氏，反復論辯，無非明不可召之意。信乎人君不以崇高富貴爲重，而以貴德尊士爲賢也。

陳臻問曰：前日於齊，王餽兼金一百而不受；於

宋餽七十鎰而受於薛餽五十鎰而受前日之不受是則今日之受非也今日之受是則前日之不受非也夫子必居一於此矣孟子曰皆是也。

此一章書見君子之辭受各當於理也陳臻孟子弟子兼金價兼倍於常者鎰二十四兩陳臻問於孟子曰大凡餽同則辭受宜無不同前日夫子在齊王餽兼金一百鎰而不受及在宋餽七十鎰而夫子受之及在薛餽五

十鎰而夫子又受之若以前日不受齊之餽爲是則今日受宋薛之餽非也若以今日受宋薛之餽爲是則前日不受齊之餽非也均之一餽也而受不受既殊則是與非存焉竊以爲夫子必居一非於此矣孟子曰辭受何常在審乎理而已理所當辭是以辭齊之餽而不受理所當受是以受宋薛之餽而不辭要之皆不失爲是者也予何以異同爲疑耶

當在宋也予將有遠行行者必以贐辭曰餽贐予何爲不受當在薛也予有戒心辭曰聞戒故爲兵餽之予何爲不受若於齊則未有處也無處而餽之是貨之也焉有君子而可以貨取乎

此三節書言在齊宋薛所處不同故辭受各異也孟子曰我謂辭受皆是何以言之當在宋時予將有遠方之行凡交際之禮遠行者必有贐以資道途之費宋君致餽之辭曰餽我以贐則是餽爲遠行而設也予何爲卻之而不受當在薛時予適有戒備之心凡賢者

居人國則國君保護而周給之使無不虞之患薛君致餽之辭曰聞有戒心故其時爲兵餽此金則是餽又爲戒心而設也予何爲卻之而不受若於齊則於遠行戒心之事皆未有所處也無所處而餽之是以財貨結之也衆人動於利欲不免爲貨所取致焉有守義之君子而可以爲貨所取致乎然則受者固不可爲非而不受者又安可爲非是哉孟子於辭受之間一無所苟如此則凡君子立身

之大節可槩見矣。

孟子之平陸，謂其大夫曰：「子之持戟之士，一日而三失伍，則去之否乎？」曰：「不待三。」「然則子之失伍也亦多矣。凶年饑歲，子之民，老羸轉於溝壑，壯者散而之四方者，幾千人矣。」曰：「此非距心之所得爲也。」

此一章書見君臣當各盡其職也。孟子在齊，適往平陸邑中，見年歲饑荒，百姓多死亡流散，因謂其治邑之大夫孔距心曰：凡事各有

職守。假若子之執戟而出之士，當行師之時，一日間三次離失其行伍，則以兵法誅之否乎？距心曰：失伍之誅，法所不宥，何待於三？孟子直責之曰：官之有職，猶士之有伍。然則子之失職，一如士之失伍也亦多矣。朝廷設官分治，必使民得遂其生，得安其業，而後可以告無罪於君焉。今凶年而水旱疾疫之交作，饑歲而稻粱黍稷之不登，子之民老羸展轉於溝壑而死，壯者散而之四方以謀食者，不知其幾千人矣。爲民牧者不能恤民，而使一至於此，其曠廢職守與失伍何以異乎？乃距心猶不知而自諉曰：夫身爲民牧，豈不以軫恤民艱爲事？無如欲發倉廩，有發之者；欲緩征輸，有緩之者。此其事非距心之所得專爲也，何獨以爲距心罪耶？

曰：「今有受人之牛羊而爲之牧之者，則必爲之求牧與芻矣。求牧與芻而不得，則反諸其人乎？抑亦立而視其死與？」曰：「此則距心之罪也。」他日，

見於王曰：「王之爲都者，臣知五人焉。知其罪者，惟孔距心。」爲王誦之。王曰：「此則寡人之罪也。」

此二節書見孟子一言能使齊君臣皆自知其罪也。孟子因孔距心之諉罪而更責之曰：子以事由君上，不得自專，遂以此諉罪，豈受托之道乎？今設有受人之牛羊而爲人牧養者，則必向彼求畜牧之地與餧飼之芻，然後可身任其事。其或求牧與芻而不得，則將以此牛羊反諸其人乎？抑亦立視其死而悍然

不顧與子之爲王牧民亦猶是也殆有不得辭其咎者矣由是距心曉然曰始而不求所以養之繼而不知以身去之此則距心之罪也孟子欲以警醒齊王故他日見於王曰凡人之失其職而不知者比比也王之爲治於都邑者臣素所識知有五人焉五人之中能知其失職之罪者惟孔距心一人而已於是即所以責距心與距心所以自責者悉爲王誦述之亦庶幾與王之覺悟耳王果自任其

罪曰人君能愛養斯民則臣下之奉行自力今百姓不得其所有司不得其職皆由寡人之罪也齊君臣聞孟子之言而無不知罪如此宜可以興道致治矣然終不能改惜哉

孟子謂蚳鼃曰子之辭靈丘而請士師似也爲其可以言也今既數月矣未可以言與蚳鼃諫於王而不用致爲臣而去齊人曰所以爲蚳鼃則善矣所以自爲則吾不知也公都子以告曰吾聞之也有官守者不得其職則去有言責者不得其言則去我無官守我無言責也則吾進退豈不綽綽然有餘裕哉

此一章書見君子之進退久速各有其道也蚳鼃齊大夫靈丘齊下邑士師掌刑之官孟子謂蚳鼃曰人臣處疏遠之地則嘉言難於上達子之辭靈丘而請爲士師實於理近似也爲其爲近臣而可以諫刑罰之不中也推是心也宜其即有所建白而不待於遲久今在位既數月矣其於刑罰之得失當亦聞之

熟矣豈其一一皆中而未可以言與蚳鼃激於孟子之言乃進諫於王而王不能用遂致其爲臣之職事而去齊人有譏孟子者曰當言而使之言當去而決於去所以爲蚳鼃則善矣至於道既不行去又不決所以自爲則吾不知也何其明於爲人而闇於自爲乎孟子弟子有公都子者述齊人之言以告孟子曰進退之間自有當然之理吾聞之也人臣於兵刑禮樂各有專司是謂有官守者惟盡

其職乃可居其官若受制於君而不得盡其職則去人臣於利害得失皆許入告是謂有言責者惟行其言乃可任其責若見阻於君而不得行其言則去蚳鼃有官守言責者諫而不用其去宜矣我於齊既非以官爲守又非以言爲責者也可以進而進可以退而退豈不綽綽然寬舒而有餘裕哉安得以蚳鼃之去而遂議我之不去也孟子於齊居賓師之位而未嘗受祿故其言如此蓋於去就之

間審之有素豈齊人所可妄議哉

孟子爲卿於齊出弔於滕王使蓋大夫王驩爲輔行王驩朝暮見反齊滕之路未嘗與之言行事也公孫丑曰齊卿之位不爲小矣齊滕之路不爲近矣反之而未嘗與言行事何也曰夫既或治之予何言哉

此一章書見君子待小人之道也蓋齊下邑王驩齊之嬖臣孟子於齊雖不受祿而嘗受客卿之職適當滕國有喪齊王使孟子往弔又使蓋邑大夫王驩爲副使以輔其行宜於禮儀之事不能無兩相計議矣乃王驩朝暮進見由齊至滕之路去而復反終未嘗與言所行之事也其待之之嚴如此豈不以王驩非可與言之人而拒之哉公孫丑不知而問曰凡人勢分相懸或周旋未久則兩情未洽而言有難盡大夫而攝齊卿之位其位不爲小矣自齊以適於滕之路其路不爲近矣卒之從往以及於反而未嘗與言行事何也孟

子有難以顯言者乃婉辭答之曰使事有失不能不與之言夫彼從行之有司既或治之而得其宜矣予尚何復與言哉易曰君子遠小人不惡而嚴觀孟子所以待王驩者其即孔子之所以待陽貨者與

孟子自齊葬於魯反於齊止於嬴充虞請曰前日不知虞之不肖使虞敦匠事嚴虞不敢請今願竊有請也木若以美然曰古者棺椁無度中古棺七寸椁稱之自天子達於庶人非直爲觀

美也。然後盡於人心。

此一章書見人子當自盡其心也。嬴，齊南邑。充虞，孟子弟子。孟子在齊有母之喪，從齊歸葬於魯，仍反於齊，而止宿於齊之嬴邑。充虞問曰：前日夫子有母之喪，不知虞之不肖，使虞董治作棺之事，其時喪事嚴迫，虞有疑而不敢請問，今願竊有請也。所用之木若似乎太美，然未知夫子何心而如是其過厚也。孟子曰：喪葬之從厚，本之先王之制，非自今日

始也。上古法制未備，凡爲棺椁無一定厚薄尺寸之度。中古時周公制禮，棺木以七寸爲準，棺外之椁亦與相稱。自天子至於庶人，共之，非直爲觀視之美也。必如是堅厚而可以歷久遠，然後於人子之心爲稍盡耳，何疑於木之美也。

不得，不可以爲悅。無財，不可以爲悅。得之爲有財，古之人皆用之，吾何爲獨不然？且比化者，無使土親膚，於人心獨無恔乎？吾聞之也，君子不以天下儉其親。

此三節書申言送終之禮宜從厚也。孟子曰：吾之所以美其木者何哉？人子於喪葬之禮，孰不欲厚於其親，使此心愉悅而靡有遺恨。然有分所不得盡，則限於法制而不可以爲悅；力所不能強，則屈於財物而不可以爲悅。若使法制之所當得，而又財物之所優爲，古之人皆用以厚葬其親。吾非人情乎，何爲其獨不然？且爲死者與土相接，求其附於身者

堅厚久遠，無使土得親近其肌膚，於人子之心獨不快然無所憾乎？苟得盡其心而不期自盡，是爲天下愛惜物力而薄於吾親也。吾聞之也，君子不爲惜此天下之物而儉於其親。然則吾之美於其木，蓋考之古制，度之人心，合之君子所以待親之道，而有不能自已者，而非爲過舉也。可見人子於喪葬之際，設不能自盡其心，即有抱恨無窮者，而忍云儉與。

沈同以其私問曰燕可伐與孟子曰可子噲不得與人燕子之不得受燕於子噲有仕於此而子悅之不告於王而私與之吾子之祿爵夫士也亦無王命而私受之於子則可乎何以異於是

此一章書見人君當以義興師也燕王子噲讓國於其相子之燕國大亂齊君臣欲乘其亂而伐之於是沈同遂以其私意問於孟子曰以燕之亂可舉兵伐之與孟子據理斷之

曰可諸侯土地人民雖傳之先君實受之天子非奉天子之命子噲不得以燕擅與諸人子之亦不得遽受燕於子噲與者受者俱不爲無罪也譬如有仕宦者於此而子悅之不請命於王而私與以吾子所食之祿所居之爵夫彼從仕之士亦未膺王命而私受祿爵於子揆之於理其可乎燕君臣私相授受何以異於是以彼無道之國而興兵問罪誰曰不宜

齊人伐燕或問曰勸齊伐燕有諸曰未也沈同問燕可伐與吾應之曰可彼然而伐之也彼如曰孰可以伐之則將應之曰爲天吏則可以伐之今有殺人者或問之曰人可殺與則將應之曰可彼如曰孰可以殺之則將應之曰爲士師則可以殺之今以燕伐燕何爲勸之哉

此一節書見伐國者宜奉行天討也孟子答沈同之問亦就燕論燕而非勸齊伐燕也及齊人伐燕或人以討出孟子乃問曰齊之伐

燕聞夫子實勸之有諸孟子曰未也其謂我勸者亦有由也沈同問燕可伐與吾應之曰可君臣私相授受亂常已甚伐之何疑彼遂以吾言爲然而伐之也彼如復問曰孰可以伐之則將應之曰奉行天討而爲天吏者則可以伐之譬如今有殺人者或問之曰殺人之人可殺與則將應之曰可殺人者死殺之何疑彼如復問曰孰可以殺之則將應之曰奉行國法而爲士師者則可以殺之今燕有

可伐之罪，而齊非伐燕之人。以齊伐燕，猶以燕伐燕也，何爲勸之哉？由此觀之，征伐之道，在順乎人心，以合乎天意，則正矣。

燕人畔。王曰：吾甚慙於孟子。陳賈曰：王無患焉。王自以爲與周公孰仁且智？王曰：惡！是何言也。曰：周公使管叔監殷，管叔以殷畔。知而使之，是不仁也；不知而使之，是不智也。仁智，周公未之盡也，而況於王乎？賈請見而解之。見孟子，問曰：周公何人也？曰：古聖人也。曰：使管叔監殷，管叔

以殷畔也，有諸？曰：然。曰：周公知其將畔而使之與？曰：不知也。然則聖人且有過與？曰：周公，弟也；管叔，兄也。周公之過，不亦宜乎？

此一章書，見人臣當勉其君以遷善改過也。齊取燕之後，燕人共立太子平爲王，由是乃畔。齊王曰：吾於燕人之畔，始信昔日孟子之言果爲不謬，今殊覺見之而有愧焉。此固齊王悔悟之心，正可與爲善之機也。齊大夫有陳賈者，乃爲逢迎之說曰：王無以此爲患焉。請問王自以爲與古周公較，孰仁且孰智？齊王曰：惡！我安得與周公較，是何言也。陳賈曰：王之重視乎周公，重視乎其仁智耳。武王克商，立紂子武庚於殷，周公使管叔監守殷國。成王初年，管叔與武庚同謀畔周。假使知管叔之畔而使之，是陷管叔於死而不仁也；假使不知管叔之畔而使之，是無先幾之哲而不智也。仁智，周公猶未之能盡也，而況於王乎？賈請見孟子而爲王解之，王何慙之有。陳賈

見孟子，問曰：周公何如人也？孟子曰：古之大聖人也。陳賈曰：周公使管叔監守殷國，管叔與殷武庚畔周，有是事否？孟子曰：然。陳賈曰：周公先知管叔之將畔而故使之與？孟子曰：以理斷之，必不知也。陳賈曰：周公爲大聖人，宜其於仁智兼盡而無有過矣，乃猶不知而誤使管叔，然則聖人且未盡善而有過與？陳賈言此，蓋特爲齊王解耳。孟子曰：聖人雖若有過，不知其爲天理人情所自至，而非猶夫

人之過也周公於管叔爲弟管叔於周公爲兄以愛兄之心爲任使之事詎忍逆探其兄之姦而棄之耶周公之過不亦所當得者乎且古之君子過則改之今之君子過則順之古之君子其過也如日月之食民皆見之及其更也民皆仰之今之君子豈徒順之又從爲之辭

此一節書責陳賈導王文過之非也孟子責陳賈曰人孰能無過而所以處過者古今人不相若也古之君子設或有過則改之以即

於善今之君子設或有過則順之以遂其非古之君子當其有過不事掩飾如日月之方食而民無不見之及其改圖復於無過如日月之復明而民無不仰之今之君子豈徒順之而已又從而爲之說辭以著其有餘而掩其不及此古之君子所以雖有過而不害於過今之君子所以一有過而終溺於過也然則愛人者可不以古人期之而乃教以今人之所爲哉蓋人臣事君當以陳善閉邪爲心彼陳賈者爲君文過適陷君於有過耳豈愛其君者乎

孟子致爲臣而歸王就見孟子曰前日願見而不可得得侍同朝甚喜今又棄寡人而歸不識可以繼此而得見乎對曰不敢請耳固所願也他日王謂時子曰我欲中國而授孟子室養弟子以萬鍾使諸大夫國人皆有所矜式子盍爲我言之

此一章書見君子不以利爲去就也孟子爲

齊卿久之而道不行乃致其卿位而歸齊王就見孟子曰前日夫子未至吾國之時願一見而不可得及既至吾國得侍高賢之側非特爲寡人所心喜凡同朝諸臣莫不甚喜今又以寡人不能有爲棄之而歸此别之後不識尚可繼此而來使得復見否乎孟子對曰繼見之期不敢請於王耳然固所願也孟子之去志已決王意以爲猶可復留故他日王謂齊臣時子曰孟子之決於去毋亦謂我恩

意之未至乎。我今欲於當國之中。而授孟子以居室。其從遊之弟子。養以萬鍾之祿。使上而在廷諸大夫。下而在國之民人。得親炙其輝。皆有所尊敬。而以爲法則。子盍爲我言於孟子。備悉予懷。未必不可以復留也。

時子因陳子而以告孟子。陳子以時子之言告孟子。孟子曰。然。夫時子惡知其不可也。如使予欲富。辭十萬而受萬。是爲欲富乎。

此二節書。以意不在祿養。曉門人也。時子奉

齊王之命。乃因孟子弟子陳臻。以轉告孟子。陳臻遂述時子之言告孟子。孟子以義不可留。而又難於顯言。乃姑答陳臻曰。時子言王之所以留我者。誠有如是。然時子惡知我之不可以復留耶。王之留我以萬鍾。始欲留之而因以富之也。如使予欲富。向者爲卿時。辭十萬之祿。而今受此萬鍾之養。何其不權於多寡之數也。是爲欲富者之心乎。

季孫曰。異哉子叔疑。使己爲政。不用則亦已矣。又使其子弟爲卿。人亦孰不欲富貴。而獨於富貴之中。有私龍斷焉。古之爲市者。以其所有易其所無者。有司者治之耳。有賤丈夫焉。必求龍斷而登之。以左右望而罔市利。人皆以爲賤。故從而征之。征商自此賤丈夫始矣。

此二節書。喻言道不行而受餽者。近於趨利也。孟子曰。若使既辭其祿。復受其餽。是不得於彼而又求得於此。誠有如季孫之所譏矣。昔者季孫嘗曰。異哉子叔疑。使己居位爲政。

至不用於君。則亦退而已矣。又必多方使其子弟爲卿。此其心未嘗一日忘情於富貴也。人亦孰不欲富貴。而子叔疑獨於富貴之中。失諸己。復求得諸子弟。一若有獨擅之龍斷。而盡其營謀者焉。其譏子叔疑如此。我今不當以此爲鑒乎。所謂龍斷者何也。古之爲市者。百貨交集。彼此互市。以有易無。有司之官不過平其物價。息其爭訟。以法治之耳。有賤丈夫焉。貪得無厭。必求岡龍之高處而登之。

以左右顧盼旣欲得此又欲取彼罔羅市中之財利人皆惡其專利而以爲賤故從而征其稅後世征取商人之制自此賤丈夫始矣此季孫龍斷之說也我苟辭十萬之祿而受萬鍾之養幾與龍斷無異其爲貽譏後世當不獨一子叔疑矣蓋君子之用世爲行道計非利之可誘也齊王以萬鍾留孟子豈所以留之之道乎

孟子去齊宿於晝有欲爲王留行者坐而言不

應隱几而臥客不悅曰弟子齊宿而後敢言夫子臥而不聽請勿復敢見矣曰坐我明語子昔者魯繆公無人乎子思之側則不能安子思泄柳申詳無人乎繆公之側則不能安其身子爲長者慮而不及子思子絕長者乎長者絕子乎

此一章書見留賢在得其道也孟子以道不行而去齊止宿於齊西南之晝邑其時有不奉王命而自以其意爲王留孟子之行者坐而言其留之之意孟子不應其言且憑几而臥一若無所聽聞者於是留行之客不悅曰弟子齊戒越宿而後敢進言夫子臥而不聽拒人如此請從此辭勿復敢再見矣孟子曰坐我明以告子凡賢者之去就視人君所以待之者若何耳昔者魯君繆公深知子思之賢尊禮子思常使人道達誠意於其側此所以能安子思也若使無人乎子思之側將誠意無由而達則何以安子思至泄柳與申詳皆賢者也繆公尊之不如子思然常有推賢

薦士之人爲之維持調護於君側此所以能安其身也若使無人乎繆公之側將禮意有時而衰則何以安其身今子之留我果其出自王之命無異繆公之所以待子思我安敢不應子乃自欲爲王留我所以爲長者慮不及繆公留子思之事是子先絕長者乎是長者先絕子乎何其不一審於古來留賢之道耶我之臥而不應實子之使然耳蓋孟子之德無愧子思齊王之待孟子旣不能如繆公

之待予思而又無齊之賢臣維持調護於王之側則孟子豈能久於其國哉故好賢之思君臣所當各盡也

孟子去齊尹士語人曰不識王之不可以爲湯武則是不明也識其不可然且至則是干澤也千里而見王不遇故去三宿而後出晝是何濡滯也士則茲不悅高子以告曰夫尹士惡知予哉千里而見王是予所欲也不遇故去豈予所欲哉予不得已也

此一章書見孟子欲行道以安天下之意其惓惓不忍去齊者非世人之所得知也孟子因道不行而去齊齊人有尹士者向人譏孟子曰士君子去就之間最宜明決今孟子之至齊若不識王之不能爲湯武則是無知人之明也知其不可有爲猶且至於齊國則是志在利祿干求恩澤也千里而來見王不遇而去則宜見幾而作不俟終日矣乃遲遲其行三宿而後出晝是何依違於進退之間而

濡滯不決也尹士誠有不悅於此者矣孟子弟子有高子者以尹士之言告孟子孟子曰人之去就各有深心夫尹士焉能知予之心哉千里而來見王志在行道若王能用我而成濟世安民之業是予所深願也至不遇而去豈予之初心哉道既不行位不可苟不得已而後去耳蓋聖賢處世上而憂天下而憫人皆出於不得已之心雖明決乃去就之理而委曲實行道之心豈世人所易識者哉

予三宿而出晝於予心猶以爲速王庶幾改之王如改諸則必反予夫出晝而王不予追也予然後浩然有歸志予雖然豈舍王哉王由足用爲善王如用予則豈徒齊民安天下之民舉安王庶幾改之予日望之予豈若是小丈夫然哉諫於其君而不受則怒悻悻然見於其面去則窮日之力而後宿哉尹士聞之曰士誠小人也

此四節書見孟子惓惓濟世之心也孟子曰夫尹士之譏予者以三宿而後出晝謂之濡

滯然予之心猶以爲速蓋予之望於王者猶庶幾其從容悔悟而改之也王如悔悟則將以王道爲可行以予言爲可信必將追予而反之矣至出晝而王不予追是王之心終不悟矣予然後歸志始決浩然長往然予雖決去終豈能舍王哉蓋由王之天資樸實可以引而爲善若能用我使大行其道豈徒齊國之民安天下之民皆藉以治安王庶幾其能改而悔過乎予方日望之而豈能終舍王也

蓋我爲世道生民計必圖其大者遠者世有規模狹隘之小丈夫一諫於其君而不聽則怒悻悻然不平之氣見於顔面去必窮盡一日之力而後止宿此等之人但知一己去就全無愛君憂國之意予豈肎以此自處哉尹士聞孟子之言始悟其失曰士誠小人於君子用世之心未之知也蓋有爲之主不世出孟子之所以惓惓於齊者以王之天資高可與爲善齊國大可藉以安天下之民誠用孟子則王道可行王業可致當日所以屬望之深也

孟子去齊充虞路問曰夫子若有不豫色然前日虞聞諸夫子曰君子不怨天不尤人曰彼一時此一時也五百年必有王者興其間必有名世者由周而來七百有餘歲矣以其數則過矣以其時考之則可矣夫天未欲平治天下也如欲平治天下當今之世舍我其誰也吾何爲不豫哉

此一章書是孟子欲乘時行道以道不行而憂也孟子不遇於齊而去其憂世之心有不覺見於顔面者弟子充虞途間問於孟子曰夫子之顔色若有不悅者然昔日虞嘗聞夫子之言曰君子處世雖不得於天亦不怨天雖不合於人亦不尤人今何爲而不豫也孟子曰我今日之不豫所以異於前日者蓋彼乃講德論學之時以樂天爲要彼一時也此乃憂天憫人之時以濟世爲心此一時也嘗

歷覽前代大約五百年天運循環必有繼天立極之聖人受命而興然大業不能獨成必有德業聞望可名於一世之人爲之輔佐由堯舜至於湯由湯至於文武皆是如此今由周文武以來七百有餘歲以五百年之期揆之則已過矣以亂極思治之時考之撥亂返治其亦可矣此時而不能有爲何能免於不豫哉然世之治亂在天我之不遇天或者未欲平治天下也如欲平治天下當今之世懷

名世之具者舍我其誰不可知者聽之於天有可恃者信其在我亦何爲而不豫哉蓋天爲斯民而生聖賢其欲治安之念不能一日而忘然憂世之心雖深而樂天之誠未嘗不自得也終其身惟斯道斯民是念而已

孟子去齊居休公孫丑問曰仕而不受祿古之道乎曰非也於崇吾得見王退而有去志不欲變故不受也繼而有師命不可以請久於齊非我志也

此一章書見孟子不受齊祿之意孟子在齊雖居卿位而未嘗受祿蓋志在行道而非利其祿也去齊之日至於休地公孫丑問於孟子曰君子居其位則食其祿今但仕而不受祿古道爲然乎孟子曰仕不受祿非古道也我之所以不受祿者蓋自有故當日初見齊王於崇言論之間已知其不能行吾道退時卽有去志不欲自變初心故不受其祿爲實不欲留也然所以不能卽去者適遇齊國有

師旅之命國方被兵難於請去不得已而久留於齊非我之初心也我之不受祿之故如此蓋孟子志行王道而齊王意在富強故始見卽不能合後雖惓惓於齊而去就之見未嘗不早決也

日講四書解義卷之十六

日講四書解義卷之十七

孟子 上之五

滕文公章句上

滕文公爲世子。將之楚。過宋而見孟子。孟子道性善。言必稱堯舜。

此一章書是孟子闡明性善以見堯舜人人可爲也。滕文公爲世子之時。奉君命而使於楚。時聞孟子在宋。先過宋而見孟子。其急於見賢如此。孟子與之言論。惟發明性善之旨。

蓋性者人所得於天之理。至精至純。本有善而無惡。在聖賢不加益。在凡庸不加損。當時性學不明。遂疑聖賢難至。故孟子從源頭上闡發。特舉以告世子。以勵其希聖希賢之志。而又必舉堯舜以實之。堯舜雖千古至聖。亦不過充極其性善之本然。非於性之外有所加也。知性善。則堯舜人人可爲之說益信矣。知堯舜人人可爲。則性善之旨益明矣。門人不能詳記其言。而約畧其大旨如此。

世子自楚反。復見孟子。孟子曰。世子疑吾言乎。夫道一而已矣。成覸謂齊景公曰。彼丈夫也。我丈夫也。吾何畏彼哉。顏淵曰。舜何人也。予何人也。有爲者亦若是。公明儀曰。文王我師也。周公豈欺我哉。今滕絕長補短。將五十里也。猶可以爲善國。書曰。若藥不瞑眩。厥疾不瘳。

此三節書是言道無二致。勉世子以有爲也。世子自楚反。復見孟子者。蓋當時不明性善之旨。皆疑聖賢爲不可企及。世子聞孟子之言。未能無疑。故反而求見也。孟子曰。世子疑

吾性善之言乎。夫率於性而爲道。堯舜此道。凡人亦此道。無分於賢愚。無殊於今古。道一而已。豈外此而別有卑近易行之說乎。試以古人之言觀之。成覸謂齊景公曰。今人一言聖賢。便以爲難。及不知彼丈夫也。我丈夫也。性本無殊。但能奮發。則可以齊量。吾何畏於彼哉。顏淵曰。稱至聖者莫如舜。舜何人也。予何人也。同賦此性。但能孜孜有爲。則帝舜亦

非難至公明儀曰周公有言吾事事取法文王文王即我師也蓋性分相同則師法不遠周公之言豈欺我哉可見古今更無二道聖賢止在力行世子可無疑吾言矣勿謂滕小而不足為也今滕國之土地絕長補短將五十里若能有為尚可以為治安之國但顧其勵精何如耳書經說命之篇有曰苦口之藥非瞑眩不可以攻疾喻人君非自強不足以圖治豈可以弱小自諉而不以聖賢為法哉

孟子道性善遡聖賢之原也稱堯舜立聖賢之準也而求至於聖賢之域者則莫大於有為蓋能有為則堯舜可至不能有為則不免於庸人總在力行與不力行之間而已

滕定公薨世子謂然友曰昔者孟子嘗與我言於宋於心終不忘今也不幸至於大故吾欲使子問於孟子然後行事然友之鄒問於孟子孟子曰不亦善乎親喪固所自盡也曾子曰生事之以禮死葬之以禮祭之以禮可謂孝矣諸侯之禮吾未之學也雖然吾嘗聞之矣三年之喪齊疏之服飦粥之食自天子達於庶人三代共之

此一章書見親喪之貴於自盡也滕文公為世子時聞孟子之言有所開悟一旦遭父定公之喪謂其傅然友曰昔者我於宋見孟子聞其性善堯舜之言至今不能忘於心不幸有親喪大故正人子至情所發人生大節所關吾欲使子問於孟子求其指示然後行事

庶免悖禮之失也是時孟子在鄒然友之鄒問於孟子孟子曰今者喪禮久湮諸侯莫能復古世子獨以此為問不亦善乎夫執親之喪乃人子之至情悲哀真切非自外至但期竭盡己心無使虧欠而已曾子嘗有言曰人子之於父母生則服勞奉養事之盡其禮歿則棺衾含殮葬之盡其禮禴祀烝嘗祭之盡其禮可謂孝矣此泛論人子當盡之禮如此若諸侯居喪之禮吾未之學也然禮之大經

所在千古不易者亦嘗聞之矣子生三年然後免於父母之懷故所行者三年之喪所服者齊衰麤布之服所食者飦粥之食此自天子以至於庶人皆所當行無貴賤之分也三代共由無古今之異也世子亦遵此而行之可也

然友反命定爲三年之喪父兄百官皆不欲曰吾宗國魯先君莫之行吾先君亦莫之行也至於子之身而反之不可且志曰喪祭從先祖曰

吾有所受之也謂然友曰吾他日未嘗學問好馳馬試劒今也父兄百官不我足也恐其不能盡於大事子爲我問孟子然友復之鄒問孟子孟子曰然不可以他求者也孔子曰君薨聽於冢宰歠粥面深墨卽位而哭百官有司莫敢不哀先之也上有好者下必有甚焉者矣君子之德風也小人之德草也草尚之風必偃是在世子

此二節書是滕諸臣不能從古禮而孟子勉世子以自盡也然友以孟子之言復命於世子於是欲定行三年之喪是時古禮久湮難於遽復滕之父兄百官皆不欲行曰滕與魯皆爲姬姓魯滕之宗國也宗國先君未嘗行此滕之先君亦未嘗行此至世子之身而復行古禮毋乃不可乎且志書有云喪祭之禮皆當遵從先祖其意以爲先祖所行之禮傳受已久不可改也滕之父兄百官不能遠追周公制禮之意而但舉後世失禮者以爲言

可見當時囿於習俗之深而不能復古如此世子不以咎人而止以自責謂然友曰吾昔者未嘗勤學好問但馳馬試劒平生不足取信於人今也欲行古禮而父兄百官皆不以我爲是衆志未孚恐不能盡送終之大事子爲我復問孟子如何可以服人心而成大禮也然友復之鄒問於孟子孟子曰古禮驟復人心未信是則誠然親喪大事惟在自盡其心以感動乎人是不可以他求者也孔子有

言曰君薨則爲嗣君者以百官政事聽命於冢宰自食飦粥哀戚之容見於顏面而其色深墨即喪次之位朝夕哭泣是時百官有司莫不感動而哀痛者人君先以至情動之也蓋在上之人意有所好而下人之效法必有甚於在上者君子之德譬之於風主乎倡者也小人之德譬之於草主乎應者也草上加之以風無不偃仆小人而被君子之化無不順從理固然也以孔子之言觀之亦在世子

之自盡其哀以感動乎國人而已豈以人言爲可否耶

然友反命世子曰然是誠在我五月居廬未有命戒百官族人可謂曰知及至葬四方來觀之顏色之戚哭泣之哀弔者大悅

此一節書見世子能盡禮以服人也然友復以孟子之言反命於世子世子聞之曰孟子之言誠然送終之禮惟在自盡其心而後能感發乎人於是斷然行三年之喪五月居廬於中門之外不發命令是時百官族人皆已感悟咸稱知禮及至葬時四方之人皆來觀瞻世子顏色憂戚哭泣哀痛凡諸侯來弔問於滕者莫不悅其盡禮相與歎服焉世子之能自盡親喪如此可見天下無不可復行之古禮無不可感動之人心始疑之而終信之是即性善之一徵與

滕文公問爲國孟子曰民事不可緩也詩云晝爾于茅宵爾索綯亟其乘屋其始播百穀民之

爲道也有恆產者有恆心無恆產者無恆心苟無恆心放辟邪侈無不爲已及陷乎罪然後從而刑之是罔民也焉有仁人在位罔民而可爲也

此一章書是孟子言民事乃國之根本宜法古井田之制以爲養民之善經也滕文公以禮聘孟子至滕因問以爲國之道孟子曰國以民爲本民以食爲天小民農田耕種之事乃國家之本計所關不可視爲緩圖而不爲

之經理區畫也詩經豳風七月之篇有云田家勤苦常無暇日晝也則取覆屋之茅宵也則製繩索之具急升屋而治之來春則始事南畝播厥百穀無暇治屋矣可見小民終歲勤動無一時不念及於稼穡如此人君可不以百姓之心爲心乎以百姓之心爲心是莫先於制民之產蓋民之爲道也衣食足而後知禮義故有恆產則仰事俯育有所藉而善心以存無恆產則仰事俯育無所資而善心

以亡善心既亡則放蕩淫辟邪妄侈肆無所不至而不能免於爲非之罪矣及陷於罪而後加以刑罰既不予以爲善之資而又重之以爲非之罪是猶張設網羅驅之使入其中也非罔民而何焉有仁人在上作民父母以愛養斯民爲心而可以行罔民之事乎則制恆產以阜民生洵爲國之要務矣

是故賢君必恭儉禮下取於民有制陽虎曰爲富不仁矣爲仁不富矣夏后氏五十而貢殷人七十而助周人百畝而徹其實皆什一也徹者徹也助者藉也

此三節書見取民宜定制而因以三代制產之法告滕君也孟子曰爲國莫先於愛民愛民莫先於制產是以自古賢哲之君必恭以待人儉以制用能恭則接下有禮而以股肱心腹待其臣忠信重祿自不能已矣能儉則取民有制而以家人一體視其民橫征厚斂自不敢作矣蓋愛民則不得不寡取多取則

必至於傷民其勢有不兩立者昔者季氏家臣陽虎有言曰專心爲富則必重賦斂民而不能行仁專心爲仁則必損上益下而不能致富陽虎本不仁之人意在於爲富但就此言觀之而天理人欲之難並存斷然矣然則行仁之主其可不講制民之產與取民之規乎良法美意莫詳於三代夏后氏一夫受田五十畝而貢其五畝之租謂之貢法殷人始制井田畫爲九區各七十畝中爲公田八家

各分一區使之同治公田以給國用而不復稅其私田謂之助法周制一夫受田百畝近郊鄉遂之地十夫共爲一溝行夏之貢法遠鄉都鄙之地八家同爲一井行殷之助法耕種之時則通八家十家之力而合作收穫之時則計一井一溝之入而均分謂之徹法名雖各異總是於十分中取一也貢乃以下貢上之義其名易曉所謂徹者當其合作則彼此通融及其收斂則公私均一故謂之徹所

謂助者借私家之力以耕公家之田故謂之助三代之田制如此古之取民無過於什一之征漢之文景力行恭儉而府藏充實時免天下田租之半至於三十而稅一厚澤深仁誌美史冊誠爲人主者所當師法也

龍子曰治地莫善於助莫不善於貢貢者校數歲之中以爲常樂歲粒米狼戾多取之而不爲虐則寡取之凶年糞其田而不足則必取盈焉爲民父母使民盻盻然將終歲勤動不得以養其父母又稱貸而益之使老稚轉乎溝壑惡在其爲民父母也

此一節書言貢法之有弊以見助法之當行也孟子曰三代什一之征雖同而取民之制則當從其尤善者古人龍子有言曰治地之法莫善於助莫不善於貢何以言之蓋年歲有豐歉斯所入有多寡貢法較數歲豐歉之中而立一定額取之制如遇豐年所入甚多而粒米狼籍此時雖多取尚未病民乃但取

其常數一遇凶年所入甚寡雖供一歲壅田之資尚且不足而必取盈其常數粒米狼籍之時不足見恩半菽不飽之時病民實甚爲民父母之人以取盈之故致使小民怨恨愁苦將終歲水耕火耨胼手胝足之所得者不能養其父母盡入於公家而猶不足又加息稱貸以盈其數上迫於追呼下窮於債負老者幼者無以自給轉死於溝壑之中而莫之恤爲民父母之謂何哉可見貢法之病民而

助法宜急講也。貢法之初非不善行之久而弊生漢唐以來井田久廢而貢法獨沿所貴爲民上者時其豐歉而斟酌損益於其間若必取盈於定額則民間之疾苦幾何不如龍子之所言哉。

夫世祿滕固行之矣詩云雨我公田遂及我私。惟助爲有公田由此觀之雖周亦助也。

此二節書見世祿與井田宜並行也孟子曰。助法之善公田以頒世祿所以養君子私田

以分百姓所以惠野人是世祿井田原相表裏者也今滕於有功之臣子孫世世食祿是世祿之制滕固已行之矣助法其可不倣而行之乎勿謂助爲商之制而非我周之制也。詩經小雅大田之篇有云田待澤於天天其先降雨於公田而遂及於我之私田乎小民之咏歌恩澤而先公後私者如此夫公田之名惟行助法始有之大田之詩周詩也而亦言公田由此觀之我周盛時實兼行助法而

遵乎商之舊制矣君其可不以昭代爲法哉。

設爲庠序學校以教之庠者養也校者教也序者射也夏曰校殷曰序周曰庠學則三代共之皆所以明人倫也人倫明於上小民親於下有王者起必來取法是爲王者師也詩云周雖舊邦其命維新文王之謂也子力行之亦以新子之國。

此三節書言教化繼養而興即可以成王業也孟子曰有國者能制民之產則民生遂而

教化可興蓋養民教民不可偏廢當設爲庠序學校以教之庠序學校之名義維何教莫先於敬老謂之庠者取養老於學之義也教以納民於善謂之校者取教民爲善之義也古者射以觀德謂之序者取習射於學之義也三代相繼各舉一事以爲名在夏則謂之校在殷則謂之序在周則謂之庠此皆鄉學之名也惟建於國中者謂之學王畿首善之地教育天下之人材三代無異名焉鄉學國

學之設皆所以講明人倫之理以化民成俗而已五常之理明於上則百姓自然恩義相維親遜成風而俗美於下矣養民則師商周之制教民則兼三代之規此皆王政也滕國苟能行此一旦有王者興欲脩王政必取滕之已試者倣而行之是爲王者師矣豈不澤被天下哉況乎王業亦可自此成矣詩經大雅文王之篇有曰周雖創基已久受上帝之命而有天下則維新也此謂文王能行王政以新其國也可見國無大小行仁則昌子能強勉而力行之亦可以新子之國而成王業矣可不自勉乎哉

使畢戰問井地孟子曰子之君將行仁政選擇而使子子必勉之夫仁政必自經界始經界不正井地不均穀祿不平是故暴君汙吏必慢其經界經界既正分田制祿可坐而定也

此一節書見行井田在正經界也滕文公聞孟子之言知助法之當行乃使其臣畢戰問井地之詳而欲行之孟子曰子之君將行井田之仁政選擇於羣臣之中而使子董其事任亦重矣子必勉力而爲之夫井田之善以其疆界詳明不可混淆也故欲行仁政者必自經理其疆界始如田間之溝洫以通水道田畔之道塗以正阡陌又有所封之土所植之樹以定疆理此皆田之界限必先一一經畫之若經界不正則田之在民者無一定之分業豪強者得以兼併於下而井地不均矣賦之出於田者無一定之額數貪暴者得以多取於上而穀祿不平矣是以暴虐之君貪墨之吏欲自便其私必慢其經界而不加整理賢君則必以此爲急務焉田之經界既正則分田以養野人無井地不均之患制祿以養君子無穀祿不平之憂可不勞而定矣但在君與子舉行之耳

夫滕壤地褊小將爲君子焉將爲野人焉無君子莫治野人無野人莫養君子請野九一而助

國中什一使自賦。卿以下必有圭田。圭田五十畝。餘夫二十五畝。

此四節書是詳分田制祿之法也。孟子曰。分田制祿之常法。乃安上全下之良模也。滕國壤地雖然褊小。必有仕而爲君子者焉。必有耕而爲野人者焉。施政教以治人者。君子之責也。使無君子。則誰爲勞心以治野人。力稼穡以奉上者。野人之分也。使無野人。則誰爲勞力以養君子。君子野人。不可相無。故分田

制祿不可偏廢。今請於野外都鄙之地。土壤平衍可爲井田。則畫爲九區。以一爲公田。使八家耕之。而行殷之助法焉。於國中鄉遂之内。比閭相錯。難於爲井。則一夫受田百畝。使自貢其什分之一於上。而行夏之貢法。以濟助法之窮。分其田里以惠野人。收其賦入以養君子。良法行而上下各得其所矣。然分田制祿。國有常經。而加惠推恩。尤有當厚。仕於朝者。自卿以下。則位漸卑。而祿愈薄。恐其不足以養廉也。必與以奉祭祀之圭田。以五十畝爲額。此世祿常制之外。所以厚君子者如此。耕於野者。一夫之外。有未授室之餘夫。恐其不能相贍也。必與以餘夫之田。各二十五畝。此分田常制之外。所以厚野人者如此。經制以定其常。而恩澤以厚其下。是所望於行仁政者矣。

死徙無出鄉。鄉田同井。出入相友。守望相助。疾病相扶持。則百姓親睦。方里而井。井九百畝。其

中爲公田。八家皆私百畝。同養公田。公事畢。然後敢治私事。所以别野人也。此其大畧也。若夫潤澤之。則在君與子矣。

此三節書是推言行井田之善。而復詳其規制以勉滕君臣也。孟子曰。井田之法。立不止於遂民生。而亦可以厚民俗。蓋井制既定。則民之死而葬者。與徙而居者。皆不出其鄉。一鄉之田。八家同井。習熟既久。而恩義相孚。道路出入之間。相與友讓。可無行旅之憂。晝夜

防守之時相與輔助可無盜賊之患有疾病則相與維持扶救可無困乏之慮閭閻之間有不雍然和睦者乎至井田之形制則又有約畧可言者方正一里而爲一井一井之田共九百畝畫爲九區中一區百畝謂之公田八家各私百畝謂之私田八家各出其力以治公田凡耕耘收穫之時必公田既畢而後敢治其私田於通力合作之中亦寓先公後私之意所以別君子野人之分使明於尊卑

上下之義也然井法久湮凡我所言分田制祿之規特其大畧而已若夫其中斟酌損益揆之人情而無不順合之土俗而無不宜使行於古者復可行於今無拘牽之迹而仍不失乎先王立法之意則在君與子之變通而已矣此章論爲國之本計始言恒產之宜制中言貢助之得失定君子野人之分詳養民教民之規末復勉之以酌量時宜潤澤古法民情國計無不畢具誠君國子民者所當究心哉

有爲神農之言者許行自楚之滕踵門而告文公曰遠方之人聞君行仁政願受一廛而爲氓文公與之處其徒數十人皆衣褐捆屨織席以爲食陳良之徒陳相與其弟辛負耒耜而自宋之滕曰聞君行聖人之政是亦聖人也願爲聖人氓

此一章書是舉古帝王勞心之事以闢異端並耕之說也滕文公因孟子之言欲行三代

井田之制時有許行者託爲稱述神農之言以欺世盜名欲阻孟子之良法而售其異端之學自楚之滕踵門而告文公曰遠方之人聞君行井田之仁政願受一廛之地而爲滕國之民文公因其慕化而來使之處於其國許行之徒凡數十人皆衣賤者之服捆屨織席以自供其食以爲非其力則不食也其衣服舉動之間已異於聖賢之道矣有楚之儒者陳良其徒陳相與其弟辛負田器而自宋

之滕告文公曰聞君行聖人井田之政是亦當今之聖人也願爲聖人之民而得沾王化焉陳相本誠心慕化非與許行等惜乎其終爲邪說所惑耳當日一行仁政而四方之歸往如此亦可見人情之悅服矣

陳相見許行而大悅盡棄其學而學焉陳相見孟子道許行之言曰滕君則誠賢君也雖然未聞道也賢者與民並耕而食饔飧而治今也滕有倉廩府庫則是厲民而以自養也惡得賢

此一節書見邪說之易於惑人也陳相學陳良之學慕化而來乃中無定見而惑於異端蓋由許行託爲神農之言足以欺世駭俗故陳相見而大悅盡棄其學於陳良者而從許行之學焉意欲阻孟子分田制祿之法因見孟子而述許行之言曰滕君在戰國之時能脩復古制誠賢君也然未聞古聖人之大道蓋賢哲之君不以人奉己不以貴役賤與民並耕而自食其力既不廢耕自爲饔飧而治

百姓復不廢事如此始可謂之賢君今滕之倉廩府庫皆取給於百姓是病民以自養也安得謂之賢君哉許行既不明於治天下之大道陳相又從而述之並耕而食亂貴賤上下之等蓋亦不自知其言之陋也

孟子曰許子必種粟而後食乎曰然許子必織布而後衣乎曰否許子衣褐許子冠乎曰冠曰奚冠曰冠素曰自織之與曰否以粟易之曰許子奚爲不自織曰害於耕曰許子以釜甑爨以鐵耕乎曰然自爲之與曰否以粟易之

此一節書是詳詰異端之說以爲致辯之地也許行之言以爲人君當以耕而兼治此理之必不可行者孟子欲辯其非而先就許行詰之曰許子必種粟而後食乎陳相答曰然孟子又詰之曰許子必織布而後衣乎陳相答曰不然許子所衣者褐也孟子又詰之曰許子冠乎陳相答曰冠孟子問曰所服者何冠陳相答曰冠素孟子問曰所服之冠乃自

織之者與陳相答曰不然許子不能自織以所種之粟易之觀陳相之對則耕之不可兼織也明矣孟子又詰之曰許子何爲不自織乎陳相答曰織則害耕故不爲也觀陳相之對則織之妨於耕也又明矣此時孟子姑置勿辯再窮之曰許子之爨也必用釜甑耕也必資鐵器乎陳相答曰然又問曰器物皆自製者與陳相答曰許子不能自爲以所種之粟易之觀以粟易之及害於耕之言則耕之

不可兼治陳相雖自諱而不能也奈何欲舉以治天下國家哉

以粟易械器者不爲厲陶冶陶冶亦以其械器易粟者豈爲厲農夫哉且許子何不爲陶冶舍皆取諸其宮中而用之何爲紛紛然與百工交易何許子之不憚煩曰百工之事固不可耕且爲也

此一節書是就陳相之言復詰之也孟子曰許子以滕有倉廩府庫爲厲民自養今就許子言之則通工易事許子尚不能免也然則農夫與陶冶各治一事有無相通農夫以其所生之粟易陶冶之械器正以濟陶冶之所無而不爲害陶冶陶冶亦以其所成之械器易農夫之粟又以濟農夫之所無而豈爲害農夫哉倘以相易爲厲則許子於種粟之外何不并爲陶冶如釜甑耒耜之類止皆取諸其宮中而用之何爲紛紛然與百工技藝之人交相貿易何許子之不憚煩若此耶陳相

對曰許子既已種粟而食則百工之事皆有妨於農務固不可耕且爲也陳相至此其詞已窮許行並耕之說固已不攻而自破矣

然則治天下獨可耕且爲與有大人之事有小人之事且一人之身而百工之所爲備如必自爲而後用之是率天下而路也故曰或勞心或勞力勞心者治人勞力者治於人治於人者食人治人者食於人天下之通義也

此一節書是舉大義以折異端也孟子曰子

既知農工之相濟而不可相兼然則治天下獨可與民並耕且以爲治與此勢之必不可得兼者也蓋天下大人則有大人之事小人則有小人之事名號既殊職業亦異且就一人之身計之凡服食居處必百工之所爲無不備足然後利用厚生俯仰無憾如必自爲而後用之則爲農者必兼爲械器爲工者必兼爲播植是率天下之人奔走道路終無休息之期也小人尚不能兼小人之事況大人

身任天下之重一日萬幾而謂能兼小人之事乎所以古語有曰天下人各不同或在上而勞心或在下而勞力勞心者立綱陳紀以治人勞力者則受治於上之人焉受治於人者輸租納稅以食人治人者則食於下之人焉蓋大人不能自爲養小人不能自爲治上下相資此自有天下以來通行之義許子乃欲一旦而廢之乎若知大人勞心之義則滕君之有倉廩府庫信乎不爲厲民矣

當堯之時天下猶未平洪水橫流氾濫於天下草木暢茂禽獸繁殖五穀不登禽獸偪人獸蹄鳥跡之道交於中國堯獨憂之舉舜而敷治焉舜使益掌火益烈山澤而焚之禽獸逃匿禹疏九河瀹濟漯而注諸海決汝漢排淮泗而注之江然後中國可得而食也當是時也禹八年於外三過其門而不入雖欲耕得乎

此一節書是舉聖人治水火之功以見不可並耕也孟子曰自古聖君賢相歷歷可數從

未有與民並耕者當堯之時天下猶未平蓋以其時洪水方割懷山襄陵氾濫於天下於是草木得水以滋長而日益暢茂禽獸得草木爲藪穴而日益繁殖因此五穀不登而民艱於食禽獸偪人而民更蹙於生以至獸蹄鳥跡之道路交遍中國天下之未平如此當是時堯爲天子謹天戒而悲人窮心獨憂之以爲天下之患非可以一人理於是勞心於擇相舉舜而敷治焉舜遂以堯之憂爲憂而

勞心於任人。舜以爲欲施治水之功。必相度地勢高下。辨水之源流分合。而草木障蔽。禽獸縱橫。未可用力。乃先命益使掌火政。益於山林藪澤草木所生之處。烈而焚之。於是禽獸失其所依。皆逃匿而不爲人害。然後命大禹爲司空。使之治水。禹則以西北之水莫大於黃河。隄防障塞。皆非至計。乃於大河之下流疏爲九河。以分其勢。又疏通濟水、漯水。與九河皆注諸海。而北條之水始得所歸矣。於

東南則決汝水、漢水。排淮水、泗水。以注之江。而南條之水始得所歸矣。南北之水皆有所歸。然後不至於氾濫。而中國之地可得耕而食也。當是時也。禹勤事於外者凡八年之中。三過其家門而不入。蓋無一暇日也。雖欲耕得乎。觀於禹而堯舜之不暇耕。又可知矣。甚矣許行之妄也。

后稷教民稼穡。樹藝五穀。五穀熟而民人育。人之有道也。飽食煖衣。逸居而無教。則近於禽獸。聖人有憂之。使契爲司徒。教以人倫。父子有親。君臣有義。夫婦有別。長幼有序。朋友有信。放勳曰。勞之來之。匡之直之。輔之翼之。使自得之。又從而振德之。聖人之憂民如此。而暇耕乎。

此一節書是舉聖人教養之功。以見不可並耕也。孟子復敘堯舜憂民之事曰。水土既平。地可耕矣。於是舜知民之患於阻饑也。又命棄爲后稷之官。使之教民稼穡。以種植五穀。由是民皆習知耕耘收穫之事。而五穀成熟。

天下之民皆相生相養。而無復阻饑之患矣。然秉彝之性。人皆有之。若使衣食飽煖。居處安逸。而無以爲教。又將耽於佚樂。習爲淫侈。而其去禽獸不遠矣。聖人於是又憂之。使契爲司徒。教以人倫。使天下之人父止於慈。子止於孝。而有親。君使臣以禮。臣事君以忠。而有義。夫正位乎外。婦正位乎內。而有別。長者念厥弟。幼者恭厥兄。而有序。至於朋友之交。則久要不忘。而有信。此五者。人所共由之道。

敎之以此然後百姓親而五品遜也放勳又告戒之曰民之用力於人倫而勞者則當獎勸以勞之歸向於人倫而來者則當誘掖以來之若其立心背乎人倫而邪者則匡之使歸於正所行戾乎人倫而枉者則矯之使歸於直先之勞來以策其進繼之匡直以救其失正以人性雖同或不能自立不可不扶助而輔之或進脩不前不可不利導而翼之蓋將使優游厭飫皆自得其本然之性也猶恐

其勤於始者偶怠於終又必提撕警覺時時加以曲成之德焉此放勳戒契之言蓋聖人命官敷敎叮嚀煩悉憂民之切如此而暇於耕乎觀乎此益以知治天下之不可耕且爲也

堯以不得舜爲己憂舜以不得禹皐陶爲己憂夫以百畝之不易爲己憂者農夫也分人以財謂之惠敎人以善謂之忠爲天下得人者謂之仁是故以天下與人易爲天下得人難

此二節書見聖人之憂民以得人爲重也孟子曰堯舜之憂民雖欲耕而有所不暇蓋其所以爲民者正不必事事而憂之也在堯則以天下未平任相爲要以不得舜爲己憂耳在舜則以分猷課績任賢爲急以不得禹皐陶爲己憂耳故堯得舜則堯之憂舜代之矣舜得禹皐陶則舜之憂禹皐陶代之矣皆務乎其大而未嘗屑屑於其小也若夫以百畝之不治而悶悶然憂之者惟農夫則然耳豈

君相之事哉是故憂人之不足於財而分以與之止謂之惠憂人之不進於善而盡心以敎之止謂之忠此其與農夫之憂已大不同矣然止謂之惠謂之忠者蓋天下至大百姓至衆分財敎善不得人人而徧也惟爲天下得人若堯之得舜舜之得禹皐陶厚生正德漸被無窮始謂之仁不止於小惠小忠而已是故後世之稱堯舜以爲天下大器堯舜能推以與人其事極難而不知自聖人觀之正

復易易也。惟是爲天下得人。擇之當選之公。可以付託天下。是爲難耳。惟得人之難。此堯舜所以獨勞心於是。而以爲憂也。豈若許行之說哉。

孔子曰。大哉堯之爲君。惟天爲大。惟堯則之。蕩蕩乎民無能名焉。君哉舜也。巍巍乎有天下而不與焉。堯舜之治天下。豈無所用其心哉。亦不用於耕耳。

此一節書是以堯舜用心之大。闢許行並耕

之說也。孟子曰。孔子之言曰。大哉堯之爲君。以天道之至大。而堯能同之。天不言而成化。堯無爲而成治。君與之準則焉。且蕩蕩乎廣遠。當時之民。耕田而食。鑿井而飲。相忘於帝力之何有。無得而名焉。又稱帝舜曰。君哉舜也。其德巍巍乎高大。雖富有天下。而不以位爲樂。若與己不相關涉者然。孔子之言如此。夫堯舜之治天下也。蕩蕩巍巍。德業既極其盛。乃孔子一則稱其則天無名。一則稱其有天下而不與。豈僅端居淵拱。無所用其心哉。蓋其時水土未平。教養未遂。皆必得人以任之。憂勤側席。惟日不遑。此則其用心之所在也。但不用心於耕。若農夫之以百畝不易爲憂耳。使堯舜亦用心於耕。孰與得人任職。成此平地成天。播穀敷教之事哉。觀此則許行之妄。不待闢而自明矣。

吾聞用夏變夷者。未聞變於夷者也。陳良楚產也。悅周公仲尼之道。北學於中國。北方之學者

未能或之先也。彼所謂豪傑之士也。子之兄弟事之數十年。師死而遂倍之。

此一節書是斥陳相之倍其師也。孟子既闢許行並耕之妄。至此乃責陳相曰。許行之學。誕妄如此。而子乃棄其所學。於陳良者而學焉。亦異乎吾所聞矣。夫中國之所以異於蠻夷者。以其有聖人禮義之教。辨名分。正體統。尊卑相承。貴賤有序耳。故吾聞之。蓋有用中國之教。以變蠻夷。使之向風慕化者。未聞有

學於中國之人。而反從蠻夷之教。以變於夷者也。即就子之師陳良言之。陳良楚產。固生長蠻夷者也。聞中國有周公仲尼之道。心悅而好之。乃北遊中國。學聖人之道焉。凡周公制作之精意。孔子刪述之微言。皆心傳而身受之。即北方之學者。素志周孔。其造詣所至。亦未有出於陳良之上而先之者也。彼所謂能自振拔於流俗。豪傑之士也。子之兄弟事之既數十年矣。周孔之道。亦且與聞之矣。乃

於師死之後。忽聞許行之邪說。而遂倍焉。棄前此師承之正。而轉從荒誕不經之許行。是變於夷也。子其甘之乎。孟子以此責陳相。其詞切矣。

昔者孔子沒。三年之外。門人治任將歸。入揖於子貢。相嚮而哭。皆失聲。然後歸。子貢反。築室於場。獨居三年。然後歸。他日子夏子張子游以有若似聖人。欲以所事孔子事之。彊曾子。曾子曰。不可。江漢以濯之。秋陽以暴之。皜皜乎不可尚已。

此一節書是述孔門弟子之尊師者。以責陳相也。孟子曰。子忍於倍師。殆非聖人之徒矣。昔者孔子既沒。門人從遊者。皆服心喪三年。三年之外。整治行裝。將散歸列國。入揖於子貢。與之辭別。相嚮痛哭。皆至於失聲。然後歸。其追慕不已如此。子貢尚未忍遽去。又反而築室墓傍壇場之上。獨居三年。然後歸。子貢之追慕其師又如此。他日子夏子張子游。又

以孔子既往。想望其音容而不可復見。以有若言行氣象有似乎孔子。欲以前日之所以事孔子者事有若。因曾子不從。而彊之。曾子曰。不可。師當論道德。不當論言貌。吾夫子道德純粹。如濯之以江漢之水。而一塵不染。其昭融朗潔。如暴之以秋陽之日。而一毫無累。皜皜乎瑩粹之至。天下莫能尚已。今乃欲以事夫子者事有若。意在尊夫子。而擬非其倫。反以卑夫子矣。曾子之尊信其師。而不忍倍

又如此孟子述此而陳相之倍師畔道得罪於名教可知矣。

今也南蠻鴃舌之人非先王之道子倍子之師而學之亦異於曾子矣吾聞出於幽谷遷于喬木者未聞下喬木而入於幽谷者魯頌曰戎狄是膺荆舒是懲周公方且膺之子是之學亦爲不善變矣

此三節書皆責陳相之倍正入邪也孟子曰有若似聖人曾子尚不肎以事孔子者事之

今許行以南蠻鴃舌之人假托神農誣民惑世本非先王垂教萬世一脉相傳之道與陳良之誦法周孔者大相懸絕也子乃倍子之師而學之比之曾子之尊信孔子爲何如哉趨舍混淆人而不如鳥矣吾聞詩云伐木丁丁鳥鳴嚶嚶出自幽谷遷於喬木夫以鳥之無知猶能出於幽谷之卑暗遷於喬木之高明人若舍高就卑舍明就暗是人之擇術反不如鳥之擇木也吾未之聞也今陳良誦法周孔許行溺於邪說其爲高明卑暗不辯可知倍陳良而從許行毋乃下喬木而入於幽谷耶魯頌有之曰周公輔相王室於戎狄則膺而逐之於荆舒則伐而懲之戎狄之人周公方且膺之今許行蠻夷鴃舌叛於聖道子是之學以中國而反變於蠻夷亦爲不善變矣孟子前闢許行並耕之謬後責陳相倍師之非詞嚴義正所以閑先聖之道者即此可見矣。

從許子之道則市賈不貳國中無僞雖使五尺之童適市莫之或欺布帛長短同則賈相若麻縷絲絮輕重同則賈相若五穀多寡同則賈相若屨大小同則賈相若曰夫物之不齊物之情也或相倍蓰或相什伯或相千萬子比而同之是亂天下也巨屨小屨同賈人豈爲之哉從許子之道相率而爲僞者也惡能治國家

此二節書是因陳相稱許行之治市而闢其背理亂治也陳相聞孟子之言既已無可置

辯乃又稱許行治市之說曰並耕而治固不可從矣然其言亦有可採者從許子之道則市無貳賈國中之人不相詐僞雖使五尺之童適市貿易莫或以其幼小而欺之蓋天下之物因有貴賤之分故價直可以增減而爭端易起今不論精粗美惡其價一定如布帛但論其丈尺苟長短同則價相若麻縷絲絮但論其斤兩苟輕重同則價相若五穀但論其斗斛苟多寡同則價相若屨但論其大小

苟大小同則價相若物價定人情安此其善可知矣孟子闢之曰許行欲市價不貳乃混精粗美惡而一之不知天下之物質有好醜工有難易其不可強而齊者固物之情理然也故其價之不同或相去一倍五倍或相去什倍伯倍或相去千倍萬倍子乃欲比合而同之是徒使天下紛紛擾亂而已何也彼物之有精粗美惡猶屨之有巨小也若巨屨與小屨同價則人豈肯爲其巨者哉然則精者與粗者同價則人豈肯爲其精者哉從許子之道是率天下競爲濫惡之物以相欺僞不可除而姦風大長何以治國家乎許子之道無一而可也蓋許行以神農始教稼穡日中爲市故假托其名以陰壞三代之法非孟子闢之其爲害於天下後世者將不可言矣後世治天下者惟取法唐虞三代而已其餘皆不足信也

墨者夷之因徐辟而求見孟子孟子曰吾固願

見今吾尚病病愈我且往見夷子不來他日又求見孟子孟子曰吾今則可以見矣不直則道不見我且直之吾聞夷子墨者墨之治喪也以薄爲其道也夷子思以易天下豈以爲非是而不貴也然而夷子葬其親厚則是以所賤事親也

此一章書是孟子闢墨氏之學也戰國時楊朱墨翟之言滿天下異端害正故孟子距而闢之以閑先聖之道彼時有爲墨氏之學者

曰夷之因孟子弟子徐辟介紹求見孟子此其向慕正道有逃墨歸儒之機孟子曰吾固願見夷子奈吾尚病俟病愈吾且往見之夷子不必來也他日又因徐辟求見孟子孟子曰吾今病愈可以見矣但吾儒之道與墨氏不同若不直言以相規正則吾儒之道不見吾且直之吾聞夷子乃爲墨氏之學者墨氏之治喪其爲道貴薄而不貴厚以天下之故而儉其親者也夷子既爲墨氏之學則思以墨氏之道移易天下之風俗豈以其道爲非是而不貴也貴薄則當從其所貴賤厚則不宜從其所賤然而夷子之葬其親於禮獨厚則是以所賤事親也若以墨道爲是而夷子何以厚葬其親若以厚其親爲是而夷子又何以從墨翟之道學其術而不用其教是誠何心哉蓋人子無不欲厚其親夷子雖從墨氏而不肎薄其親是其心必有不安於薄者故孟子因而詰之以開發其本然之良心也

徐子以告夷子夷子曰儒者之道古之人若保赤子此言何謂也之則以爲愛無差等施由親始徐子以告孟子孟子曰夫夷子信以爲人之親其兄之子爲若親其鄰之赤子乎彼有取爾也赤子匍匐將入井非赤子之罪也且天之生物也使之一本而夷子二本故也

此一節書是因夷子之遁辭而闢墨氏之忘本也徐子以孟子之言告夷子夷子尚未開悟乃對徐子曰墨氏之道雖主兼愛其實與儒道不相悖謬蓋儒者之道未嘗不兼愛也周書有之曰若保赤子夫古之人保民不啻若己之赤子此非言兼愛而何謂哉之之意則以爲天下之人皆所當愛原無厚薄隆殺之差等但施之有次第由親而始耳我之厚葬亦欲推厚其親者以厚天下而非以所賤事親也徐子以告孟子孟子曰夷子因康誥之語遂欲援儒墨而一之將信以爲人之親愛其兄之子就如親愛鄰家之赤子而無有

差等乎。若周書之言，彼固別有取意爾也。書蓋謂小民無知犯法，皆因上之人失於教養，猶赤子匍匐將入井，皆因父母失於顧恤，而非赤子之罪也。故謂保民當如保赤子。其或不幸而罹於法網，則當推原其所以然，而哀矜勿喜。夷子乃謂儒者之道無異於墨之兼愛，不已過乎。且天之生物也，受氣成形，俱本於父母，惟從一本發生，故愛親之心，得於天性，自有不可解者。如夷子之言，則視父母與

路人畧無差等，是有二本矣。以故溺於兼愛之說而不自知其謬也。孟子以此曉夷之，可謂深切著明矣。

蓋上世嘗有不葬其親者，其親死，則舉而委之於壑。他日過之，狐狸食之，蠅蚋姑嘬之。其顙有泚，睨而不視。夫泚也，非爲人泚，中心達於面目。蓋歸反虆梩而掩之。掩之誠是也，則孝子仁人之掩其親，亦必有道矣。徐子以告夷子，夷子憮然爲間曰：命之矣。

此二節書是申明一本之義，以感悟夷子也。孟子復謂徐子曰：夷子知厚葬之爲是，而不知二本之爲非，豈亦未嘗反而求之耶。夫人惟一本，故愛其親；惟愛其親，故有死葬之禮。試以制禮之始言之，蓋時在上世，禮制未備，嘗有不葬其親者，其親死，則舉而委棄之於溝壑。他日往過其處，見狐狸食親之肉，蠅蚋姑嘬其親之膚，於是額上泚然汗出，但睨視而不忍正視。夫此泚也，非爲他人見之而然

也，哀痛慘怛，本之中心，而達乎面目，有不能自已者也。於是悔前日委棄之非，而思後日保全之計，盡歸取虆梩，反土於其上而掩之，使不至爲物所殘，此後世葬禮所由起也。夫此掩覆其親者，若以爲在所當然，則孝子仁人之掩覆其親，必有從厚之道，而不以薄爲貴矣。若使當日所見者，非其親之體膚，雖有不忍之念，亦不能若是之中心達於面目也。豈非以一本之故乎。夷子盍反而求之。徐子

以告夷子。夷子聞之。憮然自失。有間曰。孟子教我矣。天性果無二本。葬親果當從厚。墨氏兼愛之說。果不可以爲訓也。蓋夷子雖學於墨氏。而仍以厚葬其親。其衷必有不安於此者。故孟子從良心眞切處感悟而觸發之。宜其聞言而悔悟也。

日講四書解義卷之十七

日講四書解義卷之十八

孟子 上之六

滕文公章句下

陳代曰。不見諸侯。宜若小然。今一見之。大則以王。小則以霸。且志曰。枉尺而直尋。宜若可爲也。孟子曰。昔齊景公田。招虞人以旌。不至。將殺之。志士不忘在溝壑。勇士不忘喪其元。孔子奚取焉。取非其招不往也。如不待其招而往。何哉。且夫枉尺而直尋者。以利言也。如以利。則枉尋直尺而利。亦可爲與。

此一章書。是言君子無枉己見諸侯之義也。昔戰國游說之士。多干謁諸侯。而孟子抱道自重。落落不偶。弟子陳代疑而問曰。士君子進禮退義。固是守身常法。然行道濟時。乃其素志。今夫子不見諸侯。於守身則得矣。然似小節可無拘也。今若一往而見之。得行其道。大則撥亂反正。王道可興。小則講信脩睦。霸業可繼。功建名立。祇在一貶節之間。夫子獨不能稍爲抑損乎且志有之曰枉尺而直尋蓋言所失者小而所得者大然則往見諸侯而成王霸之業舍小就大宜若可爲也孟子答之曰我非不欲行道濟時但揆之於義不當往耳昔者齊景公田獵虞人當有職事使人持旌以招之當時人君召見臣下各有其物以爲信若招虞人當以皮冠虞人因招之以旌非其職守不肯往見景公怒將殺之孔子贊美虞人曰志士固窮不忘死於溝壑之

中以完其節勇士徇義不忘捐軀而死喪其首領以全其氣正此虞人之謂也孔子何取於虞人而贊美之取招之不以其物而守死不往也如不待諸侯之招而往是義不及虞人矣謂之何哉是故君子出處進退有斷然不可苟者豈以霸王之業動其心哉且夫志所云枉尺而直尋者謂所失少而所得多以利而言也如其以利則紛營苟得無所不至雖敗名喪節至於枉尋直尺亦以爲利之所在將不顧而爲之與是大不可也信乎君子之出處較義之屈伸而未嘗較利之多寡也

昔者趙簡子使王良與嬖奚乘終日而不獲一禽嬖奚反命曰天下之賤工也或以告王良良曰請復之彊而後可一朝而獲十禽嬖奚反命曰天下之良工也簡子曰我使掌與女乘謂王良良不可曰吾爲之範我馳驅終日不獲一爲之詭遇一朝而獲十詩云不失其馳舍矢如破我不貫與小人乘請辭御者且羞與射者比比

而得禽獸雖若丘陵弗爲也如枉道而從彼何也且子過矣枉己者未有能直人者也

此二節書借射御之事以明道之必不可枉也孟子又曉陳代曰計利忘義不獨非士君子之道即一藝之士亦有所不屑者昔晉大夫趙簡子使其幸臣嬖奚出獵而王良爲之御車至終日之久不獲一禽嬖奚復命於簡子曰王良不善御車所以不獲乃天下之賤工也或以此言告王良良乃請復爲乘以試

其能嬖奚不可彊之而後往一朝而遂獲十禽嬖奚又復命於簡子曰王良善御所以多獲乃天下之良工也簡子曰吾使王良掌與汝乘遂命王良良不可曰御者之法度與射者之巧力原兩不相謀前日吾爲之範我馳驅之法嬖奚不能左右迎射至於終日不獲一禽今我不由正法禽所從來則詭道而遇之遂一朝而獲十禽是必御者不由法度而後射者始得用其技也車攻之詩有之曰不

失其馳舍矢如破言御者範其馳驅之法而射者發矢必中也今必爲之詭遇而後獲禽乃小人之所爲耳我不慣與小人乘請辭夫王良不過御車末技即使與射者私相比合詭遇獲禽似無不可然且羞之而不肎爲其心謂屈意廢法以阿比而得禽獸雖積之若丘陵之多決不爲也御者尚能如此况士君子懷仁抱義乃欲枉己之道不待招而往以從彼何也不獨義不及虞人幷御者之不若

矣且子之言枉尺直尋亦已過矣夫君子所以正天下者止此守道之己耳苟枉己從人則先失其所以正人之具更以何者正人哉故枉己者未有能直人者也由此觀之不見諸侯正士君子立身大節不可以爲小也夫天下無委曲逢時之君子亦無敝屣祿位之小人即進退難易之際人之賢不肖從此而分孟子言此其所以垂訓後世者深矣

景春曰公孫衍張儀豈不誠大丈夫哉一怒而

諸侯懼安居而天下熄孟子曰是焉得爲大丈夫乎子未學禮乎丈夫之冠也父命之女子之嫁也母命之往送之門戒之曰往之女家必敬必戒無違夫子以順爲正者妾婦之道也

此一章書是以正道闢縱横之術也戰國游説之士往往以縱横之術竊取權勢而公孫衍張儀尤其著稱者故景春有慕而問曰公孫衍張儀豈不誠大丈夫哉方今列國兵爭天下多故操縱之權大抵出於二子之手彼

若一怒則連兵結援使相攻伐而諸侯之弱小者無不恐懼若其安居無事則兵休禍解天下寧息以一人之喜怒爲一世之安危大丈夫當如此矣孟子曰儀衍所爲如此又安得謂之大丈夫乎子豈未嘗學禮乎禮經有云丈夫行冠禮其父訓戒而命之女子出嫁其母亦訓戒而命之嫁時往而送之於門其命戒之詞曰此去往之女家必敬愼必戒謹無違爾夫子之命禮言如此可見以順從爲

正者乃妾婦之道所當然也今衍儀雖權勢赫奕其實以得地廣利之說陰中諸侯之欲彼其喜怒原未嘗自主不過阿合君意乃妾婦順從之道耳未得謂之大丈夫也蓋二子揣摩情事假竊諸侯之權力以震耀一時豈若聖賢懷道秉德主持自我不與時爲俯仰者乎此聖賢之取舍所由與策士異也

居天下之廣居立天下之正位行天下之大道得志與民由之不得志獨行其道富貴不能淫貧賤不能移威武不能屈此之謂大丈夫

此一節書是明大丈夫之實以曉時人也孟子又謂景春曰衍儀碌碌不足道矣若所謂大丈夫者當何如蓋仁者吾性之元善統貫四端乃天下之廣居也彼則以仁存心廓然大公而無一毫之狹隘是居天下之廣居矣禮者吾性之節文小大必由乃天下之正位也彼則以禮持身守正不回而無一毫之偏黨是立天下之正位矣義者吾性之裁制知

宜知權乃天下之大道也彼則以義制事正誼明道而無一毫之邪曲是行天下之大道矣由是得志而用世則出而推此仁禮義於民而與之共由不得志而隱居則守此仁禮義於己而獨行其道時而處富貴雖載高食厚不以紛華靡麗而淫蕩其心時而處貧賤雖簞瓢蔬水不以居窮守約而移易其節時而遇威武雖刀鋸鼎鑊不以死生存亡而挫屈其志此其人學術正大不屑於一切之權

謀功利而舉動光明視彼伏軾結靷曳長裾而市恩寵者相去殆不可以數計矣所謂大丈夫者如此行儀何人乃以此名歸之哉蓋孟子之所謂大丈夫者在乎道德返之己而自有餘景春之所謂大丈夫者在乎權力取之人而不可恃此義利之別君子小人之辨也

周霄問曰古之君子仕乎孟子曰仕傳曰孔子三月無君則皇皇如也出疆必載質公明儀曰

古之人三月無君則弔三月無君則弔不以急乎曰士之失位也猶諸侯之失國家也禮曰諸侯耕助以供粢盛夫人蠶繅以爲衣服犧牲不成粢盛不潔衣服不備不敢以祭惟士無田則亦不祭牲殺器皿衣服不備不敢以祭則不敢以宴亦不足弔乎

此一章書見君子仕以行道而不可枉道以求仕也昔孟子抱道自重不見諸侯魏人周霄意欲諷使出仕乃設問曰古之君子仕乎孟子曰君子志在行道豈不欲得君而仕傳有之曰孔子當時若三月失位無君即皇皇然如有求而弗得及出疆而之他國必載贄以往以爲見君之禮又魯賢人公明儀有言曰古之人但三月無君則人皆來弔而慰安之即此以觀而君子之仕可見矣周霄又問曰三月無君歷時未久乃遂至於相弔是不已急乎孟子曰士之有位猶諸侯之有國家士之有位而失位猶諸侯之有國家而失國

家其所係甚重豈獨急於功名哉蓋古人最重祭祀而祭祀必有田祿之入方能盡禮禮有之曰諸侯親耕耤田庶人助之終畝以奉其黍稷粢盛諸侯之夫人親蠶受繭繅絲使世婦爲黼黻文章以供祭祀之衣服禮言如此假使諸侯而失國家則不得行耕助親蠶之禮而犧牲不成肥腯粢盛無以致潔衣服又無以致備則不敢以祭矣禮又曰惟士無田則亦不祭蓋士既失位則無祭田無田則

牲不能特殺與夫器皿之用祭祀之服皆不能全備則亦不敢以祭夫不敢以祭則無以遂其孝親之心爲人子者必不能一息自安故三月無君一年四時之饗已廢其一於奉先之孝大有虧矣失位可無弔失祭亦可無弔乎由孟子此言觀之可見得君行道固士君子素志而孟子之不見諸侯蓋有甚不得已者矣

出疆必載質何也曰士之仕也猶農夫之耕也農夫豈爲出疆舍其耒耜哉曰晉國亦仕國也未嘗聞仕如此其急仕如此其急也君子之難仕何也曰丈夫生而願爲之有室女子生而願爲之有家父母之心人皆有之不待父母之命媒妁之言鑽穴隙相窺踰牆相從則父母國人皆賤之古之人未嘗不欲仕也又惡不由其道不由其道而往者與鑽穴隙之類也

此三節書見君子之急仕與難仕各有道也周霄又問曰三月無君是誠可弔矣若出疆必載質則又何也孟子曰仕以行道猶夫耕以謀食農夫雖離本土亦不能不耕豈爲出疆之故舍其耒耜哉士至他國進退之際亦必有禮豈有不載贄以爲見君之地者乎周霄設辭探問已得君子欲仕之情乃隱諷孟子曰吾晉國游宦往來亦士君子出仕之國也未嘗聞無君則弔出疆載贄如此之急仕既如此其急君子宜易於仕矣乃又不見諸侯甘心高蹈何也孟子曰君子豈不欲得位而仕但出處進退不可苟且即如男女居室人之大倫故丈夫生而願爲娶妻使之有室女子生而願爲擇配使之有家此是父母之心人所皆有也然婚姻之禮又爲最重必待父母有命媒妁往來六禮既備而後始成室家若不待父母之命媒妁之言至於鑽穴隙以相窺踰牆垣以相從寡廉鮮恥無賴苟合則内而父母外而國人莫不賤而惡之是以古之人未嘗不欲仕猶之男有室女有家固

父母之心也。又惡去就無義，進退無禮，而不由其道。彼不由其道而往者，是與鑽穴隙相窺同類也。蓋君臣大義無所逃於天地之間。而出處大節，又君子立品邪正所係。苟以致君澤民之心，而蒙鑽穴踰牆之誚，君子所不屑，所不忍也。故君子之急仕與君子之難仕。其迹似相悖，要之同歸於道而已矣。孟子以此曉周霄，知懷寶迷邦與枉道求合，皆有所不可也。

彭更問曰：後車數十乘，從者數百人，以傳食於諸侯，不以泰乎？孟子曰：非其道，則一簞食不可受於人；如其道，則舜受堯之天下，不以爲泰。子以爲泰乎？

此一章書是言辭受皆準於道也。孟子在當時歷聘諸邦，車徒甚衆，所至之國，廩餼極豐。弟子彭更者疑其太過，問曰：今以一介之士，而後車多至數十乘，從者多至數百人，乘傳往來，游食諸侯，豈不過於侈泰乎？孟子曰：君子於天下，辭受取予皆有道焉。如非其道之所當得，則一簞之食，似無關於生平大節，然爲物雖至微，而揆之於道，則斷然有所不可受者。況輿從稠遝，傳食諸侯，而敢以爲安乎。如其道之所當得，則雖虞舜以匹夫登庸，受堯之禪而有天下，當時四岳百揆九官十二牧以及光天之下，至於海隅蒼生，皆帖然從之。舜亦處之若所固有，不以爲泰。子豈以舜爲泰乎？夫堯舜之禪讓，事出非常，與士君子之辭受取與，未可同日而論。然以言乎事之大者，當莫過乎此矣。道之所在，即與之以天下且不可卻，況傳食諸侯，特其小小者乎。故君子亦觀乎道之當否而已矣。若其他固非所計也。

曰：否。士無事而食，不可也。曰：子不通功易事，以羨補不足，則農有餘粟，女有餘布；子如通之，則梓匠輪輿皆得食於子。於此有人焉，入則孝，出則悌，守先王之道，以待後之學者，而不得食於子子何尊梓匠輪輿而輕為仁義者哉曰梓匠輪輿其志將以求食也君子之為道也其志亦將以求食與曰子何以其志為哉其有功於子可食而食之矣且子食志乎食功乎曰食志曰有人於此毀瓦畫墁其志將以求食也則子食之乎曰否曰然則子非食志也食功也

此四節書見士有任道之功非無事而食也彭更聞孟子之言因而對曰舜代堯之天下原是天與人歸乃所當受吾非以舜為泰也

但以一介之士未仕諸侯於人之國一無所事而晏然食其食似非道之所宜為不可耳孟子曉之曰子以士為無功亦未知士之功為何如耳試以農工之事觀之如農人種粟女子織布各有其事亦各有其功不能相兼使子不有無通融彼此交易以有餘者補夫不足則農有餘粟而不能有布女有餘布而不能有粟必皆積於無用矣子如通之使不能相兼者皆有以相濟豈但農得衣女得食哉凡造室之梓人匠人造車之輪人輿人皆得以一藝之能而易食於子況士之功為何功而事為何事乎今有士人於此學先王仁義之道而以孝悌為仁義之實入則盡孝於親出則盡弟於長遵守先王仁義之道使邪說不得作而異端不得亂以此待後世學者而為所師其有功於世道人心誠為不淺洵非曲藝之可比也乃反謂無功而不得食於子子何尊梓匠輪輿之人而輕為仁為義之

士哉彭更復變其說以應曰梓匠輪輿吾未嘗尊仁義之士亦未敢輕也但梓匠輪輿之人不過以技藝求食其志則然耳若夫君子而為道自重則居仁由義自負不輕而自命亦不苟豈其志亦將以求食於人哉孟子於是折之曰君子之志固不同於凡流然以食與人又何必以志為言哉但當計其功之多寡理所當食則食之而已且子平日之食人也果因人之志而食之乎抑因人之功而食

之乎。彭更又强爲之言曰。食志而功非所論也。孟子復詰之曰。子固食志非食功矣。設使有人於此覆屋之瓦。彼則毀而敗之。飾壁之墁。彼又畫而壞之。是無功而且有害也。然其志亦將以此求食。則子亦因其志而食之乎。曰否。無功有害。不可食也。孟子遂折之曰。子旣食志。又不食無功之志。然則子所云食志非食志也。食功也。旣爲食功。則有功於世道人心者。正所當食。乃反以爲無事而食。子非

尊梓匠輪輿。而輕爲仁義者乎。蓋孟子抱道自處。懷致君澤民之志。有繼往開來之功。宜當時之君尊禮而任用之矣。乃道終不行。而猶以傳食爲泰。甚矣。聖賢之窮也。而世道亦從可知矣。

萬章問曰。宋小國也。今將行王政。齊楚惡而伐之。則如之何。孟子曰。湯居亳。與葛爲鄰。葛伯放而不祀。湯使人問之曰。何爲不祀。曰。無以供犧牲也。湯使遺之牛羊。葛伯食之。又不以祀。湯又使人問之曰。何爲不祀。曰。無以供粢盛也。湯使亳衆往爲之耕。老弱饋食。葛伯率其民。要其有酒食黍稻者奪之。不授者殺之。有童子以黍肉餉。殺而奪之。書曰。葛伯仇餉。此之謂也。爲其殺是童子而征之。四海之內皆曰。非富天下也。爲匹夫匹婦復讐也。

此三節書見王政本於實心也。昔宋王偃有圖霸之志。嘗滅滕伐薛。敗齊楚魏之兵。是以諸侯惡而欲伐之。萬章因問於孟子曰。宋小

國也。今將興師問罪。伐暴安民。欲行王政於天下。此其志誠善矣。奈齊楚之君惡其行王政不利於己而欲伐之。是以王政致伐也。但衆寡强弱之間。實不得不爲宋慮。必如之何而後可以免人之伐乎。孟子曰。子以宋爲小國而王政難行。不知行王政不在國之大小也。試以成湯之事觀之。昔湯居於亳邑。地僅七十里。可謂小矣。與葛國爲鄰。葛伯放縱無道。不祀先祖。湯使人問之曰。國之大事惟祀。

爾何爲而不祀也彼乃託辭以對曰祭必外備其物所以不祀者無以供犧牲也湯因使人遺之牛羊乃葛伯食之又不以祀湯又使人問之曰犧牲既備何爲不祀又託辭以對曰祭以黍稷爲馨所以不祀者爲無以供粢盛也湯又使亳邑之衆往爲之耕以備粢盛又使其老弱者往爲耕者饋食可謂存心仁而交隣厚矣乃葛伯復率其民要於道路有饋酒食黍稻者則攘而奪之不與者則從而

殺之惟時亳衆有一童子以黍肉饋餉耕者葛伯殺而奪之此不仁甚矣故商書仲虺之誥曰葛伯仇餉卽此殺是童子之謂也夫湯待葛伯如此其厚乃反殺其童子則暴虐已極此弔伐之師所不能已於是爲此舉兵而征之時四海之內皆諒湯之心曰湯之舉兵非以天下爲利而欲富也惟因童子無辜見殺父母含寃莫伸其往征也乃爲匹夫匹婦復仇耳夫湯以不忍之心而行弔伐之舉非得已也故天下信之有如此

湯始征自葛載十一征而無敵於天下東面而征西夷怨南面而征北狄怨曰奚爲後我民之望之若大旱之望雨也歸市者弗止芸者不變誅其君弔其民如時雨降民大悅書曰徯我后后來其無罰有攸不爲臣東征綏厥士女匪厥玄黃紹我周王見休惟臣附于大邑周其君子實玄黃于匪以迎其君子其小人簞食壺漿以迎其小人救民於水火之中取其殘而已矣太

誓曰我武惟揚侵于之疆則取于殘殺伐用張于湯有光不行王政云爾苟行王政四海之內皆舉首而望之欲以爲君齊楚雖大何畏焉

此四節書言行王政則無敵於天下也孟子曰湯惟非富天下故初征無道則自葛伯始從此伐暴救民凡十一征而皆無敵於天下但見東面而征則西夷怨之南面而征則北狄怨之皆曰我與彼同苦虐政奚獨以我爲後乎蓋民之望湯如大旱望雨惟恐其不卽

至也及其既至則商安於市而歸市者不止農安於野而芸者不變民之所以慶幸其來而相安於無事者蓋由湯止誅其有罪之君而於無辜之民則弔之如時雨降於大旱之後皆樂其復蘇而大悅也故商書仲虺之誥有曰吾儕小人徯待我之君后久矣我后既來其庶無虐政之罰乎是湯之行王政而民心悅之如此再以武王之事觀之武王當紂殘暴之後三分有二八百來歸王業盛矣然

其中猶有助紂爲惡而不爲周臣者武王因其害及士女於是東征以綏安之但見士女皆以筐篚盛元黃之幣以迎武王之師曰吾等向事紂王苦其虐政久矣今得繼事我周王庶蒙恩澤而見休乎遂皆心悅誠服而盡歸附於大邑周焉於是有位之君子實元黃於篚以迎王師之君子無位之小人則簞食壺漿以迎王師之小人從來軍旅所至未有不避而遠之者今商之臣庶皆以類相迎蓋

因武王惟救民於水火之中取其殘民者以誅之而已於除殘之外一無所利故民之感恩懷德一如湯耳所以周書太誓之詞曰我之威武奮揚侵于暴紂之疆則取于殘民者而誅之雖罪止一人而威加四海殺伐之功因以張大比於湯之伐桀救民其心同其事一也豈不于湯有光乎此武王以不忍之心而行弔伐之舉人心悅之又如此夫湯武之君皆行王政遂皆天下無敵未聞當時有惡

而伐之者今宋惟不行王政欲以霸術欺人故見忌於大國云爾苟能誠心爲民以行王政是即成湯弔民於大旱之後武王救民於水火之中也將四海之内皆舉首而望之願奉爲君彼齊楚雖大何足畏乎則宋之致伐不可歸咎於王政也明矣總之王政貴於力行不在國之大小苟以除殘去暴之心爲應天順人之舉自然徯后迎師而無敵於天下何至有受制於人之事乎故曰王道以得民

心爲本。

孟子謂戴不勝曰子欲子之王之善與我明告子有楚大夫於此欲其子之齊語也則使齊人傅諸使楚人傅諸曰使齊人傅之曰一齊人傅之衆楚人咻之雖日撻而求其齊也不可得矣引而置之莊嶽之間數年雖日撻而求其楚亦不可得矣子謂薛居州善士也使之居於王所在於王所者長幼卑尊皆薛居州也王誰與爲不善在王所者長幼卑尊皆非薛居州也王誰

與爲善一薛居州獨如宋王何。

此一章書見爲人臣者當廣進善類以成正君之功也昔宋臣有戴不勝者有志正君而不能廣進善類故孟子謂之曰人臣引君當道乃分所宜然然爲之非旦夕之功而輔之亦非一人之力也今子之心亦欲子之王之進於善與我明告子以致君之道有可罕譬而喩焉有楚大夫於此欲其子變楚之方言而學齊國之正音則使齊人傅之乎使楚人傅之乎不勝對曰齊人乃能齊語必使齊人傅之孟子曰欲學齊語使齊人傅之誠是矣設使一齊人傅之而衆楚人於旁咻之則聽聞不嘗積習難變雖日鞭撻求其子爲齊語也不可得矣若引其子置於齊地莊嶽之間其地既嘗且加以數年之久所見所聞莫非齊人齊語則熏陶漸染久而自化雖日加鞭撻求其子爲楚語也亦不可得矣夫學爲言語尚在精嘗況正君之功豈不在於多助乎

今子謂薛居州宋之善士也薦舉於王使之居於左右可謂心乎愛君而得事君之誼矣然使在王所者長而老成幼而後進卑而執事尊而秉鈞者皆如居州之賢則善言善行日接於前王雖欲爲不善誰其與之乎若在王所者長幼卑尊皆不能如居州之賢則耳無善言可聽目無善行可覩王雖欲爲善又誰其與之乎今子所舉者止一薛居州耳其餘左右之人皆非居州之匹儔也一君子終

不勝衆小人將見羣邪害正孤忠無與雖欲進君於善其如宋王何哉是以古大臣之欲正其君者集思廣益使端人正士布在班聯然後忠佞不致同朝賢姦不得共柄而君德乃日進於高明此以人事君人臣第一義也

公孫丑問曰不見諸侯何義孟子曰古者不爲臣不見段干木踰垣而辟之泄柳閉門而不內是皆已甚迫斯可以見矣陽貨欲見孔子而惡無禮大夫有賜於士不得受於其家則往拜其門陽貨矙孔子之亡也而饋孔子蒸豚孔子亦矙其亡也而往拜之當是時陽貨先豈得不見曾子曰脅肩諂笑病于夏畦子路曰未同而言觀其色赧赧然非由之所知也由是觀之則君子之所養可知已矣

此一章書是明不見之義以見君子之所養也昔孟子抱道自重不肯往見諸侯故公孫丑問曰君子一身出處必準乎義然有抱濟世安民之畧而不先往見諸侯者敢問果何

義乎孟子曰古者君子處世已仕則以盡職爲恭未仕則以守身爲正若未委贄爲臣則君臣之分未定無先往見之禮故自重其身而不輕見也然所謂不見者非過於矯激而終不見也如昔魏文侯之往見段干木也彼以未嘗爲臣遂踰牆而避不與之見魯繆公之往見泄柳也亦以未嘗爲臣遂閉門而不納不與之見此二子者雖守不見之節然皆立已太峻而絕人過嚴未免已甚如君既有下賢之心誠意迫切斯可出而見之不爲枉道何必踰垣閉門爲哉出處去就合乎義禮之中者必推孔子昔孔子道高德備陽貨亦嘗聞之然不肯折節下賢而欲召孔子來見又恐無下賢之禮惡人議已於是用術以致之禮大夫有賜於士士苟不得拜受於家則必往拜謝於大夫之門其時陽貨方以大夫自僭而孔子爲士因令人窺孔子之出於外也而饋以蒸豚其意欲使孔子往拜其門可

借此以相見也然孔子因物付物自不墮其術中遂亦窺陽貨之出於外也而往拜以謝之既已答人之禮而又不屈己之節可謂情理兩全矣當是時也使陽貨不用術以致孔子之見而以禮先之則貨雖非可見之人而亦有願見之意孔子於此豈得如干木泄柳之已甚而終於不見耶蓋孔子之合乎中道如此而得孔子之家法者莫如曾子子路曾子嘗曰每見有求媚乎人者聳脅其肩而强

爲歡笑其勞苦不可勝言比於夏月治畦之人爲更甚也子路亦嘗曰未與人合而强與之言其心慚而赤赧赧然若無所容如此人品非由之所知也由二子之言觀之凡如是之人乃其所溪鄙而痛惡也則其平日之所養者必光明正大不激不隨而不枉道以求合也可知已矣所謂不爲臣不見者豈非守身之正乎要之儒者以行道爲心而必以枉道爲恥絕人太甚固不可也强顏求合尤不可也權衡義禮之中亦惟以孔子爲法而已矣

戴盈之曰什一去關市之征今茲未能請輕之以待來年然後已何如孟子曰今有人日攘其鄰之雞者或告之曰是非君子之道曰請損之月攘一雞以待來年然後已如知其非義斯速已矣何待來年

此一章書見革弊之貴斷也昔宋大夫戴盈之目擊時弊而慨然復古然有其意而不能

決乃問於孟子曰什一而賦關市不征古先王之仁政也今則不然賦則厚斂使農困於野關市則幷征其貨使商困於途先王之良法美意不存而斯民之困苦日甚今欲復什一之制去關市之征使農有餘粟而商有餘財豈非吾之至願但相沿已久而更張不可不漸請先去其重且甚者而輕之以待來年然後盡革其弊而復古之制夫子以爲何如孟子設喻以告之曰爲政之道成於斷而敗

於需有意去弊亦在乎勇以決之而已試爲罕譬而喻今有人於此日攘其鄰家之雞或告之曰攘雞之事非君子之道其意欲其立止也乃攘雞者不能即改但曰請減損其日攘者而月攘之以待來年然後已而不攘以視子之革弊而欲待來年者何以異乎攘雞與攘民小大不同同歸不義若未曾知之猶可恕也既已知之不可緩也子今既知弊政當除即當瞬息難安刻不容緩斯速已之使

民蚤蒙休養之福可耳何必又爲來年之待哉要之興利除弊乃爲政之要務若明知其弊而猶苟且因循日復一日究之弊終不能除而害愈甚豈善治之道耶語云爲政不在多言顧力行何如耳諒哉

公都子曰外人皆稱夫子好辯敢問何也孟子曰予豈好辯哉予不得已也天下之生久矣一治一亂當堯之時水逆行氾濫於中國蛇龍居之民無所定下者爲巢上者爲營窟書曰洚水警余洚水者洪水也使禹治之禹掘地而注之海驅蛇龍而放之菹水由地中行江淮河漢是也險阻既遠鳥獸之害人者消然後人得平土而居之堯舜既沒聖人之道衰暴君代作壞宮室以爲汙池民無所安息棄田以爲園囿使民不得衣食邪說暴行又作園囿汙池沛澤多而禽獸至及紂之身天下又大亂周公相武王誅紂伐奄三年討其君驅飛廉於海隅而戮之滅國者五十驅虎豹犀象而遠之天下大悅書曰

丕顯哉文王謨丕承哉武王烈佑啓我後人咸以正無缺

此一章書見聖賢維世之心皆出於不得已也昔戰國之時邪說橫行異端蠭起孟子爲世道人心慮恆以言闢之而人皆不知其故遂有疑其好辯者故公都子問曰辭以達意原非多言但今在外之人皆稱夫子好爲辯論以取勝於人敢問何也孟子曰處世之道豈可以言論勝人但有關於世道人心者故

不能嘿嘿而已今外人謂我爲辯亦不能辭但居今之世度予之心豈好爲辯論以取勝哉蓋有所不得已者耳而所爲不得已者非自予始也自上古以至今日天下之有生民業已久矣其間氣化固有盛衰人事不無得失一治一亂相爲循環故有治而不能無亂者其勢然也吾人生當其時欲撥亂反正安可緘嘿而已乎從來治亂不一試以其大者言之當堯之時洪荒初闢水無常經皆倒流

逆行以致氾濫於中國之内凡平陸之地皆蛇龍所居天下之民俱無定止於是地之卑下者則架木爲巢高上者則掘地爲窟生民之苦至此已極虞書有曰洚水警余言予不德故天降災異以警之所云洚水者即此逆行氾濫之洪水也是時氣化乖沴生民罹害非一亂乎於是堯獨憂之舉舜敷治舜承堯命遂使禹治之禹順水之性掘地之壅塞者而注之海氾濫之水有所歸矣驅蛇龍而放

於菹澤之地蛇龍之物有所居矣因而水循正道由地中以行即今之江淮河漢是也夫水不爲災則險阻既遠不特無蛇龍之害而凡鳥獸之害人者咸已消除然後中國之人始得平土安居以遂其樂生之願焉豈非天下之一治乎迨堯舜既没聖人仁民愛物之道寖以衰微歷夏及商暴虐之君相繼而起彼皆奢侈無度不念民生民有宫室其所居之處也乃壞之以爲己之池沼使無所安息

焉民有田地其養生之資也乃棄之以爲己之園囿使不得衣食焉虐政既行而乘機以爲亂者無所不至於是邪僻之説暴慢之行又因之而作是人害日滋矣且棄田土以爲園囿棄宫室以爲汙池則沛澤愈以多而禽獸自至是物害愈甚矣夫自堯舜以降雖治亂不常寖淫而及紂之身愈爲不道天下又復大亂若非周公武王孰能挽回氣運而輯安天下乎於是武王受命而起周公輔之隨

奉行天討以誅獨夫之紂又以奄國爲紂之外助因興師伐之至三年之久始討其君而誅之焉其倖臣飛廉乃紂之内助也則驅於海隅之地而戮之其他助紂爲虐者五十國悉皆殄滅而人害以息又驅虎豹犀象使之遠遁而物害以消當時天下之民被新王之化而蒙安養之澤莫不大悅而歡欣鼓舞以共享太平之福焉故周書君牙之篇有曰丕顯哉文王創業之謨丕承哉武王致治之烈所以佑助啓廸我后人者無一事不光明正大美善兼盡而無缺蓋以周公爲相能制禮作樂以光文武之道也此又非世之一治乎

世衰道微邪說暴行有作臣弑其君者有之子弑其父者有之孔子懼作春秋春秋天子之事也是故孔子曰知我者其惟春秋乎罪我者其惟春秋乎聖王不作諸侯放恣處士橫議楊朱墨翟之言盈天下天下之言不歸楊則歸墨楊氏爲我是無君也墨氏兼愛是無父也無父無君是禽獸也公明儀曰庖有肥肉廐有肥馬民有饑色野有餓莩此率獸而食人也楊墨之道不息孔子之道不著是邪說誣民充塞仁義也仁義充塞則率獸食人人將相食吾爲此懼閑先聖之道距楊墨放淫辭邪說者不得作作於其心害於其事作於其事害於其政聖人復起不易吾言矣

此四節書是明聖賢維世之深心皆以衛道自任也孟子曰周自文武周公以來天下固已大治及歷世既久至平王東遷之後國運漸衰而文武經世之道遂微而不明矣於是三綱沉五倫壞邪說暴行又乘之而作其大逆無道者則以臣而弑君者有之以子而弑父者有之忍心害理倫常攸斁一至於此此又一亂也孔子生當其時覩風俗之凌夷惡人心之僭亂雖不得君相之位以施撥亂之權然深以爲懼遂因魯史而作春秋焉春秋所載褒貶賞罰乃天子之事也所以孔子嘗

曰世有知我者謂以片言而伸一王之大法使後世知所勸懲其惟此春秋乎或有罪我者謂以匹夫而假天子之大權借空言以行彰癉其惟此春秋乎孔子之言如此然或知或罪雖有不同而在孔子之心不過勉人爲善戒人爲惡以警當世而示來茲也豈得已哉孔子之作春秋是亦世之一治也由孔子而至於今賢聖之君久不作矣列國諸侯皆爭戰相尋放恣於法紀之外而不顧其無德

無位而名爲處士者復搖唇鼓舌而橫議於其間至如楊朱墨翟更異端之尤也各以邪辟之說布滿天下天下之言學術者不歸楊則歸墨而聖人之道不明矣在彼信而從之者雖未之詳察而不知楊氏之言但知爲我於一身之外漠不相關不復知有致身之義是無君也墨氏之言惟知兼愛視天下之人更無差等不復知有親親之仁是無父也夫人之一身惟此君父之倫爲不可泯耳今無

父無君人道既已滅絕其與禽獸何異耶橫議之害一至於此昔公明儀有言曰庖之中有肥肉廄之中有肥馬乃使民有饑色野有餓莩此所謂率獸而食人也今彼楊墨之害實有甚於此者蓋事親以仁事君以義由堯舜以來傳之孔子者也彼爲我兼愛之道流而不息則孔子仁義之道蔽而不明是邪說誣惑乎民心而仁義之道遂爲邪說蔽塞也仁義既已蔽塞則人皆無君父之倫而與禽

獸無異是楊墨之教使人皆爲禽獸即所謂率獸食人也其勢一倡不能止遏則人將相殘相食而亂臣賊子不可勝誅其爲亂也又甚於孔子時矣吾生當斯際蓋爲此而懼焉豈能坐視異端之倡熾使聖道不傳而嘿嘿已乎故欲防閑先聖仁義之道使之昭明而不爲所塞則於楊墨之學必深加距絕於淫蕩之辭必力爲放斥務使無父無君之邪說不得復起而惑民焉凡此者皆以衞道也蓋

彼邪說之作。雖屬論說。實本於人心。既作於其心。則必日用舉止。俱悖乎理。而害及於事。既害於其事。則必紀綱法度。盡失其常。而害及於政。此理之必然也。雖有聖人復起。豈能易吾害事害政之言耶。此吾所以距之嚴。放之切。以衛先聖之道於不墜也。不然。橫議日滋。浸淫不已。異端之害。將何所底止乎。此吾之所以不得已耳。

昔者禹抑洪水而天下平。周公兼夷狄。驅猛獸而百姓寧。孔子成春秋。而亂臣賊子懼。詩云。戎狄是膺。荊舒是懲。則莫我敢承。無父無君。是周公所膺也。我亦欲正人心。息邪說。距詖行。放淫辭。以承三聖者。豈好辯哉。予不得已也。能言距楊墨者。聖人之徒也。

此四節書是孟子總論諸聖之功。以見己闢邪衛正之非得已也。孟子曰。古今之治亂雖有氣化人事之不同。而主持維挽。則存乎人者有不得辭也。昔者洪水為災。惟禹排抑之。而天下平治。至周公兼并夷狄。驅逐猛獸。除民之害。而百姓乃得安寧。若孔子成春秋。明大義於天下。後世。而亂臣賊子。乃有所畏懼而不敢恣肆以行其惡。是自古至今。所以亂而復治。皆諸聖維持之力也。況今楊墨之害。有甚於此者乎。昔魯頌之詩有云。戎狄是膺。荊舒是懲。則莫我敢承。蓋言周公於戎狄之國。則膺擊之。而不稍寬。於荊舒之人。則懲創之。而不稍恕。斯無弗畏服。而莫敢有違拒者

焉。是中外之防。固如是之嚴也。今楊墨無父無君。與戎狄無異。正周公之所必膺也。而豈得漫然視之乎。故我處今日。亦欲明仁義之道。正人心於陷溺之後。聲楊墨之罪。息邪說於方熾之時。其偏僻之行。則距絕之。而無使猖狂。其淫蕩之辭。則放斥之。而不令鼓惑。正以仰承三聖之功。欲由亂而返於治也。然則予之諄諄反覆者。豈好辯哉。誠以繼三聖之後。畏天命。憫人窮。憂之深。遂不覺其言之切。

乃有所不得已耳。況此楊墨之當距，非獨予一人之責也。使人能發爲言論以斥其爲我兼愛之非，是其學雖未及三聖，然已得其道法而紹其心傳，即禹周孔子之徒也。是知闢邪衞正，人人皆有其責，何疑於予之好辯哉。甚矣，外人之不諒也。蓋異端之害聖道者，楊墨爲甚，以其無父無君，害人心術，所關最大也。使非孟子深惡而痛絕之，則爲禍於後世者，尚可言耶。自有此辯，而邪正之分遂不可

掩。以此主持世教，則致治無難，而可以媲美於三聖矣。

匡章曰：陳仲子豈不誠廉士哉。居於陵，三日不食，耳無聞，目無見也。井上有李，螬食實者過半矣，匍匐往將食之，三咽，然後耳有聞，目有見。孟子曰：於齊國之士，吾必以仲子爲巨擘焉。雖然，仲子惡能廉。充仲子之操，則蚓而後可者也。夫蚓，上食槁壤，下飲黃泉。仲子所居之室，伯夷之所築與，抑亦盜跖之所築與。所食之粟，伯夷之所樹與，抑亦盜跖之所樹與。是未可知也。

此一章書見矯俗不可以爲廉也。齊人有匡章者，問於孟子曰：論人之品，以廉爲貴。然今世之人，或飾其名而無其實，或勉强一時而不能持久，此皆不可謂之廉也。如我齊國之有陳仲子者，豈不眞爲廉潔之士哉。夫仲子生於富貴之家，乃能以淡薄自守。其所居者，則於陵鄉僻之地也。嘗至於三日不食，而耳不能聞，目不能見焉。其窮困如此，然未嘗求

食於人也。適井上有李，螬食其實者業已過半，在他人視之，亦惟遺棄之耳。而仲子乃匍匐而往，取而食之。彼當饑疲之後，凡三咽，而後耳復有聞，目復有見。此其所居所食，乃人之所不能堪也。而其心不爲稍易，非眞廉其孰能之哉。孟子因而曉之曰：當今齊國之士，大約皆富貴功利中人耳。仲子處汙濁之世，而竟不爲流俗所染，如手小指之中有一大指。吾必以仲子爲齊國之巨擘焉。雖然，仲子

所處固人所難然亦不必爲此不近人情之事以失聖賢中正之道也我思仲子亦惡能遂其廉哉若充仲子之操其矯情絕俗亦必窒礙難行必如蚯蚓之無求於人而後可然仲子亦人耳豈能如蚯蚓耶夫蚓之上而食者非猶夫人之食也惟槁壤之土下而飲者非猶夫人之飲也惟黃泉之水今仲子居必以室而食必以粟則不能不有資於人也可知矣此其所自來亦安能計其義與否耶從

來最廉者莫如伯夷最貪者莫如盜跖今仲子所居之室果廉如伯夷之所築與抑貪如盜跖之所築與所食之粟果廉如伯夷之所種與抑貪如盜跖之所種與是義與不義總不可知也今仲子既不能無居無食而所居所食者又不能必其所自來若仲子者亦惡能自成其廉哉如欲成仲子之廉殆必如蚓而後可也

曰是何傷哉彼身織屨妻辟纑以易之也曰仲子齊之世家也兄戴蓋祿萬鍾以兄之祿爲不義之祿而不食也以兄之室爲不義之室而不居也辟兄離母處於於陵他日歸則有饋其兄生鵝者己頻顣曰惡用是鶂鶂者爲哉他日其母殺是鵝也與之食之其兄自外至曰是鶂鶂之肉也出而哇之以母則不食以妻則食之以兄之室則弗居以於陵則居之是尚爲能充其類也乎若仲子者蚓而後充其操者也

此三節書是言人不可以小節妨大倫也臣

章曰仲子之居與食雖不必盡出於伯夷然亦何傷其爲廉哉今仲子之居食乃親身織屨其妻辟纑以易之者夫豈不義而取諸人者耶孟子因曉之曰吾謂仲子之惡能廉正以仲子不必如此耳蓋仲子非素貧賤乃齊國之簪纓世家也其兄名戴者食采地於蓋邑其祿萬鍾即與其兄同居而食非不義也乃仲子以兄之祿爲不義之祿而不食以兄之室爲不義之室而不居因遠避其兄以致

離失其母居於於陵彼亦謂以義自處而不知母子兄弟之大倫已失矣嘗聞其他日歸也偶有饋其兄生鵝者亦不過交際之常禮乃仲子則頻顣而不悅曰惡用是鶂鶂不義之物為哉及他日又歸其母以愛子之心殺是鵝以食之適其兄自外至因與之言曰爾之所食者即向所謂鶂鶂之肉也仲子聞兄之言竟出而哇之其矯情如此較之聖賢之道不違親不絕俗者為何如乎且就其居與

食而言之以母食為不義而不食是天下無復可食者乃於妻辟纑以易者則食之以兄之居為不義而不居是天下無復可居者乃於於陵則居之一身而清濁互參一家而棄取靡定是尚為能充其不居不食之類乎不能充其類又焉能充其操殆必如蚓之無求自足而後能充滿其不居不食之操也彼仲子亦人耳豈能遂如蚓也哉吾之所謂惡能廉者蓋以此也可見君子處世自有中道惟義所在而已若欲成一己之小節而棄天下之大倫則凡滅理害義欺世盜名者將無所不至此主持風教者不可不辨也

日講四書解義卷之十八

日講四書解義卷之十九

孟子 下之一

離婁章句上

孟子曰離婁之明公輸子之巧不以規矩不能成方員師曠之聰不以六律不能正五音堯舜之道不以仁政不能平治天下今有仁心仁聞而民不被其澤不可法於後世者不行先王之道也故曰徒善不足以爲政徒法不能以自行詩云不愆不忘率由舊章遵先王之法而過者未之有也

此一章書見爲治當實行先王之仁政也孟子曰爲治必本於心而心之所運即爲法欲圖治者必不可以無法也猶之制器者欲爲方員必以規矩即以離婁之明公輸子之巧苟舍此規矩則明巧無所施而方員不能成矣猶之審樂者欲定五音必以六律即以師曠之聰苟舍此六律則其聰亦無所用而五音不能正矣况治天下乎治天下必以仁政即堯舜亦有所不能外如精一執中堯舜之道也其所以治天下者必有百工庶績六府三事以其如天好生之仁而發之爲政焉苟不以仁政則紀綱不立制度未詳而天下亦不能平治矣觀於堯舜而求治者之不可無仁政也明矣如今之人君求其愛民之意發於中與夫愛民之聲聞於外者蓋亦有之然而在乎當日不見有德澤被於民而施於後世亦不可奉之以爲法豈其心未欲求治耶

蓋由不能以仁心而發爲仁政實行先王之道耳苟能行之則美意藴於中良法溢於外治平有何難哉是知仁心仁政誠無一之可缺者故古語曰徒有仁心而不達之於政則慈祥之意無以推廣不足以爲政徒有仁政而不本之於心則條教之設祇屬虛文亦不能以自行其何以澤當時傳後世耶誠能效法先王則可以無患矣假樂之詩曰不愆不忘率由舊章蓋言爲政者無有差忒無有遺

忘皆由率行舊日之典章故也以此觀之不愈知先王之法之盡善而遵之者之不可以或緩哉蓋先王之法本於一心合諸庶務在當時共被其澤在後世實可遵行使遵先王之法而猶有愆過遺忘不足以澤被當時而爲法後世者無是理也信乎法者政之所由傳仁之所自溥而先王所以平治天下者斷斷必出於此不是之遵豈可漫言平治耶

聖人既竭目力焉繼之以規矩準繩以爲方員

平直不可勝用也既竭耳力焉繼之以六律正五音不可勝用也既竭心思焉繼之以不忍人之政而仁覆天下矣故曰爲高必因丘陵爲下必因川澤爲政不因先王之道可謂智乎

此二節書言聖人立法之善要以能遵爲智也孟子曰吾所謂先王者即古之聖人也聖人之聰明智慮原爲後人之所不可及故創制立法即有以利賴天下於不窮如聖人制器以利天下之用既竭其目力以爲方員平直矣然無法以繼之則目力或有時而窮於是又繼之以規矩以爲方員繼之以準繩以爲平直使後人皆有所據而取法焉是制器之法不可勝用也如聖人作樂以宣天地之和既竭其耳力以正五音矣然無法以繼之則耳力或有時而窮於是又繼之以陰陽之六律以正宮商角徵羽之五音使後人皆有所據而考驗焉是作樂之法不可勝用也至聖人之不忍於民而欲使各得其所亦既竭

其心思圖維區畫凡所以仁民者無弗至矣然使不繼之以法則心思亦有時而窮於是以不忍人之政繼之厚其生則爲之制田里教樹畜正其德則爲之設學校明人倫是其不忍之心賴政以不匱而仁覆於天下後世矣然則聖人之治以有仁政而然也後之圖治者豈可舍此而他求耶故古語曰爲高必因丘陵爲下必因川澤蓋言丘陵川澤之勢自高自下因而爲之甚易也以仁心而行仁

政即先王之道也。盡善盡美，確有可遵。即與爲高下者之丘陵川澤無以異。苟爲政者不因乎此，是猶舍丘陵以爲高，舍川澤以爲下，徒勞罔功，其亦不明之甚矣。曾可謂之智乎。要之，爲人君者不可不行先王之道也。苟能行，則皆被其仁，而所及者廣；不能行，則並失其智，而所施者窮。以堯舜爲法者，可以決計矣。

是以惟仁者宜在高位，不仁而在高位，是播其

惡於衆也。上無道揆也，下無法守也，朝不信道，工不信度，君子犯義，小人犯刑，國之所存者幸也。故曰：城郭不完，兵甲不多，非國之災也；田野不辟，貨財不聚，非國之害也。上無禮，下無學，賊民興，喪無日矣。

此三節書是言爲人君者當行仁而戒不仁也。孟子曰：爲政而不因先王之道，不可謂智。蓋以其不仁而然也。苟能因之，則必推仁者矣。是以惟仁者以仁心行仁政，則澤及生民，

而法傳後世，所必然也。如是而在高位，代天理物，誰曰不宜。若不仁而在高位，則必以先王爲不足法，以仁政爲不足行，縱其情之所至，止以爲禍於天下，是播惡於臣民之衆也。其貽患可勝言哉。蓋君之一身，臣民之表帥也。使自作聰明，任其私意，凡施於政事者，皆不以理道相揆度，則爲之下者阿諛順從，自無法度之可守。夫朝廷之上既無道揆，則政令惟事紛更，而規制不能畫一，是道不信於

朝廷矣。百官之衆既無法守，則智巧者欺罔以行私，愚鈍者偷惰以藏拙，是度不信於百官矣。朝不信道，則君子之在上者，必至肆意妄行，干犯名義而不知。工不信度，則小人之在下者，必至放辟邪侈，干犯典刑而不顧。蓋不仁在位，而臣與民之作奸作慝以至於此，豈非播惡於衆乎。如是而國之不亡，特僥倖而已矣。豈不深可畏哉。是知國之治亂，止在仁與不仁，而其他非所計也。故古語曰：凡爲

國者城郭雖不完固兵甲雖不衆多其國勢似乎不強然於根本無傷不足以爲災也田野雖不開闢貨財雖不積聚其國儲似乎不富然於元氣亦無損不足以爲害也惟上無道揆而不知禮則下無法守而不知學由是賊惡之民因之而起亂常敗紀相習成風斯國無以立而喪亡無日矣其爲禍豈小哉可見爲人君者當以不仁爲戒而惟行仁政之是亟也

詩曰天之方蹶無然泄泄泄泄猶沓沓也事君無義進退無禮言則非先王之道者猶沓沓也故曰責難於君謂之恭陳善閉邪謂之敬吾君不能謂之賊

此四節書是言仁政當行固人君之責而爲之臣者尤宜引君於道以盡其職也孟子曰不仁而致禍豈獨君之罪哉良由爲之臣者不乘機匡救有以釀之耳詩大雅板之篇云天之將覆周室正宜上下交儆爾羣臣不可泄泄然怠緩悅從苟安旦夕不思所以救正也詩言如此可見爲臣者當以此自責克盡厥職庶天意可回苟當天譴之時而惟坐視不救正詩辭泄泄之謂也夫所謂泄泄者即時俗之所謂沓沓也豈人臣之所宜有哉蓋人臣有事君當盡之義有進退當守之禮今但以逢迎爲悅不輔其君以行仁是事君無義矣阿諛承順進不能陳力就列退不能潔已守身是進退無禮矣且人臣入告於君必

當以堯舜爲法今雖多所謀畫皆出於尋常功利之私至於先王之道則詆毀而非之以爲不足行有臣如此豈非沓沓之謂乎是亦未知人臣事君之道耳故古語曰人臣於君凡奔走承順特恭謹之小節而不可謂之恭也惟是竭誠匡贊不欲其主安於守文常業之君而責望以高遠難盡之事覺靖獻之間一如堯舜在上此尊君之至也始謂之恭抑唯諾悅從此敬畏之儀文而不可謂之敬也

惟是盡言規諫。敷陳先王之善道。而遏止非辟之邪心。其夙夜所矢。惟願君德之清明。此忠愛之至也。始謂之敬。若謂先王之道。非吾君所能也。常以爲難而不敢責。雖知其善而不能陳。玩愒苟安。致君日趨於有過之地。非賊害其君而何哉。爲臣者苟無恭敬之實。則必至賊害其君。其何以平治天下。共成上理耶。爲人臣者誠不可不任其責矣。要之此章之旨在以仁心行仁政。而末乃歸重於君臣

之各任其責。蓋以君臣同心。而後治可成也。所以易之於泰彖。慶其上下之交。而堯舜之世都俞一堂。斯以成勳華之治也與。

孟子曰。規矩。方員之至也。聖人。人倫之至也。欲爲君盡君道。欲爲臣盡臣道。二者皆法堯舜而已矣。不以舜之所以事堯事君。不敬其君者也。不以堯之所以治民治民。賊其民者也。孔子曰。道二。仁與不仁而已矣。暴其民甚。則身弒國亡。不甚。則身危國削。名之曰幽厲。雖孝子慈孫。百世不能改也。詩云。殷鑒不遠。在夏后之世。此之謂也。

此一章書是言爲治者當法堯舜以仁民也。

孟子曰。凡天下事物。皆有至當不易之則。使後人遵而用之。如制器者員取諸規。方取諸矩。規矩乃方員之至也。若夫人之大倫。皆有一定之理。但衆人不能由。而賢人亦不能盡。惟聖人以生知之質。安而行之。察之極其精。而處之極其當。遂合乎天理人情之極。聖人

乃人倫之至也。惟聖人爲人倫之至。則凡在人倫之中。宜以聖人爲法矣。而人倫則以君臣爲大。如欲爲君而盡爲君之道。欲爲臣而盡爲臣之道。斯二者豈俟乎他求哉。亦皆法堯之爲君。舜之爲臣而已矣。蓋自古非無明君。而惟堯爲爲君之至。非無賢臣。而惟舜爲爲臣之至也。使不以舜之所以事堯者事其君。卽他有所法。皆趨承之末節耳。止謂之不敬其君。不以堯之所以治民者治其民。卽他

有所法不過粉飾之虛文耳亦止謂賊害其民夫不法堯舜而慢君賊民若此此皆暗於大道未聞孔子之言也昔孔子曰天下之道止仁不仁兩端盡之蓋道心之外即人心天理之外即人欲也可見能法堯舜即爲仁而不法堯舜即爲不仁止此一念之微而遂有天壤之别可不愼耶故爲君者以堯爲法則身安而國家可保以其仁也若夫不仁者橫征厚斂以窮民財嚴刑峻罰以殘民命舉凡

虐民之事無弗至而禍患隨之矣其虐之甚者則必身弑國亡求存而不得其不甚者則亦身危國削自振而不能且於身沒之後加以惡謚或以昏而不明名之曰幽或以殘而無道名之曰厲定於一時傳之百世雖孝子慈孫欲蓋其祖父之愆而亦不能改也不仁之禍一至於此則欲盡君道者可不知所鑒戒耶詩大雅蕩之篇云殷鑒不遠在夏后之世蓋欲紂以桀爲鑒耳夫詩人之意欲紂以桀爲鑒即此當以幽厲爲鑒之謂也豈可忽哉蓋幽厲之當鑒以其不仁而堯舜之當法以其仁也幽厲之與堯舜迥乎不同而止以仁不仁别之則出此入彼之幾更宜爲之凛凛矣

孟子曰三代之得天下也以仁其失天下也以不仁國之所以廢興存亡者亦然天子不仁不保四海諸侯不仁不保社稷卿大夫不仁不保宗廟士庶人不仁不保四體今惡死亡而樂不

仁是猶惡醉而强酒

此一章書是儆當時之諸侯宜行仁以保其國也孟子曰前代之興亡即後世之法戒惟詳加考究而所以保國者在是矣試以夏商周三代觀之當禹湯文武之得天下也皆以不忍之心行不忍之政於是人心悦而天命歸蓋以仁也及桀紂幽厲之失天下也皆以殘忍之心行暴虐之事於是民心離而天命改以其不仁也夫仁不仁之關乎得失豈

獨天下哉即以一國論之如國君而仁則國
以興而存國君不仁則國以廢而亡亦莫不
然然則自天子以至庶人皆當以仁為要矣
天子為四海之主倘或不仁則播惡於衆億
兆離心而四海不保矣諸侯為社稷之主如
其不仁則陷溺其民危亡立至而社稷不保
矣卿大夫有宗廟不仁則干犯典刑覆絕宗
嗣而宗廟不保矣士庶人有四體不仁則悖
理罔行身被殺戮而四體不保矣夫自貴至

賤皆以不仁之故而死亡隨之豈不甚可畏
哉今人之於死亡未有不惡而思避者乃既
惡死亡而樂為不仁之事是猶惡醉而強於
飲酒也蓋強酒者必醉而樂不仁者必至死
亡此保治之道斷斷必出於仁也

孟子曰愛人不親反其仁治人不治反其智禮
人不答反其敬行有不得者皆反求諸己其身
正而天下歸之詩云永言配命自求多福

此一章書是勉人自脩之實學也孟子曰人

之處世但當盡其在己不可責之於人如仁
者切於愛人誰不親附其或愛人而人不我
親者必我之仁仍未至也即當自反其仁倘
仁有弗純不敢安也智者明於治人誰不順
從其或治人而人不我治者必我之智仍未
至也即當自反其智倘智有弗周難自已也
有禮者敬人敬人者人恆敬之其或不我答
者必我之禮仍未盡也即當自反其敬倘敬
有弗篤不容懈也且不特此也凡有所行或

不能適得其所欲是乃自治之功疎而有以
致之也惟皆反求諸己務使歸於盡善而後
已焉如是則脩其身者極其嚴密而一身之
中無有不正矣身既正則當乎天理者自合
乎人心即以天下之大當無不敬信而歸服
矣寧猶有不親不治不答者哉大雅文王之
詩曰永言配命自求多福言人能常作思維
務合天理於是天心佑助多福聿臻是乃自
求以致之耳詳繹詩言非即其身正而天下

歸之之謂與要之反求之說非特與人爲然帝王之出身加民愼脩思永已治而益求其治已安而益求其安職此道也故書言斂時五福用敷錫厥庶民而必歸本於皇建其有極其卽自求多福之旨哉

孟子曰人有恒言皆曰天下國家天下之本在國國之本在家家之本在身

此一章書是示人知本之意也孟子曰凡淺近之言皆有至理苟參詳其義則切要之旨

可以引伸之而得焉如人之恒言皆曰天下國家人但不加研審亦以常言忽之耳試思言天下而繼以國者蓋以遠由乎近四海同風必以邦畿爲起化之源也天下之本在國言國而繼以家者蓋以外由於內郊圻向化必以宮闈爲則傚之準也國之本在家至於家豈無所本乎治人者必先於治己刑于之化聿惟其儀之不忒也家之本在身若是者分而言之各有其本而合而計之則止有一本卽謂天下國家惟本於身可也孰謂恒言可忽哉大學三綱爲八條之本明明德又三綱之本敬之一言又明明德之本然則敬者乃本中之本也誠知本中之本可以言學矣可以言治矣

孟子曰爲政不難不得罪於巨室巨室之所慕一國慕之一國之所慕天下慕之故沛然德教溢乎四海

此一章書是言爲政者當正身脩德以服人

也孟子曰今之爲政者恃其權力不務以德感人因而人心多不悅服乃謂爲政甚難而實不難也何也政不外於一身倘不能反身脩德舉動乖方卽國人未必知而國中之勳舊世臣名爲巨室者已先知之而心懷怨怒矣夫彼秉政用事乃衆庶之所觀瞻彼旣怨怒亦安望一國之傾服耶於是政教之行多有阻滯所必然者自我思之亦惟不得罪於巨室而已若爲政者自處以正凡一言一動

以及發令行政皆出於天理人情之至而無纖微之可議此在國人未之知而巨室近在左右已無弗心悅誠服而欣欣向慕之矣夫巨室旣慕乃一國之所趨向也其誠心愛戴必無異於巨室可知至一國旣慕又天下之所依歸也其傾心向化亦無異於一國可知夫如是故德教大行即如水之沛然奔放充溢於四海而莫之禦豈復有阻其聲教者哉此所以謂爲政不難也蓋不得罪於巨室者

乃正身脩理使之無可訾議也若曲法徇情使之慕悅在巨室則得矣如一國何如天下何況巨室之賢者悅之不以其道不悅也巨室之不賢者悅之不以其道悅也違道以得巨室之歡心天下事尚忍言哉此又不可不致辨者也

孟子曰天下有道小德役大德小賢役大賢天下無道小役大弱役強斯二者天也順天者存逆天者亡齊景公曰旣不能令又不受命是絕物也涕出而女於吳今也小國師大國而恥受命焉是猶弟子而恥受命於先師也如恥之莫若師文王師文王大國五年小國七年必爲政於天下矣詩云商之孫子其麗不億上帝旣命侯于周服侯服于周天命靡常殷士膚敏祼將于京孔子曰仁不可爲衆也夫國君好仁天下無敵今也欲無敵於天下而不以仁是猶執熱而不以濯也詩云誰能執熱逝不以濯

此一章書是勉當時諸侯脩德自強以順天

也孟子曰世道之升降係乎天運乃理勢之自然也嘗觀天下有道之時人皆脩德德有大小而位之貴賤因之故小德者則見役於大德小賢者則見役於大賢此蓋服於德而無所勉強故爲有道至天下無道則人不脩德惟以力相尚力小者則見役於大力弱者則見役於強此乃屈於力而不敢抗衡故爲無道夫世道不同所尚各異斯二者乃理勢之自然皆天也人能審己量力聽其當然而

不悖便爲順天順天者社稷人民可保長存若不聽其當然而般樂怠傲便爲逆天逆天則未有不亡者一順一逆存亡係焉可不審哉然尚德之風已不可見而小役大弱役強庶幾能順天者則齊景公有足取焉昔齊國衰弱而吳則強大非齊所敵也於是與羣臣謀曰有國家者非發號出令而使人從我則卑身戢志而以我從人若既不能出令以使人取威定霸又不能事人以聽命屈己圖存

是徒見絕於人惟有挑釁致禍自取滅亡而已何益哉於是涕出而以女嫁於吳其能順天以保國有如此若今之諸侯國勢處於衰弱不能脩德自強乃般樂怠傲皆效大國之所爲而獨以受命大國爲恥曾不屈己從之是猶既爲弟子之職而恥受教命於先師也奚其可哉如誠以受命爲恥則莫若取法文王矣昔文王以岐周百里之地發政施仁人心歸服而創成周之業若能以文王爲法脩

德行仁在大國因其可爲之基即不出五年在小國奮其自強之志亦不出七年必統一寰宇而爲政於天下矣即國之大者且爲吾役亦安有受命之恥耶此徒恥無益而文王不可不師也試以大雅文王之詩觀之詩云商之子孫其數衆多不止十萬然上帝之命既已歸周奄有天下則凡商之子孫皆於我周臣服矣然臣服於我周者以天命靡常歸於有德故也是以殷士之膚大而敏達者皆

執祼獻之禮以助祭周之京師焉是言商雖強大而易姓之後則無不爲周所役也故孔子讀之而嘆曰商之子孫其麗不億亦不爲不衆矣然以我周之仁遂得天下而莫與之抗是衆而不可爲衆也爲國君者誠能以仁爲好施懷保之心而除暴虐之政則天下之民自莫不尊親亦如商之歸周而無與爲敵也欲無敵於天下者不於詩與孔子之言而益信哉乃今之欲無敵於天下者則異是徒

師大國之所爲而不師文王之仁政是蓋以見役爲恥而終無免恥之法殆猶執持熱物而不以水先自濯其手也其糜爛豈能免耶桑柔之詩曰誰能執熱逝不以濯言執熱者必先以水自濯而後可以解熱則立國者必先行仁政而後可以無敵若不務行仁而欲無敵於天下亦惑之甚矣蓋戰國之君皆欲無敵者也而所行者乃皆不仁之事故孟子深警之要之積德行仁創與守皆不能外觀

文王以行仁肇統而遂以有卜世卜年之慶則所以長治久安者可思矣

孟子曰不仁者可與言哉安其危而利其菑樂其所以亡者不仁而可與言則何亡國敗家之有有孺子歌曰滄浪之水清兮可以濯我纓滄浪之水濁兮可以濯我足孔子曰小子聽之清斯濯纓濁斯濯足矣自取之也夫人必自侮然後人侮之家必自毁而後人毁之國必自伐而後人伐之太甲曰天作孽猶可違自作孽不可活此之謂也

此一章書是戒諸侯之不仁以取禍也孟子曰人君欲享國長久必須聽納忠言若不仁之人私欲錮蔽喪其本心雖有讜論必拒而不從尚可與之言哉蓋彼當國勢既危本不可安也而反安之災害將至本不可利也而反利之至荒淫暴虐皆所以致亡者本不可樂也而反樂之顛倒錯亂迷而不悟豈不終於敗亡耶不可與言者蓋以此設使彼雖不

仁而尚可與言則必翻然悔悟凡其安危利菑樂所以亡之事自能盡改即瀕於敗亡而可以維挽又何亡國敗家之有哉可見不仁之人至於敗亡皆其自致觀孺子之歌與孔子之言可知矣昔有孺子遊於滄浪矢口而歌曰滄浪之水淸兮可以濯我之纓滄浪之水濁兮可以濯我之足言雖淺近卻有至理孔子聞之而呼弟子曰孺子之歌雖屬無心然其中有感應一定之理爾小子所當審聽

也蓋纓者人之首服惟水之清者乃可以致其潔足者身之下體卽水之濁者亦可以去其汚因水有清濁之分而濯者始有纓足之别乃自取之也可見此感彼應斷無差爽凡天下之事寧有不由於自取者乎如人自處端莊則人不敢加侮惟出言行事輕佻褻狎以致敗名蕩檢是己自侮其身然後人得而侮慢之非自取其侮乎如一家中情誼聯屬則人不敢加毁惟宗族至親相戕相害以致

滅倫傷化是己自毁其家而後人得而戕害之非自取其毁乎如一國中政教脩明則人不敢致伐惟用人行政不綱不紀以致衆叛親離是己自伐其國而後人得而侵伐之非自取其伐乎蓋禍患之來皆有以致之此孔子之所謂自取也嘗觀太甲之篇曰孽由天降尚可脩德以違避之若孽由自作則禍隨其身不可存活正此自侮自毁自伐之謂也敗亡之禍孰非不仁之自取乎蓋有國者以

行仁爲本則嘉言罔伏而國祚其延此乃必致之理也惟明於自取之義而凛凛焉則庶乎其不悖矣

孟子曰桀紂之失天下也失其民也失其民者失其心也得天下有道得其民斯得天下矣得其民有道得其心斯得民矣得其心有道所欲與之聚之所惡勿施爾也民之歸仁也猶水之就下獸之走壙也故爲淵敺魚者獺也爲叢敺爵者鸇也爲湯武敺民者桀與紂也

此三節書見惟仁足以得民心也孟子曰民心之向背興亡係焉甚矣民心之不可失也昔夏桀商紂承禹湯之業原有天下其有而失之者無他故也由於衆叛親離而失其民也所以失其民者由於暴虐不仁人心怨怒而失其心也由此觀之可見得天下必有道非可以權勢控制也惟得其民則四海嚮風有人有土斯得天下矣得其民亦有道非可以智術籠絡也惟得其心則誠意歸附近悅

遠來斯得民矣得其心亦有道非可以力取而勢迫也惟於民心之欲惡求之而已如飽煖安逸民之所欲而不能自致上之人則多方以致之凡其所欲務爲聚焉令獲生養安全之樂饑寒困苦民之所惡而不能自去上之人則竭力以去之凡其所惡斷勿施焉使無阽危凍餒之憂如此則上下同心君民一體所謂得心之有道者不過如是而已夫知其欲惡而與聚勿施是乃曲體民情而行其

不忍卽所謂仁也凡民之求遂所欲而免所惡者自然望仁以趨無所等待其歡欣鼓舞而不容已者卽與水之就於卑下莫之能禦獸之走於曠野莫之能遏者無異乃必至之勢也夫民之歸仁原非毆之使然而況又有不仁者以爲之毆乎嘗觀魚之遊也必於淵因其畏爲獺所食故皆趨於淵是魚之必趨於淵者獺爲之毆也爵之棲也必於叢因其畏爲鸇所食故皆趨於叢是爵之必趨於叢者鸇爲之毆也若夫湯武之時而民皆趨之者雖樂湯武之仁實畏桀紂之暴耳是民之必歸於湯武者桀與紂爲之毆也蓋湯武之得民以其仁也桀紂之毆民以不仁也則知得天下者在乎得民而得其民者亦在仁以得其心而已矣

今天下之君有好仁者則諸侯皆爲之毆矣雖欲無王不可得已今之欲王者猶七年之病求三年之艾也苟爲不畜終身不得苟不志於仁

終身憂辱以陷於死亡詩云其何能淑載胥及溺此之謂也

此三節書言諸侯當及時以行仁也孟子曰湯武爲民之所歸而桀紂又毆之使歸是民之歸仁昭然可見矣但今天下之君特無好仁者耳誠所好在仁而以愛民爲念凡飽煖安逸務與之聚凡饑寒困苦勿之施焉在天下之苦其君者方無所逃避一聞好仁之主孰不來歸則是諸侯之暴虐皆爲好仁者毆

其民也夫既得民則得天下雖欲不統一寰宇而王也亦不可得已好仁之效如此欲王者可弗加之意乎但今欲王者逞己之私而拂民之性積患已久驟難挽回須及早省改行仁政以收人心庶王業可致是猶有七年沉痼之病欲求三年乾久之艾以療治之也若欲病愈須自今畜艾或猶可及苟爲不畜則遷延歲月即至終身亦不能得艾而其病弗能捄矣今之諸侯不能立志行仁即與受

病而不畜艾者無異因循苟且以至終身則憂辱相尋惟以陷於死亡而已寧望其復得生存乎詩大雅桑柔之篇曰其何能淑載胥及溺言人不能爲善則相引以及於沉溺即不志於仁以陷於死亡之謂也苟鑒於此亦何憚而不以志仁爲亟耶可見圖王者惟在乎行仁誠以愛民爲心不自暇逸則人心收而王業成無難矣

孟子曰自暴者不可與有言也自棄者不可與有爲也言非禮義謂之自暴也吾身不能居仁由義謂之自棄也仁人之安宅也義人之正路也曠安宅而弗居舍正路而不由哀哉

此一章書是慨人自絶於道也孟子曰凡人皆可爲善而惟能信而能勉者乃有受益之地此蓋係乎己而不係乎人也而乃有不自愛而自暴者執迷不悟自以爲是雖喻以好言而弗之信不可與有言也又有不自重而自棄者安於怠惰甘爲下流雖勸以當爲而

弗加勉不可與有爲也何謂自暴蓋人性中原有禮義所當湥嗜而篤好者彼乃恃偏詖之見以倡其謬誕之詞蔑視理道肆其非毀是本性之懿美自加戕害非自暴而何所以謂之自暴也何謂自棄蓋人性中原有仁義所當身體而力行者彼乃以委靡之姿而狃於因循之習反非薄己身謂爲不能居由是本性所固有自甘廢置非自棄而何所以謂之自棄也自暴自棄亦未知仁義之切於人

爲何如耳。凡人一有私欲。則所以居心者。即不能安舒。惟仁乃天理之公。萬善之長。人若所處在此。則身心泰然。眞與安宅無異。豈有從欲之危乎。凡人一有邪曲。則所以處事者。即不能正直。惟義乃事理之宜。裁制之準。人若所行在此。則舉動光明。眞與正路無異。豈有錯履之咎乎。夫此安宅正路。本人所同具。而宜居宜行者。乃自暴自棄之人。馳騖而失其本心。冒昧而違其懿。則非無安宅也。乃曠

之而弗居。非無正路也。乃舍之而不由。其顛倒錯亂。難以救正。豈不眞可哀哉。甚矣人之不可暴棄也。蓋天下無不可爲之善。亦無不可化之人。孟子欲救陷溺之人心。而振衰頹之志氣。故諄切言之。人但一爲猛省。則知爲聖爲賢。亦由乎我而已。何以畏難苟安爲哉。

孟子曰。道在爾而求諸遠。事在易而求諸難。人人親其親。長其長。而天下平。

此一章書。是明道之所在。欲人知所求也。孟子曰。治術之不明。乃道術之不明也。道術明。則治術亦在其中矣。如率性謂道。是人與己所共由者。本至爾也。乃有人以爲卑近。而反馳騖於遐邈。是以在爾者而求諸遠矣。行道謂事。是人與己所共能者。本至易也。乃有人以爲膚淺。而反攻治乎艱深。是以在易者而求諸難矣。夫彼以新奇詭異之術。誑惑人心。天下何由平治乎。是亦未知爾與易者爲何如耳。人各有親。人各有長。是爾莫爾於此也。

人親其親。人長其長。又易莫易於此也。一人行之。固爲家庭之聚順。人人行之。則爲四海之雍和。斯固兵革無所施。而刑法亦不必用。但見家皆孝弟。俗皆仁義。天下之大。已不期平而自無不平矣。豈非至爾至易之所致耶。然則欲端治術者。當先端道術而已。嘗觀時雍風動。止在於一家仁讓之中。故曰王道約而易操也。

孟子曰。居下位而不獲於上。民不可得而治也。

獲於上有道不信於友弗獲於上矣信於友有道事親弗悅弗信於友矣悅親有道反身不誠不悅於親矣誠身有道不明乎善不誠其身矣是故誠者天之道也思誠者人之道也至誠而不動者未之有也不誠未有能動者也

此一章書是言誠身貴於明善也孟子曰吾人處世與吾相接者在內則有親在外則有友在上則有君在下則有民酬酢其間必有感通之實非可舍身而求之也如居下位治

民則在乎獲上必上有恍恂而後下無疑貳焉若君不加信任則民必不悅從民不可得而治也獲上有道在乎信友必見諒於友始可受知於君焉若在友素無許可之心則在君必無付託之意弗獲乎上矣信友有道在乎悅親必承歡於親始可取信於友焉若事親不能豫悅則交友無以感孚弗信於友矣悅親有道在於誠身必在身無所虛僞而後可以得親之歡焉苟反身未嘗眞實則事親

安得怡愉不悅於親矣誠身有道在乎明善必於善無所茫昧而後可以得身之誠焉若擇善無察識之功則反身豈得無妄之至不誠乎身矣可見身一誠則悅親信友獲上治民皆在於此人可不明善以誠身乎蓋誠雖具於人而實原於天所當盡人以合天矣是故誠者眞實無妄性所同具乃天道之本然所謂天之道也但在天之理原無不實而在人之心不能無僞惟思誠者明善以復其初

使天之予我者無少虧欠此乃天道之當然所謂人之道也夫思誠而盡人道之當然則無一念之不誠無一時之不誠而可以謂之至誠矣誠既至則人之所同者皆備於己而己之所獨者自無間於人以誠感者以誠應凡悅親信友獲上治民曾有不動者乎若謂至誠而猶有不動者無是理也倘誠有未至則亦不誠而已一念之起即眞僞相參一時之暫亦斷續不定無以成己何以感人以此

而施於內外上下之間欲有以動之未之能也卽誠不誠之分而動與不動判焉人可不以思誠自勉乎按此章之旨本於中庸乃道統淵源之所在也而獨從倫物之間推其原本尤爲切實雖盡人盡物以至參贊位育隱而未言而要之至誠能動則亦不外乎此矣

孟子曰伯夷辟紂居北海之濱聞文王作興曰盍歸乎來吾聞西伯善養老者太公辟紂居東海之濱聞文王作興曰盍歸乎來吾聞西伯善

養老者二老者天下之大老也而歸之是天下之父歸之也天下之父歸之其子焉往諸侯有行文王之政者七年之內必爲政於天下矣

此一章書是言行王道之效也孟子曰世皆以王道爲迂多不肎行夫亦未知其效爲何如耳試以文王觀之昔紂毒痛四海播棄老成有伯夷者遂辟其亂而居於北海之濱蓋已隱而不欲見矣及聞文王起爲西伯乃奮然而興起曰何不歸來乎吾聞西伯發政施

仁善養老者吾可歸之以就其養矣於是自北海之遠而往焉又有太公者亦辟紂亂居於東海之濱及聞文王起爲西伯乃奮然而興起曰何不歸來乎吾聞西伯發政施仁善養老者吾可歸之以就其養矣於是自東海之遠而往焉夫文王一行仁政而伯夷太公遂接踵來歸不辭險遠是王道之效有如此況此二老者初非尋常之人齒德俱尊乃天下之大老也既曰大老則負重望而繫人心

天下皆仰之如父而天下之人皆其子矣今乃慕文王之政自海濱來歸是天下之父歸之也天下之父既歸其子焉有舍其父而他往者哉可見賢者之所趨向則天下隨之而文王之政誠不可不行也今之諸侯特患視爲迂遠而不行耳有能法文王之政制田里教樹畜使民安居樂業至於煢獨者而皆蒙其養則仁風遠播老成耆碩之士必相率而來人心之所向卽天命之所歸雖國有大小

不同大約不過七年之內得人望以收人心必統一海內而爲政於天下矣王道豈迂濶而難行耶此文王之政所以不可不行也要之爲政以得民心爲本而仁政乃所以得之也不特創業爲然凡所以久安長治者俱不外此然則力行王道豈非祈天永命之善策與

孟子曰求也爲季氏宰無能改於其德而賦粟倍他日孔子曰求非我徒也小子鳴鼓而攻之

可也由此觀之君不行仁政而富之皆棄於孔子者也况於爲之强戰爭地以戰殺人盈野爭城以戰殺人盈城此所謂率土地而食人肉罪不容於死故善戰者服上刑連諸侯者次之辟草萊任土地者次之

此一章書言仁政當行而不可力圖富强也孟子曰列國之君皆以富國强兵爲務而不知剝民之財殘民之命乃大聖人之所深責而王法之所不赦也昔孔子弟子有冉求者爲魯大夫季氏家臣時季氏專魯富過公家乃求不能匡捄以改其惡德而反爲之設法催科勤行聚斂其徵取之粟較之往昔者更加倍焉此蓋剝民以媚上負其所學多矣孔子於是對諸弟子責之曰求在吾門習聞吾教久矣乃不能以道事人而反損下益上豈吾之所以爲教耶非我徒也爾小子當鳴鼓而攻聲其罪而責之使之省而改焉可也孔子責求之言如此由此觀之爲人臣者惟當

贊助其君使以愛民爲心而力行仁政不宜以利導之也若君不行仁政而爲之臣者乃斂民以富之此乃背其師傳得罪名教見絕於孔子者也可不戒歟夫富國猶且不可而况於爲君强戰者當有更甚於此者矣蓋富國雖屬奪民之財而强戰則至戕民之命如爭地以戰則止欲疆宇開廣而不顧民命之死傷其殺人常至於盈野爭城以戰則惟圖戰勝攻取而必致生民之屠戮其殺人每至

於盈城夫爲土地之故而其慘至此則是率土地而食人之肉其罪之大雖死猶不足以容之也但相習成風未嘗明正其罪耳所以上之求於下與下之効用於上者首惟善於戰陣再則連結諸侯再則墾田富國此三者雖若有功而以王法論之則皆有必誅之罪也故善戰者荼毒生靈殘傷民命此首惡也宜加誅戮以服極重之典刑若結連諸侯與兵搆怨身雖未膺攻戰之事而心則全屬智

巧之私比於善戰者罪其次也至開闢草萊變亂古制竭盡地力掊克小民是雖以生財爲名而實以剝民爲事比於善戰之罪又其次也三者之罪昭然若此乃列國之諸侯不以爲罪而反以爲功宜其禍亂相尋無已時也要之財賦雖關國用然藏富於國不如藏富於民用兵原戡禍亂然止可示威而不可以嗜殺此王霸之辨也即治亂之所由分也

孟子曰存乎人者莫良於眸子眸子不能掩其惡胷中正則眸子瞭焉胷中不正則眸子眊焉聽其言也觀其眸子人焉廋哉

此一章書是著觀人之法也孟子曰欲求知人之明必有觀人之法而法則有至簡而至易者焉蓋存乎人者形或可以假飾而神不可以僞爲一身之神存乎眸子蓋莫良於眸子焉何也以凡人之情言之莫不欲著其善而掩其惡而所謂眸子者非特不能著善亦不能掩惡此所以謂之至良也如人之善而

胷中正者其所存光明正大則見乎眸子者瞭然而精明若人之不善而胷中不正者其所存邪曲偏私則見乎眸子者必眊然而昏暗夫胷中之正與不正而眸子之明暗頓易則世之觀人者豈可止以言爲斷乎使既聽其言以得其心之所發復觀其眸子以審其心之所存如言善而眸子明者可無疑爲君子言不善而眸子暗者即不免爲小人合是二者人亦焉得而匿之哉此所謂莫良於眸

子也蓋觀人之法雖不一端必得其性情心術之微而後可稱知人之哲惟一觀其眸子而人之存於中者遂昭然莫掩豈非知人之良法與

孟子曰恭者不侮人儉者不奪人侮奪人之君惟恐不順焉惡得為恭儉恭儉豈可以聲音笑貌為哉

此一章書見人主當盡恭儉之實也孟子曰恭儉者人主之美德然有真偽之辨無容飾

也大凡恭敬之主必實心謙讓不肯侮慢臣下儉約之主必實心撙節不肯侵奪民財是侮奪者恭儉之反不侮不奪者正恭儉之實也若侮人奪人之君心驕志奢惟恐人不能曲意承順快所欲為平日雖徒慕恭儉之名而已大違恭儉之實惡得謂之恭儉然則所謂恭儉者不過聲音笑貌偽為於外而已恭儉美德豈容偽為者哉蓋戰國之君有致飾於容儀度數之間自為恭儉者故孟子警之如此書曰恭儉惟德無載爾偽可見人主有是實德必以實心行之故恭為允恭儉為克儉三代而下漢之文帝號稱恭儉之主其庶幾哉

淳于髡曰男女授受不親禮與孟子曰禮也曰嫂溺則援之以手乎曰嫂溺不援是豺狼也男女授受不親禮也嫂溺援之以手者權也曰今天下溺矣夫子之不援何也曰天下溺援之以道嫂溺援之以手子欲手援天下乎

此一章書見濟世者必不可枉道也孟子當日守道自重義不往見諸侯淳于髡齊之辯士因設辭以諷之曰吾聞男女有別授受之際不得親手相接果禮與孟子答曰授受不親正男女別嫌疑遵矩度乃禮之當然也淳于髡曰授受不親固為禮矣設使變起倉卒嫂溺於水為之叔者將引手以救之乎抑拘守常禮而不救乎孟子答曰嫂至溺水而袖手旁觀則忍心害理非人類矣蓋時有常變

事有經權授受不親者禮之常經固不可越嫂溺手援者權以處變正以相濟若但知有禮而不知有權則所全者小所失者大何以揆輕重緩急之宜合天理人心之正耶髡聞孟子從權之論因曰嫂溺則當從權而不必拘禮如此至若聖賢出處關乎國運之安危民生之休戚豈宜拘執小節方今天下紛爭等於陷溺夫子念切如傷何不從權應變出其身以爲天下乃守不見諸侯之義坐視莫

救何也孟子答曰天下之溺與嫂之溺雖同所以援天下與援嫂者自異吾儒撥亂反正濟世安民以有道也天下至大億兆至衆使出陷溺而登袵席必能以道自重乃可出而有爲不比嫂溺徒援以手也今子欲援天下而使我枉道求合則先失其所援之具何以濟溺子欲我以徒手援天下乎可見聖賢救世之具止有一道而識時達變不廢行權權者正所以善道之用也若謂枉道從權是戰國之士一切權宜苟且僥倖功名之習而非君子守正不阿行義達道之心然則離道又安得有權哉

公孫丑曰君子之不教子何也孟子曰勢不行也教者必以正以正不行繼之以怒繼之以怒則反夷矣夫子教我以正夫子未出於正也則是父子相夷也父子相夷則惡矣古者易子而教之父子之間不責善責善則離離則不祥莫大焉

此一章書見君子之善成其子也公孫丑問曰大凡父之於子愛之必當教之教之莫若躬親乃君子不親教其子何故孟子答曰父之於子心非不欲教也乃勢不得行也蓋爲父者必教其子以義方勿納於邪爲子者能一一聽從固大幸矣若教之以正而或不能聽從則必痛加督責而繼之以怒原其教子之心本爲愛子至於動怒則反傷其子矣爲父者既傷其子子之心反責其父曰夫子徒

知教我以正道而夫子之身未必盡出於正。既不率教且有後言是子又傷其父矣父子主恩而至於相傷則賊恩甚矣烏得爲美所謂勢不行者以此夫親教則至於傷恩不教則至於廢業所以古人務求兩全之道易子而教既全其恩又成其材有類彼此相易者然所以然者爲何蓋有過相規是處朋友之道惟父子之間貴乎恩意浹洽和氣充周故父樂得有孝子子亦樂得有慈父切不可強

其所難而互相責望也若使至於責善則父怒其子子懟其父而情意乖離矣家庭之間和則致祥苟或乖離其爲不祥孰大於是古人易子而教蓋爲此也要之孟子此言爲天下之中人而發非爲上智而言孝經云父子之道天性也君臣之義也使子有嚴父父有諍子則恩義交盡慈孝兩全其爲休祥又孰大焉。

孟子曰事孰爲大事親爲大守孰爲大守身爲大不失其身而能事其親者吾聞之矣失其身而能事其親者吾未之聞也孰不爲事事親事之本也孰不爲守守身守之本也曾子養曾皙必有酒肉將徹必請所與問有餘必曰有曾皙死曾元養曾子必有酒肉將徹不請所與問有餘曰亡矣將以復進也此所謂養口體者也若曾子則可謂養志也事親若曾子者可也

此一章書是孟子教人守身以事親也孟子曰凡分之所屬而我所當祗承者謂之事事

果以何爲大惟服勞奉養善事其親斯謂之大凡責之所歸而我所當謹持者謂之守守果以何爲大惟執玉捧盈善守其身斯謂之大然事親守身初無二理親者身之自身者親所生也誠能全受全歸不失其身則顯親揚名可傳於後如此而謂能事其親吾所聞也如或一失其身陷於不義則虧體辱親乃不孝之大者如此而謂能事其親吾未之聞也事親之當守身不綦重哉然事親守身何

以見其大也事君事長孰不為事而敎孝為百行之原惟事親能孝則可以作忠可以昭順非事之本而何守國守官孰為不守而躬脩為萬化之原惟守身不失則以之齊治以之均平非守之本而何惟其為本故事之大必歸事親守之大必歸守身也我觀古之能守身以事親者無如曾子曾子奉養其親曾皙每次進食必有酒肉及食畢將徹必請命所與或父問尚有餘否必以有為對恐親意更欲與人而曲為承順如此曾皙既沒曾元奉養曾子每次進食亦有酒肉至食畢將徹則不請所與設父問有餘則以亡為對其意將欲更進於親恐物不繼也此所謂甘旨為供特以養口體者也若曾子迎親意於未形之前而又承親意於已形之後則可謂之養志者也夫養父母之口體者其事淺順父母之心者其意深事親若曾子之養志乃可謂之盡事親之道也觀曾子之事親即一飲食

閒尚體承親志惟恐一毫有拂如此則凡立身行己閒自能夙興夜寐無忝所生可知矣古來忠如周召孝如曾閔不過克盡臣子當為之事而初非有加於本分之外誠以君親之恩罔極而臣子之分靡窮也

孟子曰人不足與適也政不足閒也惟大人為能格君心之非君仁莫不仁君義莫不義君正莫不正一正君而國定矣

此一章書見輔相之職在乎以道事君也孟子曰今之論治者莫不以用人行政為急忠智之士見人君於此二者一有差失即犯顏諫諍心非不善然而不得其要何補於治用人不當豈其無過可指然欲人人為之辨論不勝其煩是用人之悞不足與之過適也行政未善豈其無隙可議然欲事事為之補救不勝其擾是行政之失不足與之非閒也蓋人主用人行政其原皆由一心為之惟盛德之大人至誠足以感孚大道足以匡救為能

格正其君心之非。使之潛消於未萌。黙移於將發。歸於仁義之正。而不自知。蓋君心仁。則能好能惡。用人行政。皆出於無私。而莫不仁。君心義。則無偏無黨。用人行政。皆行之得宜。而莫不義。君心既正。則忠邪之鑒別自明。是非之權衡不爽。百凡舉動。何往不出於正。乃知一正其君。而國自定。操術甚簡。取效甚大。大人所以用力不勞。而致君堯舜也。宋儒眞德秀有曰。朝廷者。天下之本。人君者。朝廷之

本。而心者。又人君之本。人君能正其心。湛然清明。物莫能惑。則發號施令。罔有不臧。賢不肖有別。君子小人不相易位。信乎君心爲萬化之原。而格心爲致主之要。古大臣納誨輔德。繩愆糾繆。良有見於此也。

孟子曰。有不虞之譽。有求全之毀。

此一章書。爲毀譽失眞而發。見脩己者須自盡。觀人者當責實也。孟子曰。是非者。天下之公。好惡者。人心之私。世間毀譽。多有不足憑者。如有善而人譽之。此其常也。然亦有立心制行。本無可稱。而濫叨美譽者。此乃一時過情之譽。於其人之本心。初不料其有此。是爲不虞之譽。有不善而人毀之。此其常也。然亦有刻意厲行。求爲完人。而不免詆毀者。此乃一時無根之謗。於其人之素履。實不足爲病。是爲求全之毀。毀譽之不足憑如此。所以脩己者當盡其在我。若遽以是爲憂喜。則德業不進。動思僥倖。觀人者當觀其所由。若輕以

是爲進退。則衡鑒失眞。遂致溷淆。人亦求其毀譽之實。而可哉。從來公是公非。如黑白較然。而其似是而非。似非而是。則常情之所易惑。况人主照臨百官。正邪忠佞雜然吾前。若不原情於疑似之中。考實於曖昧之際。未有不因浮議而亂眞者。故衆惡衆好。人主不可以不察也。

孟子曰。人之易其言也。無責耳矣。

此一章書。是爲易言者警也。孟子曰。君子出

身加民。感動天地。皆在乎言。安可忽也。世有出言輕易之人。或於人之善惡。妄加褒貶。事之得失。率意論斷。遂至僨事失人。皆因未遭失言之責。而無所懲創。於前耳矣。使前有所懲創。則必後有所警戒。翻然悔悟。而不敢輕出諸口矣。豈其易言如斯哉。易曰。君子居其室。出其言善。則千里之外應之。出其言不善。則千里之外違之。書曰。惟口出好興戎。又曰。惟口起羞。可見言之善否。僅出於一室之間。

一念之細。而人之從違。遂見於千里之外。事之榮辱。遂應如影響之捷。所以君子敬小慎微。務涵養於平時。審量於將發。而不敢使有失言之過也。

孟子曰。人之患。在好爲人師。

此一章書。是戒人自足之意。孟子曰。凡人學問有餘。聞見足以待問。道德可以爲法。無意爲師。而人自師之。何嘗不可。若在己之學問。未造於純粹至善之地。而遂居之不疑。好爲人之師範。無論受教者未必心悅誠服。即此一念自足。安能謙以受益。勤以脩業哉。是以之自學。猶且不足。而況爲人師乎。人之大患。實在於此。夫文王望道未見。孔子聖仁不居。然卒爲千古道法之宗者。惟其心未嘗自足。所以優入聖域。而作君作師也與。

樂正子從於子敖之齊。樂正子見孟子。孟子曰。子亦來見我乎。曰。先生何爲出此言也。曰。子來幾日矣。曰。昔者。曰。昔者。則我出此言也。不亦宜

乎。曰。舍館未定。曰。子聞之也。舍館定。然後求見長者乎。曰。克有罪。

此一章書。見君子所與。不可不謹也。王驩齊之倖臣。孟子所深鄙而不與言者。樂正子孟門高弟。乃從之至齊。失身匪人。其罪奚辭。孟子因其初至。故爲絕之之辭曰。吾以子之至齊。不我見也。子今日亦來見我乎。正子不知而驚問曰。先生何爲出此言也。孟子曰。子至齊國今已幾日矣。正子對曰。前日方至。自以

其來未久也。孟子曰：子前日已至，今日始來見，則我出此言也，不亦宜乎？正子自解曰：克來自遠方，舍館未定，故來見稍遲耳。孟子因責之曰：子聞之也，爲弟子者，必待舍館既定，然後求見師長乎？是何急於舍館而緩於師長也。正子爽然自失曰：克誠有罪。亦可謂勇於受責矣。蓋正子從子敖而來，既已因失其親，即使是日至齊，是日來見，亦無解於失身之罪，況又來見不早，罪滋甚矣。孟子姑先以見遲責之者，一則令其自警，再則令其自悟耳。

孟子謂樂正子曰：子之從於子敖來，徒餔啜也。我不意子學古之道，而以餔啜也。

此一章書是孟子明責樂正子所從之非也。樂正子雖知見師遲緩之罪，然或未悟其所從之非。孟子乃正言以責之曰：君子立身處世，自有法度，豈可妄從匪類？子敖品行是何等之人，爾乃不擇所與，從之而來，想爲口腹

之奉，徒以餔啜計也。以子平日學古之道，宜識見高明，志趣遠大，我不意子徒事餔啜，縱不惜身，如古道何？合二章之言觀之，君子處己不可不嚴，與人不可不謹，惟於權倖姦佞之輩，未嘗少假辭色，畧通往來，故出處交遊，光明磊落，風節凜然，炳耀千古。唐李德裕有云：正人如松柏，特立不倚。信哉。

孟子曰：不孝有三，無後爲大。舜不告而娶，爲無後也，君子以爲猶告也。

此一章書見大舜曲以全孝，權而得中也。孟子曰：古禮云，子有不孝者三：一阿意曲從，陷親不義；一家貧親老，不爲祿仕；一不娶無子，絕先祖祀。然就三者之中，爲人子而不能幾諫，不能奉養，其罪未爲大也。至於無後，則宗祀無主，支派已絕，其爲不孝，孰大於是？古之聖人處人倫之變，酌輕重之宜，而能從權以行之者，其惟虞舜乎？昔虞舜有鰥在下，帝堯妻以二女，舜不告於父母而娶之。以常情而

論宜於禮有未合然原其用心恐告則不得娶爲無後也蓋告而娶所以稟命於父母不敢自專禮之經也孝也不告而娶所以繼承其宗祀不至於無後禮之權也亦同歸於孝也君子曰權不離正此亦猶夫告也既變通以成己之孝又委曲以成親之慈非猶告而何要之聖人體道之至乃能權而得中若未能然而欲引以藉口則誠得罪於天下萬世矣故守經者理道之常權非聖人不能也

孟子曰仁之實事親是也義之實從兄是也智之實知斯二者弗去是也禮之實節文斯二者是也樂之實樂斯二者樂則生矣生則惡可已也惡可已則不知足之蹈之手之舞之

此一章書是孟子教人從孝弟識性也孟子曰世之言道者衆矣使徒騖乎華采緐縟而不求之良心眞切之處吾見其愈遠而無當也夫道莫大於仁濟人利物何莫非仁而仁之實不在是必也孝以事親乎吾有親而不愛何以言能愛誠以天性之愛自有歡然不可解之情一念眞愛何等切實卽至澤被蒼生功施萬物不過從此擴充而出仁之實事親是也道莫大於義事君尊賢何莫非義而義之實不在是必也弟以事兄乎吾有兄而不敬何以言能敬誠以天倫之敬自有秩然不可踰之序一念眞敬何等切實卽至因時達變善俗宜民不過從此推廣而出義之實從兄是也豈惟仁義卽智禮樂莫不皆然蓋

智以明通爲用明物察倫何莫非智而智之實不在是惟於事親從兄處見之明守之固便是本然之良知極其眞切推之窮神知化亦不外是此所謂智之實也禮以秩敘爲體三百三千何莫非禮而禮之實不在是惟於事親從兄處品節相維儀文相洽便是自然之良能極其眞切推之安上治民亦不外是此所謂禮之實也樂以平情宣化功用甚博然究其實亦止在事親從兄處有從容安適

之意無勉強矯拂之私而樂以行之也既至於樂則愛親敬長之心油然自生既有生意便數暢條達自然欲罷不能而惡可已也惡可已則不待安排不假言說隨處發見莫非性真動容周旋莫非盛德手舞足蹈皆是孝弟有不知其然而然者此吾心自然之和推之動天地感鬼神莫不由是此之謂樂之實也可見孝弟爲百行之原衆善之宗仁義之實皆根於此而智以知此禮以履此樂以和此總不越此一念真切之地求道者寧事高遠乎哉

孟子曰天下大悅而將歸己視天下悅而歸己猶草芥也惟舜爲然不得乎親不可以爲人不順乎親不可以爲子舜盡事親之道而瞽瞍厎豫瞽瞍厎豫而天下化瞽瞍厎豫而天下之爲父子者定此之謂大孝

此一章書是表虞帝錫類之孝以立子道之準也孟子曰世人從勢分上起見聖人從性分上立極如以天下之大皆欣然歸順於我戴以爲君此富貴之極人情所深願而不可得者乃毫不動念視天下悅而歸己等於草芥之至輕自古以來惟舜爲然推舜之心但知有親而不以天下爲樂當日父頑母嚚處人倫之變舜但欲得親之歡諭親於道以爲人生而不能曲意承順得親歡心使於人道有虧人子而不能先意承志順親於道使於子道有缺汲汲焉惟負罪引慝之不暇故舉

天下無足以解其憂也舜事親之心如此所以承顔諭志無所不用其極凡職分當爲及用情委曲之處毫髮無憾而能盡事親之道既能得親又能順親而瞽瞍厎豫矣夫以瞽瞍之頑而至厎豫於是天下之爲子者知無不可事之親莫不勉而爲孝天下之爲父者因其子之孝亦厎豫焉而莫不慈舉天下之人而皆化矣子孝父慈倫理本自一定子化於孝則子止其所而天下之爲子者定父化

爲慈則父止其所而天下之爲父者定是舜不以一身一家爲孝而合天下後世以爲孝此所以爲大孝乎孝經曰夫孝德之本也教之所由生也又曰孝敬盡於事親而德教加於百姓刑於四海此天子之孝信乎千古帝王至德要道無踰於孝也

日講四書解義卷之十九

日講四書解義卷之二十

孟子 下之二

離婁章句下

孟子曰舜生於諸馮遷於負夏卒於鳴條東夷之人也文王生於岐周卒於畢郢西夷之人也地之相去也千有餘里世之相後也千有餘歲得志行乎中國若合符節先聖後聖其揆一也

此一章書是見古今聖道之同特舉舜文以類其餘也孟子曰世統於道道統於聖自古

聖人未易悉數試以虞舜文王論之舜始生之地則曰諸馮其後遷居於負夏而卒於鳴條皆東方之地是東夷之人也文王始生之地則曰岐周其後卒於畢郢皆西方之地是西夷之人也以地世之異論之一在極東一在極西地之相去千有餘里疑若有風氣之不一矣一在千餘年之前一在千餘年之後世之相後千有餘歲疑若有今古之不一矣然舜以匹夫而爲天子文以諸侯而爲方伯

其得志行乎中國皆能澤被生民仁覆萬物彼此相較若合符節何其毫髮之不爽也由此推之可見千百世之先有聖人出焉其所揆度此心此理同也千百世之後有聖人出焉其所揆度此心此理同也有不如舜文之相合者哉要之天生聖人任百王之道統開萬世之太平曠世一見皆非偶然而其精一危微之傳建中立極之本則異地同心異代同道故曰考諸三王而不謬百世以俟聖人而不惑

子產聽鄭國之政以其乘輿濟人於溱洧孟子曰惠而不知爲政歲十一月徒杠成十二月輿梁成民未病涉也君子平其政行辟人可也焉得人人而濟之故爲政者每人而悅之日亦不足矣

此一章書是論爲政者當知大體而不在行小惠也子產是鄭大夫公孫僑當時子產輔佐鄭君既聽理一國之政位尊任重則凡紀綱法度皆得設施乃一日出行溱洧之水濱見人徒涉而以自己所乘之車載而渡之一時百姓感其恩澤稱爲盛事孟子從而斷之曰君子臨民出治自有大體子產乘輿濟人惠則惠矣然於爲政之道未之知也夫先王之政至周至備凡可以安全斯民者無不畢具即以濟人一事言之亦必先事豫備每歲農事已畢民力有暇至十一月間凡可通行人之徒杠便已早成及十二月間凡可通車

行之輿梁無不脩造蓋十一月即夏正九月十二月即夏正十月是當未寒之時而已念徒行之苦在初寒之候而已憂車行之艱因時度事役力便民民未嘗至於病涉也何以乘輿爲哉然則爲政之君子但能正紀綱明法度一切興利除害補偏救弊之事均平周徧使人人各得其所則恩之所及者廣雖出入之際辟除行人亦尊卑之體宜然也焉得曲意行私使人人之衆咸以乘輿濟渡耶使

爲政者而必欲每人曲意求悅，無論非大公至正之體，且恐以有限之力應無已之求，自亦不足，勢豈可久哉？從來帝王之政，其體正大均平，其法精密詳盡，而利澤及人，如天覆地載，萬物各足其分，而莫知其功。殺之不怨，利之不庸，熙熙皥皥，不以煦濡姑息廢公道以市私恩，違正理而干虛譽。此王政霸術大小公私之辨也。

孟子告齊宣王曰：君之視臣如手足，則臣視君

如腹心；君之視臣如犬馬，則臣視君如國人；君之視臣如土芥，則臣視君如寇讎。王曰：禮爲舊君有服，何如斯可爲服矣？曰：諫行言聽，膏澤下於民；有故而去，則君使人導之出疆，又先於其所往；去三年不反，然後收其田里。此之謂三有禮焉。如此則爲之服矣。今也爲臣，諫則不行，言則不聽，膏澤不下於民；有故而去，則君搏執之，又極之於其所往；去之日，遂收其田里。此之謂寇讎。寇讎何服之有？

此一章書是言爲人君者當待臣下以禮也。孟子告齊宣王曰：王亦知君臣相與之際乎？蓋君臣之義本同一體，如君之視臣推以至誠，隆以禮貌，與手足無異，則臣之視君自然感恩圖報，矢志竭忠，亦與腹心無異。所謂恩義兼隆，明良一德，其盛如此。若人君輕賤其臣如犬馬，徒加豢養而禮意不存，則臣視其君如國人者或有之矣。甚至人君賤惡其臣如土芥，恣意踐踏而極其少恩，則臣視其君

如寇讎者或有之矣。下之報上，亦視上之待下何如耳。齊王聞孟子寇讎之言，疑其太甚，因問曰：儀禮有云，去國之臣恩禮未絕者，尚爲舊君有服，不知舊君何如視之，斯可爲之服矣？孟子對曰：舊君有服，非無謂也。方其在國服官之時，凡弊所當革，諫則必行；利所當興，言則必聽。從此德化沛然，膏澤下及於民。其平日得行其志如此。及或有他故而去，則君使人導引出疆，以盡其防衛之道，又先稱

揚於所往之國以爲祿仕之地既去之後三年不反然後收其田祿里居以示其拳拳屬望之深夫導出疆一也先於所往二也不遽收田里三也此之謂三有禮焉在國既行其道去國又隆以禮如此則手足之誼久而不衰故臣於舊君亦不忘腹心之誼而爲之服矣今之爲臣者其在國也諫則不行言則不聽膏澤不下於民及其有故而去則君搏執之不使脫然出疆則與導之出疆者異矣又

窮極之於其所往使之不得仕進則與先所往者異矣去之日即收其田祿里居則與不遽收者異矣此等行事未免近於寇讎寇讎何服之有信乎君之於臣當一體視也要之孟子此言盖欲爲人君者當待臣下以禮養臣下以恩故爲危言以警醒之若夫人臣之分視如手足固當盡惓惓忠愛之誼即至視如犬馬土芥益當致蹇蹇匪躬之節豈因所視之厚薄爲報施之輕重哉故孔子以禮以忠之說乃爲千古不易之經也

孟子曰無罪而殺士則大夫可以去無罪而戮民則士可以徙

此一章書見君子當有見幾之哲有國者當存愼刑之心也孟子曰國家有士人君所當忠信重祿而視如一體者也即陷於罪猶有情可矜者若無罪而輕殺焉此淫刑之漸禍將及於大夫爲大夫者亦可見幾而先去矣國家有民人君所當生全愛養而如保赤子

者也即罹於罪猶有法可宥者若無罪而輕殺焉此濫殺之漸禍將及於士爲士者亦可見幾而先徙矣可見爲人君者當尚德而緩刑愼法以行仁誠能體上帝好生之心法古聖欽恤之意則百官萬民戴之如天自有久安長治之效也

孟子曰君仁莫不仁君義莫不義

此一章書見人君當正己以作則也孟子曰君身者萬化之源臣民之倡爲人君者誠能

慈祥愷悌所爲一出於仁則其下化之莫不同歸於仁矣誠能正大光明所爲一合於義則其下化之莫不同歸於義矣夫君身一仁義而百官萬民奉行德意遵守成式莫不與起不令而行不言而喻豈在文告之煩法令之嚴哉書曰一人元良萬邦以貞詩曰有覺德行四國順之此皆端本澄源之論也

孟子曰非禮之禮非義之義大人弗爲

此一章書是見大人察理之精也孟子曰禮

義者固立身之大閑經世之正術然道以至當爲歸學以析非爲要疑似之間不可不辨也如禮本尚敬而足恭則涉於諂禮貴有文而文勝則疑於僞名雖爲禮其實非禮之正也以執持爲義而止其所不當止以奮激爲義而行其所不必行名雖爲義其實非義之正也惟其察理不精是以行之有蔽大人道全識周故其所審察旣極精明體行又極純熟隨事順理禮之中正全乎當體因時處宜

義之變化從乎一心又何有似是而非之禮義足以惑亂其心而漫然以爲之哉故大人者禮義之所自出行之天下而可則垂之萬世而無弊者也然非窮理盡性之功不至此

孟子曰中也養不中才也養不才故人樂有賢父兄也如中也棄不中才也棄不才則賢不肖之相去其間不能以寸

此一章書是言父兄之教子弟當從容化誨之也孟子曰凡人父兄之於子弟未免望之

極切而反責之過深不知善教子弟者亦在乎化之有方而已如父兄有中和之德而子弟或有不中者則當從容以養之抑其過引其不及使之自至於中父兄有幹濟之才而子弟或有不才者亦當從容以養之發其蒙警其惰使之自成其才此施教者不見有督責之勞而受教者相忘於變化之內熏陶涵養寬裕不迫故爲子弟者樂得有此賢父兄也若爲父兄者急欲其子弟之中而其不中

者卽棄之而不顧急欲其子弟之才而其不才者卽棄之而不惜則施教者既失其善誘之方而受教者不被其曲成之益父兄之賢與子弟之不肖其相去也能幾何哉甚矣爲子弟者固當體父兄之教而爲父兄者亦不可不盡所以善教之道也書曰敬敷五教在寬又曰寬而有制從容以和可見朝廷之教育人才與夫教養萬民亦不在嚴厲以責之而在優裕以化之也

孟子曰人有不爲也而後可以有爲

此一章書是教人必先有守以爲有爲之本也孟子曰凡人任天下之重致天下之遠豈不貴乎有爲然見之不明則守之不確擇之不審則行之不果必須平日有主張有分辨不爲利誘不爲勢奪然後一遇當爲之事便奮發有爲凡重大艱難之任毅然行之而不顧禍福利害之關慨然赴之而不懼庸人之所畏懦觀望而不敢爲者獨能爲之是其能有爲者乃先於不爲養之也若無所不爲則識見甚淺操術甚狹安能有所爲耶人亦先擇所守而可哉夫孔子論士則曰行己有恥在陳則思狂狷皆取其志趣高明有所不屑爲也

孟子曰言人之不善當如後患何

此一章書是教人存心忠厚之意孟子曰君子成人之美不揚人之惡如人有不善或規誨之而勉其改過或隱覆之而不使播揚此

忠厚之心亦遠害之道也若人有過失輕肆妄言取快一時固非君子長者之所爲抑且攻發陰私招尤啓釁尤爲取禍之道如後患何哉甚矣人之不可輕毀也大舜隱惡而揚善孔門惡訐以爲直職此意夫

孟子曰仲尼不爲已甚者

此一章書見聖人之依乎中庸可爲萬世法也孟子曰自古聖人至於仲尼所謂爲天地立心爲生民立命紹往聖開來學天下後世

所仰望而不可及者。然其所爲。不過因乎天理之自然。合乎人情之各當。未嘗有驚世絕俗之言。甚高難行之事。而豈至爲已甚之舉哉。使一有太甚。則是求加於性分之外。而不合乎中庸之大道矣。後世學者。或索隱行怪。或馳騖高遠。如楊墨佛老之徒。舍大中至正之道。而求之空虛窅渺之域。所以叛道愈甚。而爲聖人之罪人也。

孟子曰。大人者。言不必信。行不必果。惟義所在。

此一章書。是大人精義之學也。孟子曰。凡人言固貴信。然先執一必信之念。則拘泥而不通。行固貴果。然先存一必果之意。則膠執而不化。大人則不然。言非不信。而未嘗有心於信。行非不果。而未嘗有意於果。惟視義之所在何如耳。義所當信。自然久要不忘。豈不論是非而必期於信。義所當果。自然勇往直任。豈不量可否而必期於果。所以隨事順理。因時制宜。惟義是視。而無所容心也。可見一於信果者。言行未必合義。而或致硜諒之失。一於義者。信果原在義中。而自有通變之宜。故人之言行。當以大人爲準也。

孟子曰。大人者。不失其赤子之心者也。

此一章書。是欲人完其本然之心體也。孟子曰。世之稱大人者。以其通達萬變。無所不知。無所不能。非人之所可及。不知大人之所以爲大人者。不失其赤子之初心而已。蓋赤子之心。純一無僞。其知良知。其能良能。純乎天

理。毫無人欲。常人自知誘物化以後。便失其本然之體。惟大人操持既密。不雜乎形氣之私。涵養益純。克全乎義理之正。最初一念。始終不渝。是以充其良知。可以智周萬物。充其良能。可以道濟羣生。豈有機變之巧。術數之學。加於心體之外乎。不過無失其赤子之心而已。蓋心具衆理。應萬事。不外一誠。赤子全有此體。大人兼有是用。要之窮神達化。參贊天地。依然從孩提知能中擴充而出。此即所

謂道心即所謂性體故曰誠者聖人之本。

孟子曰養生者不足以當大事惟送死可以當大事。

此一章書是教人子慎終之意孟子曰凡人子事親自始至終孰非所當自盡然養生者人道之常甘旨必備愛敬無虧隨其分量可以自致皆出於從容暇豫之時不足以當大事至於送終則人道之大變人子事親至此已畢一有不盡雖悔莫追此眞一生莫大之事當必誠必信而不使少有遺恨者也孟子此言非謂養生可輕蓋見當時墨翟薄葬之非故以此警之孝經曰居則致其敬養則致其樂病則致其憂喪則致其哀祭則致其嚴五者備矣然後能事親眞可爲萬世爲人子者法。

孟子曰君子深造之以道欲其自得之也自得之則居之安居之安則資之深資之深則取之左右逢其原故君子欲其自得之也。

此一章書是示人以心得之學也孟子曰理具於心本自各足然使責效於旦暮之間從事於虛無之域吾見其徒勞而罔得也君子於此循循勉勉多致其力而不急其功必務其方而不躐其等若是之深造而必以道者何也蓋欲眞積力久默識心通不待勉強自然而得之於己也夫學非自得則心與理不相融洽居之未必安也惟旣已自得則見之明者守之自固萬變不可得而搖外物不可得而奪居之不亦安乎居之不安者此理或有時而出入未可資之以爲用也惟居之旣安則守之固者養之自裕處寂而全乎感之理處獨而充乎衆之用資之不亦深乎資之不深者中有不足隨所往而未必皆有所値也惟資之旣深則養之裕者用之各足將見事感於外理應於中本原充滿隨處發見無往不値其所資之本也自得之妙至於如此故君子欲其自得之也蓋未得以前精察力

行孜孜不已下學之事求之之功也自得以後豁然貫通萬殊一本上達之事得之之驗也有求之之功然後有得之之驗可見上達必由乎下學也商傅說之告高宗曰惟學遜志務時敏厥脩乃來允懷於茲道積於厥躬斯言也可以爲自得之証

孟子曰博學而詳說之將以反說約也

此一章書是教人爲學當知要也孟子曰凡人爲學徒博則汗漫而無歸徑約則空虛而

不實故君子於此必先之以博學凡古今事物之賾詩書六藝之文無不多聞多見旁搜遠攬極其博矣又即其所學之博者精研之而别其原委明辨之而察其淺深說之又加詳焉此豈欲誇多而鬬靡哉蓋以天下之理原爲吾心之所固有至簡至要故必融會貫通討論其指歸窮究其本源就至博之中反而歸於至約之地耳豈徒口耳之末記誦之功哉從來理本無二自一而萬萬復合一如詩之約在思無邪禮之約在無不敬至於易之時書之中春秋之義可一以貫之也

孟子曰以善服人者未有能服人者也以善養人然後能服天下天下不心服而王者未之有也

此一章書見王政霸術公私之不同也孟子曰人君首出庶物固當爲善以先天下然其用心有公私之别則人心亦有嚮背之殊如己有一善便欲矜誇勝人使之服從於我是

有意服人本非誠心爲善未有能服人之心者也惟在己先盡其善而推以養人涵育熏陶曲成萬物而不遺兼善天下而無外則至誠感人人誰不動如是乃可使天下之人皆心悅誠服無不歸戴也若非以善養人之君天下不心悅誠服而能致王者寧有是理哉古聖王與人爲善欲天下舉在化育之中如春風被物物蒙其養太和元氣充塞宇宙未嘗有意於服人而人心之悅服不期而自應

故曰有純王之心然後可以行純王之政也
孟子曰言無實不祥不祥之實蔽賢者當之
此一章書是爲妬賢病國者發欲人主審於聽言也孟子曰凡人之言足以招尤召禍者槩謂之不祥然害止於一身無關於天下猶未可確然謂其不祥也若論確然不祥之言惟是娼嫉之人造讒說以誣君子肆莠言而謗正人上惑君志下違公論亂德覆邦流毒深遠言之不祥孰大於是蔽賢之害如此爲

人君者誠能明以察之斷以除之則昌言入告野無遺賢而邦其永孚於休矣
徐子曰仲尼亟稱於水曰水哉水哉何取於水也孟子曰原泉混混不舍晝夜盈科而後進放乎四海有本者如是是之取爾苟爲無本七八月之間雨集溝澮皆盈其涸也可立而待也故聲聞過情君子恥之
此一章書見實行之當務而虛名之難久也徐子問曰昔仲尼觀水必數數稱之一則曰

水哉再則曰水哉不知仲尼果何所取於水而亟稱之也孟子曰仲尼之取水非無謂也蓋水有初出之泉其湧出也常混混然由是晝夜之間未始少止足乎此通乎彼盈一科復進一科而後沛然莫禦至乎四海以爲歸焉水惟以原泉爲本故能久而益大如是仲尼重本者也以水之本觸聖心之本故不覺數數稱之耳苟爲無本之水如七八月之間雨一集焉則溝澮之間倏然皆盈及雨一止

而溝澮之涸可竚立而待也仲尼又何取哉故知名者實之賓實者名之主聲聞過乎情實不殊易涸之水君子必深以爲恥而不敢居之本其可不務哉按務本之學通乎帝王中庸稱舜曰德爲聖人必得其名德者舜之本也大雅稱文王曰亹亹文王令聞不已亹亹者文王之本也欲爲舜文之君亦加意於本而已
孟子曰人之所以異於禽獸者幾希庶民去之

君子存之。舜明於庶物。察於人倫。由仁義行。非行仁義也。

此一章書見人禽辨於一心。而治統本於道統也。孟子曰。人與禽獸。固迥然不同。然其所以異者。止在一念初動。出此入彼。隱微之間耳。庶民悖而去之。於是人而禽獸矣。必君子之人。始能存而勿失焉。若夫爲天下後世君子之法。使人類不胥淪於禽獸者。其惟聖人乎。如舜是已。舜當洪荒初闢。庶物未得其所。如授時齊政。敷土濬川。亮釆惠疇。處之一一周詳。何其明也。且窮達異遇。人倫悉遭其變。如父頑母嚚弟傲。娶帝女。統百官。處之一一安和。何其察也。凡其盡物盡倫之中。藹然有恩者爲仁。秩然有制者爲義。皆根心而發。由仁義而行。非有心而行仁義也。以聖人而爲天子。使人類常存。君子小人。皆蒙其澤。舜之功大矣。按孟子之言幾希。即舜之危微。曾子子思之獨也。人心邪正。世道汙隆。皆從此出。帝王之治。聖賢之學。此爲大關。宜致思焉。

孟子曰。禹惡旨酒。而好善言。湯執中。立賢無方。文王視民如傷。望道而未之見。武王不泄邇。不忘遠。周公思兼三王。以施四事。其有不合者。仰而思之。夜以繼日。幸而得之。坐以待旦。

此一章書見治法道法無二。而羣聖相傳如一也。孟子曰。舜以危微開心學之傳。此道統所由肇也。在夏商周之世。其禹湯文武周公乎。禹於旨酒則惡之。恐其溺也。而於善言則好之。取其資也。湯承舜禹之後。依然執中之傳。其立賢也。惟其賢。不拘其類。豈非用人之中哉。若夫文王。其愛民無已。無傷也。視之如有傷焉。其求道無窮。已見也。望之如未見焉。若夫武王。敬先於所易狎。不敢泄其近也。念悉於所易疎。不敢忘其遠也。至於周公之相天下也。思兼夏商周之三王。以施禹湯文武之四事。大本大原。固無不合。其中有幾微不合者。則仰而思之。夜以繼日。何其思之深也。

幸而得之則坐以待旦又何其行之勇也由夏而周世歷三代由禹湯而周公人更五聖然憂勤惕厲之心合諸舜如一人也後之繼數聖人而起者其弗有同然者與按孟子歷敘羣聖發明內聖外王之學其功甚偉而朱子以爲各舉其一事以見其憂勤惕厲之意大義愈顯蓋憂勤惕厲者敬也敬乃聖學始終之要敬則爲聖人不敬則爲凡人書曰惟聖罔念作狂惟狂克念作聖希聖者宜繹思

焉

孟子曰王者之迹熄而詩亡詩亡然後春秋作晉之乘楚之檮杌魯之春秋一也其事則齊桓晉文其文則史孔子曰其義則丘竊取之矣

此一章書見君父大義宜明而春秋聖經當重也孟子曰道統之傳禹湯文武周公而後其孔子乎孔子之功莫大於春秋春秋何爲而作也蓋自周室東遷政教號令不及於天下王者之迹熄矣王迹熄而禮樂征伐不自天子出於是天保以上采薇以下諸詩俱亡詩亡而邪說暴行熾然於天下孔子懼春秋乃作焉其先晉之史曰乘取載當時行事也楚之史曰檮杌取記惡懲戒也魯之史曰春秋春秋者史官記事必表年以首事年有四時故錯舉以爲所記之名也未經聖筆春秋亦乘與檮杌之類而已其爲記事之書一也蓋其事則齊桓晉文等會盟征伐之事其文則當日史官記事之文若夫因史官之文加

以筆削使君臣父子之大倫昭如日月而亂臣賊子莫不懼而自返遏人欲於橫流存天理於旣滅此則春秋之義也孔子曰其義則丘竊取而裁定之矣孔子非君非相當禹湯文武周公之後而續道統之傳其勢尤難其功尤偉匹夫而爲萬世師豈偶然哉按孔子於六經或刪或贊皆述也惟春秋言作爲史外傳心之典而後世乃有詆爲斷爛朝報經筵不以進講者其得罪聖門可知已

孟子曰君子之澤五世而斬小人之澤五世而斬予未得爲孔子徒也予私淑諸人也

此一章書見大賢以道統自任也孟子曰凡人道德在當時其流風餘韻之澤在後世有位之君子其澤須至五世而後斬焉無位之小人其澤亦至五世而後斬焉固其常也予生也晚卽未得親受業於孔子之門牆而爲孔子徒也然澤未斬於五世學猶傳於後人故我得竊取於其人以所傳之道善我之身

矣今楊朱墨翟之言盈天下將使人類皆化而爲無父無君之禽獸予之好辯亦猶孔子之志在春秋而已按孔子集羣聖之大成而孟子願學孔子後之繼孟子者誰乎由周程張朱諸儒而學孔孟由孔孟而學堯舜禹湯諸聖人是在後之君子矣

孟子曰可以取可以無取取傷廉可以與可以無與與傷惠可以死可以無死死傷勇

此一章書是示人以精義之學也孟子曰取與生死之際必至是無非焉而後可若可以取可以無取則斷不宜取矣取無乃傷廉乎可以與可以無與則斷不宜與矣與無乃傷惠乎可以死可以無死則斷不宜死矣死無乃傷勇乎蓋全是全非人皆知之而是中之非則不可不嚴也按孟子所論其事皆在兩可之間似可不必深責而君子不敢寬者以取與生死之際人之大節所關苟非讀書明理不能不惑於幾微之介則講習討論身體

力行其功可偏廢與

逄蒙學射於羿盡羿之道思天下惟羿爲愈己於是殺羿孟子曰是亦羿有罪焉公明儀曰宜若無罪焉曰薄乎云爾惡得無罪鄭人使子濯孺子侵衛衛使庾公之斯追之子濯孺子曰今日我疾作不可以執弓吾死矣夫問其僕曰追我者誰也其僕曰庾公之斯也曰吾生矣其僕曰庾公之斯衛之善射者也夫子曰吾生何謂也曰庾公之斯學射於尹公之他尹公之他學

射於我夫尹公之他端人也其取友必端矣庚公之斯至曰夫子何爲不執弓曰今日我疾作不可以執弓曰小人學射於尹公之他尹公之他學射於夫子我不忍以夫子之道反害夫子雖然今日之事君事也我不敢廢抽矢扣輪去其金發乘矢而後反

此一章書見人品以類相從得報皆其自取也昔羿之家臣有逄蒙者嘗學射於羿盡得羿善射之道自思天下之人惟羿善射出己

之上於是乘羿射獵既歸從而殺之孟子述其事而斷之曰逄蒙以弟子而害師罪固不容誅矣羿以射教人反致殺身之禍是亦羿有罪焉我聞公明儀曰羿爲逄蒙所殺罪在逄蒙則羿宜若無罪焉夫儀不謂之無罪而謂之宜若無罪蓋曰羿之罪比於逄蒙爲少輕耳惡得謂之無罪哉試以子濯孺子之事觀之當春秋之時鄭國之人使子濯孺子潛師侵衛衛國之人使庚公之斯追逐出境子濯孺子曰今日我偶然疾作不能執弓而射追兵若至吾死矣夫因問其御車之僕曰鄭將之追我者誰也其僕曰是庚公之斯也子濯孺子喜曰若斯人追我吾可以生矣其僕疑曰庚公之斯者衛國之善射者也夫子既遇疾作不能執弓不畏其射反曰吾生此何謂也子濯孺子曰彼庚公之斯所從而學射者尹公之他也尹公之他所從而學射者我也夫尹公之他吾知其人蓋端正之人而非

殘忍之人也其所取友亦必端正之人矣豈肯背本邀功而害我哉及庚公之斯追逐既至問孺子曰夫子今日何爲不執弓迎敵子濯孺子以情告之曰今日偶然疾作因此不能執弓庚公之斯曰向者小人學射於尹公之他尹公之他實學射於夫子我不忍以夫子相傳善射之道反害夫子雖然今日之事奉君命而來乃君事也我何敢廢而不遵乃抽矢於服中擊於車輪之上去其金鏃使不

傷人用禮射之法發四矢而後反則既不廢君上之命又得全師友之情矣是子濯孺子以取友而免禍如此向使羿之教射亦如孺子何至於殺身哉此羿之所以不能無罪也按孟子罪羿曰亦有曰薄此對逢蒙言之耳若但以羿論太康畋於有洛之表羿距於河遂篡其位彼固夏之亂賊人人得誅者也自古亂臣不死於他人而死於其黨比比皆然假手逢蒙尤天道之至巧者與太康既不得

反厥弟五人述大禹之戒作歌五章其二曰訓有之內作色荒外作禽荒甘酒嗜音峻宇彫牆有一於此未或不亡此又萬世爲人君者之炯戒也

孟子曰西子蒙不潔則人皆掩鼻而過之雖有惡人齊戒沐浴則可以祀上帝

此一章書是戒人之喪善而勉人以自新也孟子曰西子美婦人也人莫不知其美矣使蒙被不潔之汚則人見惡臭之可惡不見好色之可好皆掩鼻而過之人其可自恃哉雖有醜惡之人本人情之所憎者苟齊戒沐浴以自潔亦可以祀上帝人其可自棄哉按此非獨孟子之言書與易亦言之矣書曰不矜細行終累大德爲山九仞功虧一簣喪善之謂也易曰不遠復無祇悔元吉自新之謂也自新者必不至喪善喪善者乃可以自新聖賢之教人切矣

孟子曰天下之言性也則故而已矣故者以利

爲本所惡於智者爲其鑿也如智者若禹之行水也則無惡於智矣禹之行水也行其所無事也如智者亦行其所無事則智亦大矣天之高也星辰之遠也苟求其故千歲之日至可坐而致也

此一章書見理有自然人當順其自然也孟子曰天下萬事皆出於性惟言性者未得其眞故往往多事以擾天下吾以爲性具於心雖若無形難見而日用之間隨感輒應莫不

有已然之形迹，所謂故也。天下之言性者，能即此而言之，因已發之端倪，求未發之精蘊，而性之體可得而識矣。然所謂故者，又必本其自然之勢，非有所矯揉造作而後爲得之，一有矯揉造作，即非其故矣。夫性徵於故，故本於利，可見天下之理皆出自然。有明理之智者，順自然以應萬事，不亦善哉。所惡於智者，正爲其自作聰明，務爲穿鑿，似智非智，而反有害於智耳。如智者之處事，能如禹之行

水，則智所以成事，而非以擾事，無所惡於智矣。蓋禹之行水也，不過因其就下自然之性，而施疏瀹決排之功，以水治水，行其所無事也。如智者亦行其所無事，因物付物，我無容心，則其智亦如禹之大矣，又何惡焉。今夫天如是其高，似難窮也；星辰如是其遠，似難察也。然天之運行有常度，星辰之次舍有定位，此其故也。治曆者苟於其故而求之，則晦朔弦望、分至啓閉，一一不爽。不特一歲爲然，推而上之，而十年而百而千，至上古太初之時，其冬至之日，歲月日時皆會於甲子，無復盈縮餘分，而爲造曆之元者，亦可安坐而致，不苦於步算之難矣。況事物之近，能順其故而求之，豈有不得者哉。夫智雖貴於自然，而功實由於勉強。學禹之行所無事者，必先學禹之聞善言則拜，稽於衆，舍己從人，此堯之德而舜舉以告禹者也。孔子讚舜之大智，亦曰好問而好察邇言。不然，其有不出於鑿者亦

罕矣。

公行子有子之喪，右師往弔。入門，有進而與右師言者，有就右師之位而與右師言者。孟子不與右師言，右師不悅曰："諸君子皆與驩言，孟子獨不與驩言，是簡驩也。"孟子聞之，曰："禮，朝廷不歷位而相與言，不踰階而相揖也。我欲行禮，子敖以我爲簡，不亦異乎？"

此一章書，見君子之待小人，不惡而嚴也。昔齊大夫公行子以人子而執親之喪，齊之卿

大夫皆以君命往弔。時右師王驩亦往弔焉。方右師入門之初，未就位也，即有進右師使就己位而與右師言者；及右師已就位也，又有就右師之位而與右師言者。此皆示親昵以通慇懃諂媚之徒也。獨孟子初不進右師而與之言，亦不就右師之位而與之言。右師乃不悅曰：諸君子皆與驩言，而孟子獨不與驩言，是以驩爲不足敬，而簡畧驩也。孟子聞之曰：今日以君命往弔，君命所在，即朝廷所

在也。吾聞朝廷之禮，卿大夫所立各有定位。不得歷位而相與言，班列各有定次，不得踰階而相揖也。我之不與右師言者，正行此不歷位不踰階之禮也。子敖以我爲簡，是以行禮者爲簡也，不亦可怪異乎？夫王驩嬖臣，衆人之所媚，而孟子之所深鄙，未嘗顯示之絕，而始終不與之言，其不惡而嚴如此。雖然，當舉朝風靡之時，僅一挺然不屈之士，其能保全亦難矣。辨賢否，遠讒佞，保全孤忠，端有望於聖明之主矣。

孟子曰：君子所以異於人者，以其存心也。君子以仁存心，以禮存心。仁者愛人，有禮者敬人。愛人者人恆愛之，敬人者人恆敬之。有人於此，其待我以橫逆，則君子必自反也：我必不仁也，必無禮也，此物奚宜至哉？其自反而仁矣，自反而有禮矣，其橫逆由是也，君子必自反也：我必不忠。自反而忠矣，其橫逆由是也，君子曰：此亦妄人也已矣。如此則與禽獸奚擇哉？於禽獸又何

難焉。

此一章書見天下多難處之人，而君子惟盡己之道也。孟子曰：君子固異於衆人，而其所以異於人者果何在哉？蓋以其有所常存於心。惺惺不舍，與人不同爾。人皆殘忍，而君子則以仁存於心；人皆慢侮，而君子則以禮存於心。以仁存心而爲仁者，則必愛人；以禮存心而爲有禮者，則必敬人。我既愛人矣，則人亦恆愛之；我既敬人矣，則人亦恆敬之。至天

下之人有不可以常理論者君子於此寧遂懈其所存哉有人於此本我素所愛敬也乃待我以横逆而不我愛不我敬君子必自反曰我必不仁而不愛人也我必無禮而不敬人也不然此横逆之事胡爲乎來哉既自反而有仁以愛人矣自反而有禮以敬人矣其人之横逆如故也君子必自反曰我必不忠必於仁禮猶有所未盡吾心也既自反而忠吾之愛敬無不盡矣其人之横逆猶然如故

也君子曰此亦妄人也已矣人而至於悖妄如此則與禽獸何異哉人而同於禽獸此亦最可矜憫者也又何與之校是非論曲直焉

按行有不得者皆反求諸己孟子前已言之矣此又言君子之三自反中庸曰射有似乎君子失諸正鵠反求諸其身聖賢相傳心法如此推而言之克己復禮天下歸仁皆此理也舍此而言學其於學也遠矣

是故君子有終身之憂無一朝之患也乃若所憂則有之舜人也我亦人也舜爲法於天下可傳於後世我由未免爲鄉人也是則可憂也憂之如何如舜而已矣若夫君子所患則亡矣非仁無爲也非禮無行也如有一朝之患則君子不患矣

此一節書見君子自反之學當以大舜爲師也孟子曰君子自反無已雖至於禽獸之妄人尚不忍與較以是之故我知君子有終身之憂而無一朝之患也乃若所憂則有之其

心以爲舜此人也其具此仁禮猶之我我亦此人也其具此仁禮猶之舜顧舜處家庭之變能盡仁禮之極以化之近則可爲法於天下遠則即其爲法者可傳於後世誠天下萬世之一人也我則未能盡仁禮未能化横逆猶未免爲鄉里之常人也是則可憂也憂之如何必至如舜斯可已矣不然一日不如舜爲一日之憂此君子所以有終身之憂也若夫君子所患則亡矣以仁存心非仁之加於

人者不爲也。以禮存心，非禮之加於人者無
行也。此宜不至有患矣。如有一朝之患，則因
横逆之來，轉足爲反身之助，君子不患矣。人
奈何不憂君子之憂，而患君子之所不患乎。
夫人有數等，有聖人，有君子，有鄉人，有妄人。
惟聖人始可謂之大人，以其願力與道力俱
大，能轉移萬物，陶鑄一世也。後世首出庶物
之大人，所當以舜爲法者與。

禹稷當平世，三過其門而不入，孔子賢之。顔子

當亂世，居於陋巷，一簞食，一瓢飲，人不堪其憂，
顔子不改其樂，孔子賢之。孟子曰：禹稷顔回同
道。禹思天下有溺者，由己溺之也；稷思天下有
饑者，由己饑之也，是以如是其急也。禹稷顔子
易地則皆然。今有同室之人鬬者，救之，雖被髪
纓冠而救之，可也。鄉鄰有鬬者，被髪纓冠而往
救之，則惑也，雖閉戶可也。

此一章書，孟子爲顔子闡幽，而隱然以自任
也。昔禹稷當唐虞之世，君明臣良，平世也。治
水播穀，三過其門而不入，急於救世如此，孔
子歎而賢之。顔子當春秋之亂世，居於陋巷，
一簞食，一瓢飲，人不堪其憂，顔子不改其樂，
貞於守己如此，孔子嘆而賢之。孟子闡明之
曰：禹稷顔子出處不同而同道，何也？禹思天
下有溺者，責在司空，猶己溺之也；稷思天下
有饑者，責在后稷，由己饑之也。有其時則有
其任，有其任則有其思，是以過門不入，如此
其急也。使禹稷顔子兩相易地，則禹稷能樂

顔子之樂，而顔子亦能憂禹稷之憂，何莫不
同哉。今有同室之人鬬者，其情親，雖當沐浴
之時，未及束髪，便加冠結纓而救之，可也。此
禹稷之喻也。若鄉鄰有鬬者，其情疎，被髪纓
冠而往救之，則惑也，雖閉戶可也。此顔子之
喻也。故曰禹稷顔回同道。當戰國時，天下饑
溺甚矣，孟子有禹稷之才，而卒不遇，故自傷
其身當亂世，莫有能用之者，而隱然以顔子
自任焉。夫天爲天下而生聖賢，聖賢爲天下

而有學問，用人者愼勿使懷才抱德之士徒有生不逢時之嘆也。

公都子曰：匡章通國皆稱不孝焉，夫子與之遊，又從而禮貌之，敢問何也？孟子曰：世俗所謂不孝者五：惰其四支，不顧父母之養，一不孝也；博弈好飲酒，不顧父母之養，二不孝也；好貨財，私妻子，不顧父母之養，三不孝也；從耳目之欲，以爲父母戮，四不孝也；好勇鬬很，以危父母，五不孝也。章子有一於是乎？夫章子，子父責善而不

相遇也。責善，朋友之道也；父子責善，賊恩之大者。夫章子，豈不欲有夫妻子母之屬哉？爲得罪於父，不得近，出妻屏子，終身不養焉。其設心以爲不若是，是則罪之大者，是則章子已矣。

此一章書見聖賢衆惡必察，至公至仁之心也。公都子曰：匡章通國皆稱不孝焉，通國論之公者也。不孝，罪之大者也。夫子與之遊，又從而禮貌之，將匡章不孝之外，別有可取乎？敢問何也？孟子曰：世俗所謂不孝者有五：惰其四肢，不顧父母之養，怠而忘親，一不孝也；博弈好飲酒，不顧父母之養，蕩而忘親，二不孝也；好貨財，以私妻子，不顧父母之養，貪而忘親，三不孝也；縱耳目之欲，以爲父母戮，肆而辱親，四不孝也；好勇鬬很，以危父母，忿而陷親，五不孝也。章子有一於是乎？夫章子，子父責善而不相遇合也。責善，朋友之道也；父子責善，乃傷恩之大者。此章子所以蒙不孝之名耳。夫章子豈不欲身有夫妻之配，而子

有子母之屬哉？爲己得罪於父，不得相近，故出妻屏子，終身不受其奉養焉。其設心以爲不若是出妻屏子，則厚於己而薄於親，是則罪之尤大者。其故可原，其情可矜，是則章子之爲章子而已矣，何可輕絕之哉？夫父子至親也，以責善遂不相遇，況君臣乎？此世所以多孤臣孽子也。聽言納諫，保全臣子，仁君慈父尚加意焉。

曾子居武城，有越寇。或曰：寇至，盍去諸？曰：無寓

人於我室毀傷其薪木寇退則曰脩我牆屋我將反寇退曾子反左右曰待先生如此其忠且敬也寇至則先去以爲民望寇退則反殆於不可沈猶行曰是非汝所知也昔沈猶有負芻之禍從先生者七十人未有與焉子思居於衛有齊寇或曰寇至盍去諸子思曰如伋去君誰與守孟子曰曾子子思同道曾子師也父兄也子思臣也微也曾子子思易地則皆然

此一章書是孟子爲曾子闡幽而因以自寓也昔曾子居魯之武城有越人來寇或曰寇至盍去諸曾子聞言遂行戒其守者曰無寓寓他人於我講學之室恐毀傷其薪木固不問所以禦寇者何如也及聞寇退則謂其守者曰爾其脩葺我之牆屋我將反而居之亦不問寇之所以退者何如也及寇既退曾子遂反左右竊議之曰武城大夫之待先生如此內盡其誠而忠且外盡其禮而敬也宜乎先生亦以厚報之矣而乃寇至則先去以爲

民望寇退則反而安居殆於不可弟子沈猶行曰是非汝所知也昔先生舍於沈猶氏之家值其家有負芻之禍從先生者七十人非不可禦難也先生率而去之未有與其難者觀其處沈猶氏而武城可知矣必其義當去也昔者子思居於衛有齊人來寇或曰寇至盍去諸子思曰君方恃伋以共守如伋去是委孤城於君君誰與守伋義不可去也孟子斷之曰曾子之去子思之守事雖不同而道同蓋曾子師也師則有父兄之尊未有父兄而殉子弟者子思臣也臣則有卑微之分未有微而不殉於尊者使曾子子思易所處之地則曾子必不去子思必不守矣何莫不同哉按與君共守之義豈但當責卑微之臣即子弟有事父兄遂可超然事外乎緣當時之國君非眞能尊師重道也不過隆之以虛名誚之以實用使國人矜式之類耳賢人君子雖欲爲效用不可得也有用人之責者其鑒

之哉。

儲子曰王使人瞯夫子果有以異於人乎孟子曰何以異於人哉堯舜與人同耳

此一章書是孟子以堯舜望齊王也齊人儲子問於孟子曰夫子至齊人皆以爲夫子有異於人王近使人私窺夫子察夫子動靜語默之間果有迥別於人而不可幾及者乎孟子曰人生天地間其性同其道同我亦人也不過爲人之所當爲者大庭如是幽獨如是

將以何者異於人哉毋論我也即堯舜大聖人亦如是而南面如是而濬宮皆斯人與知與能之理而與人相同耳堯舜無異而見於我乎按人之不能爲堯舜其患有二一曰自暴一曰自棄孟子七篇之中發明人皆可以爲堯舜之旨不一而足有志者可以奮然而興矣

齊人有一妻一妾而處室者其良人出則必饜酒肉而後反其妻問所與飲食者則盡富貴也其妻告其妾曰良人出則必饜酒肉而後反問其與飲食者盡富貴也而未嘗有顯者來吾將瞯良人之所之也蚤起施從良人之所之徧國中無與立談者卒之東郭墦間之祭者乞其餘不足又顧而之他此其爲饜足之道也其妻歸告其妾曰良人者所仰望而終身也今若此與其妾訕其良人而相泣於中庭而良人未之知也施施從外來驕其妻妾由君子觀之則人之所以求富貴利達者其妻妾不羞也而不相泣

者幾希矣

此一章書是孟子以羞惡之心醒天下之求富貴利達者也孟子曰齊國之人有娶一妻一妾而居其家者其良人每出於外則必饜足酒肉而後反於其家其妻問其所與飲食者爲何如人則云盡出於富貴也其妻疑之告其妾曰良人每出則必饜足酒肉而後反吾問其所與飲食之人則云盡出於富貴也夫既有富貴之顯者與之飲食則必有富貴

之顯者與之往來而未嘗有顯者來於我家此其事可疑也吾將竊瞷良人之所往以觀其與飲食者果富貴之人否於是蚤起以預爲瞷之之謀邪施而行以從良人所往之處則見徧一國之中無有與之立談者其終也往於城外之東郭共墦塚之間人有祭墓者則就而乞其祭餘之肉尚不饜足又復顧望而往於他祭者以求足其酒肉焉乃知其平日饜足酒肉者皆得之以此道也其妻既瞷

得其狀乃歸而告其妾曰良人者吾與爾所仰望其自立而托以終身者也今其所爲若此則吾與爾仰望孤矣於是與其妾訕詈其良人而相與泣於中庭以悲其終身之不得所托而其良人猶未知妻妾已得其乞墦之情也復施施然爲喜悅自得之狀從外而來以驕夸其妻妾而豈知己之情狀已盡露於所瞷中乎齊人所爲見羞於妻妾者如此奈何今世爲齊人者之衆也由明出處愼去就之君子觀之則今人所以求富貴利達者凡卑諂乞哀無所不至其爲可賤視墦間之乞殆有甚焉使其妻妾見之有不羞其所爲而若齊婦之相泣者幾希矣夫求富貴利達者本以榮身而反見羞於有道亦何益哉按孟子曰人有不爲也而後可以有爲彼求富貴利達者無所不爲者也朝廷亦何取於若人而用之乎稍有弗察使一無恥之小人厠足其間則人將從而效之馴至相習成俗而不

以爲怪管子曰禮義廉恥國之四維管子霸臣也猶能爲此言奬進恬讓之士抑遠躁競之流有用人之責者可不是務與

日講四書解義卷之二十

日講四書解義卷之二十一

孟子下之三

萬章章句上

萬章問曰舜往于田號泣于旻天何爲其號泣也孟子曰怨慕也萬章曰父母愛之喜而不忘父母惡之勞而不怨然則舜怨乎曰長息問於公明高曰舜往于田則吾既得聞命矣號泣于旻天于父母則吾不知也公明高曰是非爾所知也夫公明高以孝子之心爲不若是恝我竭力耕田共爲子職而已矣父母之不我愛於我何哉

此一章書見舜怨慕之大孝也萬章問曰嘗聞舜之事親往耕於歷山之田每號呼仁覆閔下之旻天而哀泣不知舜處父母之間何爲若是其號泣也孟子曰舜之號泣乃激於至情之不容已戚戚然若有所歉而怨且皇皇然若有所求而慕也萬章未喻怨慕之旨又問曰吾聞人子事親時得於親而父母愛

之也固中心喜之而不敢有忘即不得於親而父母惡之也雖捶楚加之而不敢有怨今曰怨慕則舜亦怨其親乎孟子曰怨慕非怨親之謂也子以怨親疑舜其亦長息之見乎昔公明高之弟子長息問於公明高曰舜往于田是躬耕以養親也則吾既得聞教命而知之矣若其號呼旻天又號呼父母而哀泣不已則吾不知其何心也公明高答之曰孝莫大於虞舜其號泣若是用心有獨苦者非爾常情之所能知也吾推公明高之意蓋以舜之心孝子之心也孝子於親本有不可解之天性一當其變自有不容已之至情若恝然無愁漠亦甚矣孝子之心豈若是乎舜之心果何如其心以爲我竭力耕田不過子職中之一事而已矣孝聚百順其他虧缺甚多今父母之不愛我不知我之所以得罪者果何在哉求之而不得其故此所以呼旻天呼父母而哀泣也我所謂怨慕者怨己之不得

乎親而思慕耳豈怨父母哉按孟子所言怨慕即書經所言負罪引慝夔夔齋慄也終能感格親心而成萬世之大孝至誠能動豈不信乎君之事天臣之事君視子之事父母其貴乎誠一也亦在能盡之而已矣

帝使其子九男二女百官牛羊倉廩備以事舜於畎畝之中天下之士多就之者帝將胥天下而遷之焉爲不順於父母如窮人無所歸天下之士悅之人之所欲也而不足以解憂好色人之所欲妻帝之二女而不足以解憂富人之所欲富有天下而不足以解憂貴人之所欲貴爲天子而不足以解憂人悅之好色富貴無足以解憂者惟順於父母可以解憂人少則慕父母知好色則慕少艾有妻子則慕妻子仕則慕君不得於君則熱中大孝終身慕父母五十而慕者予於大舜見之矣

此三節書見大舜孝親無已之心也孟子曰舜之怨慕豈但躬耕歷山之日爲然當四岳咸薦之後帝堯將歷試諸艱使其子九男事之以觀其治外二女事之以觀其治內凡百官有司牛羊倉廩莫不具備以事舜於田野畎畝之中奉養備矣且天下之士嚮慕德化多傾心就之者人心附矣帝堯見舜果有聖德將欲盡天下移以與之使踐天子位焉崇高富貴極矣舜雖得此然自以不能喻親於道使之順而無違戚戚皇皇有如窮困之人無所依歸者何其憂之深也夫天下之士悅而就之人情所同欲也而不足以解舜之憂美好之色人情所同欲也舜以帝堯二女爲妻而不足以解憂貨財之富人情所同欲也舜有天下之大而不足以解憂爵位之貴人情所同欲也舜居天子之位而不足以解憂天下之人悅之美色事之至富至貴加之皆無足以解其憂者必何如而後可以解其憂乎惟順於父母喻之於道而得其懽心親於我無所憾我於親無所違而後其憂始可以

解矣。今夫常人之情。當其少也。則率其知能之良。所慕者惟父母而已。及知好色。則移慕父母之心以慕少年美艾之女。及有妻子。則移慕父母之心以慕妻子。及仕而事君。則移慕父母之心以慕君。或不得於君。而遭際不偶。則躁急心熱於中。豈復有餘心及於父母哉。常人之心因物有遷如此。惟大孝之人。爲能不失其赤子之心。終身之所愛慕者惟在父母。外物不得而移之。彼年至五十而猶慕

親不忘者。予於大舜見之矣。蓋五十則少艾妻子事君俱已經歷。此心猶然不變。則終身可知矣。舜其大孝也哉。安有大孝而怨其親者乎。按自古帝王之孝無過乎舜。後世所當師法。況舜值人倫之變。其所爲有極難者。後之安常處順。而不能盡事父母之道者。觀於此亦可惕然自儆矣。

萬章問曰。詩云。娶妻如之何。必告父母。信斯言也。宜莫如舜。舜之不告而娶。何也。孟子曰。告則不得娶。男女居室。人之大倫也。如告。則廢人之大倫。以懟父母。是以不告也。萬章曰。舜之不告而娶。則吾既得聞命矣。帝之妻舜而不告。何也。曰。帝亦知告焉則不得妻也。

此一章書見聖人處人倫之變而不失天理之常也。萬章問曰。齊風南山之詩有云。凡人娶妻。其道當如之何。必告於父母而後敢娶焉。斯得其道矣。信如此詩之言。能得其道者宜莫如舜。今舜不告於父母而娶帝堯之二

女。何其所爲與詩相背也。孟子曉之曰。告而後娶者。禮之常也。舜父頑母嚚。告則必爲父母所阻而不得娶。夫男女居室。上承祭祀。下綿嗣續。乃人之大倫。不可廢也。如告於父母而不得娶。則廢人之大倫。而至於無後。且徒取懟怨於父母而已。與其告而廢倫以取懟。寧通之以權。不告而娶。庶父母可無懟。而大倫可全矣。此舜之所以不告而娶也。萬章曰。舜之不告而娶。固爲達權通變之道。則吾既

得聞夫子之敎命矣乃帝堯以女妻舜亦當使其父母知之而亦不使舜告焉何也孟子曰帝亦知舜之父母不可告若告焉則彼不欲其娶必有違言舜則不忍逆親而已亦不得妻舜也故可妻則妻不問其告不告知不知此又帝堯善處人骨肉之變者也按天下事有常有變而道亦有經有權漢儒釋權曰反經合道若舜者孔子所謂可與權漢儒所謂反經合道者與雖然子之必聽乎父臣之

必聽乎君古今共由之常道非萬不得已愼毋輕言權可也

萬章曰父母使舜完廩捐階瞽瞍焚廩使浚井出從而揜之象曰謨蓋都君咸我績牛羊父母倉廩父母干戈朕琴朕弤朕二嫂使治朕棲象往入舜宮舜在牀琴象曰鬱陶思君爾忸怩舜曰惟茲臣庶汝其于予治不識舜不知象之將殺己與曰奚而不知也象憂亦憂象喜亦喜曰然則舜僞喜者與曰否昔者有饋生魚於鄭子產子產使校人畜之池校人烹之反命曰始舍之圉圉焉少則洋洋焉攸然而逝子產曰得其所哉得其所哉校人出曰孰謂子產智予既烹而食之曰得其所哉得其所哉故君子可欺以其方難罔以非其道彼以愛兄之道來故誠信而喜之奚僞焉

此二節書見聖人善處兄弟之變也萬章又問曰舜處父母之變固子道之所難乃其處兄弟之間亦有非常情可測者嘗聞舜之父

母聽象之謀使舜完治倉廩及舜既上廩遂捐去其階梯瞽瞍從下縱火焚廩舜以兩笠自捍而下得不死後又使舜浚治井水舜入井中從匿空亡出瞽瞍與象從而下土以揜之象不知舜已出乃自誇其功曰設謀以蓋都君於井而殺之者皆我之功今都君已死其所遺之物我將與父母分之牛羊則歸之父母倉廩則歸之父母若干盾戈戟則歸之朕五弦之琴瑚弓之弤亦歸之朕二嫂則使

治朕所棲之牀於是象往入舜所居之宮欲分取所有見舜已歸而在牀彈琴象遂飾辭以自文曰吾鬱陶於心而不能伸者正爲思君之甚故來見耳象雖僞爲其言而終不免有忸怩之慚色乃舜見象來而喜之曰惟玆百官臣庶帝所使事我者汝其代我治之吾不識舜之爲是言也果不知象之將殺己而喜之與孟子曰象屢欲殺舜其迹甚明舜奚而不知也但兄弟之情出於天性而聖人之

愛弟又異於常情乎日見象之憂也則亦感之而俱憂乎日見象之喜也則亦感之而俱喜彼其臣庶予治之言亦因其鬱陶思君之言而喜之耳何暇計其殺己之謀哉萬章又問曰舜知象之將殺己而猶喜也然則舜僞喜者與孟子曰舜非僞喜也彼亦信以理耳昔者有饋送生魚於鄭大夫子産者子産使主池沼小吏之校人畜養之於池校人私烹其魚而食之乃飾爲反命之辭曰方魚之始

舍於池中也但見其圉圉焉有困而未舒之狀及少頃之間則洋洋焉稍覺縱適終則攸然而逝自得而遠去矣子産喜而歎曰魚以得水爲天自圉圉而洋洋又攸然而遠逝眞自得其所哉自得其所哉校人出而言曰人皆謂子産智以今觀之孰謂子産智哉夫魚予既烹而食之矣乃信予言而曰得其所哉得其所哉不善料事安得爲智乎由子産之事觀之可見君子雖有先見之明而亦可欺

以理之所有雖無逆詐之心而終難罔以理之所無彼象曰鬱陶思君是以愛兄之道來正欺以其方猶校人之欺子産也故舜但見其愛不見其欺實心信而喜之奚僞之有如以舜爲僞喜則將謂子産爲僞信校人耶按聖人之道誠信而已矣舜之處父母兄弟與其爲天子而治天下無往而不以誠行之若夫僞則無所施而可而况父子兄弟之間乎以誠感者亦以誠應以僞感者亦以僞應周

易中孚之彖曰中孚豚魚吉利涉大川豚魚可感而況於人乎學舜者亦慎所以感人者而可矣

萬章問曰象日以殺舜爲事立爲天子則放之何也孟子曰封之也或曰放焉萬章曰舜流共工于幽州放驩兜于崇山殺三苗于三危殛鯀于羽山四罪而天下咸服誅不仁也象至不仁封之有庳有庳之人奚罪焉仁人固如是乎在他人則誅之在弟則封之曰仁人之於弟也不

藏怒焉不宿怨焉親愛之而已矣親之欲其貴也愛之欲其富也封之有庳富貴之也身爲天子弟爲匹夫可謂親愛之乎敢問或曰放者何謂也曰象不得有爲於其國天子使吏治其國而納其貢稅焉故謂之放豈得暴彼民哉雖然欲常常而見之故源源而來不及貢以政接于有庳此之謂也

此一章書見舜待弟盡親愛之仁也萬章問曰象之於舜焚廩未遂浚井繼之日日以殺舜爲事此誠舜之讐也及舜既立爲天子而操生殺之權即誅之亦不爲過而僅放之何也孟子曰舜實以爵土封象而或者誤以爲放焉放且不爲況誅之乎萬章又問曰舜之爲君也以共工靜言庸違則流於北裔幽州之地以驩兜同惡相濟則放於南裔崇山之地負固不服者三苗也則殺於西裔三危治水無功者鯀也則殛於東裔羽山罪此四人而天下咸服其用刑之當以所誅者皆不仁

之人也象至不仁其罪豈在共工諸人之下迺不以誅四凶者誅之而反封之有庳有庳之人何罪而遭象不仁之人爲之君長也仁人之用心固如是其輕重不均在他人則誅之以安民在弟則封之以貽害乎孟子曰仁人之於弟與處他人不同本非有怒何怒之可藏匿焉本非有怨何怨之可畱宿焉但知篤同氣之親隆一體之愛而已矣親之則不忍己貴弟賤而勢分懸隔必欲其貴也愛之

則不忍己富弟貧而置之窮困。必欲其富也。今封象於有庳。正欲富貴之以致親愛之情也。苟舜身爲天子而富且貴。弟爲匹夫而貧且賤。情隔於位之疎。恩衰於祿之薄。可謂親愛之乎。不能親愛。可謂仁人乎。此舜之封象正爲仁人也。萬章又問曰。封與放本異也。舜既封象。敢問或曰放者果何謂也。孟子曰。象雖封爲有庳之君。然不得有所施爲於其國。天子使吏代治其國。但納其所收之貢稅於

象。其迹有似於放。故或者誤謂之放也。象既不得有爲於其國。亦豈得暴有庳之民哉。然而舜之心。又不止爲愛民也。蓋其親愛之心無已。欲常常見象。不令疎濶。故使吏代治者使象無治事之煩。得以源源而來見也。古書之辭有云。舜不待及諸侯朝貢之期。而以政事接見有庳之君。正此源源而來之謂也。是舜之封象。固所以爲仁。而使吏代治。又孰非所以成其仁哉。舜之於象。仁之至。義之盡。既

不以法傷恩。亦不以恩害法。後世待藩封者取法於此。周五霸漢七國之禍。庶幾免夫。

咸丘蒙問曰。語云。盛德之士。君不得而臣。父不得而子。舜南面而立。堯帥諸侯北面而朝之。瞽瞍亦北面而朝之。舜見瞽瞍。其容有蹙。孔子曰。於斯時也。天下殆哉。岌岌乎。不識此語誠然乎哉。孟子曰。否。此非君子之言。齊東野人之語也。堯老而舜攝也。堯典曰。二十有八載。放勳乃徂落。百姓如喪考妣。三年。四海遏密八音。孔子曰。天無二日。民無二王。舜既爲天子矣。又帥天下諸侯以爲堯三年喪。是二天子矣。

此一章書。辯舜無臣父臣堯之事也。咸丘蒙問曰。古語有云。凡天下之常禮。止可以論天下之常人。若夫聖德非常之士。雖至尊如君苟無其德。不得而以之爲臣。至親如父。苟無其德。不得而以之爲子。舜惟有聖人之德。一旦居天子之位。南面而立。堯雖爲其君。不得不帥諸侯北面而朝之。瞽瞍雖爲其父。亦不

得不北面而朝之。爾時舜雖安於堯，而不能不動心於父。望見瞽瞍，其容蹙然不能自安。孔子有感於此事，因歎息曰：於斯時也，君臣父子之倫皆亂，天下將危殆哉，岌岌乎其勢已不可支矣。所聞古語者如此，不識此語誠然乎哉。孟子曰：否。舜之處君臣父子無是事也。此非君子據實可信之言，乃齊東野人鄙妄無稽之語也。何以辨之。蓋當堯在之時，舜未嘗爲天子也，特以堯老不治事，舜代攝天

日講孟子解義卷之三　十五

子之事耳。天子之位固在堯也，何由北面而朝之乎。且吾言有所證也。堯典曰：舜攝位二十有八載，於是放大功勳之堯乃魂升魄降而崩。國中百姓慟堯之殁，如自喪其考妣。三年之間，四海斷絕音樂，靜密如一，更不聞有金石絲竹等之八音。其思慕之深如此。據堯典所言，舜之即位在堯崩之後，不在其攝政之時明矣。何從南面而受堯之朝乎。孔子亦嘗有云：運於天者無有二日，統乎民者無有二王。若堯未崩時，舜既爲天子矣，及堯崩時，舜又帥天下諸侯以爲堯行三年之喪，則是舜一天子，堯又一天子，而有二天子矣。豈民無二王之理乎。然則臣堯之說，可不辯而自見其誣矣。按堯典之文尚有二說。一曰百姓者畿內之民也，四海者畿外之民也。此以遠邇而論者也。一曰百姓者百官也。經傳言百姓或爲百官，或爲萬民，其以百官爲百姓者，古者民無姓，其有姓者皆有土有爵者也。黃

日講孟子解義卷之三　十六

帝有子二十五人，得姓者十有四人是也。百官如喪考妣三年，而四海之民遏密八音。此以貴賤而辨者也。二說後說爲是。唐臣張說嘗爲其君言之矣。以其關於禮也，故併及之。

咸丘蒙曰：舜之不臣堯，則吾既得聞命矣。詩云：普天之下，莫非王土；率土之濱，莫非王臣。而舜既爲天子矣，敢問瞽瞍之非臣如何。曰：是詩也，非是之謂也。勞於王事而不得養父母也。曰：此莫非王事，我獨賢勞也。故說詩者不以文害辭。

不以辭害志。以意逆志。是爲得之。如以辭而已矣。雲漢之詩曰。周餘黎民。靡有孑遺。信斯言也。是周無遺民也。

此一節書孟子辯舜無臣父之事。而兼示人讀詩之法也。咸丘蒙又問曰。舜無臣堯之事。則吾既得聞教矣。乃其不臣瞽瞍。則尚有可疑者。小雅北山之詩有云。普天之下。其地雖廣。無尺地而非王土。率土之濱。其人雖衆。無一民而非王臣。由此詩推之。舜既受堯之禪

而爲天子矣。則瞽瞍亦王臣中之一人耳。乃獨不謂之臣。此何說耶。孟子曰。詩人之旨各有所寓。是詩所言。非天子可臣其父之謂也。乃當時大夫行役於外。爲王事所迫。而不得歸養其親。因不平而作是詩。其意若曰。今此之事。莫非王事。凡居王土而爲王臣者。皆當同服其勞。何爲彼皆安坐。獨我爲賢而可用。更不可以休息乎。此詩人之本意也。凡詩之所貴者意而已。不在文辭之間也。是以善說詩者。不可泥一字之文。而害一句之辭。不可泥一句之辭。而害設辭之志。惟當以我之意。探取詩人之志。是爲得說詩之法者矣。若但拘泥其辭。而不求其志。則大雅雲漢之詩有云。周遭饑饉。所餘黎民。無有孑然獨存者。信如此詩所言。是周之民。眞無遺種也。惟以意逆之。則知詩人之志。在於憂旱之甚。若天絕其生耳。非眞無遺民也。然則北山之詩。豈眞謂莫非王臣。而天子可臣其父哉。子乃以辭

而害其志。則亦不善說詩者矣。按學貴於博。辨貴於明。雖芻蕘可採。而杜撰無稽者勿聽。雖經學可尊。而注疏謬誤者亦多。聖經賢傳。昭如日星。而學者每各守一說。能必其盡合於聖賢之意。而不至如咸丘蒙之說詩乎。博蒐諸家。歸於一是。廣儒生之聞見。訂經傳之指歸。其亦右文之世。所當急講者與。

孝子之至。莫大乎尊親。尊親之至。莫大乎以天下養。爲天子父。尊之至也。以天下養。養之至也。

詩曰：永言孝思，孝思維則，此之謂也。書曰：祗載見瞽瞍，夔夔齊栗，瞽瞍亦允若。是爲父不得而子也。

此二節書見舜之大孝能尊親而格親也。孟子又曉咸丘蒙曰：子以舜爲天子，則當臣其父。吾以舜爲天子，正所以孝其親耳。蓋爲人子者，苟能善事其親，皆可謂孝子，而非孝子之至。孝子之至，莫大乎能尊崇其親。爲人子者，苟有一命之榮，鍾釜之祿，皆可謂之尊親，

而非尊親之至。尊親之至，莫大乎能以天下爲養。瞽瞍爲天子之父，是尊之至而無以加也；以天下爲養，是養之至而無以加也。養之至乃爲尊之至，尊之至乃爲孝之至。大雅下武之詩曰：武王能長言孝思而不忘，其孝思可以爲事親之法則，即此尊之至、養之至爲法於天下之謂也。豈有尊養可法者，乃至於以父爲臣乎？然而所謂父不得而子者，亦有說也。書經大禹謨有曰：舜平時致敬爲子之

職事，及見於瞽瞍之時，又夔夔然敬謹恐懼之至。瞽瞍雖頑，亦爲其所化，允信而若順之。即此書所言，可見瞽瞍不能以不善及其子，而反見化於其子，是所謂父不得而子也。豈有臣父之說乎？由孟子論父不得而子之說推而言之，如伊尹之格太甲，周公之感成王，是亦可謂君不得而臣也。夫父不得而子，而後始有底豫之慈父；君不得而臣，而後始有守成之賢君。始若相反，卒乃相成。凡爲君臣

父子者，可不深長思與。

萬章曰：堯以天下與舜，有諸？孟子曰：否。天子不能以天下與人。然則舜有天下也，孰與之？曰：天與之。天與之者，諄諄然命之乎？曰：否。天不言，以行與事示之而已矣。曰：以行與事示之者，如之何？曰：天子能薦人於天，不能使天與之天下；諸侯能薦人於天子，不能使天子與之諸侯；大夫能薦人於諸侯，不能使諸侯與之大夫。昔者堯薦舜於天而天受之，暴之於民而民受之。故曰

天不言以行與事示之而已矣曰敢問薦之於天而天受之暴之於民而民受之如何曰使之主祭而百神享之是天受之使之主事而事治百姓安之是民受之也天與之人與之故曰天子不能以天下與人

此一章書見堯之禪舜出於天與也萬章問曰事莫大於禪授人皆言古有帝堯嘗舉其所有之天下一旦授之於舜不知果有此事否乎孟子曰斯言殆不然也蓋天下者天下

之天下非天子所得私也堯雖爲天子安能以天下與人若曰堯能與之則天下亦一人之私物可以有之自我與之自我豈理也哉萬章問曰堯既不能以天下與舜然則舜之有天下也果孰與之孟子曰帝王之興皆由天命舜有天下天實與之而堯特順天以從事耳萬章問曰所謂天與之者天果諄諄然教命之乎不然何所據以爲天與也孟子曰天之體於穆無言其與舜也固非諄諄然教

命之也蓋身之所行曰行措諸事爲曰事天之與舜但就舜之行與事默示其與之之意而已矣豈待諄諄然以言命之乎萬章曰以行與事示之者必有示之之迹敢問天果何如示之耶孟子曰凡事在人者可以力爲而在天者不可取必人有才德可托以天下者天子能舉而薦之於天然天意之從違尚未可知不能使天必與之天下正如諸侯能薦人於天子許其可任一國之事而不能取必

於天子使與之諸侯蓋天子者諸侯之天也大夫能薦人於諸侯許其可任一家之事而不能取必於諸侯使與之大夫蓋諸侯者大夫之天也諸侯大夫且然而況天子之重乎昔者堯薦舜於天以稽天意之從違乃舜之行事當乎天心而天受之嘗顯舜之德於民以觀人心之向背乃舜之行事協乎民心而民受之卽此天人交與而天示之意卽在是吾故曰天不言以行與事示之而已矣萬章

曰。堯薦舜於天而天受之。顯舜於民而民受之。其薦之、顯之、受之。必有其實。敢問如何。孟子曰。昔堯嘗命舜使主天地山川之祭。其精誠之所感。乎幽無不格。百神皆歆其祀而享之。此薦之於天而天受之也。又嘗命舜使主治教刑政之事。其德意之所注措。事無不治。百姓皆被其化而安之。此暴之於民而民受之也。天受之者。天與之也。固天也。人受之者。人與之也。亦天也。信乎舜之有天下爲天與。

也。堯何預焉。故曰。天子不能以天下與人。按天與之說。非獨孟子言之也。位曰天位。祿曰天祿。命曰天命。自古記之矣。天既與之。則人不能攘之。彼圖度非分者。秖自速天誅耳。然天能與之。則亦能奪之。慄慄危懼。聿脩厥德。以永保天命。爲人君者。可不勉與。

舜相堯二十有八載。非人之所能爲也。天也。堯崩。三年之喪畢。舜避堯之子於南河之南。天下諸侯朝覲者。不之堯之子而之舜。訟獄者。不之堯之子而之舜。謳歌者。不謳歌堯之子而謳歌舜。故曰天也。夫然後之中國。踐天子位焉。而居堯之宮。逼堯之子。是篡也。非天與也。太誓曰。天視自我民視。天聽自我民聽。此之謂也。

此二節書見舜之天下出於天與。而天意不越民情也。孟子又告萬章曰。天之與舜。不特見諸行與事之間。揆之氣數。卜之人情。皆有可驗者。舜之相堯二十有八載。歷年多而施澤久。此非人之所能爲也。蓋天也。則其爲相

之時。天意已屬之矣。至於堯崩之後。三年之喪已畢。舜以有堯之子丹朱在焉。於是避而遠去。居於南河之南。欲天下思堯德而歸其子也。然舜能避堯之子。而不能避天下之人心。天下諸侯朝覲者。久被其賓接之禮。不之堯之子而之舜。訟其不決之獄而求直者。久念其欽恤之仁。不之堯之子而之舜。歌頌功德者。久感其好生之德。不謳歌堯之子而謳歌舜。舜方避之。民顧就之。此豈人力能爲也

哉吾故曰實天使之固結於二十八載之前乃致此響應於二十八載之後也夫然後自南河之南往中國而踐天子位焉此雖以荅天下之心實所以承上天之意耳向使舜不爲南河之避而遽居處乎堯之宮逼脅乎堯之子則是以臣而篡君之位也安所稱天與哉即舜爲民心之所歸便知爲天心之所與此非無徵之言也書經泰誓篇有曰天無視也而從民之視民視即是天視天無聽也而

從民之聽民聽即是天聽書之所言此即吾民歸舜即天與舜之說也然則舜之有天下不但堯不能容心於與而舜亦未常有心於得徒泥其禪授之迹者亦未明乎天道矣按孟子此章以天下歸之天以天與歸之民何其言之斷也不獨禪讓之天下爲然雖家天下之天下亦然不獨開創之天下爲然雖繼世之天下亦然彼不求天於民視民聽而求之於荒唐怪妄如宋世所謂天書者其亦不學之過與

萬章問曰人有言至於禹而德衰不傳於賢而傳於子有諸孟子曰否不然也天與賢則與賢天與子則與子昔者舜薦禹於天十有七年舜崩三年之喪畢禹避舜之子於陽城天下之民從之若堯崩之後不從堯之子而從舜也禹薦益於天七年禹崩三年之喪畢益避禹之子於箕山之陰朝覲訟獄者不之益而之啓曰吾君之子也謳歌者不謳歌益而謳歌啓曰吾君之

子也丹朱之不肖舜之子亦不肖舜之相堯禹之相舜也歷年多施澤於民久啓賢能敬承繼禹之道益之相禹也歷年少施澤於民未久舜禹益相去久遠其子之賢不肖皆天也非人之所能爲也莫之爲而爲者天也莫之致而至者命也

此一章書見帝王傳賢傳子皆本天意而無私也萬章問曰人有言堯舜盛德之至故以天下爲公不傳於子而傳於賢及至於禹其

德遂衰於是不傳於賢而傳於子敢問禹果有此私心乎孟子曰人以德衰議禹此言非是禹之心殆不然也蓋與賢與子顧天意何如耳天所與者在賢則與賢不能強而與子也天所與者在子則與子不能強而與賢也昔者舜薦禹於天任以爲相十有七年迨舜崩三年之喪既畢禹因舜有子商均在焉乃遠避於陽城之地其心止欲讓位於商均耳乃天下之民皆歸心於禹凡朝覲訟獄謳歌

者皆不從商均而從禹與堯崩之後不從堯之子而從舜無以異也人心如此天意在禹可知舜安得不舉天下而授之乎若禹益之時則視此不同矣禹亦嘗薦益於天任以爲相者七年迨禹崩三年之喪既畢益因禹有子啓在亦遠避啓於箕山之陰以讓位焉但見天下之臣民朝覲訟獄者不往歸益而來歸啓皆曰此吾君之子也吾不歸吾君之子而誰歸乎謳歌者亦不謳歌益而謳歌啓皆

曰此吾君之子也吾不戴吾君之子而誰戴乎人心如此天意在啓可知禹安得不舉天下而傳之也舜禹益皆有聖人之德而當時民心或歸或不歸其故維何蓋堯之子丹朱其德不類於堯舜之子商均其德亦不類於舜而舜之相堯二十有八年禹之相舜十有七年其歷年既多施恩澤於民最久以相之賢又遇子之不肖此民所以不歸堯舜之子而歸舜禹也若啓之賢能以兢兢業業之心

嗣守禹之典則而益之相禹僅僅七年其德澤施於民者未如舜禹之久以子之賢而又遇相之不久此民所以不歸益而歸啓也夫舜禹益均之爲相而歷年多歷年少其久近相去如此丹朱商均與啓均之爲子而或賢或不肖又如此皆天也豈人力之所能預哉蓋天下事凡人力莫之作爲而自然爲者是之謂天主宰於冲漠之中不可得而測也凡人力莫之召致而自然至者是之謂命稟受

於有生之初。不可得而移也。然則堯舜禹皆奉天命以從事耳。豈其德之有盛衰哉。按傳賢傳子。雖曰皆出於天。其實天意常在於賢。傳子亦傳賢也。後世爲天子之子者能自力於賢。爲天子者能豫教其子以賢。實萬世無疆之休也。

匹夫而有天下者。德必若舜禹。而又有天子薦之者。故仲尼不有天下。繼世以有天下。天之所廢。必若桀紂者也。故益伊尹周公不有天下。伊

尹相湯以王於天下。湯崩。太丁未立。外丙二年。仲壬四年。太甲顛覆湯之典刑。伊尹放之於桐三年。太甲悔過。自怨自艾。於桐處仁遷義三年。以聽伊尹之訓己也。復歸于亳。周公之不有天下。猶益之於夏。伊尹之於殷也。孔子曰。唐虞禪。夏后殷周繼。其義一也。

此五節書歷舉羣聖之不有天下。皆以推明禹益之事也。孟子告萬章曰。益之不有天下。固由於天。而自古聖人不有天下者。不獨一益也。凡匹夫而有天下者。必有同乎舜禹之德。而又有堯舜之天子薦之於天。而後可以得之。故仲尼之德。雖無愧於舜禹。而無堯舜之薦。亦終老於布衣而不有天下也。若夫有德有薦而亦不有天下者。則以繼世之君爲賢君耳。蓋繼世以有天下者。非德不如聖人。天遂廢之也。天之所廢者。必大惡如桀紂也。苟不至桀紂而足以嗣守先業。則天亦未嘗遽廢之。故益與伊尹周公。雖有舜禹之德。而

遇嗣君之賢。終不能有天下也。以伊尹言之。伊尹以聖人之德。輔相成湯致王於天下。其功業可謂盛矣。迨成湯既崩。太子太丁未立先殁。商時之法。兄終弟及。乃立其弟外丙。二年而殁。又立其弟仲壬。四年而殁。於是立太丁之子太甲。太甲既立。壞亂湯之成法。似不肖矣。伊尹因放之於湯墓桐宮三年。欲其顧乃祖而興思也。太甲果能悔其所爲之過。自怨而懲創已往。自艾而脩治方來。朝夕於桐

改不仁以處於仁。改不義以遷於義。三年之內。惟聽伊尹之教訓乎己也。伊尹見太甲之賢。於是以袞冕迎之。復歸於亳都。以纘湯緒焉。此伊尹所以不有天下也。若周公之終於冢宰。而不有周之天下者。以公遇成王繼世之賢。猶益之於夏。以啓賢之足以嗣禹也。猶伊尹之於殷。以太甲賢足以繼殷也。此周公所以不有天下也。吾嘗聞孔子曰。唐虞禪位。而以天下傳之賢。三代繼統。而以天下傳之子。迹雖不同。然禪者以天命在賢。宜禪而禪。繼者以天命在子。宜繼而繼。其合於義則一而已。聖人何容私於其間哉。觀孔子之言。則禹之與子。孰謂其德衰哉。嘗又論之。繼世之君。雖曰中材。亦可保守天命。天意不肯輕於奪之。然未可恃也。如太甲者不已岌岌乎。與治同道罔不興。與亂同事罔不亡。伊尹於太甲歸亳之後。猶申誥焉。後之繼世者。尚三復於斯。

萬章問曰。人有言。伊尹以割烹要湯。有諸。孟子曰。否。不然。伊尹耕於有莘之野。而樂堯舜之道焉。非其義也。非其道也。祿之以天下。弗顧也。繫馬千駟。弗視也。非其義也。非其道也。一介不以與人。一介不以取諸人。湯使人以幣聘之。囂囂然曰。我何以湯之聘幣為哉。我豈若處畎畝之中。由是以樂堯舜之道哉。

此一章書。是辯伊尹無辱己之行也。萬章問曰。人有言。伊尹欲行道致君。而無由。乃身為庖人。因論割烹之事。而喻及王道。使湯知而用之。果有此事乎。孟子曰。人言不足信。伊尹所為不若是也。方伊尹未遇之時。嘗耕於有莘之野。而欣慕愛樂者。則在堯舜之道焉。道之至辨者為義。非其義也。則非其道也。雖祿之以天下之大。亦弗顧也。繫馬千駟之多。亦弗視也。不特此也。非其義也。則非其道也。雖一介之微。不以與人也。一介之微。不以取諸人也。何者。其所樂有在也。湯聞伊尹之道。使人以幣帛徵聘之伊尹知有堯舜而不知有湯也乃囂囂然自得而言曰我何用湯之聘幣爲哉一受其聘則當憂其憂而事其事我豈若處畎畝之中由是以樂堯舜之道浩然自得之爲安哉此非覩湯意之誠否也內既自樂於己外自無求於人覩湯之聘幣誠爲外物耳夫湯以幣聘伊尹伊尹猶不肎輕出如此豈有割烹要湯之事哉按伊尹之在有莘諸葛亮之在隆中惟其處而無求所以出

而能任然非其君求之之勤則亦終老田間矣是以爲人臣者不可不以伊葛自待而爲人君者亦不可不以成湯昭烈爲法也

湯三使往聘之既而幡然改曰與我處畎畝之中由是以樂堯舜之道吾豈若使是君爲堯舜之君哉吾豈若使是民爲堯舜之民哉吾豈若於吾身親見之哉天之生此民也使先知覺後知使先覺覺後覺也予天民之先覺者也予將以斯道覺斯民也非予覺之而誰也思天下之民匹夫匹婦有不被堯舜之澤者若己推而內之溝中其自任以天下之重如此故就湯而說之以伐夏救民

此三節書是言伊尹應湯之聘欲行堯舜之道於天下也孟子曰湯三次使人以幣聘伊尹其求賢之意甚誠有以動伊尹行道之心於是翻然改曰吾人出處關乎世運我終處畎畝之中由是以樂堯舜之道祇獨善其身而已吾豈若以其道致君使是君欽明濬哲

爲堯舜之君哉吾豈若以其道澤民使是民時雍風動爲堯舜之民哉吾豈若於上下君民之間即吾身今日親見堯舜之道得行哉吾之所以不敢辭其責者蓋以天之生此民也知覺雖然同具而先後固有難齊天欲使先知此事者覺悟後知之人使先覺此理者覺悟後覺之人予於天所生民之中幸爲先覺者也其可負天意哉予將以斯道之固有覺斯民之未覺也若使非予覺之則迷者益

滚誰爲予受其責哉此今日之不容以不出
也伊尹之言如此即其言以推其心伊尹眞
見萬物同體思天下之民匹夫匹婦有不與
被堯舜之澤者即若己推而內之溝中其情
不能安其義不容諉以一人之身任天下之
重如此故就湯而說之以伐無道之夏而救
無罪之民此其自待何如哉先知覺後知先
覺覺後覺先儒謂此即大學之道既明明德
則必須新民非如此則在我之分量不完伊

尹未仕湯一匹夫耳猶不肎以此自寬况作
君作師實有代天理物之責者乎

吾未聞枉己而正人者也况辱己以正天下者
乎聖人之行不同也或遠或近或去或不去歸
潔其身而已矣吾聞其以堯舜之道要湯未聞
以割烹也伊訓曰天誅造攻自牧宮朕載自亳

此三節書是明伊尹決無割烹要湯之事也
孟子曰伊尹之伐夏救民無非欲正天下吾
未聞枉在己而能正他人者况於卑污苟賤
爲辱己之事更甚於枉己矣而能正天下乎
大凡古來聖人之行不同未仕之先或遠而
隱遁或近而仕君既仕之後或不合而去或
合而不去遠者非忘世而近者非慕祿去者
非沽名而不去者非固寵因其時而裁以義
要歸於潔其身而已矣身之不潔何以謂之
聖人而謂伊尹有要湯之事乎必如人言謂
之爲要吾但聞其耕莘時唯樂堯舜之道因
而致湯之幣聘是以堯舜之道要湯者若割

烹誠未聞也伊訓有曰湯奉天誅始攻桀於
牧宮由我相湯始其事於亳都也觀伊尹之
言益可証其伐夏救民自任天下之重之實
曾謂辱己要君者而能爲此乎流俗之誣不
辯而自明矣蓋出處人生之大閑始進不以
正後未有能正者自古及今莫不皆然明主
觀人須於此嚴辨之

萬章問曰或謂孔子於衛主癰疽於齊主侍人
瘠環有諸乎孟子曰否不然也好事者爲之也

於衛主顔讎由彌子之妻與子路之妻兄弟也彌子謂子路曰孔子主我衛卿可得也子路以告孔子曰有命孔子進以禮退以義得之不得曰有命而主癰疽與侍人瘠環是無義無命也孔子不悅於魯衛遭宋桓司馬將要而殺之微服而過宋是時孔子當阨主司城貞子爲陳侯周臣吾聞觀近臣以其所爲主觀遠臣以其所主若孔子主癰疽與侍人瘠環何以爲孔子

此一章書是明孔子秉持禮義即所主亦必

不苟以見人言之誣也萬章問曰或謂孔子在衛主衛君近狎之人爲癰疽者在齊主齊君近狎之侍人名瘠環者果有諸乎孟子曰否不然也好事者爲此言欲誣聖人以便己私也嘗聞孔子於衛主於賢大夫顔讎由之家彼時衛君近狎莫如彌子瑕彌子瑕之妻與子路之妻兄弟也彌子因謂子路曰孔子舍讎由而主我則衛卿可得也子路以告孔子孔子曰衛卿之得有命存焉非彼所能爲

也何必主之夫孔子平日凡有進也必從容遜順而以禮不易進也凡有退也必果斷剛決而以義不難退也蓋禮義盡其在我至於爵位之得與不得則道之將行道之將廢曰有命耳孔子之爲孔子如此而主癰疽與侍人瘠環則義之當退而不退是無義矣命之不得而思得是無命矣於平日之言行安在耶且孔子不但無事之時不苟所主也嘗不悅於魯與衛而去之宋遭宋司馬桓魋將要

而殺之遂微服而過宋當是時也孔子正當阨難猶不苟所主去宋適陳主司城貞子之家蓋司城貞子乃宋之賢大夫此時適爲陳侯周之臣者也故孔子主之總之邪正不同人各從類吾聞觀近臣之爲人何如但於其爲遠人之主觀之或爲君子主或爲小人主而近臣可知矣觀遠臣之爲人何如但於其所主之人觀之或主於君子或主於小人而遠臣可知矣彼孔子何等人也所主必其類

若主癰疽與侍人瘠環。何以爲孔子。好事者何容誣哉。宋臣張栻言此雖辯孔子不苟主。而泛言觀人之法。實萬世爲人君者所不可不知。從來小人之進。君子之退。無不因左右近倖播弄於其間。人君欲察外廷之賢否。而寄耳目於此輩。則威福未有不爲所盜竊者。非濬鑒其弊。烏能當此不惑哉。

萬章問曰。或曰百里奚自鬻於秦養牲者。五羊之皮食牛。以要秦穆公。信乎。孟子曰。否。不然。好

事者爲之也。百里奚虞人也。晉人以垂棘之璧與屈産之乘。假道於虞以伐虢。宮之奇諫。百里奚不諫。知虞公之不可諫而去之秦。年已七十矣。曾不知以食牛干秦穆公之爲汙也。可謂智乎。不可諫而不諫。可謂不智乎。知虞公之將亡而先去之。不可謂不智也。時舉於秦。知穆公之可與有行也而相之。可謂不智乎。相秦而顯其君於天下。可傳於後世。不賢而能之乎。自鬻以成其君。鄉黨自好者不爲。而謂賢者爲之乎。

此一章書。是明百里奚必無辱身干主之事。以見人言之誣也。萬章問曰。或有人言。百里奚自賣於秦養牲者之家。得五羊之皮。而爲之食牛。因以干秦穆公。信有之乎。孟子曰。否。不然。乃好事者爲之。以借口也。嘗聞之。百里奚本虞國人也。仕於虞時。晉人以垂棘所出之美玉。與屈地所産之良馬。求假道於虞。以伐虢。虞臣宮之奇諫。虞公不聽。百里奚因而不諫。非不能諫也。蓋知虞公之爲人。不可以

諫。而因去之秦也。當其時。奚年已七十矣。是其歷練老成。曾不知以食牛干秦穆公爲汙辱之行。尚可謂之智乎。吾嘗反覆推之。奚非不智者也。天下唯智者能不失言於人。知虞公之不可諫而不諫。是當默而默。可謂不智乎。天下唯智者能知廢。知虞公之將亡而先去之。是見幾而作。不可謂不智也。天下又唯智者能知興。奚之至秦。時有舉於秦者。知繆公之可與有行也。而輔相之。是擇君而事。可

謂不智乎。且奚之相秦。取威定霸。顯其君於天下。而芳聲令聞。可傳於後世。不賢而能之乎。若自鬻其身以成就君事。即鄉黨之間。稍稍自愛者不爲。而謂賢如奚者。肯爲此事乎。人言之誣。斷可識矣。大抵戰國時人。人急於功利。遂謂古聖賢亦如此。故孟子力辨之。不獨伊尹孔子大聖。斷無此事。即百里奚霸國之佐。亦決不然。後世士大夫。寡廉鮮恥。凡可以得富貴者。靡所不爲。而患得患失之禍。遂

延於世運。管子曰。禮義廉恥。國之四維。從來未有人心不端。風俗不正。而可以致治者。其係豈一人一事已哉。

日講四書解義卷之二十一

日講四書解義卷之二十二

孟子　下之四

萬章章句下

孟子曰。伯夷目不視惡色。耳不聽惡聲。非其君不事。非其民不使。治則進。亂則退。橫政之所出。橫民之所止。不忍居也。思與鄉人處。如以朝衣朝冠坐於塗炭也。當紂之時。居北海之濱。以待天下之清也。故聞伯夷之風者。頑夫廉。懦夫有立志。伊尹曰。何事非君。何使非民。治亦進。亂亦進。曰。天之生斯民也。使先知覺後知。使先覺覺

後覺。予天民之先覺者也。予將以此道覺此民也。思天下之民。匹夫匹婦。有不與被堯舜之澤者。若己推而內之溝中。其自任以天下之重也。柳下惠不羞汙君。不辭小官。進不隱賢。必以其道。遺佚而不怨。阨窮而不憫。與鄉人處。由由然不忍去也。爾爲爾。我爲我。雖袒裼裸裎於我側。爾焉能浼我哉。故聞柳下惠之風者。鄙夫寬。薄夫敦。孔子之去齊。接淅而行。去魯。曰。遲遲吾行

也。去父母國之道也。可以速而速。可以久而久。可以處而處。可以仕而仕。孔子也。

此一章書是孟子歷叙羣聖之行事。而極尊孔子以隱寓其願學之意也。曰。學不宗至聖。則其統不一。然不取羣聖折衷之。則其道亦不著。嘗考伯夷目不視非禮之惡色。耳不聽非禮之惡聲。視聽如此。其不苟也。非可事之君不事。非可使之民不使。事使如此。其甚嚴也。世治則進而仕。世亂則退而隱。進退如此

其有擇也。不特是也。卽橫暴之政之所出。橫暴之民之所止。亦不忍居也。不但橫暴不居。其心卽思與鄉人蹔處。如以朝衣朝冠之貴。坐於塗炭之汙。而唯恐其浼己也。當殷紂濁亂之時。避居北海之濱。以待天下之清。故後世聞伯夷之風者。雖頑而無知之夫。亦化而爲廉。雖懦而無守之夫。亦化而有特立之志。是伯夷之行事如此。又嘗稽之伊尹矣。伊尹嘗曰。君皆可事。何所事而非君。民皆可使。何所使而非民。其言如此。故其爲行也。治亦進而仕。亂亦進而仕。以求盡其事君使民之責焉。而因以自任曰。天之生斯民也。原欲使先知其事者覺後知之人。使先覺其理者覺後覺之人。予今幸爲天所生民之先覺者也。予將以此先知先覺之道覺此後知後覺之民而不敢負天之託也。由其言以推其心。思天下之民。但有匹夫匹婦不與被堯舜之澤者卽若己推而內之溝中。是其以一人之身。而

自任天下之重也。是伊尹之行事又如此。又嘗稽諸柳下惠矣。不以汙君爲羞而不事。不以小官爲卑而遂辭。其進而事汙君爲小官也。不隱其在己之賢能。而必行己之直道。至於爲人所遺佚而無怨恨之意。卽由是以阨窮其身。而亦無憂憫之情。不特是也。卽與鄉里之人並處。而其中亦油然自得。與之偕而不忍去也。嘗自言曰。爾自爲爾。我自爲我。雖袒裼裸裎失禮於我側。亦爾之無禮耳。焉能

有浼於我守禮之身哉故後世聞柳下惠之風者雖狹陋之夫亦化而爲寬大之量刻薄之夫亦化而爲敦厚之行是柳下惠之行事如此若夫孔子之行則獨有異焉者當其於齊也因晏嬰之沮而去焉則接淅而行不容頃刻而留也及其於魯也因女樂之受而去焉然猶有待於膰肉之至曰遲遲吾行也夫其所以遲遲者爲去父母宗國之道而不忍恝然於此也卽此觀之其或速也非失之急

迫可以速而速或久也非失之濡滯可以久而久或處也非以隱爲高可以處而處或仕也非以位爲榮可以仕而仕蓋其神妙莫測與元化同流而絕無意必固我之私是孔子之行事又如此

孟子曰伯夷聖之清者也伊尹聖之任者也柳下惠聖之和者也孔子聖之時者也孔子之謂集大成集大成也者金聲而玉振之也金聲也者始條理也玉振之也者終條理也始條理者智之事也終條理者聖之事也智譬則巧也聖譬則力也由射於百步之外也其至爾力也其中非爾力也

此三節書是言孔子時中之聖能兼三聖之事也孟子歷叙羣聖之後又從而斷之曰夷尹惠與孔子其行事如此皆古聖人也然自我觀之其聖亦有不同者伯夷以節高天下就其皭然粹白無少點汚殆聖之清者也伊尹以身肩天下就其毅然擔當無少退諉殆

聖之任者也柳下惠以量容天下就其油然樂易無少岸異殆聖之和者也至吾孔子則仕止久速不倚一偏變化推移無所不可淸而未嘗不任任而未嘗不和如一元之運流行不息蓋聖之時者也豈三子之所能及哉夫孔子兼三聖之事而爲一大聖之事譬之於樂其猶集衆音之小成而爲一大成者乎蓋樂有八音獨奏一音則一音自爲終始而爲小成若夫集大成也者當衆音未作則擊

鏄鐘以宣其聲，及衆音既闋，則擊特磬以收其韻，金聲而玉振之也。蓋金玉二者，衆音之綱紀，金不聲則衆音無由始，自鏄鐘一舉，則衆音隨之俱起，是金聲也者，所以開衆樂之端，而始乎條理也。玉不振，則衆音無由終，自特磬一擊，則衆音由是俱止，是玉振也者，所以收衆音之節，而終乎條理也。始終之間，脉絡貫通，此樂之所謂集大成也。然則樂之始條理者，其卽孔子於羣聖之理，無不融會，而爲智之事乎。蓋時中之智，其昭晰無所不開，固有然也。樂之終條理者，其卽孔子於羣聖之理，無不全體，而爲聖之事乎。蓋時中之聖，其凝成無所不收，固有然也。其知無不盡，而德無不全如此，此孔子所爲獨異於三子也。夫聖智兼備，固孔子之所以集大成，而智以成始，又以要終，則聖又由於智。不觀之射乎，智之事，可以合時，譬則射之巧，可以中的也；聖之事，可以詣極，譬則射之力，可以達到也。

然必知之至，而後行之盡，有定見，乃有定力，猶自此至彼，以射於百步之外也。其引弓發矢，以至於侯者，是爾之力也；其直貫於的，而不失諸正鵠者，非爾之力也，巧也。蓋巧以運力，而後爲善射；智以成聖，而後爲全德。若孔子之巧力俱全，聖智兼備，信乎兼三聖之所不能兼，而吾之所願學者在是也。可見聖人之行，有偏全，皆因知有偏全，而致知之要，在於窮理格物，苟本原一毫未徹，爲仁，卽不免偏於仁；爲義，卽不免偏於義。有志聖人者，豈可以生質之美，而不極學問之功哉。

北宮錡問曰：周室班爵祿也，如之何？孟子曰：其詳不可得聞也。諸侯惡其害己也，而皆去其籍。然而軻也，嘗聞其略也。天子一位，公一位，侯一位，伯一位，子、男同一位，凡五等也。君一位，卿一位，大夫一位，上士一位，中士一位，下士一位，凡六等。天子之制，地方千里，公、侯皆方百里，伯七十里，子、男五十里，凡四等。不能五十里，不達於天子附於諸侯曰附庸。天子之卿受地視侯，大夫受地視伯，元士受地視子男。

此一章書是言周室班爵祿之大畧也。衛人北宫錡者有感於戰國時之爵祿皆非其舊，因而問曰：朝廷設官分職，統理內外，莫大於爵祿，而爵祿之制，莫備於成周。周室之初，其班爵祿之制，如之何？孟子曰：周家爵祿之班，其初制甚詳，今皆不可得而聞也。蓋因後世諸侯兼并僭竊，惡其所班之爵妨害已之越

分干名，惡其所班之祿妨害已之侵占土地，而皆去其載周制者之籍，是以無所考而知也。然而規模之建立，體統之昭垂，猶有幸存而未泯者，軻也嘗聞其畧也。先以班爵言之，天下之大統於一，其父天母地而爲天之子者，天子也。天子之貴自爲一位，尊無二上矣。然天下非一人可獨理，於是衆建萬國，或爲同姓之親，或爲異姓之賢，與之共治焉。公一位，侯一位，伯一位，子與男同一位，自天子以

下，凡此五等爵之通於天下，其截然而不可紊如此。一國之中，統於尊，其出命正衆，爲國人之擁戴者，君也。天子君於畿內，諸侯君於列國，各自爲一位矣。然一國亦非一人可獨理，於是分命庶官，或爲賢者而在位，或爲能者而在職，與之共治焉。卿一位，大夫一位，上士一位，中士一位，下士一位，自君以下，凡此六等爵之施於國中，其稟然而不可奸如此。更以班祿言之，祿出於地，祿有厚薄，則地有

多寡。天子制地於畿內方千里，蓋其爵爲最尊，故其地爲最廣也。若夫公侯卑於天子，故制地皆方百里；伯又卑於公侯，故制地方七十里；子男又卑於伯，故制地方五十里。是祿之所班，凡有四等。四者之外，又有受地不足於五十里者，則祿子之入有限，而朝覲會同之費不給，勢不能自達於天子，於是因大國之諸侯，而以姓名通於天子，謂之附庸。此班祿之制之通於天下者也。更以班祿之施於

王國者言之。其爲天子之卿受地所出之祿則視諸侯國之百里。大夫受地所出之祿則視諸伯國之七十里。元士受地所出之祿則視諸子男國之五十里。以王官之祿比藩封之君。蓋以重內臣而尊天室也。

大國地方百里。君十卿祿。卿祿四大夫。大夫倍上士。上士倍中士。中士倍下士。下士與庶人在官者同祿。祿足以代其耕也。次國地方七十里。君十卿祿。卿祿三大夫。大夫倍上士。上士倍中

士。中士倍下士。下士與庶人在官者同祿。祿足以代其耕也。小國地方五十里。君十卿祿。卿祿二大夫。大夫倍上士。上士倍中士。中士倍下士。下士與庶人在官者同祿。祿足以代其耕也。耕者之所獲。一夫百畝。百畝之糞。上農夫食九人。上次食八人。中食七人。中次食六人。下食五人。庶人在官者。其祿以是爲差。

此四節書言列國班祿之差等也。孟子曰。以班祿之施於侯國者言之。公侯之國。則爲大國。其地方百里。而其卿大夫士之祿。皆準諸其君以漸及。君十倍於卿祿。卿祿四倍於大夫。大夫倍於上士。上士倍於中士。中士倍於下士。而下士與庶人之爲府史胥徒在官供事者同焉。顧其祿之受於官者。惟取其足以代耕而已。蓋祿頒於上。或加數倍之入而不嫌其豐。祿給於下。或準一夫之田而不病其嗇。尊卑有序。厚薄適宜如此。其於次國亦然。伯爲次國。其地方七十里。而其卿大夫士之

祿亦準諸其君以漸及。君十倍於卿祿。卿祿則三倍於大夫。大夫倍於上士。上士倍於中士。中士倍於下士。而下士之祿。則又與庶人之爲府史胥徒在官供事者同焉。顧其祿之受於官者。亦惟取其足以代耕而已。其於小國亦然。子男爲小國。其地方五十里。而其君與卿大夫士之祿。或隆或殺。亦各有一定之制。如君之祿。固十倍於卿。而卿之祿。猶得二倍於大夫。至於大夫。則惟倍上士。上士則惟

倍中士中士則惟倍下士下士則與庶人在官服役者同其所受之祿焉要之受祿於官亦取其足以代耕而已合而言之由卿而上三等之國異蓋祿寖厚而不殺則地必不足以供大夫而下三等之國同蓋祿寖薄而復殺則臣不能以自給此周制所爲善也然庶人代耕之義豈盡同於下士而無其等哉觀耕者所得之田每夫各受百畝百畝之田各宜加糞糞多而力勤者上農夫也計其所獲

可食九人降而上次其所獲可食八人降而中農其所獲可食七人降而中次其所獲可食六人又降而爲下農其所獲可食五人蓋力漸以惰所獲漸以輕所食亦漸以寡若夫庶人在官者事有繁簡力有勞逸故其受祿多寡大約以農夫所獲之多寡爲差等焉所謂祿足以代其耕者如此夫列爵有尊卑而內外殊其制班祿有多寡而上下異其規周制之初如此奈何諸侯惡其害己之兼并僭竊而去其籍哉幸而孟子猶能述其大畧所以後世得考王制之規模者賴有此篇之存也

萬章問曰敢問友孟子曰不挾長不挾貴不挾兄弟而友友也者友其德也不可以有挾也孟獻子百乘之家也有友五人焉樂正裘牧仲其三人則予忘之矣獻子之與此五人者友也無獻子之家者也此五人者亦有獻子之家則不與之友矣非惟百乘之家爲然也雖小國之君

亦有之費惠公曰吾於子思則師之矣吾於顏般則友之矣王順長息則事我者也非惟小國之君爲然也雖大國之君亦有之晉平公之於亥唐也入云則入坐云則坐食云則食雖疏食菜羹未嘗不飽蓋不敢不飽也然終於此而已矣弗與共天位也弗與治天職也弗與食天祿也士之尊賢者也非王公之尊賢也舜尚見帝帝館甥于貳室亦饗舜迭爲賓主是天子而友匹夫也用下敬上謂之貴貴用上敬下謂之尊

賢貴貴尊賢其義一也。

此一章書是因論友道而見貴貴尊賢有交相爲重之理也。萬章問曰朋友五倫之一。人未有不藉友以相成者。敢問其道爲何如。孟子曰交友之道在忘勢分畧形迹去驕人矜己之念而已。如己雖長不敢挾其長以加於少者而與之友。己雖貴不敢挾其貴以加於賤者而與之友。己雖有兄弟之貴盛不敢挾其有兄弟以加於寡弱者而與之友。蓋友也

者所以友其德以爲我進脩之助也。一有所挾則其心必不虛而其意必不誠有德者不爲我友何以成我之德故斷斷乎不可以有挾也。然三者之中惟不挾貴最難而求諸古人則有可歷舉者。昔魯有世卿孟獻子百乘之家也。有友五人焉。一曰樂正裘。一曰牧仲。其餘三人之姓名則予忘之矣。夫獻子之與此五人友者爲何。良以此五人者皆自高其德而視獻子之家無一毫歆羨之心者也。是

以獻子與之爲友。若此五人者或有獻子之家而不能忘其有位之勢則獻子必輕之不與之爲友矣。況肯自挾以友人乎。是獻子之不挾貴如此。進而觀之非惟百乘之家爲然也。雖小國之君亦有之。費邑惠公嘗曰吾於子思之大賢德可以儀型者則以師禮事之矣。吾於顏般之次賢德可以切磋者則以友道交之矣。若夫王順長息則事我之人也。吾敢以事我者而置之師友之列哉。觀惠公之

言其不挾貴又如此。更進而觀之非惟小國之君爲然也。雖大國之君亦有之。晉平公之於亥唐也。嘗慕其德而造其廬。當入門之時不遽入也。必唐云入公則入。當坐之時不遽坐也。必唐云坐公則坐。當食之時不遽食也。必唐云食公則食。其所食者雖疏食菜羹之薄未嘗不飽。蓋敬賢者之命不敢不飽也。然惜乎終於此而已矣。至於天位之所以官賢者公弗與之共也。天職之所以任賢者公弗

與之治也天祿之所以養賢者公弗與之食也三者皆王公所有不能推以與之而但唯諾承順此爲士無爵土者之尊賢也非王公操爵賞者之尊賢也則亦止可謂之不挾貴而已更進而上之則又有堯之於舜昔者舜自側陋上見帝堯堯妻之以二女以舜爲甥而館之於貳室亦嘗就舜之館而饗舜之食其館甥也舜爲賓堯爲主其饗舜也堯爲賓舜爲主脫君臣之分更爲賓主之交是以天

子之貴友匹夫之微者也此其不挾爲何如是則友道之極也然所以如此者豈徒以貴下賤過自貶損而不顧義之可否哉天下有一定之名位卽有獨隆之道德用下而敬上謂其名位之一定貴在彼而吾貴之是貴貴也用上而敬下謂其道德之獨隆賢在彼而吾尊之是尊賢也二者事雖不同而理各有當貴貴以尊君下敬上而非諂尊賢以尚德上敬下而非詘位非獨重德非獨輕皆義當

如是而已夫既同出於義而可挾貴以待天下之士哉按此章因論朋友而遂及君臣取友之益止乎一身用人之功及於天下則君臣爲尤重孟子見戰國之君繆爲恭敬而不肎行其道故言用賢之道當與共天位治天職食天祿不僅禮貌之末而已其實人君若待之非禮則賢者先自引避雖欲用之而無由聖帝明王未有不虛心折節樂道忘勢而可以得賢致治者故曰師臣者王賓臣者霸

萬章問曰敢問交際何心也孟子曰恭也曰郤之郤之爲不恭何哉曰尊者賜之曰其所取之者義乎不義乎而後受之以是爲不恭故弗郤也曰請無以辭郤之以心郤之曰其取諸民之不義也而以他辭無受不可乎曰其交也以道其接也以禮斯孔子受之矣萬章曰今有禦人於國門之外者其交也以道其餽也以禮斯可受禦與曰不可康誥曰殺越人于貨閔不畏死凡民罔不譈是不待教而誅者也殷受夏周受

殷所不辭也。於今爲烈。如之何其受之。

此一章書是論交際有可受之義。折衷之聖人而論定也。萬章問曰。吾人處世。酬酢萬事。皆本於心。敢問人以禮儀幣帛相交接者。此何心也。孟子曰。有所敬於內而後有所將於外。交際之舉。彼此相敬。主於恭而已。萬章曰。交際固爲恭矣。然辭受亦所以明禮。乃或有郤之而不受者。人遂以爲不恭。何哉。孟子曰。凡處人之餽。未有無故而郤者。如尊者有賜

於我。乃必竊計其從來曰。彼其所取之物。以餽我者。果義乎。抑不義乎。必合於義而後受。否則弗受。是未免有刻薄之意。鄙其物而輕其人。非所以待尊者之道也。以是卽爲不恭。故直受而弗郤也。萬章曰。尊者之賜。固不可郤。而不義之物。終不可受。於此有善處之術。當餽之來。請無以言辭顯然郤之。但以心測度之曰。此乃不義而取諸民者。無可受之理。姑託他辭以無受。則在我無不義之汚。在彼無不恭之嫌。不亦可乎。孟子曰。辭郤固失之徑直。心郤尤失之詭譎。亦顧其交接何如耳。假使其交也以道。而非出於無名。其接也以禮。而不失之苟簡。雖孔子爲禮道之宗。主亦受之矣。何以郤爲。萬章曰。若不問其物之所從來。而但觀其交際之禮。設有禦止人於國門之外而取其物者。卽以禦得之物與人。其交也以道。其餽也以禮。斯亦可受與。孟子曰。烏乎可。康誥之書有曰。殺其人矣。而復顚越

其人之尸。於以奪其貨。閔然蚩頑。不知畏死。凡民罔不怨讟。是不待教戒而卽誅者也。國之有法。殷受於夏。周受於殷。莫不皆然。至今猶烈烈光顯。是禦得之貨。如此其有罪也。亦安得以交道接禮而槩論哉。如之何其受之乎。苟非然者。亦不必苛責其所從來而堅郤之矣。

曰。今之諸侯取之於民也。猶禦也。苟善其禮際矣。斯君子受之。敢問何說也。曰。子以爲有王者

作將比今之諸侯而誅之乎。其教之不改而後誅之乎。夫謂非其有而取之者盜也。充類至義之盡也。孔子之仕於魯也。魯人獵較。孔子亦獵較。獵較猶可。而況受其賜乎。曰。然則孔子之仕也。非事道與。曰。事道也。事道奚獵較也。曰。孔子先簿正祭器。不以四方之食供簿正。曰。奚不去也。曰。爲之兆也。兆足以行矣。而不行而後去。是以未嘗有所終三年淹也。孔子有見行可之仕。有際可之仕。有公養之仕。於季桓子。見行可之仕也。於衛靈公。際可之仕也。於衛孝公。公養之仕也。

此三節書是因言交際而論孔子之出處。見聖人未嘗絕物也。萬章曰。禦得之貨不可受。明矣。然則今之諸侯虐取於民。其不義也。亦猶禦得者也。苟善其禮以交際矣。斯君子不問其可否而受之。敢問何說也。孟子曰。今之諸侯取民。固多不義。然以法繩之。未即至於禦人之盜也。子以爲有王者起。明罰勅法。將盡今之諸侯而誅之乎。抑待教之不改而後誅之乎。必教之不改而後誅。則與禦人不待教而誅者自不同矣。夫禦得之貨。與取非其有。雖同一不義。然必禦人乃爲眞盜。至謂取非其有爲盜者。乃推其類以造於義之極至耳。非便以爲眞也。且天下固有不可過求。而不嫌從俗者。不觀諸孔子乎。當其仕於魯也。魯人田獵較奪禽獸以祭。孔子亦姑從俗獵較而不之禁。夫獵較亦取物之非禮者。尚可以從。而況諸侯之交接。何遂爲不可受乎。萬

章曰。君子之仕。將以道易俗。今孔子從魯之俗如此。則其仕於魯也。固非以行道爲事與。孟子曰。孔子身任行道之責。行道之外。更有何事。乃事道也。萬章曰。旣以行道爲事。則獵較非道。宜有以禁之。而乃從其俗。何也。孟子曰。以道易俗。固自有漸。彼獵較供祭。所以不止者。由其器無常數。實無常品。故孔子但先以簿書正其祭器。使器有定數。不以四方難

繼之物供其簿中之所正則實有常品獵較所得之物雖多亦無所用將久之而自廢矣此固聖人轉移之妙用也安可謂之非道乎萬章曰孔子既不能革弊乃委曲遷就如此是道已難行矣奚不決於去也孟子曰孔子非難於去也但世方望我以行道而更張太驟未免生人疑畏之心所以不去者蓋欲小試以示人使知吾道之易行然後可以次第施焉而吾道大行之兆亦即於此卜之耳若

夫兆既可行而人卒不能行其道然後不得已而去蓋其去雖不輕而志未嘗不決是以未嘗終三年之久淹留於一國也且孔子行道之心不但於仕曾見之吾歷觀其出處之跡大槩有三有見其道有可行之機而仕者有因其君能接遇以禮而仕者又有因其君有養賢之典而仕者於稽其實於季桓子執政之時君用之於上相薦之於下乃從而仕是見行可之仕也於衛靈公之郊迎致粟乃從而仕是際可之仕也於衛孝公之餽問有禮乃從而仕是公養之仕也夫孔子爲道自重不肎苟且然苟可以仕不必明君賢相而亦就之况今諸侯之交際猶知賢者之當重奈何不爲行道之計而重絕之耶可見聖賢辭受出處固不徇俗爲同亦不矯俗爲異然非意必固我之盡忘而仕止久速之合節者亦豈可自託於孔孟而漫無擇於其間哉

孟子曰仕非爲貧也而有時乎爲貧娶妻非爲

養也而有時乎爲養爲貧者辭尊居卑辭富居貧辭尊居卑辭富居貧惡乎宜乎抱關擊柝孔子嘗爲委吏矣曰會計當而已矣嘗爲乘田矣曰牛羊茁壯長而已矣位卑而言高罪也立乎人之本朝而道不行恥也

此一章書是言仕者各有當盡之道也孟子曰君子之仕也將以致用於時而有裨君民之大非爲貧之故也然亦有道與時違家貧親老而貧其祿以仕者猶人娶妻本以繼嗣

非爲養之故也然亦有不能親操井臼而資其養以娶者要皆不得已而然也夫君子之仕本以爲道至不得已而爲貧則其位祿之所居者可無審擇於其間哉必也辭其位之尊者而居其卑附一命之末足矣辭其祿之富者而居其貧叨升斗之糈足矣如此而後爲爲貧之仕也辭尊而居卑辭富而居貧將以何者爲宜乎蓋爲貧之仕雖不爲道而亦不可以苟祿其惟守關之役譏防出入以擊

柝爲事者庶易稱其職而可居也試觀孔子亦嘗爲倉廩委積之吏矣必曰吾司錢穀者也出納之數不可不明惟求其會計當而已矣又爲苑囿芻牧之吏矣必曰吾司畜養者也孳息之物不可不蕃惟求其牛羊茁然肥壯長大而已矣觀孔子之言如此可見爲貧而仕官卑祿薄惟取其易稱職而已蓋人之所處莫不各有其當爲居微末之位則國家之責任輕苟不安其分而越職妄言高論朝

事非惟無益適以取禍出位之罪莫能逭矣若夫立乎人之本朝居尊富之地有行道之責此豈一官一職之比哉而乃依阿淟涊側足取容上無以裨益君德下無以康濟斯民道之所在得行而不行亦可恥之甚也夫以越位爲罪則見卑貧無行道之責以廢道爲恥則見尊富非竊祿之官仕者於此亦可以自審矣雖然立人之本朝位高祿厚有當行之道者尤宜取孟氏之言而深思之也與

萬章曰士之不託諸侯何也孟子曰不敢也諸侯失國而後託於諸侯禮也士之託於諸侯非禮也萬章曰君餽之粟則受之乎曰受之受之何義也曰君之於氓也固周之曰周之則受賜之則不受何也曰不敢也曰敢問其不敢何也曰抱關擊柝者皆有常職以食於上無常職而賜於上者以爲不恭也曰君餽之則受之不識可常繼乎曰繆公之於子思也亟問亟餽鼎肉子思不悅於卒也摽使者出諸大門之外北面

稽首再拜而不受。曰今而後知君之犬馬畜伋。蓋自是臺無餽也。悅賢不能舉。又不能養也。可謂悅賢乎。

此一章書是明士之自處與君之待士。當各盡其道也。萬章曰。士當未仕時。無以自食。藉諸侯之祿以爲養。宜若可爲者。乃不肎託於諸侯。何也。孟子曰。士之分不敢託於諸侯也。蓋諸侯本有爵土。不幸失國出奔。而後託於諸侯。以食其廩餼。此在古寄公之禮也。若士

無爵土。不得比於諸侯。苟託於諸侯而食祿。是以一介之士。擬邦君之尊。非禮之當然也。萬章曰。士之不託諸侯。固矣。若君餽之粟。則亦受之乎。孟子曰。君餽之粟。如之何不受也。萬章曰。託之則不可。餽之則受。不識受之爲何義也。孟子曰。君之於民。固有周恤之義。士而未仕。無異於編氓。是以可受也。萬章曰。周與賜皆出於君。今周之粟則受。賜之祿則不受。何也。孟子曰。士之不敢受賜。卽不敢託於

諸侯之意。分定故也。萬章曰。敢問其不敢受賜何也。孟子曰。周無常數。此君待民之禮。無常職者皆可受。賜有常數。此君待臣之禮。無常職者不敢受。故雖抱關擊柝之吏。至爲卑小。皆有常職。以食其常賜於上。若士未爲臣。無常職也。而食常賜於上。是不居臣之職。而受臣之食。故以爲不恭而不受也。萬章曰。君餽之則士受之。不識所餽者可常繼續否乎。孟子曰。士之自處。固安其分之宜。而君之待

士則自有養賢之禮。昔者魯繆公之於子思也。悅其賢也。亟命使者問其安否。又亟命使者餽以鼎肉。自以爲能養賢矣。但數以君命來餽。反使賢者有數拜之勞。故子思惡其褻也。不悅於心。於其卒之復來餽。乃麾使出諸大門之外。北面稽首再拜而辭其餽。曰。向之君命來餽。吾意君以禮賢也。今而後始知君之愛而不敬。特以犬馬畜伋爾。蓋自是繆公悔悟。不復令臺官來餽也。夫悅賢所重在舉

不徒在養今繆公之悅賢既不能舉而用之又以屑屑問餽之故不能養賢尚可謂之悅賢乎然則國君之所以待士者可知矣

曰敢問國君欲養君子如何斯可謂養矣曰以君命將之再拜稽首而受其後廩人繼粟庖人繼肉不以君命將之子思以爲鼎肉使己僕僕爾亟拜也非養君子之道也堯之於舜也使其子九男事之二女女焉百官牛羊倉廩備以養舜於畎畝之中後舉而加諸上位故曰王公之尊賢者也

此二節書見能養能舉而後盡悅賢之道也萬章曰國君養君子亟餽既不可無餽又不可敢問如何斯可謂之能養矣孟子曰國君欲養君子不以君命則簡常以君命則瀆故始而餽粟餽肉以君命將之表其誠敬賢者再拜稽首而受以重其命其後使司粟之廩人繼送其粟司肉之庖人繼送其肉不復以君命將之不使其有亟拜之勞此固國君養君子之道也若子思之所以不悅者以爲君之所餽不過一鼎肉耳乃數以君命來致使己僕僕然拜賜之不暇非養君子之道也此所以麾而不受也然國君之悅賢不貴其能養而貴其能尊昔者堯之於舜知其有非常之德因待以非常之禮始則使其子九男事之以聽其外治二女女焉以聽其內治且有百官以供其使令有牛羊以待其膳羞有倉廩以給其饔飧無一不備以養舜於畎畝之中則繼粟繼肉不足言矣後又舉而加諸上

相之位如此其隆也能養能舉悅賢之道盡矣故曰必如此乃王公之尊賢者也今天下無眞能悅賢者故士亦以禮自待耳寧敢託焉以苟祿乎按孟子在當時傳食諸侯國君能養者不乏然其志在行道不可以口腹虛拘故每惓惓以能舉爲言惜乎當世終莫之用也

萬章曰敢問不見諸侯何義也孟子曰在國曰

市井之臣在野曰草莽之臣皆謂庶人庶人不傳質爲臣不敢見於諸侯禮也萬章曰庶人召之役則往役君欲見之召之則不往見之何也曰往役義也往見不義也且君之欲見之也何爲也哉曰爲其多聞也爲其賢也曰爲其多聞也則天子不召師而況諸侯乎爲其賢也則吾未聞欲見賢而召之也繆公亟見於子思曰古千乘之國以友士何如子思不悅曰古之人有言曰事之云乎豈曰友之云乎子思之不悅也

豈不曰以位則子君也我臣也何敢與君友也以德則子事我者也奚可以與我友千乘之君求與之友而不可得也而況可召與

此一章書是言不見諸侯之義也萬章問曰士以用世爲心則以得君爲念乃高尚其志不見諸侯敢問何義也孟子曰士之不見諸侯非自尊大分有所不可耳自其在國都而言曰市井之臣自其在郊野而言曰草莽之臣二者皆謂之庶人庶人不曾傳質爲臣與執贄在位者不同故守爲下之分不敢見於諸侯禮也萬章曰士既與庶人等乃君召庶人而役之則往應其役君召士而欲見之則不肎往見何也孟子曰士與庶人語分則不異語道則有異爲庶人者往應其役以卑承尊義當然也若爲士者欲以道而見用必以道而自重倘召之而即往則枉道以徇人守己之義不如是也惟義有可有不可故士有往有不往耳且欲知士不可往見之義當先

知君欲見士之心子試言君之汲汲然欲見士者何爲也哉萬章曰夫君之欲見士者爲其多聞可爲考德問業之資爲其賢可爲正君善俗之助也孟子曰既爲其多聞必眞知己之不足而奉之爲師矣既以爲師則雖天子之貴猶不敢召師而況諸侯乎既爲其賢便當折節下士而就見之則吾未聞欲見賢而反召之者也何以見君之不可召士昔者魯繆公慕子思之賢亟見於子思曰古有撫

千乘之國下友一介之士此其君爲何如繆公之意蓋視千乘爲甚重而以友士爲盛節矣子思以其心有所挾而不悅曰古之人有言人君於士當師事之豈但如君所言友之云乎吾想子思之不悅也豈不曰君之於士論德不論位以位而言則子君之尊也我臣之卑也尊卑自有定分何敢與君友也若以德而言則子當以師道事我乃可爲受益者也奚可以與我友此子思之意也夫以千乘

之君求與一介之士爲友而且不可得況欲召之往見哉

齊景公田招虞人以旌不至將殺之志士不忘在溝壑勇士不忘喪其元孔子奚取焉取非其招不往也曰敢問招虞人何以曰以皮冠庶人以旃士以旂大夫以旌以大夫之招招虞人虞人死不敢往以士之招招庶人庶人豈敢往哉況乎以不賢人之招招賢人乎欲見賢人而不以其道猶欲其入而閉之門也夫義路也禮門也惟君子能由是路出入是門也詩云周道如底其直如矢君子所履小人所視萬章曰孔子君命召不俟駕而行然則孔子非與曰孔子當仕有官職而以其官召之也

此五節書皆申明士不可召之意孟子曰君不可以召士不但徵諸子思之言更以齊景公招虞人事觀之昔齊景公出而田獵招虞人以旌虞人不至景公將殺之孔子聞而美之曰志士固窮不忘死在溝壑勇士輕生不

忘喪其元首若虞人者可以當之矣孔子奚取於虞人而美之若是取非其招而守死不往也豈士之智反出虞人下哉萬章曰旌固非所以招虞人敢問招虞人當用何物孟子曰以皮冠以其本爲虞人之所有事也若招庶人則以旃蓋通帛爲旃質素無文猶庶人之無文采也士以旂蓋交龍爲旂象其有變化之意也惟招大夫則以旌蓋析羽而注於旂干之首以象其有文明之意也各有其義

如此今景公以旌招虞人是以大夫之招而招虞人虞人且守死不敢往即此推之以招士之旂而招庶人庶人亦豈敢往哉夫以貴者之物而招賤者猶爲寵異之特以招非其物而不欲往況乎召使往見此招不賢人之招也以不賢人之招招賢人則失禮而辱士甚矣其肯往乎此士不見諸侯之義也然則國君欲見賢人近則就見遠則幣聘必以其道而後可使以不賢人之招招之則是欲見

賢人而不以其道猶欲其入而閉之門適以拒其入也賢何由而得見乎所以然者以士有禮義之當守也夫義者事之宜一措足而不容離如路之平正通達也禮者心之制一措躬而不可越如門之謹嚴端直也是人人之所共由而同共出入者也但衆人每多苟且惟君子見之明守之定而獨能由是路出入是門也小雅大東之詩曰瞻彼周道其平坦如砥其端直如矢是在上之君子所爲率履在下之小人所爲視效者也由詩言觀之而君子之能由是路出入是門固可知已若往應不賢人之招則是由非義之路出入非禮之門君子豈爲之哉此欲見賢人者必當以其道也萬章曰君子秉禮守義固不往見如孔子聞君命召即不俟駕而行然則孔子之往見非與孟子曰是何得輕議孔子哉孔子所以不俟駕者以其當仕而有官職之事而君亦以其官召之也若未有官職則市井

草莽之臣耳豈得藉口於孔子遂輕身而往哉蓋臣有相臨之分分之所在雖孔子不敢違士有自守之節節之所在雖虞人不可屈即同一爲臣亦自有辨或爵位高卑之不同或流品清濁之殊異人君待之各以其禮而使之各盡其道則體統隆於上而廉恥勵於下矣

孟子謂萬章曰一鄉之善士斯友一鄉之善士一國之善士斯友一國之善士天下之善士斯

友天下之善士以友天下之善士爲未足又尚論古之人頌其詩讀其書不知其人可乎是以論其世也是尚友也。

此一章書是言取善之道無窮在己不可以自足也孟子謂萬章曰君子取善之道固當博資於人尤必審度於己假如我之善行在一鄉卓然爲一鄉之善士然後一鄉之有善者我皆得而友之而一鄉之善莫非我善矣進而在一國卓然爲一國之善士然後一國

之有善者我皆得而友之而一國之善莫非我善矣又進而在天下卓然爲天下之善士然後天下之有善者我皆得而友之而天下之善莫非我善矣夫至於友天下之善士則固通天下於一身而取善之量亦已廣矣乃其心猶以爲未足又進而考論乎千百世之上稽古帝王聖賢之爲人於其詩則頌之於其書則讀之然頌詩讀書而不知其爲人之實則亦口耳之資而已烏乎可又必緣其世

代之升降考其行事之異同帝所以爲帝王所以爲王聖所以爲聖賢所以爲賢恍如身履其地親炙其風晤對一堂之上而古人之嘉言懿行皆我進脩之藉矣謂之尚友不亦宜乎蓋至於尚友而後取善之量始造其極也已可見學問之道今人與居又必古人與處論其世豈徒欲知其人哉見唐虞之成天平地君便思爲堯舜臣便思爲皋夔見三代之長治久安君便思爲禹湯文武臣便思爲

益尹旦奭上下交脩孜孜不怠如此則德必日進治必日隆而古今人無不相及之嘆矣

齊宣王問卿孟子曰王何卿之問也王曰卿不同乎曰不同有貴戚之卿有異姓之卿王曰請問貴戚之卿曰君有大過則諫反覆之而不聽則易位王勃然變乎色曰王勿異也王問臣臣不敢不以正對王色定然後請問異姓之卿曰君有過則諫反覆之而不聽則去。

此一章書是論古大臣之義守經行權各有

不同也齊宣王問爲卿之道於孟子孟子曰王何卿之問也齊王曰名之爲卿均係重臣亦有不同者乎孟子曰不同有從同姓之中登用而爲貴戚之卿者有從疏遠之中登用而爲異姓之卿者齊王曰請先問貴戚之卿孟子曰貴戚之卿與國家有親親之恩誼共安危同休戚若遇君有大過可以爲宗社憂者則亟亟焉盡言以諫之諫之而聽固社稷蒼生之福也萬一不幸反覆諫之而終於不

聽則不忍坐視其亡而必更立本宗之有賢德者以代之所以存祖宗之統於勿墜不得已而爲之也是則貴戚之卿達權救變之義如此齊王聞易位之言駭其太過不覺勃然變乎色於是孟子告之曰王勿異臣言也王問臣臣謹據古制以對若忌諱而不言則不正矣臣豈敢哉齊王色定然後請問異姓之卿孟子曰異姓之卿與貴戚之卿異一遇君之有過可以爲宗社憂者亦亟亟焉盡言以

諫之若不幸而反覆盡言終於不聽則忠議讜論置之無用之地上無受善之誠斯下無可仕之義安肯貪戀爵祿而久居其國哉惟有奉身而退以潔然遠去耳是則異姓之卿合則留不合則去之義如此大抵孟子所言之卿雖不同其忠君之心則一人主誠知人臣進諫本由忠愛而虛懷嘉納從善弗咈則君臣有始終之美而令問昭於無窮此魏徵之告太宗所以願爲良臣不願爲忠臣也

日講四書解義卷之二十二

日講四書解義卷之二十三

孟子　下之五

告子章句上

告子曰性猶杞柳也義猶桮棬也以人性爲仁義猶以杞柳爲桮棬孟子曰子能順杞柳之性而以爲桮棬乎將戕賊杞柳而後以爲桮棬也如將戕賊杞柳而以爲桮棬則亦將戕賊人以爲仁義與率天下之人而禍仁義者必子之言夫

此一章書是辯異端性惡之說也告子不知性而妄言曰今之言性者必言仁義此豈性之本然者哉自吾觀之人之生而有性猶杞柳之質一物之蠢然者也人之行事而有仁義猶桮棬之器必有待而成也人性本無仁義之名以人性而強爲仁義猶杞柳本無桮棬之形乃以杞柳而強爲桮棬皆人力使然而已孟子曰杞柳本非桮棬固矣但子謂以杞柳爲桮棬其能順杞柳之性不待矯揉造作而遂自然以爲桮棬乎必將斬伐之屈抑之戕賊杞柳之本然矯揉造作而後以爲桮棬也如將戕賊杞柳而後以爲桮棬則亦將戕賊人之性以爲仁義與此言一出人皆曰仁義非有利於性而實有害於性於是相與棄仁滅義而不爲是率天下之人以歸於不仁不義而爲仁義之禍者必由子之言也夫蓋仁義即是人性故事父即知孝事君即知忠無有一毫勉強其有不忠不孝者乃是氣

質錮蔽而昧其本來爾告子論性誤認有生以後之氣質而不知降衷以來之本體此說一行人既以仁義爲性外之物亦將視君父爲性外之人毀忠滅孝廢倫叛紀何所不至其害可勝道哉孟子所以亟闢之也

告子曰性猶湍水也決諸東方則東流決諸西方則西流人性之無分於善不善也猶水之無分於東西也孟子曰水信無分於東西無分於上下乎人性之善也猶水之就下也人無有不

善。水無有不下。今夫水搏而躍之。可使過顙。激而行之。可使在山。是豈水之性哉。其勢則然也。人之可使爲不善。其性亦猶是也。

此一章書是辯異端性善惡混之説也。告子以杞柳喻性。既爲孟子所闢。復遁其説曰。人性無一定之體。取而譬之。猶湍水之爲物。波流瀠洄。而未有所之也。但決諸東方。則從而東流。決諸西方。則從而西流。人性之無分於善不善。顧其所習何如。猶水之無分於東西。

顧其所決何如耳。性無定體。水無定向。一而已矣。孟子曰。子以水喻性。不若即以水性喻人性之爲切。夫決東則東流。決西則西流。水信無分於東西矣。然豈無分於上下乎。其可決之而使東者。必東之下。其可決之而使西者。必西之下也。人性之原於天者。本渾然而至善。猶水之流於地者。本沛然而就下也。既名曰人。一定皆善。決無有不善。既名曰水。一定就下。決無有不下。蓋性有定體。水有定向。乃理之必然者也。然人性皆善。而或有不善者何哉。蓋有其故爾。今夫水性本下也。或搏擊而躍起之。可使上而過顙。或壅激而逆行之。可使上而在山。豈水之性不下哉。搏激之勢使然也。然則人性本善。而有時可使爲不善者。豈人性本然哉。特爲物欲所溺。亦猶水爲搏激所使也。奈何因人之習爲不善。而遂謂性無定體也哉。按朱熹言性本善。故順之而無不善。性本無惡。故反之而後爲惡。詮孟

子之義極明。邪説不攻自破矣。人主知此。以立教出治。順其本性。而不反其本性。天下之人孰不勉於善。而去不善也哉。

告子曰。生之謂性。孟子曰。生之謂性也。猶白之謂白與。曰。然。白羽之白也。猶白雪之白。白雪之白。猶白玉之白與。曰。然。然則犬之性。猶牛之性。牛之性。猶人之性與。

此一章書是辨異端以氣爲性之説也。告子又曰。人有此生。斯有此性。性之在人。與生俱

生若舍所謂知覺運動者豈别有性哉蓋告子前後論性不一其大意總不出於此孟子從而詰之曰子以凡有生者卽謂之性猶如凡物之白者皆謂之白更無差别與告子答曰然孟子復詰之曰白之在物者有羽有雪有玉而色則無異也今子以白之謂白是不原其物之異而惟論其色之同將謂白羽之白也猶白雪之白而無所異白雪之白猶白玉之白而無所異與告子又答曰然觀告子

之言則是謂凡有生者同是一性矣孟子因折之曰子謂凡物之白者皆謂之白則是凡人物之生者皆謂之性然則犬牛與人皆有知覺運動子將謂犬猶夫牛牛猶夫人而其性一無差别與吾知生則人物所同性則人物各異人與物雖同得乎天之氣以爲生而實各得乎天之理以爲性此所以人無不善而爲萬物之靈也子安得混而爲一哉按書言惟皇上帝降衷於下民春秋傳言民受天地之中以生所謂性者卽此渾然同具之理至於所稟之氣則清濁厚薄萬有各别豈獨物與人迥然不類卽人之中聖賢庸愚亦有不可强齊者告子不知理一分殊之義而誤以氣爲性所以其說愈變而愈謬也

告子曰食色性也仁内也非外也義外也非内也孟子曰何以謂仁内義外也曰彼長而我長之非有長於我也猶彼白而我白之從其白於外也故謂之外也曰異於白馬之白也無以異

於白人之白也不識長馬之長也無以異於長人之長與且謂長者義乎長之者義乎曰吾弟則愛之秦人之弟則不愛也是以我爲悅者也故謂之内長楚人之長亦長吾之長是以長爲悅者也故謂之外也曰耆秦人之炙無以異於耆吾炙夫物則亦有然者也然則耆炙亦有外與

此一章書是辨異端義外之説也告子終以知覺運動爲性因復言曰人之於食卽知甘

於色即知悅，皆生而能然者也性也即其甘之悅之之心生於內可見凡仁愛之心是由衷而出者內也非外也可甘可悅之宜由於外可見凡事物之宜是因感使然外也非內也然則學者但當用力於仁而何必強求合於義也哉孟子曰仁義一理皆吾性所固有子何故以仁爲內而義爲外乎告子曰我謂義外固自有說如彼人年長而稱之爲長不過因其長而長之非我先有長之之心猶彼

人色白而我稱之爲白不過從其白於外而非我先有白之之心也由此觀之長不由乎我而由乎人事物之宜果在外矣我所以言義外也孟子因其喻而辨之曰子以白喻長實非其倫蓋白無不同長則有不同如白馬之白無異於白人之白固已至若長馬之長不過口稱其長若長人之長則必有恭敬之心而與長馬不同不識長馬之長也竟無異於長人之長與即此長人不同於長馬必由

吾心之制乃所謂義也且子所謂義者果以彼年長於我而以長者爲義乎抑因彼之長而吾有恭敬之心以長之者爲義乎如以長者爲義則敬由乎人義誠在外如以長之者爲義則敬由中出義豈在外哉告子曰吾非以長者爲義但自其長之不同於愛者觀之則仁自內而義自外耳如吾弟至親吾則愛之秦人之弟其分疎吾則不愛是愛主於我悅乎我之心則愛之不悅乎我之心人不能

強吾愛也故謂仁在內也若義則異是矣均之長也楚人之長有可長吾長之吾之長有可長吾亦長之是敬緣於長凡遇長皆在所悅而未必出於吾心也故謂義在外也告子此言是猶於長者謂義而不於長之者謂義其惑益甚矣孟子因其明於甘食之性而以耆炙之說曉之曰長楚人之長亦長吾之長不特於人爲然即如耆秦人之炙亦耆吾之炙而無異物亦有同者也子謂以長爲悅而

謂義在外。然則耆炙者以炙爲悅，亦將謂耆之者在外與？吾之耆雖在外，而所以耆之者心；長雖在外，而所以長之者心。心既在內，而義之非外明矣。孟子論義，於此可謂至精。事之可否雖在物，事之所以可、所以否，使其施之各當，則在我。故曰：義者，事之宜，心之制。有天下國家者，欲使事事物物有條有理，亦何可一日少裁制之宜哉。

孟季子問公都子曰：何以謂義內也？曰：行吾敬，

故謂之內也。鄉人長於伯兄一歲，則誰敬？曰：敬兄。酌則誰先？曰：先酌鄉人。所敬在此，所長在彼，果在外，非由內也。公都子不能答，以告孟子。孟子曰：敬叔父乎？敬弟乎？彼將曰：敬叔父。曰：弟爲尸，則誰敬？彼將曰：敬弟。子曰：惡在其敬叔父也？彼將曰：在位故也。子亦曰：在位故也。庸敬在兄，斯須之敬在鄉人。季子聞之曰：敬叔父則敬，敬弟則敬，果在外，非由內也。公都子曰：冬日則飲湯，夏日則飲水，然則飲食亦在外也。

此一章書是明義內之說也。孟季子聞孟子義內之說而未達，私問公都子曰：人皆以義爲外，夫子何獨以義爲內也？公都子曰：義主於敬，所敬之人雖在外，然用吾心之敬以敬之，是敬由心生，不自外至，故夫子以義爲在內也。孟季子曰：敬雖在內，而所敬之人則在外。試以敬長而言，伯兄長於我，我所敬也。假令鄉人又長於伯兄一歲，則誰敬乎？公都子曰：敬以親疎爲厚薄，鄉人雖長，疎不踰親，必

當敬兄也。孟季子曰：伯兄固當敬矣。假令與鄉人同飲，有伯兄在，酌則誰先乎？公都子曰：酌以賓主分先後，伯兄雖親，主不先客，必當先酌鄉人也。孟季子曰：如此可見所敬在伯兄，所酌又在鄉人，惟視其人以爲轉移，其權全不在我，是義果在外，非在內也。公都子不能答，以告孟子。孟子曰：敬長之心本在於內，而季子以爲在外，即如其言，何難辨之有？子試問之曰：弟與叔父皆屬至親，敬叔父乎？敬

弟乎。彼必曰卑不抗尊。敬叔父矣。孟子又問曰。弟爲尸以象祖考。則誰敬乎。彼必曰弟既爲尸。敬弟矣。孟子即曰。既曰敬弟。則叔父不得伸其尊。惡在其敬叔父也。彼必曰所以敬弟者。以在尸位故也。蓋當其在尸位。則叔父與弟皆子孫。子孫以敬祖考爲重。敬弟者。敬祖考也。子亦曰所以先酌鄉人者。以在賓位故也。蓋當其在賓位。則伯兄與我皆主人。主人以敬賓客爲重。敬鄉人者。敬賓客也。然則所敬

在此者。庸敬之在兄也。亦猶敬叔父之常耳。所長在彼者。斯須之敬在鄉人也。亦猶敬弟之暫矣。或常或暫之間。其敬皆由中出。則義之在內。又何疑乎。孟季子聞孟子與公都子之言。復曰。當敬叔父時則敬叔父。當敬弟時則敬弟。因其人而致其敬。義果在外。非在內也。蓋其心猶未悟。故仍執前說。於是公都子就易見者曉之曰。子以敬爲在外。何不觀飲食之事乎。冬之日宜湯。則從而飲湯。夏之日宜水。則從而飲水。子以因人起敬。謂之在外。則將以因時酌宜所以飲食者。亦在外與。吾知飲湯飲水。其飲雖同。而冬夏之異。則辨於一心。是故事物之宜在外。而所以斟酌事物之宜則在心也。此其所以爲義內也。尚何疑於夫子之謂乎。按孟子義內之辨。最簡最明。而告子孟季子詞雖屢詘。而意終不悟。此眞異端之學。所謂不得於言。勿求於心者與。

公都子曰。告子曰。性無善無不善也。或曰。性可

以爲善。可以爲不善。是故文武興則民好善。幽厲興則民好暴。或曰。有性善。有性不善。是故以堯爲君而有象。以瞽瞍爲父而有舜。以紂爲兄之子。且以爲君。而有微子啓王子比干。今曰性善。然則彼皆非與。孟子曰。乃若其情。則可以爲善矣。乃所謂善也。若夫爲不善。非才之罪也。

此一章。書是正言性善之旨也。公都子問曰。天下之言性者不一。各執其說以爭辯。如告子曰。性無有善無有不善。謂全不可以善不

善名也。此一說也。或又曰。性可以使爲善。可以使爲不善。無有一定。惟顧其所習何如爾。是故文武之君在上。率民以善。則民皆化而爲好善之民。幽厲之君在上。率民以暴。則民皆化而爲好暴之民。此又一說也。或又曰。有性善。有性不善。本其生稟之異。而自不可移。是故以堯之聖爲君。而有傲象之臣。不能使不善爲善。以瞽瞍之頑爲父。而有聖舜之子。以無道之紂爲兄之子。且以爲君。而乃有微

子啓王子比干之仁。與聖不能使善爲不善。此又一說也。三說之不同如此。皆未有以性善言者。今夫子獨排衆論而曰性善。然則彼之言皆非與。孟子曰。衆人論性。皆致疑於善惡之間。而我獨謂性善者。非無所據也。論性於無感之初。至善中存。似無形象之可言。乃若其性之發而爲情。卒然勃然之間。眞機畢露。則但可以爲善。而不可以爲惡。則性之本善可知矣。此乃吾之所以謂性爲善也。然情

既可以爲善。則似莫不具爲善之才。乃有昏愚暴戾而爲不善者。蓋物欲之累。陷溺其良心。人爲之私。戕賊其眞性。性本善而人自底於不善耳。於才何罪哉。知才之善。則知情之善。而無疑於性之善矣。紛紛之說。不亦謬乎。

惻隱之心。人皆有之。羞惡之心。人皆有之。恭敬之心。人皆有之。是非之心。人皆有之。惻隱之心。仁也。羞惡之心。義也。恭敬之心。禮也。是非之心。智也。仁義禮智。非由外鑠我也。我固有之也。弗

思耳矣。故曰。求則得之。舍則失之。或相倍蓰而無算者。不能盡其才者也。詩曰。天生蒸民。有物有則。民之秉夷。好是懿德。孔子曰。爲此詩者。其知道乎。故有物必有則。民之秉夷也。故好是懿德。

此二節書。實指情與才之善。以證性之無不善也。孟子曰。我謂情善而性無不善者。於何見之。蓋以人有此情。由有此性。同此性則同此善。即如惻隱之心。人孰不有之乎。羞惡之

心人孰不有之乎恭敬之心人孰不有之乎是非之心人孰不有之乎此情之所以爲善也而實根之於性惻隱之心非他即吾性之仁主於愛者是也羞惡之心非他即吾性之義主於宜者是也恭敬之心非他即吾性之禮主於敬者是也是非之心非他即吾性之智主於辨者是也仁義禮智雖見端乎外非由外來而鑠及於我也我性中固有之也惟其爲固有之理所以發而爲才無不可以爲

善者但人自不思而反求之已耳故曰性具於心苟思而求之則得其固有而爲聖爲賢不思而舍之則失其固有而爲愚不肖以至於善惡相去或相倍蓰而非算數之所能計者由人自不思不求不能察識擴充以盡其才之分量也凡此者非我之私言蓋嘗徵諸詩與孔子之言矣大雅烝民之詩曰天生衆民有形氣者爲物有天理者爲則此民所秉執之常性無不好是懿美之德者夫物與則有精粗之分秉與好有寂感之異而詩顧合而言之誠有濬義於其間矣是以孔子讀是詩而歎曰爲此詩者其知性情之道乎蓋天之生人非徒賦之以形而已得其氣以成形而有物即得其理以成性而有則未有物具而則不具者是物之則乃民之所秉執以爲常性也以其性之有常故懿美之德自由中以好之達諸天下而同有其則亦達諸天下而同有其好不獨聖哲有獨契而庸愚亦有

同心也由詩與孔子之言觀之德而曰懿可以證性善矣懿德而曰好可以證性善而情亦善矣即此可知人性之皆善而彼三說者不辯而自明矣孟子前後論性善皆指其存者而言此獨舉其發者而言蓋惟其發無不善故益信其存無不善反覆開譬總欲人因一端著見之明悟本來固有之理其詞愈切而其義愈顯矣

孟子曰富歲子弟多賴凶歲子弟多暴非天之

降才爾殊也。其所以陷溺其心者然也。今夫麰
麥播種而耰之。其地同。樹之時又同。浡然而生。
至於日至之時皆熟矣。雖有不同。則地有肥磽。
雨露之養。人事之不齊也。故凡同類者。舉相似
也。何獨至於人而疑之。聖人與我同類者。
此一章書是實指性善之同然。以見不可不
反求也。孟子曰。富歲之子弟多有所賴藉而
爲善。凶歲之子弟多至於暴棄而爲不善。猶
是子弟也。而多暴異於多賴者。豈天賦富歲

子弟以爲善之才。而不賦凶歲子弟以爲善
之才哉。蓋凶歲衣食不足。迫於饑寒。禮義不
暇顧。而非僻之念生。有所以陷溺其心者。以
至於多暴而然也。若論其心。固統性情與才
而無有不善者。又豈有不同者乎。試即物之
同者推之。今夫麰麥之爲物。播其種而復耰
以覆之。其地既同。樹之及時又同。萌芽之發。
無不浡然而生。至於日至之時。皆已成熟矣。
何嘗有不同者。乃其收穫。不能無多寡之異。

則因地之有肥磽。雨露之滋養。與人事勤惰
之不齊也。於麰麥何與哉。不特麰麥爲然。天
下之物。必其類之不同。則不相似耳。苟凡同
類之物。則固無有不相似者。何獨至於人而
疑其有不相似乎。蓋雖聖人之德大遠於凡
人。而究其厥初。共稟是氣。共受是理。未嘗有
所分別。謂非與我同類可乎。夫聖人既與我
同類。則性之無不善可知矣。
故龍子曰。不知足而爲屨。我知其不爲蕢也。屨

之相似。天下之足同也。口之於味。有同耆也。易
牙先得我口之所耆者也。如使口之於味也。其
性與人殊。若犬馬之與我不同類也。則天下何
耆皆從易牙之於味也。至於味。天下期於易牙。
是天下之口相似也。惟耳亦然。至於聲。天下期
於師曠。是天下之耳相似也。惟目亦然。至於子
都。天下莫不知其姣也。不知子都之姣者。無目
者也。故曰。口之於味也。有同耆焉。耳之於聲也。
有同聽焉。目之於色也。有同美焉。至於心。獨無

所同然乎。心之所同然者何也。謂理也。義也。聖人先得我心之所同然耳。故理義之悅我心。猶芻豢之悅我口。

此五節書是卽人身之同以見人性之同也。孟子曰。人性之同既徵之於同類矣。更卽人之一身觀之。龍子嘗有言曰。屨之爲物。緣足而造。織屨者不知人足之大小而任意爲之。雖未必一一中度。然大以成大。小以成小。我知皆必有用。決不至於爲蕢也。是則天下之

足無有不同如此。且不但足而已。推之於口。其於甘旨之味。亦有同者也。雖古之知味。如易牙其人者。不過先得我口之所以耆者也。如使其口之於味。全與人殊。有若犬馬異物之不與我同類也。則天下之人何其所耆皆從易牙之所調而共以爲美也。至於味。天下皆期於易牙。是天下之口相似也。又不但口而已。惟耳亦然。至於聲。其調鐘協律。天下之人皆期必於師曠之所和而共以爲美。是天下之耳相似也。又不但耳而已。惟目亦然。至於古之美色如子都者。天下之人莫不知其爲姣好之男子也。若不知子都之姣者。必無目之人。不能見其色者也。是天下之目相似也。卽衆體之皆同如此。吾故曰。口之於味。天下期於易牙而知耆味無不同。耳之於聲。天下期於師曠而知好音無不同。目之於色。天下期於子都而知悅色無不同。夫口耳目皆以形用者。尚有所同然。至於心爲口耳目之

主而以神行者。獨無所同然乎。心之所同然者何也。謂此降衷之理。卽吾心之體。處物之義。卽吾心之用也。雖窮理精義如聖人。亦不過先知先覺得我心之同然耳。何嘗別有所稟賦哉。故理義之在我心。不獨聖人悅之。凡人無不悅之。蓋根之於性。同此秉彝之良。則悅之於心。同此懿德之好。猶夫芻豢之味。其悅我口也。盡人皆然也。舉天下之人莫不口悅芻豢。則舉天下之人莫不心悅理義。此理

義所以爲同然之心。而聖人與我同類也。彼爲暴者。自失其本心。而豈才之罪哉。上章既言性善本我固有。反求之而卽得。此又直指性之於善。卽如口耳目之於味聲色。人人同具。聖人與我。初無差別。以見決不可不反求。奈何味則知甘。聲色則知美。而理義則不知好。從其小體而反棄其大體哉。

孟子曰。牛山之木嘗美矣。以其郊於大國也。斧斤伐之。可以爲美乎。是其日夜之所息。雨露之

所潤。非無萌蘗之生焉。牛羊又從而牧之。是以若彼濯濯也。人見其濯濯也。以爲未嘗有材焉。此豈山之性也哉。雖存乎人者。豈無仁義之心哉。其所以放其良心者。亦猶斧斤之於木也。旦旦而伐之。可以爲美乎。其日夜之所息。平旦之氣。其好惡與人相近也者幾希。則其旦晝之所爲。有梏亡之矣。梏之反覆。則其夜氣不足以存。夜氣不足以存。則其違禽獸不遠矣。人見其禽獸也。而以爲未嘗有才焉者。是豈人之情也哉。

此一章書。是言良心之在人。不可不盡存養之功也。孟子曰。德性雖命於天。而培養全在於人。試以物觀之。齊有牛山。其木茂盛。吾嘗見其美矣。但以近大國之郊。舉國之人。樵採其中。斧斤伐之者衆。豈能復有其美乎。然其美雖失。而其本猶在。日夜之間。氣化之所生息。加以雨露之所滋潤。非無萌蘗之復生焉。夫何牛羊又從而牧之。生之者未幾。戕之者復至。是以若彼濯濯然而光潔也。人見其濯

濯然光潔。遂以牛山爲未嘗有材焉者。此豈山之性使然哉。亦斧斤伐之於先。而牛羊牧之於後。令其萌蘗無遺爾。不特山木爲然也。雖存乎人者。孰無仁義之心哉。其秉彝之良不學而知。不慮而能。本然之善。隨感隨見。一如山木之美矣。顧人不能保守。斲喪戕賊。亦猶斧斤之於山木。旦旦而伐之。可以爲美乎。然善心雖遭陷溺。而善端終難盡泯。其日夜之間。未與物接。少有靜息。以至平旦之時。前

境既往後境未來良心定然發露好惡之正與人相近者幾希夫何旦晝之所爲又皆不仁不義之事梏而亡之矣夫晝之所爲既有以害其夜之所息夜之所息又不能勝其晝之所爲是以梏之反覆展轉而不已則其夜時清明之氣日以寖薄不足以存其仁義之良心夜氣既不足以存則雖覼然有人形而實違禽獸不遠矣人見其違於人而近於禽獸也而以爲斯人未嘗有天降之才焉者是

豈人之情使然哉亦旦晝之梏亡令其陷溺無餘爾可不懼哉

故苟得其養無物不長苟失其養無物不消孔子曰操則存舍則亡出入無時莫知其鄉惟心之謂與

此二節書見養心之功貴乎操存也孟子曰山木之生意不息人心之生理無窮顧養之何如耳故凡天下之物苟得其培養之道則無物不長况心之生機未嘗滅息者乎苟失其培養之道則無物不消况心之萌蘖僅存無幾者乎存養之功其緊要如此孔子嘗有言曰有物於此操之則收歛而存舍之即放失而亡方其存也有時而入一瞬息而入者忽復出出入初無定時方其入也有時在內一俄頃而內者忽在外外內亦無定鄉如此者其惟心之謂與蓋忽動忽靜既無機緘之可測忽理忽欲又無方所之可求存之既極難而失之又極易此孔子所以危言之以警

人也人可不知警醒而任其心之放而不收也哉大抵操存工夫不出乎主敬克念罔念天理人欲皆判乎此果能自強不息使此心刻刻湛然以造乎至精至粹之域則靜亦定動亦定雖日應萬變而主宰常在乎我尚何出入存亡之足言哉

孟子曰無或乎王之不智也雖有天下易生之物也一日暴之十日寒之未有能生者也吾見亦罕矣吾退而寒之者至矣吾如有萌焉何哉

今夫弈之爲數，小數也；不專心致志，則不得也。弈秋，通國之善弈者也。使弈秋誨二人弈，其一人專心致志，唯弈秋之爲聽；一人雖聽之，一心以爲有鴻鵠將至，思援弓繳而射之，雖與之俱學，弗若之矣。爲是其智弗若與？曰：非然也。

此一章書是孟子爲齊王用賢不專而發也。昔孟子之於齊王，旣進見時少，無以勝羣邪之交蔽；而齊王之於孟子，又聽信不專，有以分其心於多途。故孟子私論之曰：君德莫大

日講孟子解義卷之十三　二十五

於智，而智所自成，雖本於性生，亦由於輔導。今王之不智，乃理之當然，無足疑怪也。蓋人主之心，養之以義理則明，誘之以物欲則昏。猶草木然，生於陽和而悴於陰慘。雖有天下易生之物，若使一日暴之，得乎陽和之氣少；十日寒之，得乎陰慘之氣多，未有不枯槁而能生者也。吾見王之時罕，則義理之浸灌不深，無異一日暴之也。吾退而諂諛雜進，則物欲之蒙塞何限，無異十日寒之也。王雖善端

發見，非無萌蘖之生，吾其如之何哉？亦終於昏昧而已。然此未可專爲寒之者咎也，亦王聽信之未誠耳。今夫弈之爲數，特技藝之末小數也。不專一其心，以致極其志之所向，則不得乎弈之精也。如弈之名秋者，通國以爲善弈者也。使弈秋教二人以弈，其一人專心致志，惟弈秋之言爲聽；一人雖聽之，乃一心以爲有鴻鵠將至，思彎弓繫矢而射以取之。雖與彼人俱學於弈秋，必弗若其學之精矣。

日講孟子解義卷之十三　二十六

爲是其生稟之智弗若與？非然也，乃心不及其專，志不及其致也。然則王之不智，固羣邪寒之者之罪，亦豈非王鴻鵠其心之過乎？蓋人臣以正君爲先，而欲得正君之益，又視君之所以信用之者之若何耳。明君任賢之心誠專，則君德日新，賢才日進，尚何一暴十寒之爲害也哉。

孟子曰：魚，我所欲也；熊掌，亦我所欲也。二者不可得兼，舍魚而取熊掌者也。生，亦我所欲也；義

亦我所欲也。二者不可得兼，舍生而取義者也。生亦我所欲，所欲有甚於生者，故不爲苟得也。死亦我所惡，所惡有甚於死者，故患有所不辟也。如使人之所欲莫甚於生，則凡可以得生者，何不用也？使人之所惡莫甚於死者，則凡可以辟患者，何不爲也？由是則生而有不用也，由是則可以辟患而有不爲也。

此一章書是孟子欲人察識其本心也。孟子曰：觀於人之欲惡，而可以知此心之所自具

者矣。今夫魚之味美，我所欲也；熊掌之味亦美，亦我所欲也。其或得魚則失熊掌，得熊掌則失魚，二者不可得兼，則熊掌較魚爲尤美，寧舍魚而取熊掌者也。養生而不害其生，我所欲也；守義而不虧於義，亦我所欲也。其或求生則無以全義，求義則無以保生，二者不可得兼，則義較生爲尤重，寧舍生而取義者也。人之所以舍生取義者何哉？生本無不欲，而其心之欲義更甚於生，故不爲苟且以得生也；欲生則無不惡死，而其心之惡不義更甚於死，故雖當患難而甘死不辟也。夫此欲惡之甚於生死者，乃秉彝之良心也。如使人無欲義之良心，而所欲莫甚於生，則凡可以爲得生之計者，何不用也？而安肯輕生？如使人無惡不義之良心，而所惡莫甚於死，則凡可以爲辟患之地者，何不爲也？而安肯赴死？由其心唯義之是欲，則生而或悖於義，有不用也；由其心惟不義之是惡，則可以辟患而

入於不義，有不爲也。然則人之生而具此秉彝義理之心也，蓋亦必然而無疑者爾。

是故所欲有甚於生者，所惡有甚於死者，非獨賢者有是心也，人皆有之，賢者能勿喪耳。一簞食，一豆羹，得之則生，弗得則死，嘑爾而與之，行道之人弗受；蹴爾而與之，乞人不屑也。萬鍾則不辨禮義而受之，萬鍾於我何加焉？爲宮室之美，妻妾之奉，所識窮乏者得我與？鄉爲身死而不受，今爲宮室之美爲之；鄉爲身死而不受，今

爲妻妾之奉爲之鄉爲身死而不受今爲所識窮乏者得我而爲之是亦不可以已乎此之謂失其本心

此四節書是指人羞惡之本心使失其心者知所儆也孟子承上文言欲生惡死人之常情而今由秉彝之良心觀之其欲義甚於生其惡不義甚於死非獨賢者有是欲惡之心也凡人皆有之但衆人汨於利欲而忘焉唯賢者能持守而勿失耳實則賢愚同具並無

豐嗇也於何驗之一簞食一豆羹爲物甚微而在饑者得之則生弗得則死以生死所係宜其欲食之急而不暇計禮義之若何矣然苟口呼而授之食雖行道之常人弗肎受更足蹴而授之食雖乞人不以爲潔也夫當死生之際而猶惡無禮寧死而不食可見欲惡有甚於生死者乃人人所固有之心也既爲人人固有之心一旦至放而不存者其由安在簞食豆羹之微不以死生之故而遂受者

辨禮義也萬鍾之富則不辨禮義之當得與否而冒焉受之將爲一身計乎萬鍾於我身何所增益焉其爲欲求宮室之華美妻妾之供奉所知識之窮乏者感我之惠而受此萬鍾與較之所以處簞食豆羹者亦甚相遠矣凡人之切身者唯死生爲重舉身外之物非可與死生並視也鄉爲身死而不受嘑蹴之食今乃爲宮室之美受此無禮義之萬鍾而亦爲之鄉爲身死而不受嘑蹴之食今乃爲

妻妾之奉受此無禮義之萬鍾而亦爲之鄉爲身死而不受嘑蹴之食今乃爲所識窮乏者得我受此無禮義之萬鍾而亦爲之以切身者而不顧焉以身外者而必恤焉是亦不可以已乎可已而不已其於本然之良心喪失盡矣人可不以是爲戒哉甚矣物欲之易昏也以不受簞食豆羹之心不受萬鍾此心不既存乎而無如見萬鍾不見禮義也斯亦甚昧於輕重大小之宜矣是故學者脩身必

自致知格物始。

孟子曰。仁。人心也。義。人路也。舍其路而弗由。放其心而不知求。哀哉。人有雞犬放。則知求之。有放心而不知求。學問之道無他。求其放心而已矣。

此一章書。是孟子勉人從事於心也。孟子曰。人之不可一日離者。莫如仁義。而能盡仁義者寡。是未知其切於身耳。仁者何。人各有自具之心。而其所爲心者。內存夫中正。外著其

慈祥。非以仁爲之體乎。則仁卽人之心也。義者何。人各有當行之路。而其所爲路者。經事主乎宜。變事主乎權。非以義爲之準乎。則義卽人之路也。謂之人心人路。則所以操是心遵是路者。宜極其至矣。乃舍置其路而不由。放失其心而不知求。其於爲人之理安在。不亦可哀也哉。夫人若有雞犬放。雖至輕之物。皆知求之。以期於必獲。及有放心。則此身無所統攝。所係至重。而反任其縱逸。不知閑存於出入之間。何其明於至輕。而昧於至重也。抑知心之不可聽其放。而放則不可不求耶。凡學問中致知力行。其事不一。而其道無他。心爲一身之主宰。能使心之得其正者。順以養之。心之入於邪者。愼以閑之。則視聽言動。皆受治於心。而不苟。由此心正而無適非仁。亦無適非義。積累而上達。奚難也。學問之功。舍求放心之外。尚復有他道乎。蓋人之心。馳於外者。欲其收而入。存於內者。欲其推而出。

推則有以見心之用。而收則有以立心之體。體立而後用行。則存養省察。非從事學問之大原耶。

孟子曰。今有無名之指。屈而不信。非疾痛害事也。如有能信之者。則不遠秦楚之路。爲指之不若人也。指不若人。則知惡之。心不若人。則不知惡。此之謂不知類也。

此一章書。是孟子警人之昧於治心也。孟子曰。人己之間。所不容自安於屈抑者。正自有

在也今有無名之指卷曲而不信非關一身之疾痛與舉事之爲害也如有能治之使信者則雖越秦楚相去之路不以爲遠而求信之爲其指之屈不若人之信也果爾則凡我之不若人者皆當知所愧勉矣夫一指至小也指之屈不若人之信亦至小也猶知惡之而不肎任其屈至於心非指之可比也而失之回邪不若於人不大負上天生我之良乎乃甘爲人下而不知惡則亦闇於輕重之理

矣此之謂不知類也人何不推愛指之意反而求之於心哉蓋人之與聖人同類者以心之同耳誠知反求之心存其若人者去其不若人者擴而充之雖爲堯爲舜奚難哉

孟子曰拱把之桐梓人苟欲生之皆知所以養之者至於身而不知所以養之者豈愛身不若桐梓哉弗思甚也

此一章書是孟子示人以身之當養也孟子曰凡身之與物輕重懸殊而人之愛身多有

不如其愛物者今有桐梓之二木其長而成拱成把人苟以爲美材而欲生之皆知培植灌漑盡其所以養之之道至於身三綱五常繫焉四端萬善備焉宜其養之不容自已矣而乃內不知所以養其心外不知所以養其體豈愛身不若愛桐梓哉中有所蔽而未嘗一思於輕重之間也誠思之而有不知以養身爲要乎蓋人非不知極口體之養而愈養而愈失者昧於養之正也故必使我心優游

於義理而動容周旋各當其道斯爲善養耳

孟子曰人之於身也兼所愛兼所愛則兼所養也無尺寸之膚不愛焉則無尺寸之膚不養也所以考其善不善者豈有他哉於己取之而已矣體有貴賤有小大無以小害大無以賤害貴養其小者爲小人養其大者爲大人今有場師舍其梧檟養其樲棘則爲賤場師焉養其一指而失其肩背而不知也則爲狼疾人也飲食之人則人賤之矣爲其養小以失大也飲食之人

無有失也則口腹豈適爲尺寸之膚哉。

此一章書是孟子示人以養身當知所重也。

孟子曰身不可不養。而又不可不知養之要也。人之於身舉四肢百骸孰非其所愛護者。既兼所愛則必悉加調養無尺寸之肌膚不愛焉則無尺寸之肌膚不養也。獨是有養之而爲善者有養之而爲不善者。所以考其養之善與不善者豈有他術哉反之於己。而審其何者爲輕何者爲重則自可得而知矣然

我謂審乎己之輕重而知養之善不善者何故蓋衆體皆吾體也。而有貴賤小大之别。有貴賤小大。則其輕重較然。不可偏養乎小而以小害大。不可偏養乎賤而以賤害貴。若使養其小者將崇尚卑鄙而日流於汙下則爲小人無疑。此養之不善者也。若使養其大者將持守中正而日進於高明則爲大人無疑。此養之至善者也。信乎小大貴賤之間當深思而擇所養矣。卽以木言梧檟美材也。樲棘非美材也。今有治場圃者舍其梧檟而不養反養其樲棘則爲場師之賤者焉。以賤害貴者其異於此乎。卽以身言一指其小者也。肩背其大者也。今有養身者養其一指而不忍傷。乃喪失其肩背而不知也。則如狼之疾走。而不能顧後之人也。以小害大者其異於此乎。人之於身誠毋容忽於貴且大者哉苟其徒事口腹而爲飲食之人則人無不賤惡之矣。爲其養口腹之小體而失心志之大體也。

使飲食之人。而能兼養大體無有失也。則口腹亦軀命所關在所宜養。非但爲尺寸之肌膚而已。無如養小者之無不失大也。人可不以小害大賤害貴爲戒也乎。蓋養心志者非不養口腹也。但養心志則天理爲重雖飲之食之。不過守其當飲當食之常。養口腹則人欲爲重。不至極口腹之欲而滅天理不止也。能不養小以失大。乃所以遏人欲而存天理爾。

公都子問曰：鈞是人也，或爲大人，或爲小人，何也？孟子曰：從其大體爲大人，從其小體爲小人。曰：鈞是人也，或從其大體，或從其小體，何也？曰：耳目之官不思，而蔽於物，物交物，則引之而已矣。心之官則思，思則得之，不思則不得也。此天之所與我者，先立乎其大者，則其小者不能奪也。此爲大人而已矣。

此一章書是孟子教人以事心之功也。公都子問於孟子曰：天下稟形氣之正而爲人者

等耳，乃或有稱爲大人，或有稱爲小人，此何故也？孟子曰：人無異，而人之所從有異。人之所從既有異，而人遂不能無異。凡人一身體有大小，以大體爲身之主，而一從其檢攝，則爲大人；以小體爲身之主，而一從其徵逐，則爲小人。公都子復問曰：同此人，則同此體，乃或有從其大體，或有從其小體，又何故也？孟子曰：體之大小有辨，而人之從違亦於此見焉。如耳司聽，目司視，各有所職，而不能思，故

聲色之外物得以蔽之。夫至不能思而蔽於外物，是耳目亦一物而已。以彼聲色之物，接於此耳目之物，其引之而去不難矣。所以耳目爲小體也。若心則至虛至靈，而以思爲職。心率其職而勤於思，則得其理而物不能蔽；曠其職而怠於思，則不得其理而物來蔽之。理之得失，惟係於心，所以心爲大體也。大體小體，皆天之所以與我者，能於其大者先有以立之，清明而不昧，強固而不移，卓然爲羣

動之綱維，則其耳目之小者一聽命於心而不苟。凡聲色之邪，不得而奪其聰明之正也。能從其大體如是，則理無不全，德無不備，稱之爲大人，以此而已矣。非然，而徇於耳目之私，有不流爲小人者哉？蓋體既有能思不能思之別，則所受於天者，原自有以大制小之理，奈何不予心以有所主，予耳目以有所承耶？古來大聖大賢，舍治心之外，無他道也。

孟子曰：有天爵者，有人爵者。仁義忠信，樂善不

倦此天爵也公卿大夫此人爵也古之人脩其天爵而人爵從之今之人脩其天爵以要人爵既得人爵而棄其天爵則惑之甚者也終亦必亡而已矣

此一章書是孟子爲當時重勢位而輕道德者發也孟子曰人情莫不以爵爲尊而抑知身以內自有其甚尊者乎有稟於天而爲天爵者有授於人而爲人爵者何謂天爵心之慈惠曰仁心之裁制曰義仁義存諸己無不

盡曰忠仁義施諸事無不實曰信而且樂此仁義忠信之善雖歷久而不倦性分之榮孰有榮於此者乎此天爵也何謂人爵公一位卿一位大夫一位時遇之隆孰有隆於此者乎此人爵也爵有天人之別則其不徒求乎爵之在世者而務反求乎爵之在身者明矣古之人有見於道德爲重是以存乎仁義忠信之理而盡其樂善不倦之誠秖惟脩其天爵已耳初非有意於人爵也而積累既至名譽自昭公卿大夫之爵有必從焉今之人則大異於古人矣富貴利欲之心勝初亦若有事於天爵而勉強以脩之然不過藉此爲要求人爵之地及人爵既得所期已遂隨以天爵爲無用而棄之夫脩天爵以要人爵是脩之之日原先有棄之之心已不免於惑矣至得人爵而棄天爵是得之之後并不及要之之時則惑之甚者也終亦并其所得之人爵而無以保之歸於必亡而已矣蓋世豈無脩

天爵而人爵不從者不知其不從者上之遺賢而理無不從也又豈無棄天爵而人爵不亡者不知其不亡者下之僥倖而理無不亡也學者亦務脩其在己之天爵可耳若人爵之從亡又何容計及哉

孟子曰欲貴者人之同心也人人有貴於己者弗思耳人之所貴者非良貴也趙孟之所貴趙孟能賤之詩云既醉以酒既飽以德言飽乎仁義也所以不願人之膏粱之味也令聞廣譽施

於身所以不願人之文繡也。

此一章書是孟子示人以當求諸己而不必求諸人也。孟子曰世之趨於勢分而忽於性分者亦甚謬矣。爵位之貴爭慕而欲得者人心之所同也。不知人人各有至貴於己者特弗反而自思耳。奈何舍在己之貴而求在人之貴耶。人之以爵位加己而後貴者不可謂不貴。而非若己所自有之良貴也。如趙孟爲晉之世卿能操爵以與人而使之貴亦能奪

之而使之賤。是貴之有待於人者安可恃乎。若良貴則非人所得而操其權者矣。是乃眞足貴也。何以見之。大雅既醉之詩有云既醉以酒既飽以德。不曰飽味而曰飽德者何也。德之至者和厚以居身。權宜以制事。所謂飽德者蓋言飽乎仁義也。仁義充足則至理悅心。極天下美物之饜飫莫甘於此焉。若人之膏粱亦何足羨。所以不願人之膏粱之味也。且仁義充足則聞譽昭著。極天下被體之采章莫榮於此焉。若人之文繡亦何足豔。所以不願人之文繡也。夫飽乎仁義而不願膏粱文繡則知良貴爲足貴。而趙孟之所貴不足貴矣。何弗反而自思也哉。蓋人惟不知己之自有至貴是以舍內而慕外。舍己而求人耳。誠知其有貴於己者尚何勢分之物足以易夫性分之良也與。

孟子曰仁之勝不仁也猶水勝火。今之爲仁者猶以一杯水救一車薪之火也。不熄則謂之水不勝火。此又與於不仁之甚者也。亦終必亡而

已矣。

此一章書是孟子爲爲仁而不力者言也。孟子曰理欲不容兩存。仁之足以勝不仁猶水之足以勝火乃必然而無疑者。但今之爲仁者其爲之不力。以暫存之天理遏無窮之人欲。猶夫持一杯水救一車薪之火也。其可得而滅熄乎。至火不熄則從而謂之水不勝火。斯言一出而不仁之人皆以爲仁不可以勝

不仁。而自甘於理消欲長。幾希澌滅。此其所爲又有以助於不仁之甚者也。非惟無益於仁。亦且放逸牿亡。終必并其所爲幾微之仁而亡之矣。爲仁者可不以是爲戒與。蓋理欲消長。遞爲貞勝。而欲終不可以勝理。凡從事於仁者。能爲必勝之計。則道心自盛。人心自微。何患德業之不底於成哉。傳曰。戰勝而肥。其此之謂與。

孟子曰。五穀者。種之美者也。苟爲不熟。不如荑

稗。夫仁亦在乎熟之而已矣。

此一章書。是孟子勉人之力於爲仁也。孟子曰。仁道之期於有成也。不即五穀觀之而可見乎。五穀者。天生之。地成之。而人食之。誠種類之美者也。然必熟而後成其美。苟爲不熟。則反不如荑稗之熟。其實猶可以資日用。是五穀之不容不熟也有然。若仁爲五德之元。衆善之長。亦惟在乎日新不已。由勉而利。由利而安。使此心純然天理之流行。如是以熟之而已矣。不然。而徇於物欲之私。失其德性之良。不幾與五穀之不熟者等乎。蓋仁當既熟之後。若無所容其力矣。而方期有以熟之。則安可聽其優游自便爲哉。仁固本於天而成於人者也。傳曰。中心安仁。又曰。安土敦乎仁。熟之謂與。

孟子曰。羿之教人射。必志於彀。學者亦必志於彀。大匠誨人。必以規矩。學者亦必以規矩。

此一章書。是孟子言事必有法而後可成也。

孟子曰。凡授受之間。何者可以無法乎。即以射言之。持弓引滿者彀也。是射之法也。從來善射莫如羿。雖羿之教人射。必期至於彀。學羿之射者。亦必期至於彀。舍彀之外。無以爲教。并無以爲學也。更以匠言之。爲圓爲方者。規矩也。是工之法也。從來良工莫如大匠。雖大匠之誨人。制器必示以規矩。學大匠之制器者。亦必守以規矩。舍規矩之外。無以爲教。并無以爲學也。曲藝且然。況聖人之道乎。蓋

人之於道其爲有漸其進有序自灑掃應對以至禮儀威儀猶射之彀工之規矩也君子教人非不欲一蹴而進之高深之域而必循乎次第不敢凌躐者道在則然也下學上達學者宜知所從事焉

日講四書解義卷之二十三

日講四書解義卷之二十四

孟子 下之六

告子章句下

任人有問屋廬子曰禮與食孰重曰禮重色與禮孰重曰禮重曰以禮食則饑而死不以禮食則得食必以禮乎親迎則不得妻不親迎則得妻必親迎乎屋廬子不能對明日之鄒以告孟子孟子曰於答是也何有不揣其本而齊其末方寸之木可使高於岑樓金重於羽者豈謂一

鉤金與一輿羽之謂哉取食之重者與禮之輕者而比之奚翅食重取色之重者與禮之輕者而比之奚翅色重往應之曰紾兄之臂而奪之食則得食不紾則不得食則將紾之乎踰東家牆而摟其處子則得妻不摟則不得妻則將摟之乎

此一章書見理欲之辨當論其常而不當論其變也昔任國之人以孟子守禮而屋廬子乃孟子弟子故問於屋廬子曰人無不甘食

者而食之中有禮禮與食孰重屋廬子曰禮以節飲食之流食雖不可無而禮重於食任人又問曰人無不悅色者而色之中有禮禮與色孰重屋廬子曰禮以防男女之欲色雖不可廢而禮重於色於是任人曰禮固重於食色設時當饑餓而與吾食者未必致敬以有禮以禮食則饑餓而死不以禮食則得食而生亦將必以禮乎設時當貧乏而欲娶妻者不能備物以行禮親迎則不得妻而廢倫

不親迎則得妻以全倫亦將必親迎乎屋廬子窮於任人之言而不能答明日之鄒以告孟子孟子曰於答是言也何難之有禮之重於食色者以大分較而言也若不較以大分則食色自反重於禮矣譬如定物之高卑者必平其本而後末之高卑可定若不先揣其本而但齊其末則方寸至卑之木可使升之而高於岑銳之樓任人之謂食色重於禮也不猶是乎且禮本重而食色本輕猶之金本

重而羽本輕也然金重於羽者豈謂一鉤至少之金與一輿至多之羽哉則禮之所以重於食色者夫亦可推矣大凡輕之中原有其重者重之中原有其輕者是必輕者與輕者比重者與重者比而輕重始得其正饑而死食之重者也以禮食禮之輕者也取食之重者與禮之輕者而比之則禮之輕於食相去懸絕豈但食重而已得妻色之重者也親迎禮之輕者也取色之重者與禮之輕者而比

之則禮之輕於色相去懸絕豈但色重而已汝何不往應之曰食所宜重矣有如紾兄之臂而奪之食非禮之甚者也爲非禮則得食不爲非禮則不得食食固重而敬兄之禮亦不輕則將紾之乎吾知寧饑以死而必不紾矣禮不重於食哉色所宜重矣有如踰東家牆而摟其處子非禮之甚者也爲非禮則得妻不爲非禮則不得妻色固重而婚娶之禮亦不輕則將摟之乎吾知寧不得妻而必不

摟矣禮不重於色哉以禮與食色之並重者較之而見禮之尤重如此彼任人一偏之說亦不足辨矣可見聖賢酌乎理欲之輕重固決之於大分尤能權其變以守其常亦所以遏人欲於横流存天理於幾滅聖賢維持世道之意良深哉

曹交問曰人皆可以爲堯舜有諸孟子曰然交聞文王十尺湯九尺今交九尺四寸以長食粟而已如何則可曰奚有於是亦爲之而已矣有人於此力不能勝一匹雛則爲無力人矣今日舉百鈞則爲有力人矣然則舉烏獲之任是亦爲烏獲而已矣夫人豈以不勝爲患哉弗爲耳

此一章書見聖人可爲而不假外求也曹君之弟名交者問於孟子曰古之稱大聖人者莫如堯舜若未易企而及矣吾聞人皆可以爲堯舜不識有此理否孟子曰然堯舜無不可爲也曹交又問曰從來能爲堯舜之聖者若湯與文王是已交聞文王身長十尺湯九

尺今交九尺四寸以長不及文王而過於湯以形體言則無異於湯文矣然無他材德也但食粟而已必如何而可以爲堯舜耶孟子曰爲堯舜者奚有於形體哉亦在奮然以爲之而已矣如有人於此其初力不能勝一匹雛之輕則爲無力人矣今日能舉百鈞則爲有力人矣其所以爲有力無力人者存乎舉之重輕則所以爲堯舜與不爲堯舜者可知然則爲堯舜所爲之事是亦爲堯舜猶之舉烏獲所舉之任是亦爲烏獲而已矣夫人豈以不能勝堯舜之事爲患哉特甘於暴棄而弗爲耳果能爲之而何不勝之有

徐行後長者謂之弟疾行先長者謂之不弟夫徐行者豈人所不能哉所不爲也堯舜之道孝弟而已矣子服堯之服誦堯之言行堯之行是堯而已矣子服桀之服誦桀之言行桀之行是桀而已矣曰交得見於鄒君可以假館願留而受業於門曰夫道若大路然豈難知哉人病不

求耳子歸而求之有餘師
此四節書言道不難行而人之求道者宜篤也孟子曰人之不求爲堯舜者或者爲之而難則將懼其高遠而非有難爲者也徐行而後於長者即謂之弟疾行而先於長者即謂之不弟夫此徐行者豈其高遠難爲而人所不能哉但忽焉而有所不爲也不知堯舜之道雖無所不該然不過率其良知良能之性以充滿其分量而何嘗於孝弟之外更有所

增益乎明乎堯舜之道無他則於以爲堯舜之所爲不易易哉是在子之審處而力圖之耳堯之衣服言行一循乎孝弟者也子誠服堯之服則服不異乎堯誦堯之言則言不異乎堯行堯之行則行不異乎堯是亦堯而已矣若使出乎堯則入乎桀桀之衣服言行悉悖乎孝弟者也子苟服桀之服則服不異乎桀誦桀之言則言不異乎桀行桀之行則行不異乎桀是亦桀而已矣堯與桀之辨存乎

一轉移之間可不勉爲堯勉爲舜而徒區區形體之是恃耶曹交聞孟子之言乃曰交得見於鄒君可以假館願留於鄒而受業於夫子之門以求盡爲堯舜之功焉孟子曰子欲假館而受業者以道未易知而欲師我以求道也夫道爲衆人之所共由譬若大路然豈幽隱而難知哉人患不求耳子歸而求之事親敬長之間而潛體吾所謂孝弟之道則性分之內衆理發見無往非道則無往非師不

亦有餘師乎何必留此而受業也蓋堯舜以爲之而造其極而所以爲之者又在致知以明其爲之之理力行以盡其爲之之實孟子直爲萬世之學爲堯舜者訓也而豈僅訓曹交乎哉

公孫丑問曰高子曰小弁小人之詩也孟子曰何以言之曰怨曰固哉高叟之爲詩也有人於此越人關弓而射之則己談笑而道之無他疏之也其兄關弓而射之則己垂涕泣而道之無

他戚之也。小弁之怨。親親也。親親。仁也。固矣夫。高叟之爲詩也。曰。凱風何以不怨。曰。凱風。親之過小者也。小弁。親之過大者也。親之過大而不怨。是愈疏也。親之過小而怨。是不可磯也。愈疏。不孝也。不可磯。亦不孝也。孔子曰。舜其至孝矣。五十而慕。

此一章書見處人倫之變在順乎情理之當然也。公孫丑問於孟子曰。齊人有高子曰。昔周幽王太子宜臼被廢。而作小弁之詩。其辭

其意。大不類仁人孝子之用心。乃小人之詩也。孟子曰。高子何以言之。公孫丑曰。高子以爲小弁有怨其親之意。是以謂爲小人之詩。孟子曰。固哉。執滯而不通。其高叟之治詩也。小弁乃怨其所當怨。而豈可以是議之乎。譬如有塗人於此。本不可射者也。乃越國之人。關弓而射之。則己於其旁談笑而勸阻之。無他。疏越人。故言之巽也。苟其兄關弓而射之。則己於其旁垂涕泣而力阻之。無他。戚其兄。故言之迫也。小弁之事。乃父子之異變。宗社之傾危係焉。正與兄之關弓射人無異。其怨也。乃親親之心也。親親。仁之發也。而何得遽以是議之。高叟之爲詩也。執滯而不通矣。公孫丑又問曰。小弁之怨宜矣。昔衞有七子之母。不能安其室。七子因而作凱風之詩。凱風之於母。正如小弁之於父。若所當怨矣。何以獨自責而不怨。孟子曰。凱風。親之過在身家。過之小者也。小弁。親之過關宗社。過之大者

也。親之過大而不怨。則視其親若不相涉。是愈親而愈疏也。親之過小而怨。則親有過而不能忍。是如水之易怒而不可磯也。愈親而愈疏。待親之薄而不孝也。易怒而不可磯。亦待親之薄而不孝也。小弁與凱風。一怨一不怨。均之無忝於孝。而安得以稱凱風者抑小弁哉。孔子嘗曰。孝之至者。其惟舜矣。年五十而猶怨慕也。以怨慕爲至孝。奈何以賦小弁者爲非孝乎。高子之言謬矣。於此見人子之

事親處常處變各有其道總不失乎情理之正而已。

宋牼將之楚孟子遇於石丘曰先生將何之曰吾聞秦楚構兵我將見楚王說而罷之楚王不悅我將見秦王說而罷之二王我將有所遇焉曰軻也請無問其詳願聞其指說之將何如曰我將言其不利也曰先生之志則大矣先生之號則不可先生以利說秦楚之王秦楚之王悅於利以罷三軍之師是三軍之士樂罷而悅於

利也爲人臣者懷利以事其君爲人子者懷利以事其父爲人弟者懷利以事其兄是君臣父子兄弟終去仁義懷利以相接然而不亡者未之有也。

此一章書見謀國者當以仁義爲正而不當言利也戰國時有姓宋名牼者將往楚國孟子適遇於石丘之地問曰先生將何所往宋牼曰時尚戰爭生民之禍烈矣有心斯世者當思所以轉移之吾聞秦楚構兵我將南見楚王說而罷其兵如使楚王不悅於吾之說我將西見秦王說而罷其兵不合於楚必合於秦二王我將有所遇焉孟子曰軻也請無問其說之詳願聞其說之指說之將何如以爲辭也宋牼曰我將言其搆兵之不利也孟子曰處今日而能以罷兵息民爲說先生之志可謂大矣但先生所說以利爲名號則不可蓋既言不利將必言利矣先生以利說秦楚之王秦楚之王悅於利以罷三軍之師是

三軍之士自將帥以及卒伍無不樂罷而悅於利也利名一倡則天下惟知趨利爲人臣者懷利己之心以事其君而不誠於事君爲人子者懷利己之心以事其父而不誠於事父爲人弟者懷利己之心以事其兄而不誠於事兄是盡君臣父子兄弟終去仁義皆懷利以相接將見罷兵雖息一時之患而徇利實傷萬世之彝如此而不滅亡者未之有也先生以仁義說秦楚之王秦楚之王悅於仁義

而罷三軍之師是三軍之士樂罷而悅於仁義也爲人臣者懷仁義以事其君爲人子者懷仁義以事其父爲人弟者懷仁義以事其兄是君臣父子兄弟去利懷仁義以相接也然而不王者未之有也何必曰利

此一節書見仁義之可以致王也孟子曰言利之害如此必何以說之而後可惟有仁義而已先生誠以仁義說秦楚之王極言搆兵之殃民而不仁過制而非義秦楚之王悅於

仁義而罷三軍之師是三軍之士自將帥以及卒伍無不樂罷而悅於仁義也仁義之名既倡則天下咸知趨於仁義爲人臣者懷仁義之心以事其君而必期乎忠爲人子者懷仁義之心以事其父而必期乎孝爲人弟者懷仁義之心以事其兄而必期乎悌是盡君臣父子兄弟皆去利懷仁義以相接也將見下焉者一循乎尊親之典上焉者不失乎綱紀之宜如此而不致王者未之有也仁義未嘗不利何必以利爲言哉乃知利之名不可爲訓也說以利而亡說以仁義而王無他興亡之故係於人心而所以正人心者在正之以道爾

孟子居鄒季任爲任處守以幣交受之而不報處於平陸儲子爲相以幣交受之而不報他日由鄒之任見季子由平陸之齊不見儲子屋廬子喜曰連得間矣問曰夫子之任見季子之齊不見儲子爲其爲相與曰非也書曰享多儀儀

不及物曰不享惟不役志于享爲其不成享也屋廬子悅或問之屋廬子曰季子不得之鄒儲子得之平陸

此一章書見聖賢報施之各當也孟子居鄒時任君之弟季任爲之居守其國以幣帛交於孟子孟子受其幣而不往見以報之又處於齊平陸之地時儲子爲齊相以幣帛交於孟子孟子亦受其幣而不往見以報之他日由鄒之任見季子由平陸之齊不見儲子均

之以幣交者也而見不見異於是屋廬子喜曰一見一不見在夫子必自有道連得其閒隙而問矣問曰夫子之任見季子之齊不見儲子毋乃爲其爲相不若季子攝守君位故輕之而不見與孟子曰子疑以爲相而不見非也周書洛誥之篇有曰享上以禮意爲本必先有禮意而後用物以將之乃可爲享若使物有餘而禮意不足則儀不及物曰不享以其不用志於享故也書之言如此其意蓋

謂不用志於享則雖有享之名而不成享之禮矣爲其不成享故曰不享也觀於書言而我之所以見與不見可知矣屋廬子於是明乎見不見之故遂悅形於色而或人則未知何以爲成享不成享也乃問之屋廬子曰季子爲君居守不得之鄒以見孟子是制於禮者也則雖以幣交而禮意已備此之謂成享儲子爲齊相得之平陸以見孟子而不來見是簡於禮者也則雖以幣交而禮意不及其物此之謂不成享夫旣有成享不成享之別則夫子之一見一不見不亦宜乎由此知君子與人相接之際一視乎禮意之誠否以行吾義焉者也而豈可以一律論哉

淳于髡曰先名實者爲人也後名實者自爲也夫子在三卿之中名實未加於上下而去之仁者固如此乎孟子曰居下位不以賢事不肖者伯夷也五就湯五就桀者伊尹也不惡汙君不辭小官者柳下惠也三子者不同道其趨一也

一者何也曰仁也君子亦仁而已矣何必同曰魯繆公之時公儀子爲政子柳子思爲臣魯之削也滋甚若是乎賢者之無益於國也曰虞不用百里奚而亡秦穆公用之而霸不用賢則亡削何可得與

此一章書見孟子去就之有道也淳于髡曰凡名生於實有功利之實斯有功利之名以名實爲先而爲之者是欲濟時以爲人者也以名實爲後而不爲者是欲獨善以自爲者

也夫子位在三卿之中則非自爲者比乃名實未加於上下既不能正君復不能救民而遂去之而不顧則又非所以爲人矣自爲爲人兩失其道仁者之用心固如此乎此蓋譏孟子仕齊未有功而遽去也孟子曰子安得執去就之迹以論仁夫亦揆於去就之義可耳如居士庶之下位不以己之賢事人之不肖者伯夷也承湯之聘而五就湯湯進之桀而五就桀者伊尹也不惡汙濁之君而弗事

不辭卑小之官而弗爲者柳下惠也三子者或則去或則就或則有去亦有就其道若不同而其志趨則一也一者何也曰仁也無私心而合天理之謂仁就者不失爲仁去者未嘗非仁然則君子之去就亦惟求其心之無私事之合乎天理而已矣若夫去就之迹何必同哉淳于髡又以孟子雖不去齊亦不能有功於齊乃譏孟子曰魯繆公之時公儀子爲執政之卿子柳子思爲師傅之臣宜其足以興魯矣而魯地之見削奪也滋甚若是乎賢者之無益於國也孟子曰賢者豈爲無益於國乎百里奚賢者也虞以不用百里奚而亡其國秦穆公用之而霸諸侯不用賢則亡求其如魯之削何可得與魯之僅止於削而不亡者正以用三賢故耳而何言無益於國耶

曰昔者王豹處於淇而河西善謳緜駒處於高唐而齊右善歌華周杞梁之妻善哭其夫而變

國俗有諸內必形諸外爲其事而無其功者髡未嘗覩之也是故無賢者也有則髡必識之曰孔子爲魯司寇不用從而祭燔肉不至不稅冕而行不知者以爲爲肉也其知者以爲爲無禮也乃孔子則欲以微罪行不欲爲苟去君子之所爲衆人固不識也

此二節書是因淳于髡之疑而折其不能識賢也淳于髡以孟子仕齊無功不足爲賢復譏孟子曰昔者衞人王豹善謳者也處于河

西洪水之側而河西化之皆善謳齊人緜駒善歌者也處於齊右高唐之地而齊右化之皆善歌齊臣華周杞梁戰死於莒者也其妻哭之哀而國俗化之皆善哭即此推之凡有道德積諸內者必有事功見諸外爲其事而無其功者髡未嘗見其人也是故有功則爲賢者不見其功是無賢者也如其有之則髡必見其功而識之矣孟子曰子亦知賢者之不易識乎孔子嘗爲魯司寇之官魯之君相

惑於齊女樂而不用宜可以行矣時方郊祭乃從而祭禮當致膰於大夫而膰肉不至遂不及脫祭祀之冕而行在不知者以爲爲肉而行也即其知者亦以爲爲無禮而行也皆非知孔子者也蓋孔子之心惟恐於父母之國顯其君相之失則欲以君相之微罪行而又不欲爲無故而苟且以去國故不行於女樂既受之時而行於膰肉不至之後其見幾明決而用意忠厚當時誰有能識之者可見君子之所爲出於尋常思慮之外而不徒徇於形迹之微衆人固不識也而遽謂能識賢者哉蓋孟子之去就法乎孔子者也孔子去國之意不欲明言直俟孟子始發明之則孟子之去齊亦必有不欲明言者自非淳于髡之所易識爾

孟子曰五霸者三王之罪人也今之諸侯五霸之罪人也今之大夫今之諸侯之罪人也天子適諸侯曰巡狩諸侯朝於天子曰述職春省耕

而補不足秋省斂而助不給入其疆土地辟田野治養老尊賢俊傑在位則有慶慶以地入其疆土地荒蕪遺老失賢掊克在位則有讓一不朝則貶其爵再不朝則削其地三不朝則六師移之是故天子討而不伐諸侯伐而不討五霸者摟諸侯以伐諸侯者也故曰五霸者三王之罪人也

此一章書是孟子傷世道之衰以警當時之君若臣也五霸齊桓晉文秦穆宋襄楚莊三

王。夏禹商湯周文武。孟子曰當春秋之世五霸不謂無功而未能無罪。其得罪於三王則三王之罪人也。至於今而君若臣更有不可言者矣。今之諸侯得罪於五霸則五霸之罪人也。今之大夫又得罪於今之諸侯則今之諸侯之罪人也。五霸所以爲三王之罪人者何也。三王之制天子以時適於諸侯而察所守曰巡狩。諸侯以時朝於天子而陳其職曰述職。且天子諸侯當春則省民之耕種而補

其不足當秋則省民之收斂而助其不給。巡狩之事如何。入諸侯之疆界見其土地墾辟而無草萊田野耘治而無曠廢養高年之老者而不至於凍餒尊有德之賢者而不至於褻慢諸凡俊傑有才之人皆布列在位而政事釐舉。如是則有慶慶則予之以地蓋賞之以示勸也。若使入諸侯之疆界見其土地荒蕪而非惟不辟亦且不治高年之老者遺棄而不養有德之賢者放失而不尊。諸凡掊克

好利之臣皆布列在位而賦斂煩興。如是則有讓蓋責之以示懲也。述職之事如何。朝會有常期天下諸侯孰敢不朝。其或有不朝者。天子各有道以處此矣。一不朝則貶抑其爵或上公貶爲侯伯或侯伯貶爲子男再不朝則削奪其地或百里削爲七十里或七十里削爲五十里。三不朝則舉六師之衆誅其人而更立之法制既定賞罰征討之權操於天子下焉者特奉而行之耳。是故天子出令以

討有罪而不至親伐諸侯承命以伐有罪而不敢擅討。若五霸者摟合諸侯以攻伐諸侯。則既無出令并非承命但以形勢驅率羣國。名若出於公而實以遂其私敗壞三王之法制莫有甚於此者也故曰五霸者三王之罪人也。

五霸桓公爲盛葵丘之會諸侯束牲載書而不歃血初命曰誅不孝無易樹子無以妾爲妻再命曰尊賢育才以彰有德。三命曰敬老慈幼無

忘賓旅。四命曰。士無世官。官事無攝。取士必得。無專殺大夫。五命曰。無曲防。無遏糴。無有封而不告。曰凡我同盟之人。既盟之後。言歸于好。今之諸侯。皆犯此五禁。故曰今之諸侯。五霸之罪人也。長君之惡其罪小。逢君之惡其罪大。今之大夫。皆逢君之惡。故曰今之大夫。今之諸侯之罪人也。

此二節書言戰國諸侯大夫之罪也。孟子曰。今之諸侯。所以爲五霸之罪人者何也。五霸

之中。惟桓公爲最盛。其在葵丘之地。會合諸侯。威信足以服人。故但束縛其牲。載書於牲上。而不事殺牲以歃血。載書之辭有五。初命曰。孝爲倫行之首。不孝是子不子。罪在必誅。世子爲統緒所係。已立世子而復易。是父不父。無輕易。妻爲匹配所自定。妾而爲妻。何以嚴嫡庶之辨。無亂其分。再命曰。賢而脩行者。尊之使隆其禮。才而擅能者。育之使厚其祿。皆所以表彰有德也。三命曰。國人之老者待以敬。幼者撫以慈。遠人之嘉賓羈旅。悉優遇之無忽忘。四命曰。士恐未盡賢。但世祿而無世官。官事恐有廢闕。但當任而無兼攝。取士必務得其人。不容苟取。大夫有罪。必告天子而後殺。無得自專。五命曰。水泉之利。在共資灌漑。無曲爲隄防。凶荒之災。在互相賙恤。無嚴爲閉糴。普天莫非王土。率土莫非王臣。無以私恩封國邑。而不告天子。五命既終。而又丁寧曰。凡我同盟之人。自今既盟之後。恪遵

五命。以歸於和好。若此者。無非申明天子之禁。而後世諸侯所當永守者也。今之諸侯。皆犯此五禁。向使在五霸之時。必爲五霸之所不赦。故曰今之諸侯。五霸之罪人也。今之大夫。所以爲今之諸侯之罪人者何也。諸侯之賴有大夫者。以其陳善閉邪。而使毋喪失其德也。苟其君有惡不能諫。而又承順之。乃長君之惡者也。是固有罪矣。然惡本在君。而彼特承順而長之。其罪猶小。至於君之惡未萌

而先意迎導之，乃逢君之惡者也。君本無惡，而彼迎導君意，引之於邪僻之地，以成其惡，非罪之大者乎。今之大夫皆逢君之惡，以賊害其君，則諸侯干三王之法，犯五霸之禁，一自大夫有以逢之也。故曰今之大夫，今之諸侯之罪人也。世道其愈趨而愈下矣夫。蓋自古姦臣所由得君之心者，其始無不自逆探君意以成其惡，而其繼遂至於君臣相暱而不可解。此爲君者所不可不察，而爲臣者所

不可不慎也。

魯欲使慎子爲將軍。孟子曰：不教民而用之，謂之殃民。殃民者，不容於堯舜之世。一戰勝齊，遂有南陽，然且不可。慎子勃然不悅曰：此則滑釐所不識也。曰：吾明告子。天子之地方千里，不千里不足以待諸侯。諸侯之地方百里，不百里不足以守宗廟之典籍。周公之封於魯，爲方百里也，地非不足，而儉於百里。太公之封於齊也，亦爲方百里也，地非不足也，而儉於百里。今魯方百里者五，子以爲有王者作，則魯在所損乎，在所益乎。徒取諸彼以與此，然且仁者不爲，況於殺人以求之乎。君子之事君也，務引其君以當道，志於仁而已。

此一章書見事君者當以正君爲要也。慎子魯臣，名滑釐。魯君欲使慎子爲將軍，統兵伐齊以取南陽。孟子曰：勢必足以制敵而後取勝，故善用民者必先教其民。若不教之禮義而遽用之以即戎，則民不知以尊君親上，爲

心，將必有敗亡之禍，是陷民於死地，而謂之殃民。殃民者，在堯舜行仁政之世，豈得而容之哉。甚矣用兵之不可苟也。且兵亦原有難恃者，果其負善戰之才，而一戰勝齊，遂立取南陽之地，揆之於理，猶且不可，況戰之未能必勝乎。慎子勃然不悅曰：戰期於勝，既勝而取南陽猶以爲不可，此則滑釐所不識也。孟子曰：其所以不可之故，蓋以先王固有定制也。吾明告子。在昔先王設都分國，天子之地

方千里。必千里而地之所出。始足待諸侯。苟不千里。則無以供朝覲聘問之禮。而不足以待諸侯。諸侯之地方百里。必百里而地之所出。始足守宗廟之典籍。苟不百里。則無以充祭祀會同之常數。而不足以守宗廟之典籍。地制既定。是以當時封建諸侯。有以次而嗇者。無過制而豐者。如魯之祖周公。功莫大焉。其封於魯。爲方百里也。地非不足。而不踰於百里。至如齊之祖太公。功不在周公下。其封

於齊也。亦爲方百里也。地非不足也。而不踰於百里。夫以周公太公之功。而分封不過百里。則其制之一定而無可加明矣。今魯方百里者有五。較之始封之地。其數已多。子以爲有王者起。而欲與復舊制。則魯在所損乎。在所益乎。吾知其必在所損。而何更取南陽以益之。是即一無傷害。但徒手而取南陽以與魯國。然且仁者不忍爲。況於戰鬭殺人以求廣土地乎。夫亦溯原乎事君之義可也。大凡

君子之事君也。務引其君以當道。使事事循乎日用之常。而於道之中。務引其君以志於仁。使念念守乎公平之理。蓋君之志不爲嗜慾所誘。則其所行自無不悉合乎道。事君之大要盡於此矣。彼違制而非道。殘民而不仁。豈人臣所可以事其君者耶。由此知臣之於君。當慎所以引之。引之以堯舜。則爲堯舜。引之以桀紂。則爲桀紂。故善事君者。在絕其功利之私。而導以性情之正也。

孟子曰。今之事君者曰。我能爲君辟土地。充府庫。今之所謂良臣。古之所謂民賊也。君不鄉道。不志於仁。而求富之。是富桀也。我能爲君約與國。戰必克。今之所謂良臣。古之所謂民賊也。君不鄉道。不志於仁。而求爲之強戰。是輔桀也。由今之道。無變今之俗。雖與之天下。不能一朝居也。

此一章書見爲君者當黜富強之臣也。孟子曰。臣之効力於君。與君之信任其臣。皆當以

正大爲務，而不得徒徇乎功利之術。今之事君者，每自誇其能曰：我能爲君開辟土地，充實府庫，使國用饒足。今之所爲良臣者此矣，而不知聚斂民財，實古之所謂賊害其民者也。君方拂民從欲，趨鄉不在於道，而因以不志於仁，則與桀何異？乃不能引之志仁，而更求富之，是以貪濟暴而富桀也，非民賊而何？今之事君者，又自誇其能曰：我能爲君要約與國，攻戰必克，使國勢壯盛。今之所爲良臣

者此矣，而不知喪棄民生，實古之所謂賊害其民者也。君方好大喜功，趨鄉不在於道，而因以不志於仁，則與桀何異？乃不能引之志仁，而更求爲之強戰，是以威助虐而輔桀也，非民賊而何？夫君以富強之臣爲良臣者，今之道今之俗然也。然亦思君之期於富強者，無非爲取天下計耳。若使率由乎今之道，無變易乎今之俗，日相尋於功利而不已，雖與之天下，而人心離散，叛亂立興，不能一朝居也。然則富強亦何益哉？蓋凡臣之務，致於君；君之屬望於臣者，忠而已。戰國之君臣，莫不以富強爲忠。究之臣之所爲忠者，實非所以愛其君；而君之所謂忠者，實非所以教其臣。是故忠之一言，固不可以不辨也。

白圭曰：吾欲二十而取一，何如？孟子曰：子之道，貉道也。萬室之國，一人陶，則可乎？曰：不可，器不足用也。曰：夫貉，五穀不生，惟黍生之；無城郭、宮室、宗廟祭祀之禮，無諸侯幣帛饔飧，無百官有

司，故二十取一而足也。今居中國，去人倫，無君子，如之何其可也？陶以寡，且不可以爲國，況無君子乎？欲輕之於堯舜之道者，大貉小貉也；欲重之於堯舜之道者，大桀小桀也。

此一章書見古聖人取民之制，不可以私意爲重輕也。白圭，名丹，周人。白圭問於孟子曰：爲君者不取於民，則無以足君；而刻取於民，則又無以足民。吾欲更立稅法，於二十分而取其一分，何如？孟子曰：子所謂二十取一之

道乃居貉之地以治貉之道也有如萬室之國用器者多而一人爲陶以制器則可乎孟子之意蓋以君之取貪於賦猶國之取貪於陶陶不容過少則賦不容過薄故設此問也白圭曰不可室多而陶少器不足用也圭既明於陶之不可以一人何獨闇於賦之不可二十取一乎孟子於是正告之曰知此則知貉道之非所以裕國矣夫貉北方之國高燥而寒五穀不能生殖惟黍早熟耐寒而生之

是本無可爲納貢之物明矣且其俗無城郭宮室則無營築之費無宗廟祭祀之禮則無犧牲粢盛之費無諸侯幣帛饔飧則無朝會餽遺之費無百官有司則無廩祿之費故二十取一而足也今居中國非貉之比若使二十取一無以盡君臣祭祀交際之禮則去人倫無以設百官有司之屬則無君子如之何其可以治也彼陶以寡祗不足供萬室之用耳且不可以爲國况君子係輔治之人無君子而可以爲國乎君子必不可無則經費必不可闕而二十取一其何以足用哉蓋自古十一而稅乃堯舜不易之道而不得更有輕重於其間也較之堯舜之道而輕焉者貉也今欲輕之於堯舜之道者將貉爲大貉而我亦爲小貉也較之堯舜之道而重焉者桀也今欲重之於堯舜之道者將桀爲大桀而我亦爲小桀也重固失於貪暴而輕不傷於苟簡耶乃知圖治者以公平中正爲歸偏輕偏

重總無當於治道之大也

白圭曰丹之治水也愈於禹孟子曰子過矣禹之治水水之道也是故禹以四海爲壑今吾子以鄰國爲壑水逆行謂之洚水洚水者洪水也仁人之所惡也吾子過矣

此一章書見治水當以禹爲法也當時諸侯有小水白圭爲之築隄壅水而注之它國因對孟子而自誇其功曰從來治水者莫如禹然爲力則勞爲時則久若丹之治水也非有

四乘之勞八年之久而成功爛焉竊自謂愈於禹孟子曰子言愈禹過矣禹之治水順水之性而得乎水之道者也是故水之道無不就下而就下則至海而止禹之疏瀹排決一以放乎四海爲歸是以四海爲受水之壑也今吾子築隄壅水但救己之患而不恤鄰國之患是以鄰國爲受水之壑也不大異於禹乎夫水可順不可逆下流壅塞則逆流而行以至洚洞無涯謂之洚水洚水者卽堯時之

洪水也洪水爲災下民昏墊此仁人之所惡而急欲拯其沉溺者也今子不知通水之下流以順其性使鄰國共享其安乃徒爲一時苟且之計壅水以害人其爲不仁莫甚於此吾子過矣而何言愈於禹哉蓋治水之事視乎其心禹之心爲天下而公故其事足以利天下白圭之心爲一國而私故其事遂以病鄰國公私之别利害之關也

孟子曰君子不亮惡乎執

此一章書是孟子明信爲行事之本也孟子曰心能誠一爲亮事有持守爲執惟執而後事可成惟亮而後事可執君子之所以執而不渝者由其亮而無僞也若使觀理未明是非難決因而存心未實意見多淆本無必爲之志安得有不易之操其於事也必至游移莫定而寡所執持矣誠哉君子非亮無以爲執也蓋君子自窮理之後於凡事物之故無不變而通之以成其亮自無不變而通之以

成其執彼執於一偏之見者先已失其爲亮又安足以爲執哉

魯欲使樂正子爲政孟子曰吾聞之喜而不寐公孫丑曰樂正子强乎曰否有知慮乎曰否多聞識乎曰否然則奚爲喜而不寐曰其爲人也好善好善足乎曰好善優於天下而況魯國乎夫苟好善則四海之内皆將輕千里而來告之以善夫苟不好善則人將曰訑訑予既已知之矣訑訑之聲音顔色距人於千里之外士止於

千里之外。則讒諂面諛之人至矣。與讒諂面諛之人居。國欲治可得乎、

此一章書見爲政者在集衆善以成其善也。當時魯君知樂正子之賢。欲使執國政。孟子曰。樂正子見用於魯。道其得行矣。吾聞之喜而不能成寐。公孫丑問曰。士必有其才。而後可任其事。樂正子强毅足以執持國政乎。孟子曰。否。公孫丑又問有知慮足以圖謀國政乎。孟子曰。否。公孫丑又問多聞博識足以通

達國政乎。孟子曰。否。公孫丑於是疑三者既非所長。則何以居位而稱職。乃問曰。然則奚爲喜而不寐。孟子曰。爲政之道。貴虛中以受善。其爲人也。於凡善言善行。無不心誠好之。此其所以喜也。公孫丑曰。好善遂足以治魯國乎。孟子曰。善取諸己則有盡。取諸人則無窮。以彼好善之心。雖治天下有餘裕。而況魯國乎。是何也。凡言以心受。惟心能取者。斯言畢予焉。夫苟好善。則舉四海之內。皆將輕千

里之遠。而來告之以善。由是用天下之言。理一國之事。其何難之有。夫苟不好善。則人將曰。彼之爲人。訑訑然自足其智。以爲予既已知之矣。雖告之以善。其安聽乎。夫此訑訑之聲音顔色。人皆知其無好善之心。將風聲所播。裹足不前。而距絶善人於千里之外。士止於千里之外。則直諒多聞之士。遠而讒諂面諛之人至矣。與讒諂面諛之人居。而所見所聞。無一善言善行。居身日以非。行事日以謬。

國欲治可得乎。甚矣好善優於天下。而樂正子之得爲政。爲可深喜也。凡爲政者。能舍己以來天下之善。則善不必自己出。而政無不舉。否則自以爲智者。適所以成愚。自以爲聖者。適所以成狂。書曰。能自得師者王。謂人莫己若者亡。好問則裕。自用則小。君天下與相天下者。皆不可不知也。

陳子曰。古之君子。何如則仕。孟子曰。所就三。所去三。迎之致敬以有禮。言將行其言也。則就之。

禮貌未衰言弗行也則去之其次雖未行其言也迎之致敬以有禮則就之禮貌衰則去之其下朝不食夕不食饑餓不能出門戶君聞之曰吾大者不能行其道又不能從其言也使饑餓於我土地吾恥之周之亦可受也免死而已矣

此一章書是明君子去就之義以見仕之不苟也陳臻問於孟子曰君子處世旣不可不仕以明高亦不可苟且以倖進古之君子必何如而後仕乎孟子曰時之遭遇不同君子

之自處亦異其就而仕者有三其去而不仕者亦有三蓋君子之仕非以干求利祿志在行其道也如爲人君者有樂道忘勢之心有尊賢圖治之意屈己以迎之內致其敬外盡其禮且虛懷信任言我將納用其言是吾道可行之機也則就之若外之禮貌雖存而中之信任不篤言旣不行君子必不可以虛拘也則去之其次雖未能卽行其言而接待之間猶能內致其敬外盡其禮是亦尊賢敬士之君可與有爲亦吾道可行之機也則就之若禮貌寖衰則好賢之誠已薄君子當見幾而作矣則去之此皆委曲爲行道計也其下有所遇困窮君旣不能用又不能禮致使朝夕不食饑餓不能出門戶其君始聞而悔之曰賢者處於吾國吾大者不能行其致君澤民之道復不能從其因事納誨之言使饑餓於我之土地又不能盡養賢之禮吾滋以爲恥於是供餽以周之夫君之於民亦有周給

之義茲更有悔過之言受之而養其身以有待亦所以存吾道也是亦就之之意然所受有節不過免死而已豈濫受而苟留哉是亦去之之意也古君子去就之義大畧如此蓋君子之遭遇聽言爲行道之實禮貌亦行道之機故皆可委曲而就爲人君者必諫行言聽而後爲好賢之誠使人視禮貌爲去就則已淺矣

孟子曰舜發於畎畝之中傅說舉於版築之間

膠鬲舉於魚鹽之中管夷吾舉於士孫叔敖舉於海百里奚舉於市故天將降大任於是人也必先苦其心志勞其筋骨餓其體膚空乏其身行拂亂其所爲所以動心忍性曾益其所不能人恒過然後能改困於心衡於慮而後作徵於色發於聲而後喻入則無法家拂士出則無敵國外患者國恒亡然後知生於憂患而死於安樂也

此一章書見聖賢皆成於憂患而安樂之不

可狃也孟子曰自古聖君賢臣大約興於艱難困苦者爲多如舜聖帝也發於畎畝之中傅說賢相也高宗舉於版築之間膠鬲賢臣也文王舉於魚鹽之中管夷吾齊之賢相也囚於士官而桓公舉之孫叔敖楚之賢臣也隱於海濱而莊王舉之百里奚秦之賢臣也混於市廛而穆公舉之是何其初則抑鬱頓挫而後乃德業炳赫若此乎是皆有天焉非偶然也天將以君相之大任付於斯人必先苦其心志使意不得舒勞其筋骨使身不得息餓其體膚而飲食不充空乏其身而財用不足凡身之所行與其意之所欲爲相爲拂亂而逆其志願凡此者皆所以竦動其理義之心使之惕然自奮堅忍其嗜欲之性使之澹然無求且閱歷艱難擴充識見才力之所不能者使增益之所以智深勇沉才全德備一旦可以當大任而無難也此不獨聖賢爲然凡中人之資每因有過失然後翻然改悔

蓋不能謹始於平日必待事勢窮迫困於心而不得通衡於慮而不得順然後感奮而興起不能燭理於幾微必待過失顯著驗於人之色發於人之聲然後警醒而通曉此又不獨人情爲然凡有國家者內無法度之世臣諫諍之賢士則無以聞其過而易至於怠荒外無強大之敵國侵凌之外患則無以惕其心而易至於驕縱國鮮有不亡者由此觀之可見憂患者人以爲可危而不知爲增益德

性之具安樂者人以爲可恃而不知爲漸至危亡之階也人安可惡憂患而耽安樂也哉蓋用人者將投之以宏鉅必先擇之於艱難湯之所以立賢無方也守國者慮憂患則常安狃安樂則常危益之所以儆戒無虞也孟子此言何其明切而警凜與

孟子曰教亦多術矣予不屑之教誨也者是亦教誨之而已矣

此一章書是孟子欲人思教者之心也孟子

曰人之材質不同君子之施教亦異故教亦多方矣予於人之有不善者習染既深拒絕之而不屑教誨者亦有之然我之心無非使之惕然悔悟改惡遷善非忍而絕之實激而進之是亦教誨之而已矣人可不以教者之心爲心乎蓋聖賢大道爲公視天下無棄才曲成而不遺抑揚進退無非教也帝王之黜陟予奪推之以至於刑罰流就無非使天下嚮善而已矣故曰刑以弼教也

日講四書解義卷之二十四

日講四書解義卷之二十五

孟子 下之七

盡心章句上

孟子曰盡其心者知其性也知其性則知天矣存其心養其性所以事天也殀壽不貳脩身以俟之所以立命也

此一章書是孟子發明心性之學以見天人之合一也孟子曰人之主宰乎一身者惟心心乃人之神明具衆理而應萬事其體量至

爲宏大人能充滿其量使全體大用無一毫之虧欠則必由於知性性者心所具之理即事窮究而洞然無疑則理明而心之體全矣夫此理在性爲健順五常之德在天即爲於穆流行之本非有二也能知性則性所從出之原亦融會貫通矣知天何事外求哉君子達天之學如此心固當盡而又貴有以存之心之出入無時必常操而不舍一動一靜不使奪於外誘之私性固當知而又貴有以養

之性之純然不雜宜常順而不悖勿忘勿助不使違乎自然之則心與性皆天之付於我者存養如此則天理常存即所以奉承乎天而無違也君子事天之學如此然使知天事天猶不能不惑於殀壽之故而脩身之學怠焉非仁智之盡也惟盡心知性至於洞徹之極而殀壽不以貳其心存心養性以脩其身而俟夫命之自至則天所付於我之理毫無虧欠而命自我立矣豈非知天事天之全功

乎人主繼天立極時與天命相陟降惟當格物致知以窮理存心養性以脩身與天地合其德又何天之不可知何天之不可事何命之不可立哉故禨祥禍福數也而知天不在乎是郊壇享祀文也而事天不盡乎是禱祀鬼神妄也而立命不繫乎是夫亦求之於身心性命之實天人合一之理而已矣

孟子曰莫非命也順受其正是故知命者不立乎巖牆之下盡其道而死者正命也桎梏死者

非正命也

此一章書是孟子示人以順受正命之學也孟子曰凡人之生吉凶禍福遭遇不同莫非天之所主宰是謂氣數之命然其中有正命焉爲善而獲福固謂之正即爲善而或蒙禍亦不可不謂之正是蓋莫之致而至者人但當順受乎此而已是故知正命者凡行險僥倖禍機所伏之地皆所不蹈必不立乎巖牆之下焉所謂正命者謂何君子平日存心養

性以脩身而氣數脩短聽之自然全而歸之者此正命也行險僥倖自蹈危亡如桎梏而死之類此皆人所爲而非天之正命也人可不思順受其正哉孟子言順受非茫無操持聽之氣數適然之遭而已也蓋盡道正順受之實不愧不怍則可以達天自求多福斯可以立命孰謂天運不由於人事哉

孟子曰求則得之舍則失之是求有益於得也求在我者也求之有道得之有命是求無益於得也求在外者也

此一章書是孟子戒人之妄求也孟子曰人之孜孜而求者不一亦當辨其有益與無益耳如求則得之勤脩始能有獲舍則失之棄置即已遺忘是得失係於所求乃求之有益者也此無他仁義禮智爲吾性固有之良求其在我者也焉有不得哉若夫求之則有道焉度於義理而不可妄求得之則有命焉限於氣數而不可必得是得失不係於所求乃

求之無益者也此無他富貴利達非吾身固有之物求其在外者也而可以倖得哉人亦當審所求矣夫人之希心利祿者往往以爲求之有益孟子之所謂有道即孔子之所謂進以禮退以義也孟子之所謂有命即孔子之所謂得之不得曰有命也聖賢安命自脩之學皆如此

孟子曰萬物皆備於我矣反身而誠樂莫大焉強恕而行求仁莫近焉

此一章書是孟子勉人以盡性之學也。孟子曰。天下事物之理。其端有萬。然無不備於人性分之內。如有父子君臣。則仁義之理已備。有耳目視聽。則聰明之理已備。大而倫紀。小而事物。其當然之則。皆渾然具足於性中者也。而克盡其理者。則有安勉之不同焉。誠自反於身而所備之理。皆實踐而無少虛假。則不待強勉。而一身之內。莫非天理之流行。樂孰逾於此乎。反身而誠。則仁在是矣。人不皆自然而能。於是有求至乎仁之事。是殆莫切於強恕。人之遠乎仁者。由私意之間隔。誠能勉強力行。推己及人之事。則心公而理得。求仁莫近於此。其於皆備之體。無少欠缺。不猶夫自然而誠者乎。可見本體無事外求。而工夫在於實踐。萬物皆備。即仁也。體仁之實。莫大於誠。求仁之方。莫切於恕。中庸曰。明善誠身。又曰。忠恕違道不遠。聖賢盡性之學。有異旨與。

孟子曰。行之而不著焉。習矣而不察焉。終身由之而不知其道者。衆也。

此一章書是孟子警人知道之意也。孟子曰。人日在斯道之中。則當盡夫明道之實。蓋天下之事。莫不有當然之理。與所以然之故。乃人倫日用之事。或日行之而不能灼知其所當然。或習熟矣。而不能察識其所以然。是以終身行其事。而不能知其道者。固甚衆也。蓋道即人而具。大而君臣父子之倫。近而視聽言動之節。小而一事一物之微。皆道所貫注。日行日習而不能加明察之功。致使發於偏私。乘於物欲。而日與道遠。庸衆固無責矣。體道之君子。顧可不自警省乎哉。

孟子曰。人不可以無恥。無恥之恥。無恥矣。

此一章書是孟子警人知恥也。孟子曰。人之所以得免於庸衆。而可入於聖賢者。全是一念羞惡之心。以激勵於前。而懲創於後。故人不可以無恥也。蓋爲不善而不能改。此己之

無所恥也能以此爲深恥自能遷善遠惡而終身無復有恥辱之累矣孔子論士以行己有恥爲明體之學此正善惡之關而聖庸之介也故聖賢重之

孟子曰恥之於人大矣爲機變之巧者無所用恥焉不恥不若人何若人有

此一章書是孟子戒人之忘恥也孟子曰羞惡者乃人生固有之良心所係於人爲最重蓋有此羞惡之心則希聖希賢而日進於高

明無此羞惡之心則苟且因循而日流於汙下人可忽視此一念哉世之失其本心者勞心於機械而爲籠絡之術從事於變詐而爲反復之行人皆以爲深恥而彼反以爲得計若此等人更何所用其愧恥之心乎此心既失則恥之一念已不若人將放辟邪侈無所不至更何若人之有恥之係於人也豈不重哉夫人主之所以風厲天下使之勇於爲善者全在動其愧恥之心故孔子云有恥且格

則知恥之一念發於寤寐淪於肌膚不可强也誠天下之人爲一不善若撻市朝之辱非人君祓濯於上百姓服教畏神於下而能然乎故大畏民志又有恥且格之本也

孟子曰古之賢王好善而忘勢古之賢士何獨不然樂其道而忘人之勢故王公不致敬盡禮則不得亟見之見且猶不得亟而况得而臣之乎

此一章書見君當以道重士士當以道自重

也孟子曰賢者之係於人國最重也以輔君德則使之爲堯爲舜以佐治理則使之爲唐爲虞所以古之賢王好人道德之善而忘己尊貴之勢然君之所以重士者以其道也君重其道而士先不能以道自重則其本已失何以爲輔世長民之具乎所以古之賢士亦未嘗無所好無所忘也其所樂者己之道而所忘者人之勢此非矯情輕世以明高蓋抱道自重使微動於勢分之尊遂自喪其樂道

之實。故王公不能內致恭敬之心。外盡尊崇之禮。則不得數見賢者。數見且不可得。而況得而臣之乎。蓋虛懷下賢者。人君之盛事。故不嫌於屈己。而抱道自重者。士君子之大節。亦非同於自矜。古之君臣相尚以道。往往如此。不如是。不足以得伊傅之臣。而止以來干時希進之士耳。其可忽乎哉。

孟子謂宋句踐曰。子好遊乎。吾語子遊。人知之亦囂囂。人不知亦囂囂。曰。何如斯可以囂囂矣。

曰。尊德樂義。則可以囂囂矣。故士窮不失義。達不離道。窮不失義。故士得己焉。達不離道。故民不失望焉。古之人。得志。澤加於民。不得志。脩身見於世。窮則獨善其身。達則兼善天下。

此一章書是孟子示人以窮達自得之學也。時人有宋句踐者。游說之士也。孟子謂之曰。子好遊於諸侯乎。吾語子以遊說之道。夫遊於人國。而人之知不知不可必也。然內返諸心。所得在我。人知之亦囂囂而自得。不以為喜。人不知亦囂囂而自得。不以為戚。則內重外輕。隨遇而安矣。宋句踐問曰。自得非易。何如斯可以囂囂乎。孟子曰。君子處世。固非徇物。亦非矯情。蓋在我者重。則在人者自輕。如吾心所得之善。謂之德。恭敬奉持之而不敢忽。則天爵貴而人爵不足榮。吾身所守之正。謂之義。欣慕愛樂之而不敢違。則操履端而外物不能誘。斯可以囂囂自得矣。故士當窮而在下。則以所尊所樂者守之為義。而為特

立獨行之操。當達而在位。則以所尊所樂者行之為道。而成濟世安民之業。惟其窮不失義。故處則為幽人之貞。而士得己焉。惟其達不離道。故出則慰斯民之心。而民不失望焉。曷不觀於古之人乎。古之人得志而在位。則以道義為政教之施。而福澤加於百姓。不得志而伏處。則以道義為脩持之具。而聞望著於當時。是窮非徒窮。有以獨善其身。達非徒達。有以兼善天下。此自得之實。而窮達之所

以一致也。何知與不知之足以動其心哉。孟子之所言，殆即隱居以求其志，行義以達其道之流與。士君子必以此自命，而後處爲純儒，出爲王佐，而不違乎用舍之宜。朝廷必以此用人，而後處足以風厲天下，出足以潤澤生民，而可以收道德之效。孟子詎僅爲遊説之士言哉。

孟子曰：「待文王而後興者，凡民也。若夫豪傑之士，雖無文王猶興。」

此一章書是孟子勉人以豪傑自待之意。孟子曰：天性之良，人所同得，而庸衆之蔽錮已深，賢哲之奮興獨力。故待文王之教化而後感發興起於善者，此凡民也。若夫才智過人之豪傑，稟乎天性者既優，蔽於物欲者亦淺，其卓然自立，不因乎人，豈待文王而後興哉。人奈何自等於凡民，而不以豪傑自待也。夫聖人不一，而獨舉文王爲言者，教化之澤莫盛於文王。詩曰：「倬彼雲漢，爲章于天。周王壽考，遐不作人。」言文王教思之無窮也。又曰：「肆成人有德，小子有造。」言文王作人之效也。天下豪傑少而凡民多，爲人君者不當以卓立獨行槩天下爲豪傑，而當以化行俗美變天下之凡民，其亦以文王爲法而可哉。

孟子曰：「附之以韓魏之家，如其自視欿然，則過人遠矣。」

此一章書見人不當以富貴動其心也。孟子曰：人生以道德爲重，遭遇之隆盛於己無加，

亦於己無損。然非有過人之識量，鮮有不爲其所動者。今有人於此，以匹夫之微，而一旦附益之以晉卿韓魏之家，猝然投之於富貴，而驕矜之意不萌於中，滿假之色不形於外，自視欿然謙虛，此必其內重而外輕，己大而物小，有遠過於人者矣，豈易得哉。蓋人之材，猶夫器也。器大則所受者大，器小則所受者小。不獨遺大投艱難付之斗筲之器，即高爵厚祿亦難載於淺陋之人。能淡視富貴者，即

其能肩任事功者也，能不爲寵利動者，即其不爲患難移者也。持此以衡天下士，其亦可矣。

孟子曰：以佚道使民，雖勞不怨；以生道殺民，雖死不怨殺者。

此一章書見王道無非以愛民爲心也。孟子曰：好逸而惡勞，好生而惡殺者，斯民同然之心。有逸而無勞，有生而無殺者，聖王因民之治。至不得已而使民殺民，亦豈無道以處此

哉！如城郭之脩治，農田之耕鑿，吾意本欲佚民，而非此則民反不能常佚，是勞在一日者，佚在百年。其使民也，實以佚道使之也，民咸諒其不得已而使之之心，雖勞而不怨矣。如盜賊之必刑，姦宄之必誅，吾意本欲生民，而非此則民反不得遂其生，是殺在一二人者，生在千萬人。其殺之也，實以生道殺之也，民咸信其不得已而殺之之心，雖死不怨殺者矣。蓋勞民動衆，君子所戒；明愼用刑，聖人所貴。惟常存佚之生之之心，而仍必致謹夫使之殺之之事，豈敢有非時之興作與恣意之刑戮乎哉！所謂王道以人情爲端者，亦審乎此而已矣。

孟子曰：霸者之民，驩虞如也；王者之民，皥皥如也。殺之而不怨，利之而不庸，民日遷善而不知爲之者。夫君子所過者化，所存者神，上下與天地同流，豈曰小補之哉。

此一章書是孟子言王道之大也。孟子曰：治

化之淺深，由於主德；主德之純駁，驗於民風。是故行霸道而爲霸者，其小恩小惠易結百姓之心而生其感，其民風則見美市恩，驩虞如也。行王道而爲王者，其深仁厚澤淪洽百姓之心而忘其德，其民風則廣大自得，皥皥如也。皥皥之氣象何如？民之所惡惡之，刑罰當其罪，雖殺之而民不知怨；因民之所利而利之，耕鑿安其常，雖利之而民無所歸其功。順民性之自然而匡直輔翼之，是以民日遷

於善而忘乎上之教民風如此眞所謂時雍之治太和之化豈驩虞之可言乎蓋王天下之君子德盛化神凡身之所臨政教經歷之地便已民風丕變無不化而歸於善者凡心之所存神明默運之時便已從欲而治有至神而莫能測其所以然者天地之所覆載皆王化之所周流上下與天地同其運行焉豈如霸者之邀名市惠小補於一時一事而已哉夫王道霸道之不同所辨止在公私而其

量遂分大小違道以干百姓之譽此霸道之所以小也無黨無偏蕩蕩平平此王道之所以大也先儒謂王霸之辨莫明於孟子而言王道氣象之廣大無有備於此章者爲人君者當思其氣象爲何如而措之政事焉則得矣

孟子曰仁言不如仁聲之入人深也善政不如善教之得民也善政民畏之善教民愛之善政得民財善教得民心

此一章書言政教感人之異欲爲人君者審所尚也孟子曰人君有仁厚之言則百姓聞而知感有愷悌之聲則百姓聞而知愛二者均足以入人然仁言布於一時不如仁聲著於平日之入人爲尤深也人君有法度之善政所以防閑乎百姓有禮義之善教所以化導乎百姓二者均足以得民然善政以制其外不如善教以格其內之得民爲尤至也善政不如善教者何以言之善政則有法制禁

令之密而百姓怵於爲非有不咸遵約束而畏之者乎善教則有禮樂陶淑之功而百姓樂於爲善有不懽欣鼓舞而愛之者乎善政則經畫詳而民生遂民生遂而國用充可以得民財善教則仁義行而民俗厚民俗厚而忠愛生可以得民心以民畏與民愛較以得民財與得民心較善政之不如善教也彰明較著矣夫政教不可偏廢後世但知令行禁止爲國家之大務而不知與民行化民俗措

天下於太平者則賴乎仁育義漸善教之爲功多也可勿審所尚哉。

孟子曰人之所不學而能者其良能也所不慮而知者其良知也孩提之童無不知愛其親也及其長也無不知敬其兄也親親仁也敬長義也無他達之天下也

此一章書是孟子示人以仁義之本心而欲其加擴充之功也孟子曰天性之良人所固有能擴而充之不可勝用矣蓋人有所能皆由於學若不煩講習而自能者此乃吾性本然之能其良能也人有所知皆由於慮若不假思索而自知者此乃吾性本然之知其良知也所謂良知良能者維何孩提之童絕無知識然未有不知愛其親者及其稍長知識有限然未有不知敬其兄者此非不學而能不慮而知者乎夫此愛親之心乃吾性之仁所發此敬長之心乃吾性之義所發仁義至大我以爲見端於愛敬者豈有他哉蓋由愛

親敬長一人此心千萬人亦此心仁義本天下之公理而愛敬亦天下之同情達之天下而無不然可見仁義爲本心固有之良無疑矣是以王者因性牖民莫先於明孝弟之義親遜之成風即仁義之化洽豈俟外求乎哉。

孟子曰舜之居深山之中與木石居與鹿豕遊其所以異於深山之野人者幾希及其聞一善言見一善行若決江河沛然莫之能禦也。

此一章書見聖心以虛受天下之善也孟子曰聖人之心渾然天理未有所觸則澹然若忘一有所感則虛而能應如帝舜未登庸之時耕於深山之中所與居者木石所與遊者鹿豕以其形迹而觀之何以異於深山之野人哉然此時聖心之內萬理淵涵特無所感焉斯停蓄而不覺耳及其聞一善言見一善行以在人之善而合乎聖心之善隨感輙應聞善言則急受之見善行則急行之融會貫通殆若決江河沛然莫之能禦也非聖心之

至虛至明而能受天下之善若此乎蓋人心之靈明欲其常虛欲其常靜方寸之內絕無畛域絕無私累而後可以受天下之善凡人君一日萬幾善不善雜進要使此心常如明鏡止水自然妍媸立辨於天下事泛應曲當無不咸宜矣可不以大舜爲法與

孟子曰無爲其所不爲無欲其所不欲如此而已矣

此一章書是孟子教人擴充其本心也孟子曰人心至虛至靈雖當物欲蔽錮之後而本體之明未嘗不時時發露於最初之一念如事之不當爲者初亦知其不當爲事之不當欲者初亦知其不當欲此雖中材而下之人斷未有無此一念者迨一轉念而利害惑於中紛華動於外初見爲不可爲者而竟爲之初見爲不可欲者而竟欲之此念一失放蕩而不知返本體之明遂不可復問矣人誠以義制事斷然持之而無爲其所不爲以禮制

心凜然防之而無欲其所不欲如此則所爲者皆合於宜所欲者皆當於理清明在躬而天心來復聖賢學問豈有餘事哉如此而已矣孟子之所謂無爲無欲即大學之所謂毋自欺也人常令此不爲不欲之一念炯然內覺不爲私欲所蒙是之謂察識卓然振拔不爲外物所誘是之謂擴充要豈外本心而求之哉

孟子曰人之有德慧術知者恆存乎疢疾獨孤臣孽子其操心也危其慮患也深故達

此一章書見人困而後能達也孟子曰昏愚每起於晏安而聰明多生於憂患人情大抵然也在心之理謂之德以理燭事見於未然是爲德之慧處事之方謂之術因事循理善其當然是謂術之知人之能有此者恆由乎災患之來動心忍性磨厲而能然也天下惟孤遠之臣庶孽之子處於危疑之地而不能得乎君親其處心也危懼嘗專一而不敢肆

其慮患也滚遠嘗精密而不敢忽故能達於事理而全乎忠孝之道也此非德慧術知之生於疢疾者哉由此推之天下安危之數不係於時勢而係於人心心常凜則危可使安心一肆則安可使危古人云晏安酖毒不可懷也可不儆哉

孟子曰有事君人者事是君則爲容悅者也有安社稷臣者以安社稷爲悅者也有天民者達可行於天下而後行之者也有大人者正己而物正者也

此一章書是孟子列言臣品欲人以容悅爲戒而思臻乎臣道之極也孟子曰人臣事君之道不同以富貴爲念者不足言矣進此則有以功名爲重者又有以道德爲重者又有道全德備而忘乎道德之名者如有一等臣其事君也不知引君當道爲事專務阿徇以求君之容己專事逢迎以求君之悅己此所謂患得患失之鄙夫奚足語於臣道哉有一

等安社稷臣者其處心積慮惟思措社稷於常安雖犯顏而不顧雖盡瘁而不辭惟以安社稷爲悅此可謂忠貞之臣矣有一等全備乎天理而爲天民者視道德爲重視功名爲輕必聖君在上可以行其道於天下以濟世安民而後出而行之必不肯小試其道以徇世此惟伊呂之徒方足以當之此可謂天下之士矣又有一等德盛化神之大人者但正己而非有心於正物然上而君感其德自格其非心下而民化其德咸歸於王道此忘其爲之之迹而大而化化而神者矣非聖人其孰能之蓋國家必得忠貞篤棐之臣匡襄輔弼而後可以安社稷必得道德純備之臣正己率物而後可以行王道然使容悅之臣間雜乎其間則雖功名之士且不屑就况道德之儒乎故任人以圖治者欲收事功道德之效必自去容悅之臣始

孟子曰君子有三樂而王天下不與存焉父母

俱存兄弟無故一樂也仰不愧於天俯不怍於人二樂也得天下英才而教育之三樂也君子有三樂而王天下不與存焉

此一章書見君子性分之眞樂也孟子曰樂之在勢位者其樂淺樂之在道德者其樂深人皆以王天下爲至可樂不知君子有三樂而王天下不與存焉何謂三樂人生之所至願而難必者莫如父母兄弟之間此蓋有天焉而非人所能爲也若父母俱存而罔極之

恩可報兄弟無故而友愛之道可施此天倫之盛事也一樂也人生之內省無疚者爲最難非克己之盡不能也誠於天所賦予之理備之而絕無虧歉仰可以不愧於天於人所當盡之道行之而絕無虛僞俯可以不怍於人此性情之愉快也二樂也人生之所最難得者廣其道於一時而傳其道於後世今則得天下明睿之才而聚於一堂講習討論以成其才涵育甄陶以養其德此教思之無窮也三樂也三者乃天倫道德之眞樂君子有此三樂豈以王天下動其心哉夫王天下之所以可樂者非以其勢之尊位之崇也恩澤溥遍則來四海九州之愛戴德業隆盛則繼聖帝賢王之道統故古人不以勢位爲足重而亦不以勢位爲可輕誠使王天下者彝倫攸敘愼脩罔愆而又得英賢輻輳共襄太平則安見勢分中遂無性分之樂也哉

孟子曰廣土衆民君子欲之所樂不存焉中天

下而立定四海之民君子樂之所性不存焉君子所性雖大行不加焉雖窮居不損焉分定故也君子所性仁義禮智根於心其生色也睟然見於面盎於背施於四體四體不言而喻

此一章書是言性之得於天者至重也孟子曰內而德性外而事功皆君子所不敢忽然其中則有輕重存焉故澤被生民者君子之願也若土地則幅幀至廣人民則生齒甚繁恩澤可以遠暨君子寧不欲之然未免限於

方域而君子之所樂不在乎此若天下統於一人居中可以制外盡四海之民皆可得而撫綏安定之是吾道大行無一夫不被其澤豈非君子之所樂乎然事功雖盛而君子之所性不在乎此君子之所性得之於天而盡之於人雖達而在上位大行其道而非於性有所加雖窮而在下位不得行其道而非於性有所損蓋由本來之分數一定既非有餘亦無不足非外至之境遇所得而損益者也

君子之所性果何如哉仁義禮智四者本性之德而蘊於心者也君子心體清明毫無物欲之累故四德之根柢於心也堅固而不可搖其發越於外也自光華而不可掩則見其睟然見於面而清和潤澤莫非四德之流行盎於背而豐厚盈溢莫非四德之充滿其被於四體也皆不待命令而自然動中規矩莫非四德之敷施積中達外之盛如此則君子之所性豈窮達所得而加損者哉孟子此言非薄事功也正以重事功堯舜之勳華不出性分以內之事人主以仁義禮智之天德發而爲永清大定之王道則事功與性功詎有二乎哉

孟子曰伯夷辟紂居北海之濱聞文王作興曰盍歸乎來吾聞西伯善養老者太公辟紂居東海之濱聞文王作興曰盍歸乎來吾聞西伯善養老者天下有善養老則仁人以爲己歸矣五畝之宅樹牆下以桑匹婦蠶之則老者足以衣

帛矣五母雞二母彘無失其時老者足以無失肉矣百畝之田匹夫耕之八口之家可以無饑矣所謂西伯善養老者制其田里教之樹畜導其妻子使養其老五十非帛不煖七十非肉不飽不煖不飽謂之凍餒文王之民無凍餒之老者此之謂也

此一章書是勉人君法文王而行養老之政也孟子曰爲政莫先於善俗善俗莫先於養老尚齒引年三代所共而良法美意莫備於

文王嘗曰伯夷辟紂之虐隱於北海之濱聞文王作而興起曰盍歸往乎吾聞西伯發政施仁善養老者太公避紂之虐隱於東海之濱聞文王作而興起曰盍歸往乎吾聞西伯發政施仁善養老者伯夷太公天下之仁人也天下有能善養老之君則仁人皆歸往之矣今以文王治岐之政言之一夫受以五畝之宅於牆下隙地樹之以桑使匹婦治蠶而老者之衣足於帛矣五母雞二母彘使無失

其孕字之時而老者之食足以無失肉矣百畝之田匹夫耕之而不奪其農時八口之家仰事俯育足以無饑矣由此觀之伯夷太公所謂西伯善養老者豈恃夫沾沾小恩小惠家賜而人給之哉不過制其田里定百畝五畝之規教之樹畜廣蠶桑雞豚之利使之夫耕婦織以各養其老如是而已矣蓋凡人年齒衰耄則頤養爲急五十之人非帛不煖七十之人非肉不飽不煖不飽則是凍餒其民

文王之時無凍餒之老者正制田里教樹畜以養老之謂也欲行王道而厚風俗可不以文王爲法哉後世人君亦有能禮高年者矣賜粟賜帛意非不善然朝廷之恩澤有限而田野之利賴無窮昔人云君不奪農時則國人有餘食矣不奪蠶桑則國人有餘衣矣誠能行此使人自爲養又何事區區五更三老之具文也哉

孟子曰易其田疇薄其稅斂民可使富也食之

以時用之以禮財不可勝用也民非水火不生活昏暮叩人之門戶求水火無弗與者至足矣聖人治天下使有菽粟如水火菽粟如水火而民焉有不仁者乎

此一章書是孟子言足民乃王道之本也孟子曰帝王之治天下正德必始於厚生禮教必興於富足此斷斷然者人君誠能三時不害使民盡力於田疇什一而征上又薄收其稅斂則野無曠土而國無重賦民可使富矣

此開財之源得其道也。財之耗於食者甚多。人主必教民以時，朝饔夕飧，按時而食也。六畜果蔬非時者不鬻於市也。財之耗於用者無窮。人主必制民以禮，吉凶賓祭必有其節也。豐歉貴賤必有其等也。食不侈而用不濫，財不可勝用矣。此節財之流得其道也。民富而財不可勝用如此，豈非民生之至足乎。夫民非水火不生活，則宜其愛惜之矣。然昏暮叩人之門戶求水火，無有吝而弗與者，何哉。

爲其至足故也。聖人治天下，爲民開財之源，節財之流，使菽粟之多如水火，無不充然至足。菽粟既如水火，則閭閻之間有無相通，緩急相濟，親愛和睦，而爭訟不興，家給人足，而盜賊不作，而民焉有不仁者乎。此可見足民爲治天下之要道。聖王貴五穀而賤金玉，亦在作之以勤，風之以儉，先之以輕徭薄賦，使民衣食足而教化可興也。若不能足民而言禮樂教化，不過苟且塗飾之具而已，豈聖人教養之道哉。

孟子曰：孔子登東山而小魯，登太山而小天下。故觀於海者難爲水，遊於聖人之門者難爲言。觀水有術，必觀其瀾。日月有明，容光必照焉。流水之爲物也，不盈科不行；君子之志於道也，不成章不達。

此一章書是言孔子之道大而有本，而學聖人者有循序漸進之益也。孟子曰：道莫盛於孔子。今以孔子之道言之，其自處者高，故其

視下者益小。如登東山，則魯處其下，有不小視夫魯者乎。登泰山，則天下處其下，有不小視夫天下者乎。以人之觀乎聖人之道者言之，觀其大則小者不足觀，如海爲百谷之王，觀於海而見其浩渺，則支流衆派不足論矣。聖人爲羣言之宗，遊於聖人之門而聞其言論，則諸子百家皆緒餘矣。聖人之道之大也如此。然而有本焉。夫水惟其有本，所以有波流之湍急，故觀水者有術，亦觀其瀾，而水之

有本可知矣日月惟其有明所以容光之隙明無不照觀於容光之必照而明之有本可知矣觀聖人之道者何以異於是然道固大而有本自學者言之豈能一蹴而遽至哉夫流水之爲物也不盈於科則不行而前進君子之志於聖人之道也必日積月累篤實於中而光輝發越於外然後可從容變化而造乎其極若所積不厚未至於成章則不能足乎此而達乎彼何由至於聖人之域哉人亦

宜從事於下學上達之功矣蓋不知聖道之大則苟安卑陋而識見不宏不知求道之序則妄希功效而心志不一人其可小視乎道而易視夫學哉

孟子曰雞鳴而起孳孳爲善者舜之徒也雞鳴而起孳孳爲利者蹠之徒也欲知舜與蹠之分無他利與善之間也

此一章書是孟子危言義利之介也孟子曰聖人小人相去懸絕而其初止爭一念如有人焉雞鳴而起未與物接一念方萌之時但孳孳爲善是雖未至於聖人之極然所孳孳者聖人之事矣是即舜之徒也有人焉雞鳴而起未與物接一念方萌之時但孳孳爲利是雖未至於小人之極然所孳孳者小人之事矣是即蹠之徒也夫舜爲天下之至聖蹠爲天下之至惡其地位雖分天壤而其界限則在幾微一念爲善則日循乎天理不至於爲舜不止一念爲利則日淪於人欲不至於

爲蹠不止是豈有他哉亦在乎利與善之間而已人可不謹凜乎哉故同一爲善也而爲善之念稍涉於功利稍近於名譽一毫間雜即流而爲利在聖學則爲誠與僞之由分在治道則爲王與霸之由辨故孟子危言之

孟子曰楊子取爲我拔一毛而利天下不爲也墨子兼愛摩頂放踵利天下爲之子莫執中執中爲近之執中無權猶執一也所惡執一者爲其賊道也舉一而廢百也

此一章書是孟子闢異端而明時中之學也孟子曰自學術不明而異端紛起吾道大中至正之理幾不明於天下如楊子之學主於爲我其意不以一毫利物雖拔一毛之微而以利天下彼必不爲也是非失之不及者乎墨子之學主於兼愛其意以爲無不當愛雖摩頂至踵而可以利天下皆爲之是非失之太過者乎子莫知楊墨之失中度於二子之間而執其中似與道爲近而不知中無定體

隨時而在有意執之則膠於一定之中而不知稱物平施之妙是執中無權變也與楊墨之各執其一者何以異哉君子所以惡夫異端之執一者蓋以其爲我則害吾道之仁兼愛則害吾道之義執中則害吾道之時中所舉者一端而百端之變化盡廢所以爲吾道害也夫辨爲我兼愛之非易而辨執中之非難堯舜相傳不嘗言執中乎不知聖人義精仁熟隨事因物而得乎自然之中其用至神

子莫則學未至理未明凡事膠執乎一定之中其用至拘所由愈執而愈遠耳書云德無常師主善爲師善無常主協於克一孔子云擇乎中庸得一善然則主善擇善乃聖人用中之學也異端焉足以知之

孟子曰饑者甘食渴者甘飲是未得飲食之正也饑渴害之也豈惟口腹有饑渴之害人心亦皆有害人能無以饑渴之害爲心害則不及人不爲憂矣

此一章書見人不可因所遇之窮而累其心之正也孟子曰凡事有當然之理譬之於飲食各有正味惟饑者之於食渴者之於飲嘗易覺其甘而不暇審擇是皆未得飲食之正味爲饑渴所害故也豈惟口腹爲饑渴所害不暇擇飲食之正味而易覺其甘人心亦爲貧賤所害不暇審富貴之正理而惟期其得矣人能無以饑渴之故厭貧賤而貪富貴以害其心則道勝而不爲欲所移天定而不爲

人所奪。又何不及人之足憂哉。所以君子自命。端貴卓立之操。朝廷用人。必崇恬淡之節。富貴不能淫。貧賤不能移。庶乎其可與。

孟子曰。柳下惠不以三公易其介。

此一章書見聖人和中有介。而世之同流合汚者非和也。孟子曰。凡人和則易流。柳下惠以和稱。似必與世浮沉。隨俗上下。而不知未嘗一於和也。其視天下雖無不可交之人。而大義所在。則卓然不可回。其心雖無不可容

之物。而大節所關。則確乎不可拔。當其用也。進不隱賢。必以其道。當其舍也。遺佚不怨。阨窮不憫。可窮可達。可潛可見。而是非得失之幾。義利公私之辨。較然不欺。截然有守。雖有三公之位。亦將敝屣視之。而不以易其介。然之操矣。其介如此。此所以爲聖人之和也。若止論惠之迹。而不論惠之心。得無爲同流合汚者所藉口哉。

孟子曰。有爲者辟若掘井。掘井九軔而不及泉猶爲棄井也。

此一章書言人學貴有成。不可銳始而怠終也。孟子曰。天下之事。慮始爲易。圖成爲難。人固有奮發一時。若聖賢之道德。帝王之事業。皆不難於旦夕取效。而其後力不能繼。進銳退速。卒於勞而鮮功者。此由持志不堅。故能發而不能收。使後效敗於垂成。而前功棄於一旦。深可惜也。吾謂有爲者不爲則已。爲則必要其成。譬若掘井。然不計功之難易。期於

得泉而止。若掘井九軔而不及泉。人不能得井之用。直自棄其井耳。人主負大有爲之資。必終始一致。勿倦於勤。則聖學進於無疆。王道底於有成。唐虞三代之治。不難致矣。

孟子曰。堯舜性之也。湯武身之也。五霸假之也。久假而不歸。惡知其非有也。

此一章書是孟子以誠僞立王霸之辨也。孟子曰。帝王道本無殊。而王霸心實有辨。以帝言之。欽明文思。允恭克讓者。堯也。濬哲文明。

溫恭允塞者舜也。知則生知。行則安行。不待脩習。天性渾全。自然而然者也。以王言之。以義制事。以禮制心者湯也。敬以勝怠。義以勝欲者武也。知則學知。行則利行。脩身體道。以復其性。勉然而然者也。夫帝王雖有安勉之殊。而仁義則皆實有諸己。此所以德崇而業廣也。若齊桓晉文秦穆宋襄楚莊。此五霸者初無仁義之實。而但假借仁義之名以文之。如尊王討貳。救患恤災。事非不美。而其心原

在於計功謀利。是欺世惑衆。形似而實不然者也。夫五霸之習於假也。日復一日。居之不疑。而不歸之於真實。則本非其有。而彼竟不覺悟。亦安知其非真有也。噫。時至春秋。世道日壞。功烈日卑。終難返於唐虞三代之盛。此邵子所以有五霸功之首。罪之魁之論也與。

公孫丑曰。伊尹曰。予不狎于不順。放太甲于桐。民大悅。太甲賢。又反之。民大悅。賢者之爲人臣也。其君不賢。則固可放與。孟子曰。有伊尹之志則可。無伊尹之志則篡也。

此一章書。是孟子發明古大臣正君之苦心。以垂戒後世也。公孫丑問曰。伊尹曰。予承先王付托之重。輔相嗣王。宗社安危。實有責焉。今嗣王不順義理。予不忍習見其所爲之不順。而不爲匡救也。於是伊尹以冢宰攝政。放太甲於桐宮。使密邇先王。反身改過。當時民皆大悅。謂其能知天下大計。行權以匡君也。既而太甲處仁遷義。化而爲賢。又以冕服迎

歸。反居於亳。當時民又大悅。謂其能積誠意以感悟嗣王也。由此觀之。賢者之爲人臣也。苟其君不賢。則固可放而還之。而仍無傷於事君之禮與。孟子曰。伊尹之事。反經合道。變而得其正者也。嗣君一身。上關宗社之安危。下係生民之休戚。若非率德改行。何以上副先王付托之意。故伊尹之志。公天下以爲心。而絕無一毫之私。凡爲人臣者。有伊尹之志。而爲其事則可。如無伊尹之志。則是覬覦神

器竊弄威權簒逆不軌乃天下萬世之罪人也人臣無將將則必誅況顯有其迹者哉後世亂臣賊子每借聖賢不得已之事以爲口實孟子此言其垂戒遠矣。

公孫丑曰詩曰不素餐兮君子之不耕而食何也孟子曰君子居是國也其君用之則安富尊榮其子弟從之則孝弟忠信不素餐兮孰大於是。

此一章書見君子之有功於世道也公孫丑疑君子之無事而食問曰伐檀之詩有云不素餐兮言君子守志雖一介之取與必揆諸道義不肎無功食祿也然則君子必居位而有功於人國方可食人之食若不仕無功則當耕而後食今乃不耕而食何也孟子曰子疑君子爲素餐不知君子之有功於人國者甚大雖無卿相之位治敎之責而上之可以尊朝廷下之可以範風俗未嘗無事而食也蓋君子居是國也苟爲君者能用其言則道行於上而國祚鞏固國計充實安富可期矣位望日隆聲稱顯著尊榮可致矣苟爲子弟者能從其敎則道行於下而知愛其親知敬其長入孝出弟矣內有實心外有實事履忠蹈信矣定大計於社稷導國人以興行其功非淺鮮也是卽安受祿養亦道義之所當得詩所云不素餐兮孰有大於君子者哉蓋言君子無求之節則一簞一豆取舍有所不苟論君子維世之功雖萬鍾千駟亦安然受之

而不以爲愧義有各當不可執一而論也。

王子墊問曰士何事孟子曰尚志曰何謂尚志曰仁義而已矣殺一無罪非仁也非其有而取之非義也居惡在仁是也路惡在義是也居仁由義大人之事備矣。

此一章書是孟子論士之志趣也昔齊王之子有名墊者問於孟子曰天下之人上自公卿大夫下至農工商賈皆有當爲之事士居其閒上無官守於朝下無生業於野果何所

事乎。孟子答曰。謂之士者。既未得行公卿大夫之道。而又不當爲農工商賈之業。惟高尚其志而已。墊又問曰。何以謂之尚志。孟子答之曰。士之尚志非他。志不在富強功利。在乎仁義而已矣。仁莫大於好生。如殺一無罪之人。卽損我好生之德。不可以爲仁矣。士之志。則以爲我若得位。必不殺一無罪也。義莫大於遠利。如取一非所當有之物。卽乖我遠利之心。不可以爲義矣。士之志。則以爲我若得

位。必不取非所有也。士既不爲不仁。則心之所居安在。惻隱之仁是也。鰥寡孤獨。吾欲視之如一體焉。士既不行不義。則身之所由安在。中正之義是也。綱紀法度。吾欲使之得其宜焉。士之尚志如此。則居仁而大人之體已具。由義而大人之用已全。雖未得爲公卿大夫。而仁育義正。以經綸天下者。取之此而裕如矣。達道之事。豈有外於隱居所求者哉。士之爲士如此。

孟子曰。仲子不義與之齊國而弗受。人皆信之。是舍簞食豆羹之義也。人莫大焉亡親戚君臣上下。以其小者信其大者。奚可哉。

此一章書是孟子言陳仲子潔身亂倫之非。所以維世教也。孟子曰。士君子立身行己。自有大節。矯激沽名。皆非所貴。卽如陳仲子不食不義之粟。不居不義之室。推其廉介之心。設若不合於義而與之以齊國。彼必卻之而不受。通國之人。無不嘖嘖稱道。信其爲賢也。

自吾觀之。此不受之義。不過好名之心。與舍簞食豆羹之義等。但可爲小廉而已。夫人道有莫大焉者。在家則爲親戚。在國則爲君臣上下。綱常倫理。萬世不易。不可以一日亡也。若亡親戚君臣上下。則人之罪莫大於是。今仲子避兄離母。內絕天性之愛。高蹈不仕。上乖事使之經。是虧莫大之節。負莫大之罪也。乃猶以其不食不居區區廉潔之小者。遂信其大節。以爲特立獨行之賢。奚可哉。觀此可

見士君子綱維名教當先立其大節苟欲飾譽釣名其弊必至於敗常亂俗不可不慎也

桃應問曰舜爲天子皋陶爲士瞽瞍殺人則如之何孟子曰執之而已矣然則舜不禁與曰夫舜惡得而禁之夫有所受之也然則舜如之何曰舜視棄天下猶棄敝蹝也竊負而逃遵海濱而處終身訢然樂而忘天下

此一章書是設言古聖人之處變皆仁至義盡爲萬世臣子之極則也桃應問曰天下之

事處常易處變難苟極變之所至即聖人處此有討窮而無可如何者假如舜爲天子皋陶爲士師其時瞽瞍或犯法殺人舜雖大孝不可以私恩廢天下之公皋陶雖稱明允不可加刑於天子之父則如之何孟子曰士師天下之平也職在守法瞽瞍雖天子父而殺人之罪不可逭使皋陶處此惟有執之而已矣不暇他計也桃應曰皋陶固以執法爲正然舜天子也以舜處此豈不能禁止之與孟

子曰夫舜惡得而禁之法者天之所以討有罪歷世相傳不可變易皋陶原有所受之而非所敢私雖天子亦不得廢法以縱罪也桃應又曰禁之既不可矣然則舜如之何而可以全其父孟子曰舜大孝人也知有親不知有天下使其處此則視棄天下猶棄敝蹝也其心必謂朝廷不可廢法而海濱足以避罪必將竊負瞽瞍而逃遵海濱而處自屏於窮僻之地以全其親終身承顏順志欣然於天

性之樂而忘天下焉既不枉士師之法復不傷父子之恩舜之可爲者如此而已由此觀之可見聖賢用心之極總不越乎天經地義之常處事者必如是而後無餘憾也

孟子自范之齊望見齊王之子喟然歎曰居移氣養移體大哉居乎夫非盡人之子與王子宮室車馬衣服多與人同而王子若彼者其居使之然也况居天下之廣居者乎魯君之宋呼於垤澤之門守者曰此非吾君也何其聲之似我

君也此無他居相似也。

此一章書孟子因見齊王之子有所感發而言性分之尊也孟子嘗自范邑往赴齊國適遇齊王之子望見其儀容氣體與人不同喟然歎曰人所居在尊貴之地自然神氣發揚以居而移其氣所居尊貴則奉養有豐厚之資自然容貌充盈以養而移其體大矣哉居之所係乎夫王子者非猶是人之子也與王子所居之宮室所乘之車馬所衣之衣服雖

極其華美然猶是宮室車馬衣服耳多與人同也而王子之氣體獨若彼者蓋以國君之儲貳地勢尊優自與常人不同其居使之然也夫勢分之尊猶足以移人況仁爲天下之廣居統天德而長萬善以之居心則心逸而休以之居身則身安且泰君子居此其太和之氣道德之光有不塞於兩間發於四體者乎試更以魯君之事驗之昔者魯君嘗之宋適時已向暮門鑰甚嚴魯君親自呼於垤澤之門守門者曰此非吾君也何其聲音與我君相似也夫呼於門者魯君而守者乃疑其似宋君此無他故蓋二君者同居南面之尊同享千乘之富居既相似故聲音亦相似也居之移氣此又其彰明較著者然則居廣居之君子德性中和其不同於常人更可知矣是以膏粱文繡君子有所不願而人爵之貴常不如天爵之尊也

孟子曰食而弗愛豕交之也愛而不敬獸畜之也恭敬者幣之未將者也恭敬而無實君子不可虛拘

此一章書是孟子見當日諸侯交際有文無實故發此論也孟子曰君之待士祿養固不可少而愛敬尤不容缺若但廩餼以養之而無親愛之意此不過豢養之而已猶夫以畜豕之道接之也非親賢之誼也若但親昵以愛之而無尊敬之誠此不過愛惜之而已猶夫以畜犬馬之意畜之也非遇士之禮也夫

食而不可不愛愛而不可不敬則恭敬者豈徒在幣帛交接之文乎必先有恭敬之誠積於中而後有幣帛之文接於外恭敬因幣而見非因幣而始有乃幣之未將者也若徒以幣帛爲恭敬儀享有餘而誠意不足恭敬而無其實則亦豕交獸畜之類矣君子一身之去就皆視乎禮遇之重輕若禮意或薄惟有潔身而去耳豈可以虛文拘留之哉當孟子之時世衰道微在上者初無尊賢敬士之誠

而惟恃幣聘之儀節以羅致人才在下者亦惟知戔戔幣帛之可慕而弗察夫上意之誠否上下交趨於利而不揆乎義理之正故孟子發是論以警之

孟子曰形色天性也惟聖人然後可以踐形

此一章書是孟子勉人以盡性之實也孟子曰人之生也氣聚而爲形與色理全而爲天性斯二者非有殊也氣不離乎理理不雜乎氣人之有形有色卽天性之所在也蓋天所賦之理原充滿於形色在目爲明在耳爲聰在手足爲恭重以至起居言動莫不各有自然之理存焉但衆人氣稟拘之於先物欲蔽之於後於是失其天性物具而則亡雖同然此形無以踐之矣惟聖人清明純粹無氣拘物蔽之私其於天性察之由之無毫髮之不盡故有是形卽有是性如貌言視聽思則極於肅乂哲謀聖實有以踐其形而無歉也可見人不可徒具此形而學必求造於聖苟未

至於聖於性有缺卽於形有虧則不可爲完人矣可不勉哉

齊宣王欲短喪公孫丑曰爲朞之喪猶愈於已乎孟子曰是猶或紾其兄之臂子謂之姑徐徐云爾亦教之孝弟而已矣王子有其母死者其傅爲之請數月之喪公孫丑曰若此者何如也曰是欲終之而不可得也雖加一日愈於已謂夫莫之禁而弗爲者也

此一章書見三年之喪乃人子之至情而古

今上下之通義也昔齊宣王以三年之喪爲
太久欲減其時月而短之公孫丑不知救正
乃遷就其說曰爲期年之喪猶勝於止而不
行乎孟子責之曰父子之恩出於天性親喪
之不可短乃至情之不容已也今王欲短喪
而子以朞爲勝於已是猶或有人紾戾其兄
臂而縛之子但謂之且徐徐縛之云爾夫兄
臂斷不可紾豈以徐之爲差愈乎不若動其
至情教以孝弟之道使勿復紾其兄之臂而

已矣然則王欲短喪子惟當啓以天性罔極
之恩懷抱顧復之愛使彼仁孝之念油然感
動自知親喪之不可短矣奈何從而附會之
哉當是時適有王之庶子所生之母死厭於
嫡母而不得終喪其傅爲請於王欲使得行
數月之喪公孫丑因舉以自解曰爲朞之喪
猶不可若此數月者又當何如也孟子曉之
曰王子居生母之喪情固無窮而勢有不能
欲終其喪而不可得也其傅爲請雖加益一

日亦得伸人子之情猶勝於止而不加况數
月乎我前所言者正謂夫齊王莫之禁止可
以自盡其情而弗爲三年之喪者也豈可與
王子例論哉總之三年之喪天下之通喪也
自古聖王未有不遵斯禮者如殷高宗諒陰
三年不言是也春秋而下世衰道微於是有
短喪之議一見於宰我再見於齊王至漢景
奉孝文遺詔遂以日易月而萬世踵襲其謬
矣其間非無仁孝之主如晉武北魏孝文者

毅然欲復古制而沮於羣臣旋復旋廢君子
所以太息痛恨於文景也

孟子曰君子之所以教者五有如時雨化之者
有成德者有達財者有答問者有私淑艾者此
五者君子之所以教也

此一章書言君子之教因人而施也孟子曰
君子教人之心無窮將使天下同歸於道然
人之品詣或淺或深時地或遠或近有不可
執一論者約其條目蓋有五焉造詣深至之

士學力既充功候既到君子但迎機指示便豁然貫通契悟甚速譬之草木之生種植栽培人事已盡一爲雨澤所潤發榮滋長勾萌畢達此教之一也次之有天資純粹具其德而未成者君子則成就其德使無過無不及以完其全體又教之一也又有天資明敏有其材而未達者君子則通達其材使各就所長充其所短以盡其大用又教之一也外此又有質疑問難挾一說以相証者君子旁引

曲喻隨問而答以釋其疑又教之一也更有居不同地生不同時不必及門受業得之親炙而聞風興起私取其善而師法之以自治者又教之一也合此五者而觀之人品不齊時地或異而曲成之功無所不及天地無棄物君子無棄才其造就人才之心加惠於後學者無窮矣

公孫丑曰道則高矣美矣宜若登天然似不可及也何不使彼爲可幾及而日孳孳也孟子曰大匠不爲拙工改廢繩墨羿不爲拙射變其彀率君子引而不發躍如也中道而立能者從之

此一章書見道有定體教有成法在學者下學而上達也公孫丑苦於入道之難因問於孟子曰夫子之道則誠高而峻絕無加矣且美而純粹至善矣宜學者之入道如登天之難似乎不可及也何不稍爲貶抑使凡人皆可以庶幾及之而日孳孳自勉也孟子曉之曰欲知君子之教先觀曲藝而可矣如大匠

教工人制器必用繩墨必不爲拙工之不善學而改廢繩墨羿教人射必以彀率必不爲拙射之不善學而變其彀率蓋成法所在自不可得而變也曲藝且然況君子乎是以君子於人但示以求之之方而不即告以得之之妙如致知則教之以格物窮理力行則教之以躬脩實踐至其知之豁然貫通行之踐履純熟則待其自悟自化即如射者教射但引滿其弓以示之而不爲之發矢然雖不告

以所得而其機隱隱指示於意言之表躍然見於前矣夫不發則若隱而難知而躍如則固顯而易見不遠不近無過無不及中道而立以示學者但人不知所從則君子亦無如之何耳若其能者功深力到下學上達由所引之端得不發之蘊道之高且美者何患無從入之途而以不可幾及爲慮哉由孟子之言思之可見道無難易惟在學者用力與否耳公孫丑乃欲貶道徇人不亦謬乎

孟子曰天下有道以道殉身天下無道以身殉道未聞以道殉乎人者也

此一章書見出處隨時而道不可枉也孟子曰君子一身進退以道爲體身與道不可須臾離者也當天下有道則身出而道在必行凡致君澤民之業展布無遺以道隨身而出若以道殉身者然當天下無道則道塞而身在必退凡致君澤民之具卷懷而藏以身守道而隱若以身殉道者然是則時見而見時隱而隱君子一身無一日或離乎道吾之所聞者蓋如此若夫身雖顯而道不行道雖屈而身不退枉己以求合希世以取容汲汲於功名利祿而不計其道之得行與否是乃以道而殉乎人者徒喪其生平而不能得尺寸之直此不過妾婦之道豈求志達道之君子而爲之哉吾未之聞也然則出處進退之間當以己爲主不當以人爲主己爲主則行藏之權在我人爲主則榮辱之權在人賢人君子斷無苟且以赴功名者也

公都子曰滕更之在門也若在所禮而不答何也孟子曰挾貴而問挾賢而問挾長而問挾有勳勞而問挾故而問皆所不答也滕更有二焉

此一章書見學者受教之心不可以不誠也公都子問曰滕更以國君介弟來學於夫子之門若在所當禮遇而質疑問難之時夫子或默而不答何也孟子曰學者之從師所以傳道受業也貴有求教之禮尤貴有受教之

誠道之所在則師之不可以有挾也若矜其地勢尊重挾貴而問矜其才能優異挾賢而問又或生於吾前挾長而問又或有功於我挾有勳勞而問又或與我向爲知舊挾故而問是五者當其發問之始已無尊師重道虛心求益之誠矣有一於此皆在所不答也今滕更來學於我胸中未免有挾貴挾賢之意志驕氣盈此不可不稍屈抑之使知警惕我所以不答者正欲彼反身思過改其滿損之失而致謙受之益耳非禮遇之有疎也乃知下問不可恥予智不足恃貴而自卑則益貴賢而不伐則益賢孟子此言眞萬世之師法也

孟子曰於不可已而已者無所不已於所厚者薄無所不薄也其進銳者其退速

此一章書言過不及之弊同歸於廢欲人自勉也孟子曰凡人於處事待人脩己之間緩急厚薄莫不有道存焉以處事而言豈無切於我身當爲而不可已者若於此不可已之事乃止而不爲則偷安之習多振作之意少究必至於逡巡畏縮無所不已終於廢棄矣以待人而言豈無出於至情當厚而不容薄者若於此當厚之人薄之而不恤則忍心日以勝厚道日以衰究必至於殘忍刻薄無所不薄終於慘刻矣以脩己而言學可以力圖不可以驟致若其進銳者用意太急施爲太猛其氣易衰究之果銳未幾而怠忽隨之其退反速終於倦怠矣可見聖學王道總貴得中寧有恆以漸進無欲速而鮮終則無過與不及之病矣

孟子曰君子之於物也愛之而弗仁於民也仁之而弗親親親而仁民仁民而愛物

此一章書見理本一而分則殊君子之施恩有等也孟子曰人物之生原同一氣而親疎厚薄分則懸殊君子之於物也取之以時用之以禮固撙節以愛之矣而不必有痌瘝一

體疾痛慘怛之誼。愛之而弗仁也。其於民也。政以厚生。教以正德。固立達以仁之矣。而不必有天性固結。一本無二之恩。仁之而弗親也。然則於何而用其親。有吾親焉。天性之眞。一本之誼。必盡愛敬之誠。以親之。親其親而仁以及民。使各得其所而已。不得以篤於親者而槩施於民也。仁吾民而愛以及物。使咸若其性而已。不得以愛吾民者。而槩施於物也。夫於無不愛之中。而有輕重厚薄之序。此

聖人之仁。所以歷萬世而無弊也。後世有麵爲犧牲。不忍殺物者。是以仁民者仁物。而失愛物之宜矣。無怪其築淮堰。而於民反有不仁也。又有愛無差等。施由親始者。是以親親者親民。而失仁民之道矣。無怪其無父。而於親反有不親也。倒行逆施。其弊遂至於此。可不鑒哉。

孟子曰。知者無不知也。當務之爲急。仁者無不愛也。急親賢之爲務。堯舜之知而不徧物。急先務也。堯舜之仁不徧愛人。急親賢也。不能三年之喪。而緦小功之察。放飯流歠。而問無齒決。是之謂不知務。

此一章書。言仁知之道。當知所務也。孟子曰。君子之於道。貴乎得體用之全。尤宜審先後之序。如明燭無遺。謂之知。知者於天下之事。固無所不知。然非泛而求之。勞心於思慮之所不至也。有當務焉。隨時勢之不同。酌施行之緩急。如關係於治道人心民生國體者。則

急急焉。勵精圖之。由是大綱舉而萬目張。凡天下之事。皆可以漸及之矣。萬物一體。謂之仁。仁者於天下之人。固無所不愛。然亦非家至戶到。營營於心力之所不及也。惟急於親賢焉。有國者爲天下而擇相。秉鈞者爲天下而任賢。如其可以正君善俗。利濟民物者。則急急焉務登進之。由是治人得而治法備。凡天下之人。皆不難以德周之矣。不觀之堯舜乎。堯舜之知。後世莫及。實未嘗物物而徧知

之其所爲者不過成天平地厚生正德數大政急先務也堯舜之仁後世莫及實未嘗人人而徧愛之其所爲者不過咨牧命岳敷奏明試諸大典急親賢也然而後之言仁智者未聞能駕堯舜而上之而堯舜當日亦未嘗有不及知之事不及愛之人觀此可以知所務矣不然者知不急先務仁不急親賢譬之制服者不能盡心於三年之喪而於緦麻三月小功五月之輕者則討論必極其詳飲食

者放飯流歠至於不敬之大而於齒決乾肉之小者則沾沾致問不已此其緩急輕重之間失衡甚矣此之謂不知務也爲仁知而不知所務何以異此可見察察爲知非知也煦煦爲仁非仁也欲知臨仁覆當法堯舜而可矣

日講四書解義卷之二十五

日講四書解義卷之二十六

孟子下之八

盡心章句下

孟子曰不仁哉梁惠王也仁者以其所愛及其所不愛不仁者以其所不愛及其所愛公孫丑曰何謂也梁惠王以土地之故糜爛其民而戰之大敗將復之恐不能勝故驅其所愛子弟以殉之是之謂以其所不愛及其所愛也

此一章書是孟子論梁惠王之不仁以垂戒天下後世也曰人君奉天子民當以好生爲

德若殘忍不仁無君人之德者其梁惠王也蓋仁主於愛而施之有序由親親而仁民由仁民而愛物以一念之不忍極之萬物各得其所是以其所愛及其所不愛也若不仁者貪暴爲心流毒無已始而民物被其禍旣而戚屬亦及其殃以一念之忿戾極之衆叛親離而不知止是以其所不愛及其所愛也梁惠王蓋以其所不愛及其所愛矣公孫丑問

曰何謂以其所不愛及其所愛也孟子曰梁惠王以貪得土地之故興兵搆怨糜爛其民肝腦塗地以戰而爭之至於大敗將復戰之恐不能取勝又驅其所愛太子申以殉之而至於死是因土地而禍及於民又因而禍及於子弟是之謂以其所不愛及其所愛也始而荼毒生民後更摧殘骨肉梁惠王眞不仁之甚者哉

孟子曰春秋無義戰彼善於此則有之矣征者上伐下也敵國不相征也

此一章書是追論春秋諸侯無王之罪見征伐當自天子出也孟子曰凡諸侯奉天子之命征討有罪方謂之義戰若春秋一書所載戰伐之事不一然或稱名以譏之或稱人以貶之隨事寓貶未有以爲合義而許之者即其中不無借尊王之號托仗義之名如召陵城濮之戰固有彼善於此者然亦僅勝於悖理犯順之人耳要不可謂之義戰也何也上下者天下之大分征伐者天子之大權分不可僭權不可假惟以上伐下於是有征之名若同是諸侯勢均力敵則爲敵國未聞以敵國而相征者敵國相征是無王也無王是無義也春秋之時征伐自諸侯出此其所以無義戰也然則春秋之諸侯非先王之罪人耶孔子一字之褒貶嚴於衮鉞豈偶然哉

孟子曰盡信書則不如無書吾於武成取二三策而已矣仁人無敵於天下以至仁伐至不仁而何其血之流杵也

此一章書亦爲好戰者而發借武成一篇以垂訓也孟子曰書以紀事所以傳信於將來然亦間有虛張其詞非當時實事者苟學者不知所擇盡從而信之則聖賢之旨反揜於紀載之文不如無書之爲愈也如武成一篇紀武王伐紂之事我於其間但取其二三策如奉天伐暴發政施仁數者而已矣若其他如所謂血流漂杵之說則有不可信者何也

仁人取殘除暴救民水火自無敵於天下今以武王之至仁伐紂之至不仁有不壺漿筐篚爭迎王師者乎亦何至血流漂杵如是之慘酷也由是觀之書之不足盡信也明矣後世黷武之主皆借武王伐紂之事以爲口實此由惑信書傳以致貽禍生民孟子舉此以爲好殺戮者之戒其意深矣抑血流漂杵指當日倒戈攻後者言非書詞之誣孟氏不過借以戒當時之嗜殺者耳此又不可以不知

也

孟子曰有人曰我善爲陳我善爲戰大罪也國君好仁天下無敵焉南面而征北狄怨東面而征西夷怨曰奚爲後我武王之伐殷也革車三百兩虎賁三千人王曰無畏寧爾也非敵百姓也若崩厥角稽首征之爲言正也各欲正己也焉用戰

此一章書見人臣不當導君以戰伐之事也

孟子曰兵凶器戰危事先王不得已而用之非社稷生民之利也如有人焉好爲兵家之言以逢迎世主曰我善爲陳而坐作進退之有方我善爲戰而殺敵決勝之有勇此其人導君以興師搆難窮兵黷武之事上貽害於國家下流毒於百姓乃莫大之罪也夫天下本不宜用兵即用兵亦不必盡心於戰陳誠使國君好仁愛民如子則天下之民戴之如父母自無與爲敵矣不觀諸湯武之事乎湯之始征也南面而征則北狄怨東面而征則

西夷怨曰我等同在陷溺之中乃弔民伐罪之師獨先彼而後我何也夫王師一出而天下想望誰與湯爲敵乎武王之伐殷也革車不過三百兩虎賁之士不過三千人其時紂旅若林強弱衆寡勢不相敵然觀武王告商人之言曰爾等無畏我之來此正以寧輯爾等非與百姓爲讐敵也當時商民大悅無不稽首至地如獸角之崩而下觸者然夫王言一布而百姓悅服又誰與武王爲敵乎夫湯

武之時兵不血刃天下大定若是者何也蓋以征之爲言正也天下之人苦於虐政者已久各欲仁者來正己之國也又何必用戰哉既無用戰又安用此善陳善戰者爲哉殃民者不容於堯舜之世其卽此善陳善戰之徒矣後之事君者往往不勉其君於王道而乃談霸術以干進騁武事以逢時致使生靈屠戮肝腦塗地而不之顧斯豈非孟子之罪人也與

孟子曰梓匠輪輿能與人規矩不能使人巧

此一章書見學者貴有心悟也孟子曰君子教人有可以言傳者有不可以言傳者卽曲藝可見矣如木工有梓匠車工有輪輿其所以教人者與之規所以爲員與之矩所以爲方成法一定不可移易此其所能者也若就規矩中習之既熟用之既精自有得心應手之妙是之謂巧巧不出規矩之中而實神明於規矩之外可以意會不可以言傳大匠卽欲以之明示學者而勢有所不能則惟聽人之自悟而已然則道之可言傳者譬則規矩也道之不可言傳者譬則巧也下學可以立教而上達必由心悟學者豈可徒恃教者之開導而不求所以自得也哉

孟子曰舜之飯糗茹草也若將終身焉及其爲天子也被袗衣鼓琴二女果若固有之

此一章書見古聖人性分自定貧賤不移富貴不淫也孟子曰人之情未有不因境而遷

者當其處貧賤則有不安貧賤之心及其既富貴又有侈然富貴之意惟大舜當有鰥在下之日所飯者乾糗所茹者草蔬境遇極其不堪乃怡然自得初無所慕於外若窮約之遇卽終身焉亦所甚樂也其貧賤不移若此及其明揚側陋之後位爲天子所被者五采之衣所鼓者五絃之琴所侍者釐降之二女勢分極其尊優乃坦然自如絕無所動於心若顯榮之遭所固有之不自今日而始然也

其富貴不淫又若此。夫人之常情莫不惡貧賤慕富貴，惟大聖人所性分定，窮而在下無一毫之損，達而在上無一毫之加，故處之若忘，無適而不自得也。此大舜有天下而不與之心，乃垂裳恭己無爲而治之本也歟。

孟子曰：吾今而後知殺人親之重也。殺人之父，人亦殺其父；殺人之兄，人亦殺其兄。然則非自殺之也，一間耳。

此一章書是教人不可施虐於人以貽禍於

親也。孟子曰：我向日但知殺人之親爲不可，今而後知殺人親者其取禍甚烈也。何也？人之有父兄，猶吾之有父兄也。我若以戕人之父兄爲快，人亦將各思報復，往往身受其害。殺人之父，人亦必殺其父；殺人之兄，人亦必殺其兄。此往彼來，相加無已，乃天理所必然，人情所必至者。然則雖非自殺其父兄，而所以致其殺者實由於我，其去自殺父兄者僅僅間一人耳，其實與手刃何異乎？爲人子弟

誠念及於此，必不忍推刃及人，以蹈無窮之禍。即人君之糜爛其民，而反中於身及其子孫者，亦可以惕然省矣。孝經曰：愛親者不敢惡於人，敬親者不敢慢於人。其理皆可類推也歟。

孟子曰：古之爲關也，將以禦暴；今之爲關也，將以爲暴。

此一章書是言當時横征之害也。孟子曰：先王立法本有深意，後人不察，往往以仁民之

制轉而厲民。即設關一事可見矣。古之爲關者，原以備非常，第謹其管鑰，時其啟閉，有異服則譏之，有異言則察之，以之禦暴，使居者行者得以各安所事，未聞以征稅爲務也。乃今之爲關者，盡失乎古人之意。凡商賈之來，行旅之至，出也有征，入也有稅，不以譏察爲事，而惟稅課是急，舉先王禦暴之具，適爲今人行暴之資，出於其途者豈有幸乎？夫即一關之設，而古今之相懸若此。昔爲良法，今爲

弊政。可見本原不正。無往而得先王之意。不獨一闕已也。

孟子曰。身不行道。不行於妻子。使人不以道。不能行於妻子。

此一章書言人唯脩己。方能化人也。孟子曰。天下事莫不有道。未有外道而可以率人者。如己之一身。爲人所觀法。必置身於無過之地。彝紀脩明。動履罔失。由是躬範所昭。皆向化革心。相觀而善。使不行乎道。而在己有違

理之行。則其身不正。豈能正人。雖至近如妻子。亦不克導之使善矣。如我之使人。當令其可從。必工作有時。奔走有節。不奪務農之期。不踰公旬之額。人乃心悅誠服。趨事恐後。苟不以其道。而強人以難堪之事。則人所不願。雖令不從。卽至親如妻子。亦弗能驅之應命矣。夫以妻順夫。以子承父。勢最易。及命最易從。乃非道則必不能行。然則爲人上者。可容一言一行之或違於道哉。

孟子曰。周于利者。凶年不能殺。周于德者。邪世不能亂。

此一章書是勉人蓄德之意。孟子曰。人日求所以處世。而不知所以蓄德。則其自立者無具也。如人之謀生。孰不思俯仰贍給。乃一遇水旱之災。而不免於饑餓流離者。非由利不足之故耶。誠能周于利。而家有餘貲。倉有餘粟。則日用自能豐裕。雖處凶年。必不至轉乎溝壑。而遭喪亡之戚矣。故人不患年歲之或

凶。患蓄積之不厚也。人之處世。孰不思能自豎立。乃一當世道之衰。而惑於異端邪說者。非由德不足之故耶。誠能周于德。而仁義昭著。道德充滿。則識見自能堅定。雖處邪世。必不至搖亂煽惑。而受淫詖之害矣。故人不患邪說之紛紜。患脩持之不固也。要之。所取乎士君子者。不徒一身可以自立。貴有其維世之權。當此風會日下。處士橫議。正當出其素所蓄積者。以救正人心。挽回世運。寧止不爲

陷溺已哉。此又孟子言外之旨也。

孟子曰。好名之人。能讓千乘之國。苟非其人。簞食豆羹見於色。

此一章書言觀人者當察其所安。不可以虛名許人也。孟子曰。安貧賤而輕富貴。士君子立身之大節也。若好名之人。意在干譽。欲以一時之矯廉。博取後日之美名。則雖千乘之國亦能讓之而不受。要其人非眞能輕富貴者也。凡眞能輕富貴之人。必表裏一致。始終

一轍。苟非其人。則雖能讓千乘之國。而於小小得失。如一簞食。一豆羹。計較之心。忽不自禁。不覺發見於顏色之間。彼將謂飲食細故。人之毁譽我者。必不在此。可以不事矜持。故勉其大而忽於小。而從前矯飾以干廉讓之名者。至此眞情畢露矣。乃知爲人者當務乎其實。而不可飾乎其名。觀人者當驗其所忽。而不徒信其所勉也。

孟子曰。不信仁賢。則國空虛。無禮義。則上下亂。無政事。則財用不足。

此一章書見人君當知致治之要也。孟子曰。仁賢者國家之楨幹也。才全德備之人。何代不有。惟人君能信用之。則朝廷有所倚賴。生民有所仰庇。苟信任不專。或外親而內疎。或始合而終間。則君子解體而思去。小人得志而竊位。雖有仁賢與無人同。而國空虛矣。禮義者國之維也。惟有禮以正綱常。有義以酌時宜。斯等威立而民志定。苟處事存心。而縱

肆弗檢。則上凌下僭。國其有不亂者乎。政事者國之紀也。惟有政以立大綱。有事以周庶務。斯經理具而國用裕。苟百度廢弛。而取用無節。則民貧國耗。財用其有能充足者乎。要之禮義由仁賢而出。政事以得人爲先。從來有治人無治法。人君誠能任賢勿貳。一德一心。則明良喜起。可坐臻上理矣。甚矣用賢之爲要也。

孟子曰。不仁而得國者有之矣。不仁而得天下。

未之有也。

此一章書見得天下之必於仁也。孟子曰，天下適然之數，不能勝必然之理。如不仁之人，本無可以得國。然或上失其民，而厚施以愚衆心，竊柄以移威福，不盡得國也，而或得國者有之矣。至於天下，則億兆之衆，四海之廣，愜其心則附，非勢力所能脅也；感其誠則孚，非權術所能誘也。因偶爾得國，而遂疑其可以得天下，自古以來，未之有也。然則競天下

於力，何如取天下於仁。故曰以仁得之，以仁守之，其量百世信哉。

孟子曰：民爲貴，社稷次之，君爲輕。是故得乎丘民而爲天子，得乎天子爲諸侯，得乎諸侯爲大夫。諸侯危社稷，則變置。犧牲既成，粢盛既潔，祭祀以時，然而旱乾水溢，則變置社稷。

此一章書見人君當愛民以保社稷，而勿自恃其尊也。孟子曰，國所恃以立者三，曰民，曰社稷，曰君。夫君爲民神之主，貴矣，而不知國之所貴，未有如民者。蓋民爲邦本，本固邦寧，無可尊之勢，而有可畏之形，其操重固無與倫矣。若立社以報本，立稷以祈穀，無非爲民以祈報也，不可與民並重，而直居於次矣。至於國聽於君，疇勿仰其尊者。然天生民而立之君，以爲民也；神之保佑由於民之愛戴，合二者無以成君之尊，又不可與二者並論，而君爲輕矣。何言乎民爲貴也？蓋以草野丘民之心，而實操天子至尊之籍，得其心則民心

之所歸，即天意之所眷，而爲天子矣。若夫天子至尊也，然得乎天子之心者，不過爲五等之諸侯。天子之錫貴，不如丘民。至如諸侯，亦君也，然得乎諸侯之心者，不過爲三命之大夫。諸侯之錫貴，尤遠出丘民下矣。民之貴爲何如乎！何言乎君輕於社稷也？蓋諸侯爲民而事神，無以寧神，即無以治民，社稷危，則更立賢者，是君輕於社稷也。何言乎社稷輕於民也？蓋事神之禮不恪，固無敢責望於神，若

既成既備，春祈秋報，各以其時。然而恒暘爲旱，恒雨爲溢，既殫心於神，而神不能降福以庇民，則遷舊謀新，以庶幾錫祉於民。是社稷雖重於君，而實輕於民也。以此知春秋尊王，正萬世人臣之義；孟子貴民，立萬世爲君之道。書曰：元后作民父母。又曰：天子作民父母，以爲天下王。自古宗社奠安，歷世綿遠者，未有不以懷保小民爲首務者也。

孟子曰：聖人，百世之師也，伯夷、柳下惠是也。故聞伯夷之風者，頑夫廉，懦夫有立志；聞柳下惠之風者，薄夫敦，鄙夫寬。奮乎百世之上，百世之下聞者莫不興起也。非聖人而能若是乎？而况於親炙之者乎？

此一章書是即夷惠流風之遠，而發明其所以爲聖也。孟子曰：古之聖人，其制行高，其流澤遠，能以己之善興起乎人，使人易惡以至善，不特爲一世之師，而實爲百世之師也。求其人，則伯夷、柳下惠是也。伯夷往矣，至今聞伯夷之清風者，雖頑鈍之夫，亦變而有介操，不苟取也；雖懦弱之夫，亦變而有立志，不苟安也。柳下惠往矣，至今聞柳下惠之和風者，雖刻薄之夫，亦變而有敦厚之行焉；雖鄙隘之夫，亦變而有寬容之量焉。夫夷惠奮起於百世之上，而百世之下聞其風者莫不興起也。使非聖人清和之極，而能若是乎？百世且然，况生當其時，親熏炙其化者，其感發當何如乎？信乎夷惠之爲百世師也。後之有志自立者，當知所取法矣。

孟子曰：仁也者，人也。合而言之，道也。

此一章書是明道不遠人之意也。孟子曰：所謂仁者，非他也，人有此身，便有此天理，不可須臾離者也。合而言之，則仁之理即在人之身，人之身已備仁之理。如親之於父子，義之於君臣，序別信之於夫婦、長幼、朋友，仁非虛位，身非虛器，人與仁不相離，是之謂道矣。子思曰：率性之謂道。此之謂也。

孟子曰：孔子之去魯，曰：遲遲吾行也，去父母國之道也。去齊，接淅而行，去他國之道也。

此一章書，即去國一端，見聖人之從容中道也。孟子曰：聖人舉動，隨時處中，各當其可，無往非道。即如孔子去魯，則自言遲遲吾行，非有意於緩也，蓋魯乃父母之國，恩重於義，身雖去而心猶留，道可以遲，而孔子則遲也。其去齊，則炊不待熟，以手承水取米而行，非有意於速也，蓋齊爲他國，義重於恩，見幾而作，

不俟終日，道可以速，而孔子則速也。可見道者，天理之當然，聖人體道之全，一遲一速，各適其宜如此。此所以爲時中之聖，而垂法萬世也與。

孟子曰：君子之戹於陳蔡之間，無上下之交也。

此一章書，見聖人之遇窮，而非道窮也。孟子曰：當春秋時，孔子道大莫容，轍環天下，至陳蔡二國之間，絕糧七日，可謂戹矣。以大聖之德，宜乎得志行道，乃所如不偶，至困窮如此者何哉？蓋君子但能盡其在我，不能必其在人。陳蔡二國，既無能用孔子之君，又無能薦孔子之臣，上下無交，是以不免於戹耳。使爲君者禮賢下士，爲臣者推賢讓能，則過化存神、綏來動和之治，何難立致，惜乎莫之用也。

貉稽曰：稽大不理於口。孟子曰：無傷也。士憎茲多口。詩云：憂心悄悄，慍于羣小。孔子也。肆不殄厥慍，亦不隕厥問。文王也。

此一章書，見人當盡其在我，不可專咎他人

也。貉稽曰：人得衆口稱譽，則有所利賴，今稽往往遭人訕謗，大不賴於衆口，將如之何？其意蓋尤人也。孟子曰：學貴自立，何藉衆口？謗從外至，無傷實行，人患不克爲士耳。士以聖賢自命，自與流俗相忤，道脩而謗與，德高而毀來，較之常人，衆口之訕愈爲多耳。不覩之詩乎？邶風柏舟之詩有云憂心悄悄者，實以見慍羣小之故，此非爲孔子言也，然孔子當日栖栖皇皇，困於陳蔡，沮於齊楚，不免見慍

而或重爲世道憂其事實相類也大雅緜之詩有云雖不殄絶人之慍怒而亦不墜己之聲聞此非爲文王言也然文王當日明夷蒙難譖於崇侯拘於羑里亦不免見慍而終不足爲聖德累其事實相當也夫聖如文王孔子尚遭此謗况其下乎然則士患不克如文王孔子耳果如文王孔子雖多口復何病乎可見尤人重者其責己必輕誠能反躬自治則衆口之謗君子當益加警省進德脩業豈

其侈然以人言爲不足恤耶

孟子曰賢者以其昭昭使人昭昭今以其昏昏使人昭昭

此一章書見新民必本於明德也孟子曰爲人上者皆欲民之善而致民之善必獨推賢者蓋賢者欲明明德於天下必先自明其德不爲欲蔽不爲物誘在我之明德既明然後使家國天下之人同歸於明德此則化導有源不見其使而若黙使之者今之爲治者己德未明而徒責民之新是本原之地尚爲物欲所蔽私意所累雖法驅刑督其能進斯民於作新之治哉將見力爲使而未必如其所使矣可見以德化民必以身先民故堯典之平章協和大學之齊治均平皆由人主之明德致之有治人之責者可不先自治乎

孟子謂高子曰山徑之蹊間介然用之而成路爲間不用則茅塞之矣今茅塞子之心矣

此一章書言心學不可稍間也高子遊於孟

門而用心不專故孟子警之曰凡理義之心人所固有然危微之介易開亦復易蔽全視治心之人操舍何如耳不觀山徑之蹊間乎如山中小徑僅容人蹊步之處未見爲路也若倏然之頃人共由之往復不已則遂成大路矣其成路不難如此若使成路之後少頃之間人跡罕至則茅草復生依然塞之矣其阻塞甚易又如此然則人心非義卽私非理卽欲介然之義理暫忘而不召之私欲立至

道心之微何殊山徑物欲之蔽何殊茅塞瞬息之操舍卽判此心之存亡良可懼也今子畧知治心旋卽弛廢是路已成而棄之心本通而塞之可不思所以用之哉蓋人心道心相爲消長唯戒懼愼獨則人心一歸於道心存存不已尚何間斷之有古聖人朝乾夕惕果行育德良有見於此也

高子曰禹之聲尚文王之聲孟子曰何以言之曰以追蠡曰是奚足哉城門之軌兩馬之力與

此一章書是見論樂者當考其德不當泥其器以分優劣也高子曰嘗觀禹與文王皆聖人各有樂傳於後世然就二者較之禹之樂殆尚於文王之樂孟子曰子謂禹之樂尚於文之樂何以知之高子曰樂之高下視用之多寡禹時之鐘其紐所繫如蟲齧而欲絕則用之者必多而文王之鐘則不然是以知之也孟子曰是一追耳何足以知聖人之樂哉彼城門之軌迹其深獨異於城中者豈一車兩馬之力能使之然與蓋衆軌出入必由於此而日久所積故也然則禹之追蠡亦前乎文王千有餘年日深用久而然也文王之鐘未久而紐全使至千餘年之後則其追亦如此耳又豈可以分優劣哉夫論古樂者須原本其功德會通其性情考論其時勢而後能見作者之本意高子之言淺陋極矣故孟子亦以淺近者曉之然而固不易之論也

齊饑陳臻曰國人皆以夫子將復爲發棠殆不

可復孟子曰是爲馮婦也晉人有馮婦者善搏虎卒爲善士則之野有衆逐虎虎負嵎莫之敢攖望見馮婦趨而迎之馮婦攘臂下車衆皆悅之其爲士者笑之

此一章書是見孟子不屈己以徇人之意也先時齊國嘗饑孟子心切愛民曾勸齊王發棠邑之倉以賑之至此將已去齊適值其國又饑齊之庭未聞有恤民之方與救災之策於是陳臻曰齊國之人望賑甚切皆以夫子

將復有發棠之請以臻論之民情固可哀而君意未可測勸之不從則失言矣殆不可復乎孟子曰世固有勇於爲善者不察夫時義之當然與否而必爲之雖足以取悅於人然發不中節有害於君子之道以我今日而復勸王發棠是爲馮婦之類也昔人有馮婦者恃其勇力善徒手以搏虎卒能改行爲善士是宜守此而不變節也一旦往之於野見有衆逐虎虎方負嵎莫敢攖觸望見馮婦之來

相率趨而迎之馮婦遂見獵心喜攘臂下車以徇其請斯時也衆皆悅之以爲不拂其望而爲士者乃相與笑之以爲爲善之不終而不知止乎其可不量進退輕身徇人以爲士之所竊笑乎蓋齊王既不能用孟子則諫必不行言必不聽惟有引而去之耳聖賢愛民之意非不懇切然欲其枉己以取辱無異從井而救人矣豈肎爲之哉。

孟子曰口之於味也目之於色也耳之於聲也鼻之於臭也四肢之於安佚也性也有命焉君子不謂性也仁之於父子也義之於君臣也禮之於賓主也智之於賢者也聖人之於天道也命也有性焉君子不謂命也。

此一章書是示人以性命之辨欲其遏欲以存理也孟子曰天之賦於人者爲命人之受於天者爲性世之人莫不言性命矣第爲形役者恒託於性以自便而與理違者又諉於命以自安惟君子則異是如人之具於一身

者口目耳鼻四肢皆形體之所不能外也各有所司即各有所嗜口之於滋味目之於采色耳之於音聲鼻之於香臭四肢之於安佚此五者與生俱生雖凡衆不能免雖上哲不能遺不謂非性也然有遂其欲者有不得遂其欲者實有命焉以默爲限制君子惟安命而已矣決不謂之爲性也其不得也固不強求其得之也亦有品節豈謂吾性之所有而可以逞之哉是以命銜性而命爲重矣君子

雖有不言性之時至於形體嗜欲之外又有當以性爲重而不容自諉者如仁主愛而屬於父子義主宜而屬於君臣禮主敬而屬於賓主智主別而屬於賢否聖人純亦不已而天道屬於聖人此五者順逆常變視其所遇清濁厚薄視其所稟不謂非命也然皆生理之固有此心之同然不以聖而豐不以愚而嗇蓋有性存焉而無可推諉君子惟盡性而已矣決不謂之爲命也其淸且厚者固益求

其至其濁且薄者尤務求其及豈曰命之已定而不復致力於其間哉是以性衡命而性又重矣奈何世之人徒知嗜欲之爲性當節制而不節制氣稟之爲命當自強而不自強安得不急舉君子以正之哉蓋人心道心總一不並立之勢天理日長則嗜欲日消人但用力於父子君臣賓主賢否天道之間則自不陷溺於聲色臭味安佚之內所以復禮在是所以克己亦即在是矣

浩生不害問曰樂正子何人也孟子曰善人也信人也何謂善何謂信曰可欲之謂善有諸己之謂信充實之謂美充實而有光輝之謂大大而化之之謂聖聖而不可知之之謂神樂正子二之中四之下也

此一章書是言學者當造其極不可以一得自安也齊人有浩生不害者問曰樂正子從遊於夫子其人品造詣殆居何等也孟子曰觀樂正子爲人雖未卜其終身之成就自其

今日所至言之則可謂之善人亦可謂之信人也不害又問曰何以謂之善何以謂之信孟子曰人性皆善故遇善者必愛悅遇惡者必疾惡若其人立身行己合乎天理人心但見可欲而不見可惡則其有善無惡可知所以謂之善也至如好善惡惡本有生以來眞實無妄之理若其人躬行實踐有自慊而無自欺善皆實有於己而無矯飾則其實心實行可知所以謂之信也然而人之自期者寧

僅如此已乎。進而上之。必力行其善而不已。
使所有之善。至於充滿積實。則性分咸備。雖
隱微曲折之間。亦皆清和粹白。而無不善之
雜。是之謂美矣。又如是而不已。則充實之美。
表著於外。其光輝也。不可遏抑。將見其暢於
四肢。發於事業。而臻廣大高明之域。是之謂
大矣。然大而未化。猶未離乎迹也。惟大而能
化。有盛德而無矜持之勞。有至善而無作爲
之迹。不思不勉。從容中道。人力之不至。而天

機之自洽。是則所謂聖也。至於聖。則造道之
功至矣盡矣。其盛德淵微。而莫知其所以爲
德。大業顯著。而莫知其所以爲業。蓋變化無
方。陰陽迭運。有非耳目之所能窮。心思之所
能測者。是則所謂神也。夫自可欲以至不可
知。美大聖神。總基於善信。亦惟恃其擴充之
力以馴致之耳。今樂正子固已居善信二者
之中矣。而尚在美大聖神四者之下也。使不
以善信自滿。而以美大聖神自勵。則他日造

詣。吾又烏能限之哉。蓋聖賢爲學。本無窮盡。
日進則日見不足。日退則日見有餘。故仲虺
稱殷湯日新不已。周頌美成王緝熙光明。詩
書之言。可爲萬世聖王進脩之法。

孟子曰。逃墨必歸於楊。逃楊必歸於儒。歸。斯受
之而已矣。今之與楊墨辯者。如追放豚。既入其
苙。又從而招之。

此一章書是言異端有反正之漸。不可絶之
已甚。以阻其從正之路也。孟子曰。異端之與

吾道抗也。拒之不可不嚴。及其自悔而思反
也。待之又不可不恕。如墨氏之兼愛。楊氏之
爲我。皆非吾儒中正之道。然兼愛者務外而
不情。爲我者太簡而近實。其相去猶有差別。
故學墨者悔而逃去之。必歸於楊。蓋厭務外。
必尚簡畧。所固然也。學楊者悔而逃去之。必
歸於儒。蓋厭太簡。必求中道。又固然也。夫吾
儒之道。人人所當共由。惟恐異端終於陷溺。
迷而不返。今彼既自知其誤。翻然一變。惟中

正之是歸則豈復念其舊惡峻以拒之哉斯受之而已矣奈何今之與楊墨辯者不取其今日之歸而追咎其既往之失以爲是嘗從無父無君之教者也而待之不少恕如追放豚既入其闌矣又從而羈其足斯不亦已甚之行而令人畏吾道之難反反阻其向往之路乎是誠儒者之過也由此觀之孟氏七篇息邪說距詖行放淫辭豈有私憾於異端哉正爲其鼓倡異論陷溺人心爲世道之害耳

使其翻然悔悟自新則惟恐誘誨之不至故陳相夷之之徒皆反覆開譬引之於儒者之道聖賢與人爲善之心切矣

孟子曰有布縷之征粟米之征力役之征君子用其一緩其二用其二而民有殍用其三而父子離

此一章書見爲人君者於取民之中當存愛民之意也孟子曰國家之用無窮百姓之力有限豈獨橫征厚斂足以病民哉即惟正之供亦必審其緩急而撙節愛養之人君不能自織而衣也於是有布縷之征不能自耕而食也於是有粟米之征不能躬親興作也於是有力役之征是三者之有常經乃百姓以下奉上之義然三者之不忍並取乃人君以上恤下之仁所以君子不得已而用其一則必緩其二布縷取之於夏蠶事成也粟米取之於秋百穀登也力役取之於冬農事終也豈有一時並用者哉若并用其二則民不堪

命而有饑殍矣并用其三則民力殫亡而父子不能相保矣豈不重可念與君子愛民之心務國之道全在於能緩蓋朝廷緩於一時而百姓已食無窮之福上無損於國計下有益於民生亦惟在斟酌變通於常賦之中而已矣

孟子曰諸侯之寶三土地人民政事寶珠玉者殃必及身

此一章書是言爲人君者當知所寶也孟子

曰有國家者必明於輕重之理然後好尚端而可以有安而無危諸侯之所當寶者有三土地所藉以立國人民所藉以守國政事所藉以治國此其所當寶者也知土地之爲寶則墾闢之必盡知人民之爲寶則撫字之必周知政事之爲寶則經理之必至如是則得所寶而國安矣若珠玉者所不當寶者也以珠玉爲寶則必貴異物而賤用物開奇技淫巧之漸好侈靡而忘節儉啟驕奢淫佚之端

殃必及身而國危矣夫人主以天位爲大寶土地人民政事皆所以安天位者也故尤當愛惜鄭重之凡奇異之物無裨實用者皆珠玉類也爲人君者可不慎所寶與

盆成括仕於齊孟子曰死矣盆成括盆成括見殺門人問曰夫子何以知其將見殺曰其爲人也小有才未聞君子之大道也則足以殺其軀而已矣

此一章書是爲恃才而不聞道者戒也昔有盆成括者方其仕齊之日孟子聞之以其恃才而得位測其必敗曰死矣盆成括後盆成括果見殺門人問於孟子曰先事之知爲難夫子何以知盆成括之將見殺也孟子曰人非有才之難有才而善用其才之爲難今盆成括有機械變詐之能是特小有才耳未聞君子之大道以涵育熏陶之則必恃才妄作適足以賈禍而已矣予何難先事而知哉蓋有君子之才有小人之才君子而有才足以

致治小人而有才適以取禍凡巧僞詐佞工諛取容者皆小人之才也有用人之責者可不慎所擇與

孟子之滕館於上宮有業屨於牖上館人求之弗得或問之曰若是乎從者之廋也曰子以是爲竊屨來與曰殆非也夫子之設科也往者不追來者不拒苟以是心至斯受之而已矣

此一章書是孟子大道爲公之心見諒於當時也孟子之滕館於上宮適有織而未成之

屨豈於牖上館人求之弗得或人問於孟子曰若是乎夫子之從者廋匿人物也孟子曰子以吾之從者爲竊屨之故而來於滕與或人遂悟其非曰從者之來豈爲竊屨但夫子之設科條以待學者其有既往之失不追責之其有潔己而來者不拒絶之苟以求道之心至斯受之而已矣夫子待人之宏如此豈能保其他哉蓋聖賢視天下無棄人不督責其既往不逆料其將來但取其自新之一念

而已或人非能知孟子者然其言有合於聖賢立教之旨故門人記之

孟子曰人皆有所不忍達之於其所忍仁也人皆有所不爲達之於其所爲義也人能充無欲害人之心而仁不可勝用也人能充無穿踰之心而義不可勝用也人能充無受爾汝之實無所往而不爲義也士未可以言而言是以言餂之也可以言而不言是以不言餂之也是皆穿踰之類也

此一章書是孟子教人以擴充仁義之學也

孟子曰仁義者人人固有之良惻隱羞惡之心是也如惻隱之心偶然觸發而有所不忍羞惡之心偶然激厲而有所不爲此心也人皆有之乃因氣拘欲蔽不能全其本心之良而所忍所爲者多矣人能充滿其惻隱之心達之於其所忍者皆不忍焉則天理周流而仁在是矣充滿其羞惡之心達之於其所爲者皆不爲焉則處事有制而義在是矣又豈

待外求哉如害人者人所不忍人能將無欲害人之心充之滿其分量則念念皆仁推之以仁民愛物而仁不可勝用矣如穿踰者人所不爲人能將不爲穿踰之心充之滿其分量則事事皆義推之宰世御物而義不可勝用矣由無穿踰之心而推之益密更非一端可盡夫爾汝者輕賤之稱人或貪昧隱忍不得已而受之於人其中必有慚愧不欲受之實人能擴充此心凡一毫苟賤汚辱之事皆

所不爲無所往而不爲義矣且不但此也凡人應酬語默之間不可稍存苟且窺伺之意如未可言而言是以便佞而撥取人之意也可以言而不言是以隱默而撥取人之意也其心暗昧不明充類至義之盡亦皆穿踰之類人能充無穿踰之心至於此而後一念之萌無非光明正大始可謂精義之君子矣孟子切要之旨每教人擴充本心故以羊易牛孟子謂是心足以行王道盥水避蟻程顥謂

當推此心以及四海聖賢之重擴充也如是夫

孟子曰言近而指遠者善言也守約而施博者善道也君子之言也不下帶而道存焉君子之守修其身而天下平人病舍其田而芸人之田所求於人者重而所以自任者輕

此一章書是孟子舉言行之極則以示人也孟子曰凡有言必有指言近而指亦近不可爲善言惟所言至近而意指則極其深遠者誠善言也凡有守必有施守約而施亦約不可爲善道惟所守至約而功施則極其廣博者誠善道也此非君子其孰能之君子之言也不下於帶不過舉目前之事言甚近也然言之所至義理畢該而道無不存焉則指何遠君子之守在脩其身惟務盡一己之理守甚約也然守之所推教化大行而天下無不平焉則施何博夫施之所以博者由其守之約耳今之人不務守約而務博施其病無異

於舍己之田而芸人之田是徒知期天下之平而所求於人者重不知期其身之必脩而所以自任者輕不亦失乎圖治之原耶此善道之所由獨歸君子也而善言可知矣人能法君子立言脩道之功而反求諸切近要約之地安在嘉言懿行之不足以法天下而傳後世哉

孟子曰堯舜性者也湯武反之也動容周旋中禮者盛德之至也哭死而哀非爲生者也經德

不回非以干祿也言語必信非以正行也君子行法以俟命而已矣

此一章書是孟子勉人以入聖之功也孟子曰堯舜湯武聖無異而安勉有異堯舜之聖純乎天而不假乎人性而聖者也湯武之聖盡乎人以合乎天復其性而至於聖者也所謂性者之德如何動容而見於顏貌周旋而見於步履無不中乎禮之節文者由盛德之至非有意於中而自然悉中也哭人之死而

哀由誠心激發自然哀痛非爲欲生者之感我而哀也經常之德盡其道而無回邪自有得祿之理然此乃自然不回非以干君之祿而期於不回也言語之發絶乎夸而必信實固爲敦行之端然此乃自然必信非以正己之行而期於必信也即此數者而聖德之本乎性生不待勉強可類推焉若夫反之之事如何凡日用事物莫不各有當然之理是法也君子奉行乎法使志氣不迷於欲踐履不失其常至於吉凶禍福一惟聽天所命而已矣而初何容心焉蓋雖未能如安行之聖人而其心已非有爲而爲及其成功一也人能反其性之固有則其始雖不無反之之勢其繼自一如性之之逸而聖帝明王之德在我矣可不知所以從事於性哉

孟子曰說大人則藐之勿視其巍巍然堂高數仞榱題數尺我得志弗爲也食前方丈侍妾數百人我得志弗爲也般樂飲酒驅騁田獵後車

千乘我得志弗爲也在彼者皆我所不爲也在我者皆古之制也吾何畏彼哉

此一章書是孟子示人以遊說之道也孟子曰世之遊說者往往震於勢位而言有所不得伸故凡說貴顯之大人則當藐而輕之勿視其貴顯之巍巍然庶幾志意舒展而可以盡吾所欲言也所以藐之而勿視其巍巍者何故蓋內重則外無所不輕如大人之宮室堂之高有數仞榱題之廣有數尺宮室之壯

麗如此，我得志而爲大人，弗爲此壯麗也。如大人之食色，饌食列於前者方一丈，侍妾列於御者數百人，食色之豐豫如此，我得志而爲大人，弗爲此豐豫也。如大人之宴遊，縱心般樂而飲酒，盡力驅騁而田獵，從行之後車至於千乘，宴遊之侈盛如此，我得志而爲大人，弗爲此侈盛也。在彼者皆徇一己之欲，以肆於民上，而我所不爲也。在我者皆古聖賢之法，日用動息，自各合乎當然者也。視彼宮

室食色以及宴遊，極一時之烜赫，特藐乎小耳，曾何足駭耳目而畏心志哉。夫大人固宜畏而不宜藐者也。然所謂畏大人者，非徒畏其巍巍之勢而已。若能有藐大人之氣，而仍不失畏大人之心，斯乃深於畏者矣。蓋藐其勢而畏其德，藐之正所以畏之也。否則是諂也，非畏也。畏與藐雖相反，而實不相悖也與。

孟子曰：養心莫善於寡欲。其爲人也寡欲，雖有不存焉者，寡矣；其爲人也多欲，雖有存焉者，寡矣。

此一章書是孟子示人以養心之要也。孟子曰：理具於心，求之而得，其所以爲心，則貴有以養之，而養之之道，惟在去其心之累而已。心之動於物者爲欲，一心而衆欲攻焉，則心何以自主？是莫善於寡欲。蓋天理人欲相爲消長，其爲人也，於凡心之所欲，無不予以節制之功，如是者欲寡，欲之數寡，則理之數多，雖有放而不存焉者，寡矣。其爲人也，於凡心

之所欲，一皆任其向往之私，如是者欲多，欲之數多，則理之數寡，雖有存而不放焉者，亦寡矣。欲之多寡，係於心之存亡，此所以養心莫善於寡欲也。雖然，寡欲亦難言矣，非明於理欲之分，安能御欲而使之必寡？故寡欲爲養心之本，而致知又寡欲之要也。

曾晳嗜羊棗，而曾子不忍食羊棗。公孫丑問曰：膾炙與羊棗孰美？孟子曰：膾炙哉。公孫丑曰：然則曾子何爲食膾炙而不食羊棗？曰：膾炙所同

也羊棗所獨也諱名不諱姓姓所同也名所獨也

此一章書見曾子之不忘親也昔曾子之父曾晳好食羊棗而曾子以食必思親故不忍食羊棗公孫丑問曰膾炙與羊棗之味孰美孟子曰羊棗不如膾炙之尤美膾炙哉公孫丑曰膾炙之味既美則曾晳亦必嗜膾炙而不專嗜羊棗曾子既不忍於食羊棗豈其獨忍於食膾炙乎然則曾子何爲食膾炙而不

食羊棗孟子曰膾炙人所同嗜也羊棗曾晳所獨嗜也同嗜者無所動於心所以食也獨嗜者每生感於物所以不食也猶之諱親之名而不諱親之姓姓乃人所同故不諱也名乃親所獨故不得不諱也曾子之食膾炙而不食羊棗其即此意也夫蓋孝子之於親雖一嗜好之物而不忍置諸懷也有如此

萬章問曰孔子在陳曰盍歸乎來吾黨之士狂簡進取不忘其初孔子在陳何思魯之狂士孟子曰孔子不得中道而與之必也狂獧乎狂者進取獧者有所不爲也孔子豈不欲中道哉不可必得故思其次也

此一章書見聖人崇正闢邪之心也萬章問曰昔者孔子在陳國之時嘗自歎曰吾周流天下本欲行道道既不行何不歸來於我魯國乎蓋吾黨後學之士其志極大而濶畧於事爲充其志直欲進而取法古人終身以爲向往不肎改變其初心其狂如此足副我傳

道之望此我所以有感而思歸也夫士而曰狂非其至也乃孔子在陳獨思魯之狂士其意何居孟子曰聖人之心無非爲道計也孔子嘗有言曰傳道以人吾不得中道之士而與之進道然則吾將何與也必也其狂獧之品乎蓋狂者尚其志而常懷進取之心獧者尚其守而不爲不善之事均之可進於中道也由孔子之言觀之則其初心豈不欲中道哉特以不可必得而斯道又不可無傳故不

得已而思其次於中道之狂庶幾爲任道器也豈無爲而思魯之狂士哉按孔子思魯之狂士欲其任道實欲其行道也所謂裁成狂士者非抑之也抑之則士氣不伸相與化爲齷齪之庸人而猶望其能行道也是以千里而責駑駘也是故欲養人才者必先自振士氣始

敢問何如斯可謂狂矣曰如琴張曾晳牧皮者孔子之所謂狂矣何以謂之狂也曰其志嘐嘐

然曰古之人古之人夷考其行而不掩焉者也狂者又不可得欲得不屑不潔之士而與之是獧也是又其次也

此四節書是孟子明狂獧之實也萬章問曰狂士之思固非聖心之得已然當時在魯國之人亦多敢問若何等人斯可謂之狂士矣孟子曰當時孔子弟子如琴張如曾晳如牧皮此等人品孔子之所謂狂矣萬章曰有狂之名必有狂之實敢問其人所行何等而遂稱之爲狂也孟子曰欲知狂之所以爲狂惟於其志願觀之其志嘐嘐然誇大卑視今世之士以爲不足稱數動輒曰古之人古之人其志大言大如此及因其言以考其行則志大而不能充其志言大而不能踐其言於平日所自許者未能掩蓋而無缺也狂之爲狂如此踐履雖歉於篤實而志願則極其高遠稍裁抑之至於中道不難矣惟狂者又不可得於是思得不屑不潔之士而與之其操履

極其謹嚴其廉隅極其砥礪一切卑汙苟且之事深惡之而不肯爲志雖不足守則有餘此所以謂之獧也以中行之士律之此又其次焉者也夫中行不得而思及於狂狂又不得而思及於獧其取人愈恕而爲道之心愈切矣按士必能以古人自待而後可以備國家之用必能以古人自律而後可以立名教之防若志趣不高操履不潔是根本已失餘何足觀聖賢之所棄必非帝王之所收也用

人者可以審矣。

孔子曰。過我門而不入我室我不憾焉者其惟鄉原乎。鄉原德之賊也。曰。何如斯可謂之鄉原矣。曰。何以是嘐嘐也。言不顧行行不顧言則曰古之人古之人行何爲踽踽涼涼。生斯世也爲斯世也善斯可矣。閹然媚於世也者是鄉原也。萬章曰。一鄉皆稱原人焉無所往而不爲原人。孔子以爲德之賊何哉。曰。非之無舉也刺之無刺也同乎流俗合乎汙世居之似忠信行之似

廉潔衆皆悅之自以爲是而不可與入堯舜之道。故曰德之賊也。

此四節書見聖人惡鄉原之意也。萬章問於孟子曰。孔子嘗言人情不見親厚則怨恨易生若過我之門而不入我之室我亦無恨於彼者其惟鄉原之人乎。蓋鄉原之人害乎德而爲德之賊也。不入我室我何恨焉。孔子之惡鄉原也如此。敢問若何等斯可謂之鄉原矣。孟子曰。欲知鄉原之爲人惟觀其譏狂獧之言可見矣。其譏狂者曰。何用如此嘐嘐然也。言誇大而不顧其行。行濶畧而不顧其言。動輒稱曰古之人古之人其譏獧者曰。何必如此踽踽然而獨行焉。涼涼然而寡薄焉。鄉原之譏狂獧如此。吾度其心。必謂人既生於斯世則但當爲斯世之人使舉世皆稱爲善人斯可矣。何必生今而慕古異衆以爲高哉。其言譏夫狂獧其志徇乎世俗閹然深自閉藏以求媚悅於世者乃鄉原之行徑也。萬章

曰。鄉人之論亦甚公也。今盡一鄉皆稱爲謹厚之人焉。是其立身行己無所往而不爲謹厚人矣。孔子反以爲德之賊者何哉。孟子曰。孔子以鄉原爲德之賊。非無謂也。蓋以鄉原之爲人也。欲槩舉其失以非之。則掩覆甚周無可舉而非也。欲細指其過以刺之。則韜藏甚密無可數而刺也。俗已流失。而同之不敢爲異。世雖卑汙。而合之不敢相離。心之所存。本非忠信也。而似乎忠信之不欺。事之所行。

本非廉潔也而似乎廉潔之不苟是以一鄉之衆皆欣然悅之不知其非也彼因衆人之悅自以爲是亦不知其非也知其非尚可改圖自以爲是則終身汩沒於斯世而不可與入堯舜之道矣故曰德之賊也按五代時之馮道先儒以爲古來第一鄉原然彼猶似忠信似廉潔者也後世且有明明不忠信明明不廉潔而閹然媚世爲全軀保富貴之計至於無所不爲者則又下鄉原一等矣乃彼方

自以爲得計人亦以爲當然世道至此尚忍言哉養廉恥尚風節有國家者宜加意焉

孔子曰惡似而非者惡莠恐其亂苗也惡佞恐其亂義也惡利口恐其亂信也惡鄭聲恐其亂樂也惡紫恐其亂朱也惡鄉原恐其亂德也君子反經而已矣經正則庶民興庶民興斯無邪慝矣

此二節書見鄉原所以可惡而君子貴於反經也孟子又告萬章曰昔孔子又有言曰吾謂鄉原德之賊者正謂其似德非德耳蓋天下有眞是者人固知其爲是即有眞非者人亦知其爲非猶不足以惑人無可惡也惟似是而實非者最能亂眞最能惑世爲深可惡焉試舉其類言之莠似苗而非苗惡莠者恐其亂苗也佞似義而非義惡佞者恐其亂義也利口似信而非信惡利口者恐其亂信也鄭聲似雅樂而非雅樂惡鄭聲者恐其亂雅樂也紫色似朱而非朱惡紫者恐其亂朱也

至於鄉原不狂不獧似德而非德惡鄉原者恐其亂德也然推其所自豈鄉原之能亂德哉由夫經不正而眞是之未明耳君子爲世道計亦惟率之以躬行彰之爲教化復此堯舜以來眞正不易之常經而已矣常經既復而歸於正庶民皆知經常之道爲吾眞是勃然咸興於善庶民既遵君子之教而興起於善則似是而非之邪慝深藏厚匿不可測識者皆難以容於世矣夫轉移世道止在表正

人心。故孔子惡鄉原而孟子繼之以興庶民之說。蓋庶民不興。未有不惡狂狷而喜鄉原者也。世運升降。以士氣民風爲根本。有天下者尚其加意於此哉。

孟子曰。由堯舜至於湯。五百有餘歲。若禹皋陶則見而知之。若湯則聞而知之。由湯至於文王。五百有餘歲。若伊尹萊朱則見而知之。若文王則聞而知之。由文王至於孔子。五百有餘歲。若太公望散宜生則見而知之。若孔子則聞而知

之。由孔子而來至於今。百有餘歲。去聖人之世若此其未遠也。近聖人之居若此其甚也。然而無有乎爾。則亦無有乎爾。

此一章。書是孟子以道統自任也。孟子曰。聖聖相傳。大約五百年其候也。有聞而知之者以繼其統。則必有見而知之者以開其先。由堯舜至於湯。蓋五百有餘歲。湯何以得統於堯舜哉。由有禹皋陶諸人。親見堯舜而知其精一執中之旨。是以湯得聞而知之也。由湯至於文王。亦五百有餘歲。文王何以得統於湯哉。由有伊尹萊朱諸人。親見湯而知其聖敬日躋之學。是以文王得聞而知之也。由文王至於孔子。又五百有餘歲。孔子何以得統於文王哉。由有太公望散宜生諸人。親見文王而知其緝熙敬止之德。是以孔子得聞而知之也。由此觀之。聖道之統。必有見知者傳之於前。而後聞知者得有所考以紹於後。從古爲然。不可誣也。由孔子而來至於今日。僅

百有餘歲。去聖人之世若此其未遠也。且由鄒至魯。封域相接。近聖人之居。又若此其甚也。此其間宜有人焉。見而知之。如禹皋諸人者。而後不患無聞而知之。如湯文諸人者。然而寥寥百年間。無有其人乎爾。則亦無有其人乎爾。按孟子此言。雖不敢明以道統自任。而自任之意切矣。道者何。孟子七篇首言仁義。此道之大端也。後世有躬行仁義於上者。卽堯舜湯文之君。而講明仁義於下者。卽孔

孟之徒也。道在天壤。代有傳人。有後起之責者。烏可以自諉也哉。

日講四書解義卷之二十六

四書彙解（孟子）十四卷（一）

清　史以徵纂輯

清康熙十年美延堂刻本

提督江南學政簡夏兩老先生鑒定

廣陵史靜庵纂輯

四書彙解

考訂一筆不苟較正隻字無訛

本衙藏板

翻刻必究

四書彙解序

講義之有補於聖教
也。貴其正而確。簡而
明。先儒伊川考亭。以

傳註表章孔孟精意。昭然揭日月於中天。繼而蒙引淺說與大全相表裏。爲後學津

筏。厥功懋矣。後有作者。何以加茲。但昔賢義取大備。後儒指貴無岐。不有定識。何以

折衷。是賴乎研理之家。稟經遵註。灼灼示之準矣。近見皐比稱師。自樹壇坫。網羅刊

布。未免博涉難從。望洋興嘆。當塗史廣文。殫半生精力。攻苦離辨。束大全諸說。輯成

一編。日四書彙解。進
質於予。披覽再四。參
稽精核。詳畧得宜。使
展卷瞭然。所謂正而

確。簡而明者此也。彼
九淵講學象山。安定
設教蘇湖。其功不過
如是。留心聖教者。奉

為指南可也。

康熙玖年歲次庚戌菊

月重陽日

朝議大夫提督江南通省

學使前吏部文選司
郎中加一級渝東簡
上謙居父題於兩衡
堂

四書彙解序

天地之有二曜也。經史之有四書也。四書其二曜之貞明者歟。自一中

接河洛之元。中天聖人
鄭重而咨之。因是祝融
司方發其英。沐日浴月
一百寶生。歷三代而燈傳

未歇。亡何而魯端門血書見告矣。赤烏飛。黃玉墜。講道德而紫氣亶天。尼山其烈哉。至於魯以

悟其貫。孫以述其祖。仁
義以私淑其澤。凡以撐
碩果之孤陽。延七百餘
歲而人心不夜。益聖聖

之嬗嬗以心心。心之印
印以解。但解者未易且
暮遇。而上猶面壁磨磚。
最下則搴襦發塚。揚雄

而論語也。胡廣而中庸也。蘇洵而孟子也。王安石而朝報春秋也。賴大道有靈。撰關閩濂洛以

麾之。繼此者姚江白沙
東鄉虞山諸氏。尚有陽
戈之力焉。故曰人心慧
而掌文炳。國君聖而斗

文耀。今

天子觀文以化成天下。

經筵日御。大學衍義資治

通鑑諸書。昕夕

召對。讌讌與儒臣相見乎
離。而予叨選士南邦。所
由古不戾時。雋不傷理。
博不變雅。謬膺冰鏡之

目。似於楊花有懸解焉。太平廣文史君。又進其彙解而劉覽之。體要指歸。銀手如斷。當令雒誦

副墨之家。都披雲見青。而四子書之光華復旦。將有擊磬雅吹。而云太師在是。況行此冊於蘇

湖閒。未知與胡安定後

先也。喜而弁其端。

大清康熙十二年歲次癸

丑仲冬月初吉

賜進士出身提督江南通
省學政按察司僉事加
一級前戸部四川清吏
司郎中兵部職方清吏

司督捕司員外主事加

一級

欽差山東己酉科典試甬

東虞二球龍倉氏題於

江陰冰雪齋

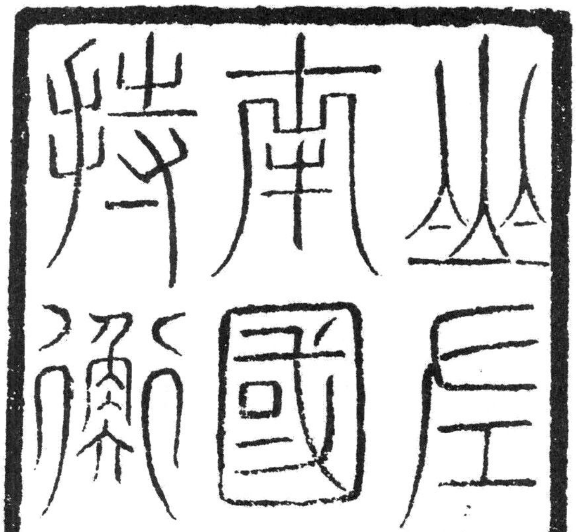

四書彙解序

余自垂髫。與吾弟連帷共席。耽四子之書。精究厥旨。一字之疑。數日考辯而勿舍。大全

蒙引諸訓釋。反覆繙閱。編幾
絕矣。已卯壬午間。吾弟就學
姑蔑。受業於維斗楊先生之
門。一時麟士吉士諸先正。與

維斗先生。闡幽抉奧。洗復參稽。吾第皆得與聞其說。歸語余。曰。姑蘇理學淵源。海內師表。洛陽新安之遺教。其在斯

乎。其在斯乎。蓋天地不言之

理。聖賢垂之簡策。聖賢開天

立教之微言。先儒詳之傳註。

此皆因其自然行所無事如

二

冬裘夏葛。服習而不可厭。無庸乎私智之鑿新奇而炫異也。即楊顧諸先生之論。亦惟發明經文傳註自然之條理已爾。曷嘗以己意增其贅疣乎。余曰唯唯。請寶斯言。以爲讀四子書之法焉。吾弟及門之徒。如蔣子宣虎。吾長男輿。

姪繼鰌。皆獲儁南宮。屢賢書

冠。而駿聲文坫。推爲人望者。

復指不勝屈也。蓋吾弟之學

以至正爲歸。吾弟之教以平

實可守爲則。一切高虛紆緲之談。屏刈弗錄。以故。出其門者。率皆彬彬大雅之林。不啻蔡季陳徐。望而知奚自鹿弟子也。乙巳春。吾弟簡任塗庠。

两齋經事之餘。遂乪其素所

參訂。與得傳於姑蘇者集

成編。曰四書彙解。郵寄於余。

余澄心讀之。因念吾弟之英

繁摘要。瀹派窮源。苦心二十

餘年而後成此集。而又牽四

子之書。指歸克一。後學之津

筏○展卷斯存○而不惑於新奇
炫異之呶呶也○且塗庠之儒○
理學輩出○不下姑蘇○與吾第
商去瓜○別同異○俾是書醇乎

其醇者。則有曹子梁父。陳子
蔚。宗朱子再虞。孫子子寬。張
子漢升。芮子茂遠。朱子天中。
爲之左提而右挈焉。蓋彙解

一書。廣大精微。賅不畢具。而各展夙藴以勷厥美。者諸君子之功尤不可泯也。嗟乎。士之學聖人之學者。唯是書至

正而不偏。士之行聖人之行
者。唯是書平實而可守。其有
功於往聖來學。而藩維乎名
教之宗。豈淺鮮也哉。若僅尋

行摘句○爲制義之先資○猶淺

之乎讀是書者矣○

旹

康熙辛亥陽月之吉愚兄以

遇際亭父題於姑谿之美
延堂

孟子

史記列傳（去聲）曰。孟軻。趙氏曰。孟子。魯公族孟孫之後。漢書注去。字子車。一說字子輿。騶人也。騶亦作鄒本邾國也。受業子思之門人。子思。孔子之孫。名伋。（音急）索隱云。王劭以人爲衍字。而趙氏注及孔叢子等書亦皆云孟子親受業於子思。未知是否。道既通。趙氏曰。孟子通五經。尤長於詩書。程子曰。孟子曰可以仕則仕。可以止則止。可以久則久。可以速則速。孔子聖之時者也。故知易者莫如孟子。又曰。王者之迹熄而詩亡詩亡。然後春秋作。又曰。春秋無義戰。又曰。春秋天子之事。故知春秋者莫如孟子。尹氏曰。以此而言則趙氏謂孟子長於詩書而已。豈知孟子者哉。**游事齊宣王。宣王不能用。適梁。梁惠王不果所言。則見以爲迂遠而濶於事情。**按史記梁惠王之三十五年乙酉。孟子始至梁。其後二十三年。當齊湣王之十年丁未。齊人伐燕。而孟子在齊。故古史謂孟子先事齊宣王。後乃見梁惠王襄王齊湣王。獨孟子以伐燕爲宣王時事。與史記荀子等書皆不合。而通鑑以伐燕之歲爲宣王十九年則是孟子先游梁而後至齊見宣王矣。然考異亦無他據又未知孰是也。當是之時。秦用商鞅。倚兩反楚魏用吳起。齊用孫子田忌。天下方務於合從。子容反連衡。與橫同以攻伐爲賢。而孟軻乃述唐虞三代之德。是以所如者不合。退而與萬章之徒序詩書。述仲尼之意。作孟子七篇。趙氏曰。凡二百六十一章。三萬四千六百八十五字。韓子曰。孟軻之書。非軻自著。軻既沒。其徒萬章公孫丑相與記軻所言焉耳。愚按二說不同。史記近是。

韓子曰堯以是傳之舜舜以是傳之禹禹以是傳之湯湯以是傳之文武周公文武周公傳之孔子孔子傳之孟軻軻之死不得其傳焉荀與楊也擇焉而不精語焉而不詳程子曰韓子此語非是蹈襲前人又非鑿空撰得出必有所見若無所見不知言所傳者何事○又曰孟氏醇乎醇者也荀與楊大醇而小疵程子曰韓子論孟子甚善非見得孟子意亦道不到其論荀楊則非也荀子極偏駁只一句性惡大本已失楊子雖少過然亦不識性更說甚道○又曰孔子之道大而

能博門弟子不能徧觀而盡識也故學焉而皆得其性之所近其後離散分處上聲諸侯之國又各以其所能授弟子源遠而末益分惟孟軻師子思而子思之學出於曾子自孔子沒獨孟軻氏之傳得其宗故求觀聖人之道者必自孟子始程子曰孔子言參也魯然顏子沒後終得聖人之道者曾子也觀其啓手足時之言可以見矣所傳者子思孟子皆其學也

○又曰楊子雲曰古者楊墨塞先則反路孟子辭而闢之廓苦郭反如也夫音扶楊墨行正道廢孟子雖賢聖不得位空言無施

雖切何補。然賴其言而今之學者尚知宗孔氏崇仁義貴王賤霸而已。其大經大法皆亡滅而不救。壞音怪爛而不收。所謂存十一於千百。安在其能廓如也。然向無孟氏。則皆服左衽而言侏音朱離矣。故愈嘗推尊孟氏。以為功不在禹下者。為去聲此也。

或問於程子曰。孟子還可謂聖人否。程子曰。未敢便道他是聖人。然學已到至處。愚按至字恐當作聖字。○程子又曰。孟子有功於聖門不可勝平聲言。仲尼只說一箇仁字。孟子開口便說仁義仲尼只說一箇志孟子便說許多養氣出來只此二字其功甚多○又曰孟子有大功於世以其言性善也○又曰孟子性善養氣之論皆前聖所未發○又曰學者全要識時若不識時不足以言學顏子陋巷自樂音洛以有孔子在焉若孟子之時世既無人安可不以道自任○又曰孟子有些英氣才有英氣便有圭角英氣甚害事如顏子便渾厚不同顏子去聖人只毫髮間孟子大賢亞聖之次也或曰英氣見形甸反於甚處曰但以孔子之言比之便可見且如冰與水

精非不光比之玉自是有溫潤含蓄（呂六反）氣象無許多光耀

也。

楊氏曰孟子一書只是要正人心教人存心養性收其放心

至論仁義禮智則以惻隱羞惡辭讓是非之心爲之端論邪

說之害則曰生於其心害於其政論事君則曰格君心之非

一正君而國定千變萬化只說從心上來人能正心則事無

足爲者矣大學之脩身齊家治國平天下其本只是正心誠

意而已心得其正然後知性之善故孟子遇人便道性善歐

陽永叔却言聖人之教人性非所先可謂誤矣人性上不可添一物堯舜所以爲萬世法亦是率性而已所謂率性循天理是也外邊用計用數假饒立得功業只是人欲之私與聖賢作處天地懸隔

四書彙解卷之二十七序說終

提督江南通省學政　渝東簡謙居先生
甬東虞龍倉先生　仝鑒定四書彙解卷之三十七

廣陵史以徵靜庵父纂輯

門姪　繼鮪司直父
　　　奭壽平父　參訂

男繼殤幼謙父校閱

孟子

梁惠王章句上
凡七章

孟子見梁惠王。

梁惠王。魏侯罃於耕反也。都大梁僭稱王。謚曰惠。史記惠王三十五年。卑禮厚幣以招賢者而孟軻至梁。

講梁惠王以禮招賢。孟子自鄒至梁以見之。欲行道也。蒙序

大全趙氏曰按魏初都安邑、在漢河東郡安邑縣、至惠王徙大梁、在漢陳留郡浚儀縣。○問孟子不見諸侯、其見惠王何也。朱子曰不見諸侯不先往見也。見惠上答其禮也。先王之禮未仕不得見諸侯。時士鮮自重而孟子猶守此禮。故所居之國。未仕必君先就見然後往見。異國君不得越境。必以禮先焉。然後往答其禮耳。史記得其事之實矣。

王曰。叟不遠千里而來。亦將有以利吾國乎。

叟長上聲老之稱。王所謂利。蓋富國彊兵之類。

講王問曰叟自鄒至梁不憚千里之遠而來此夫豈徒哉亦將有以利益吾國而使之富強者乎彙序

通義仁山金氏曰古人尚年以叟老爲相尊之詞非必果有年也

翼註利是功利之利非專指財利也

孟子對曰王何必曰利亦有仁義而已矣

仁者心之德愛之理義者心之制事之宜也此二句乃一章之大指下文乃詳言之後多放上聲此

講孟子對曰王有志於致治興邦何必曰利亦有有德愛民之仁制心制事之義爲君國子民之大道而已矣外此別無可言也彙直解序

通義陳先生曰孟子文法多以主意立綱領於前而分開照應於後然後結之熟讀自見

大全朱子曰、仁者心之德見得包四者義者心之制只是說義○心之德是渾淪說愛之理方說到親切處心之制是說義之體程子所謂處物爲義是也事之宜是就千條萬緒各有所宜處說楊雄言義以宜之韓愈言行而宜之之謂義若只以義爲宜則義有在外意思須如程子所言則處物者在心而非在外也事之宜雖若在外然所以制其宜則在心也○心之制如利斧事來劈將去可底從這一邊去不可底從那一邊去

蒙引論語有子孝弟爲仁之本章註先言愛之理者以爲仁主愛故也孟子並舉仁義是以體用而言而仁義又各自有體用則先體後用立言解義法當然

謹按與人君言仁義當重愛之理事之宜上照下遺親後君看自見但推其體則原於心之德心之制也、

王曰何以利吾國。大夫曰何以利吾家。士庶人曰何以利吾身。

上下交征利而國危矣萬乘之國弒其君者必千乘之家千乘之國弒其君者必百乘之家萬取千焉千取百焉不爲不多矣苟爲後義而先利不奪不饜。乘去聲饜於艶反

此言求利之害以明上文何必曰利之意也征取也上取乎下下取乎上故曰交征國危謂將有弒奪之禍乘車數也萬乘之國者天子畿內地方千里出車萬乘千乘之家者天子之公卿采地方百里出車千乘也千乘之國諸侯之國百乘之家諸侯之大夫也弒下殺上也饜足也言臣之於君每十分扶問反下同而取其一分亦已多矣若又以義爲後而以利爲先則不弒其君而盡奪之其心未肯以爲足也

〔講〕所以謂王不當言利者蓋以王一國之表率也王自籌曰何以利吾國凡取乎臣民者無不爲之矣利聲一倡人皆效尤彼大夫有家者也亦將曰何以利

吾家士庶人有身者也亦將曰何以利吾身上與下交相征取乎利而國自此危矣將見弑奪從此而起如萬乘天子之國以征利而弑其君者必千乘公卿之家千乘諸侯之國以征利而弑其君者必百乘大夫之家夫公卿於天子萬乘之中十取其一而得千乘焉大夫於諸侯千乘之中十取其一而得百乘焉各安其分之所得不爲不多矣苟以義爲後而以利爲先則貪欲橫恣不弑其君而盡奪之必不饜足矣言利而得害一至於此　蒙直解序

大全程氏復心曰按萬乘千乘百乘之制漢刑法志與集註不同要之孟子特大概言之耳　新安陳氏曰此章始末兼言仁義此節單言義者蓋仁有溫然慈愛之意義有截然斷制之意取其斷制以勝私去利則義之用爲尤切　舉義○亦可該仁

未有仁而遺其親者也。未有義而後其君者也。

此言仁義未嘗不利以明上文亦有仁義而已之意也。遺猶棄也。後不急也。言

仁者必愛其親義者必急其君故人君躬行仁義而無求利之心則其下化之自親戴於己也

講言利之害如此其爲遺親後君不待言矣若仁義豈有是哉王誠躬行仁義而使大夫士庶人皆化而爲仁義則不求利而利莫大焉葢仁主於愛而愛莫切於愛親未有好仁之人而或遺棄其親者也義主於敬而敬莫先於敬君未有好義之人而或不急其君者也使一國之人皆爲忠臣孝子而愛戴乎君親國家之利孰大於此彙直解序

大全雲峰胡氏曰人性有五仁義爲先人倫有五君親爲先所以孟子揭此於七篇之首然本文仁義二字指下之人而言集註必自人君躬行上說來者葢上文先言王而後言大夫士庶故此節亦云然

彙引此節集註利字與上文不同此是仁義中之利天理之公也上條是仁義外之利人欲之私而已故不免於害也

翼註遺後要說得細言利則弒奪之大禍所必有言仁義則遺後之小事所必無欲其以此而易彼也。

王亦曰仁義而已矣何必曰利。

重平聲言之以結上文兩節之意。○此章言仁義根於人心之固有天理之公也。利心生於物我之相形人欲之私也循天理則不求利而自無不利徇人欲則求利未得而害已隨之所謂毫釐之差千里之繆。靡幼反此孟子之書所以造如字端托始之深意學者所宜精察而明辨也。○太史公曰余讀孟子書至梁惠王問何以利吾國未嘗不廢書而歎也曰嗟乎利誠亂之始也夫子罕言利常防其源也故曰放上聲於利而行多怨自天子以至於庶人好去聲利之弊何以異哉程子曰君子未嘗不欲利但專以利爲心則有害惟仁義則不求利而未嘗不利也當是之時天下之人惟利是求而不復扶又反知有仁義故孟子言仁義而

不言利所以拔本塞源而救其弊此聖賢之心也

講觀求利之害如彼行仁義之利如此則天理人欲之間係治亂安危非小矣王欲爲國亦惟曰仁義而已矣何必曰利以取危亡之禍哉彙直解

大全覺軒蔡氏曰學者細玩而已矣與何必之辭見孟子語意嚴厲斬釘截鐵斷斷然只說仁義更不向利上去若董子正其誼不謀其利明其道不計其功亦得其傳者與

紹聞編南軒曰仁不遺親義不後君舉世人皆由仁義則無不愛其親尊其君三代盛時所以長治久安而無後患也爲國者舍是其將焉求故重言之曰王亦曰仁義而已矣何必曰利

全旨 大全新安陳氏曰孟子一書以遏人欲存天理爲主何必曰利遏人欲也亦有仁義存天理也自此以後鮮有不可以此六字該貫章旨者○雲峰胡氏曰程子以爲拔本塞源者所以救當時流弊之極朱子以爲造端托始者所以謹

學者心術之初。

張聖宣曰、此章只重在仁義上。斥利言仁義。是孟子一生學問。一生經濟。故于篇首發之。第三節一章之綱領。四節深言利之害。五節決言仁義之利。末節結上文。

○孟子見梁惠王。王立於沼上。顧鴻鴈麋鹿。曰。賢者亦樂此乎。

樂音洛篇内同

沼池也。鴻鴈之大者。麋鹿之大者。

講孟子見梁惠王。適王立于池沼之上。而顧鴻鴈麋鹿。因問孟子曰、賢德之君。亦樂此鴻鴈麋鹿乎。葢嘶其非所當樂也。蒙淺說序

顧麟士曰、按詩註、曲池曰沼。○楊龜山語錄云、惠王顧鴻鴈麋鹿以問孟子。則是日字當連上也。

孟子對曰賢者而後樂此不賢者雖有此不樂也。

此一章之大指。

講孟子對曰王意謂賢者不樂乎此以臣觀之必賢君而後能樂此若不賢之君雖有此可樂者亦不能享其樂也彙序

大全新安陳氏曰揭大指於前而分開照應於後此孟子諸章例也。南軒張氏曰孟子若答云賢者何樂乎此則非惟告君之道不當爾而於理亦未完也今云然則辭氣不迫而理完矣

存疑孟子此答特出王意外是因其所欲引他使他不知不覺上正路去此所以爲善引其君也後篇好樂好貨好色之類皆是如此

詩云經始靈臺經之營之庶民攻之不日成之經始勿亟庶民

子來。王在靈囿。麀鹿攸伏。麀鹿濯濯。白鳥鶴鶴。王在靈沼。於牣魚躍。文王以民力爲臺爲沼。而民歡樂之。謂其臺曰靈臺。謂其沼曰靈沼。樂其有麋鹿魚鼈。古之人與民偕樂。故能樂也。亟音棘　麀音憂　鶴詩作翯戶角反　於音烏　○正韻牣音刃　躍弋灼反

此引詩而釋之。以明賢者而後樂此之意。詩大雅靈臺之篇。經平聲度待洛反也。靈臺文王臺名也。營謀爲也。攻治也。不日不終日也。亟速也。言文王戒以勿亟也。子來如子來趨父事也。靈囿靈沼臺下有囿。囿中有沼也。麀牝婢忍反鹿也。伏安其所不驚動也。濯濯肥澤貌。鶴鶴潔白貌。於歎美辭。牣滿也。孟子言文王雖用民力而民反歡樂之。既加以美名。而又樂其所有。蓋由文王能愛其民。故民樂其樂而文王亦得以享其樂也。

講何以見賢者而後樂此不觀諸詩乎詩有云文王籌畫之始欲作靈臺方其經之以度乎地址營之以正其方面但見庶民卽相與攻治之不日之間卽已成之雖其經始之時王恐煩民戒令勿亟而庶民踴躍如子趨父事不召自來也臺下有囿王在靈囿則見麀鹿馴伏而不驚麀鹿濯濯而肥澤白鳥鶴鶴而潔白囿中有沼王在靈沼則見於牣充滿於中者魚之跳躍蓋合囿沼之物莫不得其所焉詩人之言如此夫文王以民力爲臺之高爲沼之深宜乎以爲厲己而生怨矣而乃歡樂而速成之且加以美名謂其臺曰靈臺謂其沼曰靈沼倏忽而成若神靈之所爲者而又樂其臺下之有麋鹿沼中之有魚鱉而慶幸之無已焉文王何以得此于民哉蓋由古之人平日愛民所欲與聚所惡勿施而與之偕樂故能得民心而自樂其所樂長享康豫之休也所謂賢者而後樂此者如此　蒙淺說

大全東陽許氏曰靈臺之作所以候日景占星象望雲物也其下有囿囿中有

沼併以游觀爾七十里之囿所以供四時之田講武事於其中且與民之芻蕘雉兔者共之不容不廣此在郊之外者也靈臺之囿必近城郭地不可容且無所用其大文王繼體即位本都岐在位四十六年遷酆又三年遷豐作靈臺其時年九十有六明年即薨田獵之囿非作靈臺之意也七十里之囿在岐山舊都故有與民同芻蕘雉兔之常制○雙峰饒氏曰自樂便不是仁同樂便是仁如文王未嘗無靈臺靈沼然與民同樂便是天理文王畢竟自朝至于日中昃不遑暇食用咸和萬民人必得所然後有此樂所謂後天下之樂而樂也

存疑與民偕樂文王治岐之政是也

湯誓曰時日害喪予及女偕亡民欲與之偕亡雖有臺池鳥獸豈能獨樂哉害音曷喪去聲女音汝○正韻偕居諧反書害作曷偕作皆

此引書而釋之以明不賢者雖有此不樂之意也湯誓商書篇名時是也日指

夏桀嘗何也。桀嘗自言吾有天下如天之有日。日亡吾乃亡耳。民怨其虐[illegible]其自言而目之曰。此日何時亡乎。若亡。則我寧與之俱亡。蓋欲其亡之甚也。孟子引此以明君獨樂而不卹坊本作恤其民則民怨之而不能保其樂也。

講何以見不賢者雖有此不樂不觀諸湯誓乎。湯誓師之辭有曰桀嘗自言吾有天下如天之有日日亡吾乃亡耳民怨其虐因指日而言曰此日曷不速喪乎汝亡予寧與之偕亡蓋欲其亡之甚也湯誓之言如此可見獨樂而不恤其民至於民怨而欲與之偕亡則其亡可立而待雖有臺池鳥獸豈能獨享其樂哉。彙淺說

附錄湯誓夏王率遏衆力率割夏邑有衆率怠弗恊曰時日曷喪予及汝皆亡夏德若兹今朕必往

全章大全東陽許氏曰此章關鍵全在偕樂獨樂上文王與民同樂夏桀結怨奉已與亡乃其效也

謹按此章以賢者而後樂此二句爲主下兩節分應之然重賢者一邊以答王之問不賢邊舉以爲戒也

○梁惠王曰寡人之於國也盡心焉耳矣河內凶則移其民於河東移其粟於河內河東凶亦然察鄰國之政無如寡人之用心者鄰國之民不加少寡人之民不加多何也

寡人諸侯自稱言寡德之人也河內河東皆魏地凶歲不熟也移民以就食移粟以給其老稚之不能移者

講梁惠王語孟子曰寡人之於治國也憂勤撫字盡竭盡其心力焉耳矣如有時河內凶荒則移河內之壯民於河東熟處以就食又移河東之粟於河內以給老稚之不能移者或有時河東凶其移民移粟亦有然寡人之於國如此察

鄰國所行之政非無歲凶之時然無有如寡人之用心者宜乎民之去鄰國而歸我也乃鄰國之民宜少而不見其加少寡人之民宜多而不見其加多其故何也○彙淺說

趙註焉耳矣者懇至之詞孫疏言至極也

蒙引何也二字是推在歲凶上去未良集註明日乃以民不加多歸罪於歲凶此意在後二節

○識若河內河東俱凶則惠王又將何以處之甚矣為政在行王政也王政行則三年耕有一年之食九年耕有三年之食所謂樂歲終身飽凶年免於死亡者免

顧麟士曰周禮廩人凡萬民之食食者人四鬴上也人三鬴中也人二鬴下也若食不能人二鬴則令邦移民就穀故曰移民移粟荒政之所不廢

孟子對曰王好戰請以戰喻填然鼓之兵刃既接棄甲曳兵而走或百步而後止或五十步而後止以五十步笑百步則何如

曰不可直不百步耳是亦走也曰王如知此則無望民之多於鄰國也好去聲塡音田〇正韻塡與闐同刃去聲甲與鉀同曳延結反直陟意反

塡鼓音也兵以鼓進以金退直猶但也言此以譬鄰國不卹其民惠王能行小惠然皆不能行王道以養其民不可以此而笑彼也楊氏曰移民移粟荒政之所不廢也然不能行先王之道而徒以是爲盡心焉則末矣

講孟子對曰王平素好戰請以戰爲比喻兩軍相當塡然而鼓之兵刃旣接勝敗以分敗者棄其甲曳其兵而走或有走至百步而後止者或有走至五十步而後止者而走至五十步者乃以笑百步之所走而無勇也則王以爲何如王曰笑之不可戰貴克敵敗必致死彼走五十步者但未至於百步耳同一走也烏可以近而笑遠乎孟子曰王如知五十步者不可以笑百步則無望民之多於鄰國也蓋均之未能行王道也彙淺說

孫疏塡塞也又滿也趙氏曰鼓音蓋言鼓音充塞洋洋而盈滿也

蒙引鼓之之字非虛指戰士而言也如孫武子所謂於是鼓之於是復鼓之者一例

存疑孟子此章之論主意在行王道棄甲曳兵而走不能行王道之喻也或百步而後止猶鄰國不恤其民也或五十步而後止猶惠王能行小惠也惠王曰察鄰國之政無如寡人之用心者以五十步笑百步也○戰以勝敵爲上走之遠近弗計也猶治以王道爲上小惠之能行與否弗計也行小惠不可望民之加多欲民加多惟在行王道耳故下二節遂言王道

不違農時穀不可勝食也數罟不入洿池魚鼈不可勝食也斧斤以時入山林材木不可勝用也穀與魚鼈不可勝食材木不

可勝用是使民養生喪死無憾也養生喪死無憾王道之始也

勝音升　數音促
罟音古　洿音烏

農時謂春耕夏耘秋收之時凡有興作不違此時至冬乃役之也不可勝食言多也數密也罟網也洿窊烏瓜反下之地水所聚也古者網罟必用四寸之目魚不滿尺市不得粥余六反人不得食山林川澤與民共之而有厲禁草木零落然後斧斤入焉此皆為治去聲之初法制未備且因天地自然之利而撙祖本反節愛養之事也然飲食宮室所以養生祭祀棺槨所以送死皆民所急而不可無者今皆有以資之則人無所恨矣王道以得民心為本故以此為王道之始

講王欲得民何不行王道乎盖王道莫先於養民如農時乃五穀所自出必愛惜民力勿妨其春耕夏耘秋收之時必至冬乃役之則民得盡力於田畝而五穀不可勝食也洿池乃魚鼈所聚必禁絕密網使勿入於其中魚不滿尺市不

得粥則川澤不竭於漁而魚鼈不可勝食也山林乃林木所生必限制樵採直待草木零落之時斧斤方許入山林則林木得以蕃植而不可勝用也穀與魚鼈不可勝食林木不可勝用是使民飲食宮室以養生祭祀棺椁以喪死皆得以遂其心而無不足之憾也養生喪死無憾是乃爲治之初法制未備且因天地自然之利而爲撙節愛養之宜民心得而邦本固此王道之始事也自此綱紀法度施行有地矣 稟我說

大全周禮地官司徒山虞掌山林之政令物爲之厲而爲之守禁仲冬斬陽木（厲、藩界也 守、人也 禁、法也 生、山南）（生山北、車林農具取、其柔也）仲夏斬陰木凡服耜斬季木以時入之令萬民時斬林有期日（限以日、數）〇雲峯胡氏曰文王治岐澤梁無禁所以山林川澤與民共之也無禁者王者愛民之仁也雖（亦同歸于愛民）無禁而有厲禁又王者愛物之仁禁民之不以時取也〇新安陳氏曰法制未備謂聖人未行井田法以前天地自然之利謂穀魚林木之類撙節愛養謂不違農時不用數罟斧斤時入之類王道之始謂王制未備王道未成不過初爲

事下一節集註云是王道之成也正與此王道之始相對

蒙引農四時皆有隙故春蒐夏苗秋獮冬狩不必至冬乃役出節註云然者蓋用以講武則四時皆可伺農隙以役民若有興作則必須至冬也興作與徒作事也○洿池二字平看洿地勢自然者也池是所鑿者○山林之分高者爲山平而多草木者爲林○王道以得民心爲本亦應前面加多之意得民心又以植民生爲本

顧麟士曰按通義亡也金氏曰喪平聲則是活字包得祭祀棺槨言喪其死也若喪父而無服喪字亦同

謹按養生喪死乃人生切要之事故爲王道之始

五畝之宅樹之以桑五十者可以衣帛矣雞豚狗彘之畜無失其時七十者可以食肉矣百畝之田勿奪其時數口之家可以

無飢矣謹庠序之教申之以孝悌之義頒白者不負戴於道路矣七十者衣帛食肉黎民不飢不寒然而不王者未之有也衣去聲畜許六反數去聲王去聲凡有天下者人稱之曰王則平聲據其身臨天下而言曰王則去聲後皆倣此

五畝之宅一夫所受二畝半在田二畝半在邑田中不得有木恐妨五穀故於牆下植桑以供蠶事五十始衰非帛不煖未五十者不得衣也畜養也時謂孕字之時如孟春犧牲毋用牝之類也七十非肉不飽未七十者不得食也百畝之田亦一夫所受至此則經界正井地均無不受田之家矣庠序皆學名也申重直用反也丁寧反覆之意善事父母爲孝善事兄長上聲下同爲悌頒與斑同老人頭半白黑者也負任平聲在背戴在首夫音扶民衣食不足則不暇治禮義而飽煖無教則又近於禽獸故既富而教以孝悌則人知愛親敬長而代其勞不使

之負戴於道路矣衣帛食肉但言七十舉重以見（形甸反）輕也黎黑也黎民黑髮之人猶秦言黔（其廉反）首也少（去聲）壯之人雖不得衣帛食肉然亦不至於飢寒也此言盡法制品節之詳極裁（京本作財古通用）成輔相（去聲）之道以左右（並去聲）民是王道之成也

講由是而盡法制品節之詳極裁成輔相之道使百姓各遂其生各復其性者當無不用其至焉然也一夫受五畝之宅墻下樹養蠶之桑則繭絲所出而五十非帛不煖者可以衣帛矣雞豚狗彘之畜無失其孕字之時則生息繁盛而七十非肉不飽者可以食肉矣與井田之制經界正井地均一夫受田百畝凡有役作俱俟農隙勿奪其春耕夏耘秋收之時則民得盡力於農畝一家數口皆可以仰事俯育而無饑餒之患矣衣食既足則教化可施於是設為庠序以教之而又加謹以屏邪說五倫之理皆在所教而孝弟尤為百行之原又丁寧告諭以致其申明之意則民皆愛親敬長樂為代勞年高頒白之人無有負戴

於道路者矣七十者衣帛食肉黎髮之民不饑不寒教養兼舉治化大行人心（舉七十以該五十）無不愛戴而四方無不歸往如是而不一統以王天下者未之有也此王道之成也乃得謂之盡心耳　彙直解

大全趙氏曰古者一夫一婦受私田百畝公田十畝八家是爲八百八十畝餘公田二十畝八家分之得二畝半以爲廬舍城邑之居亦各得二畝半春令民畢出在野冬則畢入於邑在野曰廬在邑曰里廬各在其田中而里聚居也〇問旣曰魚鼈不可勝食矣又言老者始可食肉朱子曰魚鼈自生之物養其小而食其大老幼之所同也至芻豢之畜人力所爲則非七十之老不得以食之矣〇新安陳氏曰極裁成輔相總言田桑（當兼庠序）畜養之事以左右民就富教斯民說乃王道之終事應上文王道之始也一句

蒙引豚稚豕也彘相承言牡豕也〇狗有三守狗獵狗豢狗此是指豢狗也〇（此何當重看）上文不違農時未有百畝之制此則一夫受田百畝矣然雖有田百畝而上奪

其時亦無益矣故又須勿奪其時○庠序指鄉學非謂國學也舉俊秀及凡鄉之民皆教之所謂使契爲司徒教以人倫者也所教之中又以孝弟爲重存疑末老者衣帛食肉二句內含教意故曰然而不王云云

謹按此節雖教養併舉然教亦養中事當重養邊

狗彘食人食而不知檢塗有餓莩而不知發人死則曰非我也歲也是何異於剌人而殺之曰非我也兵也王無罪歲斯天下之民至焉莩平表反剌七亦反○正韻莩與殍同後倣此

檢制也莩餓死人也發發倉廩以賑音震通作振貸他代反也歲謂歲之豐凶也惠王不能制民之產又使狗彘得以食人之食則與先王制度品節之意異矣至於民飢而死猶不知發則其所移特民間之粟而已乃以民不加多歸罪於歲凶

是知刃之殺人而不知操七刀反刃者之殺人也不罪歲則必能自反而益脩其政天下之民至焉則不但多於鄰國而已○程子曰孟子之論王道不過如此可謂實矣又曰孔子之時周室雖微天下猶知尊周之為義故春秋以尊周為本至孟子時七國爭雄天下不復扶又反知有周而生民之塗炭已極當是時諸侯能行王道則可以王去聲矣此孟子所以勸齊梁之君也蓋王者天下之義主也聖賢亦何心哉視天命之改與未改耳

【講】今王平日不行王道以制民之產乃厚斂於民以養禽獸使狗彘奪人之食而食之而不知撿察則與先王制度品節之意異矣至於塗有餓死之人而不知發倉廩以賑貸之則其所移特民間之粟而已及人餓而死則曰非我不盡心也歲凶為之也是何異以兵刺人而殺之曰非我殺之也兵為之也夫兵不能代操兵者之罪而歲能代失政者之罪乎王誠惕然反已無歸罪於歲而革今日之弊政行王道之始終以此盡心斯天下之民皆望風而來歸焉豈但加

多鄰國而已哉。彙序

蒙引當時惠王若用孟子之言而遂見之施行必先發倉廩而賑貸以紓目前之急次行王道之始而後及王道之終乃爲有濟否則塗有餓莩豈能久待也。

謹按此章以行王道爲主能革弊政而行王道方謂之盡心而可以致王移民移粟而行小惠欲民之多於鄰國不可得也。

○梁惠王曰寡人願安承教。

承上章言願安意以受教。

講梁惠王因孟子教以行王道有感於心而虛己以請曰夫子教寡人既諄切矣然國政多端善言必再寡人願安意以承受夫子之教盡欲其盡言而無隱也。彙序

蒙引謂安者見其出於中心之誠而無所勉強也

孟子對曰殺人以梃與刃有以異乎曰無以異也梃徒頂反

梃杖也

講孟子對曰與其興一利不如去一害虐政除然後仁政舉今有殺人者用梃杖與用兵刃者其殺人有以異乎王曰梃與刃器雖不同而致人於死則一無以異也彙淺說

翼註梃刃不重引起下文政字

以刃與政有以異乎曰無以異也

孟子又問而王答也

講孟子又問曰殺人者以兵刃與虐政有以異乎王曰刃與政事雖不同而致人於死則一無以異也彙淺說

存疑先以梃刃殺人罔及於政發其本心之明也

曰庖有肥肉廄有肥馬民有飢色野有餓莩此率獸而食人也

厚斂去聲於民以養禽獸而使民飢以死則無異於驅獸以食人矣

講孟子因敎之曰王知虐政殺人無異梃刃則今日之政當在所更張矣王之庖有肥肉王之廄有肥馬皆厚斂於民以養之因致民則有飢餓之色野則有餓死之人此無異驅率禽獸而食人也虐政殺人同於梃刃者如此　彙蒙引

大全新安陳氏曰此因前章狗彘食人食塗有餓莩而究言之即以虐政殺人也

蒙引孟子前之所以告者詳矣爲惠王計今日切務惟在除去目下所行之虐政不然雖縷縷於王道之陳何益哉此則所以敎之也

獸相食且人惡之爲民父母行政不免於率獸而食人惡在其爲民父母也惡之之惡去聲　惡在之惡平聲

君者民之父母也惡在猶言何在也

講且如獸與獸自相吞噬人之見者猶且惡之況人君乃民之父母所當行仁政以愛民如子者今乃不免於率獸而食人是以子民之責而反爲殘民之事惡在其爲民之父母也。彙直解

蒙引提出爲民父母所以動其惻隱之心也人君知有爲民父母之責則如保赤子之念當有不容已者父母之於子寧有忍虐殺之者乎此孟子之善於啟廸也

仲尼曰始作俑者其無後乎爲其象人而用之也如之何其使

斯民飢而死也。俑音勇　為去聲

俑從去聲下同葬木偶人也。古之葬者。束草為人以為從衛。謂之芻靈。略似人形而已。中古易之以俑。則有面目機發而太似人矣。故孔子惡去聲下同其不仁。而言其必無後也。孟子言此作俑者但用象人以葬。孔子猶惡之。況實使民飢而死乎。○李氏曰。為人君者。固未嘗有率獸食人之心。然徇一己之欲而不恤其民。則其流必至於此。故以為民父母告之。夫音扶父母之於子。為去聲之就利避害。未嘗頃刻而忘於懷。何至視之不如犬馬乎。

講率獸食人。深有可痛心者。昔仲尼有言曰。始作木俑以殉葬者。殆為天所厭而絕其後乎。仲尼何惡之若此。為其作俑象人而用之殉葬。其心殘忍故也。夫象人殉葬。猶為可惡。如之何其虐政殘民。實使斯民飢而死也。王急反而自嘆可乎。彙序大全趙氏曰木人設機而能踴躍故名曰俑〇禮記檀弓下孔子謂爲芻靈者善謂爲俑者不仁不殆於用人乎哉〇新安陳氏曰爲人君者有作民父母之責固未嘗有率獸食人之心惟徇欲而不卹民則其流至此而不自覺故以率獸食人箴其昏迷之錮習以爲民父母觸其惻隱之良心孟子之言深切著明如此而王不悟亦末如之何也已

發明李註

蒙引此節痛言民之不可殘也〇象人而用不必說到殉葬之漸處只象人而用便是不仁孔子所以惡之

翼註集註實字正對象字

全旨顧麟士曰上章因其盡心之言而欲導其仁心故其辭婉此則因其承教之願而欲使悟其失故其言直

〇梁惠王曰晉國天下莫强焉叟之所知也及寡人之身東敗

於齊，長子死焉；西喪地於秦七百里；南辱於楚。寡人恥之，願比死者一洒之，如之何則可？長上聲。喪去聲。比必二反。洒與洗同。

魏本晉大夫魏斯與韓氏趙氏共分晉地，號曰三晉，故惠王猶自謂。惠王三十年，齊擊魏，破其軍，虜太子申。十七年，秦取魏少梁。少去聲。後魏又數音朔獻地於秦。又與楚將將去聲昭陽戰，敗，亡其七邑。比，猶爲也。爲去聲，下同。言欲爲死者雪其恥也。

講梁惠王問於孟子曰：吾晉國在先人時，論其強盛，天下諸侯之國無過之者。此是叟之所知也。及傳至寡人之身，則東與齊戰，兵敗而長子被殺焉。西爲秦人所侵，喪其河內之地凡七百里。南又爲楚人所困辱，不能與抗。是寡人貽羞於先君也。寡人心甚愧恥之，願爲我先君一洗之，如之何經畫則可？夫子其明告我也。彙直解

‖通義仁山金氏曰：成王封弟叔虞於唐，至燮父遷晉水之上，因名晉。其後曲沃桓叔

奪宗至文公以來世爲盟主末年六卿分晉自相兼併魏斯趙籍韓虔三分晉地爲諸侯謂之三晉而魏爲大惠王斯之孫也

大全史記魏世家惠王三十年魏伐趙趙告急於齊齊宣王用孫子計救趙擊魏魏遂大興師使龐涓將而令太子申爲上將軍與齊人戰敗於馬陵齊虜魏太子申殺將軍涓軍遂大破〇十七年魏與秦戰元里秦取我少梁（元里少梁皆魏地名）〇商君傳秦孝公使衛鞅將兵伐魏魏使公子卬將而擊之軍既相距衛鞅遺魏將公子卬書曰吾始與公子驩今俱爲兩國將不忍相攻可與公子面相見盟樂飲而罷兵以安秦魏魏公子卬以爲然會盟已飲而衛鞅伏甲士襲虜公子卬因攻其軍盡破之以歸秦魏惠王恐使使割西河之地獻於秦以和而魏遂去安邑徙都大梁〇楚世家懷王六年楚使柱國昭陽將兵而攻魏破之於襄陵得邑八〇慶源輔氏曰惠王之志雖若剛勇而有爲者然細考之史則其敗於三國皆非義舉也徒以爭城爭地不失之貪則失之繆事既如此猶不知所以自反

乃於見賢之際歷敘其喪敗而欲爲死者一洒之此正如匹夫殺人勢出無聊不勝其忿而求一快者所爲耳豈有人君之度而知所謂大勇之理哉

孟子對曰地方百里而可以王

百里小國也然能行仁政則天下之民歸之矣

講孟子對曰王何慮喪敗之餘難以雪恥也若誠有志自強即地僅方百里而可以王乎天下況以堂堂千里之梁乎　彙蒙引直解

蒙引此句一章大指下文四條皆是推明此句意註中能行仁政云云且勿說出

顧麟士曰地字略頓方百里連說

謹按方字當作削方之方

王如施仁政於民省刑罰薄稅斂深耕易耨壯者以暇日脩其

孝悌忠信入以事其父兄出以事其長上可使制梃以撻秦楚之堅甲利兵矣省所梗反斂易皆去聲耨奴豆反長上聲

省刑罰薄稅斂此二者仁政之大目也易治也耨耘也盡己之謂忠以實之謂信君行仁政則民得盡力於農畝而又有暇日以修禮義是以尊君親上而樂音洛下同於效死也

講所謂百里可王惟行仁政而已王如果施仁政於民刑罰則省之刑當其罪而不戕民命稅斂則薄之惟正之供而不病民生此二者仁政之大目也有此仁政則民得以安業力農春深於耕以布種夏易於耨以除草而民之壯者又以閒暇之日修明其孝悌忠信之道入則以此事其家之父兄出則以此事其國之長上是則衣食既足禮義又興一旦有事則民皆尊君親上有勇知方雖使之制木為梃以撻夫秦楚之堅甲利兵無不可矣何強大之足慮乎彙序

大全朱子曰魏地迫近於秦無時不受兵割地求成無虛日孟子之言似若容易益當時之人焦熬已甚率歡欣鼓舞之民而征之自是見效速後來公子無忌率五國師直擣至函谷關可見

蒙引仁政莫先於養民而其事莫大於省刑薄斂又當時切務也

存疑孝悌忠信不分貼父兄長上爲是

翼註修字不但講明便有身體力行意入事出事正是修也非修以後事也○梁王志在報怨孟子特借此啟之以王道非徒爲他畫報怨之策而已○可使制梃二句且只說可用以戰至王往而征之方說到戰勝上

謹按集註以省刑薄斂二者爲仁政之大目則深耕以至長上皆是民自如此然蒙引云以本文觀之省刑以下七句似都是說仁政之施當如此蓋仁政兼教養如上章所陳意說極有理但悖註難從耳

彼奪其民時，使不得耕耨以養其父母，父母凍餓，兄弟妻子離散。養去聲

彼謂敵國也。

講 夫秦楚之甲兵未易當也，而可以制梃撻之者，正以其不行仁政耳。彼以嚴刑重斂而奪其民時，使不得耕耨力田以養其父母，使其父母凍餓，兄弟妻子離散，不仁極矣。彙序

蒙引 凍餓離散，自不暇修孝弟忠信，補此與上文相應，其意方足。

彼陷溺其民，王往而征之，夫誰與王敵？夫音扶

陷，陷於阱。阱，才性二反，通作穽，疾郢。溺，溺於水。暴虐之意。征，正也。以彼暴虐其民，而率吾尊君親上之民往正其罪，彼民方怨其上而樂歸於我，則誰與我為敵哉。

講彼爲政不仁以陷其民於阱溺其民於水如此民怨之深矣王乃率吾尊君親上之民往而正其罪彼民方樂歸不暇夫誰與王敵者乎此彼之堅甲利兵無所用而我之所以制梃可撻也彙序

蒙引非敵不過也自不與我爲敵如紂之前徒倒戈是也

顧麟士曰前兩節分說此節總說蓋分案總斷也兩彼字緊對二王字

故曰仁者無敵王請勿疑。

仁者無敵蓋古語也百里可王以此而已恐王疑其迂闊故勉使勿疑也○孔氏曰惠王之志在於報怨孟子之論在於救民所謂惟天吏則可以伐之蓋孟子之本意。

講是以古語有曰凡以仁心行仁政之仁者自然無敵於天下知仁者無敵則知百里可王非無實效而徒爲迂闊之語也王請勿以臣言爲疑而决然行仁

政以王天下何事恥之足云哉（彙淺說）

大全勿軒熊氏曰當時七雄皆大國也孟子獨惓惓於齊梁者欲得志行乎中國也若秦楚則蠻夷戎狄之裔也七篇之旨深鄙外之蓋其得志必非天下生民之福自周之衰天下大勢不入於楚必入於秦孟子耕耨孝弟之言近于迂闊然後來秦亡不過起於揭竿斬木之匹夫堅甲利兵果可恃乎孟子之言不我誣也

翼註勿疑是勿疑百里可王之言非勿疑仁者無敵之言

全旨大全新安陳氏曰逞忿報怨私欲也行仁救民公理也行仁則自無敵不得已而用兵亦正之之征也不行仁而惟報怨忿爭而已矣豈惟怨不可報敗亡常必由之此章亦所以遏人欲擴天理也

謹按通章重百里可王一句而其所以可王者只在行仁政以後三節反覆申明此意也○外註孔氏正大明確備一章之全旨宜細玩

○孟子見梁襄王。

襄王惠王子。名赫。

講惠王子襄王嗣位孟子見之纂序

大全新安倪氏曰按通鑑慎靚王二年壬寅惠王卒孟子去魏適齊是一見襄王後即去也

出語人曰望之不似人君就之而不見所畏焉卒然問曰天下惡乎定吾對曰定于一。語去聲卒七沒反惡平聲

語告也不似人君不見所畏言其無威儀也卒然急遽之貌蓋容貌辭氣乃德之符其外如此則其中之所存者可知王問列國分爭天下當何所定孟子對以必合于一然後定也。

講孟子知其不足於有爲乃出而語人曰容貌詞氣乃德之符今吾遠而望之不似人君之度近而就之不見有可畏之威焉且卒然急遽而問曰今天下之勢惡乎得以安定吾對曰天下分則爭合則定人君能合天下而一統之則號令自一人出無敢違命者天下自此定矣　彙淺說

大全新安倪氏曰不似人君無可象之儀也不見所畏無可畏之威也

蒙引孟子見梁襄王爲其容貌詞氣之間皆不當人意蓋將去之故出語云云決無久留於梁之理矣看來天下有可一之理孟子又有能佐其君以一天下之才但襄王未有一天下之器耳讀者於此當知聖賢所遇之不幸然此一段議論關係於世道君道者甚大不可以不傳故出以語人而且以垂後世

翼註定以勢言兵革寧息也一以權言政歸一統也

孰能一之。

王問也。

講 王又問今之諸侯勢均力敵莫能相尚孰能合并羣雄收其土地而一之𧷤

存疑

翼註 能一以君言問何等君能一之

對曰不嗜殺人者能一之。正韻嗜時利反

嗜甘也。

講 吾對曰必也以不忍爲心以好生爲德不嗜殺人者則可以結人心而成大業爲能一之 彙直解序

大全 勿軒熊氏曰好生天地之心也必得天地此心然後可爲天之子民之父母此言萬世之龜鑑也

翼註 不嗜殺人包得廣如刑罰稅斂皆能殺人不止戰鬭也

孰能與之

王復扶又反。問也。與猶歸也。

講王曰當此之時地各有封守民各有統屬雖有不嗜殺人之君誰能令其去而歸我乎。彙淺說

蒙引列國各有疆域畫地而守民欲令彼趨此必為所禁制下文沛然孰能禦之正是答此意

謹按此孰能雖以民言然民不能歸亦為君所禁制故也

對曰天下莫不與也。王知夫苗乎。七八月之閒旱則苗槁矣。天油然作雲沛然下雨則苗浡然興之矣。其如是孰能禦之。今夫天下之人牧未有不嗜殺人者也。如有不嗜殺人者則天下之

民皆引領而望之矣。誠如是也，民歸之，由水之就下，沛然誰能禦之。夫音扶。浡音勃。由當作猶，古字借用，後多倣此。

周七八月，夏五六月也。油然，雲盛貌。沛然，雨盛貌。浡然，興起貌。禦，禁止也。人牧，謂牧民之君也。領，頸也。蓋好去聲，下同。生惡去聲。死，人心所同。故人君不嗜殺人，則天下悅而歸之。○蘇氏曰：孟子之言，非苟爲大而已。然不深原其意而詳究其實，未有不以爲迂者矣。予觀孟子以來，自漢高祖及光武及唐太宗及我坊本我下有宋字太祖皇帝，能一天下者四君，皆以不嗜殺人致之。其餘殺人愈多而天下愈亂。秦、晉及隋，力能合之，而好殺不已，故或合而復扶又反分，或遂以亡國。孟子之言，豈偶然而已哉。

講吾對曰：天下之民莫不歸與也。王知夫苗乎？七八月之間旱，則苗之生意槁矣，正亟於望雨之時也。及天油然而作雲，沛然而下雨，則苗浡然興起，發生甚速矣其與如是孰能禦止之使不爲乎方今天下之君職爲人牧者皆重刑厚斂爭地爭城以致民於死而不恤未有不嗜殺人者也民受其虐求有所歸而不可得當此之時如有一不嗜殺人者出焉則天下之民皆如苗槁之待雨引領而望之欲以爲君矣誠如是其望之切也則其相率歸附其勢如流水之就下沛然奔赴誰得而禦止之哉所謂天下莫不與者此也王與吾問答如此然而非能有爲者奈之何哉彙序

紹聞編以七八月之間旱喻民困於虐政其曰孰能禦之者以苗之興而言也以水之就下喻民之歸仁曰沛然誰能禦之者以天下莫不與而言也

蒙引此節須看七八月之間旱與今夫天下之人牧未有不嗜殺人者也數句下文浡然孰禦沛然誰禦正從此處見得時使然也

疑註望以心言歸以身言○自望之不似人君至末俱是孟子述言雖有問答俱在述語口氣中

全註張宜聖曰不嗜殺人四字極重味出語人三字不是翹君之短總因當時未有不嗜殺人者故述此段議論爲天下人牧告耳

○齊宣王問曰齊桓晉文之事可得聞乎。

齊宣王姓田氏。名辟音疆。渠良反俗璧彊作疆非諸侯僭稱王也。齊桓公晉文公皆霸諸侯者。

講齊宣王有志於霸功。乃問孟子曰、五霸迭興。齊桓晉文爲盛。其當時取威定霸之事。可得而聞之乎。棄序

大全趙氏曰、田氏本陳公子完之後、初以陳爲氏、後改姓田氏、至田和始篡齊而有之、辟疆和之曾孫、是爲宣王、

孟子對曰。仲尼之徒無道桓文之事者。是以後世無傳焉。臣未

之聞也無以則王乎。正韻道去聲

道言也董子曰仲尼之門五尺童子羞稱五伯霸同爲去聲其先詐力而後仁義也亦坊本作正此意也以已通用無已必欲言之而不止也王謂王天下之道

講孟子對曰臣所受學本之仲尼仲尼之徒羞稱五霸無有道及桓文之事者是以後世之人不傳其事焉臣無從而聞之也既無所聞亦無可言矣必欲臣言之不止者則惟王天下之道乎蓋王道乃聖門所常言臣得聞之者也王誠有志王道則桓文之事不足言矣彙直解

大全朱子曰無道桓文之事事者營霸之事儒者未嘗講求如桓公霸諸侯一匡天下則誰不知至於經營霸業之事儒者未嘗言也○王氏若虛曰春秋之時五伯迭興而桓文爲盛有功者莫大於桓文有罪者亦莫大於桓文周之東遷政教號令不行於天下諸侯不知有周矣有人於此勃然而興更爲共主支

一木於大厦將顛之際，屹砥在於頹波潰決之餘，內合諸侯，外攘夷狄，使前日不知有周者咸知尊周，而君臣之義至於今不墜，謂非桓文之功不可也。故聖入畧其罪而筆之於春秋，然其詐力是先，仁義爲後，如救邢封衛，養亂爲功，如（二君他事亦多類此。）伐衛致楚，陰謀取勝，挾天子而令諸侯，摟諸侯以伐諸侯，如此等類，非其罪與。

故聖人之徒卑其功而無道之者，聖人春秋之作，爲萬世扶綱常，有如尊周之舉而不記之，則無以勸來者，其指微矣。乃若其徒所以不道之者，是又不欲率天下之人而稱仁義，亦春秋誅意之法也。故桓文者功之首，罪之魁，而聖賢待之，仁之至，義之盡也。

【】蒙引：梁惠王所問在利，孟子不言利而言仁義，然仁義自無不利也。齊宣王所問在伯，孟子不言伯而言王道，然其功效更萬萬於伯也。故始若拂其志，終則實有出乎意望之外者，此孟子所以爲命世亞聖之大才與。

曰德何如則可以王矣曰保民而王莫之能禦也

保愛護也。

講　王曰人君之德當何如則可以王乎天下矣對曰王道甚大其要只在愛護其民能愛護其民而天下歸往以此王天下其勢莫之能禦也。彙陳氏

大全慶源輔氏曰保如保赤子之保○新安陳氏曰保民而王一句爲此章之綱領。

存疑　德字虛說下保民即德也

翼註言伯則曰事言王則曰德齊王亦有分曉

曰若寡人者可以保民乎哉曰可曰何由知吾可也曰臣聞之胡齕曰王坐於堂上有牽牛而過堂下者王見之曰牛何之對

曰。將以釁鐘。王曰。舍之。吾不忍其觳觫。若無罪而就死地。對曰。然則廢釁鐘與。曰。何可廢也。以羊易之。不識有諸。齕音核，舍上聲，觳音斛，觫音速，與平聲。○正韻齕下沒反，集註音核，核有二音，宜審。

胡齕，齊臣也。釁鐘，新鑄鐘成，而殺牲取血以塗其釁郄。乞逆反也。觳觫，恐懼貌。孟子述所聞胡齕之語而問王，不知果有此事否。

〔講〕王曰：保民乃人君之大德，若寡人者，亦可以保民乎哉。對曰：以王之德，保民而王天下，何不可之有。王曰：夫子許吾可以保民，何所由據而知其可也。對曰：王之臣有胡齕者，臣嘗聞其言曰：王一日坐於堂上，有牽牛而過堂下者，王見之，問曰：牛將何往。牽牛者對曰：新鑄鐘成，將此牛殺以取血而塗鐘之釁郄。王曰：舍之，吾不忍此牛之觳觫恐懼，像似他無罪而就死地，一觳觫誠可憐也。牽牛

者對曰牛既舍則將廢釁鐘之禮與王曰與廢釁鐘大典何可廢也其以羊易之胡齕之語臣如此不識果有此事否　彙序

蒙引釁本釁郤今日釁鐘則是因鐘之釁而釁之使釁者不復釁也作活字看

存疑釁鐘非牛不可以羊易牛使不得只是齊王一時良心發動不可遏姑以此替之而不計慮到此故以為兩全而無害要亦孟子開導其君為此遷就之語耳其事之是否弗計也

顧麟士曰者無罪句作若人之無罪或只大槩說俱可　卽指牛說為是

曰有之。曰是心足以王矣。百姓皆以王為愛也。臣固知王之不忍也。

王見牛之觳觫。而不忍殺。卽所謂惻隱之心。仁之端也。擴而充之。則可以保四海矣。故孟子指而言之。欲王察識於此而擴充之也。愛猶吝也。

講王曰此事向誠有之對曰王道不外乎保民而保民又不外乎此心王有是易牛之心即足以保民而王矣意彼時百姓或皆以王爲計其費而愛之也臣由王不忍觳觫之言思之因知王之痛其死而不忍也袁真氏蒙引

大全雲峰胡氏曰孟子一書言心學甚詳此是第一箇心字是心何心也人之本心也即此本心而推之所謂先王有不忍人之心斯有不忍人之政者也須看集註察識擴充四字察識屬知擴充屬行○新安陳氏曰是心足以王矣一句最緊切觀王有此愛物之心即可知王有仁民之心而可以保民矣所以指言王之此心即是足以王天下之本

蒙引既曰是心足以王又曰百姓皆以云云者何意蓋緣著不忍字要生議論是心不忍之心也不忍於牛而忍於百姓乎違之於其所忍仁不可勝用而王道畢矣○不忍二字此一章之骨子孟子只得齊王吾不忍其觳觫一句遂堅執著不忍二字一開一闔百方開導要他察識而擴充之○是心足王不是愛

一牛遂足以王天下爲有此心在擴而充之則可以王天下矣擴充之實在老吾老以及人之老云云〇百姓皆以王爲愛一句亦甚喫緊盖不著此句無以發其論難而啟其察識擴充之端者只言是心足以王矣他不䏻問便只恁地説了甚矣孟子之善於言語也〇集註察識如下文註所謂乃知此心不從外得者盖人皆有不忍人之心也擴充則須是自親親而仁民仁民而愛物所謂反其本而推之有所不忍而達之於其所忍者也

顧麟士曰察識擴充足王内尚不可露出

劉上玉曰麟士說是察識擴充四字雖此節註實預領以下通章意而括之於此耳

王曰然誠有百姓者齊國雖褊小吾何愛一牛卽不忍其觳觫若無罪而就死地故以羊易之也

言以羊易牛其迹似吝實有如百姓所譏者。然我之心不如是也。

講王曰夫子之言誠然也誠有百姓如此相譏者但齊國雖褊小吾亦何至愛一牛之利即纔所謂不忍其觳觫若無罪而就死地吾故以羊易之也彙序

顧麟士曰然謂夫子之言誠然也亦大槩肯首之詞　誠有百姓照上爲愛何齊國以下照上不忍句便是依樣葫蘆語

曰王無異於百姓之以王爲愛也以小易大彼惡知之王若隱其無罪而就死地則牛羊何擇焉王笑曰是誠何心哉我非愛其財而易之以羊也宜乎百姓之謂我愛也惡平聲

異怪也隱痛也擇猶分也言牛羊皆無罪而死何所分別必列反而以羊易牛彙孟子故設此難去聲欲王反求而得其本心王不能然故卒無以自解於百姓之

言也。

講孟子欲王察識其不忍之心。乃難之曰。王無怪異於百姓之以王爲愛也。以羊之小易牛之大。亦有可疑。彼百姓惡知王之心爲不忍其無罪就死地乎。王若果不忍其無罪就死。牛無罪。羊亦無罪。何所分擇焉而以羊易牛乎。王不能自察識也。乃笑曰。是以羊易牛之心。當日誠何心哉。我若非愛惜其財。而何故易牛以羊也。宜乎百姓之謂我愛其財也。亦無解於此日之心已。彙序

大全東陽許氏曰。上言臣固知王之不忍。此言彼惡知之。正相對說。

蒙引集註故設此難。故字是故意之故。○我非愛其財二句。是反辭。非直辭。

達說我非愛其財而易之以羊。作自疑之辭看。

顧麟士曰。又是依様全無起發。譬如已把罪名認下。故下遽云無傷也。

曰。無傷也。是乃仁術也。見牛未見羊也。君子之於禽獸也。見其

生不忍見其死聞其聲不忍食其肉是以君子遠庖廚也遠去聲

無傷言雖有百姓之言不爲害也術謂法之巧者蓋殺牛既所不忍釁鐘又不可廢於此無以處上聲之則此心雖發而終不得施矣然見牛則此心已發而不可遏未見羊則其理未形而無所妨故以羊易牛則二者得以兩全而無害此所以爲仁之術也聲謂將死而哀鳴也蓋人之於禽獸同生而異類故用之以禮而不忍之心施於見聞之所及其所以必遠庖廚者亦以預養是心而廣爲仁之術也

講孟子乃啓王曰雖百姓以王爲愛然亦無害也是乃行仁之巧術曲全其不忍之心者也何以見之當時所見者牛則此心已發而不可遏所未見者羊則其理未形而無所妨故以羊易牛得以兩全而無害也所謂仁術者如此大凡君子爲仁莫不有術焉其於禽獸也見其生則不忍見其死聞其將死哀鳴之

聲則不忍食其肉此固惻隱之真心也然祭祀無釁禮有不可廢則寧身遠庖廚使其不接於耳目以預養此心而廣爲仁之術焉王所爲正合乎君子是何傷乎　彙存疑

大全朱子曰術字本非不好底字只緣後來把做變詐看了便道是不好却不知天下事有難處須著有箇巧底道理始得當齊王見牛之時惻隱之心已發於牛又見釁鐘事大似住不得只得以所不見者而易之既周旋得那事又不抑遏了這不忍之心此心乃得流行若當時無箇措置便抑遏了這不忍之心遂不得而流行矣此乃所謂術也〇雲峰胡氏曰一本心也已發在於擴充未發在於預養

彙引於難處之際而有善處之方是謂之術齊王以羊易牛亦偶然適合乎仁術耳孟子意主於開導故爲是獎誘之說〇庖廚取烹魚之義周禮有庖人廚屋也

翼註不忍一牛是仁曲全其不忍之心而不爲禮所妨碍是爲仁術勿以牛得全鐘得釁平說○古人文字意在筆先先有仁術一觧乃有何擇一難也

顧麟士曰君子遠庖廚本出禮玉藻盖成句而孟子用之也

王說曰詩云他人有心予忖度之夫子之謂也夫我乃行之反而求之不得吾心夫子言之於我心有戚戚焉此心之所以合於王者何也。說音悅忖七本反度待洛反夫我之夫音扶

詩小雅巧言之篇戚戚心動貌王因孟子之言而前日之心復扶又反萌乃知此心不從外得然猶未知所以反其本而推之也

講王聞孟子之言有得於心而說曰詩小雅巧言之篇有云他人有心予忖度而得之夫子今日之謂也夫易牛之事自我乃行之今反之吾心而求以小易

大之故茫然不得乎吾之初心也及夫子以見牛未見羊言之遂於我心戚戚然有動於中而當時不忍之意宛然而形焉但此心甚微而王道甚大其所以合於王者果何在也彙序

【大全】慶源輔氏曰戚戚心動而有所傷也宣王此心雖發動而其端甚微其體未充而又未知所以推廣之方故孟子以下復以用力用明用恩之說明切曉之○雲峰胡氏曰宣王於其本心略能察識自此以下孟子皆教之以擴充○新安陳氏曰此心之所以合於王者何也王此句亦問得緊切與孟子是心足以王矣句相照應

【彙】引集註乃知此心不從外得此句最要看得仔細是孟子所以斷其足王處

【存疑】此心不從外得者若是從外得底物一過就無了今有感觸而前日之心復動可見此心原是吾固有底不從外得也

【謹按】集註反其本指心言而推之即下文老老一節也

曰有復於王者曰吾力足以舉百鈞而不足以舉一羽明足以察秋毫之末而不見輿薪則王許之乎曰否今恩足以及禽獸而功不至於百姓者獨何與然則一羽之不舉爲不用力焉輿薪之不見爲不用明焉百姓之不見保爲不用恩焉故王之不王不爲也非不能也與平聲爲不之爲去聲

復白也鈞三十斤百鈞至重難舉也羽鳥羽一羽至輕易去聲下同舉也秋毫之末毛至秋而末銳子芮反小而難見也輿薪以車載薪大而易見也許猶可也今恩以下又孟子之言也蓋天地之性人爲貴故人之與人又爲同類而相親是以惻隱之發則於民切而於物緩推廣仁術則仁民易而愛物難今王此心能及

物矣則其保民而王非不能也但自不肯爲耳。

講王既能察識此心孟子因欲王擴而充之以行王道乃對曰有白告於王者曰吾力足以舉百鈞之重而不足以舉一羽之輕明足以察秋毫之末之細而不見輿薪之大則王許之乎王曰否未有舉重而不能舉輕見小而不能見大者也曰王既知此則知是心之合於王矣蓋人貴而物賤人吾同類物吾異類是以惻隱之心動於民則易而動於物則難今不忍一牛於其情之難動者恩足以及之是能舉百鈞察秋毫也而於百姓情之易動者保之之功反有不至是不能舉一羽見輿薪也其故獨何與然則一羽之不舉非無力也只爲不用其力焉輿薪之不見非無明也只爲不用其明焉百姓之不見保非王之心無恩也只爲不用其恩焉惟不用恩因以坏王故王之不保民而王乃能之而不爲也非欲爲之而不能也若肯爲之於王何有哉　蒙淺識

此大槩論理之詞非本節正講

大全南軒張氏曰親親而仁民仁民而愛物此天理之大同由一本而其施有

序也豈有於一牛則能不忍而不能保民者蓋方見牛而不忍者無以蔽之而其愛物之端發見也其不能加恩於民者有以蔽之而仁民之理不著也然即夫愛物之端可以知夫仁民之理素具能反而循其不忍之實則所謂仁民者固可得也○新安陳氏曰恩足以及禽獸二句難得最緊乃是一章文意警策處下文又以二句再難之王能其緩且難者而失其切且易者何也使王能自其不忍之心形於愛物者充擴之則仁民特舉而措之耳

翼註何以說仁民易愛物難此不論事而論心也蓋人之良心遇同類顛連易爲惻動遇異物失所或至忽遺故以一羽與薪喻仁民以百鈞秋毫喻愛物也若仁民之事豈反易於愛物乎

謹按集註民物之分有貴與同類二義重同類是仁民愛物之分有切緩難易二義當相承說其所以有難易者以其惻隱之發有切有緩也照上引喻看則歸重難易上

曰不爲者與不能者之形何以異曰挾太山以超北海語人曰我不能是誠不能也爲長者折枝語人曰我不能是不爲也非不能也故王之不王非挾太山以超北海之類也王之不王是折枝之類也語去聲爲長之爲去聲長上聲折之舌反○正韻挾胡甲反太坊本作泰

形狀也挾以腋持物也超躍而過也爲長者折枝以長者之命折草木之枝言不難也是心固有不待外求擴而充之在我而已何難之有

講王曰人之不爲必其不能也今夫子謂我不爲非不能敢問不爲者與不能者之形狀何以異對曰有人於此欲挾持太山之至大超越北海之至廣此異常之事以此語人曰我不能是誠不能無疑也至於奉長者之命而爲之折一枝之微初無難事乃以此語人曰我不能是不爲之折也非不能折明矣二者

相異之形如此今用吾心固有之恩以及同類之百姓亦何難之有故王之不保民而王非挾太山以超北海而不能之類也王之不保民而王是不爲長者折枝之類而不爲也　彙序

趙註泰山北海皆近齊故以爲喻

訂按　一說枝與肢同謂爲長者折肢體而跪拜也亦近理備之

老吾老以及人之老幼吾幼以及人之幼天下可運於掌詩云刑于寡妻至于兄弟以御于家邦言舉斯心加諸彼而已故推恩足以保四海不推恩無以保妻子古之人所以大過人者無他焉善推其所爲而已矣今恩足以及禽獸而功不至於百姓

者獨何與與，平聲

老以老事之也吾老謂我之父兄人之老謂人之父兄幼以幼畜許六反之也吾幼謂我之子弟人之幼謂人之子弟運於掌言易去聲下同也詩大雅思齊側皆反之篇刑法也寡妻寡德之妻謙辭也御治也不能推恩則衆叛親離故無以保妻子蓋骨肉之親本同一氣又非但若人之同類而已故古人必由親親推之然後及於仁民又推其餘然後及於愛物皆由近以及遠自易以及難今王反之則必有故矣故復扶又反推本而再問之

講王之不王由於不用恩則王之足王惟在於用恩而已人君能先盡孝以事吾之老而即以及人之老使人皆得事其老焉先施慈以撫吾之幼而即以及人之幼使人皆得撫其幼焉如是則所以及天下之老幼者不越此吾老吾幼之恩其恩及天下也特運諸掌上耳何難之有夫老幼在一家而天下可運諸

掌者何也蓋以人同此心心同此恩也詩大雅思齊之篇云文王之德爲法于寡妻施及于兄弟以撫御乎家邦其所以刑之至之御之者不待外求也言舉此心而加之寡妻則寡妻以正舉此心而加之兄弟則兄弟以和舉此心而加之家邦而家邦亦隨以治矣夫自寡妻而兄弟而家邦不外乎一心之加如此然則老幼吾之老幼以及人之老幼者獨非是心之所加乎故能推此一心之恩老吾老幼吾幼以及人之老幼將見蒙恩者向化感德者歸心足以保四海之大而有之苟或不能推恩當親者不親當仁者不仁則衆叛親離雖妻子不何得而保矣曷觀之古人乎自古帝王其保四海之功業所以隆盛而非後世之所能及者豈有他哉亦惟親親而仁民仁民而愛物自内及外自近及遠自同類以及異類善推其所爲之恩而不失其當然之序而已矣今王恩足以及禽獸當後者先之而功不至於百姓當先者後之倒行逆施與古人之善推大相反者獨何與蓋必有故矣　蒙淺說

大全新安陳氏曰末二句再申難以結之十分精神文法亦有照應收拾○雙峰饒氏曰運於掌言其近而易天下雖大只出一家老幼推去又何難且遠之有運於掌與視諸掌不同運屬行視屬知那個是易知這個是易行○雲峰胡氏曰須要看集註三節議論貫穿處始言愛物則曰人之於禽獸同生而異類繼言仁民則曰天地之性人爲貴又爲同類而相親此言老老幼幼則曰骨肉之親本同一氣又非若人之同類而已是爲理一而分殊雖推之有序然皆不過自吾本心而推之是爲分殊而理一也大抵此章千餘言大要只二句欲其察識此心於方發之初故曰是心足以王矣欲其擴充此心於已發之後故曰善推其所爲而已矣

蒙引及人之老自吾老而推之老吾老則自何地而推之曰舉斯心加諸彼而已惟毋反其序則是○解詩揭出一心字應前是心字斯心對彼而言則寡妻兄弟家邦盡是彼也此章心字是骨子心之所加即恩也以其見於行事故又

謂之所爲

【存疑】推恩意思在老吾老四句上運於掌言其效也老老四句即舉斯心加諸彼也故承之曰詩云刑于云云而以舉斯心加彼實之推恩二句是結其意大過人三句是引古人以證之以上荅此心之所以合於王意思已盡了又把他功不至於百姓處重詰之直究到他那病痛根源處〇老老一段當屬上文百姓之不見保爲不用恩何方語脉相貫謂百姓之不見保爲不用恩欲保百姓惟在於用恩而其序則自近以及遠自易以及難耳故曰老吾老以及人之老云云說推恩重在序上〇所以及人之老幼者在後面五畝之宅一條

【翼註】推恩不是推全牛之恩以及民如此則逆施了葢因全牛一事認出良心本體却從本體上推出先親親後仁民也如因樹之一葉而認取樹根未死却培其根以達於幹枝花葉耳〇天下運掌且只重運掌見推恩之易意便不與保四海相犯善推所爲却重善字見推恩有序意方不與舉斯心加彼犯重〇

家邦俱指國言○恩及禽獸二句與前詞同意與前承有復於王來要難易士此承善推來重先後之序上前獨何與起下不爲此獨何與起下請度與興兵構怨

權然後知輕重度然後知長短物皆然心爲甚王請度之度之之度待洛反

權稱去聲錘直追反也度丈尺也度之謂稱量之也言物之輕重長短人所難齊必以權度如字度之而後可見若心之應物則其輕重長短之難齊而不可不度以本然之權度又有甚於物者今王恩及禽獸而功不至於百姓是其愛物之心重且長而仁民之心輕且短失其當然之序而不自知也故上文既發其端而於此請王度之也

講夫有稱錘之權然後知其孰輕而孰重有丈尺之度然後知其孰長而孰短

凡天下之物其不可無權度者皆有然也但物無權度不過失一物之輕重長短耳若心之應物其用情之當輕當重當長當短苟不以本然之理爲之權度則所行錯亂其失不止一端是心之不可無權度所係爲尤甚也今王恩及禽獸而功不一於百姓者是其愛物之心反重且長而仁民之心反輕且短失其當然之序而不自知也王請自家稱量之民與物孰輕而孰重仁民與愛物孰長而孰短應吾心之權度不差而施恩必有序矣尚何民之不可保哉　彙直解

大全朱子曰本然之權度亦只是此心此心本然萬理皆具應物之時須是仔細看合如何便是本然之權度也

蒙引集註輕重長短之難齊在心之應物上見民與物皆物也仁民與愛物皆應物也○上文旣發其端曰今恩足以云云分明是含說個輕重長短之當度在裡面蓋齊王是輕重長短之失度者

謹按權度解見下論堯曰章

抑王興甲兵危士臣構怨於諸侯然後快於心與 與平聲

抑發語辭士戰士也構結也孟子以王愛民之心所以輕且短者必其以是三者爲快也然三事實非人心之所快有甚於殺觳觫之牛者故指以問王欲其以此而度之也

講夫王仁民之心所以輕且短者必心有所蔽而失其本然之權度也王不自度臣請爲王度之抑王必要興動其甲兵危亡其戰士武臣以構怨於列國諸侯然後自快於心而不暇恤民命與 彙序

大全雲峰胡氏曰上節心字亦指本心而言蓋本心之中有自然之權度非自外來也此節心字與後數個欲字便非本心矣本心難以擴充而欲心易於蔽錮此王道所以不行也

蒙引雖正是請王度之處其實又更深一節蓋是言其仁民之心所以輕且短

處耳集註分明○王之所以功不至百姓者興兵構怨累之也王之所以興兵構怨者將以求吾所大欲蔽之也意謂興兵構怨比觳觫之牛何如存疑此條是說齊王功不至於百姓乃以興兵構怨之故老老集註所謂今王反之則必有故正指此也蓋此是齊王病痛根源他那愛民之心所以輕且短者皆由於此惻隱之心人皆有之齊王何不忍於一牛乃獨忍於百姓正由欲（節下）（大欲說）心一動忿心遂熾爭地爭城糜爛其民有不暇顧耳此愛民所以輕且短恩及禽獸而功不至於百姓者爲是故也故孟子前面反復辨論至此方發之使之將此殺人與殺牛二事彼此稱量自知輕重長短之所分省悟思過頓改速悟於以推恩而保民也

王曰否吾何快於是將以求吾所大欲也。

不快於此者心之正也而必爲此者欲誘（上聲）之也欲之所誘者獨（坊本作誠）在於是

是以其心尚明於他。而獨暗於此。此其愛民之心所以輕短。而功不至於百姓也。

講 王曰否。此三事非可快之事也。吾亦何快於是而爲之。但吾有所大欲焉。將以求之。不得已而爲此耳。彙存疑

謹按 此節須看註此其愛民之心數語。正與上文關應處。

曰王之所大欲可得聞與。王笑而不言。曰爲肥甘不足於口與。輕煖不足於體與。抑爲采色不足視於目與。聲音不足聽於耳與。便嬖不足使令於前與。王之諸臣皆足以供之。而王豈爲是哉。曰否。吾不爲是也。曰然則王之所大欲可知已。欲辟土地。朝

秦楚莅中國而撫四夷也。以若所爲求若所欲，猶緣木而求魚也。爲與平聲。爲肥、抑爲、豈爲、不爲之爲，皆去聲。便令皆平聲。辟與闢同。朝音潮。正韻嬖兵媚反。

便嬖，近習嬖幸之人也。已，語助辭。辟，開廣也。朝，致其來朝也。秦楚皆大國。莅，臨也。若，如此也。所爲，指興兵結怨之事。緣木求魚，言必不可得。

講孟子曰：王之所大欲如何，可使臣得聞之與？齊王有難於自言者，但笑而不言。孟子詰之曰：王之大欲，意者爲肥甘之味不足於口與？輕煖之衣不足於體與？抑爲華釆之色不足觀瞻於目與？聲音之美不足聽聞於耳與？便習嬖幸之人不足備使令於前與？凡此數者，王之諸臣皆足以供應之而不缺，而王之大欲豈爲是汲汲以求與？王曰：否，吾何快心於是而求之也。孟子曰：然則王之所大欲，雖不言，臣可得而知之矣。蓋欲辟我之土地，以朝彼之秦楚，因得內而臨莅中國，外而安撫四夷，儼然一統，眞大欲也。但所欲既大，則所

以求者亦大以若此興兵搆怨之所爲而求若此一統無外之所欲猶因緣喬木而求生魚決無可得之理也蒙序

大全新安陳氏曰所大欲在此所以初發問便欲聞桓文霸圖事

存疑此條孟子因瞰其大欲之所在而極言其不可得也以今王發政施仁一條易之盍力求所欲則大欲不可得能行仁政則大欲不求而自得此反本之語圖王之略也

張聖宣曰孟子亦知王之大欲不在肥甘五者只借此以形出他好大喜功之心耳

謹按莅中國撫四夷規模甚大併桓文當日亦未及此孟子就其所欲極言以歆之耳

王曰若是其甚與曰殆有甚焉緣木求魚雖不得魚無後災以

若所爲求若所欲盡心力而爲之後必有災曰可得聞與曰鄒人與楚人戰則王以爲孰勝曰楚人勝曰然則小固不可以敵大寡固不可以敵衆弱固不可以敵彊海内之地方千里者九齊集有其一以一服八何以異於鄒敵楚哉盖亦反其本矣甚與

聞與之與平聲○

正韻災子才反

殆盖皆發語辭鄒小國楚大國齊集有其一言集合齊地其方千里是有天下九分扶問反之一也以一服八必不能勝所謂後災也反本說見形甸反下文○

講王聞而訝之曰大欲難求遂若是緣木求魚之甚與對曰殆有甚於此焉緣木求魚雖不得魚却無後來災禍以若此與兵構怨之所爲求若此一統無外

之所欲且必內盡圖謀之心外盡全齊之力而強爲之但恐所爲不善非獨後來無功且自召災禍有必不能免者矣王曰可得聞後災之說與曰此事理甚明但王未加察耳且如鄒人與楚人戰則王以爲孰勝王曰楚人必勝曰王既知此可見戰之勝敗比權量勢有可預推矣然則土地之小者固不可以敵土地之大者人民之寡者固不可以敵人民之衆者甲兵之弱者固不可以敵甲兵之彊者此理勢所必然也今總計海內之地大約方千里者有九區焉齊國集合其地其方千里者只有九分之一耳今王欲以齊千里之一分而臣服海內千里之八分勢不相當何以異於以鄒敵楚哉必不能勝以至於敗臣所謂有後災也大欲不可力求如此然非終不可得也王必欲求而遂之盍自有其根本之圖王亦反而求之可矣　彙序

大全新安陳氏曰千里者九

齊楚燕秦趙魏韓宋中山也

今王發政施仁。使天下仕者皆欲立於王之朝。耕者皆欲耕於王之野。商賈皆欲藏於王之市。行旅皆欲出於王之塗。天下之欲疾其君者皆欲赴愬於王。其如是孰能禦之。朝音潮　賈音古　愬與訴同　○正韻市上止反　如京本作若

行貨曰商。居貨曰賈。發政施仁。所以王天下之本也。近者悅遠者來。則大小彊坊本作強弱非所論矣。蓋力求所欲。則所欲者反不可得。能反其本。則所欲者不求而至。與首章意同。

【講】求大欲之本何如。亦在行仁政而已。今王以不忍人之心而發之爲政。以施其善推之仁。將見仁恩所感。自能使天下之仕者皆欲立於王之朝以行其道。耕者皆欲耕於王之野以安其業。商賈皆欲藏於王之市以集其貨。行旅皆欲

出於王之塗以便其往來天下有苦於君之虐而欲疾怨其君者皆欲趨赴控愬於王以求解其倒懸民之歸仁其不約而同如是則四海來歸孰能禦之而土地辟秦楚朝中國四夷皆附王之大欲不求而自得矣何興兵構怨之爲哉

彙序

大全南軒張氏曰行王政者非欲傾他國以自利也惟以民困爲已任爲吾所當爲而天下自歸心焉

講按南軒說固是但孟子欲動齊王正不必如此立論

王曰吾惽不能進於是矣願夫子輔吾志明以教我我雖不敏請嘗試之

惽與昏同

講王曰求大欲誠不外乎仁政但吾資質惽昧未能得其所爲仁政而進而施行之矣願夫子開其昏心以輔導吾志政何如而發仁何如而施條貫指陳而

明以敎我我雖不敏請嘗試驗而爲之以不負夫子之敎可乎纂淺說

曰無恆產而有恆心者惟士爲能若民則無恆產因無恆心苟無恆心放辟邪侈無不爲已及陷於罪然後從而刑之是罔民也焉有仁人在位罔民而可爲也恆胡登反辟與僻同焉於虔反

恆常也產生業也恆產可常生之業也恆心人所常有之善心也士嘗學問知義理故雖無常產而有常心民則不能然矣罔猶羅網欺其不見而取之也

講孟子曰仁政莫先於養民養民莫先於制產故人有常生之恆產斯有常存之恆心倘無恆產而有恆心者惟學問知義理之士爲能之若尋常小民則無恆產而爲飢寒所迫因自失其恆心矣苟無恆心必將恣情縱欲凡一切放淫辟傾邪侈肆之事無所不爲而犯法者衆矣爲人君者平時不制恆產以

民及民陷於有罪之地然後從而加之以刑是欺民無知而張羅網以取之也焉有保民之仁人在於上位而肯爲此罔民之事乎則恒產洵不容緩矣彙解直

大全慶源輔氏曰恒產常生之業則下文所言五畝之宅百畝之田是也恒心常有之善心則下文所言善與禮義是也善又禮義之總名〇雲峰胡氏曰此心字亦指本心而言但指其在士民者言之

存疑玩齊王願夫子輔吾志等語其感乎孟子之言者深矣然非孟子善於開道何以得此行仁政大綱發政施仁條已說了行仁政之實不外於教養則未及也孟子因齊王懇於求教反覆詳言之此節以下四條是反覆而言以起下文五畝之宅一條意

是故明君制民之產必使仰足以事父母俯足以畜妻子樂歲終身飽凶年免於死亡然後驅而之善故民之從之也輕畜許六反

下同

輕猶易去聲也此言民有常產而有常心也

講恒產所係之重如是是故保民之明君其制民之產也必度地居民計口授田使一歲所入仰足以奉事其父母俯足以畜養其妻子豐樂之歲則一家終身飽煖卽凶荒之年亦有其備而得免於死亡民遂其生如此然後驅之使歸於善故民有所資而無所累其從善自然容易不費力矣所謂民有恒產而有恒心惟明君之世爲然也　彙序

今也制民之產仰不足以事父母俯不足以畜妻子樂歲終身苦凶年不免於死亡此惟救死而恐不贍奚暇治禮義哉　治平聲凡治字爲理物之義者平聲爲已理之義者去聲後皆放此○正韻贍時念反

贍足也此所謂無常產而無常心者也。

講今也制民之產不遵古法使民仰不足以事父母俯不足以畜妻子雖當樂歲亦終身困苦一遇凶年便不免轉死溝壑遷徙流亡當此之時民有救死而恐不足耳豈暇治禮義以爲善哉所謂民無恒產而無恒心也　彙序

王欲行之則盍反其本矣。

盍何不也使民有常產者又發政施仁之本也說見（形甸反）下文

講王誠欲發政施仁而行保民之道則何不反其本以制民恒產矣　彙直解

大全新安陳氏曰此反本與前反本當對觀發政施仁是所以王天下之本使民有常產又是發政施仁之本也

五畝之宅樹之以桑五十者可以衣帛矣雞豚狗彘之畜無失

其時。七十者可以食肉矣。百畝之田。勿奪其時。八口之家。可以無飢矣。謹庠序之敎。申之以孝悌之義。頒白者不負戴於道路矣。老者衣帛食肉。黎民不飢不寒。然而不王者。未之有也。音見前篇

此言制民之產之法也。趙氏曰。八口之家次上農夫也。此王政之本常生之道。故孟子爲去聲齊梁之君各陳之也。楊氏曰。爲天下者。舉斯心加諸彼而已。然雖有仁心仁聞去聲而民不被其澤者。不行先王之道故也。故以制民之產告之。○此章言人君當黜霸功。行王道。而王道之要。不過推其不忍之心。以行不忍之政而已。齊王非無此心。而奪於功利之私。不能擴充以行仁政。雖以孟子反覆入聲曉告。精切如此。而蔽固已深。終不能悟。是可歎也。

講 制民恒產之法。每夫受五畝之宅。而牆下樹之以桑。則帛有所出。而五

十者可以衣之而煖矣雞豚狗彘之畜無失其孕字之時則肉有所出而七十者可以食之而飽矣每夫受百畝之田勿奪其農時則穀有所出而八口之家可以無饑餓矣恒產既制恒心以生於是設庠序以教之而又加謹以屏邪說五倫皆教又於其中取孝悌之義而申明之使民知所尤重則民皆愛親敬長而頒白者不負戴於道路矣人君定制立法使老者衣帛食肉黎民不饑不寒而教養兼舉四海歸心於以辟土地朝秦楚成一統之業不難矣然而不王者未之有也所謂無以則王者此耳所謂保民而王莫之能禦者此耳區區伯功何足道哉彙序

蒙引此言制民之產之法保民之實事也所謂及人之老幼而運天下於掌者也

翼註此節專重制恒產而謹庠序之教特兼言以應上恒心耳故本文只說衣帛食肉不饑不寒而集註亦只謂制民之產之法也

顧麟士曰此節雖趙註云爲齊梁各陳不嫌其重然前對小惠爲王者之大道此對伯功爲王者之正道亦各有頭項也蓋篇中曰興兵構怨曰求大欲依舊是齊桓晉文一則話此節都丁無已則王意爲一章大照應結局耳又不可不知

全旨

大全南軒張氏曰孟子如對鴻鴈麋鹿之問及好樂好色好貨皆徐引之當道何其辭氣不迫也至于利國之問則應以何必曰利桓文之問則對以無道無傳又何其嚴也蓋前數者一病爲一事耳至于伯者功利之說易以惑人人或趨之則大體一差雖有嘉言善道亦何由入戰國諸侯其失正在乎此故闢之不可不嚴也〇雲峰胡氏曰此章甚詳集註斷之甚約蓋欲黜伯功則心之所向者正能行王道則心之所充者大先王有不忍人之心斯有不忍人之政今雖有不忍之心而不能推之以行不忍之政無他奪於功利之私也功利二字依舊是向伯功上去入於彼即出於此世安有不能黜伯功而能行王道者哉此

孟子所以斷然以爲仲尼之徒所不道也

【蒙引】此章當叠叠看劈初出一王字究其所以王者無他保民而王也又究其所以保民者無他是心足以王矣是心足王如何反其所以及禽獸者而以庠行之老吾老幼吾幼以及人之老幼天下可運於掌也老幼運掌者如何五畝之宅一節是也蓋其胸中王道素具特隨時酬應而覔路以開導之耳

【存疑】通章關鍵在是心足王一句老吾老一節是荅他所以足王者在舉斯加彼耳五畝節乃舉斯加彼之實事今恩足以及禽獸至快於心與是發其不能王之故遂言大欲不可得反而歸之於王者是與他辨難到事勢不可爲處然後以數語幹轉之看他開闔變化許多意思許多氣力

【翼註】首段至是心足以王矣是黜伯崇王而許齊王之足王重保民二字乃一章之大指不忍二字乃是保民之根本心字又是不忍之源頭次段至遠庖廚是啟王以察識次段是善推所爲是啟王以擴充次段至孰能禦之是攜王不

須知察識擴充二意不平。察識而遂擴充，重擴充邊。

能擴充者病在求大欲。發其病而藥之言大欲不可力求，依舊當保民而王也。

末段說到制民恒產而保民之實政方盡矣。

四書彙解卷之二十七終

提督江南通省學政渝東裔謙居先生甬東虞龍倉先生仝鑒定四書彙解卷之二十八

廣陵史以徵靜庵父纂輯

門姪繼鰌司直父

爽壽平父　參訂

男繼弼幼謙父校閱

孟子

梁惠王章句下

凡十六章

莊暴見孟子曰暴見於王王語暴以好樂暴未有以對也曰好樂何如孟子曰王之好樂甚則齊國其庶幾乎見於之見音現下見於同語去聲下同好去聲篇內並同

莊暴齊臣也庶幾近辭也言近於治去聲

講齊臣莊暴來見孟子曰暴曾進見於王王語暴以巳之所好在於音樂暴彼時不知樂之當好與否固未有以對也因問孟子曰人君好樂何如其有病於治否乎孟子曰好樂何妨特患其好之未甚耳誠好樂而至其極則齊國其庶幾於治乎○蒙淺說直解

蒙引好樂甚二句通篇之意已具而暴不能再問也故他日見於王云云○庶幾便是可王意末節特明言之無兩層

襲註好樂甚要見滿其量意含下與百姓同樂

他日見於王曰王嘗語莊子以好樂有諸王變乎色曰寡人非能好先王之樂也直好世俗之樂耳

變色者慚其好之不正也

講 孟子他日見於王曰王嘗語莊子以好樂有是言乎王自慚所好之不正勃然而變乎色曰寡人非能好咸英韶濩古先聖王之樂也直不過好世俗之新聲俚曲取適一時之聽聞而已何可使聞於夫子耶 彙直解序

曰王之好樂甚則齊其庶幾乎今之樂由古之樂也 正韻由古通猶 坊本作猶

今樂世俗之樂古樂先王之樂

講 孟子迎其機而導之曰王果好樂而至其極則齊其庶幾於治乎不必計樂

之今古也。古先王之樂，好之能甚，固足以治；今世俗之樂，好之能甚，亦足以治。今之樂其致治，亦由古之樂，非有異也，但恐好之不甚耳。蒙引

講按：猶古之樂，全從甚字內發出。能好樂甚，則無古今之異矣，非樂真無古今也。

曰：可得聞與？曰：獨樂樂，與人樂樂，孰樂？曰：不若與人。曰：與少樂樂，與衆樂樂，孰樂？曰：不若與衆。

聞與之與，平聲。樂樂下字音洛，孰樂亦音洛。○正韻：少，如字。

獨樂不若與人，與少樂不若與衆，亦人之常情也。

講王曰：所謂好樂甚而齊其庶幾者，可得聞其說與？孟子先即常情以引之，曰：有獨自作樂以爲樂，與人作樂以爲樂，二者果孰樂乎？王曰：獨樂而人不預，情何如舒？不若與人之爲甚。孟子曰：與少之數人作樂以爲樂，與衆之多人作樂以爲樂，二者又孰樂？王曰：與少而衆不預，情亦未暢，不若與衆之爲甚。蒙說

蒙引可得聞何只指好樂甚而齊其庶幾不兼今樂古樂不重在此〇獨樂不若與人之爲甚與少不若與衆之爲甚此是開導出齊王之善心處不消吾爲之開說蕃天理之權衡在彼心所自有者吾特導之使見耳

存疑與人與衆如何爲好樂甚今使滿堂燕笑有一人向隅而泣滿室之人必爲之惨然不樂矣其樂能甚乎使人君鼓樂爲樂忽聞百姓愁嘆之聲君心必爲之戚然不樂矣其樂能甚乎故滿室燕笑而無向隅之泣然後滿堂之樂甚百姓皆樂而無愁嘆之聲然後人君之樂甚

翼註此節只泛就常情言未說到人君上與衆衆字亦不指百姓只是多人也

臣請爲王言樂爲去聲

此以下皆孟子之言也

講孟子曰王如知此則所謂好樂甚而齊其庶幾者臣請爲王言之矣彙淺說

今王鼓樂於此，百姓聞王鐘鼓之聲，管籥之音，舉疾首蹙頞而相告曰：吾王之好鼓樂，夫何使我至於此極也？父子不相見，兄弟妻子離散。今王田獵於此，百姓聞王車馬之音，見羽旄之美，舉疾首蹙頞而相告曰：吾王之好田獵，夫何使我至於此極也？父子不相見，兄弟妻子離散。此無他，不與民同樂也。蹙子六反　頞音遏　夫音扶　同樂之樂音樂

鐘鼓管籥，皆樂器也。舉，皆也。疾首，頭痛也。蹙，聚也。頞，額也。人憂戚則蹙其額。極，窮也。羽旄，旌屬。不與民同樂，謂獨樂其身而不恤其民，使之窮困也。

講　今王爲鼓樂之樂於此，百姓聞王大而所擊鐘鼓之聲，細而所吹管籥之音

皆疾痛其首蹙聚其額而彼此相告曰吾王之好鼓樂固然矣夫何使我等至於如此之窮極也而父與子不相見兄弟與妻子皆離散乎王又好田獵今王田獵於此百姓聞王車馬馳驅之音見羽旄飛揚之美舉皆疾首蹙頞而相告曰吾王之好田獵固然矣夫何使我至於如此之窮極也而父與子不相見兄弟與妻子皆離散乎夫民不樂王之樂如此此無他故蓋由平日獨樂其身而民之窮困有所不恤不與民同樂也此好樂之不甚也雖日奏咸英韶濩之樂何補於治與 彙序

大全趙氏悳曰樂以鼓為節周禮鼓人掌教六鼓以節聲樂 解鼓樂二字 ○新安陳氏曰因好樂而及田獵以王亦好田獵故也

蒙引聲音二字互文也不必拘聲成文者為音○管六孔如篴併兩而吹之者也篴今之笛也籥如笛六孔或三孔而短由中聲而上下之○析羽為旌注牛尾為旄羽雉羽也

纂按舉鐘鼓管籥以該八音舉羽旄以該旌旗之屬至於此極連下父子二句一氣讀

今王鼓樂於此百姓聞王鐘鼓之聲管籥之音舉欣欣然有喜色而相告曰吾王庶幾無疾病與何以能鼓樂也今王田獵於此百姓聞王車馬之音見羽旄之美舉欣欣然有喜色而相告曰吾王庶幾無疾病與何以能田獵也此無他與民同樂也病與之與平聲同樂之樂音洛

與民同樂者推好樂之心以行仁政使民各得其所也

講若今王爲鼓樂之樂於此百姓聞王鐘鼓之聲管籥之音舉欣欣然有喜悅

之色而相告曰吾王遹來庶幾無疾病與何以能鼓樂也今王田獵於此百姓聞王車馬之音見羽旄之美舉欣欣然有喜悅之色而相告曰吾王遹來庶幾無疾病與何以能田獵也夫民樂王之樂如此此無他故由乎日能行仁政推其樂以及於使民自得其欲也此好樂之甚也雖日聽新聲俚曲之樂亦何損於治哉　彙存疑

蒙引與民同樂非同鼓樂也推好樂之心以行仁政也下條言與百姓同樂亦是此意

存疑曰庶幾曰何以皆欣幸之詞不可作自相問答中間着不然二字說

今王與百姓同樂則王矣。

好樂而能與百姓同之則天下之民歸之矣所謂齊其庶幾者如此○范氏曰戰國之時民窮財盡人君獨以南面之樂自奉其身孟子切於救民故因齊王

之好樂開導其善心深勸其與民同樂而謂今樂猶古樂其實今樂古樂何可同也但與民同樂之意則無古今之異耳若必欲以禮樂治天下當如孔子之言必用韶舞必放鄭聲蓋孔子之言為邦之正道孟子之言救時之急務所以不同楊氏曰樂以和為主使人聞鐘鼓管弦之音而疾首蹙頞則雖奏以咸英韶濩（胡故反）無補於治（去聲）也故孟子告齊王以此姑正其本而已。

圈今王好樂而即推好樂之心以行仁政能與百姓同之則近者悅遠者來而王業可成矣好樂甚而齊庶幾又何難乎（槩存疑）

［發明］[illegible]諸楊氏（澤無不施）（根本也）

大全[illegible]樂志昔黃帝作咸池顓頊作六莖帝嚳作五英（英華也）堯作大章（章之也）舜作韶（繼堯也）禹作大全云[illegible]民也（武功）（酌先祖之道也）夏[illegible]作濩武王作武周公作勺

［蒙引］全章說上兩節只并言好樂甚與不甚而臨此節方勉齊王。

［講］擬與百姓同樂正是好樂甚而今樂由古樂意包在其中○圈外范氏楊氏二註俱有至理宜細玩。

○齊宣王問曰文王之囿方七十里有諸孟子對曰於傳有之

囿音又傳直戀反

囿者蕃音煩育鳥獸之所古者四時之田皆於農隙乞逆反以講武事然不欲馳騖音務於稼穡場圃之中故度待洛反閑音閑曠之地以爲囿然文王七十里之囿其亦三分天下有其二之後也與平聲傳謂古書

講齊宣王問曰嘗聞文王之囿其地方七十里有諸孟子對曰於古傳亦有之彙序

通義仁山金氏曰孟子言事多因其語意以開導之不辨其事之虛實有無

大全南軒張氏曰意齊王欲廣其囿諛佞之徒必有假文王事以逢之者文王豈崇囿如此蓋其蒐田所及民以爲王囿耳以芻雉得往知其然也

存疑三分有二亦是人心屬之耳未必土地盡爲所有也安得有七十里之囿

故南軒辨之

曰若是其大乎曰民猶以爲小也曰寡人之囿方四十里民猶以爲大何也曰文王之囿方七十里芻蕘者往焉雉兔者往焉與民同之民以爲小不亦宜乎芻音初　蕘音饒

芻草也蕘薪也

講王曰文王之囿乃若是其大乎孟子曰王以爲大當時之民猶嫌以爲小也王曰寡人之囿不過方四十里耳比於文王之囿爲甚小矣乃民猶嫌以爲大何也孟子曰文王之囿雖方七十里而未嘗以爲己私民之欲芻以牧養與蕘以採薪者皆往其中以取焉民之欲雉以逐禽與兔以逐獸者皆往其中以取焉以七十里之囿而與一國同之民之以爲小不亦宜乎彙序

存疑若是其大乎便有自解之意民猶以爲小便有下文意思了

蒙註民以爲小勿說囿之所生有限民之所欲無窮如此便非王者之民矣只是忌其爲大意

講拔南軒謂齊王欲廣其囿竊以爲未然還是因四十里之囿而民怨其大故引文王以自解耳存疑說是

臣始至於境問國之大禁然後敢入臣聞郊關之內有囿方四十里殺其麋鹿者如殺人之罪則是方四十里爲阱於國中民以爲大不亦宜乎阱才性反

禮入國而問禁國外百里爲郊郊外有關阱坎地以陷獸者言陷民於死也

闡若王之囿有不然者臣始至於王之境不敢遽入先問國之大禁知所避忌

然後敢入境內因而問郊關之內有囿方四十里子許百姓出入其中若有擅入其中而殺其麋鹿者即如殺人之罪以百姓抵死夫百姓或無知而犯禁竟致之死地則是方四十里不可謂之囿直是爲阱坎於國中擠陷無知之民矣民猶以爲大不亦宜乎王亦法文王可也○蒙引

趙註設陷阱者不過丈尺之間今王陷阱乃方四十里

全吉謹按此章即問囿而一引之一譬之欲其公利以恤民也以爲小以爲大只在公私上辨○

○齊宣王問曰交鄰國有道乎孟子對曰有惟仁者爲能以大事小是故湯事葛文王事昆夷惟智者爲能以小事大故大王事獯鬻句踐事吳獯音熏鬻音育句音鉤○正韻昆公混反或作混

仁人之心寬洪惻怛（當葛反）而無較計（坊本作計較）大小彊弱之私。故小國雖或不恭，而吾所以字之之心自不能已。智者明義理，識時勢，故大國雖見侵陵，而吾所以事之之禮尤不敢廢。湯事見後篇（形甸反，下同）。文王事見詩大雅。大王事見後章。所謂狄人，即獯鬻也。句踐，越王名，事見國語、史記。

【講】齊宣王問曰：鄰國接壤交好，其亦有道乎？孟子對曰：講信睦鄰，國之大事，誠有道也。惟仁者之人寬弘而能容，惻怛而不忍，為能以己之大國而撫字鄰之小國。雖小國或有不恭，而仁者撫字之心自不能已。是故湯為大國而事葛伯之小國，文王為大國而事昆夷之小國，古之人有行之者也。惟智者之人明於義理之當然，識乎時勢之不得不然，為能以己之小國而恭順鄰之大國。雖大國或見侵陵，而智者恭順之禮有不敢廢。是故太王為小國而事獯鬻（獯鬻）之大國，句踐為小國而事吳之大國，古之人有行之者也。交鄰之道，當以此為決矣。彙直解序大全新安陳氏曰惟仁者能忘己之大而事隣國之小實只字之若事之耳○雲峰胡氏曰本文大事小小事大集註則曰大字小小事大一字字尤見仁人之心然大之字小猶未足以見其仁必小國雖或不恭而字之之心自不能已○乃見大者之仁小之事大猶未足以見其智必大國雖見侵陵而事之之禮尤不敢廢○乃足以見小者之智○

蒙引獯鬻與昆夷不同太王在邠則爲獯鬻所侵及去之岐山又爲昆夷所擾是兩項事○太王事見大雅緜詩昆夷駾矣維其喙矣註蓋已爲文王之時矣想文王初年亦字之也○惟仁者云云至事畎夷○孟子胸中先有個湯事葛文王事昆夷四句然後說出惟仁者爲能以大事小二句○見仁者智者已有所指了○

備考史記越世家越王句踐其先禹之苗裔夏后帝少康之庶子也封於會稽以奉守禹之祀文身斷髮披草萊而邑焉後二十餘世至於允常與吳王闔廬

戰而相怨伐允常卒子句踐立是爲越王元年吳伐越越因襲擊吳師敗於檇李射傷吳王闔廬且死告其子夫差曰必毋忘越三年句踐聞吳王夫差日夜勒兵先往伐之吳王聞之悉發其精兵擊越敗之夫椒越王保棲於會稽吳王追而圍之及會稽越使大夫行成於吳句踐請爲臣妻請爲妾吳赦越罷兵歸二十年後越襲吳滅之

顧麟士曰交鄰之問雖似講信修睦意然湯征葛句踐伐吳文王事厥生而昆夷遠遁惟太王乃避狄遷岐卒之子孫亦至於王如擇而取皆是勉之以有爲意大抵交鄰亦是借端不甚扭其所問也如言好樂好貨好色而皆引之同民亦然故後一怒安民等亦不甚是分外話

以大事小者樂天者也以小事大者畏天者也樂天者保天下畏天者保其國。樂音洛天者理而已矣大之字坊本作事小小之事大皆理之當然也自然合理故曰樂天不敢違理故曰畏天包含徧京本作遍覆敷救反無不周徧保天下之氣象也制節謹度不敢縱逸保一國之規模也

諸事小事大莫非天理之當然仁智惟各盡其道而已以大事小者忘其勢之在已而誠心愛人是能自然合理樂天者也以小事大者順其勢之在人而安分自守是能不敢違理畏天者也仁者惟其樂天故其心與天爲一而包含徧覆無物不容四海雖大皆在吾怙冒之中矣豈非容保天下之氣象乎智者惟其畏天故能聽天所命而制節謹度無一時之敢忽敵國雖强在我無可乘之釁矣豈非保守其國之規模乎仁智之效蓋如此蒙淺說直解

大全何叔京曰仁者以天下爲度一視而同仁惟欲人各得其所不復計彼此强弱之勢故以大事小而不以爲難如葛與昆夷之無道湯文懲刱而字恤之及終不可化而禍及於人然後不得已而征伐之仁之至也智者達於事變而

知理之當然故以小事大而不敢忽然而必自强於政治期於有以自立如燕齊與吳之方疆太王句踐各卑躬而事之內則治其國家和其民人終焉或與此意且勿露說○下大勇處見王業或剏其址此智之明也使湯文保養昆葛惡極而不能去是不仁而縱亂也太王句踐惟畏之畏而終不能自强是無址而苟安也又何取於仁智哉前輩士說本此

蒙引雲峰胡氏曰字之之心自不能已即是自然合理須味一自字見樂天意又曰事之之禮尤不敢廢即是不敢逆理味不敢字見畏天意○氣象無逆而難量規模則有限矣此朱子用字之意○孟子但論道理都帶個後效與時君言多有勸有戒往往是此意

存疑上解智者兼理勢此解天只說理者理字兼勢在內○樂天是樂出於自然無人逼勒其心樂爲意思

翼註大之事小理在勢之外小之事大理在勢之中

謹按保天下言氣象者以交鄰是諸侯事與王者大一統不同也然大邦畏其

力小邦懷其德亦實有保天下處保國自是實事。

詩云畏天之威于時保之。

詩周頌我將之篇時是也。

講詩周頌我將之篇有云人能畏上天之嚴威不敢違逆於是可保守天命而不失矣此畏天者保其國之謂也而樂天者保天下從可知矣王欲交鄰而以仁智之道自處則事大恤小保國保天下何一之不善乎　蒙直解

大全新安陳氏曰引詩不及樂天邊亦偶然耳〇雙峯饒氏曰天理當然違之則有禍此便是天威了

王曰大哉言矣寡人有疾寡人好勇。

言以好勇故不能事大而恤小也。

講王曰仁智交鄰之道有以保國保天下大哉夫子之斯言矣然寡人有疾所

好惟在剛勇倘或小國不恭大國侵凌則忿懟不勝故大不能事而小不能恤
也彙淺說

蒙引勇即忿也宣王言好勇猶言不能忍意相似故孟子言王請無好小勇

對曰王請無好小勇夫撫劍疾視曰彼惡敢當我哉此匹夫之勇敵一人者也王請大之夫撫之夫音扶惡平聲

疾視怒目而視也小勇血氣所爲大勇義理所發

講孟子對曰好勇何傷但勇有小有大王請無好小勇夫有激於一時之氣便按劍在手怒目而視人曰彼惡敢當我哉此匹夫之勇僅足以敵一人者也何足爲王好王如好勇請居乎無敵之勢而威加無外以大之可乎彙直解序

大全趙氏曰血氣所爲之勇如溝澮之水暴集隨涸故謂之小義理所發之勇天關地闔自不能已故謂之大

講按大勇且虛講註義理字勿露○智仁勇三者天下之達德也原不可缺一仁者非勇則無以除暴智者非勇則無以自强上文保天下保其國內亦含得此理因王以好勇爲病故發明之

詩云王赫斯怒爰整其旅以遏徂莒以篤周祜以對于天下此文王之勇也文王一怒而安天下之民正韻莒音舉當讀作旅

詩大雅皇矣篇赫赫然怒貌爰於也旅衆也遏詩作按止也徂往也莒詩作旅徂旅京本作莒謂密人侵阮徂共音供之衆也篤厚也祜福也對答也以答天下仰望之心也此文王之大勇也

講大勇之當好者何如蓋嘗觀於文王之事矣昔密國恃强侵阮直至阮之共地文王因舉兵往伐之故大雅皇矣之詩有云王赫然奮怒於是整頓其師旅以止遏密人往共之衆使我周威振德揚以篤厚其福而天下大畏小懷以答

其仰望之心詩言如此此文王之所以爲勇也文王赫然一怒除密人之亂由是强不敢侵弱衆不敢欺寡而天下之民俱賴以安焉文王之勇何如其大也

彙直解序

大全新安陳氏曰怒勇之發也因王赫斯怒以對于天下二句發出一怒安民之說

蒙引密人非侵周乃侵阮也但文王爲方伯而密人敢擅興師以侵阮是違方伯之命矣故上文云密人不恭敢距大邦

書曰天降下民作之君作之師惟曰其助上帝寵之四方有罪無罪惟我在天下曷敢有越厥志一人衡行於天下武王恥之此武王之勇也而武王亦一怒而安天下之民衡與横同

書周書泰誓之篇也然所引與今書文小異今且依此解之寵之四方寵異之於四方也有罪者我得而誅之無罪者我得而安之我既在此則天下何敢有過越其心志而作亂者乎衡行謂作亂也孟子釋書意如此而言武王亦大勇也

講又嘗觀於武王之事矣。周書泰誓之篇有曰。天降生此下民。不能自理。乃立我爲君以治之。立我爲師以教之。亦以我能助上帝。使民遂其生而復其性。故以君師之位而寵異我于四方也。上天之意如此。然則有罪者惟我得而誅之。無罪者惟我得而安之。我既在此。天下曷敢有過越其心志而作亂以虐民者乎。由書言觀之。則當時設有一人衡行於天下而作亂者。武王必以負天之任爲耻而誅之矣。此武王之所以爲勇也。武王亦一怒而安天下之民矣。勇之大何如也。○蒙引說

大全雙峯饒氏曰、書言寵綏四方、指君而言、孟子言寵之四方、指天而言、書之

有罪無罪指紂而言此泛指天下之人言書之越厥志武王自指而言此亦泛（增改原本）指臣民言

蒙引味有罪無罪三句其氣象嚴毅公大凛凛有不可犯而天下倚以立命之意信乎一怒而安天下也

翼註一人泛說不指紂而紂亦在其中

顧麟士曰按淺說立我爲之君師我助上帝寵我字俱照下倒裝法也

附錄泰誓天佑下民作之君作之師惟其克相上帝寵綏四方有罪無罪予曷敢有越厥志

今王亦一怒而安天下之民民惟恐王之不好勇也

王若能如文武之爲則天下之民望其一怒以除暴亂而拯音整民於水火之中惟恐王之不好勇耳○此章言人君能懲小忿則能恤小事大以交鄰國能養

大勇則能除暴救民以安天下張敬夫曰小勇者血氣之怒也大勇者理義之怒也血氣之怒不可有理義之怒不可無知此則可以見性情之正而識天理人欲之分矣

講當今之世爲暴者多矣王誠能效文武之所爲舉大義以征有罪一怒而安天下之生民將見天下之民如水火望救惟恐王之不好勇也此即仁者智者義理之用所謂大勇而異於匹夫者也何以好勇爲疾乎　蒙序

存疑此節總上文王請大之之意

講按上節亦字承文王來此節亦字承文武來

參補註交隣與除暴是兩截事然曰保天下曰保其國曰安天下之民總是保民而王之心大勇正以善成其仁智也

顧麟士曰總註能懲小忿云云譬亦作兩截語今由湯文太王句踐之寬竟觀之理亦一串也紹聞編云湯與太王文王武王平時則能恤小事大以交隣國

有事則能除暴救民以安天下。是此章意雖兩截而理實相通也。

○齊宣王見孟子於雪宮。王曰：賢者亦有此樂乎？孟子對曰：有。人不得則非其上矣。樂音洛，下同。

雪宮離宮名。言人君能與民同樂，則人皆有此樂；不然，則下之不得此樂者必有非其君上之心，明人君當與民同樂，不可使人有不得者，非但當與賢者共之而已也。

講齊宣王館孟子於雪宮而就見之，王因誇其體遇之隆曰：宮室之樂，人君固宜有之，凡爲賢士者亦有此宮室之樂乎？孟子對曰：人君尊賢禮士，則賢者得有此樂矣。然好樂人心所同，非特賢者有此樂，凡民皆欲得其所而有此樂。若人不能得其樂，則必有怨其上之心矣。是知此樂當與凡民共之，不但當與賢者共之也。○彙直解

大全慶源輔氏曰離術別也別在其所居宮室之外故曰離宮○雲峰胡氏曰梁惠王賢者亦樂此乎賢者以君言此賢者以臣言

蒙引集註云人君能與民同樂云云此樂謂皆有家室安居之樂非謂以雪宮與民共之也○雪宮之樂在賢者分上原無許多道理可說若只管以爲當有則賢者似不宜以此爲辭故孟子只用一箇有字答了便罷再不復顧此問只引向與民同樂上說道理爲正當而切要甚矣孟子之善於開導人君也

存疑集註人君能與民同樂則人皆有此樂解在人不得則非其上句內不是解有字

不得而非其上者非也爲民上而不與民同樂者亦非也

下不安分扶問反上不恤民皆非理也

講夫爲下當安爲下之分不得其樂而非怨其君上者是不安爲下之分固非

也若爲上尤當盡爲上之道爲民上而獨享其樂不恤民之失所者是不盡爲君之道亦非也所以人君當推己之樂以公之於民不但當與賢者共之而已

彙直解

【存疑】此節重在下何上何特以助之爾

樂民之樂者民亦樂其樂憂民之憂者民亦憂其憂樂以天下憂以天下然而不王者未之有也

樂民之樂而民樂其樂則樂以天下矣憂民之憂而民憂其憂則憂以天下矣

【講】夫不與民同樂則有非之之心能與民同樂豈無感之之效如安居粒食民之樂也人君能看得如自己底樂事一般務爲之經營區處以聚其所欲則民之得有其樂者莫不懷感將必見君之臺池鳥獸而歡悅聞君之鐘鼓管籥而色喜而爲君樂之亦如樂之在己也饑寒困苦民之憂也人君能看得如自己

底憂事一般務爲之維持保護以勿施所惡則民之得去其憂者莫不懷感將必君有事則爲之趨君有難則爲之赴而爲君憂之亦如憂之在己也夫樂民之樂以致民亦樂其樂是樂不以一人而以天下矣憂民之憂以致民亦憂其憂是憂不以一人而以天下矣休戚相通上下無間天下之民莫不傾心歸附於我其有不成王業而王天下者未之有也蒙直解

存疑民之樂自是民之樂其樂自是君之樂樂民之樂而民亦樂其樂者報施之理也憂邊亦然○樂以天下二句雖兼君民言重在樂民樂憂民憂上言憂樂皆不以一己也

顧麟士曰至此問答已完以下是容

謹按憂樂不平去民之憂正以同歸於樂

昔者齊景公問於晏子曰吾欲觀於轉附朝儛遵海而南放于

琅邪。吾何脩而可以比於先王觀也朝音潮放上聲〇正韻附音付儛音武邪余遮反

晏子齊臣名嬰轉附朝儛皆山名也遵循也放至也琅邪齊東南境上邑名觀遊也

〔講〕孟子既勸王與民同樂因舉齊之先世以引之曰昔者齊景公問於其臣晏子曰吾意欲觀於轉附朝儛之二山復遵海涉於南至於琅邪之邑徧全齊之壯觀矣但不知吾何所脩為而得比於先王之遊觀當時後世皆以為盛事也

彙淺說

〔大全〕趙氏惠曰轉附作轉鮒屬萊州

〔翼註〕景公晏子乃伯習耳孟子引之須重先王二字方見頭面〇修字亦莫放過了下文巡所守述所職補不足助不給正是所謂修也

晏子對曰善哉問也天子適諸侯曰巡狩巡狩者巡所守也諸

侯朝於天子曰述職述職者述所職也無非事者春省耕而補不足秋省斂而助不給夏諺曰吾王不遊吾何以休吾王不豫吾何以助一遊一豫爲諸侯度狩舒救反省悉井反

述陳也省視也斂收穫也給亦足也夏諺夏時之俗語也豫樂也音洛巡所守巡行諸侯所守之土也述所職陳其所受之職也皆無有無事而空行者而又春秋循行郊野察民之所不足而補助之故夏諺以爲王者一遊一豫皆有恩惠以及民而諸侯皆取法焉不敢無事慢遊以病其民也

講晏子對曰君以遊觀之行爲不苟而有志於先王善哉吾君此問也今以先王言之天子十二年而適於諸侯曰巡狩此周制也堯舜時天子五年一巡狩羣后四年一朝謂之巡狩者巡行諸侯所守之土而察其政事之治否也諸侯六年而朝於天子亦有疏數不同者曰述職謂之述職者自陳其所受

之職以待天子之黜陟也是皆非無事而空行者而天子又於畿內郊野之民春則省其耕有不足於播種者則發倉廩以補之否則不能盡力於耕一年之計俱失矣秋則省其斂有不給於收穫者則發倉廩以助之否則一歲之入不足供一歲之用將必有饑餒失所之患而諸侯之省於國中以行補助者亦如是焉其惓惓爲民如此故夏諺云至夏時畿內百姓之諺語有曰吾王不來郊野一遊則補助之政不行而吾何以蒙上之休吾王不來郊野一豫則補助之政不行而吾何以蒙上之資助是吾王之一遊一豫皆有恩惠以及民而爲四方諸侯之法度焉此先王之法也今從說直解

大全趙氏曰巡所守者自上察下也述所職者自下達上也〇新安陳氏曰以上晏子言先王之法此下言當時之弊

蒙引巡狩必解曰巡所守也述職必解曰述所職也是何也正以見無非事者言一爲巡諸侯所守而行一爲述所職於天子而行是皆非無事者非訓解之

詞○夏諺只說省耕省斂不必通帶巡狩述職○省耕省斂在巡狩述職之外
天子只省其畿內至於天下則但巡狩以考其田野之治否[illegible]與否○
而爲之賞罰耳
存疑無非事者非字當作無字看○遊與豫分看遊是遊[illegible]合看則
遊豫即所以爲樂也三句疊言咏歌之體也
講摘 此節須味註不敢無事慢遊以病其民句見先王之觀皆大典所係與民
隱所存此外並無遊觀處也

今也不然師行而糧食飢者弗食勞者弗息睊睊胥讒民乃作
慝方命虐民飲食若流流連荒亡爲諸侯憂睊古縣反○正韻慝吐得反

今謂晏子時也師衆也二千五百人爲師春秋傳曰君行師從[illegible]糗去久反[illegible]二反
精備之屬睊睊側目貌胥相也讒[illegible]也言民不勝其勞而起

謗怨也方逆也命王命也若流如水之流無窮極也流連荒亡解見下文

諸侯謂附庸之國縣邑之長上聲

讀今也諸侯之遊觀則不若先王然君行而師從師從而糧食於是供億之煩民實出之夫征之擾民實供之使民之饑者弗得食勞者弗得息睊睊然側目而視相與讒謗其君而民乃作慝不勝其怨惡焉蓋天子分封諸侯稟命以撫安一國之民也今乃方逆王命以恣虐下民其飲食之侈費若水之流而無窮極凡如此者或流或連或荒或亡無所不至而爲所屬諸侯之憂焉此所謂無事慢遊以病其民者也豈若先王之觀爲可法乎 彙蒙引

大全糗熬米麥也糒乾飯也○慶源輔氏曰憂了上言齊事而云爲諸侯憂故知其爲附庸之國縣邑之長也王者之命諸侯豈固欲其如此哉不過使之愛養斯民而已逆王命則虐必及其民也

蒙引左氏曰（在定公四年）君行師從卿行旅從師字當如此認故大註曰二千五百人爲師

○睊睊胥讒就是民乃作慝也胥相也共也與聿來胥宇之胥同○王氏曰凡物圓則行方則止故以方訓逆○若流與流連之流不同上流字水流也下流者舟流也

〔存疑〕方命虐民兩句只足上面意飲食若流是就糧食一句說又是虐民裏事流連荒亡承上文說即師行糧食以下至於流連荒亡也

‖顧麟士曰言師行即斥其衆多亦非閒句也

從流下而忘反謂之流從流上而忘反謂之連從獸無厭謂之荒樂酒無厭謂之亡厭平聲○正韻下胡架反上時掌反

此釋上文之義也從流下謂放舟隨水而下從流上謂挽舟逆水而上從獸田獵也荒廢也樂酒以飲酒爲樂也亡猶失也言廢時失事也

〔講〕流連荒亡之義何如放舟隨水而下遊蕩而忘反謂之流挽舟逆水而上留

戀而忘反謂之連從獸而無厭至於廢時謂之荒樂酒而無厭至於失事謂之亡此今時之弊也。彙序

〔蒙引〕此釋上文之義也是晏子自釋也直至惟君所行也皆述晏子之言至景公悅以下則兼述其事○從不訓順乃訓逐也謂自上逐流而下自下逐流而上也從獸之從亦訓逐

〔翼註〕田獵者蒐苗獮狩各有其時飲酒者祭祀賓客各有其事故以廢時屬荒失事屬亡

〔講擬〕未有廢時而不失事者亦互文也○流連之說從上遵海而南放於瑯邪來

先王無流連之樂荒亡之行行去聲惟君所行也

言先王之法今時之弊二者惟在君所行耳

【講】若先王之觀非巡狩述職則省耕省斂并無流連之樂荒亡之行如今時者二者惟在君之所行也君行先王之法則亦先王矣不則爲今時者之弊矣君其自勉哉晏子之言如此○蒙存

【翼註】惟君所行不徒聽他自擇分明要他決意從古

景公說大戒於國出舍於郊於是始興發補不足召大師曰爲我作君臣相說之樂蓋徵招角招是也其詩曰畜君何尤畜君者好君也說音悅爲去聲樂如字徵陟里反招與韶同畜敕六反

戒告命也出舍自責以省省悉井反民也興發發倉廩也大師樂官也君臣已與晏子也樂有五聲三曰角爲民四曰徵爲事招舜樂也其詩徵招角招之詩也尤過也言晏子能畜止其君之欲宜爲君之所尤然其心則何過哉孟子釋之以

爲臣能畜止其君之欲乃是愛其君者也○尹氏曰君之與民貴賤雖不同然其心未始有異也孟子之言可謂深切矣齊王不能推而用之惜哉

講景公聞晏子之言心中感悅欣然以先王之法爲必可行今時之弊爲必當去轉附朝儛之觀遂不復行乃大申命令曉告國人以示更化圖新之意且不敢安處深宮而出舍於郊外一以自責一以省民於是始興發倉廩以補民之不足者其於晏子之言一一見諸行事矣既乃召樂官太師而命之曰君臣相得自古爲難我今喜得晏子而聞其言晏子亦喜得我而行其志君臣相悅如此爾當以此相悅之情宣播於音樂以彰一時明良之盛可乎其所作之樂即今所傳徵招角招是也葢徵音屬事景公晏子經營國事事已治矣故被之徵音角音屬民景公晏子補助斯民民已安矣故被之角音謂之招者葢因舜韶在國取其音以美其名也其樂章之詩有曰畜君何尤言晏子畜止其君之欲不至招尤而取罪也臣旁即此詩而思之忠臣之心惟恐其君之有欲畜君者

似乎逆君而實愛其君也既出於愛君夫何尤哉王誠聽臣之言如景公晏子之相與有成則能與民同樂而王天下不難矣　葉紹開編直解

大全趙氏悳曰宮土音絃用八十一絲聲重而尊故爲君商金音三分徵益一以生絃用七十二絲次宮故爲臣角木音三分羽益一以生絃用六十四絲聲在宮羽之中次商以其清濁均下民之象也故爲民徵火音三分宮去一以生絃用五十四絲又次角故爲事羽水音三分商去一以生絃用四十八絲聲最下故爲物○新安陳氏曰上文引援景公晏子事實只末一句是孟子說○舜之韶遺音在齊孔子在齊聞韶（陳敬仲奔齊）景公樂亦名韶可見○西山真氏曰易之大小畜皆以止爲義凡止君之欲者所以爲愛君也

蒙引毎一音之樂皆須具宮商角徵羽此言徵招角招者蓋五音旋相爲宮也此句是孟子述事之言末句又是孟子解此詩此解極有意○君臣相悅之樂不用宮商而用徵角者爲其所以相悅者以民及事也

存疑景公悅至補不足是敘景公之事爲我作樂句是述景公之言徵招角招句是說其所作之樂畜君句是說其樂章皆是孟子之言末句又是孟子解詩意

顧麟士曰引景晏事大段望其納誨意多然主意亦終在同民也○前日無非事者事也省耕省斂民也此日徵招爲事角招爲民是篇中眼目照應處

全謹按通章以樂民之樂一節爲主末節事民雖有二義然民外無事也當歸重同民上

○齊宣王問曰人皆謂我毀明堂毀諸已乎

趙氏曰明堂太（坊本作泰）山明堂周天子東巡守（去聲）朝（音潮）諸侯之處漢時遺址（音止）尚在人欲毀之者蓋以天子不復（扶又反）巡守諸侯又不當居之也王問當毀之乎且止乎

趙註昔天子巡狩方岳則有明堂以朝見諸侯東巡狩明堂在泰山下周室既衰地爲齊有人以天子既不巡狩則當毀之齊宣王疑而問孟子曰人皆謂我毀夫明堂果當毀乎抑且止而勿毀乎纂直解

孫疏按地理志云齊南有泰山史記封禪書云舜二月東巡狩至於岱宗岱宗泰山也遂覲東后○禮記明堂位云周制明堂度九尺之筵東西九筵南北七筵堂崇一筵五室凡室二筵賈釋云明堂者明政教之堂也

通義仁山金氏曰周世明堂見於冬官大小戴禮記蓋天子朝諸侯布政之宮如一大殿而爲九宮四方各三門門旁夾窗其內九室戶牖相通天子巡狩四岳朝諸侯於方岳之下故泰山之下有明堂○自雲許氏曰宣王之意正是欲不毀蓋已稱王即欲行天子之制也

大全慶源輔氏曰漢書郊祀志武帝元封元年封泰山泰山東北址古有明堂處

顧麟士曰考工記賈疏云五尺曰几六尺曰步七尺曰軌八尺曰尋九尺曰筵東西九筵則是八丈一尺南北七筵則是六丈三尺其餘倣此○又按考工記室中度以几堂上度以筵宮中度以尋野度以步塗度以軌○賈疏云室中坐時憑几堂上行禮用筵宮中合院之事無几無筵故用手之尋也在野論里數皆以步故用步塗有三道車從中央故用車之軌○東西九筵可容九筵也南北七筵可容七筵也恐仍以丈尺度之但堂上用筵故度以筵猶室中用几故度以几耳用車之軌亦必不是以軌度之以軌之長短之量度之也

孟子對曰。夫明堂者。王者之堂也。王欲行王政。則勿毁之矣。夫音扶

明堂王者所居以出政令之所也能行王政則亦可以王矣何必毁哉。

講孟子對曰夫明堂者王者所居以出政令之堂也王誠欲行王政則可以坐

明堂而王天下矣何必毁哉。彙正解

大全朱子明堂說曰論明堂制者非一竊意當有九室如井田之制東之中爲青陽太廟東之南爲青陽右个東之北爲青陽左个南之中爲明堂太廟南之東即東之南爲明堂左个南之西即西之南爲明堂右个西之中爲總章太廟西之南即南之西爲總章左个西之北即北之西爲總章右个北之中爲依堂太廟北之東即東之北爲依堂右个北之西即西之北爲依堂左个中爲太廟太室凡四方之太廟異方所其左右个則青陽之左个乃依堂之右个明堂之右个乃總章之左个也總章之右个乃依堂之左个明堂之左个乃青陽之右个也但隨其時之方位開門耳太廟太室則每季十八日天子居焉古人制事多用井田遺意此恐然也○新安陳氏曰此朱子按禮記月令爲說

顧麟士曰通義右明堂制諸說太槩如此按周禮三代之制以互見蓋夏世室以宗廟言則王宮及宗廟之制同殷重屋以王宮言則宗廟明堂之制同周明

堂以朝會之地言則宗廟王宮之制同也○據諸圖惟備考內四角方處俱有一斜線每向一方除中室正方外左右各半室皆中狹外濶狀如个字故有左个右个之稱

講按明堂出政令只是陳詩納價協時日同律度之類行王政就平日言非僅指巡狩方岳時明堂所出之政也觀下文說治岐之政可見此節要得歆動齊王意

王曰王政可得聞與對曰昔者文王之治岐也耕者九一仕者世祿關市譏而不征澤梁無禁罪人不孥老而無妻曰鰥老而無夫曰寡老而無子曰獨幼而無父曰孤此四者天下之窮民而無告者文王發政施仁必先斯四者詩云哿矣富人哀此煢

獨。與平聲孥音奴鰥姑頑反寡工可反煢音瓊

岐周之舊國也。九一者，井田之制也。方一里爲一井，其田九百畝，中畫井字，界爲九區，一區之中爲田百畝，中百畝爲公田，外八百畝爲私田，八家各受私田百畝，而同養養去聲公田，是九分分扶又反而稅其一也。世祿者，先王之世，仕者之子孫皆教之，教之而成材則官之，如不足用，亦使之不失其祿。蓋其先世嘗有功於民，故報之如此，忠厚之至也。關，謂道路之關。市，謂都邑之市。譏，察也。征，稅也。關市之吏，察異服異言之人，而不征商賈賈音古之稅也。澤，謂瀦水。梁，謂魚梁。與民同利，不設禁也。孥，妻子也。惡惡惡去聲止其身，不及妻子也。先王養民之政，導其妻子使之養其老而恤其幼。不幸而有鰥寡孤獨之人，無父母妻子之養，則尤宜憐恤，故必以爲先也。詩小雅正月之篇。哿，可也。煢，困悴秦醉反貌。

【講】王曰：王政之詳可得而聞之與？對曰：王政莫備於文王。昔者文王之治岐周也民之耕者則行井田之制九分之中取其一分而斂從其薄士之仕者則念其功德世予子孫以祿而報從其厚商賈之行於關譏於市者則但譏察其異言異服之人而不征其稅聚水之澤通水之梁則聽民取利而不禁止至於有犯罪之人則止及其身不及其妻子文王之愛民至矣乃其中則尤有加意者年老而無妻曰鰥夫年老而無夫曰寡婦年老而無子曰獨夫年幼而無父曰孤子惟此四者天下至窮困之民而無可告愬者文王發政以施仁雖於人無所不濟然斯四者尤急急在所憐恤務使之各得其所焉詩小雅正月之篇有云富足之人猶可矣哀哉此煢獨無依之人也文王必先斯四者正以其可哀也所謂王政蓋如此彙直解

大全東陽許氏曰文王未嘗稱王而所行却是王政○新安陳氏曰世祿善善長也不孥惡惡短也

蒙引饒註澤水所都處梁水所通處水所通處正可絕流而漁故設爲魚梁也

正韻曰石絕水爲梁○先謂重之猶如後義先利之先莫先極窮民而後行九一井藉之法也人君行仁政便是此數者一時出令便做此數窮民尤在所留意耳○凡民之老幼文王教民自養之惟鰥寡孤獨之人則無父母妻子之養而官養之者也

存疑殷人七十而助看來文王治岐之時尚當遵殷制所謂耕者九一想每夫受田七十畝註謂百畝豈偶然不及思耶

顧麟士曰徹田爲糧公劉時已有此制矣似不必拘且集註百畝亦本漢註

王曰善哉言乎曰王如善之則何爲不行王曰寡人有疾寡人好貨對曰昔者公劉好貨詩云乃積乃倉乃裹餱糧于橐于囊思戢用光弓矢斯張干戈戚揚爰方啓行故居者有積倉行者

有裹糧也。然後可以爰方啓行。王如好貨，與百姓同之，於王何有。餱音侯。橐音拓。戢，詩作輯，音集。○正韻積，子昔反。

王自以爲好貨，故取民無制，而不能行此王政。公劉，后稷之曾孫也。詩大雅公劉之篇。積，露積也。餱，乾音干糧也。無底曰橐，有底曰囊，皆所以盛音成餱糧也。戢，安集也。言思安集其人民坊本作民人，以光大其國家也。戚，斧也。揚，鉞音越也。爰，於也。啓行，言往遷于豳悲申反也。何有，言不難也。孟子言公劉之民富足如是坊本作此，是公劉好貨，而能推己之心以及民也。今王好貨，亦能如此，則其於王天下也，何難之有。

講 宣王聞之而歎曰：善哉，夫子之言乎！眞先王愛民之政，治國之良圖也。孟子曰：聞善貴於能行，王如以臣言爲善，則何不見諸行事乎？王曰：寡人非不欲行，但生來有一件病痛，好積財貨，故惟好財貨，取民無制，而不能行王政耳。對曰好貨何妨於王政昔者文王之祖公劉亦曾好貨詩大雅篤公劉之篇有云公劉處西戎之時力行富民之政乃埸有露積乃家有倉廩乃裹其乾餱于無底之槖有底之囊之中而爲遷都之計蓋思以集和其民人而光顯其國家也且弓矢則斯張也干戈戚揚則俱備也於是方啓以行而遷都于豳焉由詩言觀之故公劉之民必使居者皆有積倉行者皆有裹糧而富足如此然後可以爰方啓行而立國興業焉誰非公劉推好貨之心以及民也王如好貨亦如公劉與百姓同之於王天下也何難之有決好貨一也私之一己則爲專利公之百姓則爲施仁然則王之於貨亦審其所好之公私而不當以爲之病矣　蒙直解

大全西山真氏曰人君豈不事儲峙之富惟能推此心使斯民亦有餱糧之積可也

蒙引公劉遷豳蓋被西戎之侵擾民不得安堵而國亦以弗振故曰思安集其民人而光大其國家也

王曰：寡人有疾，寡人好色。對曰：昔者大王好色，愛厥妃。詩云：古公亶父，來朝走馬，率西水滸，至于岐下。爰及姜女，聿來胥宇。當是時也，內無怨女，外無曠夫。王如好色，與百姓同之，於王何有？

大音泰。○正韻亶，多簡反。聿，以律反。

王又言此者，好色則心志蠱惑，用度奢侈，而不能行王政也。大王，公劉九世孫。詩大雅緜之篇也。古公，大王之本號，後乃追尊為大王也。亶父，大王名也。來朝走馬，避狄人之難也。去聲。率，循也。滸，水涯也。岐下，岐山之下也。姜女，大王之妃也。胥，相也。宇，居也。曠，空也。無怨曠者，是大王好色，而能推己之心以及民也。○楊氏曰：孟子與人君言，皆所以擴充其善心而格其非心，不止就事論事。若使為人臣者論事每如此，豈不能堯舜其君乎？愚謂此篇自首章至此，大意皆同。蓋鍾鼓苑囿游觀之樂（音洛）與夫（音扶）好（去聲）勇好貨好色之心，皆天理之所有，而人情之所不能無者。然天理人欲，同行異情。循理而公於天下者，聖賢之所以盡其性也；縱欲而私於一己者，衆人之所以滅其天也。二者之間，不能以髮，而其是非得失之歸，相去遠矣。故孟子因時君之問，而剖（普后反）析於幾（平聲）微之際，皆所以遏人欲而存天理。其法似疏（平聲）而實密，其事似易（去聲）而實難。學者以身體之，則有以識其非曲學阿世之言，而知所以克己復禮之端也。

（講）王曰：寡人又有疾，寡人好色，惟好色則心惑，用後而不能行此王政。對曰：好色何妨於王政？昔者文王之祖太王，亦曾好色而鍾愛於厥妃。詩大雅緜之篇有云：古公亶父爲狄人所侵，不得已而遷國以避之，乃于來朝走馬，率于西水之涯，以至于岐山之下，於是及其妃姜女，聿來相與擇宇而居焉。當是時也，民內無怨而無家之女，外無曠而無室之夫，誰非太王推好色之心以及民也。王如好色，亦如太王與百姓同之，於王天下也何難之有？夫能推好色之心，便可

以王天下則好色又何足爲病乎〔彙直解〕

大全新安陳氏曰孟子之言有因其近似而發揮之以足已意者如公劉好貨本無事實只乃積乃倉一句太王好色亦無實事只爰及姜女一句而已然從開導時君意正辭辯

蒙引好貨而與百姓同者推好貨之心以及民也推己之心以及民便是耕者九一仕者世祿云云矣好色與民同亦然○究公劉之好貨止於乃積乃倉乃裹餱糧而已他無所謂好貨也究太王之好色亦止於爰及姜女聿來胥宇而已他無所謂好色也然則亦所謂其爭也君子之意雖然乃積乃倉乃民之貨非公劉之貨也爰及姜女乃天理人情之當然太王豈可委其妃而獨行哉然則亦何好色之有孟子之權辭耳

存疑按公劉好貨太王好色詩本無此意孟子特就其中看出一個意思來引導其君耳公劉詩只用故居者有積倉三句點出民富足意而公劉好貨能與

民同之意就在其中故承之曰王如好貨云云太王詩只說當時內無怨女二句而太王好色能與民同之意就在其中故承之曰王如好色云云聖賢說道理有借古人之言發自家意思者此類是也○行王政就在兩句與百姓同之內○孟子於齊王好貨好色都不禁他但勸他與民同蓋與民同則好貨不自私必公於民而好貨之念衰矣好色必有節不至荒淫奢侈節用裕民好色之心亦衰矣此孟子之大才其變化人主之術最爲巧妙也不禁他也不縱他中閒自有斡旋底方法使他都不知不覺入將去

全講　按外註楊氏宜細玩朱子總註蔽數章之旨而至理不易讀者一字不可忽也

○孟子謂齊宣王曰王之臣有託其妻子於其友而之楚遊者比其反也則凍餒其妻子則如之何王曰棄之比必二反

託寄也。比及也。棄絕也。

講齊宣王不治其國，孟子欲勸王有爲，先設二事以發之。曰王之臣有以妻子之衣食寄託於其友而往遊於楚國者，及其自楚反齊也，則其友凍餒其妻子而不之恤。王之臣當如之何以處其友耶？王曰：受託而負之，非可交之友也，宜棄而絕之。彙參說

蒙引非是自楚反彼乃凍餒其妻子，蓋反之日始知彼之凍餒其妻子也。

曰：士師不能治士，則如之何？王曰：已之。

士師，獄官也。其屬有鄉士、遂士之官，士師皆當治之。已，罷去（上聲）也。

講孟子又問曰：設若士師不能治其所屬之士，使刑殺不當，則爲君者當如之何以處之？王曰：有官守而不盡其職，非可用之臣也，宜已而罷之。彙直解

顧麟士曰：按周禮秋官士師下大夫四人，鄉士上士八人，遂士中士十有二人

縣士中士三十有二人士師之職掌官中之政令察獄訟之辭以詔司寇斷獄弊訟致邦令掌士之八成注曰官中之政令刑官之屬所行政令也群士上訟獄之不決者致於士師士師察其辭之曲直以告司寇於是從而斷之弊之及令之施於邦國者士師則從而致之何氏曰獄訟旣審合於邦令則以法報群士也掌士之八成者士刑官也鄉士遂士縣士皆士師之屬八成謂正亂之成法也〇三禮解詁云鄉士掌六鄉之刑獄遂士掌六遂之刑獄縣士掌四等公邑之刑獄外此則方士訝士朝士皆士師之屬也

曰四境之內不治則如之何王顧左右而言他治去聲

孟子將問此而先設上二事以發之及此而王不能答也其懼於自責恥於下問如此不足與有爲可知矣〇趙氏曰言君臣上下各勤其任無墮許規反其職乃安其身

講孟子因問王曰然則爲人君者四境皆亂無統理乃致政事廢弛人民困苦而四境之內不治是誰之任又當何以處之耶王乃顧左右以釋其愧言他事以亂其辭其憚於自責恥於下問如此不足與有爲可知矣蒙淺說

大全慶源輔氏曰有諱疾忌醫之心無責己求言之意

○孟子見齊宣王曰所謂故國者非謂有喬木之謂也有世臣之謂也王無親臣矣昔者所進今日不知其亡也

世臣累魯水反世勳舊之臣與國同休戚者也親臣君所親信之臣與君同休戚者也此言喬木世臣皆故國所宜有然所以爲故國者則在此而不在彼也昨日所進用之人今日有亡去而不知者則無親臣矣況世臣乎

講孟子見齊宣王曰人君基業相承歷年久遠謂之故國故國之內如高大之木與累世勳舊之臣皆所宜有然所以謂是故國者非謂有喬木之謂也喬木

可有可無者也乃有世臣之謂也忠貞世篤休戚與同宗社生民實憑藉之者也然異日勳舊之臣即今日所親信之臣王今日輕視臣下無親信之臣矣至有昔者所進用不是泛然進用將倚以為腹心者至於今日也亡去而王不之知也今日既無親臣安望他日有世臣乎王何以保其故國乎彙淺說

蒙引古人立國凡廟朝壇壝宮府臺榭之所皆必植以名木如三槐九棘之類歲數既久則成喬木亦故國之一証也若新造之邦安得有此〇大凡有為之君必有親信之臣若無親信之臣必是庸君夫所以無親臣正坐於不知人也而知人有道孟子此章槩盡之矣〇累世勳舊之臣蓋其先世有大勳伐於國家而又代有聞人世其祿位與國同休戚者也在商則有伊陟象賢在周則有召穆公虎為康公奭之十六世孫也故國之為故國有在於世臣如此有國者其可弗知所重耶

顧麟士曰虛齋云昔者昨日也解妙昔者今日見卒易之意

謹按漢王失蕭何如失左右手相親故也故不知其亡見無親臣王無親臣三句乃孟子發論本旨

王曰吾何以識其不才而舍之舍上聲

王意以爲此亡去者皆不才之人我初不知而誤用之故今不以其去爲意耳因問何以先識其不才而舍之邪

講王曰此亡去者皆不才之人我初不知而誤用之故今不以其去爲意耳從今以後吾何以預識其人之不才而舍之使所用者皆眞才而今日爲親臣異日爲世臣乎　彙存疑

存疑王不但自解其所進不知其亡之失實欲得眞才而用之以免向日之弊也

曰國君進賢如不得已將使卑踰尊疏踰戚可不愼與與平聲

如不得已言謹之至也蓋尊尊親親禮之常也然或尊者親者未必賢則必進疏遠之賢而用之是使卑者踰尊疏者踰戚非禮之常故不可不謹也

【講】將曰知人則哲自古爲難與其悔之於後莫若謹之於始故國君進賢本不可已之事也但當將用未用之際其難其慎審之又審有如王之初心本不欲用而勢之所迫不得不用他一般所以如此其謹者何也蓋尊卑有等親疏有序乃朝廷體統之常自用之而待以不次之位也則謂之尊苟尊非其人則必又易以賢之卑者是使卑者踰尊矣自用之而寄以心膂之托也則謂之戚苟戚非其人則必又易以賢之疏者是使疏者踰戚矣如此則尊卑越等親疏失序而體統亂矣可不自今日尊之戚之之時即慮其或有以踰之而存如不得已之心以加慎與　蔡達說直解

【蒙引】不得已如今人言没奈何相似進賢如不得已者不得已於未用之先也不然則將實有不得已於既用之後者矣此懲前而戒後也

存疑凡不得已者皆猶豫留難遲慢不急向前曰如不得已則非真不得已特如之耳。

左右皆曰賢未可也諸大夫皆曰賢未可也國人皆曰賢然後察之見賢焉然後用之左右皆曰不可勿聽諸大夫皆曰不可勿聽國人皆曰不可然後察之見不可焉然後去之去上聲

左右近臣其言固未可信諸大夫之言宜可信矣然猶恐其蔽於私也至於國人則其論公矣然猶必察之者蓋人有同俗而爲衆所悅者亦有特立而爲俗所憎者故必自察之而親見其賢否之實然後從而用舍之則於賢者知之深任之重而不才者不得以幸進矣所謂進賢如不得已者如此。

講慎之當何如有人於此左右近侍之人皆稱之曰賢未可遽信也舉朝之大

夫。皆稱之曰賢猶未可遽信也。至於通國之人俱以爲賢則其論公矣。猶恐其同俗而干譽也。然後從而察之。因言以察其心。因名以察其實。果親見其爲賢焉。知之深而無所疑。然後從而用之。任之重而無可易。其不肯輕進如此。曰後不至於卑踰尊。疏踰戚矣。若其人不可進。則在可去之列矣。左右皆曰不可用。勿遽聽之。諸大夫皆曰不可用。亦勿遽聽之也。至於通國之人皆曰不可用。則其論公矣。猶恐其特立而違俗也。然後從而察之。見其眞不可用焉。然後從而去之。則不才者不得以倖進。而後日亦無踰等之患矣。所謂進賢如不得已。其慎如此。而親臣世臣庶於是而可得乎。袁輔氏

大全新安陳氏曰。如此方見進賢謹之之至。如不得已而然者。要之用舍之道。參之於衆而察之於獨。不賢者固去之勿疑矣。賢者必任之勿貳。是卽君所親信之臣也。此非親信之以巳之私。而實親信之以國人之公。所謂民之所好好之也。今日爲王之親臣。他日託孤寄命。卽爲國家之世臣矣。

蒙引左右皆曰不可者亦是今日所欲進用之人不可謂是已在位而尊親之不賢者也不但進賢如不得已退人亦如不得已方爲退得當下文殺人亦如不得已也總是好惡與民同也○左右皆曰不可云云者恐其失賢也恐其失賢者正欲其得真賢也故二條總歸於進賢如不得已蓋不果進則在退列矣進退相形非因增一箇退人說也

謹按左右諸大夫之言非盡不足信但不可遽信耳使盡不足信則卽詢之國人可矣何必使左右諸大夫得參其議乎若其人果賢則國人與左右諸大夫之言亦相合矣惟要見進賢極其愼故如此說

左右皆曰可殺勿聽諸大夫皆曰可殺勿聽國人皆曰可殺然後察之見可殺焉然後殺之故曰國人殺之也

此言非獨以此進退人才至於用刑亦以此道蓋所謂天命天討皆非人君之

所得私也。

〔講〕不惟用賢即用刑亦然有人於此左右皆曰其罪可殺勿遽聽之諸大夫皆曰其罪可殺亦勿遽聽之至於國人皆曰其罪可殺然後察其可殺之實必真見其罪有可殺焉然後從而殺之則其殺不出於一己之私而出於國人之公論矣故曰國人殺之也〔蒙存〕

〔蒙引〕大註天命指進退人才言天討指刑殺言只不用便是去不可謂之天討

〔存疑〕因說用人帶說刑殺葢用舍刑殺人君之大事也

如此然後可以爲民父母。

傳曰民之所好好之民之所惡惡之此之謂民之父母。

〔講〕人君用舍刑殺一惟决於衆論之公如此然後謂民之所好好之民之所惡惡之而可以爲民之父母用舍公而民心得民心得而邦本固此覲臣世臣所

由得而故國之所以可保也否則所用非其可用所殺非其可殺則好惡拂民之性矣惡在其爲民之父母而稱爲故國也　彙淺說

存疑　總結左右皆曰賢以下兩節意

全註　按此章以故國二字爲主而所重在世臣求世臣之法不外一廣字而歸結在爲民父母上蓋民爲邦本人心固結而不可解乃所以爲故國而親臣世臣則合於民之公好而輔君以愛民者也一章大意如此

○齊宣王問曰湯放桀武王伐紂有諸孟子對曰於傳有之傳直戀反

放置也書云坊本作曰成湯放桀于南巢

講　齊宣王問曰吾聞湯放桀於南巢武王伐紂於牧野果有此事乎孟子對曰一載湯誓一載武成於書傳有之　彙淺說

曰臣弑其君可乎。

桀紂天子。湯武諸侯。

齊宣王曰桀紂天子也君也湯武諸侯也臣也乃以臣而弑其君於理可乎蒙淺說

曰賊仁者謂之賊賊義者謂之殘殘賊之人謂之一夫聞誅一夫紂矣未聞弑君也

賊害也殘傷也害仁者凶暴淫虐滅絶天理故謂之賊害義者顛倒錯亂傷敗彝倫故謂之殘。一夫言衆叛親離不復扶又反以為君也書曰獨夫紂蓋四海歸之則為天子天下叛之則為獨夫所以深警齊王垂戒後世也○王勉曰斯言也惟在下者有湯武之仁而在上者有桀紂之暴則可不然是未免於篡弑之罪也

【講】對曰天生民而立之君者謂其能盡仁義之道以爲斯民主也惟害仁之人其心凶暴滛虐滅絕天理則謂之賊害義之人其事顛倒錯亂殄敗彝倫則謂之殘此等殘賊之人天命去而人心離只是孑然一夫而已不得謂之天下之君也當日武王興師問誅一夫紂矣未聞弒君也觀於武王則湯之於桀亦猶是矣所以爲人君者不可不以桀紂爲鑒而盡仁義之道也 衷直解

【孫疏】此章欲以深悟宣王垂戒後世也

【大全】新安陳氏曰紂罪浮於桀故此節單說紂○朱子曰賊義是就事上說賊仁是就心上說其實賊義便是那賊仁底人分而言之則如此

【蒙引】孟子是以誅字換了弒字一夫字換了君字

【翼註】賊字是忍心害理殘非殘忍乃殘破之殘謂斁倫爲他破敗也

○孟子見齊宣王曰爲巨室則必使工師求大木工師得大木

則王喜以爲能勝其任也匠人斲而小之則王怒以爲不勝其任矣夫人幼而學之壯而欲行之王曰姑舍女所學而從我則何如勝平聲夫音扶舍上聲女音汝下同

巨室大宮也工師匠人之長上聲匠人衆工人也姑且也言賢人所學者大而王欲小之也

講孟子以齊宣王不能任賢圖治見而諷之曰治室必以木王如爲高大之室則必使工人之爲師者採求大木工師採得大木則王必欣然而喜以爲可作棟梁而能勝此巨室之任也倘或衆匠人加以斧斤將此木斲削短小則王必艴然而怒以爲不能勝此巨室之任也任木則欲其大如此夫賢人者幼而學夫仁義之大道及壯而欲以其所學者見之施行以致君澤民王不忍大用以

盡其材。乃曰姑舍汝所學之仁義而從我所謀之功利。是夫人之學甚大。而王顧欲小之也。則何如。何其明於任才而不明於任人也。彙淺說

通義東發黃氏曰言大才則可以勝大屋之任。猶人所學者大則可以勝治國之大任。斲而小。則不可以勝大屋之任。猶賢人捨其所學。則不可以勝國家之大任也。

今有璞玉於此。雖萬鎰。必使玉人雕琢之。至於治國家。則曰姑舍女所學而從我。則何以異於教玉人雕琢玉哉。鎰音溢

璞玉之在石中者。鎰。二十兩也。玉人。玉工也。不敢自治而付之能者。愛之甚也。治國家則徇私欲而不任賢。是愛國家不如愛玉也。○范氏曰。古之賢者。常患人君不能行其所學。而世之庸君。亦常患賢者不能從其所好。是以君臣相遇自古以爲難。孔孟終身而不遇。蓋以此耳。

講王不任賢是不愛國家矣今有在石中之璞玉於此雖其價值萬鎰金之多然物之重則不得輕以予人亦必使工於治玉之玉人雕琢之使成器物是愛玉必求良工也至於治國家何止萬鎰之玉王得其人而用之即舉國而聽之可也今乃不付之賢者則曰姑舍女之所學而從我之所爲則何以故而獨異於教玉人雕琢玉哉是愛國不如愛玉也王能委任賢人其庶幾乎彙淺說

大全趙氏曰國語云二十四兩爲鎰趙岐誤註集註因之

顧麟士曰萬鎰作多之辭爲是教玉人教字是使玉人使字不可作教誨看何以異怪嘆之辭

李翼註二節相承任賢不如任木因見愛國不如愛玉也勿平看

謹按圈外范註宜玩

○齊人伐燕勝之正韻燕平聲

按史記燕王噲（音快）讓國於其相（去聲）子之而國大亂齊因伐之燕士卒不戰城門不閉遂大勝燕。

【講】齊人乘燕之亂伐燕而勝之。（彙序）（蘇秦弟與子之婚）（謂齊不信其臣不）

大全史記燕世家（召公奭之後）燕王噲用其相子之蘇代爲齊使於燕以事激燕王以尊子之於是燕王大信子之鹿毛壽謂燕王不如以國讓相子之人之謂堯賢者以其（能關）能讓天下於許由許由不受有讓天下之名而實不失天下今王以國讓於子之子之必不敢受是王與堯同行也燕王因屬國於子之子之南面行王事而噲老不聽政顧爲臣國事皆決於子之三年國大亂百姓恫恐將軍市被與太子平謀將攻子之諸將謂齊湣王（當作宣王）曰因而赴之破燕必矣齊王令人告燕太子太子因與市被圍公宮攻子之不克將軍市被及百姓反攻太子平市被死以殉因搆難數月死者數萬衆人恫恐齊王因令章子將五都之兵因北地之衆以伐燕士卒不戰城門不閉燕王噲死齊大勝燕子之亡二年而燕人共立

夫子平是為燕昭王

宣王問曰。或謂寡人勿取。或謂寡人取之。以萬乘之國伐萬乘之國。五旬而舉之。人力不至於此。不取必有天殃。取之何如。乘去聲下同

以伐燕為宣王事。與史記諸書不同。已見形甸反序說。

講宣王因問計於孟子曰燕國既破土地人民當有所屬矣或謂寡人利不可貪而勿取或謂寡人機不可失而取之以我論之齊與燕皆萬乘之國也以齊萬乘之國伐燕萬乘之國勢均力敵宜乎難勝矣今不待曠日持久僅五十日而遂收戰勝之全功倘以人力言之未必成功之速遽至於此殆天意有在除

助而黙相之欲以燕與齊也天與弗取是逆天也逆天者必有天殃今欲取之夫子以爲何如　彙淺說直解

大全何氏曰齊王本有利燕之心特託天人而遂其私耳孟子之對則不歸之天而歸之人

孟子對曰取之而燕民悅則取之古之人有行之者武王是也取之而燕民不悅則勿取古之人有行之者文王是也

商紂之世文王三分天下有其二以服事殷坊本作商至武王十三年乃伐紂而有天下張子曰此事間去聲不容髮一日之間天命未絶則是君臣當日命絶則爲獨夫然命之絶否何以知之人情而已諸侯不期而會者八百武王安得而止之哉

講孟子對曰天視聽自我民視聽觀民心之向背可以見天意之從違王欲取

燕亦惟決諸民心而已使取之而燕民喜悅欣然歸附則順民心以取之古之人有行此事者武王之伐商是也以民心歸周故也倘取之而燕民不悅猶思故主則順民心以勿取古之人有行此事者文王之事商是也以民心猶在商也燕之當取與否決之民心足矣何必徇衆論乎　彙參說直解

大全朱子曰此亦是齊王欲取燕故引之於文武之道非謂文王欲取商以商人不悅而止武王見商人悅已遂取之也直是論其理如此耳○慶源輔氏曰文王武王豈有一毫利天下之心哉所謂間不容髮之際非理明義精德至聖人者孰能處之而無愧哉纔有一毫利心則失之矣然其命之絕否不適察於人情又與孟子之言實相表裏也

翼註宣王意重取邊孟子意重勿取邊此節是答他兩箇或謂下節是答他取之何如○宣王取決於天意幽而難憑孟子取決於人心顯而可據

以萬乘之國伐萬乘之國簞食壺漿以迎王師豈有他哉避水

火也如水益深如火益熱亦運而已矣簞音丹食音嗣

簞竹器食飯也運轉也言齊若更爲暴虐則民將轉而望救於他人矣○趙氏曰征伐之道當順民心民心悅則天意得矣

講夫欲知天意當觀人心而欲得人心又當施仁政令以齊萬乘之國伐燕萬乘之國燕之民乃簞食壺漿以迎齊王之師者豈有他哉避燕水火之虐而望救於齊也王此時正宜發政施仁以慰燕民之望可也若更爲暴虐而水益加深火益加熱則民又將轉而望救於他人矣取之豈易言哉 彙陳氏

孫疏云按曲禮圓曰簞方曰笥飯器也云壺漿者禮圖云酒壺受一斛口徑尺足高二寸徑尺何休云腹方口圓曰壺漿酒也

蒙引此一條分明是說齊未能得燕民之悅而未便有可取之理其曰如水益深如火益熱蓋已窺見其將有殺父兄係子弟等之意矣然當時猶未有其事

方是箪勝之日也○如水益深二句此如字是假如之如非如似之如也即集
註若更爲暴虐之若字
集註豈有他哉避見得不是天意

○齊人伐燕取之諸侯將謀救燕宣王曰諸侯多謀伐寡人者何以待之孟子對曰臣聞七十里爲政於天下者湯是也未聞以千里畏人者也

千里畏人指齊王也

講齊人伐燕乘其兵勝遂將燕土地人民而盡取之爲齊有列國諸侯不平將謀起兵以救燕宣王恐懼而問計於孟子曰諸侯以齊取燕爲過多謀起兵以伐寡人者事勢至此我將何以設備而預待之乎孟子對曰臣聞古之王者有

以七十里之小國能伐暴救民政令遂加於天下而無與敵者成湯是也未聞以千里全齊之大國而畏人伐己者也王何不以之自反乎　彙序

蒙引取之不用孟子上章之言也○何以待之謂何以備之也

翼註爲政於天下二語是一章之大指

書曰湯一征自葛始天下信之東面而征西夷怨南面而征北狄怨曰奚爲後我民望之若大旱之望雲霓也歸市者不止耕者不變誅其君而弔其民若時雨降民大悅書曰徯我后后來其蘇　霓五稽反　徯胡禮反

兩引書皆商書仲虺許偉反之誥文也與今書文亦小異一征初征也天下信之信其志在救民不爲暴也奚爲後我言湯何爲不先來征我之國也霓虹也雲

合則雨虹見形甸反則止變動也徯待也后君也蘇復生也他國之民皆以湯爲我君而待其來使己得蘇息也此言湯之所以七十里而爲政于天下也。

講以湯爲政于天下言之書經仲虺之誥有曰湯與葛爲鄰葛伯無道湯初征則自葛始而天下已信其志在救民而非爲暴矣由是東面而征則極西之人皆怨望南面而征則極北之人皆怨望曰何爲不先來征我之國也由書言觀之可見湯所未征之國民之望之惟恐其來又惟恐其不來若大旱之時望雲合而雨又恐霓見而止也是湯師未至而望之切如此及湯師既至則兵毫不擾民民之歸于市而交易者仍不停止民之耕于野治田者仍不更變湯惟誅其有罪之君而救其無罪之民若大旱之後甘雨時而降焉于是民心皆大喜悅故書又述其室家相慶之言曰待我后久矣后來我其復生乎是湯師既至而慰之深又如此所以七十里而爲政于天下也彙淺說直解

蒙引謂西夷北狄者舉其遠者言則近者可知也○書之言至矣爲後我止自

民望之以下孟子申言也末又引書言以證民悅

顧麟士曰此節斷當於雲霓句一畫上已舉書文而申言之下將舉書文而先釋之也以已意夾說在書內又引經一體

附錄仲虺之誥乃葛伯讎餉初征自葛東征西夷怨南征北狄怨曰奚獨後予攸徂之民室家相慶曰徯予后后來其蘇民之戴商厥惟舊哉

今燕虐其民王往而征之民以為將拯己於水火之中也簞食壺漿以迎王師若殺其父兄係累其子弟毀其宗廟遷其重器如之何其可也天下固畏齊之彊也今又倍地而不行仁政是動天下之兵也累力追反

拯救也係累縶只入反縛也重器寶器也畏忌也倍地并去聲燕而增一倍之地也

齊之取燕若能如湯之征葛則燕人悅之而齊可爲政於天下矣今乃不行仁政而肆爲殘虐則無以慰燕民之望而服諸侯之心是以不免乎以千里而畏人也

講齊之伐燕則不然今燕王無道暴虐其民王往而正其罪民皆以爲將拯已於水火之中也所以簞食壺漿以迎王師亦不異大旱之望雲霓矣若此殺害其父兄係縛其子弟燕之宗廟則毀之以絕其祭祀燕之寶器則遷之以爲齊所有所謂如水益深如火益熱使燕民大失所望與誅君弔民之意相去遠矣如之何其可爲也夫齊千里之彊天下固畏忌之久矣第無可乘之釁耳今又加燕千里以倍其地而不行仁政以慰燕民之望而服諸侯之心則在我有釁而人得執以爲詞天下之兵因從此起是齊實挑動天下之兵也能不以千里而畏人乎〇蒙存疑直解

存疑此節要見得與湯相反方是

【剩註】若字不是設詞是已然事○以前是追究所以召兵之故下節是爲他畫策

【講】按國策樂毅報燕王書曰故鼎反於曆室薊丘之植植於汶篁是重器已爲齊遷矣下文止其重器當是未盡遷者

王速出令反其旄倪止其重器謀於燕衆置君而後去之則猶可及止也旄與耄同倪五稽反

反還也旄老人也倪小兒也謂所虜略之老小也猶尚也及止及其未發而止之也○范氏曰孟子事齊梁之君論道德則必稱堯舜論征伐則必稱湯武蓋治民不法堯舜則是爲暴行師不法湯武則是爲亂豈可謂吾君不能而舍上聲所學以徇之哉

【講】天下之兵已動矣爲今之計當何如王速出號令反其所擄之旄倪已係累者止其重器之未遷者謀於燕臣民之衆擇其賢而當立者置爲燕君而後引

兵去之則燕無恙而諸侯不得以救燕爲名猶可及其兵之未動而止之也否則王其如彼何哉蒙淺說

大全雙峰饒氏曰當時只是子噲子之爲亂燕民自無罪齊王只當誅子噲子之別立君而去不當取他國這時只當定亂定亂者取其亂者而誅之如湯十一征不是全滅其國取之則是蹊田而奪之牛齊王殺其父兄等是滅其國了

蒙引湯十一征決不是滅其國而取之以爲已有故其非當天下之心昭然於四海而無疑宣王能如孟子之言置君而去亦庶幾湯武定亂之師矣

存疑此條是爲齊王畫策正答其何以待之之問

謹按止字正應待字待在兵已動之後止在兵未動之先

○鄒與魯鬨穆公問曰吾有司死者三十三人而民莫之死也誅之則不可勝誅不誅則疾視其長上之死而不救如之何則

可也閧胡弄反勝平聲長上聲下同

閧鬭聲也。穆公鄒君也。不可勝誅言人衆不可盡誅也。長上謂有司也。民怨其上故疾視其死而不救也。

講 昔鄒與魯閧然交兵而戰爲魯所敗鄒穆公因問孟子曰今玆之戰吾有司赴敵而死者三十三人而民莫有爲有司而死者也將欲誅之則人衆不可勝誅若不誅之則有司民之長上也似此疾怨以視其死而不救悖逆甚矣不正其罪無以謝有司而懲將來誅之乎且止乎如之何則可也蒙直解

劉上玉曰鄒本邾國魯附庸近魯而小○閧不成戰也○莫爲之死言民莫有救有司而爲之死非無一人死於戰也○註民怨其上意在下節

註按觀疾視二字便可見今而後得反之之意。

孟子對曰。凶年饑歲。君之民老弱轉乎溝壑。壯者散而之四方者幾千人矣，而君之倉廩實，府庫充，有司莫以告，是上慢而殘下也。曾子曰：『戒之戒之！出乎爾者，反乎爾者也。』夫民今而後得反之也。君無尤焉。幾，上聲。夫，音扶。

轉，飢餓輾音展轉而死也。充，滿也。上，謂君及有司也。尤，過也。

講孟子對曰：民不用命，不當責之於民，惟當反之於己。其疾視長上，亦有由然也。蓋有司爲君養民者也，乃當凶年饑歲，君之民老者弱者展轉於溝壑之中，壯者離散而徃四方者幾千人矣，而君倉廩之粟自實，府庫之財自充，有司曾莫一或告之於君，發以賑救之，是君與有司在上暴慢不仁，而殘虐在下之民也。上既虐下，下有不疾怨其上者乎？曾子有言曰：凡人之於世，當戒之戒之，其出乎爾者，即其反乎爾者也。施報毫不爽矣。夫有司平日疾視民之死，而民因以疾

覘有司之死。今而後得以出之。有司者反之也。君無歸過於民焉。蒙淺說

蒙引凶年凡疾疫之類皆是。饑歲只是歲不熟。

存疑君之倉廩實府庫充。君之慢也。有司莫以告。有司之慢也。故上字兼君與有司說。

翼註出爾反爾。在怨過。不兼德。觀上戒之可見。

顧麟士曰有司莫以告一句最重。是說與民莫之死之故。○兩莫字正對。故曰出乎爾者反乎爾。

君行仁政。斯民親其上死其長矣。

君不仁而求富。是以有司知重斂（力驗反）而不知卹民。故君行仁政。則有司皆愛其民。而民亦愛之矣。○范氏曰。書曰。民惟邦本。本固邦寧。有倉廩府庫。所以爲（[illegible]）民也。豐年則斂之。凶年則散之。卹其饑寒。救其疾苦。是以民親愛其上。有

危難去聲則赴救之，如子弟之衛父兄、手足之捍音汗頭目也。穆公不能反己，猶欲歸罪於民，豈不誤哉。

講然民心疾怨，雖有司不恤其民，亦曰君之不行仁政也。君若以愛民爲心，而行仁政，務薄其稅斂，恤其凶饑，則有司皆體君之心爲心，而無敢不愛其民。將見上以此施下，必以此應。斯民平日則親其上，愛戴而不忘；有事則死其長，捐軀而不顧矣。豈有疾視其死而不救哉。此君所以當反諸己，而不可歸過於民也。（蒙存淺解）

大全新安陳氏曰：孟子對鄒君言，故畧有司而專勉君，正本之論也。

翼註章中長上字，皆指有司，惟上慢殘下上字，兼君及有司。親上在心，以平時言；死長在事，以臨難言。然意亦相貫。

○滕文公問曰：滕，小國也，間於齊楚。事齊乎？事楚乎？間去聲滕國名。

講 滕文公問曰、滕方五十里之小國也。東則有齊。南則有楚。而滕間於其中。非有所事不能自保也。但就中決擇則將事齊乎。抑事楚乎。夫子其爲我籌之。彙直解

蒙引 是欲擇一強者而事之。僥倖苟免之計也。

孟子對曰。是謀非吾所能及也。無已。則有一焉。鑿斯池也。築斯城也。與民守之。效死而民弗去。則是可爲也。

無已見(形甸反)前篇。○謂一說也。效猶致也。國君死社稷。故致死以守國。至於民亦爲(去聲)之死守而不去。則非有以深得其心者不能也。○此章言有國者當守義而愛民。不可僥倖而苟免。

講 孟子對曰、依於人以苟安。總非可恃。是事齊事楚之謀。非吾所能及也。必欲

言之無已則有一道焉有斯池也必鑿之使益深有斯城也必築之使益高與民同守之一有外患君必效死守國以盡其義而民亦感其深恩爲之固守雖危難亦弗忍委去則是自强以圖存理之可爲者惟此而已　彙序

大全南軒張氏曰與其望二國矜已以求安不若思所以自强而立國鑿池築城與民效死以守之是在我所當爲之事爲吾所當爲而已然固國以得民爲本民心不固雖有金城湯池誰與守之使民效死而不忍去非得之有素不能然也

蒙引嘗疑智者爲能以小事大而保其國今滕文公欲事齊楚而孟子乃曰是謀非吾所能及何與蓋以小事大文公自能之不待教也但文公全憑大國之援以僥倖旦夕之無事而不知有自固之義故孟子獨以所缺者箴之

翼註是謀非吾所能及是說乃僥倖苟免之策不足言耳非自謙短於謀也○效死而民弗去要見平日仁政所感

顧麟士曰與民守之與字內有一君字效死則但言君自效死以守國也而民弗去方是民亦效死說○與民守是指大槩說效死而民弗去作兩層說

註按鑿池築城與民守全是勵精自強不敢苟安之意內如此自强而外盡事大之禮然後能保其國而可以有為不然惴惴焉寄命於大國終屬羈而為所乘非謀國之長策也謀字為字着力看南軒說極有味總註正含此意宜玩

○滕文公問曰齊人將築薛吾甚恐如之何則可

薛國名近滕齊取其地而城之故文公以其偪己而恐也

講滕文公問曰滕與薛同處齊之西境今齊人併得薛將築城以逼於滕吾甚恐其不免如之何則可也　蒙補註

大全仁山金氏曰薛任姓之國奚仲仲虺之後

孟子對曰昔者大王居邠狄人侵之去之岐山之下居焉非擇

而取之不得已也邠與豳同○正韻邠古作豳唐明皇以字如幽改爲邠

邠地名言大王非以岐下爲善擇取而居之也詳見形甸下註坊本作篇

講孟子對曰敝国外患從古有之昔者大王居邠狄人侵擾之而力不能禦。乃去之岐山之下建都邑而居焉斯其時非謂邠地不如岐山之美擇而取之也乃迫於狄人之難不得已而遷國以圖存耳彙序

劉上王曰不得已三字便見遷非有國者之常法

謹按據後來太王遷岐以開王業便似擇而取之其實是不得已○此章引太王事重在要他如太王爲善不重在要他遷國蓋滕無可遷之地也且此節只序事正意仍在下節

苟爲善後世子孫必有王者矣君子創業垂統爲可繼也若夫

成功則天也君如彼何哉彊爲善而已矣夫音扶彊上聲○正韻垂直追反

創造坊本造下有也字統緒也言能爲善則如大王雖失其地而其後世遂有天下乃天理也然君子造基業於前而垂統緒於後但能不失其正令平聲後世可繼續而行耳若夫成功則豈可必乎彼齊也君之力既無如之何則但彊於爲善使其可繼而俟命於天耳○此章言人君但坊本無但字當竭力於其所當爲不可徼幸於其所難必

講惟太王能修德行仁故周家王業自太王始由是觀之可見人君誠能修德行仁如太王爲善則不王於其身後世子孫必有王者若周家矣然君子創基業於前而垂統緒於後但能不失其正令後世可繼續而行耳若夫成與王之功則天命也豈可必乎今齊强滕弱勢不相敵君將奈彼何哉只宜勉强爲善使爲可繼而聽其在天而已矣蓋爲善以固人心乃圖存之要策毋僥倖於所

難必可也。○案淺說亦解

紹聞編云爲善指修其德政而言非以遷國不爭爲善也創業垂統應爲善說。成功則天應子孫有王者說○事有次第謂之業爲之自我謂之創垂之於世謂之統繼在後人而使可繼在我也

存疑苟爲善至爲可繼是泛說道理卑太王事在其内君如彼何哉方入滕事。

淺說上章教以愛民此章教以爲善爲善即所以愛民也

講衍孟子勸以爲善謂其近則可以保守其統業遠則可以昌大其子孫齊雖强當無可乘之釁也故總註云但當竭力於所當爲非無可奈何而姑言此以慰之也。

○滕文公問曰滕小國也竭力以事大國則不得免焉如之何則可孟子對曰昔者大王居邠狄人侵之事之以皮幣不得免

焉事之以犬馬不得免焉事之以珠玉不得免焉乃屬其耆老而告之曰狄人之所欲者吾土地也吾聞之也君子不以其所以養人者害人二三子何患乎無君我將去之去邠踰梁山邑于岐山之下居焉邠人曰仁人也不可失也從之者如歸市屬音燭

皮謂虎豹麋鹿之皮也幣帛也屬會集也土地本生物以養人今爭地而殺人是以其所以養人者害人也邑作邑也歸市人衆而爭先也

【講】滕文公問曰滕小國也竭其財力以事齊楚之大國則不得免其侵伐焉如之何則可孟子對曰昔者太王居邠狄人侵之初事之以皮幣不得免焉再事

之以犬馬仍不得免焉又事之以珠玉終不得免焉太王乃會集其耆老而告之曰吾如此事狄人而不得免是狄人之所欲者乃吾土地也夫土地本生物以養人若爭地以戰則殺人盈野是反以害人矣吾聞之君子以愛民爲心不忍以其所以養人者反以害人二三子何患乎無君[illegible]而不死於難則汝輩皆有君矣於是去邠踰梁山作邑於岐山之下居[illegible]邠人皆曰吾君恩德及人深矣乃仁人也不可失也於是從之者人衆[illegible]先如歸市然古人迫於難而遷國以圖存者如此隶淺說

大全南軒張氏曰太王之言此用舊說忠厚不迫其遷本以全民不敢必民之歸而强之從也曰二三子何患乎無君此天地之心眞保民之主也民心自不能釋乎太王藏其仁有素矣然太王之事非盛德而達權不足以語此○東陽許氏曰從之者如歸市史謂居三月成城郭一年成邑三年成都而民五倍其初蓋非獨邠民近於岐周之民皆歸之也當時西方地近戎狄皆閒隙之地非封國之疆

界故太王得優游遷徙若然在中國久介大國之閒無可遷之地民雖或從之而無所往孟子特舉太王之得民心以警文公耳故下文效死乃其正也

〔蒙引〕仁人以平日有德於民言非一時養人數語便能感之也

〔翼註〕按二三子何患乎無君舊說莫謂我去後便無君長能撫爾者即爾之君長也蓋相別之詞本講從後說存齋次崖皆云然較舊說爲是

或曰世守也非身之所能爲也效死勿去

又言或謂土地乃先人所受而世守之者非己所能專但當致死守之不可舍去上聲此國君死社稷之常法傳所謂國滅君死之正也正謂此也

〔講〕或者又曰土地乃先人所受而世世守之者非吾身所能專也但當效死守之國存與存國亡與亡不可舍之而他往也此守正以徇國者又如此彙參說

〔翼註〕世守二字註云乃先人所受云云受字暗指天子而以先人作主

君請擇於斯二者。

能如大王則避之不能則謹守常法。蓋遷國以圖存者權也守正而俟死者義也審己量去聲力擇而處上聲之可也○楊氏曰孟子之於文公始告坊本作教之以效死而已禮之正也至其甚恐則以大王之事告之非得已也然無大王之德而去則民或不從而遂至於亾則又不若效死之為愈故又請擇於斯二者又曰孟子所論自世俗觀之則可謂無謀矣然理之可為者不過如此舍上聲此則必為儀秦之為矣凡事求可功求成取必於智謀之末而不循天理之正者非聖賢之道也

〔講〕合而觀之遷國者權也效死者義也君請審己之力觀勢之便擇於斯二者能如太王則避之不能則謹守常法可也外此非吾所能及也蒙存

大全慶源輔氏曰遷國以圖存者太王是也守正而俟死者國君死社稷是也

在文公惟有此二法故併舉而告之然權非大賢以上不能爲經則人皆當勉之故使文公審己量力擇而取其一焉夫太王之事非文公所能爲然則孟子之意固欲文公勉守其常法爾

存疑請擇二者意卒歸重在死守上

諡按楊氏外註宜玩

○魯平公將出嬖人臧倉者請曰他日君出則必命有司所之今乘輿已駕矣有司未知所之敢請公曰將見孟子曰何哉君所爲輕身以先於匹夫者以爲賢乎禮義由賢者出而孟子之後喪踰前喪君無見焉公曰諾乘去聲

乘輿君車也駕駕馬也孟子前喪父後喪母踰過也言其厚母薄父也諾應辭

也。

講樂正子仕於魯，稱孟子之賢於平公。孟子至魯，平公將往見之。有嬖倖之人臧倉者知之，而故請曰：他日凡君出，則必命掌駕之有司以所往之地。今四馬之輿已駕矣，有司未知所往，敢請命。公曰：將親見孟子。臧倉曰：何哉？君所爲輕己身之貴，以先加禮於匹夫之賤者，無乃以孟子爲賢乎？然至中之禮與合宜之義，必由賢者出。而禮義莫大於親喪，乃孟子之後喪母，其厚過於前喪父之禮，以父母之喪而厚薄任情如此，是不知所謂禮義，不得謂之賢者矣。君無輕身而見焉。公惑之，曰：諾。遂因之不往見也。蒙淺說

蒙引：爲，如字，言君爲此輕身匹夫之事。

翼註：禮義淺看，只是品節人事、裁制人情，使隆殺得宜者。

樂正子入見，曰：君奚爲不見孟軻也？曰：或告寡人曰：孟子之後

喪踰前喪是以不往見也曰何哉君所謂踰者前以士後以大夫前以三鼎而後以五鼎與曰否謂棺槨衣衾之美也曰非所謂踰也貧富不同也入見之見音現與平聲

樂正子孟子弟子也仕於魯三鼎士祭禮五鼎大夫祭禮

講樂正子入見平公曰君奚爲不見孟軻也曰或告寡人曰孟子之後喪母其禮踰於前喪父是以不往見也曰何哉君所指以謂踰者豈謂其前喪父以士之禮後喪母以大夫之禮前士之禮祭以三鼎後大夫之禮祭以五鼎與曰否士與大夫爲分所限不謂此也謂其喪母之棺槨衣衾其美過於其父此人子所得自盡者而有厚薄所以爲踰也曰非可以此之故謂之踰而議之也蓋前喪父之時爲士無祿則其家貧而無財不可以爲悅後喪母之時爲大

夫有祿則其家富而不以天下儉其親是皆出於禮義之當然非賢者不能得其宜也君何或焉彙淺說直解

大全雙峰饒氏曰樂正是樂官之長或其先世曾爲是官子孫遂以爲姓如司馬氏亦然五鼎大夫之禮羊豕魚腊膚腊獸之乾者膚革肉也三鼎是士之禮特豕魚腊

孫疏衾今之被也按喪大記小斂君錦衾大夫縞士緇凡衾皆五幅鄭註云衾单被也

翼註三鼎五鼎正須實上而士與大夫之禮不平○前以士四句不是問辭乃是折倒○平公語

樂正子見孟子曰克告於君君爲來見也嬖人有臧倉者沮君君是以不果來也曰行或使之止或尼之行止非人所能也吾

之不遇魯侯天也臧氏之子焉能使予不遇哉爲去聲沮慈呂反尼女乙反焉於虔反

克樂正子名沮尼皆止之之意也言人之行必有人使之者其止必有人尼之者然其所以行所以止則固有天命而非此人所能使亦非此人所能尼也然則我之不遇豈臧倉之所能爲哉○此章言聖賢之出處上聲關時運之盛衰乃天命之所爲非人力之可及

【講】無如平公之終不見孟子也樂正子因見孟子曰克前以夫子之賢告於君君已爲此就見夫子也嬖人有臧倉者毀言以沮君君是以不果來也小人之害正如此孟子曰這也不必尤人凡人之行此事也或有人使之者人之止而不行也或有人尼之者然其所以行所以止實非人之所能爲使能爲尼也吾之不遇魯侯乃時數使然天之不欲平治天下也彼臧氏之子焉能使予不遇哉

吾與子安之而已○彙淺說

大全龜山楊氏曰孟子之遇不遇治亂興衰之所繫天實爲之非人所能也夫何怨尤之有○范氏曰在孟子可以言天在魯君不可以言天賢者在己者有義在天者有命修其在己而聽其在天至於人君則當尊用賢德奉行天命不當諉之天也

彙參此天字以氣數言

說按兩字實本講從集註一說兩或字言若或有止之尼之者即暗含天字意

未必源出人字連非人所能句一直說下似可從○總註極正大宜玩

四書彙解卷之二十八終

提督江南通省學政

廬陵史以徵靜菴父纂輯

渝東甯謙居先生

甬東虞龍倉先生

全鑒定四書彙解卷之三十九

門姪　頤壽平父　參訂

男繼弼幼謙父校閱

孟子

公孫丑章句上

凡九章

四書彙解　卷之三十九　孟子公孫上　一

公孫丑問曰。夫子當路於齊。管仲晏子之功。可復許乎。復扶又反

公孫丑。孟子弟子。齊人也。當路。居要地也。管仲。齊大夫。名夷吾。相去聲桓公。霸諸侯。許。猶期也。孟子未嘗得政。丑蓋設辭以問也

【講】公孫丑問曰。夫子固有志於用世矣。設使今日得當要路於齊而秉齊國之政。如當日管仲晏子之功業。可復自期許乎。彙序

大全。西山真氏曰。齊宣既慕桓文。丑復慕管晏。蓋伯者功利之説。深入人心。已久。故不惟時君慕之。而學者亦慕之也。

【蒙引】路者。人所必由也。如掌刑罰之權。則凡入刑罰之科者。必由焉。如操錢穀之柄。則凡有錢穀之數者。必由焉。是彼當要路。而我必經由其路。而通塞有在於彼者。故曰居要地也。

存疑。看丑此問。尚是未敢必孟子能爲管晏

孟子曰子誠齊人也知管仲晏子而已矣

齊人但知其國有二子而已不復扶又反知有聖賢之事

（講）孟子曰齊人之所知唯管仲晏子耳今子真齊人也亦惟知有管仲晏子而已矣此外學術事功有高出管晏萬萬者皆所不知也彙淺說

翼註丑固齊人然受學門墻宜不囿於習俗今所言如此故曰誠齊人也下正見此意

或問乎曾西曰吾子與子路孰賢曾西蹵然曰吾先子之所畏也曰然則吾子與管仲孰賢曾西艴然不悅曰爾何曾比予於管仲管仲得君如彼其專也行乎國政如彼其久也功烈如彼

其甲也。爾何曾比予於是。蹵子六反艴音拂又音勃曾並音增

孟子引曾西與或人問答如此。曾西，曾子之孫。蹵，不安貌。先子，曾子也。艴，怒色也。曾之言則也。烈，猶光也。桓公獨任管仲四十餘年，是專且久也。管仲不知王道而行霸術，故言功烈之卑也。楊氏曰：孔子言子路之才，曰千乘去聲之國可使治其賦也。使其見形甸反於施爲如是而已，其於九合諸侯，一正避宋諱也或作匡非天下，固有所不逮也。然則曾子推尊子路如此，而羞比管仲者何哉？譬之御者，子路則範我馳驅而不獲者也；管仲之功，詭遇而獲禽耳。曾西，仲尼之徒也，故不道管仲之事。

講子抑知管仲晏子乃聖門弟子所羞稱者乎。昔者或問乎曾西曰：聖門有子路者，吾子自度與他孰爲高下。曾西蹵然不安曰：子路聞過則喜，見義必行，已造乎正大高明之域，乃吾先子之所敬畏而推讓之者也，我何敢與之比方乎。

或又問曰吾子既不敢比於子路然則吾子與管仲孰爲高下曾西艴然不悅曰爾何曾乃比予於管仲夫管仲得遇桓公使秉國政桓公一心委任志同意合如彼其專也獨操國柄以行其政至四十餘年如彼其久也就該做出許大功烈乃其功烈不過是假仁假義以富强其國如彼其卑也此予之深鄙者也爾何曾比予於是

彙淺說直解

蒙引烈猶光也指功業之著見者言管仲功烈其實是卑只到富强住了視伊周何如○上云爾何曾比予於管仲下云爾何曾比予於是是承得君專行政久而功烈卑言也謂爾何乃比我於此等之得君専行政久而功烈卑者耶○或人初擬曾西於子路因其不敢當乃始以管仲擬之然則或人之權衡殆亦審矣第猶未知曾西耳

存疑夫子大管仲之功曾西則卑之卑之者律以聖賢之法大之者取其救時之功仲在當時尊周室攘夷狄誠爲有功若比之伊周事業猶碔砆之於美玉

也何足道哉夫子又曰管仲之器小哉此也

翼註 得君專行政久總無解於功烈之卑重功烈何

曰管仲曾西之所不爲也而子爲我願之乎 子爲之爲去聲

曰孟子言也願望也

講 孟子曰由此言觀之則管仲之功烈曾西之所不屑爲也曾西與我同爲聖門之徒曾西不爲而子爲我願望之乎 蒙淺說

翼註 只以願字爲字相叫應凡人願則爲不願則不爲管仲曾西之所不爲是彼固不以自願也而子爲我願之乎〇言管仲以該晏子

曰管仲以其君霸晏子以其君顯管仲晏子猶不足爲與 與平聲

顯顯名也

講 丑曰管仲相桓公九合諸侯一匡天下以其君成霸業晏子相景公布德緩

刑以其君顯名於諸侯功亦盛矣而夫子猶以爲不足爲與　彙參

蒙引管仲以其君霸有可言者矣晏子以其君顯何如曰當晏子時五霸俱沒中夏諸侯惟齊最强大景公在位且五十八年諸侯莫侵侮之者其任晏子或用其省耕省斂之言而興發或用其屨賤踊貴之言而寬刑或增其室或更其宅此皆賢君所爲如夾谷之會能歸侵疆亦庶幾知强仁義者當時宜其視他諸侯爲獨顯也蓋有所謂彼善於此者與其晚年失政使陳氏得厚施於國又多內嬖而不立太子則是其失矣

講按　詩經集註云能左右之曰以言輔佐之也

曰以齊王由反手也　王去聲　由猶通

反手言易去聲也

講　孟子曰若我當路於齊而輔佐齊君以成王業其易猶反手也豈特霸顯之

功而已哉纂序

纂引此是孟子自負也以字承上節二以字說亦皆謂能致其君也

曰若是則弟子之惑滋甚且以文王之德百年而後崩猶未洽於天下武王周公繼之然後大行今言王若易然則文王不足法與易去聲下同與平聲

滋益也文王九十七而崩言百年舉成數也文王三分天下才有其二武王克商乃有天下周公相去聲成王制禮作樂然後教化大行

講丑曰夫子以管晏爲不足爲弟子既已惑矣今又謂以齊王猶反手者是言則弟子之惑益甚也夫德之未至者勿論矣且以文王言之其德可謂極盛矣又享壽百年而後崩則其德之施亦不爲不久矣然三分有二其德猶未徧洽

於天下。及武王克商，永清大定，周公相成王，制禮作樂，得此兩聖人繼之，然後教化大行，洋溢四海。是文王尚不能及身而王，其難如此。今言王若反手之易，然則文王之德猶不足為法與？蒙述註淺說

蒙引：德蓋指治岐之政，九一、世祿、不征、不禁之類。下文德行速，亦指仁政也。且與未洽及後大行字意相符，不是就文王身上說。○百年後崩，不可謂在位百年也。在位無百年，只言其壽長以見其在位之久也。

翼註：大行二字總承武周言，不必分政教。○猶未洽於天下，猶字與下大行大字正與天下字相應。

曰：文王何可當也？由湯至於武丁，賢聖之君六七作，天下歸殷久矣，久則難變也。武丁朝諸侯，有天下，猶運之掌也。紂之去武

丁未久也其故家遺俗流風善政猶有存者又有微子微仲王子比干箕子膠鬲皆賢人也相與輔相之故久而後失之也尺地莫非其有也一民莫非其臣也然而文王猶方百里起是以難也朝音潮鬲音隔又音歷輔相之相去聲猶方之猶與由通

當猶敵也商自成湯至於武丁中間太甲太戊祖乙盤庚皆賢聖之君作起也自武丁至紂凡九世故家舊臣之家也

講孟子曰文王之德至盛何可當也其所以不及身致王者非其德有不足所值之時勢然也商業始於成湯由湯而太甲太戊祖乙盤庚以至於武丁賢聖之君凡六七作其累世德澤深入於人天下之歸殷久矣久則人心固結難以變而之他也故當武丁之時國運雖衰王業未改一加振作赫然中興遂能朝

諸侯而有天下以復湯之故業猶運之掌之易也民心歸商有素矣紂之去武丁年代尚未久也其在下則累世爲舊之故家樂利淳麗之遺俗其在上則修身齊家之流風綱紀法度之善政俱猶有存者又有同姓之微子微仲微子弟名衍王子比干箕子異姓之膠鬲五人皆賢人也相與同心匡救以輔相之故紂雖不道國不遽亡必待日久而後失之也文王所遇之時其難如此況當紂之時天下大勢依然一統尺地莫非商之有也一民莫非商之臣也然而文王猶方百里之國而起焉是以爲勢所限而難於致王也豈可謂文王之德爲不足法哉稾茂說直解

【蒙引】是以難也何只帶然而文王猶方百里起不兼上文上文自有故久而後失之一句在了久而後失之者言失之於武王時不在文王手頭失也○周自太王時已日强大何文王猶方百里起曰太王王季時商運雖衰王制未改故只仍舊是百里之國所謂强大者只是人心來歸國勢內實耳文王猶方百里

起之言固無可疑○武丁八世而爲紂凡二百單八年○曰故曰遺曰流曰善
皆自商先王身上來
翼註朝諸侯節是有天下非既失而後有也只是振起之耳
講按本講依淺說分時勢但時勢二字自在下節此處且宜渾講况文勢一氣
說下不拘拘分對爲是○是以難也句時講俱兼承時勢亦可本講從蒙引故
只承尺地一段○此節言文王時勢之難是論事不是論心學者勿以詞害意
可也○又按湯適長孫太甲處仁遷義諸侯咸歸百姓以寧稱爲太宗太宗四
傳至雍己殷道衰諸侯或不至弟大戊繼之殷道復興諸侯歸之故稱中宗中
宗三傳至河亶甲殷道復衰祖乙繼之殷道復興祖乙五傳至陽甲殷道復衰
盤庚繼之殷道復興諸侯來朝盤庚再傳至小乙殷道復衰武丁繼之殷道復
興故號爲高宗自成湯至武丁除外丙仲壬不計凡二十世武丁至受辛凡八
世合武丁爲九世故集註云九九世也

齊人有言曰。雖有智慧。不如乘勢。雖有鎡基。不如待時。今時則易然也。鎡音兹

鎡基田器也。時謂耕種之時。

講 文王時勢尚難如此。則興王必資時勢可知矣。齊人有言曰。作事者以智慧。然雖有智慧。不如乘其勢之便。乃可以有爲。不則智慧無所施矣。種田者以鎡基。然雖有鎡基。不如待天時之至。乃可以有穫。不則鎡基無所用矣。然則欲興王業。安得不資時勢乎。若今日齊之時勢。於興王則易然也。吾故曰猶反手也。

彙序

趙註 鎡基、耒耜之屬〇孫疏、大鋤也、

蒙引 鎡基、正韻註作鎡錤。鋤之別名、〇今時時字、該時勢、

與註 智慧汎以作事言。不指國家說。與鎡基不對。

顧麟士曰今時只如言今日後惟此時爲然亦言惟此日耳○此節文勢似地脉之有過峽

夏后殷周之盛地未有過千里者也而齊有其地矣雞鳴狗吠相聞而達乎四境而齊有其民矣地不改辟矣民不改聚矣行仁政而王莫之能禦也辟與闢同

此言其勢之易也三代盛時王畿音祈不過千里今齊已有之異於文王之百里又雞犬之聲相聞自國都以至於四境言民居稠密也

講何以見齊勢之易彼夏后氏與殷與周之盛時雖普天皆土率土皆臣然其王畿之地未有過於千里者也而齊方千里有其地矣且民居稠密雞鳴狗吠之聲處處相聞自國都而達乎四境而齊有其民矣地不廣則須再辟今齊已

有其地而不待改辟矣民不衆則須再聚今齊已有其民而不待改聚矣地廣民衆澤可遠施以視尺地一民皆商之有而文猶方百里起者不倅矣乘此之勢行仁政而王天下莫之能禦止也彙序

大全詹氏道傳曰王制四海之內爲九州州方千里而王居其一是亦井田之制註

蒙引此言其勢之易易是甚事謂齊易王也○此條行仁政而王二句與下飢者易爲食二句相對

謙按雙峰饒氏曰勢指事力而言是矣但說到富强上仍近霸習蓋地廣民衆以此行仁則澤之所及者遠而力之所加者亦大故爲勢之易

且王者之不作未有疏於此時者也民之憔悴於虐政未有甚於此時者也飢者易爲食渴者易爲飲疏正韻思初反

此言其時之易也。自文武至此七百餘年，異於商之賢聖繼作，民苦虐政之甚，異於紂之猶有善政。易爲飲食，言飢渴之甚，不待甘美也。

講不但此也，且周自文武至今七百餘年，是王者之不作，三代以來未有疏闊於此時者也。王者不作，故諸侯分爭而干戈賦斂無時休息，民之憔悴於暴虐之政，三代以來未有甚於此時者也。又不比商賢聖繼作善政猶存者。於此仁政一行，不待深仁厚澤而民即感德歸心，辟如飢者得食即以爲美而易爲之食，渴者得飲即以爲美而易爲之飲，其王何難之有哉！蓋齊時之易又如此。

淺說

蒙引　飢者二句，以況憔悴之民易爲德，此之飢渴，猶下文之倒懸也，皆是喻。○問勢易時易如何分？曰：勢易以齊力量而言，時易以天下機會而言。有其時而無其勢，固不足以致王，滕文公是也；有其勢而無其時，亦不可以致王，文王三分有二，然商命未絕，亦不能成王業也。

孔子曰德之流行速於置郵而傳命。郵音尤

置驛也郵馹音日也所以傳命也孟子引孔子之言如此

講時勢固易於行仁而况仁政之行又本自速孔子有言曰人君德政出乎身而加乎民其流行之機更速於置郵而傳命蓋置郵傳命雖速然尚計程而後至若德之流行則沛然旁達此感而彼即應不待疾之而自速也仁政不待時勢而自速如此　東淺說

大全東陽許氏曰字書馬遞曰置步遞曰郵漢西域傳因騎置以聞師古曰即今驛馬也黃霸傳郵亭師古曰書舍謂傳送文書所止處如今驛館○雙峰饒氏曰德之流行即是應前面文王之德底德字蓋德是本至第時勢不得有智慧而後可以乘勢有鎡基而後可以待時若無德雖有時勢何以行之

蒙引孔子此言不必在時勢易上來蓋德之感人本自速也上文雖有行仁政

易爲食易爲飲等語只見成從時勢內帶說此方見仁政本速意下節方總時勢仁政言之○速於置郵傳命甚言其速也如云捷於影響

顧麟士曰上文言時勢之易似把德看輕了故引孔子語見德本自速以起仁政得時勢則反手可王也仁政即是德畢竟急看乘時藉勢斷在今日也

當今之時萬乘之國行仁政民之悅之猶解倒懸也故事半古之人功必倍之惟此時爲然 乘去聲

倒懸喻困苦也所施之事半於古人而功倍於古人由時勢易而德行速也

〔講〕夫時勢之至易如此德行之本速又如此誠能於當今至易之時萬乘之國之勢行至速之仁政將見民之悅之猶如有倒懸之苦而思解之益不啻飢食渴飲者故所行之事不必如文王之百年繼世只消半於古人而其成王天下之功必較古人而加倍不止如文王三分有二而已也惟此日之時勢易而德

行之速爲然。齊王反手。豈虛語哉。而子何以管晏爲我願也。彙序

蒙引當今之時。時易也。萬乘之國。勢易也。行仁政猶解倒懸。德行速意也。此處方速。德行速說然。亦不是時勢易。故德行速也。

存疑古之人指文王。功必倍之亦指文王。惟此時爲然。時字包時勢在內。即上文今時則易然之時也。

全旨翼註通章以齊王猶反手也斷。上是黜霸功而崇王道。下是明齊之易王藉時勢以行德也。

○公孫丑問曰。夫子加齊之卿相。得行道焉。雖由此霸王不異矣。如此。則動心否乎。孟子曰。否。我四十不動心。相去聲

此承上章。又設問孟子若得位而行道。則雖由此而成霸王之業。亦不足怪。任大責重如此。亦有所恐懼疑惑而動其心乎。四十彊仕。君子道明德立之時。孔

子四十而不惑亦不動心之謂。

[講]公孫丑承上章之言又設問曰夫子若加以齊卿相之位得行其所學之道焉雖由此位而小則霸大則王亦其能事無足怪異矣然在大責重成功不易夫子亦因而動其心否乎孟子曰否不動心也蓋我年四十此心已不動矣雖居高位行大道從容運量而有餘何動心之有 彙淺說直解

[大全]雙峰饒氏曰集註恐懼疑惑四字雖是說心之所以動然恐懼字是為下文養氣張本疑惑字是為下文知言張本要之不疑惑然後能不恐懼故集註論心之動則以恐懼居先論心之所以不動則又以無所疑惑居先○道明膺知言德立膺養氣○朱子曰盡心知性無所疑惑動皆合義無所畏懼雖當盛位行大道亦沛然行所無事而已何動心之有易所謂不疑其所行者蓋如此而孔子之不惑亦其事也公孫丑非謂孟子以卿相富貴動其心謂霸王事大恐孟子擔當不過有所疑懼而動其心耳不知霸王當甚閑事

存疑孟子之不動心。知言養氣也。大學之格物致知。即知言也。誠意正心修身。即養氣也。千聖萬賢只是一個塗轍。更無別塗轍。○註恐懼疑惑就是動心事（與雙峯微異）舍恐懼疑惑。又何處討動心。

謹按集註恐懼疑惑。道明德立等語。俱是照知言養氣。立解然此處只宜渾講待下面逐節闡明為是。○上章孟子黜霸崇王。已明切矣。此章丑仍帶霸字說。終是習氣難除。

曰。若是。則夫子過孟賁遠矣。曰。是不難。告子先我不動心。賁音奔

孟賁勇士。告子名不害。孟賁血氣之勇。丑蓋借之以贊孟子不動心之難。孟子言告子未為知道。乃能先我不動心。則此亦未足為難也。

講丑曰。當大任而不動心。若是。則夫子之力足以負荷一世。較之孟賁能舉一器一物之重者。相去遠矣。豈易及哉。孟子曰。若不問其所以不動心者何如。而

但欲固守其心。使之不動。是亦不難。即如告子之爲人。乃能未至四十。先我而不動心。何難也。蒙引淺說直解

說苑曰。賁水行不避蛟龍。陸行不避虎狼。怒發吐氣。聲響動天。大全賁。齊人。能生拔牛角。秦武好多力士。賁往歸之。○新安陳氏曰。告子强制其心而能不動。孟子有定見。有定力。而自然心不動。此處孟子亦姑借告子以淺說耳。

存疑不動心甚[illegible]能者。姑借此以抑告子耳。抑告子者。欲見得已之不動心異於告子處。此與仲弓問子桑伯子意思一般。

謹按。集註勇字與告子未爲知道句。俱宜勿露。

曰。不動心有道乎。曰。有。

程子曰。心有主。則能不動矣。

〇講丑又曰敢問心之不動固有道乎。曰一心而應天下之事惟其有主乃能不動是有道也。〇蒙淺說直解

大全新安陳氏曰有主二字包得濶下文黝舍曾子皆是有主但有精粗之分

存疑不動心有道乎是通承上文孟子四十不動心與告子先我不動心事問故孟子以黝舍曾子告之〇與本講不同

蒙引曰有只是有道且勿用註有主字更渾〇

北宮黝之養勇也不膚撓不目逃思以一毫挫於人若撻之於市朝不受於褐寬博亦不受於萬乘之君視刺萬乘之君若刺褐夫無嚴諸侯惡聲至必反之〇黝伊糾反撓奴效反朝音潮乘去聲〇正韻刺七賜反

北宮姓黝名膚撓肌膚被刺而撓屈也目逃目被刺而轉睛逃避也挫猶辱也

褐毛布寬博寬大之衣賤者之服也不受者不受其挫也刺殺也嚴畏憚也言無可畏憚之諸侯也黝蓋刺客之流以必勝爲主而不動心者也

〔講〕所謂不動心有道者且不論當大任先就勇士觀之昔聞北宮黝之養其勇也其膚不至被刺而撓屈其目不至被刺而轉睛推其心不必大有挫辱思以一毫之微受挫於人即若撻之於市朝一般有不屑其[illegible]耳[illegible]不論人之貴賤一味要勝人故不受挫於褐寬博之賤亦不受挫於萬乘之君之貴是凡在彼者皆不可加於我也而我之視刺萬乘之君之貴就若刺褐夫之賤一般無可畏憚之諸侯焉即人有惡聲至己已必以惡聲報之是在我必可加於彼也此以必勝爲主而不動心者也蒙引直解說約

大全慶源輔氏曰集註言黝蓋刺客之流以其視刺萬乘若刺褐夫而知之也〇雙峰饒氏曰惡聲必反不專指諸侯於褐寬博萬乘皆然〇東陽許氏曰一毫挫於人謂所辱者至小也惡聲必反謂不惟辱來必報雖言小不善亦必報

也。

翼註不撓不逃只是不被刺也○褐寬博解見論語褞袍章

謹按黝之勇到底行不去終歸於自斃而已

孟施舍之所養勇也曰視不勝猶勝也量敵而後進慮勝而後會是畏三軍者也舍豈能爲必勝哉能無懼而已矣舍去聲下同

孟姓施發語聲舍名也會合戰也舍自言其戰雖不勝亦無所懼若量敵慮勝而後進戰則是無勇而畏三軍矣舍蓋力戰之士以無懼爲主而不動心者也

講又聞孟施舍之所以養其勇也嘗自負曰戰勝非難敢戰爲難莫論我能勝人就使有時不勝而以我敢戰之心視之猶夫勝也如必度量敵人之可勝而後進兵謀慮在已之能勝而後會戰是畏怕三軍之衆者也一有畏心雖勝不足以爲勇矣舍豈能爲有戰而必勝哉只是膽氣素定能無懼而已矣此以無

懼爲主而不動心者也纂遡註直解

大全朱子曰量力慮勝是畏三軍者此舍譏別人舍自云我則能無懼而已矣○慶源輔氏曰註云舍蓋力戰之士亦以其能無懼之言而知之也○新安陳氏曰黝舍皆以有主而能不動一則主於必勝一則主於無懼蓋是粗俗之不動心孟子此處且數演粗說○東陽許氏曰黝舍不動心本又在告子之下公孫丑以孟賁比孟子故孟子亦以勇士之類言之

蒙引量敵後進慮勝後會此正夫子所與行三軍者而舍以爲畏三軍何哉孟子取其守約亦彼善於此之意要之與北宮黝俱是不畏死而已皆有勇無謀之士不足論也

存疑舍之無懼於已計得矣豈不悞國事

孟施舍似曾子北宮黝似子夏夫二子之勇未知其孰賢然而

孟施舍守約也。夫音扶

黝務敵人，舍專守己。子夏篤信聖人，曾子反求諸己。故二子之與曾子、子夏，雖非等倫，然論其氣象，則各有所似。賢，猶勝也。約，要也。言論二子之勇，則未知誰勝；論其所守，則舍比於黝，爲得其要也。

講 舍而論之，舍以無懼爲主，專於守已，其氣象有似聖門之曾子，凡事反求諸已一般。黝以必勝爲主，務在敵人，其氣象似聖門之子夏，凡事篤信聖人一般。夫二子之勇，是非等級，原不足深論，固未知其孰賢。然而即二子所守較之，則黝之心主於必勝，取必於人，人或以力勝之，未免爲之動矣。舍之心取必於已，雖戰而不勝，我之無懼自在其心，初不爲之動也。是舍不動心之道比之於黝之所守，爲得其要也。彙饒氏存疑直解

大全 雙峰饒氏曰：凡言守約，不是守這約。約，要也，言所守者得其要也。守得其

約則約字活言守定道約則約字死了

蒙引優劣亦不足深辨守已二字亦輕看大抵是漸次說上去如殺人以梃與刃獨樂樂與人樂樂之類孟子立言之法大槩如此

【通】註似曾子子夏處只在人已二字彷彿近似非真可同日語也

【說】按此節亦如過脈之過峽只是借似曾子似子夏引起曾子所聞於夫子之大勇以明已之所以不動心也

昔者曾子謂子襄曰子好勇乎吾嘗聞大勇於夫子矣自反而不縮雖褐寬博吾不惴焉自反而縮雖千萬人吾往矣好去聲惴之瑞反

此言曾子之勇也子襄曾子弟子也夫子孔子也縮直也檀弓曰古者冠縮縫今也衡音橫縫又曰棺束縮二衡三惴恐懼之也往往而敵之也

【通】黝舍之守勇固然矣若吾儒理義之勇則何如昔者曾子謂其門人子襄曰

子好勇乎然血氣之勇小吾嘗聞理義之大勇於夫子矣夫子曰人之所恃以常伸者理也設使自家反已理有不直理曲則氣不伸無論人多雖一褐寬博之賤吾得不惴焉懼之乎苟自家反已理無不直理直則氣自壯無論人少雖千萬人之衆吾亦往而敵之矣此所謂大勇而子所當好者也觀此則曾子之不動心以理義之直爲主可知矣　彙饒氏陳氏

大全朱子曰儀禮禮記多有縮字每與衡字相對下文直養之說蓋本於此乃一章大指所繫不可失也○自反縮與不縮只在方寸之間看仰不愧俯不怍看如何大利害皆不足以易之若有一毫不直則此心便索然黝舍是不畏死而不動心告子是不認義理而不動心曾子是自反而縮而不動心○雙峰饒氏曰孟子因丑有孟賁之語所以先說黝舍然後說歸曾子來○魯齋王氏曰朱子云孟子養氣之論孔子已道了內省不疚夫何憂何懼愚謂與此正相表裏自反則內省也直則不疚矣雖千萬人吾往不憂不懼也○新安陳氏曰孟

子之論至此始精細下文至大至剛以直養而無害之說蓋自此自反而縮發之也

蒙引自反不縮而惴者非怕褐寬博也怕理也自反縮雖千萬人吾往者非輕視千萬人也恃吾理之勝不見千萬人之爲衆也○吾不惴焉猶云吾得不怕他焉猶乎也不受於褐寬博者不知此義也能無懼而已矣者不知此義也正可相形看

翼註不縮二句引起下文之詞重在理直氣壯邊○往而敵之如以一是矯衆非一正抗衆邪之類

頭辭士曰註恐懼之敵之二之字俱指人也

謹按　自反而縮二句只以理直爲大勇且勿露氣字

孟施舍之守氣又不如曾子之守約也。

言孟施舍雖似曾子然其所守乃一身之氣又不如曾子之反身循理所守尤得其要也孟子之不動心其原蓋出於此下文詳之

講曾子之大勇如此若孟施舍之氣象雖近似之然舍之所守不過一身之血氣耳未嘗反之於心以自省其直與不直也其視曾子之反身循理以直爲大勇者其所守之得其要又豈舍之所可比乎 彙輯氏

大全朱子曰孟子說曾子謂子襄一段已自盡了只爲公孫丑問得無了期故後面有許多說話其實此段已具得後面許多意思矣○雙峰饒氏曰或問孟子之不動心如何原於曾子曰浩然之氣便是大勇以直養便是自反而縮行有不慊於心則餒便是自反而不縮○東陽許氏曰章首至守約爲第一節

蒙引不是以氣字對約字言舍所守雖約猶是氣耳其守約又不如曾子也○

集註孟子之不動心云云蓋謂孟子之不動心在集義以養浩然之氣而孔子此言正以直養氣之說也是孟子得之於曾子曾子得之於孔子者也故曰其

原蓋出於此然孟子之不動心實兼知言養氣而養氣中許多節目皆未及也故又曰下文詳之此詳字與下文又詳告之以其故者同

存疑北宮黝不動心之道以必勝爲主孟施舍不動心之道以無懼爲主曾子不動心之道以理直爲主即黝舍之不動心告子之不動心大略可見矣即曾子之不動心孟子之不動心大畧可見矣此孟子答問之意也

翼註此不如是相去霄壤意○以上俱承不動心有道來曾子守約便是最得其道者也

顧麟士曰前是巳與人之辨此是理與氣之辨○此節出氣字然又與浩然之氣不同○紹聞編曰黝舍之養勇只一氣字斷盡了自反而縮二句乃一章血脉包括總攝處故朱子於此條始露一理字黝舍之所不能識者在此孟子告子之所以得失者在此

曰敢問夫子之不動心與告子之不動心可得聞與告子曰不得於言勿求於心不得於心勿求於氣不得於心勿求於氣可不得於言勿求於心不可夫志氣之帥也氣體之充也夫志至焉氣次焉故曰持其志無暴其氣聞與之與平聲　夫志之夫音扶

此一節公孫丑之問孟子誦告子之言又斷丁亂反下同以己意而告之也告子謂於言有所不達則當舍上聲置其言而不必反求其理於心於心有所不安則當力制其心而不必更求其助於氣此所以固守其心而不動之速也孟子既誦其言而斷之曰彼謂不得於心而勿求諸氣者急於本而緩其末猶之可也謂不得於言而不求諸心則既失於外而遂遺其內其不可也必矣然凡曰可者亦僅可而有所未盡之辭耳若論其極則志固心之所之而爲氣之將去聲帥然

氣亦人之所以充滿於身而爲志之卒徒者也故志固爲至極而氣即次之人固當敬守其志然亦不可不致養其氣蓋其內外本末交相培養此則孟子之心所以未嘗必其不動而自然不動之大略也

【講】丑又問曰敢問夫子之四十不動心與告子之先夫子不動心其道可得聞與孟子曰欲知告子之不動心觀其言可見矣告子曰人於出言之時理有不達也若去用心思索以求通是心以言而動矣故但當舍置其言而不必反求其理於心又於應物之時心有不安也若檢點一身之氣以求合是心以氣而動矣故但當力制其心而不必更求其助於氣告子之自言如此此其所以先我而不動心也自我觀之心本也氣末也既有本末之分即有緩急之數彼謂不得於心勿求於氣者是尊以根本爲急而末在所緩猶之可也若言外也心內也外之不能達其辭皆由內之不能明其理也彼謂不得於言勿求於心者則既失其外而遂遺其內其不可也必矣然要其極而論之則其不可者固不

可而具可者亦未可也何也蓋心之所之爲志夫志也者運於方寸之內而氣之張弛隨之固所以御乎氣而爲氣之將帥也氣也者爲志之卒徒以供志之用即所以輔乎志而充滿於百體之中也夫志而曰帥則所以立此氣之體固爲至極焉然氣而曰充則所以達此志之用亦即其次焉雖有本末而緩急非相懸也雖有內外而輕重非相遠也我故曰人之於志固當敬以持之而不失其精明之體其於氣也亦當順以養之而不虧其充滿之用重乎內也而亦不輕乎外急於本也而亦不緩於末交相培養如是然後爲不偏之學盡善之道也彼告子謂不得於心勿求於氣者夫豈可哉彙達說

大全朱子曰告子天資剛勁能堅忍固執以守其一偏之見所以學雖不正而能先孟子不動心也觀其論性數章理屈詞窮則屢變其說以取勝終不能從容反覆審思明辨因其所言之失而反之於心以求至當之歸此其不得於言勿求於心之驗也〇言雖發於口而實出於心不得於言而每求諸心則其察

理日益精矣而告子不然是徒見言之發於外而不知出於中不知言便不知義所以外義也其害理深矣故斷然以爲不可〇慶源輔氏曰心有知而氣無知是氣隨心動所以志爲氣之將帥氣隨志所使猶卒徒之聽命於將帥也不言心而言志者志者心之動而有所之處也但志則就其動處言故尤切耳下動猶發也與不動心之動字不同文又言是氣也而反動其心亦可見矣心無形而氣有質雖言必爲本氣爲末然人之所以充滿其身而不至於餒乏者實賴氣爲之卒徒也志無其氣則志無所使亦猶將帥而無卒徒則亦虛名而已〇潛室陳氏曰集註謂致養其氣卽無暴其氣也暴其氣卽失養也必言致者見養氣之難須以集義爲本又無正忘助長之弊方爲能致養也〇雲峰胡氏曰集註於持志謂守其志可也必曰敬守其志添一敬字最有意下文集義與必有事皆敬也

疑兩言字不同

告子不得於言己之言也孟子知言天下之言也愚嘗一之曰理一而已告子於己之言且不能反求其理如何能於天下之言而求其理孟子於天下之言

能究極其理則於已之言可知也○新安陳氏曰下文知言養氣其根已安於此告子不得於言即不求其理於心是不知言也不得於心即不求其助於氣是不養氣也孟子告子其不動心之名雖同而其所以不動心之本則相反而全不同者在此

蒙引不得於心亦須求於氣者如手容不恭足容不重則心有所不安必須使手容常恭足容常重便是求助於氣也耳目手足皆是體氣則常行於體之中如視聽持行是也○集註前內外指心與言本末指心與氣後內外本末俱指心與氣

翼註夫志氣之帥以下俱見得氣不偏輕之意以正其勿求於氣之非抑揚重氣邊看○持其志兼靜存動察工夫暴字暗與善養字反畳而不養固暴也養而不善亦暴也當暗含此二意

既曰志至焉氣次焉又曰持其志無暴其氣者何也曰志壹則動氣氣壹則動志也今夫蹶者趨者是氣也而反動其心夫音扶○

正韻蹶居衛反

公孫丑見孟子言志至而氣次故問如此則專持其志可矣又言無暴其氣何也壹專一也蹶顛躓音至也趨走也孟子言志之所向專一則氣固從之然氣之所在專一則志亦反爲之動如人顛躓趨走則氣專在是而反動其心焉所以既持其志而又必無暴其氣也程子曰志動氣者什九氣動志者什一

講丑未達其解又問曰夫子既曰志爲極至焉氣在所次焉則志重氣輕專持其志可矣乃必兼言曰持其志而又要無暴其氣何也曰志與氣本是相關底志之所向者專一固足動夫氣而隨其運用然氣之所在專一亦足以動夫志

而不得安寧也今夫人意料之外忽然蹶仆者忽然有事而奔趨者是氣所在也而反以動其心使不得安寧此氣壹動志之一驗也故志必當持而氣又當無暴也蒙序

大全朱子曰爲告子將氣説得太低了故説志最緊要氣亦不可緩持其志無暴其氣是兩邊做工夫志即是心之所向而今欲做一件事這便是志持其志便是養心蹶趨是氣也他心本不曾動只忽然喫一跌氣打一暴則心便動了○問蹶趨多遇於卒然不虞之際所以易得動心曰是○問持志養氣之爲交養何也曰持志所以直其内無暴所以防其外各致其功而無所偏廢則志正而氣自完氣完而志益正其於存養之功且將無一息之不存矣○雙峰饒氏曰志帥也氣卒徒也如周亞夫營中夜驚亞夫堅卧不起堅卧不起固是帥之定處然設或被他驚不已自家如何睡得安於此見持其志又不可不養其氣○君子所以足容重手容恭聲容静氣容肅行中鸞和步中采齊皆是要無暴

其氣。○東陽許氏曰敢問夫子之不動心至反動其心爲第二節

蒙引 氣動志不止於趨蹶凡視聽言動氣用事到勝處皆能動志

謹按 大註云志之所向專一則氣固從之猶上言志氣之帥一般既謂從之即如徒卒之從將帥矣○小註又云志一動氣是源頭濁者下流亦濁是志亦不當一以動氣矣此朱子未定之解仍從大註可也○志可壹而氣不可壹此理自當不易。

敢問夫子惡乎長曰我知言我善養吾浩然之氣 惡平聲

公孫丑復扶又反問孟子之不動心所以異於告子如此者有何所長而能然而孟子又詳告之以其故也知言者盡心知性於凡天下之言無不有以究極其理而識其是非得失之所以然也浩然盛大流行之貌氣即所謂體之充者本自浩然失養故餒惟孟子爲善養之以復其初也蓋惟知言則有以明夫 音扶下同

道義而於天下之事無所疑養氣則有以配夫道義而於天下之事無所懼此其所以當大任而不動心也告子之學與此正相反其不動心殆亦冥然無覺悍然不顧而已爾

講丑又問曰告子之不動心出於強制如此矣敢問夫子之不動心不待強制而自然不動者果何所長而能然曰我知天下之言而明其是非得失之所以然我善養吾浩然之氣而全其本然盛大之體流行之用知言則彼不能惑於我養氣則我無所懼於彼此我之異於告子而不動心者也 彙蒙引

大全慶源輔氏曰盛大言其體流行言其用纔怯小便非氣之本體纔餒塞便非氣之本用氣即天地之氣而人之所以充滿其身者其本然之體用自是浩然由失其養故餒乏而不充乎體○集註疑懼二字以應此章第一節註文疑惑恐懼也○雙峰饒氏曰孟子之言善養氣是以成德言非是說做工夫下文集義必有事以下却是說做養氣之工夫處○浩然之氣即達德中之勇不動

心即勇者不懼添一個知言即是智者不惑○東陽許氏曰知言則盡心知性萬理洞然何所疑惑養氣則動皆合義遇事即行何有畏懼二者既全何能動心○黄氏洵饒曰無所疑即道明無所懼即德立○新安陳氏曰寘然無覺則不能無疑悍然不顧非真能無懼也

所以不能終於不動

蒙引　知言知也養氣行也知言則彼不能惑於我養氣則我無所懼於彼

顧麟士曰此節以不動心為綱以知言養氣為目若顧了而失毋即非○知言然後能養氣亦是大槩理若此處云然則多一折不見語氣矣蓋此是明不動心之故非又明能養氣之故也

辨明小註

劉上玉曰註中明道義配道義又須透意宜渾

謹按知言養氣孟子特就告子不得於言勿求於氣而云然耳其實即說致知格物正心修身也即說盡心知性存心養性也得其理非有二也○盛大流行四字且宜會意渾講勿太分疏以侵下文

敢問何謂浩然之氣曰難言也

孟子先言知言而丑先問坊本問下有養字氣者本上文方論志氣而言也難言者蓋其心所獨得而無形聲之驗有未易去聲以言語形容者故程子曰觀此一言則孟子之實有是氣可知矣

講 丑曰人皆有氣而夫子獨浩然敢問浩然之氣其狀如何曰凡物之有形聲者可指而言之浩然之氣無形可見無聲可聞未易以言語形容蓋難言也彙

直解

大全問浩然之氣與血氣如何朱子曰只是一氣義理附於其中則爲浩然之氣不由義理而發則爲血氣

遂說此節問答俱就孟子身上說難言非終不言也只是道這個微妙話頭不易說耳故下遂備言之非爲難言下文只胡亂苟且說幾句也

其爲氣也至大至剛以直養而無害則塞于天地之閒正韻塞先則反 于或作乎

至大初無限量去聲至剛不可屈撓女巧女敎二反蓋天地之正氣而人得以生者其體段本如是也惟其自反而縮則得其所養而又無所作爲以害之則其本體不虧而充塞無閒去聲矣程子曰天人一也更不分別必列反浩然之氣乃吾氣也養而無害則塞乎天地一爲私意所蔽則欿音坎然而餒卻知其小也謝氏曰浩然之氣須於心得其正時識取又曰浩然是無虧欠時

講 試以難言者爲子言之其所爲浩然之氣也是極盛大底隨他若大底事皆是做得而初無限量又是極剛勁底他要做這事凡物皆止他不得而不可屈撓其體段本如是也但衆人不能善養耳惟以自反而縮者養之而又順其自然無所作爲以爲之害則剛大之本體不虧而其運用所及上而天下而地中

而人物無不周遍而充塞乎天地之間矣豈尋常可擬者哉　彙存疑

大全朱子曰至大至剛氣之本體以直養而無害是用功處塞乎天地之間乃是效也〇問他書不說養氣只孟子言之何故曰這源頭便在那箇心廣體胖內省不疚夫何憂何懼來大抵只是一氣又不是別將箇甚底去養他但集義便是養氣知言便是知得這義人能仰不愧俯不怍時看這氣自是浩然塞乎天地之間〇纔說浩然便有剛果意思如長江大河浩浩然而來也〇天地之氣無處不到無處不透便是金石也透過去是他剛大處人便稟得這個氣無欠闕所以程子曰天人一也〇問孟子說浩然之氣却不分稟賦清濁說曰此章孟子之意不是說氣稟只因說不動心滾說到這處如今人說氣魄相似有這氣魄便做得這事無氣魄便做不得〇雙峯饒氏曰人得天地之氣以生天地之氣如此剛大人之氣亦合如此剛大其所以不能如此者不善養之故也〇東陽許氏曰塞天地只是氣之所至物莫不從至於郊則格廟則享鳥獸魚

蟄咸若而人倫日用不言可知

語類兩個其為氣也前個是說氣之體段如此後個是說這氣可將如此用（是說氣之功用）

蒙引此一節正言浩然之氣是這般樣子氣之體段也體段猶云形像模樣非體用之體○至大至剛即是浩然直養無害塞乎天地即是復乎浩然者矣浩然字本都該了因丑問何謂浩然之氣故又為之狀其體段如此○初間至大至剛是可以塞乎天地之間然必直養而無害方能塞乎天地之間其實有作為發揮了但此節本意只是要塞乎天地之間意思出以顯明浩然氣象耳非全不着人說也

存疑雖曰必得所養然後復其浩然然此處方欲明其為浩然處初未重在所養至下文集義一條方言所養之事

其為氣也配義與道無是餒也（餒奴罪反）

配者合而有助之意義者人心之裁制道者天理之自然餒飢之而氣不充體也言人能養成此氣則其氣合乎道義而爲之助使其行之勇決無所疑憚若無此氣則其一時所爲雖未必不出於道義然其體有所不充則亦不免於疑懼而不足以有爲矣

講人誠能直養無害則其爲浩然之氣也乃於裁制之義與自然之道相合而有助焉蓋道義雖具於人心而不能自行惟養成此氣則見義所當爲者便奮然必爲而吾心之裁制因之以果決見道所當行者便挺然必行而天理之自然因之以奮往兩相配而兩相成矣若無是浩然之氣則體有不充如飢人之不得食索然自餒縱欲行夫道義亦逡巡恐懼而不足以有爲矣其何以配之哉氣之功用如此所以貴善養之功也 彙直解

大全慶源輔氏曰合而有助此意本於李延平先生曰配是襯貼起來朱子謂襯貼二字說配字極親切李先生又曰氣與道義一滚出來朱子謂一滚出來

說得道理極好孟子分明說配義與道不是兩物相補貼只是一滚發出來故朱子用此意而就配字說出此句葢已極其精切矣〇雙峰饒氏曰合而有助配如妻之配夫以此合彼而有助於彼者也葢理氣不相離氣以理爲主理以氣爲輔大凡人不能爲善爲是無那氣來襯貼有那氣來襯貼起做得定是有力〇朱子曰道是舉統體而言義是就此一事所處而言

【語類】方其集義以生此氣則須要勉强及到氣去配義與道則道義之行愈覺剛果更無凝滯尚何恐懼之有

【蒙引】以人心對天理說自人心之裁制曰義自天理之自然曰道猶云在物爲理處物爲義天人一也因是天理之自然故人心之裁制無不然者〇不是直養無害塞乎天地之後方能配義與道此本是一時事上節只言浩氣下節言配道義所以能無疑懼而不動心也若無此氣則無以充其體而餒矣餒則道義無所配而不免於疑懼矣安得不動心〇配義與道正言氣之功用也無是

餒也特反言以明之耳非阨塞之詞也

謹按無是是字指氣餒字指體不指道義無是氣則體有不充裹怯而不足有爲矣故謂之餒若道義豈有餒時

是集義所生者非義襲而取之也行有不慊於心則餒矣我故曰告子未嘗知義以其外之也　慊口簟口劫二反

集義猶言積善蓋欲事事皆合於義也襲掩取也如齊侯襲莒（音舉）之襲言氣雖可以配乎道義而其養之之始乃由事皆合義自反常直是以無所愧怍而此氣自然發生於中非由只行一事偶合於義便可掩襲於外而得之也慊快也足也言所行一有不合於義而自反不直則不足於心而其體有所不充矣然則義豈在外哉告子不知此理乃曰仁內義外而不復（扶又反）以義爲事則必不能集義以生浩然之氣矣上文不得於言勿求於心卽外義之意詳見（形甸反）告

子上篇

講夫浩然之氣其體段功用固如是矣若直養無害之功其詳何如蓋氣之養成也則理固資氣以行而氣之始養也則氣實資理以生是所爲浩然之氣乃歲月積累集聚理義自十百而千萬以至件件合宜無一事不合於義功候到時則自反常直仰不愧俯不怍此氣自然發生於中而至大至剛者却非且夕之間只一二件外面偶合於義便掩襲爲是而做個剛强不屈底模樣說道我能擔當事隨他死生禍福皆不怕而强取得來者也何也蓋所行偶合於義則其不合於義者多矣不合於義者多則反之於心有愧怍而不快足此氣必然消沮不能充體而餒矣如何可義襲而取之哉夫集義而心慊則浩然之氣生行有不合義而心不慊則氣餒是心之慊否一係於義之得失此可見義爲吾心固有之理在內而不在外明矣我故有言告子未嘗知義以其謂義爲在外也外義則必不能集義而浩然之氣何由而生哉 彙朱子陳氏蒙引存疑

大全朱子曰以直養是自反而縮集義是以直養○是字與非字對生字與取字對生是自裏面生出取是自外面取來○義襲是一事之義勇而爲之以壯吾氣然亦無生底道理只是此客氣耳不久則消矣○告子之病蓋不知心之慊處卽是義之所安其不慊處卽是不合於義故直以義爲外而不求○雲峰胡氏曰集義卽是以直養義襲而取卽是有所作爲以害之

蒙引養氣者只在義上做工夫不要於氣上着力下文必有事數語正謂此○此餒字與上節餒字皆謂體不充饒氏云上是道義餒此是氣餒不可從○據理而言則有義有道據盡此理而言則只是集義告子未嘗知義○集義所生一句裏面也有勿正也有勿忘也有勿助長方得他生

翼註生如根生幹幹生枝取則强拿他來底意思

衢按勿求於心勿求於氣都是外義處集註舉上二句便可該下二句非不得於心勿求於氣不是外義也細思當自得之○此節餒字亦是氣不能充體但

前節體有不充則無以配道義此節浩然之氣不生則無以充其體意各有所指耳若依饒氏以此節爲氣餒誠如麟士所云譬如人不曾喫飯餒不在人之腹乃在飯耶

必有事焉而勿正心勿忘勿助長也無若宋人然宋人有閔其苗之不長而揠之者芒芒然歸謂其人曰今日病矣予助苗長矣其子趨而往視之苗則槁矣天下之不助苗長者寡矣以爲無益而舍之者不耘苗者也助之長者揠苗者也非徒無益而又害之　長上聲揠烏八反舍上聲

必有事焉而勿正趙氏程子以七字爲句近世或并下文心字讀之者亦通必

有事焉有所事也如有事於顓臾之有事正預期也春秋傳曰戰不正勝是也如作正心義亦同此與大學之所謂正心者語意自不同也此言養氣者必以集義爲事而勿預期其效其或未充則但當勿忘其所有事而不可作爲以助其長乃集義養氣之節度也閔憂也揠拔也芒芒無知之貌其人家人也病疲倦也舍之而不耘者忘其所有事揠而助之長者正之不得而妄有作爲者也然不耘則失養而已揠則反以害之無是二者則氣得其養而無所害矣如告子不能集義而欲彊（上聲）制其心則必不能免於正助之病其於所謂浩然者蓋不惟不善養而又反害之矣

講 氣由集義而生非由義襲而取故養氣者必有時時念念以集義爲事而盡其工夫焉然一邊集義一邊在此等待那氣生是正也而勿正以預期其效其或有未充（如昌庇）但當此心勿忘其所有事而俟其自充却勿便作起令（與上去聲讀）張王强謂剛毅無所屈撓便要發揮去做事而助氣之長也此葢集義以養氣之節度也然

助長最不可爲甚無若宋人然宋人有閔其苗之不遽長而拔之使長者芒芒然歸謂其家人曰今日予勞疲矣苗之不長者予盡助之長矣及其子趨而往視之苗則傷其生而槁矣由宋人之事觀之天下之養氣者不似宋人之助苗長者寡矣彼以氣爲無益於事而不集義以養之者猶夫不耘苗者也雖氣不能生遇事不敢向前做然終養起來尚能生浩然之氣至於義襲而助之長者正如揠苗者也非徒無益於氣而又反害之蓋自以爲剛强要向前做事一經摧折索然沮喪再不能培養使氣復充向前去做事矣助長之害如此所以當深戒也惟是有事而不忘則氣得其養又勿正而勿助長則氣無所害由是日引月長而充塞天地之體沛然流行之用將不期然而然矣我善養吾浩然之氣如此彼告子不得於心勿求於氣則亦悍然不顧而已何足以語此哉彙朱子輔氏蒙引存疑

大全朱子曰集義是養氣之丹頭必有事是集義之火法〇必有事焉勿忘是

論集義工夫勿正勿助長是論氣之本體上添一件物事不得不要等待不要催促○雙峰饒氏曰有事勿忘是說以直養勿正勿助是說養而無害有事勿忘是集義工夫正而助長是要義襲而取集義義襲兩句乃是此段骨子

蒙引助長多見於臨事之際蓋由平日不能養其氣也饒氏亦有此說○養氣者只當於義上着工夫不當於氣上着工夫○註節度猶言法則○天下之不助苗一段重在助長之害不可以無益而舍對看不可以集註無是二者云云爲正解本文○是集義所生者至非徒無益而又害之大抵語意都從敢問夫子惡乎長說來故往往碍着告子集義所生一條本文則曰告子未嘗知義以其外之也而註云必不能集義以生浩然之氣此條註云告子不能集義而欲彊制其心云云反害之矣

顧麟士曰必有事焉而勿正養氣之始之事心勿忘勿助長也養氣之既之事觀註其或未充四字可見大段四下作兩對不必以有事爲一頭而正忘助相胡雲峰如此說

因也

何謂知言。曰詖辭知其所蔽淫辭知其所陷邪辭知其所離遁辭知其所窮生於其心害於其政發於其政害於其事聖人復起必從吾言矣。詖彼寄反 復扶又反

此公孫丑復扶又反問而孟子答之也詖偏陂甲義反也淫放蕩也邪邪僻也遁逃避也四者相因言之病也蔽遮隔也陷沈俗作沉非溺也離叛去也窮困屈也四者亦相因則心之失也人之有言皆出於心其心明乎正理而無蔽然後其言平正通達而無病苟為不然則必有是四者之病矣即其言之病而知其心之失又知其害於政事之決然而不可易者如此非心通於道而無疑於天下之理其孰能之彼告子者不得於言而不肯求之於心至為義外之說則自不免於

四者之病其何以知天下之言而無所疑哉程子曰心通乎道然後能辨是非如持權衡以較輕重孟子所謂知言是也又曰孟子知言正如人在堂上方能辨堂下人曲直若猶未免雜於堂下衆人之中則不能辨決矣

講丑又問曰養氣之説既聞命矣如何謂之知言孟子曰人之言語皆本於心其心明乎理而無蔽然後其言平正通達而無病若只説着一邊遺了一邊是爲詖辭必其心中見理不明有所障蔽故也我則因其詖辭而知其心之所蔽焉詖之不已至於放蕩説得浩瀚無極是爲淫辭必其心之蔽愈入愈深有所沉溺如身沉於水只見水不見岸矣吾則因其淫辭而知其心之所陷焉淫之不已全無正説是爲邪辭必其心離了正道背去不返吾則因其邪辭而知其心之所離焉邪之不已至於説得不當却支吾躱閃屢變以求勝是爲遁辭必其心爲正理所屈窮困不通故也吾則因其遁辭而知其心之所窮焉然有這四者之病必有這四者之害蔽陷離窮之失既生於其心則施之於禮樂政刑

皆失其中而有害於其政害旣發於其政則凡一舉一動皆不當理而有害於其事其相因而至決然而不爽者雖聖人復起亦必從吾因言知心因心知害之言矣惟旣知其發言之所自而又知其遺害之無窮吾所謂知言者如此若告子不得於言勿求於心則亦冥然罔覺而已何足以語此哉此我之不動心所以異於告子也稾朱子蒙引直解

大全朱子曰詖謂心有所蔽只見一邊不見一邊如楊氏爲我墨氏兼愛各只見一邊故其辭詖詖是偏詖此理本平正他只說得一邊遁如楊子本是不拔一毛以利天下却說天下非一毛所能利墨子本說愛無差等却說施由親始佛氏本無父母却說父母經皆是遁辭〇此章知言最緊要若不知言則自以爲義而未必是義自以爲直而未必是直是非且莫辨矣然說知言又只說詖淫邪遁四者蓋天下事只有一個是與不是而已若辨得那不是底則便識得那是底了然非見得道理十分分明則不能辨則親切且如集義皆是見得道

理分明則動靜去處皆循道理無非集義也○好辨章先事而後政是自微而至著此章先政而後事是自大綱而至節目○雲峰胡氏曰無大無小無不有害不必拘先後也○慶源輔氏曰言形於外故以病言心存於中故以失言○因其言之病而知其心之失是即其用而知其體也又知其害於政事之決然而不可易是據其始而知其終也非心與理一其於天下之事如燭照數計略無所疑者何能如是哉不然則知其用者或不知其體見其始者或不見其終者有矣○雙峰饒氏曰當看四個所字如看病相似詖淫邪遁是病症蔽陷離窮是病源四所字是病源之所在墨氏之蔽在於見仁而不見義楊氏之蔽在於見義而不見仁其蔽雖同而其所蔽則異孟子知言如明醫然纔說病症便知病源在何處欲治蔽陷離窮之病在先去其蔽無所蔽便無下面三件○知

○發明程註

言須從格物上做來道便是個權衡知言便是知道○東陽許氏曰敢問夫子惡乎長至從吾言爲第三節

蒙引要看四個所字詖淫邪遁八字皆是大綱字其實詖有許多樣詖蔽亦有許多樣蔽自其辭知何樣詖便知其心之所蔽何在非但泛然知其爲蔽而已〇知言最是不易故前註盡心知性云云解得亦十分重〇所謂知言只是知其蔽陷離窮而已但是四者不止爲言辭之害又爲政事之害故兼及之然亦皆爲知言之事蓋心之病一路發於言一路發於政事言病則政事亦病孟子知言之極所以知其蔽陷離窮之害於政事者何以知之亦不過是因其辭之詖淫邪遁而知其心之蔽陷離窮即就此而知其蔽陷離窮之害於政事之必然耳豈不是知言之事乎如此說則理意昭然矣〇大註又知其害於政事之必然不粘着心字者承知其心之失言此句只明理之必然非自矜其言之必信也

顧麟士曰養氣知言兩處結尾俱要回顧不動心處方見本領〇上言告子未嘗知義以其外之也外之二字重蓋外義則不能集義以生浩然之氣而至於

不動心是與善養相反此就行處說也故集註曰不復以集義爲事此補註云至爲義外之說至而無所疑就言處說也又與知言相反意各不同

謹按　詖淫邪遁之辭施於號令便有病於政事亦不必如蒙引兩路分發之說也政事亦在上位者言奥章首卿相可見○末句蒙引云只帶生心四句然兼承四知說無妨本文原與好辨章不同

宰我子貢善爲說辭冉牛閔子顔淵善言德行孔子兼之曰我於辭命則不能也然則夫子既聖矣乎行去聲○正韻說如字或讀如稅者非

此一節林氏以爲皆公孫丑之問是也說辭言語也德行得於心而見於行事者也形甸反三子善言德行者身有之故言之親切而有味也公孫丑言數子各有所長而孔子兼之然猶自謂不能於辭命今孟子乃自謂我能知言又善養氣則是兼言語德行而有之然則豈不既聖矣乎此夫子指孟子也○程子曰

孔子曰我不能於辭命者。欲使學者務本而已。

【講】丑聞孟子知言養氣之言。乃疑而問曰。嘗日孔門弟子。如宰我子貢。其言能合道理。當事情。而善爲說辭。如冉牛閔子顏淵。素有得於心。而見於行事之德行。故說着身心道理。便親切有味。而善言德行。數子各有所長。而不能相兼如此。惟孔子則言語德行。皆兼有之。然猶不敢自任。曰我於辭命之事。則不能也。今夫子既知人之言。則在己必長於言語矣。又能集義以善養浩然之氣。則己有其德行矣。衆賢所不能兼者。而夫子兼之。然則夫子已造其極。而既聖矣乎。彙直解

大全雲峰胡氏曰。此以後因公孫丑提出一聖字爲問。故專發明一聖字。

蒙引善言德行。言字輕。德行字重。〇辭命。命字即爲命裨命之命。

曰。惡。是何言也。昔者子貢問於孔子曰。夫子聖矣乎。孔子曰。聖

則吾不能。我學不厭。而教不倦也。子貢曰。學不厭。智也。教不倦。仁也。仁且智。夫子既聖矣。夫聖。孔子不居。是何言也。惡平聲。夫聖之夫音扶。

惡。驚歎辭也。昔者以下。孟子不敢當丑之言。而引孔子子貢問答之辭以告之也。此夫子。指孔子也。學不厭者。智之所以自明。教不倦者。仁之所以及物。再言是何言也。以深拒之。

講孟子不敢以聖自居。乃驚嘆曰。惡。以我爲聖。是何言也。昔者子貢問於孔子曰。夫子知行俱造其極。而爲聖矣乎。孔子曰。大而化之之聖。豈易到得。此非吾所能也。我但以聖人之道學之於己。孜孜焉而不厭。又以聖人之道教之於人。諄諄焉而不倦。如斯而已。子貢曰。學而至於不厭。則理無不明。物無不格。正是聰明天縱。深知理義之無窮。故融會貫通。深造不已。乃所謂智也。教而至於不倦。則立必俱立。成不獨成。正是一體自然。不見物我之有間。故能涵育薰陶。與

人同善乃所謂仁也仁且智夫子已造其極而既聖矣子貢孔子之相問答如此夫聖人之名孔子尚不敢居而子謂我爲聖是何言也　彙饒氏淺說

〔翼註〕即學不厭見聖心之明通即教不倦見聖心之公溥不是由不厭不倦而造於仁智亦不是由仁智而後不厭不倦

昔者竊聞之子夏子游子張皆有聖人之一體冉牛閔子顏淵則具體而微敢問所安

此一節林氏亦以爲皆公孫丑之問是也一體猶一肢也具體而微謂有其全體但未廣大耳安處上聲下同也公孫丑復扶又反問孟子既不敢比孔子則於此數子欲何所處也

〔講〕丑又問曰昔者竊聞之聖人道大而能傳若子夏子游子張皆有聖人之一體如游夏得其文學子張得其威儀是也冉牛閔子顏淵則氣質不偏理義完

備能具聖人之全體。但未若聖人之大而化之無限量之可言而微焉耳。夫子既謂不敢比於孔子，敢問於數子何所處也。彙朱子

趙註：體者，四肢股肱也。一體者，得其一肢也。具體者，四肢皆具，微小也。比聖人之體段小耳。

曰：「姑舍是。」舍，上聲。

孟子言且置是者，不欲以數子所至者自處也。

講孟子曰：人之立志貴高，取法貴上。數子雖賢，亦姑舍之，吾未肯以之自處也。彙淺說

大全陝陽李氏曰：問如集註之說，則孟子猶有不足於顏子與？天台潘氏曰：孟子之志願學孔子，蓋非不足於顏子，以顏子不幸短命而未至於聖人之域。前輩云：纔遜第一等事與別人做，便是自棄。古人之志大率如此。然立志之後須

要力行以酬其志不可徒有此志也

曰伯夷伊尹何如曰不同道非其君不事非其民不使治則進亂則退伯夷也何事非君何使非民治亦進亂亦進伊尹也可以仕則仕可以止則止可以久則久可以速則速孔子也皆古聖人也吾未能有行焉乃所願則學孔子也治去聲

伯夷孤竹君之長上聲子兄弟遜國避紂隱居聞文王之德而歸之及武王伐紂去而餓死伊尹有莘之處上聲士湯聘而用之使之就桀桀不能用復歸於湯如是者五乃相去聲湯而伐桀也三聖人事詳見形甸反此篇之末及萬章下篇

講　丑又問曰夫子既不以聖門諸子自處進而求之若伯夷伊尹夫子以之自處何如曰伯夷伊尹所行之事與我不同試以其出處大節言之如上則擇君

而事非可事之君則不事下則擇民而使非可使之民則不使世治則進而仕世亂則退而隱超然獨立有高世絶俗之行此伯夷之道也如得君則仕何所仕而非吾君得民則使何所使而非吾民世治亦進而輔其盛世亂亦進而維其衰慨然自任以救世安民爲心此伊尹之道也若夫出處不繫於一偏行藏惟安於所遇時可以仕則仕而用世時可以止則止而潔身時可以久留則久留而不爲遲時可以速去則速去而不爲廹得時中之道而無意必固我之私此則孔子之道也此皆不思不勉造乎其極爲古之聖人也吾未能有所體而行之焉乃我之心則願學孔子之道進退不拘畀時爲宜也　蒙趙註直解

大全潛齋王氏曰乃所願則學孔子後四段盡在此句○雲峰胡氏曰孟子以顔子具聖人之體而未極其大故欲學其大者以伯夷伊尹有聖人之德而未極其全故欲學其全者故此以下則專言夫子之聖

蒙引不同道就是姑舍是之意○伯夷初無治則進之實事此只是伴說蓋論

亂則退則治而進必然矣○仕止以出處言久速以去就言

【集註】願學孔子與不動心相關蓋仕止久速一聽於時此心常如太虛無一毫芥蒂便是不動心源頭

伯夷伊尹於孔子若是班乎曰否自有生民以來未有孔子也

班齊等之貌公孫丑問而孟子答之以不同也

【講】丑問曰伯夷伊尹於孔子既曰皆古聖人則其人品若是齊等而無高下之分乎孟子曰否不可得而班不但伯夷伊尹蓋自生民以來聖人雖多求其道德事功之極致未有我孔子也　蒙序

【講】按生民未有極其推尊之辭且虛說道德事功只宜體會其意

曰然則有同與曰有得百里之地而君之皆能以朝諸侯有天

下。行一不義殺一不辜而得天下皆不爲也是則同。與平聲 朝音潮

有言有同也以百里而王去聲天下德之盛也行一不義殺一不辜而得天下有所不爲心之正也聖人之所以爲聖人其根本節目之大者惟在於此於此不同則亦不足以爲聖人矣。

講 丑問曰孔子雖爲生民未有之聖然與夷尹旣皆謂之聖人然則亦有所同之處與孟子曰有相同之處假如得百里之地而君臨之皆能以朝諸侯而一統以有天下蓋其德之盛自然天與人歸也然雖有君天下之德而初無利天下之心使行一不義之事殺一不辜之人而便可以得天下三聖人皆不肯爲也蓋其心旣正則內重外輕不可以富貴動也此乃其根本節目之大而凡聖人之所以爲聖人者是則其相同處也 彙本解序

大全新安陳氏曰德之盛根本之大也心之正節目之大也大根本大節目同

而小處不同皆可以爲聖人若大處不同則不足以爲聖人矣

翼註若是班乎與然則有同與都承皆古聖人來

曰敢問其所以異曰宰我子貢有若智足以知聖人汙不至阿其所好汙音蛙好去聲

汙下也三子智足以知夫子之道假使汙下必不阿私所好而空譽平聲之明其言之可信也

講丑曰敢問孔子之所以異於夷尹者何在孟子曰聖人不易知卽宰我子貢有若之言而可見矣彼三子智識高明足以深知聖人毋論三子皆聖門高弟卽使他自處汙下故欲推尊其師亦不至阿私所好而空譽之則其言之可信也明矣蒙序

蒙引三子之言本出一時已見而萬世之下無異辭益見其智之明也已

翼註只重智足以知聖人下何及言意耶

宰我曰以予觀於夫子賢於堯舜遠矣

程子曰語聖則不異事功則有異夫子賢於堯舜語事功也蓋堯舜治天下夫子又推其道以垂教萬世堯舜之道非得孔子則後世亦何所據哉

講宰我有言曰自古聖人首稱堯舜以予觀於夫子賢過於堯舜遠矣蓋堯舜以道治天下成一時之勳業有限夫子刪述六經推其道以垂教開萬世之道學無窮賢何如之宰我之推尊孔子如此　彙張氏

大全新安陳氏曰後世聖賢之君不作異端横熾苟非得孔子祖述堯舜以詔後世則無所依據以入堯舜之道矣輔氏有言當時若無孔子今人連堯舜也不識由此言之則孔子為天地立心為生民立命為往聖繼絶學為萬世開太平其功業豈不賢於堯舜遠哉宰我此言眞可謂深知孔子其得在言語之科

宜矣此孟子所以表而出之於子貢有若之言之先也歟

蒙引推明聖人之道以垂後世十世用之則夫子一世之治功也十世用之則十世之治功也千萬世用之則千萬世之治功也以此言之則賢於堯舜且遠亦宜矣

子貢曰見其禮而知其政聞其樂而知其德由百世之後等百世之王莫之能違也自生民以來未有夫子也

言大凡見人之禮則可以知其政聞人之樂則可以知其德是以我從百世之後差楚宜反等百世之王莫有能逃其情者而見其皆莫若夫子之盛也

講子貢有言曰自古聖王世代久遠其所行之政與其所存之德固不得而知之然亦有可知者蓋禮所以飾政今日見其所制之禮則當日所行之政可知如禮之尚質者其政亦簡禮之尚文者其政亦詳是也樂所以彰德今日聞其

所作之樂則當日所存之德可知如樂之盡善者爲性之之德樂之未盡善者爲反之之德是也我持以論前代由今百世之後而差等以前百世之王其政其德如在目前皆有以得其實而莫之能違也因此以知自生民以來未有我夫子之聖兼綜百王獨邁羣聖者也非萬世莫及者哉　彙淺說直解

蒙引見禮知政二句此是子貢由百世之後等百世之王底訣子政與德在當日與聖人俱往矣而禮樂之遺於後者尚未與之俱亡固可即此而推之

存疑見禮知政自王者言之政是紀綱法度所以爲治者禮是文爲制度所以文飾治道者（禮與政○難泥此條○分曉）如體國經野設官分職馭臣馭民皆帝王之設施以爲治者也尊卑上下之等車旗服色之辨賓祭昏喪之儀皆帝王之制作以飾治者也其飾治者如此則其爲治者可知故觀汚尊抔飲之習上古朴略之政可知矣觀籩豆簠簋之美後世尚文之政可知矣

顧麟士曰夫子分上不復更說禮樂葢夫子不得位未嘗制禮作樂况子貢親

參夫子又豈待見禮聞樂而後知其德與政哉

謂若不先差等百王何以見夫子爲生民未有之聖故從禮樂德政說起原不兼夫子在內因禮樂而知德政可以見百王之聖之實而以之比量夫子則夫子又爲生民未有之聖非百王之所能及都在爲聖人處說不必强說夫子之禮樂高於百王也

有若曰豈惟民哉麒麟之於走獸鳳凰之於飛鳥太山之於丘垤河海之於行潦類也聖人之於民亦類也出於其類拔乎其萃自生民以來未有盛於孔子也垤大結反潦音老○正韻大音太坊本作泰出於坊本作出乎誤

麒麟毛蟲之長上聲下同鳳凰羽蟲之長垤蟻封也行潦道上無源之水也出高出

也拔特起也萃聚也言自古聖人固皆異於衆人然未有如孔子之尤盛者也○程子曰孟子此章擴前聖所未發學者所宜潛心而玩索色窄反也。

講有若有言曰天地間豈惟民而爲人者哉卽祥如麒麟之於走獸之常靈如鳳凰之於飛鳥之蠢高如太山之於丘垤之卑大如河海之於行潦之小雖有不同然麒麟也是走鳳凰也是飛太山也是峙河海也是流皆類也聖人之於民雖有不同而聖人也是人亦類也雖是同類但人皆有形而聖人獨能踐形人皆有性而聖人獨能盡性以出於其類由是在一國則高乎一國在天下則高乎天下而拔起乎萃聚之中此聖人所以異於凡民耳然聖人固異於凡民而孔子尤異於羣聖自生民以來非無出類拔萃之聖人而孔子道冠百王德超千古未有如此之盛者豈非出類拔萃之尤者乎由三子之言觀之則孔子之聖雖古帝王皆莫能及而況伯夷伊尹乎此吾之所以願學而知言養氣皆取法於孔子者也由此當大任而建大功夫何動心之有。彙直解序

大全東陽許氏曰宰我子貢至章終爲第四節

存疑豈惟民哉一句喚起下文這裏含個類字故下文承之曰麒麟云云類也聖人之於民亦類也又承上類也句而言以終豈惟民哉一句意○出於其類是承亦類也說拔乎其萃又是自其出類處說既出乎其倫類就拔出許多人矣

顧麟士曰大意言聖人之於民也只是同類能出於其類拔乎其萃其中未有盛於孔子者雖是三層然作一滚方佳

謹按乃照註三層更明白不一滚說亦可

全章註通章以不動心爲主在必從吾言斷上是言已不動心之學與於告子者在知言養氣二端下是願學孔子而推尊之以見不動心之所自來前段吾嘗聞大勇於夫子一語便埋願學根脚後段堯舜百王等語亦與當大任相應

○孟子曰以力假仁者霸霸必有大國以德行仁者王王不待大湯以七十里文王以百里正韻王去聲

力謂土地甲兵之力假仁者本無是心而借其事以爲功者也霸若齊桓晉文是也以德行仁則自吾之得於心者推之無適而非仁也

講孟子曰王霸之稱其來久矣然其實不可以不辨也以土地甲兵之力而假托於救世安民之仁此是霸者霸者必有大國然後威足以制人而成其事若無大國則力小不足以假仁矣以躬行心得之德而實行其濟民利物之仁此是王者王者初不待大國蓋所爲全在於德雖無大國自足有爲如湯王者也其興也以七十里文王王者也其興也以百里則不待大可知矣彙存疑直解

大全朱子曰以德行仁德非止有救民於水火之誠心這德字說得來濶是自己身上事都做得來是無一不備了所以行出來便是仁且如湯不邇聲色不

殖貨利至彰信兆民是先有前面底方能彰信兆民救民於水火之中若無這
前面底雖欲救民不可得也武王亶聰明作元后救民於水火之中若無這亶
聰明雖欲救民其道何由○以力假仁仁與力是兩箇以德行仁仁便是德德
便是仁

紹聞編曰德即仁而曰以德行仁此章仁以事言

翼註以德行仁即是以天德行王道

講按仁字所包甚廣既曰假仁則一生所爲如伐楚伐原救邢救衛等皆假仁
矣不必又分某事爲
假仁某事爲假義也

以力服人者非心服也力不贍也以德服人者中心悅而誠服
也如七十子之服孔子也詩云自西自東自南自北無思不服

此之謂也。正韻贍時驗反

贍，足也。詩大雅文王有聲之篇。王霸之心，誠偽不同，故人所以應之者，其不同亦如此。○鄒鄒坊本作鄭誤氏曰：以力服人者，有意於服人，而人不敢不服；以德服人者，無意於服人，而人不能不服。從古以來，論王霸者多矣，未有若此章之深切而著明者也。

講 以力假仁，以德行仁，王霸均有以服人矣。然以力而得人之服者，人非真心愛戴而服之也，迫於強大，力不足以與之敵，不得已而然也，所以伯必有大國也。以德而得人之服者，其服不徒在外，乃出於中心愛悅而至誠以相服也，就如七十子之於孔子一般，初無勢力位號以驅率之，而流離困苦，相從不二，其誠服如此。詩大雅文王有聲之篇有云：武王徙居鎬京，講學行禮，於是自鎬之西，自鎬之東，自鎬之南，自鎬之北，無思而不服者。夫無思不服，心服也，此即以

德服人之謂也王不待大不可見乎霸者何足以語此彙蒙引直解

【大全】黄氏洵饒曰以善服人章重在服養二字此章重在力德二字

【蒙引】以力服人者謂以力得人之服也非謂用這力去服那人也以德句亦然義亦小異當辨

【翼註】無思不服猶云無不心服

【謹按】外註鄒氏有意無意之説極有理當玩

【全旨】【存疑】上節是説王伯之心誠僞不同下節是説人之應之其誠僞亦不同

○孟子曰仁則榮不仁則辱今惡辱而居不仁是猶惡溼而居下也惡去聲下同

好去聲榮惡辱人之常情然徒惡之而不去上聲其得之之道不能免也

【講】孟子曰好榮惡辱人之常情不知榮辱之來皆有所以致之也惟人君修德

行善而仁。則身尊國顯。不期榮而自榮矣。若驕奢淫佚。而不仁。則身危國亂。不期辱而自辱矣。是不仁乃辱之所由也。今人君皆有惡辱之心。而所爲皆不仁之事。必不能免於辱。是猶惡濕而居卑下之地。必不能免於濕也。彙序

大全朱子曰。此亦只是爲下等人言。若是上等人。他豈以榮辱之故而後行仁哉。

翼註　行事合天理。便是仁。如下文舉賢能。明政刑之類。不仁反是。

如惡之。莫如貴德而尊士。賢者在位。能者在職。國家閒暇。及是時明其政刑。雖大國必畏之矣。閒音閑

此因其惡辱之情而進之以彊上聲仁之事也。貴德猶尚德也。士則指其人而言之賢有德者。使之在位。則足以正君而善俗。能有才者。使之在職。則足以脩政而立事。國家閒暇。可以有爲之時也。詳味及字。則惟日不足之意可見矣

【講】人君惟不知惡辱則已。如知辱之可惡而誠惡之。莫如去不仁而爲仁。於德則一心以貴重之。而尊顯有德之士。士之賢者。使之在輔弼之位。士之能者。使之在百司之職。斯則有治人而可與圖治道矣。一旦外患少息。而國家閒暇。則遂及是時。而與賢者能者。脩明其政。使大綱小紀。秩然不亂。脩明其刑。使五刑五罰。咸得其平。如此行仁。則邦本以固。國勢以張。雖强大之國。亦必畏服之矣。何榮如之乎。吾所謂仁則榮者如此。彙淺說直解

【大全】新安陳氏曰。春秋傳云及。猶汲汲也。及是時而明政刑。即書所謂吉人爲善。惟日不足之意。此一節應仁則榮也。

【蒙引】德字單言則兼才。才亦德之用也。賢者能者。皆有德之士也。○問何以必國家閒暇。乃明其政刑。曰戰國之時。七雄虎視。無日而不干戈之逞。無歲而不城野之爭。國家多事。常是危急存亡之秋。故孟子有此云。彼般樂怠敖。方其未閒暇時。亦不得以般樂怠敖。故亦云及是時。

翼註莫如字直貫至政刑德以所抱言士以其人言賢是德之全能是德之用○及字最重恐此時一去不可復追也

詩云迨天之未陰雨徹彼桑土綢繆牖戶今此下民或敢侮予

孔子曰爲此詩者其知道乎能治其國家誰敢侮之

徹直列反　土音杜　綢音稠　繆武彪反○正韻土與杜同徒古反方言木根之皮皆曰杜

詩豳風鴟處脂反鴞于驕反之篇周公之所作也迨及也徹取也桑土桑根之皮也綢繆纏綿補葺七入反也牖戶巢之通氣出入處也予鳥自謂也言我之備患詳密如此今此在下之人或敢有侮予者乎周公以鳥之爲巢如此比君之爲國亦當思患而預防之孔子讀而贊之以爲知道也

講人君當及時爲治詩嘗言之矣豳風鴟鴞之篇托鳥言有云及天未陰雨之

時往取桑根之皮用以補葺巢之牖戶使之堅固。以避不測之患。今此在下之民其或敢有繫射而侮予者乎。孔子讀詩而贊之曰爲此詩者其知思患預防之道乎。人君能於無事之時。汲汲簡任賢才。勵精圖治使事事周密則根本堅固無隙可乘誰敢有侮之者。觀詩及孔子之言吾所謂仁則榮者豈不信哉。

淺說直解

蒙引。今此下民註曰在下之人。詩傳曰下土之民。一也。蓋鳥之爲巢在民居之上故曰下民。

翼註。知道是知治國之道。但意在下二句。且慢說。○能治其國家要見未然之防意方與詩應。

顧麟士曰。能治二句。亦孔子語。

張聖宜曰。按指南引詩以證上節之意。未陰雨國家閒暇之譬也。徹彼二句貫德尊士與明政刑之譬也。今此下民二句大國必畏之之譬也。歸重未陰雨上迨

字正與及字應

今國家閒暇及是時般樂怠敖是自求禍也。般音盤樂音洛敖音傲

言其縱欲偷安亦惟日不足也。

講若當今之爲國者不能預收人才以實其國俟國家閒暇則及是時而般樂以縱欲怠敖以偷安措棄賢能政荒而不之問刑濫而不之恤其不仁如此則國非其國而侮之者至矣是自求禍也彙參說

大全新安陳氏曰及是時而縱欲偷安即書所謂凶人爲不善亦惟日不足之意此一節應不仁則辱也

蒙引正韻般旋也運也般樂蓋樂而又樂樂而忘返故有般旋之意此所謂縱欲也怠惰也敖恣慢也此所謂偷安也般樂以動言怠敖以靜言○般樂怠敖不恤政刑也不恤政刑無求於賢才而惟姦諛是崇是用矣自與上文相反對

不必如饒氏所分。

禍福無不自己求之者。

結上文之意

講由是觀之仁榮福也不仁之辱禍也仁不仁由己則榮與辱豈自外至哉可見禍福無不是自己求之者　蔡陳氏

謹按　上節自字卽此節己字此節自字似當作由字看下節自字與上節同

詩云永言配命自求多福太甲曰天作孽猶可違自作孽不可活此之謂也　孽魚列反

詩大雅文王之篇永長也言猶念也配合也命天命也此言福之自己求者太甲商書篇名孽禍也違避也活生也書作逭逭猶緩也此言禍之自己求者

【講】詩大雅文王之篇有云人能常言配合乎天理則盛大之福自我致之有不待外求而得之者伊尹訓太甲之詞有曰已無罪而天降之災猶可修救以挽回之已為不善而陷於罪則不可得而挽回此詩之言即福無不自己求之謂也此太甲之言即禍無不自已求之謂也　蒙陳氏

【蒙】引言猶念也大約言者心之形念之所在也故解之為念凡人所存所念往往於言語間見得心存於是則其言亦不免出於是天命詩作天理○天作孽如水火盜賊之災誠猶可避至於放辟邪侈以陷乎罪奸盜詐偽以失其身者是真無所逃乎天地之間而舉天地之間皆為牢獄也

【全】大全新安陳氏曰記云仁者安仁智者利仁畏罪者強仁此因戰國諸侯惡辱而勉以行仁正畏罪強仁之事也

【訂】按此章意兼勸戒歸重引人君于仁上

○孟子曰：尊賢使能，俊傑在位，則天下之士皆悅而願立於其朝矣。朝，音潮。

俊傑，才德之異於衆者。

〔講〕孟子曰：王道在得人心，而得人心在先於得士心。如有德之賢者，有才之能者，國家所賴以輔治也。必尊禮其賢者，器使其能者，俾凡俊傑之士莫不在輔相百司之位，則天下賢能之士皆悅吾用人之仁，而願立於吾之朝矣。蒙序

如前章賢、能即士，皆是士之詞。

〔大全〕雙峰饒氏曰：俊傑，謂人中之俊傑者，即指賢能而言。尊賢使能，便是俊傑在位。尊非禮貌之虛文，與之共天位，治天職，以至去讒遠色，賤貨貴德，皆尊賢之道。

〔蒙引〕以才德與衆殊，故曰俊傑。

市廛而不征，法而不廛，則天下之商皆悦而願藏於其市矣。

廛，市宅也。張子曰：或賦其市地之廛而不征其貨，或治之以市官之法而不賦其廛，蓋逐末者多則廛以抑之，少則不必廛也。

講　至於日中爲市，爲國家所資而通財用者，其中有官所治之市宅。如逐末者貨多，則使各出市宅之賦以抑之，爲其厚於利也，而不更稅其所貨之物。若貨少，則但治之以市官之法而已，亦不取其廛之稅也。則天下之商皆悦吾厚商之仁，而願以其貨藏於吾之市矣。彙蒙引

大全　周禮地官司市掌市之治教政刑量度禁令，以次序分地而經市，以陳肆辨物而平市，以政令禁物靡而均市，以商賈（商通物，賈賣物）阜貨而行市，以量度數賈而徵儥（儥同徵名。也儥蔔也），以質劑結信而止訟，以賈民（賈民能知物之僞）禁僞而除詐，以刑罰禁虣（暴民也）而去盜，以泉府同貨而斂賖（市不售者官出泉府以斂之）。大市日昃（日過中也）而市，百族爲主；朝市朝時而市，商賈爲主；夕市夕時而市，販夫（細民）

孟子公孫丑上

販婦爲主（之販以日之餘於）○朱子曰市廛而不征謂使居市之廛者各出廛賦若干如今賃舖

面相似更不征稅其所貨之物法而不廛但治以市官之法雖廛賦亦不取之

也○問市在何處曰此都邑之市國都如井田樣畫爲九區面朝背市左祖右

社中一區君之公室公室前一區爲外朝朝會藏庫之屬皆在焉後一區爲市

市四面有門每日市門開則商賈百物皆入惟民得入公卿大夫士皆不得入

入則有罰市官之法如周禮司市平物價治爭訟稽察異服異言之類左右各

三區皆民所居外朝一區左則宗廟右則社稷此國君都邑規模之大槩也

蒙引市字微讀不與廛字相連下關字耕者字廛字俱微讀○此節兩廛字是

活字第五節廛字是死字

存疑觀孟子此言想戰國時逐末者多廛與貨並征逐末者少或亦不免也

翼註法是常行底廛是時或報罷底征是決無底（廛而不征○何法在其中）

顧麟士曰日昃者日過中往來入衆也百族者百姓衆民商賈家於市城廓民

朝資其暮費故所主各不同也

關譏而不征則天下之旅皆悅而願出於其路矣。

解見（形甸反）前篇。

講凡郊外有關但譏察異言異服之人而不征往來商賈之税則天下之旅皆悅吾柔遠之仁而願出於其途矣（彙並解）

大全雙峰饒氏曰關譏之制凡衆途所會之地則立關以限之行旅有節傳方可度關以此稽考其來歷以防姦宄節是使者所持之節傳如今脚引及州縣移文或用節或用傳周禮所謂以節傳出納之者是也

耕者助而不税則天下之農皆悅而願耕於其野矣。

但使出力以助耕公田而不税其私田也。

講農之耕者行井田之法但借其力以助耕公田而不復税其私田則天下之

農皆悅吾薄斂之仁而願耕於其野矣。蒙正解
趙註助者井田什一。助佐公家治公田。不橫稅賦。若履畝之類。

廛無夫里之布。則天下之民皆悅而願爲之氓矣。氓音盲

周禮宅不毛者有里布。民無職事者。出夫家之征。鄭氏謂宅不種桑麻者罰之
使出一里二十五家之布。民無常業者罰之使出一夫百畝之稅。一家力役之
征也。今戰國時一切取之。市宅之民已賦其廛。又令平聲出此夫里之布。非先王
之法也。氓。民也。

講至於民無常業者。罰之使出一夫百畝之稅。宅不種桑麻者。罰之使出一里
二十五家之布。乃先王所以警游惰之民也。今皆一切取之。民不堪命矣。若市
宅之民。已賦其廛稅者。其人非無常業。便不使出夫之征。其宅不可種桑麻。便
不使出里之布。則天下之民。皆悅吾厚民之仁。而願爲之氓矣。蒙正解

大全周禮地官司徒載師職凡宅不毛者有里布田不耕者出屋粟民無職事者出夫家之征鄭司農云宅不毛者謂不樹桑麻也里布者布參印書廣二寸（此作泉布之布不如作布帛看與不種桑麻合）長二尺以爲幣貿易物詩云抱布貿絲即此布也或曰布帛鄭玄曰宅不毛者罰以一里二十五家之布空田者罰以三家之稅粟以供吉凶三服及喪器也民雖有閒無職事者猶出夫稅家稅也夫稅者百畝之稅家稅者出士徒車輦（此等似非一夫所能備只作力役爲是）給繇役○趙氏惪曰廛者一夫所受之宅里者一廛所居之地○問一里二十五家之布朱子曰亦不可考又問民無常業者罰之如何恁地重曰後世之法與此正相反農民賦稅丁錢却重而游手浮浪之民泰然都不管他○慶源輔氏曰先王之政宅不種桑麻與閒民無職事者上之人皆有法以抑之所以當其盛時民皆著業而無游手與貧困者所以窮民不過鰥寡孤獨而已戰國時（家字此解爲正）如夫里之布一切取之皆末流之害也○雙峰饒氏曰家征是力役之征如今（布字此解爲正）庶役夫征是粟米之征即百畝之稅如今輸租里布是布縷之征即五畝之稅

如今納絹

蒙引所謂布縷粟米力役之征是惟正之供者常法也此所謂一里二十五家之布一夫百畝之稅一家力役之征却是先王所設以警游惰之法非常制也後世暴君汚吏乃承之以爲常制之名色遂使民不聊生耳○大注市宅之民已賦其廛此廛字帶賦字又與本文小異

翼註白文只有夫字不必添出家征

顧麟士曰周禮旅師凡新甿之治皆聽之使無征役甿即氓也注新甿新來徙者故許行曰願受一廛而爲氓陳相曰願爲聖人氓則在下之民皆悅而願爲之氓者指下在隣國則曰天下之民在本國則曰願爲之氓也且謂使無征役者亦即無夫里之布之說此寬來附之民當從此說○如許行綑屨織席已不得謂無常業而可免於夫里之罰不必以此條僑商也○楷考揚升庵云氓之爲字從亡從民流亡之民也去其本土而占籍他國者也

講按存疑仍以此條作商說但上文云法而不壥則與此節注既賦其壥難通豈逐末者不論多少一槩賦其壥耶當從麟士作新徙之民說然注謂之市宅之民者想市宅以居商賈餘以處新徙之民如細佣織席之類皆作力食其中而取其壥賦也市宅不可種桑麻皆作又非無恒業故當無夫征里布之罰

信能行此五者則鄰國之民仰之若父母矣率其子弟攻其父母自生民以來未有能濟者也如此則無敵於天下無敵於天下者天吏也然而不王者未之有也

呂氏曰奉行天命謂之天吏廢興存亡惟天所命不敢不從若湯武是也○此章言能行王政則寇戎爲父子不行王政則赤子爲仇讐

講夫五者之政待天下之人心如此今之諸侯信能以實心而行此五者之實

政焉則德澤徧施不獨吾民仰之若父母而鄰國之民皆仰而愛戴之若父母矣仰若父母則隣國之民即吾之子弟其君欲率吾之子弟以攻彼民之父母自生民以來未有能濟其事者也得人歸服如此則天下誰與爲敵哉無敵於天下者奉行天命之吏也凡逆天害民之國皆得奉天命以征之東西南北何向不服然而不至于王天下者未之有也人君何不行王政乎 彙淺說直解

大全雙峯饒氏曰吏者所命天吏天所命君所命者可以刑人殺人凡有罪者得而刑殺之天所命者可以征人伐人凡暴亂之國皆得而征伐之○無敵於天下一句乃此章之大旨蓋能行王者之政則可與王者之治當時諸侯不得民心惟務侵人土地故孟子教之

彙註天吏依註兼廢興存亡說而側重廢亡邊如云其有所扶而興存之者固所以奉天命德之意有所伐而廢亡之者亦所以奉天討罪之意

全註按此章孟子欲人君行仁政以收人心而成王天下之業也上五條言仁

旨

政可以得人心便含當行意末節勉其行仁以成王業也。

○孟子曰。人皆有不忍人之心。

天地以生物爲心。而所生之物。因各得夫音扶天地生物之心以爲心。所以人皆有不忍人之心也。

講孟子曰天地以生物爲心而人即各得天地之心以爲心故不忍斯人之心人人皆得而有之無聖凡之殊也。彙直解

大全朱子曰無天地生物之心便沒這身纔有這血氣之身便有天地生物之心矣○天以生物爲心天包着地別無所作爲只是生物而已譬如飯甑蒸飯從裏面蒸上到上面又下來只管在裏面滾便蒸得熟天地只是包得許多氣在這裏無出處滾一番便生一番物○雙峰饒氏曰人心慈愛惻怛纔見人便發將出來更忍不住所以謂之不忍人仁之爲德在天地則爲生物之心在人

則爲不忍人之心天地能生物人不能生物但是愛人之心卽是生物之心程子云惻隱之心人之生道也正此之謂〇西山眞氏曰天地造化無他作爲惟以生物爲事觀夫春夏秋冬往古來今生意周流何嘗一息間斷天地之心於此可見萬物從天地生意中出故物物皆有此理何況人爲最靈宜乎皆有不忍人之心也〇新安陳氏曰不忍卽是仁忍則非仁性中有此仁發出來便是不忍人之心所以後面提起所以謂人皆有不忍人之心者後指出惻隱之心以當之見孺子將入井而惻隱者何也蓋不忍孺子之如此也若見此而不動心則頑忍非人矣天地之大德曰生人得天地之德曰好生好生之德卽所謂得天地生物之心以爲心也

蒙引天地無心而成化此何以云以生物爲心耶曰天地別無勾當只是生物而已其所主宰在此便可謂之心〇春夏主生秋冬主成同歸于生物也〇此何兼四端在內

翼註不徒曰不忍之心而必加人字者同類尤相親也主情說

先王有不忍人之心。斯有不忍人之政矣。以不忍人之心行不忍人之政，治天下可運之掌上。

言衆人雖有不忍人之心，然物欲害之，存焉者寡，故不能察識而推之政事之間。惟聖人全體此心，隨感而應，故其所行無非不忍人之政也。

【講】人有是心而私欲間之，故不能達之於用。惟先王全體此心，隨感而應，纔有不忍人之心，即有不忍人之政矣，不待推廣，更無遏抑也。惟以不忍人之心而行不忍人之政，則老老幼幼，各得其所，天下雖大，運以一心而有餘，其於治也猶運之掌上耳，何難之有。此所謂全其皆有之心也。彙饒氏真氏直解

蒙引人皆有不忍人之心，此句如云人皆有之。先王有不忍人之心，此條如云賢者能勿喪耳，非爲先王詳也，故下條即接云所以謂人皆有不忍人之心者

不然是隔着先王一段了

所以謂人皆有不忍人之心者。今人乍見孺子將入於井皆有怵惕惻隱之心。非所以內交於孺子之父母也。非所以要譽於鄉黨朋友也。非惡其聲而然也怵音黜內讀爲納要平聲惡去聲下同○乍韻作助架反內古納字

乍猶忽也。怵惕驚動貌。惻傷之切也。隱痛之深也。此卽所謂不忍人之心也。內結。要求。聲名也。言乍見之時。便有此心。隨見而發。非由此三者而然也。程子曰。滿腔苦江反子是惻隱之心。謝氏曰。人須是識其真心。方乍見孺子入井之時。其心怵惕。乃真心也。非思而得。非勉而中去聲天理之自然也。內交要譽惡其聲而然。卽人欲之私矣。

【講】夫人心不同，而我所以謂不忍人之心人皆有之者，於何驗之？試觀孺子未有所知而將入於井，今有人乍見之，無問賢愚，莫不有怵惕而驚動不寧、惻隱而傷痛甚切之心。方此心驟發之時，非欲以此內交於孺子之父母而結其好也，非欲以此干求仁愛之美譽於鄉黨朋友也，非惡被不救人之名而欲以此避之也。倉卒之間，無安排矯飾，而天機自動，此所謂真心，此所謂皆有不忍人之心，不獨先王有之也。彙真氏直解

大全慶源輔氏曰：怵惕，心驚懼而起念之意，緣卒乍而見，故心驚懼而動也。惻隱由傷切而痛深，自淺而深，發明程註皆所以名狀不忍人之心，可謂善形容矣。○朱子曰：腔子猶言軀殼，謂身裏也。滿身裏都是惻隱之心，纔觸着便是這個物事出此皆指其來，大感則大應，小感則小應。○滿腔子是惻隱之心，初體[illegible]皆然，私欲間之則不能如是，故有待於擴充也不特是惻隱之心，羞惡、辭讓、是非之心皆能彌滿充塞，都無空缺處。○方乍見孺子時也，着手脚不得。縱有許多私意也，未暇思量。○孺子入井，如何不推得其他底出來？只推得惻隱

之心出來蓋理各有路如做穿窬底事如何令人不羞惡偶遇一人衣冠而揖我我便亦揖他如何不恭敬事有是非必辨别其是非試看是甚麽去感得他何處一般出來○雲峰胡氏曰集註與謝氏皆看得乍見二字緊蓋惟倉卒忽然而見之時此心便隨所見而發正是本心發見處若既見之後稍涉安排商量便非本心矣

由是觀之無惻隱之心非人也無羞惡之心非人也無辭讓之心非人也無是非之心非人也惡去聲下同

羞恥己之不善也惡憎人之不善也辭解使去己也讓推吐雷反以與人也是知其善而以爲是也非知其惡而以爲非也人之所以爲心不外乎是四者故因論惻隱而悉數上聲之言人若無此則不得謂之人所以明其必有也

講由孺子入井一事觀之可見無惻隱之心必非人類也人則必有惻隱之心

矣既有惻隱之心則羞惡辭讓是非之心何所不貫如已有不善未有不羞恥者人有不善未有不憎惡者此心人皆有之無羞惡之心非人也理所當辭則必辭使去已理所當讓則必讓以與人此心人皆有之無辭讓之心非人也知其為善則必以為是知其為惡則必以為非此心人皆有之無是非之心非人也人之所以為心者如此蒙淺說直解

大全朱子曰羞惡辭讓是非雖與惻隱並說但此三者皆自惻隱中發出來因有惻隱後方有此三者惻隱比三者又較大性之德為仁義禮智而一以包三者仁也情之發為四端而一以貫三者惻隱也○慶源輔氏曰言人若無此心則非人也者所以明其必有而使人知反求之於已也

翼註由是觀之接上甚緊不宜別用過文非人也不是說名雖為人而實無異禽獸只是決言其必有與可離非道也一例羞惡辭讓是非總是一惻隱大抵人心頑麻不知痛癢何由惻隱惻隱是知痛癢必有羞惡辭讓是非矣此理最精

惻隱之心。仁之端也。羞惡之心。義之端也。辭讓之心。禮之端也。是非之心。智之端也。

惻隱羞惡辭讓是非。情也。仁義禮智。性也。心。統性情者也。端。緒音序也。因其情之發。而性之本然可得而見。猶有物在中而緒見形甸反於外也。

講此四者之心。所以感而遂通者。爲何皆吾所性之固有而發之爲情者耳。性中有慈愛之仁。感於物而惻隱之心自生。乃仁所發見之端緒也。性中有裁制之義。感於物而羞惡之心自生。乃義所發見之端緒也。性中有品節之禮。感於物而辭讓之心自生。乃禮所發見之端緒也。性中有明覺之智。感於物而是非之心自生。乃智所發見之端緒也。性雖無形。而發見之端緒如是。則知爲吾所固有。而性之本然可得而見矣。蒙直解

大全朱子曰。性者心之理。情者心之用。心者性情之主。○性是靜。情是動。心兼

動靜而言統如統兵之統心有以主宰之也動靜皆主宰非靜時無所主及至動時方有主宰也○四端八個字每字是一意仁是總名若說仁義便如陰陽若說四端便如四時若分四端八字便如八節○仁義禮智是未發底道理惻隱四者是已發底端倪如桃仁杏仁是仁到得萌芽却是惻隱○仁義禮智本體自無形影要捉摸不着只得將他發動處看却自見得程子云以其惻隱知其有仁此八字說得最親切分明不是惻隱便是仁又不是掉了惻隱別取一個物事說仁○仁字是個生的意思通貫周流於四者之中仁固仁之本體義則仁之斷制禮則仁之節文智則仁之分別也○潛室陳氏曰端者端倪也物之緒也譬之繭絲外有一條緒便知得內有一條絲若其無絲在內則緒何由而見於外○莆田黃氏曰如繅絲然先尋其緒則千絲萬絲續續而上○潛室（此節下○擴充意）陳氏曰性是太極渾然之全體本不可以名目言然雖寂然不動而其中自有條理自有間架不是籠統都是一物所以外邊纔動其中便應然四端之未發

也。渾然全體之理，無聲臭之可言。所以知其燦然有條如此者，蓋就他發處驗得。凡物必有本根而後有枝葉，見其枝葉則知其本根。性之理雖無形，而端緒之發則可驗。

翼註：端字固是緒見於外，亦對下文充字說。

人之有是四端也，猶其有四體也。有是四端而自謂不能者，自賊者也；謂其君不能者，賊其君者也。

四體，四肢，人之所必有者也。自謂不能者，物欲蔽之耳。

講　然此四端非本無而暫有者，人之心必有是四端也，猶人之身必有是四體也。天下無四體不備之人，則亦豈有四端不具之人乎？既有是四端，則人皆能全之矣。有是四端而自謂不能全者，是置其身於不善之地，自賊者也；謂其君不能全者，是置其君於不善之地，賊其君者也。夫自賊賊君，而甘心為之乎？淺

存疑　此節結上文以起下文。

蒙註　猶其有四體，因是喻其必有，亦以起下文擴充意也。蓋四體不容一毫虧欠，四端亦不容一毫虧欠。

顧麟士曰：自謂不能，亦指君而言。蓋此章亦爲當時諸侯發也。

凡有四端於我者，知皆擴而充之矣，若火之始然，泉之始達。苟能充之，足以保四海；苟不充之，不足以事父母。擴音廓。

擴，推廣之意。充，滿也。四端在我，隨處發見。見，形甸反。知皆即此推廣而充滿其本然之量，去聲。則其日新又新，將有不能自已者矣。能由此而遂充之，則四海雖遠，亦吾度內，無難保者；不能充之，則雖事之至近而不能矣。○此章所論人之性情，心之體用，本然全具，而各有條理如此。學者於此反求默識而擴充之，則天之所以與我者，可以無不盡矣。程子曰：人皆有是心，惟君子爲能擴而充之。不能然者皆自棄也然其充與不充亦在我而已矣又曰四端不言信者既有誠心爲四端則信在其中矣愚按四端之信猶五行之土無定位無成名無專氣而水火金木無不待是以生者故土於四行無不在於四時則寄王（去聲）焉其理亦猶是也

〔講〕四端皆有而皆能如此但人爲私欲所蔽不能察識而推廣之耳使凡有四端於我者反而自求知得四端在我隨處發見皆取此四端由一事而推之於事事無不加以推廣之功而充滿之以極其本然之量矣將見此理吾所固有一加擴充則日新又新之機自不容已就如火之始然而不可遏泉之始達而不可壅一般誠能由此方動之機而遂充滿以極其量是仁無所不愛義無所不宜禮無所不敬智無所不明四海之大自足保之而無難苟不充之雖父母之在家庭而不足以事之矣充之其容已乎皆有是心者其以先王自勉焉可也（蒙語類直解）

大全朱子曰人之一心在外者要收入來如求放心章是也在內者又要推出去此章是也孟子一部書皆是此意○問推字與充字曰推是從這裏推將去如老吾老以及人之老幼吾幼以及人之幼到得充則填得滿了如注水相似推是注水下去充則注得滿了蓋仁義之性本自可以充塞天地若自不能推廣則無緣得這腔子滿只是空殼子○問知字是重字還是輕字曰不能擴充者正為不知都只是冷過了若能知而擴充其勢甚順如乘快馬放下水船相似○問兩說充字未曉曰上只說知皆擴而充之只說知得了要推廣以充滿此心之量下云苟能充之足以保四海是能充滿此心之量上帶知皆擴字說下就能充滿說推擴而後能充能充則不必說擴矣○雙峯饒氏曰集註即此推廣是釋擴字滿其本然之量是釋充字

語類知皆擴而充之即是苟能知去擴充則此道漸漸生長如火然泉達中間矣字文勢不斷○乍見孺子入井此只一件事仁之端只是仁之萌芽處如羞

惡辭讓是非方是義禮智之萌芽處要推廣充滿得自家本然之量不特是孺子入井便恁地其他事皆恁地如羞惡辭讓是非不特於一件事上恁地要事事皆然方是充滿慊足無少欠缺也

蒙引若火始然泉始達如此者蓋因其固有而推易為力也若非本性所有安得一擴之而遂沛然燔然之不可禦○治天下可運之掌上自然者也知皆擴而充足以保四海勃然者也其道一也

存疑知皆擴而充之重在擴上是方去推廣欲使充滿也苟能充之用功既久遂能充滿也擴是用功之始充是用功之成○始然始達彷彿生惡可已意思

全旨大全東陽許氏曰此章七節第一節言人心皆有仁二節言先王全此仁以實人之皆有是心三節就易曉處指出使人體認此心四五節併言仁義禮智各有所發皆是本然之性六節言四者人所共得不可自棄七節言因發處察識而擴充之工夫全在後一節

○孟子曰矢人豈不仁於函人哉矢人惟恐不傷人函人惟恐傷人巫匠亦然故術不可不慎也。函音含○正韻函與䤹同

函甲也惻隱之心人皆有之是矢人之心本非不如函人之仁也巫者爲去聲人祈祝利人之生匠者作爲棺槨利人之死

講孟子曰人皆有不忍人之心矢人之本心豈不仁於函人之本心哉乃矢人惟恐其矢之不利而不傷人何其不仁也函人惟恐其甲之不堅而至於傷人何其仁也卽巫者爲人祈祝利人之生匠者作爲棺槨利人之死其心之仁與不仁亦與矢人函人同此非矢人匠人之心本不仁也其所爲之術業有以使之而異其心也故術之在人關係甚大習於仁則仁而得其本心習於不仁則不仁而失其本心矣人之術業其可不從其全吾仁者去其害吾仁者而致其

愼乎。蒙淺說直解

大全新安陳氏曰此只借術之當擇說起引到人當擇仁而處之。

蒙引本文二惟恐字大註二利字最重皆以心言心以習異也。

翼註術字承矢函巫匠而推廣之凡人所肆習皆術也不止曲藝。

孔子曰。里仁爲美。擇不處仁。焉得智。夫仁。天之尊爵也。人之安宅也。莫之禦而不仁。是不智也。焉於虔反夫音扶○正韻處上聲

里有仁厚之俗者。猶以爲美。人擇所以自處而不於仁。安得爲智乎。此孔子之言也。仁義禮智。皆天所與之良貴。而仁者天地生物之心。得之最先。而兼統四者。所謂元者善之長上聲也。故曰尊爵。在人則爲本心全體之德。有天理自然之安。無人欲陷溺之危。人當常在其中。而不可須臾離去聲者也。故曰安宅。此又孟子釋孔子之意。以爲仁道之大如此。而自不爲之。豈非不智之甚乎。

〔講〕所擇爲何仁而已。孔子嘗曰里有仁厚之俗可以薰陶周洫擇居者尚以爲美。若人擇所以自處而不處於仁則失其本心之明矣焉得爲智乎孔子之言如此。可見夫仁者自其天之所與而言則人心之善皆天所與之良貴而仁尤天地生物之心得之最先所以統四端兼萬善而爲良貴之首乃天所與我至尊之爵也自其在人而言則仁爲本心之全德有天理自然之安無人欲陷溺之危人當常在其中而不可須臾離者乃人所至安之宅也仁之關切於人如此尊爵安宅已所自有苟欲爲之本非他人之所能止而乃不擇而處仁是不知尊爵安宅之在已而昧於擇術也豈非不智之甚乎然則人之擇術不可不務求仁矣。彙淺說直解

大全新安陳氏曰孔子之意未言擇里孟子引之以証擇術微有不同集註於此只以孟子之意釋孔子之言故與論語小異○慶源輔氏曰凡性皆人心之德而仁則兼統乎四者爲本心全體之德天理有則而不流故有自然之安人

欲橫流而無止故有陷溺之危克盡人欲純是天理方始是仁此所以有安而無危也

蒙引夫仁天之尊爵也猶云誠者天之道也就人分上指出天說

存疑論語處仁指仁里言此處仁指仁道言○夫仁天之尊爵以下是孟子釋孔子擇不處仁焉得知意○天地以生物爲心人合下就得那生物之心以爲心所以說得之最先

不仁不智無禮無義人役也人役而恥爲役由弓人而恥爲弓矢人而恥爲矢也由與猶同

以不仁故不智不智故不知禮義之所在

謂惟擇術而不處於仁則物欲日蔽本心日昏日益以不智矣不智則不知禮義之所在而動必失中行必失宜又必無禮無義矣四者俱無則人道已喪自

置身於卑賤之地而天下之有德者皆得而役使之豈不爲人役乎既爲人役而乃以人役爲耻徒耻何益就如業弓之人而耻爲弓業矢之人而耻爲矢雖欲不爲弓矢不可得也彼不仁者雖有羞愧之心豈能免於人役哉彙直解

蒙引以用功之序言則先智而後仁以自然之理言則先仁而後智故上文云莫之禦而不仁是不智也下云不仁不智

謹按 存疑云弓矢人如何耻爲弓矢攻爲小藝以供民用而不能大有爲以服役人故自羞耻但已爲人役而耻之亦猶是也愚謂此二句只見徒耻無用不能免於人役之意與惡濕居下一例不必泥說

如恥之莫如爲仁

此亦因人愧恥之心而引之使志於仁也不言智禮義者仁該全體能爲仁則三者在其中矣

〔諺〕如果知人役之可耻而思所以免之莫如反其不仁而爲仁全其尊爵居其安宅以處於仁可也〔蒙存〕

仁者如射射者正己而後發發而不中不怨勝己者反求諸己而已矣。中去聲

爲仁由己而由人乎哉。

〔講〕爲仁何如蓋仁非有待於外求也求其在我而已矣仁者之於仁就如射者之於射一般射者內正己之志外直己之體極其審固而後發矣發而不能中則不怨人之能中而勝己者惟反求諸己內志外體有不正且直而已矣爲仁由己而不由人何以異此蓋仁爲固有一反求而仁無不在仁統四端一爲仁而智與禮義無不該夫何患爲人役哉此擇術者所以必處於仁也〔翼註解存〕

蒙引反求諸己如何如貴德而尊士云云至畏之矣何至爲人役之有前章亦

以此爲仁也○反求諸己修德自强也

存疑既曰如恥之莫如爲仁又曰仁者如射云云是亦以爲由己之意使自勉也正己而後發以下皆就射上說爲仁由己之意則在言外

翼註射者始而正己既而求己皆由己不由人之意由己與擇術相應盖術者己所自擇人莫能禦也

全旨大全雙峰饒氏曰此上三四章皆是爲當時之君言之此章與仁則榮章之意同皆是教時君因恥辱而勉於仁言不能行仁政則既無尊爵之可貴又無安宅之可居安富尊榮皆無之而爲人役不免焉不當歸怨於人但當反求諸己已能爲仁大國安能役之此役字即小國役大國楚六千里爲仇人役之役

翼註通章主諸侯說因人役字而故也然白文大註俱無明註不拘亦可

〇孟子曰子路人告之以有過則喜。

喜其得聞而改之其勇於自脩如此周子曰仲由喜聞過令名無窮焉今人有過不喜人規如諱疾而忌醫寧滅其身而無悟也噫程子曰子路人告之以有過則喜亦可謂百世之師矣

講孟子曰嘗歷觀古昔聖賢如聖門子路賢者也雖不能無過但勇於自修有人告之以有過則喜於得聞而改之　秉輔氏

周子之說亦然

大全新安陳氏曰程子深贊子路欲學者師之以修身補過也

蒙引仲由喜聞過令名無窮焉非是說喜聞過一事令名也因喜聞過而勇於自修故有善可稱而令名無窮也

禹聞善言則拜

書曰禹拜昌言蓋不待有過而能屈已以受天下之善也

講夏王大禹不自滿假其心惟恐有善不聞故一聞善言即至誠屈已拜而受

之而見諸行事焉所謂禹拜昌言也

顧麟士曰書蔡傳昌言盛德之言

大舜有大焉善與人同舍己從人樂取於人以爲善舍上聲樂音洛

言舜之所爲又有大於禹與子路者善與人同公天下之善而不爲私也己未善則無所繫吝而舍以坊本作已從人人有善則不待勉强上聲而取之於己此善與人同之目也

[講]一喜一拜好善之誠如此矣至於大舜則規模氣象更有大焉盖善爲天下之公理本無人己之别舜之心無一毫有我之私惟以天下之善公之天下之人而與之渾同於其中焉故不見有己而虚心以從人不知善之在己也人有其善則不待勉强樂取諸人以爲善亦不知善之在人也人己兩忘形迹俱化所謂善與人同者如此。彙朱子直解

大全朱子曰舍己從人二句乃善與人同之目是一事特交互言之以見聖人之心表裏無間如此

蒙引善與人同此善字以天下之公善而言不可認作舜之善故曰善者天下之公理舍己從人舍己字重從人即是樂取諸人也二句總見人己爲一當合看

存疑告過則喜是見得己未善聞善則拜是見得善在人都存人己之見舜謂善爲人己之所同也不是在己底也不是在人底此所以大於由與禹也

翼註大舜有大須先贊由禹樂善已不可及乃大舜更有大焉不可先貶由禹

○上句重舍字下句重樂字舍己不必定說己未善只是忘己之意註訓舍己云無所繫吝樂字云不待勉强故得

謙按善與人同三句孟子形容其公天下之善如此舜亦不自知也舍己樂取觀中庸大智章與後深山章可見

自耕稼陶漁以至爲帝無非取於人者。

舜之側微耕于歷山陶于河濱漁于雷澤

謂且舜之樂取非但一時爲然自耕稼於歷山陶於河濱漁于雷澤以至登庸而爲帝無非取於人者蓋其生平爲人都是如此彙存疑

大全史記五帝紀舜耕歷山歷山之人皆讓畔漁雷澤雷澤之人皆讓居陶河濱河濱器皆不苦窳空也一年所居成聚二年成邑三年成都歷山在河東雷澤在夏兗州今爲濟陰河濱濟陰定陶西南

取諸人以爲善是與人爲善者也故君子莫大乎與人爲善。

與猶許也助也取彼之善而爲之於我則彼益勸於爲善矣是我助其爲善也能使天下之人皆勸於爲善君子之善孰大於此○此章言聖賢樂善之誠初

無彼此之閒(去聲)故其在人者有以裕於己在己者有以及於人

【講】取諸人之善言善行而爲我之善雖未嘗有及物之心然天下之有善者以見取爲勸自然益勵於善卽天下之不善者以不見取爲戒亦皆勉而爲善是乃助人之爲善者也夫使天下之人皆進於善則一善所公四海廣被眞如天覆地載之量矣君子之善孰大於是此舜之所以爲大而禹與由亦從可知矣學者其可不勉哉（秉茂說直解）

大全慶源輔氏曰舜之取人以爲善初未嘗有助人爲善之意也孟子推說其事故以爲取諸人以爲善是乃助人之爲善也因吾取人之善以爲善而使天下之人皆勸於善則是聖人成己成物之事故曰君子之善孰大於此

蒙引與猶助也許也是引其人以爲善之意

謹按末句大字正應大舜有大大字君子雖兼得由禹然仍以大舜爲主方合語意

全大全新安陳氏曰舜事優於禹禹事優於子路然學者之希賢希聖未有無其序者常人狥欲背理諱過飾非視子路之心已相背馳何敢言舜禹事必先忘私克己然後能至公而自然無私故必如子路之克己私始漸能如聖人之與人爲公耳〇新安倪氏曰語錄云三者本意只是取人但有深淺而與人爲善乃是孟子再叠一意以發明之即此條以證集註之說則是三人皆有樂善之誠子路樂於聞人告之以有過禹樂於聞人之善言而拜舜樂取於人以爲善雖有深淺是皆在人者有以裕於己也末二句所謂在己者有以及於人乃是申明孟子再叠之意耳

蒙引彼此之間謂三人樂善之誠皆無彼此之間是以人己分彼此不是以由禹與舜分彼此

翼註此章勿畫優劣總是聖賢樂善之誠要隨文敘去而優劣自見

顧麟士曰此章兩大字有大焉之大說取人莫大乎之大說成人

劉上玉曰故君子三字已即舜而拓開之以示感嘆勉勵之意又按淺說則禹與子路之與人爲善可知亦有見皆是樂善即皆有與人爲善處但樂善有淺深與人處亦有淺深耳

○孟子曰伯夷非其君不事非其友不友不立於惡人之朝不與惡人言立於惡人之朝與惡人言如以朝衣朝冠坐於塗炭推惡惡之心思與鄉人立其冠不正望望然去之若將浼焉是故諸侯雖有善其辭命而至者不受也不受也者是亦不屑就已朝音潮惡惡上去聲下如字浼莫罪反

塗泥也鄉人鄉里之常人也望望去而不顧之貌浼汙去聲也屑趙氏曰潔也說

文曰。動作切切也。不屑就。言不以就之為潔。而切切於是也。已。語助辭。

【講】孟子曰。古人有伯夷者。其生平為人。非其可事之君。則不事。非其可交之友。則不友。不但不仕。雖惡人之朝。亦不立也。不但不友。雖惡人。亦不與之言也。若使立於惡人之朝。與惡人言。如以朝衣朝冠之尊貴。而坐於塗炭。不能安也。其惡惡之心如此。今由其惡惡之心。而推之。又不但惡人惡之也。自思與鄉人並立。其冠若不正。不過少失禮耳。非惡也。亦望望然去之。而不顧。若將浼污之焉。惟是恐浼之故。又不但鄉人也。彼天下諸侯。雖有善其辭命。而來聘者。初無少失禮矣。亦必不受其聘也。不受也者。是亦不以就諸侯為潔。而切切然必於就也已。○彙存疑

大全新安陳氏曰。此言伯夷之淸。嚴於惡惡。而不輕與人羣也。

蒙引此條是節節說深去。○或說不立於惡人之朝。即是非君不事。非也。宜別說。而深一節。如孟子不仕齊梁。然豈不暫立其朝耶。與言亦未便是與為友。○

辭命雖善其人未必善也故亦不受若孔子則交以道接以禮斯受之矣○屑字朱子兼趙氏說文而解之蓋爲不以就爲潔故不切切於就也

纂註推是孟子推思是伯夷思然非伯夷實有此思亦孟子形容其意向如此○

謹按善其辭命亦非實事觀雖字自見

柳下惠不羞汙君不卑小官進不隱賢必以其道遺佚而不怨阨窮而不憫故曰爾爲爾我爲我雖袒裼裸裎於我側爾焉能浼我哉故由由然與之偕而不自失焉援而止之而止援而止之而止者是亦不屑去已　佚音逸袒音但裼音錫裸魯果反裎音程焉能之焉於虔反

柳下惠魯大夫展禽居柳下而謚惠也不隱賢不枉道也遺佚放棄也阨困也憫憂也爾爲爾至焉能浼我哉惠之言也袒裼露臂也裸裎露身也由由自得

之貌偕並處上聲也不自失不失其正也援而止之而止者言欲去而可留也

講 古又有柳下惠者不以汚君爲羞而亦仕之不以小官爲卑而亦爲之其進而爲小官以事汚君也不肯苟且以隱在己之賢能而必以其直道而行雖至道有不合終至爲人遺佚而不怨乎人以至身處阨窮而不憂諸己故其言曰天下之人爾自爲爾而無與於我我自爲我而無與於爾爾雖袒裼露臂裸裎露身任爾所爲於我之側爾自無禮耳焉能浼汚我哉其言如此故由由自得與人同處而不自失其正焉雖其欲去之際或有援而止之者惠即止焉其援而止之而即止者是亦不以去爲潔而切切然必於去也已 彙序

大全 通考趙氏惠曰春秋傳註柳下惠氏展名獲字禽柳下是所食之邑名謚曰惠展無駭之後○新安陳氏曰此言惠之和寬以處衆而不輕與人絕也

劉註 進不隱賢二句一正一反無兩意○遺佚自人遺我而言故易怨阨窮自我處困而言故易憫

顧麟士曰此條總形容其和不形容其介諸家說頗謬

劉上玉曰兩節形容淸和不必言矣但兩節案末節斷上節當句句映出個隘字意此節當句句映出個不恭字意又不但形容其淸和已也○夷惠尹錯引多章章各有旨養氣章只明不同道割烹章只辨不要湯集大成章方是說淸任和名實章爲趨一百世之師章言其興起人此爲出得隘與不恭也

孟子曰伯夷隘柳下惠不恭隘與不恭君子不由也

隘狹窄（則格反）也不恭簡慢也夷惠之行（去聲）固皆造（七到反）乎至極之地然既有所偏則不能無弊故不可由也

講孟子既述夷惠之行遂從而斷之曰伯夷之行固高潔矣然惡人之汚已而界限太嚴無所含容其度量未免狹隘柳下惠雖寬和然輕忽時人皆以爲不足與較其玩世之念未免不恭聖人之道無取於此君子由其淸而不由其隘

由其和而不由其不恭也學聖人者可不知所取法乎蒙趙註淺說直解

大全朱子曰伯夷既清必有隘處柳下惠既和必有不恭處道理自是如此孟子恐後人以隘爲清以不恭爲和故曰隘與不恭君子不由也〇如不念舊惡不以三公易其介固是清和好處然十分只救得一分救不得那九分清和之偏處耳〇問不恭是處已是待人曰是待人如此其心玩世視人若無也夷隘惠不恭不必言效之而不至者其弊如此只二子所爲已有弊矣〇雲峰胡氏曰道惟中則無弊夷惠不合乎中庸之道故君子所不由夫子之道大中至正之準故孟子所願學

大全新安陳氏曰孟子一書言夷惠者不一以百世之師稱之以聖之清和許之此章則謂其隘與不恭似若相反蓋孟子實欲人法夷惠之得又恐人不知戒夷惠之失其憂學者至矣〇呂伯恭曰學伯夷者未必得其清而先得其隘學惠者未必得其和而先得其不恭大抵清之極易至於隘和之極易至於

不恭學之者當法其清和之得而戒其隘與不恭之失也。

四書彙解卷之二十九終

提督江南通省學政　渝東簡謙居先生
　　　　　　　　　甬東虞龍會先生　仝鑒定四書彙解卷之三十

廣陵史以徵靜庵父纂輯

門
姪　繼鮹司直父
　　　奭壽平父　參訂
男繼𦏁幼謙父校閲

孟子

公孫丑章句下

凡十四章。自第二章以下，記孟子出處。（上行去聲。）實爲諸孟子曰：天時不如地利，地利不如人和。

天時謂時日支干孤虛王相（旺去聲）之屬也。地利險阻城池之固也。人和得民心之和也。

【講】孟子曰：守國用兵之法有三。時日支干吉凶占候，謂之天時。金湯形勢險隘可守，謂之地利。人心歸附，上下相親，謂之人和。三者固不可缺一，然今之用兵者只以天時地利為勝。自我觀之，天時殆不如地利，而地利又不如人和也。蒙

直解序

大全仁山金氏曰：此兵家用日辰方位法也。支即十二枝，干即十幹。十甲如木之有幹，十二時如木之有枝。唐李靖用兵精風角。孤空亡也，虛空亡對宮。歲孤虛，太歲後二辰為孤，前四辰為虛。月孤虛，正月以子丑為孤，午未為虛。旬孤虛，如甲子旬則戌亥為孤，辰巳為虛，餘倣此。王相，占算家所謂吉凶臧否平王相

休囚死又五行十二宮生旺八卦冬至坎旺震相立春震旺巽相之類皆是總言以之屬二字其用非一兵家八門遁甲逐時分開休生傷閉景死驚方位太乙局逐日分主客勝負又出城布陣逐時占斗柄天角所指之方又如六壬遁甲以支加支范蠡以占歲古兵此皆其屬也○趙氏惪曰戰陣之法背孤擊虛則吉史記律書以十干十二支配五音十二律而序云六律爲萬事根本其於兵械尤所重故云望敵知吉凶聞聲效勝負此雖以律言而不外乎十干十二支是皆兵書所尚也集註謂孤虛旺相之屬又當觸類而推之

語類孤虛以方位言如俗言向其方利其方不利之類王相指日時

蒙引蔡氏曰時四時也日日辰也時該十二月在其中日則該十二時○時日有支干支干有孤虛王相○三車一覽論空亡曰甲子旬中戌亥是甲戌旬中申酉是甲申旬中午未是甲午旬中辰巳是甲辰旬中寅卯是甲寅旬中子丑是○問何以謂之空亡曰甲子旬中遁至酉而十干足以無戌亥爲空亡也空

亡卽孤也甲戌旬中遁至未而十干足以無申酉爲空亡餘倣此〇虛者子實則母虛如甲乙木實則壬癸水虛丙丁火實則甲乙木虛之類〇旺相者如春木旺木生火則火相夏火旺火生土則土相旺者爲主相者輔之〇旺與孤相反對旺之所以自生者爲虛而其所生者爲相相連於上下者也〇兵家論孤虛旺相大槩如看命家所論不出五行而已乘時者旺所生者相生我者休克我者囚我克者死如木畏金克火能克金則木得火以制金金畏火克水能克火則金得水以制火然亦看地方與天文何如〇次於王者爲相得其助也敵於王者爲孤以相克也生乎王者爲虛子實則母虛也大意葢如此

顧麟士曰饒雙峰又曰此大槩以五行衰旺言之五行有孤虛時有旺相時春屬木甲乙木生丙丁火便是木旺而火相旺字卽是王字相王之次也金到這裏衰所以孤孤者無輔助之意如今說四廢然水爲母木爲子子實則母虛水到此所以虛或問此說時日或是方所曰二者一般一個是橫一個是直所以

天德月德日又有天德月德方大意如此其間又自有細密處

翼註天時地利總不如人和叠下重人和上

三里之城，七里之郭，環而攻之而不勝。夫環而攻之，必有得天時者矣；然而不勝者，是天時不如地利也。夫音扶

三里七里城郭之小者郭外城環圍也言四面攻圍曠日持久必有值值音稚或讀如直天時之善者

講何以見天時不如地利如三里之城七里之郭亦云小矣或者環向而攻之而不能得勝夫環向而攻之曠日持久必有值支干王相天時之善者矣然而不勝者是天時不如地利也彙序

蒙引此條申天時不如地利就攻上說

城非不高也池非不深也兵革非不堅利也米粟非不多也委而去之是地利不如人和也。

革甲也粟穀也委棄也言不得民心民不爲去聲守也。

【講】何以見地利不如人和如敵人來攻我所築之城非不高也所鑿之池非不深也兵革以衛城池非不堅且利也米粟以實城池非不蓄之多也然不得民心相與委棄而去之而不爲之守是地利不如人和也 彙序

大全趙氏曰古甲以革爲之故函人爲攻皮之工後世始用金曰鎧○雙峰饒氏曰非謂用兵可以全無天時地利但不如人和耳人和是本人心不和雖有天時地利亦不可以取勝○仁山金氏曰黃牛皮者爲犀甲青牛皮者爲兕甲粟從古稱今人以穀之最細而員者爲粟即今水牛也有殼曰粟無殼曰米粟即穀也古人米與粟兼積米切用而易腐穀氣全而可久緩急兼備後世軍儲獨以米故久即不可食

彙引此條申地利不如人和就守上說

故曰域民不以封疆之界固國不以山谿之險威天下不以兵革之利得道者多助失道者寡助寡助之至親戚畔之多助之至天下順之正韻畔與叛同

域界限也

講由是觀之可知人和之為重矣故曰人君域限其民不在乎以封疆之界固守其國不在乎以山谿之險戰勝攻取威行天下不在乎以兵革之利能發政施仁而得人和之道者則民親上死長其助之者必多不能發政施仁而失人和之道者則民離心離德其助之者必寡寡助而極其至不但國民即親戚亦畔之多助而極其至亦不但國民將天下皆順之矣人和之所係其重如此序彙

大全新安陳氏曰封疆山谿兵革皆末也不以不全以此也其本在於得道而已○

蒙引此條重在得道者多助一句封疆山谿兵革不主地利言此節無地利專言人和蓋聖賢之兵法也所謂不戰而屈人兵者也○此段極言有國者當務於得人和也或謂是謂得人和之本在於得道此說於理亦無害但未必其本意也蓋孟子但謂要得人和內便含有得道意不必再推一層再序一段也看故曰二字可知而其旨意又歸在下文以終所言之意也○兵革之利利字該得堅字

淺說得道即所欲與聚所惡勿施意○順之是願歸意然未便身歸下有攻戰二節也

以天下之所順攻親戚之所畔故君子有不戰戰必勝矣。

言不戰則已戰則必勝○尹氏曰言得天下者凡以得民心而已

講惟得道以得人和則於用兵也何有君以天下所順之君攻彼親戚所畔之君故得道君子有不戰則已戰則無與我敵而必勝矣又何假於天時之善地利之險也哉　彙序

存疑此條是得人和之可戰以終上文之意

翼註有不戰戰必勝只是倒戈意

顧麟士曰此與齊其子弟云云同一妙喻但彼就鄰國而言此就我國而言

全旨　張[illegible]宜曰此章見人君以固結民心爲本首節推用兵之要而歸重於人和二節三節詳天時地利之不如人和四節五節言得人和之可以無敵

○孟子將朝王王使人來曰寡人如就見者也有寒疾不可以風朝將視朝不識可使寡人得見乎對曰不幸而有疾不能造

朝。章內朝並音潮唯朝將之

朝如字造七到反下同

王齊王也孟子本將朝王王不知而託疾以召孟子故孟子亦以疾辭也

【講】孟子在齊居賓師之位本將朝王也王不知而使人來託詞曰寡人若將就見者也不意有寒疾不可以遇風故不能來今朝將視朝不識夫子肯一來而使寡人得見乎孟子亦託詞以對曰不幸而亦有疾不能造至於朝也蒙存

大全問莫是齊王不合託疾否朱子曰未論託疾孟子之意只說不合來召為其賓師有事則王自來見或孟子自往見若王召之則有自尊之意故不往見在他國時諸侯無越境之理只得以幣來聘故賢者受其幣而往見之答陳代如不待其招而往何哉此以在他國而言答萬章天子不召師而況諸侯乎此以在其國而言　若將如○將之意

存疑如字只作若字說不必依蒙引作往字說下就見字也含往見了

謹按朝將視朝上朝字蒙引作來且淺說與序作今朝本講從序爲是

明日出弔於東郭氏。公孫丑曰昔者辭以病今日弔或者不可乎。曰昔者疾今日愈如之何不弔。

東郭氏齊大夫家也昔者昨日也或者疑辭辭疾而出弔與孔子不見孺悲取瑟而歌同意

講孟子明日卽出弔於東郭氏使王知其非疾以警悟之公孫丑不知而問曰昨日方辭以病今日便出弔則是明爲託疾矣或者不可乎曰昨日有疾今日疾愈如之何不可弔蓋亦未告以本意也蒙序

存疑辭疾出弔欲齊王知其非疾求其不赴之故而悟已之不當召也故曰與孔子不見孺悲取瑟而歌同意

王使人問疾醫來孟仲子對曰昔者有王命有采薪之憂不能造朝今病小愈趨造於朝我不識能至否乎使數人要於路曰請必無歸而造於朝要平聲

孟仲子趙氏以爲孟子之從（去聲）昆（姑混反）弟學於孟子者也采薪之憂言病不能采薪謙辭也仲子權辭以對又使人要孟子令（平聲）勿歸而造朝以實已言

講孟子既出弔於東郭氏王不知孟子之非眞疾而使人問疾且以醫來孟仲子不知出弔之意而權詞以對曰昔者有王命來召適夫子有采薪之憂因不能造朝今病小愈已趨造於朝但我不知於今能至於王朝乎抑未曾至乎既對使者恐孟子不知又使數人要阻孟子於路曰請必無歸而造於朝徒欲實已之言也孟子託疾悟君之意愈難明矣集序

大全新安陳氏曰王先託疾以召孟子本不誠今聞疾醫來虛文美觀亦非誠也

蒙引仲子權詞以對其見亦景丑氏之見也

不得已而之景丑氏宿焉景子曰內則父子外則君臣人之大倫也父子主恩君臣主敬丑見王之敬子也未見所以敬王也曰惡是何言也齊人無以仁義與王言者豈以仁義爲不美也其心曰是何足與言仁義也云爾則不敬莫大乎是我非堯舜之道不敢以陳於王前故齊人莫如我敬王也惡平聲下同

景丑氏齊大夫家也景子景丑也惡歎辭也景丑所言敬之小者也孟子所言敬之大者也

講問疾醫來正可悟齊王之機也仲子如此彌縫則孟子本意不明而又無造朝之理故不得已而之景丑氏宿焉蓋景子齊臣欲以其意轉聞之王也景子不知乃曰凡人内而家庭則有父子外而朝廷則有君臣此人之大倫自生民以來不可廢者也父子情親主於恩君臣分嚴主於敬今丑見王之致敬於子也未見子之所以敬王也其如君臣之大倫何哉孟子驚歎曰惡謂我爲不敬王是何言也子未知我之所以敬王也彼齊人無以仁義之大道與王言者豈以仁義不足與王致治而爲不美也其心若曰王但知有功利志趨卑陋何足與言仁義也如此說爾是以凡庸輕忽其君則不敬莫大乎是我則平日所學之仁義即堯舜治天下之道今與王言者皆堯舜仁義之道若權謀功利不合堯舜之道者即懍惕於心而不敢以之陳述於王前是以聖帝望王欲王行仁義以致唐虞之盛治故齊人莫如我敬王也而奈何以我爲不敬乎蒙存疑甫刪

大全慶源輔氏曰丑之說擘踸而拳奔走承順之敬敬君以貌世俗之所知故

曰敬之小。孟子所云陳善閉邪，到若堯舜之敬，敬君以心，聖賢之所行，故曰敬之大。

彙引　人倫有五，父子君臣乃人倫之大者。

存疑　堯舜之道，仁義而已，故上曰仁義，下曰堯舜之道。

景子曰：否，非此之謂也。禮曰：父召無諾，君命召不俟駕。固將朝也，聞王命而遂不果，宜與夫禮若不相似然。夫音扶，下同

禮曰：父命呼，唯以水反而不諾。又曰：君命召，在官不俟屨，音據在外不俟車。言孟子本欲朝王，而聞命中止，似與此禮之意不同也。

講　景子曰：否，子言不然。我謂子不敬王，非不與言仁義之謂也。禮有云：父命召子，則子有速應之唯，無緩應之諾。君命召臣，則臣不俟駕車而先行，是急趨君命，乃禮之當然也。今子固將朝王也，乃聞王命之召，而遂稱疾不果朝，與夫不

俟駕之禮相合宜乎自我觀之若不相合然以是爲不敬王也蒙存
蒙引孟子時在賓師景子以臣禮律之誤也孟子且未暇與明此但下云云亦
以賓師自處也

曰豈謂是與曾子曰晉楚之富不可及也彼以其富我以吾仁彼以其爵我以吾義吾何慊乎哉夫豈不義而曾子言之是或一道也天下有達尊三爵一齒一德一朝廷莫如爵鄉黨莫如齒輔世長民莫如德惡得有其一以慢其二哉與平聲慊口簟反長上聲

慊恨也少也或作嗛字書以爲口銜物也然則慊亦但爲心有所銜之義其爲快爲足爲恨爲少則因其事而所銜有不同耳孟子言我之意非如景子之所言者因引曾子之言而云夫此豈是不義而曾子肯以爲言是或別有一種上聲

道理也達道也蓋通天下之所尊者此三者曾子之說蓋以德言之也今齊王但有爵耳安得以此慢於齒德乎

講孟子曉之曰以我不應召爲不敬子言如是也然我所以不應召者意別有在豈說道如子所言區區之小節與曾子嘗曰晉楚大國之君其富誠不可及也然彼以其富我則以吾之仁仁統萬善不啻富也彼以其爵我則以吾之義義超萬物不啻爵也吾何不足而慊然於彼乎哉曾子之言如此夫豈不合理之當然而曾子言之是別有一種道理超乎勢分之外也其道爲何蓋通天下之所尊敬者有三樣人有爵位者固爲其一矣年齒高大者亦爲其一道德完備者亦爲其一在朝廷之上以貴臨賤固莫如爵在鄉黨之中以少事長則莫如齒至於輔佐一世而致治安長率萬民而成教化則莫有如德者矣德便是曾子所言之仁義此所以不慊於彼之富爵也然則在朝廷者惡得以有爵之一尊遂慢夫齒與德達尊之二哉我之意正謂此耳彙直解序

大全朱子曰達尊之說達通也三者不相值則各伸其尊而無所屈一或相值
（意道理極好）
則通視其重之所在而致隆焉故朝廷之上以伊周之忠聖者老而祇奉嗣王
左右孺子不敢以其齒德加焉至論輔世長民之任則太甲成王固拜手稽首
於伊周之前矣其迭爲屈伸以致崇極之義不異於孟子之言也然爵與齒可
以其尊施於朝廷者則不及於鄉黨施於鄉黨者則不及於朝廷而人之敬之
（在鄉黨則尊於鄉黨在朝廷則尊於朝廷）
也亦或以貌而不以心惟德得於心充於身刑於家推於鄉黨而達於朝廷者
也〇雙峰饒氏曰景子之言是人臣事君之常孟子之言是人君尊賢之道
蒙引輔世對御世者言御世是王者輔世是名世〇長率也君長之長自天子
至於大夫士皆說得
存疑豈謂是與是字指景所言說蓋子之言以我不當不赴王之召我之意則
以王不當召我也曾子曰以下至節末正是說不當召已之意然其意猶未甚
顯至故將大有爲以下則意思明白說出矣至管仲且猶不可召二句則圭角

（本文雖無此）

盡露矣○引曾子之言旣曰夫豈不義一是或一道則天下有達尊三以下當是解曾子所言之意德便是仁義所以不慊於彼也

張聖宣曰輔世有輔翼世道之意長民有表正民風之意下文不可召之臣正此人也○慢字正破他王之敬子句

故將大有爲之君必有所不召之臣欲有謀焉則就之其尊德樂道不如是不足與有爲也樂音洛

大有爲之君大有作爲非常之君也程子曰古之人所以必待人君致敬盡禮而後往者非欲自爲尊大也爲去聲是故耳

講惟有其一不得慢其二故從來將大有所作爲之君必屈己下賢有所不可以召見之臣如於民社之事欲有謀焉則就而諮之夫爲人臣而必欲其君之敬禮如此者非自尊大也蓋君必如是其尊禮仁義有德之人而慕樂其致君

堯舜之道。乃可以大有爲於天下。若其尊德樂道不如是。其有謀則就則重道之心不誠。而任賢之心必不專。不足輔之以大有爲也。彙序

蒙引有謀則就正是不召也。帶上文看。○尊德樂道不如是。謂不如是其尊德樂道也。非尊德樂道而又不如是也。○德就賢者身上說。道就賢者所抱說

存疑必有所不召之臣。言有所不可召之臣也。不可直說不召其臣而不召之意就在其中。

淺說必有所不召之臣。非有是君則有是臣之說也。要主人君言。○倉○尊○德○樂○道○意

顧麟士曰不足與有爲。與字實指臣。故曰非欲自尊大語氣。應在就之處徵斷。

劉上玉曰大有爲之君。正起湯桓下節。遂以故字承之。

張聖宜曰此節正明所以不可召之故。相須殷而相成甚大也。

故湯之於伊尹。學焉而後臣之。故不勞而王。桓公之於管仲。學

十十三

焉而後臣之故不勞而霸。

先從受學師之也後以爲臣任之也。

講　惟尊德樂道如是而後足以有爲故古來大有爲之君行王道而王者湯也湯之於伊尹知其樂堯舜之道先以師道事之從而受學焉而後任之爲相故伐夏救民伊尹皆身任之湯遂不勞而成王業即行霸道而霸者桓公也桓公之於管仲知其爲天下才亦先以師道事之從而受學焉而後任之爲相故九合一匡管仲皆身任之桓公遂不勞而成霸業王霸雖不同而尊德樂道可與大有爲則一也　彙直解

存疑　湯於伊尹桓公於管仲學焉而臣之尊德樂道也不勞而王霸者足與大有爲也

淺説　學而後臣不必泥先後字及臣字只是尊禮而且委任之耳臣字不是卑

之之詞

今天下地醜德齊。莫能相尚。無他。好臣其所教。而不好臣其所受教。好去聲

醜。類也。尚。過也。所教。謂聽從於已。可役使者也。所受教。謂已之所從學者也。

〔講〕今天下諸侯。以土地則相類。以功德則相等。莫有能建霸王之業。而超越當時之君者。此無他故。只爲不肯屈巳下士。有趨走承順。聽我所教誨之人。則樂以之爲臣而任用之。若有抱道懷德。我所當受教之人。則不樂以之爲臣而疏遠之。求如湯之於伊尹。桓公之於管仲者。不可復見矣。既無不召之臣。又安能成大有爲之業。所以地醜德齊。終莫能相尚也。蒙直解

〔蒙引〕德齊之德。以所就功業言。李斯云。王者不却衆庶。故能成其德。是也。

〔存疑〕地醜。言無一人能降士。地德齊。言無一人能奮發有爲。故曰莫能相尚。好

臣其所敎二句與學焉而後臣者見矣此所以不足與有爲而莫能相尚也

湯之於伊尹桓公之於管仲則不敢召管仲且猶不可召而況不爲管仲者乎

不爲管仲孟子自謂也范氏曰孟子之於齊處上聲賓師之位非當仕有官職者故其言如此○此章見賓師不以趨走承順爲恭而以責難陳善爲敬人君不以崇高富貴爲重而以貴德尊士爲賢則上下交而德業成矣

講試觀湯之於伊尹桓公之於管仲則皆學焉後臣不敢召之來見所以然者以其不可召故也伊尹元聖其不可召不待言矣至於管仲一霸佐耳且猶不可召而況其道其德更有卑管仲而不屑爲之者顧可召而見之乎彙序 正蒙

趙註孟子自謂不爲管仲故非齊王之召已也是以不往而朝見於齊王也

大全慶源輔氏曰不爲管仲孟子到此不得已而直言之不如是則公孫丑景

丑氏之徒終不足以知此義也○南軒張氏曰孟子於公孫仲子告之不詳二子學者也欲其深思而自識於景子陳義著明如此景子大夫也庶幾有以警悟王心焉

全旨　翼註此章重君不可召臣故不召伊管俱重君言前三節是不能達辭疾之意於齊王後七節是詳明不可召之理於齊臣也

謹按總註兩段意俱不可少而下段尤重

○陳臻問曰前日於齊王餽兼金一百而不受於宋餽七十鎰而受於薛餽五十鎰而受前日之不受是則今日之受非也今日之受是則前日之不受非也夫子必居一於此矣○正韻餽具位反鎰音逸

陳臻孟子弟子兼金好金也其價兼倍於常者一百百鎰也

講陳臻問曰夫子前日於齊王餽以兼好之金一百鎰而夫子不受今於宋餽七十鎰而受又於薛餽五十鎰而受同一餽也而受不受異焉倘前日之不受齊者合於理而是則今日受宋與薛者不合於理而非也若今日之受宋與薛者合於理而是則前日之不受齊者不合於理而非也夫子必居一非於此矣臻不能以無疑也彙參

彙引是非兩議臻意重在非上

孟子曰皆是也

皆適於義也

講孟子曰辭受乃君子大節不可或苟吾之不受與受皆是而無非也彙參

大全慶源輔氏曰陳臻就事迹上較量孟子則以理義斷制

彙引惟其皆適於義故得爲皆是

當在宋也予將有遠行行者必以贐辭曰餽贐予何爲不受贐徐刃反

贐送行者之禮也。

講當其在宋也予將之他國而有遠行禮遠行者必有贐以資途費故宋君致辭曰餽贐金以禮餽予何爲不受此我受宋之餽是也彙序

當在薛也予有戒心辭曰聞戒故爲兵餽之予何爲不受爲兵之爲去聲

時人有欲害孟子者孟子設兵以戒備之薛君以金餽爲孟子兵備坊本以金餽孟子爲兵備一句辭曰聞子之有戒心也。

講當其在薛也予有戒備不虞之心薛君致辭曰聞戒故彼時爲兵餽予予何

爲不受此我受薛之餽亦是也（彙麟士）

趙註薛只說聞子有戒備不虞之心餽金意頗未出故孟子又自補一句

顧麟士曰上日餽贐可接受字此止日聞戒不可接受字故補曰故爲兵餽之

然此句自對行者必以贐句亦倒裝文法○時必已出薛之疆矣其令不可行

故只得以金爲之兵備此意見蒙引

若於齊則未有處也無處而餽之是貨之也焉有君子而可以貨取乎焉於虔反

無遠行戒心之事是未有所處也取猶致也○尹氏曰言君子之辭受取予（與同）唯當（去聲）於理而已

講若前日於齊無遠行戒心之事則於義未有所處也無處而餽之是欲以貨財餌之也衆人動於利斯可以貨取焉有守義之君子而可以貨誘致之者乎

此夫之所以不受也受不受一視夫義之當否故曰皆是也蒙序

大全朱子曰取是羅致之意輕受之便是被他以貨賄籠絡了問處字是處物爲義之處字否曰是○南軒張氏曰人於不當受而受其蔽於物固也當受不受亦是爲物所動何則以其蔽於物而見物之大也聖賢從容不迫惟義之安外物何有焉物有大小義之所在一耳

蒙引處字是孟子未有所處○貨之謂以物餌之也作活字看從餌以去則爲貨取矣

存疑凡事皆當乎義是有所處若於義無當是無處也

翼註貨取如云利誘

全旨謹按此章以義字爲主君子之辭受惟當於義而已臻問意重不受齊餽邊孟子之答亦重不受齊餽邊

○孟子之平陸，謂其大夫曰：子之持戟之士，一日而三失伍，則去之否乎？曰：不待三。去上聲

平陸，齊下邑也。大夫，邑宰也。戟，有枝兵也。士，戰士也。伍，行音杭列也。去之，殺之也。

講孟子在齊，一日往平陸之邑，謂其大夫孔距心曰：人各有職守，子之持戟之士，設於行伍之時，一日三次而離失行伍，則以兵法誅之否乎？曰：是豈待於三失乎，一次即不可赦矣。蒙序

大全趙氏惪曰：雙枝曰戟，单枝曰戈。

然則子之失伍也亦多矣。凶年饑歲，子之民，老羸轉於溝壑，壯者散而之四方者，幾千人矣。曰：此非距心之所得爲也。幾上聲

子之失伍，言其失職，猶士之失伍也。距心，大夫名。對言此乃王之大坊本作失政使

然非我所得專爲也

講孟子因責之曰官之有職猶士之有伍也然則子之曠廢職守如軍士之失伍也亦多矣子之職在養民今凶荒之年饑饉之歲子之民年老與羸病者不能動移則輾轉僵仆死於溝壑之中年少壯者流離於四方以求食苟全旦夕者幾千人矣子養民之官使百姓失所如是較之士之失伍相去不遠矣其如國法何距心曰民之死散距心非不知之但倉廪不敢擅發賦稅不敢擅寬此其事非距心之所得專爲也　蒙序

劉上玉曰注此乃王之失政使然且勿說出

謹按本講發倉廩以救荒言寬賦稅以平日言若平日能寬賦稅凶饑亦不至於死散矣○凶饑解見蒙引鄒穆公章

曰今有受人之牛羊而爲之牧之者則必爲之求牧與芻矣求

牧與芻而不得則反諸其人乎抑亦立而視其死與曰此則距心之罪也爲去聲死與之與平聲

牧之養之也牧牧地也芻草也孟子言若不得自專何不致其事而去

講孟子又責之曰子勿以不得爲自諉也設今有受人之牛羊而爲之牧養之者則必爲牛羊求牧地與芻草以養之矣求牧與芻而不得則以牛羊反諸其人而去乎抑亦立而視其牛羊之死而不顧乎子自思爲王牧民何以異此距心乃悟曰牧民既不知求所以養之而又不能去徒然立視其死此則距心之罪誠有不容辭者也彙序

刈而儲之以補不及

蒙引牧地蓋草場也就地食草也芻蓋刈去之草春夏則就牧地秋冬則須用儲草今之養牛羊者大抵不出此二端○註致其事而去致推而還之也下章致爲臣註致猶還也

顧麟士曰兩爲之一樣猶常言替他也

講按不求不去兩意並重非專重不去也

他日見於王曰王之爲都者臣知五人焉知其罪者惟孔距心爲王誦之王曰此則寡人之罪也見音現爲王之爲去聲

爲都治邑也邑有先君之廟曰都孔大夫姓也爲王誦其語欲以風去聲曉王也○陳氏曰孟子一言而齊之君臣舉知其罪固足以興邦矣然而齊卒不得爲善國者豈非說音悅而不繹從而不改故邪

講孟子因欲警悟齊王他日見於王曰王之大夫治都者臣所知有五人焉而能自知其失職之罪者惟平陸大夫孔距心一人而已於是以已所以責距心與距心所以自責者一一爲王陳誦之蓋欲王知百姓之流離失所有司之掣肘難行庶幾王心有所感悟耳王果自任曰制命在君奉命在臣寡人不能發

政施仁而使民不得所生臣不能盡職此則寡人失政不恤民慮之罪也敢不承夫子之教乎○蒙序

大全左傳莊公二十八年築郿非都也凡邑有宗廟先君之主曰都無曰邑邑曰築都曰城周禮四縣爲都四井爲邑然宗廟所在雖邑曰都尊之也

蒙引知識也爲王誦之乃記述之言非孟子曰爲王誦之也

顧麟士曰爲都治邑恐亦是大概語邑有先君之廟曰都雖都字一解然不應執定以証此處也不然如大全蒙引語類諸說何得齊先君之廟遠有五處而一時之治者皆孟子之所識耶○語類又曰王之爲都又恐是都鄙之都周禮曰四縣爲都則朱子已不執定也有先君之廟曰都一句○六經圖四井爲邑四邑爲丘四丘爲甸四甸爲縣四縣爲都四都爲同都方四十里大抵是邑之大者耳○

全旨謹按通章孟子欲齊君臣之恤民也蓋不自盡其恤民之職者臣之罪使臣

不得伸其恤民之志者君之罪也。

○孟子謂蚳鼃曰子之辭靈丘而請士師似也爲其可以言也今既數月矣未可以言與。蚳音遲鼃烏花反爲去聲與平聲

蚳鼃齊大夫也。靈丘齊下邑。似也言所爲近似有理可以言謂士師近王得以諫刑罰之不中者。中去聲

[講]孟子謂齊大夫蚳鼃曰人臣居是官當盡是職。子之辭靈丘之邑而請爲士師其所爲近似有理也。蓋爲士師可刑而又近于王王之刑罰不中則可以爲己責而言之也。然則一居士師之任當即有所言矣。乃今既數月矣近君既久。聞刑罰之得失不爲不熟矣。豈王之刑罰皆中而未有可以言之者與。其於子之初意謂何也。蒙淺說

[存疑]以孟子語觀之。可見當時刑罰不中可言處必多。

勢訓近似有理畧其迹而諒其忠也且虛說下句正見

蚳鼃諫於王而不用致爲臣而去

致猶還也

講蚳鼃因此感動進諫於王而王不用遂致其爲臣之職事而去可謂得進退之義矣　彙參說

齊人曰所以爲蚳鼃則善矣所以自爲則吾不知也爲去聲

譏孟子道不行而不能去也

講蚳鼃之諫而且去實孟子激之齊人乃譏孟子曰當言而使之言言不用而致其去孟子所以爲蚳鼃而成其去就之義者則善矣然在齊而道既不行去又不果孟子所以自爲其身者則吾不知其故也何明於爲人而暗於自爲耶

彙參說

公都子以告

公都子。孟子弟子也。

講 公都子以齊人之言告孟子。

曰。吾聞之也。有官守者。不得其職則去。有言責者。不得其言則去。我無官守。我無言責也。則吾進退。豈不綽綽然有餘裕哉。

官守以官爲守者。言責以言爲責者。綽綽寬貌。裕寬意也。孟子居賓師之位。未嘗受祿。故其進退之際。寬裕如此。尹氏曰。進退久速。當去聲於理而已。

講 孟子聞之曰。吾聞之也。人臣有分理政事以官之職爲守者。必盡其職。乃可居其位。倘君不信任而使不得盡其職。則當致其官而去。有以進諫諍之言爲責者。必盡其言。乃可居其位。倘君不聽從而使不得盡其言。則當致其責而去。

此人臣進退之常理也若我之於齊無政事之任以官爲守無諫諍之任以言爲責也既不得以人臣之職事責望於我亦何得以一身之去就受制於人進而留此可也退而去此可也則吾進退豈不綽綽然寬舒而有餘裕哉齊人安得以蚔鼃之去而議我也○稟遵說直解

大全南軒張氏曰孟子異於蚔鼃故得從容不廹陳善閉邪以俟王之改可徐處乎進退之宜也然卒致爲臣而歸誠意備至啟告曲盡而王終莫悟則有去之而已三宿出晝猶庶幾望王之改終從容不廹也豈悻悻者能識之○雙峰饒氏曰餘裕是寬緩不廹意賓師從容規諷以漸而入如今朋友相似少焉不入亦當去但寬得些子不如那有官守言責者恁地逼廹不得其言其職則目下便着休

翼註進退二句活看不退便進也有餘裕只是可以從容兼有徐俟其悟意

○孟子爲卿於齊，出弔於滕，王使蓋大夫王驩爲輔行。王驩朝暮見，反齊滕之路，未嘗與之言行事也。蓋古盍反　見音現

蓋，齊下邑也。王驩，王嬖臣也。輔行，副使也。使去聲下同　反，往而還也。還音旋　行事，使事也。

講孟子爲客卿於齊，遇滕國有喪，爲王出弔於滕，王使蓋邑大夫王驩爲副輔，佐其行。王驩雖朝暮進見，往返齊滕之路相接甚久，孟子竟未嘗少假以辭色與之言出弔所行之事也。蓋以驩非可與言之人故耳。彙序

大全慶源輔氏曰：註行事使事也，謂弔祭之禮、邦交之儀，凡禮文制數皆是。

蒙引前章註孟子之於齊，處賓師之位，當時所謂客卿是也。大槩尊禮之而不居職任事。後章註曰：我前日爲卿，嘗辭十萬之祿，則是實爲卿，但不受其祿以示齊王非利富貴耳。

公孫丑曰齊卿之位不爲小矣齊滕之路不爲近矣反之而未嘗與言行事何也曰夫既或治之予何言哉夫音扶

王驩蓋攝卿以行故曰齊卿夫既或治之言有司已治之矣孟子之待小人不惡去聲而嚴如此

講公孫丑不知而問曰凡人或勢分相隔或周旋不久則言有不能盡者王驩大夫今攝齊卿之位不爲小矣自齊至滕之路不爲近矣往而且反之而未嘗與言出弔所行之事何也孟子有難於顯言者托辭以答之曰使事不治與之共議可也今出弔儀文禮節夫既有從行官屬各司其事已治辦而得宜矣予又何言之有哉此孟子之待小人不惡而嚴也彙序

大全南軒張氏曰孟子雖爲卿而實賓師也則禮文器數固可付之於有司是王驩雖曰輔行然齊王之意特欲藉孟子以爲重有司之事不敢以煩之也

蒙引大註有司不指王驩驩既齊卿難以有司目之○朱子於或字生出有司字。

翼註路不爲近見時之久。

顧麟士曰按趙註王驩齊之諂人有寵於齊後爲右師則是官雖爾尊亦始終不交一言不但此行也然又各有托辭以謝之各妙。

劉上王曰朝暮見亦無不交一言之理當看行事二字是未嘗與言出使事以示不與小人共事之意也。

○孟子自齊葬於魯。反於齊。止於嬴。充虞請曰。前日不知虞之不肖使虞敦匠事。嚴。虞不敢請。今願竊有請也。木若以美然。

孟子仕於齊。喪去聲母。歸葬於魯。嬴齊南邑。充虞孟子弟子。嘗董治作棺之事者也。嚴。急也。木。棺木也。以已通。以美。太美也。

講孟子爲卿於齊有母之喪自齊歸葬於魯既葬又自魯反於齊止宿於齊之嬴邑弟子充虞請曰前日夫子有母之喪不知虞之不肖使虞董治匠事當時喪事嚴急夫子方在哀痛迫切之中虞雖疑不敢請問今事畢從容願竊有請也向者所用棺木似過於厚美然 彙淺說

顧麟士曰按人物槪孟子遠齊有憂色擁楹而嘆孟母見曰云云則時母蓋同在齊既喪而歸葬於魯也孟子鄒人而曰歸葬於魯者趙岐曰孟子魯公族孟孫之後鄒本邾至孟子時改爲鄒近魯後爲魯所并或又曰爲楚并非魯也嚴言喪事匆匆也屬孟子敦治也詩王事敦我註敦猶投擲也似屬我以治之之義畧同

曰古者棺槨無度中古棺七寸槨稱之自天子達於庶人非直爲觀美也然後盡於人心 稱去聲

度厚薄尺寸也中古周公制禮時也椁稱之與棺相稱也欲其堅厚久遠非特爲人觀視之美而已

【講】孟子曰喪祭從厚其來久矣古者夏殷以前棺椁厚薄無尺寸之度及至中古周公制禮棺始用七寸而椁亦稱之自天子以達於庶人皆得用之非但爲人觀視之美已也蓋必如是然後堅厚久遠而得盡於人子之心耳　彙淺說

【大全】雙峰饒氏曰周七寸只如今四寸許

【翼註】人心是人子之心非他人之心

不得不可以爲悅無財不可以爲悅得之爲有財古之人皆用之吾何爲獨不然

不得謂法制所不當得得之爲有財言得之而又爲有財也或曰爲當作而

【講】凡居親之喪有限於禮法分所不得爲者不可以盡心而悅若貧乏無財力

所不能爲者亦不可以盡心而悦分既得爲而又爲有財古之人皆用之而從

厚吾何爲獨不然哉棺椁之美亦猶行古之道也　彙直解

蒙引悦快也所謂盡於人心也

且比化者無使土親膚於人心獨無恔乎　比必二反　恔音效

比猶爲去聲下同也化者死者也恔快也言爲死者不使土親近其肌膚於人子之心豈不快然無所恨乎

講　且棺椁堅厚非無所取爾也爲吾親已死者爲久遠之計無使土親近其肌膚則死者之體魄安矣父母既安於下其於人子之心獨不快然無遺恨乎　彙直解

蒙引化者死者也生變而爲死故曰化猶云逝者無使土親膚是木之堅厚久遠處其所以以此爲盡心以此爲悦者歸在於無使土親膚而已

【存疑】古者棺椁無度一條是說先王之制以解木若以美之疑古之人皆用之條是說已所以美其木之意且比化者條是說用之正欲無使土親膚自盡其心也曰於人心獨無恔乎正應然後盡於人心句曰盡於人心曰悅曰恔都是一意必此心盡然後悅恔即悅也

吾聞之也。君子不以天下儉其親。

送終之禮所當得爲而不自盡是爲^(去聲)天下愛惜此物而薄於吾親也。

【講】向使得盡其心而不自盡是爲天下惜此棺椁之費而薄於其親也吾聞之也君子不以天下財物而儉其親葢慎終之禮必當盡心也子何疑焉^(彙直解)

【大全】問不以天下儉其親朱子曰以猶爲也不爲天下惜棺椁之費而儉於其親也

【蒙引】註此物二字自虛不可指定棺椁古語或兼生事葬祭就此章言則是送

終之禮○天下猶言世上

存疑此因上文之意而反言以結之

全旨大全新安陳氏曰此章當味盡於人心句及悅字與恔字人子事親至葬而終凡附於身與棺必誠必信勿至後悔焉盡不如是無以盡吾心不爲悅不爲恔也

纂註此章重一心字惟不以天下儉其親則心盡矣

○沈同以其私問曰燕可伐與孟子曰可子噲不得與人燕子之不得受燕於子噲有仕於此而子悅之不告於王而私與之吾子之祿爵夫士也亦無王命而私受之於子則可乎何以異於是伐與之與平聲下伐與殺與同　夫音扶○正韻燕平聲噲音快

沈同齊臣。以私問。非王命也。子噲子之事見形甸反前篇。諸侯土地人民受之天子。傳之先君。私以與人。則與者受者皆有罪也。仕。爲官也。士。所從仕之人也。

〔講〕齊臣沈同以其私意來問於孟子曰。燕君臣以國相授受。其罪可伐與。孟子據理答之曰。可伐。夫諸侯之土地人民。受之天子。傳之先君。在子噲不得私與人以燕。在子之不得私受燕於子噲。卽如有來仕者於此。而子悅之。不告於王。而私以吾子大夫之祿爵與之。夫彼士也。亦無王命而私受大夫之祿爵於子。則可乎。其不可也必矣。彼以土地人民而私與私受。何以異於是。此燕之所以可伐也。蒙淺說

〔大全〕慶源輔氏曰。沈同問燕可伐否耳。固不問以齊伐燕爲何如也。若是以王命來問。孟子必當詳告之。不但曰可而已也。

〔蒙引〕沈同以私問。亦或齊王陰使之也。

翼註。而不得字最重要。斷制有力。註受之天子。傳之先君。二意正入在此。然觀

下緊似重天子一邊

齊人伐燕。或問曰：勸齊伐燕，有諸？曰：未也。沈同問燕可伐與，吾應之曰可，彼然而伐之也。彼如曰：孰可以伐之？則將應之曰：爲天吏則可以伐之。今有殺人者，或問之曰：人可殺與？則將應之曰可。彼如曰：孰可以殺之？則將應之曰：爲士師則可以殺之。今以燕伐燕，何爲勸之哉？

天吏解見形甸反上篇。言齊無道與燕無異，如以燕伐燕也。史記亦謂孟子勸齊伐燕，蓋傳聞此說之誤。〇楊氏曰：燕固可伐矣，故孟子曰可。使齊王能誅其君，弔其民，何不可之有？乃殺其父兄，虜其子弟，而後燕人畔之。乃以是歸咎孟子

之言則謬矣

講齊人借孟子之言而伐燕或問孟子曰勸齊伐燕有諸孟子曰未嘗勸齊伐之也但沈同嘗問燕可伐與吾應之曰可彼遂然吾之言而伐之也彼如復問曰孰可以伐之則吾將應之曰必誅君弔民奉行天討而爲天吏者則可以伐之若非天吏則不免擅伐之罪矣譬如今有殺人者或問之曰此殺人之人有可殺之罪與則將應之曰有可殺之罪彼如復問曰孰可以殺之則將必應之曰奉君執法而爲士師者則可以殺之若非士師則不免擅殺之罪矣今燕雖爲可伐之國而齊則非伐燕之人齊非誅君弔民奉行天討之天吏則以齊伐燕無異於以燕伐燕也何爲勸之哉　蒙淺說

蒙引今有殺人者或問之曰人可殺與兩人字不同下一人字是殺人之人也

翼註彼然而伐之也彼字指齊君臣然字內含不能再問意

劉上王曰以燕伐燕猶夷齊云以暴易暴之意

全旨翼註上節就燕論燕見燕有可伐之罪下節就齊論齊見齊非伐燕之人○私字重看非王命而問只似閒論故孟子亦泛答之若以王命問則是齊欲伐燕而孟子亦就齊立論矣○

○燕人畔。王曰。吾甚慚於孟子。

齊破燕後二年。燕人共立太子平爲王。

講齊取燕後燕人共立太子平爲王乃畔於齊王曰吾初欲取燕孟子嘗勸我順民心既諸侯謀救燕孟子又勸我置君而去我不曾用其言而今其言皆驗○吾甚慚愧焉而無以見之也此亦其羞惡本心有不容自已者 彙序

存疑王是宣王蒙引謂是湣王若湣王何慚之有

陳賈曰。王無患焉。王自以爲與周公孰仁且智。王曰。惡。是何言也。曰周公使管叔監殷管叔以殷畔。知而使之是不仁也。不知而使之是不智也。仁智周公未之盡也。而況於王乎。賈請見而解之。惡監平聲

陳賈齊大夫也。管叔名鮮。武王弟周公兄也。武王勝商殺紂。立紂子武庚。而使管叔與弟蔡叔霍叔監其國。武王崩。成王幼。周公攝政。管叔與武庚畔。周公討而誅之。

〔講〕陳賈鄙夫乃逢其君曰。王無以此為患焉。試問王自以為與周公孰仁且孰智。王驚嘆曰。惡是何言也。我豈敢望周公哉。賈曰。昔武王克商立紂子武庚以嗣商後。周公實使管叔監守武庚之國。及成王初立。管叔遂與武庚同謀以殷畔。周公使管叔實知管叔之叛而故使之。是陷管叔於死。不仁之甚也。若不知

管叔欲叛而誤使之。是無先見之明。不智之甚也。仁智即周公未之能兼盡。而況於王乎。賈請往見孟子而爲王解之。何慙焉。彙序

顧麟士曰。賈意大段重不知而使。見事固難料也。引事則在一畔字映帶。

見孟子問曰。周公何人也。曰。古聖人也。曰。使管叔監殷。管叔以殷畔也。有諸。曰。然。曰。周公知其將畔而使之與。曰。不知也。然則聖人且有過與。曰。周公弟也。管叔兄也。周公之過。不亦宜乎。與平聲

言周公乃管叔之弟。管叔乃周公之兄。然則周公不知管叔之將畔而使之。其過有所不免矣。或曰。周公之處上聲下同管叔。不如舜之處象何也。游氏曰。象之惡已著。而其志不過富貴而已。故舜得以是而全之。若管叔之惡則未著。而其志

其才皆非象比也。周公詎忍逆探平聲其兄之惡而棄之耶。周公愛兄宜無不盡者。管叔之事聖人之不幸也。舜誠信而喜象。周公誠信而任管叔。此天理人倫之至其用心一也。

講賈逐見而問曰周公何等人也。孟子曰德如周公乃古之聖人也。曰周公使管叔監殷。管叔以殷畔也有是事乎。曰然有其事也。曰周公預知其將畔也而使之與。曰周公若知管叔之畔。豈肯使之。必是不知其將畔也。曰周公聖人也。既不知其將畔而誤使之。亦不能無過矣。然則聖人且有不能知人之過與。曰周公非他。乃管叔之弟也。管叔非他。乃周公之兄也。公以愛兄之心誠信使之。實不料其中變至此。然則周公之過不亦天理人情之至。為所宜有者乎。而豈後世所可以之藉口哉。彙序

大全雲峰胡氏曰。游氏詎忍逆探其兄之惡而棄之。此句最見得周公之用心。

翼註管叔之畔。蓋萌於既使之後。而非釀於未使之先。蓋疑攝政之非順。串出

倘然平日未有端倪如何遮得他

顧麟士曰周公之過不亦宜乎以周公弟管叔兄故也若在他人不可例論矣是多少注射多少含蓄

且古之君子。過則改之。今之君子。過則順之。古之君子。其過也如日月之食。民皆見之。及其更也。民皆仰之。今之君子。豈徒順之。又從而為之辭。更平聲○正韻食與蝕同仰語兩反坊本從下無而字

順猶遂也。更改也。辭辯也。更之則無損於明。故民仰之。順而為之辭。則其過愈深矣。責賈不能勉其君以遷善改過。而教之以遂非文去聲過也。○林氏曰。齊王慙於孟子。蓋羞惡去聲之心。有不能自已者。使其臣有能因是心而將順之。則義不可勝平聲用矣。而陳賈鄙夫。方且為去聲之曲為辯說。而沮在呂反其遷善改過之

心。長上聲其飾非拒諫之惡故孟子深責之。然此書記事散出而無先後之次。故其說必參考而後通。君以第二篇十章十一章。置之前章之後此章之前。則孟子之意不待論說而自明矣。

【講】且人不能無過而所以處過者不同古之君子事不及察而有過即能自認其過而改之今之君子事不及察而有過却不肯認錯即順着那過做去而俾於自改古之君子當其有過明白示人無一毫遮飾就如日月之食一般天下誰不見之及其汲汲改圖復於無過就如日月復明一般依舊光明員滿天下之人誰不瞻仰此等心事何其光明正大即有一時之過安足病之乎至於今之君子豈徒順從其過不肯改圖又要假借一段說話彌縫掩飾以欺人之耳目此古之君子所以能立於無過之地而今之君子所以卒歸於有過也自愛其身者固當以古人自處而愛人以德者又豈可以今人待之哉蒙直解

大全新安陳氏曰孟子窺賈爲君文過之心於不信之表而責之。

蒙引今之君子不必說指賈亦不必說指王只是泛論而寓責賈之意於言外

存疑下段於改過之上又說箇無隱諱意於過則順之下又說箇爲之辭意總是即上兩句意而充拓之也○順猶順承之順蓋過既萌只依他做去更不更改便是順也爲之辭爲字讀平聲改是君子自改順是君子自順辭是君子自辭故爲字不讀去聲

顧麟士曰此節只連過皆帶下閑論一番而大指自見大段則言古今人不特其過不相及處過亦不相及也○下段一是不諱其過一是文飾其過皆進一節意

全旨謹按章意有兩層於論周公處見王之無可自解於論過處見賈之不宜爲王曲辭

○孟子致爲臣而歸。

孟子久於齊而道不行故去也。

【講】孟子仕齊爲卿雖不受祿亦臣位也久而道不得行乃致爲臣而歸去。東序

【蒙引】致送至也見正韻致爲臣送還其政與君也○孟子始在齊爲賓師後雖爲卿而不受祿齊王蓋猶以賓師待之其致爲臣還卿位也○孟子於齊仕而不受祿其所謂仕不過著其名而實則未嘗食祿任事正所謂前日爲卿嘗辭十萬之祿也故去就得以自由

【存疑】王制七十而致政注曰致其政於君此曰致爲臣蓋前日爲君之臣此致還於君不爲之臣也今云致仕亦然

王就見孟子曰。前日願見而不可得。得侍同朝甚喜。今又棄寡人而歸。不識可以繼此而得見乎。對曰。不敢請耳。固所願也。朝音潮

【講】王就見孟子曰前日夫子未到吾國之時寡人願一見而不可得及到吾國而寡人得侍夫子不獨寡人心喜凡我同朝之臣其心皆甚喜焉今又欲棄寡人而歸不識夫子肯不終絕寡人可使此別之後尚得再見否乎孟子對曰繼見之期不敢預以爲請耳然此心固所願也此可見行道爲君子之本心而枉道爲君子之大戒也　彙淺說

大全新安陳氏曰謙言得侍賢者同朝者皆甚喜其喜亦未必誠

蒙引本是孟子千里見王今日得侍本是齊王自喜今日同朝甚喜見得同朝皆喜則王之喜又當何如亦善爲辭也

翼註請與願俱承繼見來不敢請者恐有干進之嫌固所願者由於愛君之意

○齊王止云繼見是目下已不留矣

他日王謂時子曰我欲中國而授孟子室養弟子以萬鍾使諸

大夫國人皆有所矜式。子盍為我言之。為，去聲。

時子，齊臣也。中國，當國之中也。萬鍾，穀祿之數也。鍾，量名，量，去聲。受六斛四斗。矜，敬也。式，法也。盍，何不也。

[講]孟子雖欲去而猶不忍遽去，至於他日，王因謂其臣時子曰：我欲當齊之國中而授孟子以居室，養其從游弟子以萬鍾之祿，使上而諸大夫、下而國人皆有所矜敬而取法焉。子何不為我言之，而使之勿去也。蒙序

大全趙氏曰：四豆為區，區受一斗六升；四區為釜，釜受六斗四升；十釜為鍾，鍾受六斛四斗。

存疑：孟子欲去齊，王不曾要留，及至他日見孟子猶未遽去，而為此留也，其留之不誠亦可見矣。不能行其道，而欲之為矜式，義既無謂，況又不誠乎？此孟子所以必去也。

翼註 但使臣民矜式而已。則不使道得行於上矣。

時子因陳子而以告孟子。陳子以時子之言告孟子。

時子節陳臻也。

講 時子奉王命。因托陳子以轉告孟子。陳子遂以時子之言告之孟子。彙序

翼註 時子陳子轉相告語處。亦意王命爲可從也。

孟子曰。然。夫時子惡知其不可也。如使予欲富。辭十萬而受萬。是爲欲富乎。夫音扶 惡平聲

孟子既以道不行而去。則其義不可以復扶又反留。而時子不知。則又有難顯言者。故但言設使我欲富。則我前日爲卿嘗辭十萬之祿。今乃受此萬鍾之餽。是我雖欲富。亦不爲此也。

講孟子道既不行義在必去而又難於顯言乃姑答陳子曰子所述時子傳王命之言是如此耶夫時子惡知我之不可復留也且王以萬鍾留我不過以我爲欲富耳如使予欲富則我前日爲卿嘗辭十萬之祿而不受今乃受此萬鍾之餽辭多而受少欲富者固如是乎而況我非欲富者乎　彙淺說直解

翼註齊王原不疑孟子欲富孟子自辨何也蓋此數語引而不發正以見巳之志在行道也意者云欲留予者必諒予之所欲如使予欲富必不辭多而受少既非欲富則所欲殆别有在矣而可以苟留耶

季孫曰異哉子叔疑使巳爲政不用則亦巳矣又使其子弟爲卿人亦孰不欲富貴而獨於富貴之中有私龍斷焉龍音壟○正韻斷音段或讀如鍛者非

此孟子引季孫之語也。季孫、子叔疑，不知何時人。龍斷，岡壟之斷而高也。義見下文。孟子叔疑者，嘗不用，而使其子弟為卿。季孫譏其既不得於此，而又欲求得於彼，如下文賤丈夫登龍斷者之所為也。孟子引此以明道既不行，復受其祿，則無以異此矣。見，形甸反。復，扶又反。

講 我今既辭卿位，若復以萬鍾留齊，是不得於彼而求得於此也。與昔之子叔疑何異乎。季孫嘗譏之曰：怪異哉，子叔疑之為人也。使己得位為政，至不見用，則亦已矣。又必百計使子弟為卿，以代己專政。此其志不過為富貴耳。夫人情亦孰不欲富貴，而子叔疑獨於富貴之中展轉營謀，不肯割舍，有私登龍斷者之所為焉。不亦異哉。彙直解序

大全 慶源輔氏曰：舉季孫所譏子叔疑之事，以見我不敢做此之意。

古之為市者，以其所有易其所無者，有司者治之耳。有賤丈夫

焉必求龍斷而登之以左右望而罔市利人皆以為賤故從而征之征商自此賤丈夫始矣。

孟子釋龍斷之說如此。治之謂治其爭訟。左右望者欲得此而又取彼也。罔謂罔羅取之也。從而征之謂人惡（去聲）其專利故就征其稅後世緣此遂征商人也。○程子曰齊王所以處（上聲）孟子者未為不可。孟子亦非不肯為國人矜式者但齊王實非欲尊孟子乃欲以利誘之。故孟子拒而不受。

講所謂龍斷者何如蓋古之為市者各以其所有易其所無者有司之官平其物價息其爭訟耳初未征其稅也後來有一等丈夫中之賤者焉貪得無厭必求龍斷最高處而登於其上以左顧右盼凡居積興販之物既欲得此又欲取彼市中財利無不一網括盡於是人皆惡其專利而以為賤故從而征其稅以懲之後世緣此遂征商人之稅是征商實自此賤丈夫始矣此季孫龍斷之說

也所以譏子叔疑不得於己而又欲求得於子弟也使我辭十萬而受萬是亦龍斷之行矣如之何其可哉　彙淺說直解

大全雙峰饒氏曰左右望是欲全得之萬一不得於此亦可得於彼不得於此是譬喻辭十萬可得於彼是譬喻受萬○新安陳氏曰孟子有引喻以終之而不復說上正意者此章之類是也

翼註子叔疑是客賤丈夫是客中之客

○孟子去齊宿於晝　晝如字或曰當作畫音獲下同

晝齊西南近邑也

講孟子已去齊而仍宿於晝亦遲遲吾行而未忍遽去也　彙淺說

有欲爲王留行者坐而言不應隱几而臥　爲去聲下同　隱於靳反

隱憑也客坐而言孟子不應而臥也

(講)時有自欲為王留孟子之行者，坐而言其所留之意。孟子不應其言，且隱几而臥，若置之罔聞焉。蒙淺說

備考　演繁露曰：几與案自是兩物。几，坐具也，曲木附身，以自捧抱。孟子隱几而臥，南郭子綦隱几而坐，嗒然似喪其耦，皆其事也。蓋以几閣其手，故得以寄其逸也。

劉上玉曰：隱几者，手憑几上，几掩手下，有慣伏意。

客不悅曰：弟子齊宿而後敢言，夫子臥而不聽，請勿復敢見矣。曰：坐，我明語子。昔者魯繆公無人乎子思之側，則不能安子思；泄柳、申詳無人乎繆公之側，則不能安其身。齊側皆反，復扶又反，語去聲。○正韻：繆，莫下反

齊宿（齊戒越宿也）。繆公尊禮子思，常使人候伺（司音）道達誠意（意本作義）於其側，乃能安而留之也。泄柳，魯人。申詳，子張之子也。繆公尊之不如子思，然二子意不苟容，非有賢者在其君之左右維持調護之，則亦不能安其身矣。

講　留行之客因不悦曰：弟子齊戒越宿而後敢言，夫子乃臥而不聽，拒人如此，請從此辭，勿復敢見夫子矣。乃起而欲去。孟子止之曰：坐，子不知我隱几不應之意，我明以語子。昔者魯繆公尊禮子思，使人候伺於子思之側，以道達其誠意，若無人乎子思之側，則不能安子思而久於魯矣。泄柳、申詳在魯時，有薦賢者在繆公之側，以維持調護之，若無人乎繆公之側，則不能安其身而久於魯矣。蓋賢者必以君之敬禮而留如此。彙淺說

大全　問：泄柳、申詳無人乎繆公之側則不能安其身，二子之賢，其心固如是乎？朱子曰：非謂二子之心倚君側之人也，語其勢則然耳。若二子之心如此，則與世之垢面汚行而事君側便嬖之人者何以異乎？

翼註兩無人乎。俱反言以明其有人也。上人字是繆公使之者，道達誠意，欲子思知君之敬賢也。下人字却非泄柳申詳所使者，乃魯廷自有其人，維持調護，恐繆公或失禮於賢者也。

謹按子思段見客當奉王命來留；申詳段見客當開悟齊王以敬賢也。

子爲長者慮，而不及子思；子絶長者乎？長者絶子乎？長，上聲。

長者，孟子自稱也。言齊王不使子來，而子自欲爲去聲，下同。王留我，是所以爲我謀者不及繆公留子思之事，而先絶我也。我之臥而不應，豈謂先絶子乎。

圖說 觀繆公之於子思，則留賢之道可知矣。今子之來，未嘗奉齊王之命，而欲以私意留我，是子爲長者謀慮而不及子思，薄待長者矣。子試思之，是子先絶長者乎？亦長者先絶子乎？可知我隱几不應之故矣。○蒙蒙引同解

蒙引 孟子非止泄柳申詳之匹，亦非只望齊王待以二子之禮者，故於此只言

不及子思。

存疑子絶長者二句詞語是兩詰之其意則是說他不奉王命已先絶己而後已絶之也集註得其意故曰齊王不使子來云云

○孟子去齊。尹士語人曰：不識王之不可以爲湯武，則是不明也；識其不可，然且至，則是干澤也。千里而見王，不遇故去，三宿而後出晝，是何濡滯也？士則茲不悅。語去聲○正韻濡音如

尹士，齊人也。干，求也。澤，恩澤也。濡滯，遲留也。

講孟子去齊而遲遲其行齊有尹士者私語人曰去就乃士人之大節王之非湯武人告知之使孟子不識王之不可爲湯武則智不足以知人是不明也識其不可然且至齊則是志不在功業而干求恩澤也千里而見王以求遇合及

以不得遇之故而去宜其速矣乃三宿於晝而後出境是何濡滯而戀戀不決也士則因此一節而有所不悅於心也蒙序

存疑尹士譏孟子只重在濡滯上不明干澤之意俱不重故孟子只辨濡滯二字

高子以告

高子亦齊人孟子弟子也。

講高子以尹士相譏之言告孟子。

曰夫尹士惡知予哉千里而見王是予所欲也不遇故去豈予所欲哉予不得已也。夫音扶下同惡平聲

見王欲以行道也今道不行故不得已而去非本欲如此也。

【講】孟子曰夫尹士惡知予之心哉千里而見王誠望王之可以爲湯武而因之以行道濟世是予之本心所欲也至於不遇故去豈予本心所欲哉道不得行而位不可苟展轉思維予甚有所不得已於此也。彙淺說

蒙引但曰是予所欲也則是有意於王之爲湯武而非干澤可見矣故於上二講不條析。

予三宿而出晝於予心猶以爲速王庶幾改之王如改諸則必反予。

所改必指一事而言然今不可考矣。

【講】予不得已而去則三宿出晝尹士以爲濡滯於予心猶以爲速而不能恝然者焉何也蓋人情每暫蔽而復明王之不能用我雖是一時迷惑然或從容悔悟庶幾能改之不至於終迷而不悟也王如知旣往之失而改諸則以王道爲

必可行，以吾言爲必可信，必將追予而反之矣。而安容遽出境也。彙直解序

彙引庶幾望之之辭

顧麟士曰：尹士曰「是何濡滯」，孟子曰「猶以爲速」，語氣亦與七十里之國民猶以爲小一般。

夫出晝而王不予追也，予然後浩然有歸志。予雖然，豈舍王哉！王由足用爲善。王如用予，則豈徒齊民安，天下之民舉安。王庶幾改之，予日望之。

浩然如水之流不可止也。楊氏曰：齊王天資朴實，如好勇、好貨、好色、好世俗之樂，皆以直告而不隱於孟子，故足以爲善。若乃其心不然，而謬爲大言以欺人，是人終不可與入堯舜之道矣，何善之能爲？

〔講〕三宿出晝猶冀王之追我也夫惟出晝而王不予追也則王之心終不悟而義不容於不去矣予然後浩然長往而決有歸志焉雖然歸志決矣予豈終能舍王哉王之天資朴實推其不忍廣其所好猶足引用之以行王道而爲善也使王果有志於爲善而用予以輔之則保民而王豈徒齊國之民安即天下之民舉被治安之澤矣湯武之功未嘗不可致也王庶幾改其過乎予雖於出晝之後猶日切望之而何能終舍之也　彙直解序

蒙引予雖然以下至末又是出晝之後之心如此至此猶未能舍王也愈見其愛君澤民惓惓之餘意

翼註王如用予至民舉安非自負語見王之足用爲善也

謹按以上三節是三段意惡知予哉一節見去齊爲不得已猶以爲速一節見未出晝時望王改而留之此節見出晝後猶望王改而留之下節是反繳上文以見其非濡滯也蒙引以猶以爲速節作出晝後事未免與此節意複

予豈若是小丈夫然哉。諫於其君而不受則怒。悻悻然見於其面。去則窮日之力而後宿哉。悻形頂反　見音現

悻悻怒意也。窮盡也。

講夫予之民生在念而故主情深豈若是規模狹隘之小丈夫然哉有所諫於其君而君或不受則心有所忿怒悻悻然不平之色見於其面恝然而去則窮盡一日馳驅之力而後止宿全無愛君憂國之心哉噫濡滯之名予寧受之可矣尹士惡足知之　彙序

顏麟士曰說到此處衷懷愈傾矣本爲行道客氣自泯不着

謹按予豈若是四字貫至節末當一氣讀下

尹士聞之曰士誠小人也。

此章見聖賢行道濟時汲汲之本心。愛君澤民惓惓（音權）之餘意。李氏曰於此見君子憂則違之之情而荷（何可反）蕢者所以爲果也。

〔講〕尹士聞之自悟其失曰由孟子之言觀之士誠小人也但見得去就之際不可不明豈知行道濟時愛君澤民惓惓不釋君子之所爲有如是乎（彙序）

〔全旨〕大全慶源輔氏曰集註本心謂其初本欲如此也餘意則後來不得已之意耳詳玩此兩句便可見聖賢之心千里見王王如用予天下之民舉安此其行道濟時汲汲之本心三宿出晝王庶幾改之予日望之此其愛君澤民惓惓之餘意○新安陳氏曰孟子所歷如滕文雖慕道然國微弱道必難行至次如魯沮於臧倉又必不行大國齊梁也梁惠不足與有行襄尤劣矣庶幾焉者在齊宣乎齊有易以安天下之勢孟子又有安天下之道王天資誠朴若可與有行者所以惓惓望之不能自已焉於此終不遇合則孟子之道知其不行矣（發明總註）

〔翼註〕此章語氣不定整次定曲寫一段繾綣情況

謹按此章當以安民二字爲主

○孟子去齊充虞路問曰夫子若有不豫色然前日虞聞諸夫子曰君子不怨天不尤人

路問於路中問也豫悅也尤過也此二句實孔子之言蓋孟子嘗稱之以教人耳

講孟子不遇去齊充虞於路中問曰夫子自出晝以來若有不豫悅之色然前日虞聞諸夫子曰君子不得於天也不怨天不合於人也不尤人以此言觀之則亦無往而不豫矣而夫子何有然也彙存

曰彼一時此一時也

彼前日此今日

〔講〕孟子曰時有不同未可槪論也彼前日乃講道論德之一時求不愧於天不作於人而已此今日乃行道濟世之一時上悲天命下憫人窮固非前日之可比也彙序

〔一〕翼註不怨不尤是聖賢一生學問悲天憫人是聖賢一生擔當

五百年必有王者興其間必有名世者。

自堯舜至湯自湯至文武皆五百餘年而聖人出名世謂其人德業聞去聲望可名於一世者爲之輔佐若臯陶音遥稷契私列反伊尹萊朱太公望散素亶反宜生之屬。

〔講〕何以言之歷覽往世大約五百年貞元會合必有繼天立極之王者受命而興以開太平其間又必有德業聞望可名一世之大賢以爲之輔佐者是君臣際會自有定期也彙序

大全趙氏曰自堯舜至湯共五百八十年湯至紂三十王六百二十八年而周興言五百年舉大槩也

由周而來七百有餘歲矣以其數則過矣以其時考之則可矣

周謂文武之間數謂五百年之期時謂亂極思治治去聲可以有爲之日於是而不得一有所爲此孟子所以不能無不豫也

講乃由周文武而來王者不作已七百有餘歲矣以五百年之數計之則已過矣以當今之時考之則亂極思治王者當興而名世可以有爲矣於此王者不興而不得有爲以立名世之業此所以不能無不豫也彙序

蒙引由周而來三句是一段事以其時考之則可矣又是一段意其歸則同

夫天未欲平治天下也如欲平治天下當今之世舍我其誰也

吾何爲不豫哉 夫音扶 舍上聲

言當此之時而使我不遇於齊是天未欲平治天下也然天意未可知而其具又在我我何爲不豫哉然則孟子雖若有不豫然者而實未嘗不豫也蓋聖賢憂世之志樂音洛天之誠有並行而不悖者於此見矣

講 雖然夫當此時而我猶不遇是特天之未欲平治天下也如天意一轉而欲平治天下王者復興則當今之世懷名世之具者舍我其誰也天意未可知而吾又有其具亦惟隨其所遇安意以待之耳是吾雖若不豫而其實何爲不豫哉可見孟子自任之重故去國而不能無憂自信之深故處困而不失其樂聖賢之存心如此 彙參說直解

大全慶源輔氏曰不能無不豫憂世之志也實未嘗不豫樂天之誠也憂樂自常情觀之則相反自聖賢言之則並行而不悖也○自五百年至則可矣觀之

則孟子不能無不豫然也自天未欲平治天下以下觀之則孟子實未嘗不豫也

【顧麟士】曰前節註此孟子所以不能無不豫也此句煞佳妙若無此句亦起吾何爲不豫哉不得

【冀註】當重憂世一邊樂天處又是一意○一說云此節正見不豫意如欲平治天下云云至何爲不豫哉言外若曰惟其不然是以憂耳此說似得孟子本旨但背註不可從

○孟子去齊居休公孫丑問曰仕而不受祿古之道乎

休地名

【講】孟子去齊居宿於休地公孫丑問曰若人之仕則當食人之祿今夫子既仕於齊而又不受其祿豈古之道有然乎蒙引

曰非也。於崇吾得見王。退而有去志。不欲變。故不受也。

崇亦地名。孟子始見齊王。必有所不合。故有去志。變謂變其去志。

〔講〕孟子曰。仕不受祿。非古道也。吾之所以不受者。以吾始來齊。於崇地得見王。即知其不能用我。退而便有去志。此志不欲變。故不受其祿也。彙序

繼而有師命。不可以請。久於齊。非我志也。

師命。師旅之命也。國既被兵。難請去也。○孔氏曰。仕而受祿。禮也。不受齊祿。義也。義之所在。禮有時而變。公孫丑欲以一端裁之。不亦誤乎。

〔講〕志既不變。而不速其行者何也。但因吾見王之後。齊繼而有師旅之命。上下戒嚴。義不可以請去。故不得不留久在於齊。實非我之初志也。我始終不受祿之故如此。彙序

〔大全〕南軒張氏曰。孟子之去齊。三宿出晝。猶以爲速。而謂初見已有去志。久於

齊非我志何也蓋孟子雖庶幾齊王之可與有爲而可去之幾未嘗不先覺也〇初見齊王之情必有不能受者又以其質亦有可取故不受其祿姑留以觀其感悟與否也〇初志雖欲去而猶有望焉豈徒爲苟留也哉〇新安陳氏曰不受一卿祿此孟子最高處其超然不屑進退餘裕本全在此一受其祿則爲祿所縻是爲祿縻而仕耳〇吾意戰國之世高節如許惟孟子一人而已庶幾焉者其魯仲連乎

四書蒙解卷之三十終

提督江南通省學政渝東脩謙居先生

甬東虞龍倉先生仝鑒定

四書彙解卷之三十一

廣陵史以徵静庵父纂輯

門姪 繼鮹司直父 奭壽平父 參訂

男繼弼幼謙父校閱

孟子

滕文公章句上

凡五章

滕文公爲世子。將之楚。過宋而見孟子。

世子。太子也。

講滕文公爲世子。以定公之命。使將往楚。而過宋。時孟子在宋。世子慕其賢。乃於宋見孟子。彙趙註

通義仁山金氏曰。滕。姬姓之國。今徐州北一百九十里滕縣有古滕城。又曰。呂成公大事記。周赧王元年。孟軻致爲臣於齊而歸。二年。孟軻自齊之宋。適滕。按孟子致爲臣於齊。歸鄒。而即如宋。與宋何踐戴不勝問答。則滕世子過宋而見孟子。當在此時。自滕而西南過宋。三百五十餘里。

蒙引世子。太子。古天子諸侯之通稱。周公立敎世子之法。成王亦稱世子矣。後世乃分。

顧麟士曰。按此當在過宋讀。住。而見孟子。另讀。故下文云世子自楚反。復見孟

予不必如常解作迂道來見

孟子道性善。言必稱堯舜。正韻道去聲

道言也。性者人所稟於天以生之理也。渾上聲然至善。未嘗有惡。人與堯舜初無少異。但衆人汨音滑於私欲而失之。堯舜則無私欲之蔽。而能充其性爾。故孟子與世子言。每道性善而必稱堯舜以實之。欲其知仁義不假外求。聖人可學而至。而不懈居隘反於用力也。門人不能悉記其辭。而撮其大旨如此。程子曰。性卽理也。天下之理。原其所自。未有不善。喜怒哀樂音洛未發。何嘗不善。發而中去聲下同節。卽無往而不善。發不中節。然後爲不善。故凡言善惡。皆先善而後惡。言吉凶皆先吉而後凶。言是非。皆先是而後非。

【講】觀世子慕於見賢。正其天性之善可與入聖之機也。孟子欲從本原上啓發他。故所與言者大約是說人有此生卽有此性。乃天所命於人之正理也。性中仁無不全義無不備本有善而無惡而又恐言之無徵必稱堯舜以實之蓋堯舜之德雖不易及然其所以爲聖者非於性之外有所加不過由其本善無惡之性以造其極耳稱堯舜之仁便見得性中同有是仁稱堯舜之義便見得性中同有是義仁義不假外求則聖人可學而至而人當不懈於用力矣孟子所以告世子者如此蒙直解

通義仁山金氏曰性善無形影然凡聖人之所爲皆自性善中出則堯舜卽性善之形象也性旣人所同有則堯舜人皆可爲

大全朱子曰孟子見滕文公便道性善欲他先知得一箇本原則爲善必力去惡必勇○性善者以理言之稱堯舜者質其事以實之所以互相發也其意蓋曰知性善則知堯舜之必可爲矣知堯舜之必可爲則其於性善也信之益篤而守之益固矣○新安陳氏曰性善是虛說其理稱堯舜是指能盡性之人以實其說如朱子著小學書列立教明倫於前盡是說其理列實立教實明倫於

後并是實有其人實有其事以實前言之說此之謂實之何以驗人性之善覩堯舜能盡其性而爲大聖人則可以知同有是性者之皆可以爲聖人而不懈於學聖人矣所以言性善而必稱堯舜以實之歟○張氏須曰孟子言性善所謂天地之性也斯言也實傳於子思天命謂性之言○吳氏徵曰孟子道性善是就氣質中挑出本然之理而言

顧麟士曰此節頗與爲王誦之論語子告之曰某在斯云云一例撮敘語耳不必盡悉當時所言者何等也性善二語俱要根住世子說謂孟子與世子所道者性善與世子毋言必稱堯舜也不是泛論理

世子自楚反復見孟子。孟子曰世子疑吾言乎。夫道一而已矣

復扶又反

夫音扶

時人不知性之本善而以聖賢爲不可企（去計反）及故世子於孟子之言不能無

疑而復來求見蓋恐別有卑近易去聲**行之說也孟子知之故但告之如此以明古今聖愚本同一性前言已盡無復有他說也。**

講當時之人不知性之本善而以聖人爲不可企及故世子於孟子之言不能無疑乃自楚國反復來見孟子孟子曰世子此來得非聞吾之言而有疑乎以道之在聖人者爲高遠難行而別求卑近易行之說乎不知此性善道理無古今無聖愚一而已矣堯舜此道吾人亦此道道無二故我以堯舜之所可能者告世子前言已盡無復有他說也。東麟士

大全朱子曰當戰國之時聖學不明天下之人但知功利之可求而不知自性之本善聖賢之可學聞是說者非惟不信往往亦不復致疑於其間若文公則雖未能盡信而已能有所疑矣是其可與進道之萌芽也故孟子於其去而復來迎而謂之曰世子疑吾言乎而又告之曰夫道一而已矣蓋古今聖愚同此一性則天下固不容有二道但篤信力行則天下之理雖有至難猶必可至況

善乃人之所本有而爲之不難乎
蒙引道理也此道字泛說尤活或以道出於性性一故道一言者雖知有性道之別然解此義泥矣不知此道字正指性也道者性命德行之總名何者不是道此處不必拘於中庸性道之分
存疑此道字分明是指性說但不可直作性說只當說作道蓋道是活落通統字隨處皆說得所以說道爲虛位說仁義爲道也得說禮智爲道也得如是道也何足以臧是或一道也道字皆是活落通統字然皆有所指
顧麟士曰按紹聞編曰夫道一而已矣人鮮得其語意正爲世子疑孟子所言爲高遠難行而恐別有卑近易行之說故孟子言這箇道只是一箇堯舜之能事卽吾人之能事人亦只要向前耳別無兩箇道理則安容有兩般說話○使有道高遠而難行有道卑邇而易行則是有二道矣道豈容有二則亦別無卑近易行之說也

成覵謂齊景公曰彼丈夫也我丈夫也吾何畏彼哉顔淵曰舜何人也予何人也有為者亦若是公明儀曰文王我師也周公豈欺我哉覵古莧反

成覵人姓名彼謂聖賢也有為者亦若是言人能有為則皆如舜也公明姓儀名儀賢人也文王我師也蓋周公之言公明儀亦以文王為必可師故誦周公之言而歎其不我欺也孟子既告世子以道無二致而復引此三言以明之欲世子篤信力行以師聖賢不當復求他說也

講 試以古人之言歷歷驗之昔者成覵謂齊景公曰今人說及聖賢便悚然畏之不知彼固丈夫也我亦丈夫也我一發奮即至彼地矣吾何歉於彼而畏之哉顔淵有言曰古今稱聖人必推虞舜然舜果何等人也我又果何等人也我

與舜同是一樣人耳但舜能有爲故爲聖人人苟能立志有爲者亦若是舜矣

公明儀曰周公謂文王我之師法可學而至也夫文王必可師周公之言豈欺我哉夫三人之言脗合如此惟性無不善而堯舜皆可爲世子亦篤信力行以師聖賢可耳何必復求他說乎彙序

大全朱子曰孟子引三段說話教人如此發憤勇猛向前日用之間不得留一毫人欲之私在這裏此外更無別法若如此有箇發憤興起處乃有田地可下工夫不然則是畫脂鏤水無眞得力處

蒙引舜之有爲能盡其性而已吾亦能盡性則有爲而如舜矣

翼註畏字是不敢擔當意〇周公豈欺我哉見周公固能師文王吾人亦能師文王意

顧麟士曰此節蒙引存疑俱作明道一人大全小注只云兼世子其說皆是看來以證人皆可爲堯舜意尤多觀彼丈夫我丈夫字可見也

今滕絕長補短將五十里也猶可以為善國書曰若藥不瞑眩厥疾不瘳。瞑莫甸反眩音縣○正韻瘳尺由反

絕猶截也書商書說（音悅）命篇瞑眩憒（古對反）亂言滕國雖小猶足為治（去聲）但恐安於卑近不能自克則不足以去（上聲）惡而為善也○愚按孟子之言性善始見（形甸反）於此而詳具於告子之篇然默識而旁通之則七篇之中無非此理其所以擴前聖之未發而有功於聖人之門程子之言信矣。

【講】觀三子之言則知道之無二而聖賢之必可師矣世子或以國小為慮而憚於有為也今滕截其長以補其短將方五十里也國雖小猶可以立政起衰而為治安之國但顧其作為何如耳必奮志以有為勵精而求治而盡克因循苟且之弊然後可以去惡而為善書說命有曰若服藥不瞑眩厥疾必不瘳人君若安於卑近悠悠怠惰則不能盡性以充其善之量而不足以為善國矣世子

其四吾言而勉之乎。兼有疑直例
【大全】朱子曰人要爲聖賢須是猛起以服瞑眩之藥以除深錮之疾直是不可悠悠蔡氏曰方言云飲藥而毒海岱之間謂之瞑眩○雙峯饒氏曰前面文公疑其資質凡下不可以爲堯舜故孟子以成覸以下三說答之又恐文公自疑其土地狹小故以瞑眩之說告之

【蒙引】猶可以爲善國言猶可以自立也此於性善堯舜之說何預蓋惟其自克而不安於卑近則必擴充其仁義之心而以堯舜爲法其心必正其身必修其國必治矣此其體用一原之理又有不可易者○此一條所以策勵世子之志使決意自克以圖振國勢也兼有勸戒二意

【翼註】猶可以爲善國善字自性善推來依性善做出事業如後面喪禮井田學校奮發勇往行人之所不能行處皆是瞑眩喻奮發疾喻不善瘳則復善

【全證】通章以性善爲主前二節啟世子以性善而實其人後三節決世子以
旨

性善而勵其志。

○滕定公薨，世子謂然友曰：昔者孟子嘗與我言於宋，於心終不忘。今也不幸至於大故，吾欲使子問於孟子，然後行事。

定公，文公父也。然友，世子之傅也。大故，大喪也。事謂喪禮。

○講世子見孟子之後，其父定公薨，世子謂其傅然友曰：昔者我因過宋，得見孟子，嘗與我言性善堯舜之說，我因懷記在心，終不能忘。今也不幸，至於先君之大變，不知喪禮如何舉行，方合於聖人之道。我欲使子往見孟子，求其一一指示，然後舉行喪事，庶免於悖禮之失也。○彙直解序

然友之鄒問於孟子。孟子曰：不亦善乎！親喪固所自盡也。曾子曰：生，事之以禮；死，葬之以禮，祭之以禮，可謂孝矣。諸侯之禮，吾

未之學也雖然吾嘗聞之矣三年之喪齊疏之服飦粥之食自天子達於庶人三代共之（齊音資疏所居反飦諸延反○正韻齊與齋同）

當時諸侯莫能行古喪禮而文公獨能以此爲問故孟子善之又言父母之喪固人子之心所自盡者蓋悲哀之情痛疾之意非自外至宜乎文公於此有所不能自已也但所引曾子之言本孔子告樊遲者豈曾子嘗誦之以告其門人歟三年之喪者子生三年然後免於父母之懷故父母之喪必以三年也齊衰下縫也不緝（七入反）曰斬衰（音催下同）緝之曰齊衰疏麤也麤布也飦糜也喪禮三日始食粥既葬乃疏食（音嗣）此古今貴賤通行之禮也（滕與宋近鄒封皆今河南境○鄒去滕近千里今山東境○）

講 時孟子歸而在鄒然友奉世子命之鄒問於孟子孟子曰當喪禮既壞之時而獨能以此爲問不亦善乎然人子居父母之喪其哀痛迫切之情根於天性凡送終之禮皆自已竭盡其心而非他人之所能强者宜乎世子於此有所不

能自已也。曾子嘗有言曰：父母在生之時，左右就養，當事之以禮；既沒之後，衣衾棺椁，當葬之以禮；祭享之時，禴祀烝嘗，當祭之以禮。自始至終，禮無不盡，則心亦無不盡，而可以謂之孝矣。此曾子泛論人子當盡之理如此。若夫諸侯之喪禮，典章殘缺，其詳悉吾未之學也。雖然，禮之大經一定而不可易者，吾嘗聞之矣。蓋子生三年，然後免於父母之懷，故父母之喪必以三年為定。所服者齊疏之服，所食者飦粥之食。此禮上自天子，以下達於庶人，貴賤通行，而夏商周三代以來皆共之，古今無異。吾聞其大畧如此，世子舉行之可也。彙參說直解

大全喪大記：君之喪，子、大夫、公子、衆士皆三日不食。子、大夫、公子食粥，士疏食水飲。夫人、世婦、諸妻皆疏食水飲。大夫之喪，主人、室老、子姓皆食粥，衆士疏食水飲。室老，其貴臣也。衆士，謂衆臣。妻妾疏食水飲。士亦如之。既葬，主人疏食水飲，不食菜菓，婦人亦如之，君、大夫、士一也。練而食菜菓，祥而食肉。○朱子曰：孟子說制度，皆舉其綱而已，如旧之什一，喪自天子達之類。○孟子答滕文公喪

禮不說到細碎上只說大本大經自盡其心喪禮之大本也三年齊疏飦粥喪禮之大經也孟子生戰國不得見先王全經矣然其學得孔子之正傳而於文武之道識其大者故其考論制度雖若疎濶而於大本大經之際則有不可得而亂者以是爲主而酌於人情世變以文之則禮雖先王未有亦可以義起矣後世議禮者不明乎此故常以度數節文之小不備而不敢爲而卒以蔑乎大不備而後已此劉向所以深嘆之也然無孟子之學而强爲之如叔孫通曹褒之流是又不免乎私意之鑿而已矣

【存疑】親喪固所自盡此因世子之所能而與之也亦因以加勉之也三年齊疏飦粥正是告世子處

【翼註】論語自致自字是自然此自字是自已觀註非自外至可見而自然盡心乃在固字上○三年之喪何爲主齊疏飦粥皆在三年內

【顧麟士】曰據儀禮文公於父當斬衰不齊而云齊疏者大槩語耳○子夏傳曰

斬者何不緝也，齊者何緝也。集註本此。○內則註：饘，厚粥；酏，薄粥。字彙：飦，饘同。

然友反命。定爲三年之喪。父兄百官皆不欲。曰。吾宗國魯先君莫之行。吾先君亦莫之行也。至於子之身而反之。不可。且志曰。喪祭從先祖。曰。吾有所受之也。

父兄，同姓老臣也。滕與魯俱文王之後，而魯祖周公爲長。（上聲）兄弟宗之，故滕謂魯爲宗國也。然謂二國不行三年之喪者，乃其後世之失，非周公之法本然也。志，記也。引志之言而釋其意，以爲所以如此者，蓋爲（去聲）上世以來有所傳受，雖或不同，不可改也。然志所言本謂先王之世舊俗所傳禮文小異而可以通行者耳，不謂後世失禮之甚者也。

〔講〕然友反命於世子。世子以孟子之言爲必可行。遂定爲三年之喪。蓋其良心感悟勇於爲善如此但是時古禮久廢同姓父兄異姓百官皆不欲曰如今稱秉禮之國莫如魯乃吾滕之宗國也所當取法者也三年之喪魯先君莫之行吾滕先君亦莫之行也至於子之身而悉反之斷然不可且志書有曰喪祭之禮當從先祖志之意以爲吾先祖所行之禮有所傳受不可改也而子周不從之何也 彙淺説

通義仁山金氏曰宗法諸侯之公子蓋先君之子今君之兄弟不敢以君爲宗而君爲公子之庶者使宗其公子之適者蓋使諸庶弟以一適弟爲宗天子亦然武王爲天子則諸弟不敢以武王爲宗而以周公爲宗故凡文王之子有國者管蔡郕霍邢衛毛聃郜雍曹滕畢原酆郇皆謂魯爲宗國也

大全趙氏悳曰文王之子周公旦旦子伯禽封於魯文王子錯叔繡武王庶弟封於滕侯爵○南軒張氏曰考滕世子問孟子之辭則三年之喪其廢也久矣其在周之末世乎故曰吾宗國魯先君莫之行云云

蒙引定爲三年之喪則所謂齊疏之服飦粥之食在其中矣存疑定爲三年之喪只是世子行未有世子行而臣下不行者然此處所重却在世子上觀親喪固所自盡一句可見蒙引說是臣子都行雖有證據不是本意○喪祭從先祖志言先祖當是始初立法之先祖不是後來壞法之先祖葢法本壞於後人非作於始初子孫沿襲之久認爲始初也

謂然友曰吾他日未嘗學問好馳馬試劍今也父兄百官不我足也恐其不能盡於大事子爲我問孟子然友復之鄒問孟子孟子曰然不可以他求者也孔子曰君薨聽於冢宰歠粥面深墨即位而哭百官有司莫敢不哀先之也上有好者下必有甚

焉者矣。君子之德，風也；小人之德，草也。草尚之風必偃。是在世子。好爲皆去聲，復扶又反，歠川悦反。○正韻先悉薦反

不我足，謂不以我滿足其意也。然者，然其不我足之言。不可他求者，言當責之於已。冢宰，六卿之長，上聲也。歠，飲也。深墨，甚黑色也。即，就也。尚，加也，論語作上，古字通也。偃，伏，坊本作仆也。孟子言但在世子自盡其哀而已。

講 世子見群臣不從，又謂然友曰：吾他日未嘗勤學好問，只好馳馬爲槳試劍爲勇，於古禮未能考究，而不足取信於人，故今也欲行喪禮，父兄百官皆不我滿足也。但恐其不能盡喪禮之大事，子爲我再問孟子。然友復之鄒問孟子。孟子曰：喪禮久廢，世子生平未足取信於人，一旦欲行古禮，而父兄百官不之足，誠有然也。然爲世子計者，但當求之於已，不可以他求者也。勿恤人言，世子惟自盡而已。孔子有言曰：君薨，則爲嗣君者以百官政事聽命於冢宰，自已居天

守喪。歠飲粥湯。面容毀瘁。至於深墨之色。即喪次之位。朝夕哭泣。於是百官有司莫敢不哀。所以然者。以在上之人有哀痛以先之。而感發其良心也。蓋先在上之人有所好者。則在下之好必更有甚焉者矣。故君子之德在上而主感。譬如風也。小人之德在下而主應。譬如草也。草上加之以風則必偃仆。小人而感以君子之德則必響應。孔子之言如此。今世子在上之君子也。斷行古禮以自盡其哀。則父兄百官莫敢不遵行古禮而各盡其哀矣。是在世子而已。豈可他求哉。蒙存疑

大全必偃以上皆孔子語○雙峰饒氏曰。君薨君字統天子諸侯而言。聽於冢宰。是國家政事皆聽命於冢宰。非聽政聽訟之謂。

存疑不可以他求。是因其發感之際而贊決之。

然友反命。世子曰。然。是誠在我。五月居廬。未有命戒。百官族人

可謂曰知。及至葬。四方來觀之。顏色之戚。哭泣之哀。弔者大悅。

正韻廬
淩如反

諸侯五月而葬。未葬居倚廬於中門之外。居喪不言故未有命令教戒也。可謂曰知疑有闕誤。或曰皆謂世子之知禮也。○林氏曰孟子之時喪禮既壞。然三年之喪惻隱之心痛疾之意出於人心之所固有者初未嘗亡坊本作忘也惟其溺於流俗之弊是以喪去聲其良心而不自知耳。文公見孟子而聞性善堯舜之說則固有以啟發其良心矣。是以至此而哀痛之誠心發焉。及其父兄百官皆不欲行則亦反躬自責悼其前行去聲之不足以取信而不敢有非其父兄百官之心雖其資質有過人者而學問之力亦不可誣也。及其斷丁亂反然行之而遠近見聞無不悅服則以人心之所同然者自我發之而彼之心悅誠服亦有所不期然而然者人性之善豈不信哉。

譁然交再反命於世子。世子因孟子不可他求是在世子之言，而直承當之曰：
孟子此言極是，此事是誠在我，而不可以他求也。於是斷然行三年之喪，凡五
箇月居廬守喪，未有命令告戒。於是父兄百官感悟，皆可謂曰知禮。及至葬期，
四方之人來聚觀之，見世子顏色之慽，哭泣之哀痛，凡諸侯賓客來弔於滕者，無
不以其能盡禮而大為悅服焉。蓋能自盡而人應之，真所謂上有好下必甚。天
理之在人心固不可泯，而人性皆善亦於此可見矣。蒙存疑直解

大全：左傳隱公元年，天子七月而葬，同軌畢至；諸侯五月，同盟至；大夫三月，同
位至；士踰月，外姻至。此言赴弔之各以遠近為差，因為葬節。○禮記喪大記：父
母之喪，居倚廬，不塗，寢苫枕塊，非喪事不言。○西山真氏曰：三年之喪，自唐虞
三代未有改者。春秋之世，此禮廢墜，於是宰子欲短喪，孔子責其不仁。子思亦
語自朞以下，貴賤有殊，父母之喪則一而已。方滕文用孟子言，欲行此禮，父兄
百官譁然爭之，及違衆而行，又以為知禮，何耶？蓋以為不可行者，蹈常襲故之

陋見而以爲知禮者秉懿好德之良心也世降教失雖以東魯文獻之邦猶不能行何怪於滕之父兄乎然文公一身先之則幡然而悟天理之在人心固不可泯也

蒙引諸侯五月而葬同盟至則四方來者必有鄰邦使者在內弔者大悅是四方來弔者也父兄百官不在此內

全旨大全雲峰胡氏曰前章論性善此章自是論三年之喪集註引林氏說首尾必舉性善而言者蓋喪制人子之心所自盡者最可見人性之本善處文公自悔其前日未嘗學問而一旦力行其所聞於孟子者是孟子一開發之際而文公之性善見矣及其行之而遠近見聞莫不悅服是文公一感發之頃而遠近之人性善皆見矣於是亦可信人性之無不善而堯舜之真可爲也

謹按親喪固所自盡句是一章大旨三年之喪五句見古今貴賤各求自盡而世子亦不可不自盡曰不可他求是在世子正堅其自盡之志世子曰是誠在

我信其當自盡而不他求矣。五月二句。果自盡其君薨聽於冢宰之禮。顏色二句果自盡其歠粥面深墨即位而哭之禮。至可謂曰智。弔者大悅則又自盡者之所感動也。即此便見人性本善。人皆可爲堯舜處。○外註林氏極得此章大旨宜細玩

○滕文公問爲國。

文公以禮聘孟子。故孟子至滕。而文公問之。

講滕文公嗣位之初。以禮來聘。孟子至滕。文公遂問治國之道。

大全慶源輔氏曰前云使然友問。此言文公問。則知以禮聘孟子至滕。而文公親問之也

孟子曰。民事不可緩也。詩云。晝爾于茅。宵爾索綯。亟其乘屋。其始播百穀。綯音陶亟紀力反○正韻緩胡管反

民事謂農事。詩豳風七月之篇。于往取也。綯絞也古巧反亟急也。乘升也。播布也

言農事至重。人君不可以爲緩而忽之。故引詩言治屋之急如此者。蓋以來春將復扶又反始播百穀而不暇爲此也。

講孟子曰國以民爲本民以食爲先農事乃國之急務而不可少緩者人君必爲之經畫區處使民得盡力於農畝可也詩豳風七月之篇有云值此冬月農畢之時即當晝往取茅草宵而絞之成索亟升其屋而治之蓋以來歲將復始播百穀而不暇爲此故也民自急其農事如此爲人君者其可不以此爲急乎

彙淺說

顧麟士曰民事不可緩句當緊照爲國言爲國惟民事不可緩也引詩又取民之自急者以証不可緩之意

謹按詩經集註索絞也綯索也與此微異本講從詩經

民之爲道也有恒產者有恒心無恒產者無恒心苟無恒心放辟邪侈無不爲已及陷乎罪然後從而刑之是罔民也焉有仁人在位罔民而可爲也音義並見前篇

講且農事之所以當急者何也蓋以民之爲道也有此衣食之恒產便能相生相養不去爲惡而有其固有之恒心若無此恒產者便朝不謀夕無暇爲善而固有之恒心以亡此勢之必然也苟無恒心則放蕩偏辟邪淫侈肆舉凡不善之事都無不爲而犯罪者衆矣及陷于罪豈得不以刑罰治之但平時不能制民恒產以培養其恒心使其無知犯法而刑罰必加無所逃避是張羅罔而驅民使入其中也其不仁亦甚矣焉有仁人在上位罔民之事而可爲也夫恒產有無所係至重如此農事之所以當急也葉淺説直解

蒙引放始違於理辟則浸淫矣邪則成惡矣侈則益肆矣亦有淺深之別

講按此節與齊宣節辭同意異彼爲求大欲之本此明民事之不可緩也

是故賢君必恭儉禮下取於民有制

恭則能以禮接下儉則能取民以制

講恒產所係之重如此是故賢君必持己謙恭不敢以貴而驕必自奉節儉不敢以富而侈惟其恭也則能虛賢下士而以禮待臣下惟其儉也則能制民恒產而取於民有制此所以爲賢君而善於爲國也彙參說直解

大全趙氏曰禮下所以開世祿及學校之事也取民有制所以開制民常產及貢助徹之法也

翼註賢君即上仁人

陽虎曰爲富不仁矣爲仁不富矣

陽虎陽貨魯季氏家臣也天理人欲不容並立虎之言此恐爲仁之害於富也孟子引之恐爲富之害於仁也君子小人每相反而已矣

講陽虎有言曰若欲爲富則必厚歛取利就行不得仁矣若欲爲仁只得損上益下就致不得富矣觀虎之言如此可見天理人欲不容并立欲禮下而取民有制者當知所自克矣　彙參說直解

大全慶源輔氏曰先儒多以爲孟子不以人廢言集註則以爲言雖同而所取各異其說尤的當

謹按引此重爲仁不富何以見仁人在位必爲民制恒產而取民有制也此合上條俱承上制恒產起下貢助徹之意

夏后氏五十而貢殷人七十而助周人百畝而徹其實皆什一也徹者徹也助者藉也。徹敕列反　藉子夜反此以下乃言制民常產與其取之之制也夏時一夫受田五十畝而每夫計其五畝之入以爲貢商人始爲井地之制以六百三十畝之地畫爲九區區七十畝中爲公田其外八家各授一區但借其力以助耕公田而不復扶又反稅其私田周時一夫授坊本作受田百畝鄉遂用貢法十夫有溝都鄙用助法八家同井耕則通力而作收則計畝而分故謂之徹其實皆什一者貢法固以十分扶問反下同之一爲常數惟助法乃是九一而商制不可考周制則公田百畝中以二十畝爲廬舍一夫所耕公田實計十畝通私田百畝爲十一分而取其一蓋又輕於十一矣竊料商制亦當似此而以十四畝爲廬舍一夫實耕公田七畝是亦不過什一也徹通也均也藉借也

講今以制民恆產與其取之之制言之夏后氏每夫受田五十畝而其取之則行貢法殷人每夫受田七十畝而其取之則行助法周人每夫受田百畝而其取之則行徹法貢助徹名雖不同而其實皆什一分中而取其一分以供上此中

正之制也夫以下頁上頁義易曉而所謂徹者何耶則通力合作收則計畝均分取義於徹也所謂助者何不稅其私田但借民之力以助耕公田取義於藉也此三代之田法如此彙序

大全朱子曰嘗疑孟子所謂夏后氏五十而貢三句難解先王經理天下之初做許多畎澮溝洫之類大段是費人力了若是自五十而增爲七十自七十而增爲百畝則田間許多疆理都合更改恐無是理大抵孟子之言雖曰推本三代之遺制然常舉其大而不必盡於其細也問三代受田多寡之不同何也曰張子嘗言之矣陳氏徐氏亦有說焉陳氏云夏時洪水方平可耕之地少至商而寖廣周而大備也徐氏云古者民約故田少而用足後世彌文而用廣故授田之際隨時而加焉

蒙引夏五十殷七十周百畝此制民恒產而貢而助而徹取之之制也徹字當此意當詳徹也內與貢助二字爲一類○集註通力合作計畝均分此便是徹意所謂均也通也

後人謂通用貢助之法而名曰徹則非矣此本袁氏明善之說而錯認其旨也（此意在請野九一節始見）

存疑 貢助徹是三代田法之名三句是渾淪說註細解不可用他說本文觀孟子自解曰徹者徹也助者藉也可見○貢法每夫受田五十畝就中取五畝之入以爲貢是十分中取一分也助法每夫受田七十畝外耕公田七畝已得七十畝以七畝之入供上是十分外取一分也曰其實皆什一亦槩言之爾

顧麟士曰大全蒙引存疑所載遂人匠人等辨說頗詳然非此處所急故槩芟之而存其要者於請野節

謹按 三代制產多寡不同諸家之說如陳氏徐氏已載於前矣外此仁山金氏以畝爲疇夏后氏之時田未盡闢每夫受田五十疇至殷人田已開闢每夫受田七十疇至周則土地盡闢每夫受田百畝傅氏寅謂夏殷田萊（休其地力而不耕者爲萊）俱足於一甸之內周悉井其田夏則田萊各半殷七十畝爲田三十畝爲萊亦以上地漸闢故也而徐位扈（見說約）又以古之治田者盡力盡法而不務多禹時恐民務於廣地以

致荒蕪故限田五十畝不得踰制而使精於其業此五十畝之田可以食八口之家也治田既少業既精專積久之後因生便巧如后稷之耕兩耜爲耦其孫叔均遂作牛耕是也便巧既多人力有餘至於殷周遂以漸加多而其田亦治故用七十而至於百畝要使人之力足以治田田之收足以食人必不至於務廣而荒耳此三家議雖不同大約不外陳氏寖廣大備之説均以明疆理不致更改之意也

龍子曰治地莫善於助莫不善於貢貢者校數歲之中以爲常樂歲粒米狼戾多取之而不爲虐則寡取之凶年糞其田而不足則必取盈焉爲民父母使民盻盻然將終歲勤動不得以養其父母又稱貸而益之使老稚轉乎溝壑惡在其爲民父母也

樂音洛盻五禮反從目從兮或音普莧反者非養去聲惡下聲
○正韻盻胡計吾計二反爲是謂陸音五禮反誤貸他蓋反
龍子古賢人狼戾猶狼藉言多也糞壅於用反也盈滿也盻恨視也勤動勞苦也
稱舉也貸借也取物於人而出息以償之也益之以足取盈之數也稚幼子也
講三代取民皆什一如此乃龍子有言曰古來治地取民之法莫善於殷人之
助莫不善於夏后氏之貢何以見貢之不善蓋年歲有豐歉則收成有多寡此
難以預定者也今夏之貢法較量數歲之豐歉共收穫若干而酌乎多寡之中
以爲取民之常法年年如此供於上蓋謂豐年不之增則凶年亦可不減也不
知其流弊有不可勝言者如樂歲粒米饒多很藉顛亂棄捐於地雖多取之而
不爲虐則拘於常數而寡取之彼小民無知誰能惜豐年之有餘以待凶年之
不足一至凶年其所得者供糞田之費尚不能給則仍拘常數而必取盈足焉
夫人君爲民父母當保民如赤子可也乃以取盈之故使民盻盻然怨恨將終

歲勤動之所得者盡輸之官不得以奉養其父母猶且不足常數又稱貸出息以益之致使老者稚者轉死於溝壑惡在其民爲父母也貢之不善流弊一至於如此若助法隨公田所得之多寡而取之安有是弊哉卽龍子此言可見助法之當行矣 蒙淺說直解

大全問貢法大禹之遺制而其不善若此何也朱子曰林氏嘗言之矣林氏曰禹貢之法九州之賦有錯出於他等者不必以爲歲之常數又因游豫則覘其豐凶而補助之周制鄉遂用貢法亦有司稼之官巡野觀稼視年之上下以出歛法則其弊未至如龍子之言乃當時諸侯用貢法之弊耳

蒙引上條備舉先王取民有制之法此及下二條則從而裁其所宜行於今者○貢法若常有大禹用之則决無弊若禹生於周時亦不止用貢於此可以判其得失之所在矣

纂註以下三節總見得助法當行

夫世祿滕固行之矣 夫音扶

孟子嘗言文王治岐耕者九一仕者世祿二者王政之本也今世祿滕已行之惟助法未行故取於民者無制耳蓋世祿者授之土田使之食其公田之入實與助法相爲表裏所以使君子野人各有定業而上下相安者也故下文遂言助法

講夫先王之法耕者九一仕者世祿二者乃王政之本也然世祿取之公田實與助法相爲表裏有不容不并舉者今世祿之制滕固以見今行之矣而助法未舉則所取於民以供世祿之需者猶未有制也安可不行助法乎 彙直解

蒙引上方論貢助徹之法而忽着此句者蓋言此以起下文見世祿助法二者當並行而不可偏廢即下文無君子莫治野人無野人莫養君子之意（）世祿滕固行之此不必是公田所需者蓋當時助法不行那有公田只是隨俗加賦

而取之正是取民無制者也○滕之世祿不出於公田而集註乃曰受之士田云云者此蓋正言之乃承上文耕者九一仕者世祿而云然者也

詩云雨我公田遂及我私惟助爲有公田由此觀之雖周亦助也雨于付反

詩小雅大田之篇雨降雨也言願天雨於公田而遂及私田先公而後私也當時助法盡廢典籍不存惟有此詩可見周亦用助故引之也

講助法之善觀於詩可見矣詩小雅大田之篇有云願天有雨漑我公田而遂及我之私田此周人之詩也然貢法無公田惟助爲有公田由此詩觀之可見助法不特行之於商雖周之徹法亦未始非行助法也益以見助法之善滕當與世祿並行矣彙參說

大全朱子曰考之周禮行助法處有公田行貢法處無公田孟子只據詩說後

面鄉田同井一條與井九百畝一條說井田只說得這幾句是多少好這也是大本大源處却不理會細碎

集註雖周亦助重在助法之善上不重滕當法祖

顧麟士曰貢者以下明貢之失世祿以下至此處是明助之得也助得則徹之得亦不待言矣

設為庠序學校以教之庠者養也校者教也序者射也夏曰校殷曰序周曰庠學則三代共之皆所以明人倫也人倫明於上小民親於下

庠以養老為義校以教民為義序以習射為義皆鄉學也學國學也共之無異名也倫序也父子有親君臣有義夫婦有別必列反長上聲幼有序朋友有信此人

之大倫也庠序學校皆以明此而已

講果能行助法則民有恆產矣恆產既制恆心可興而教化當舉矣必也設爲庠序學校以教之焉蓋古之建學以教民爲主而鄉飲鄉射之禮亦皆舉於其中所以取義於庠者爲養者老也或國老或庶老皆得其養也所以取義於校者六德六行六藝之屬皆教以禮義也所以取義於序者三耦四矢內志正外體直持弓矢審固以觀其德行也三者皆鄉學無不兼而教之但三代相繼各舉一事以爲名耳故在夏則曰校在殷則曰序在周則曰庠鄉學之異名如此至於天子諸侯之國學則設於國中以教成材之士三代皆同此名無所變易焉而總之鄉學國學之建名義雖殊原其立教之意皆所以講明人倫使五常有叙也夫人之所以爲人者以其有倫惟三代盛王建學立師將此五倫之理曉然宣示於上則小民莫不以恩相接以分相維各安於倫理之中而親睦之俗成於下矣此全民恆心之法也彙補註直解

大全問鄉學如何朱子曰皆是農隙而學曰孰與教之曰鄉大夫有德行而致
其仕者教之○雙峰饒氏曰孟子教時君行仁政只是教與養兩事井田以養
之學校以教之告齊王滕文公皆如此小民親於下者蓋父與子相親長與幼相
親非尊君親上之親○趙氏惪曰王制有虞氏養國老卿大夫致仕者於上庠養庶老士及庶人在官者於下庠
夏后氏養國老於東序養庶老於西序又黨正以禮屬民而飲於序是庠序皆
可言養也文王世子云書在上庠是庠亦可言教也孟子特因立名之義舉其
重者耳
彙引汪氏曰古者二十五家爲閭同在一巷巷各有門門側有塾民在家者朝
夕授教於塾也愚謂八歲所入之小學即此五百家爲黨黨之學曰庠教閭塾
所升之人二千五百家爲州州之學曰序序則教黨學所升之人也天子所都
及諸侯國中之學皆謂之國學以教元子衆子及公卿大夫之適子與凡民之俊秀皆在國學○家塾黨庠州序雖皆是鄉學
然黨庠州序所教大抵皆十五以上者謂之入大學矣○古者國學惟天子諸

侯之都有之鄉學則隨所在酌立之鄉里子弟之秀者則以次升之至於國學而待用其不然者則歸之農而士農分矣〇夫諸侯之學小學在內大學在外故王制言小學在公宮南之左大學在郊以其選士由內以升於外然後達於京故也天子之學小學在外大學在內故文王世子言凡語於郊然後於成均成其虧均其過不及取爵于上尊以其選士由外以升於內然後達於朝也

存疑設為庠序學校以教之欲文公兼設也意周制是如此故學記曰古之學者家有塾黨有庠術術作州有序國有學蓋周制也

顧麟士曰設為何是總說庠者至共之申庠序學校四字皆所以句申教之二字人倫二句推其當明也

有王者起必來取法是為王者師也

滕國褊褊俾淺反小雖行仁政未必能興王業亦然為王者師則雖不有天下而其澤

亦足以及天下矣。聖賢至公無我之心於此可見。

講助法學校皆王者之政也滕今舉而行之則將來有王者受命而起欲舉三代之政必來取子之所爲教養者以爲法是子爲王者之師也而仁澤及於天下不亦無窮矣乎彙序

大全朱子曰只說王者必來取法不說滕便可以王是亦要大國方做得

翼註集註滕國褊小未必能興王業二語勿露爲妙若露出不似告滕君語

詩云。周雖舊邦。其命維新。文王之謂也。子力行之。亦以新子之國。

詩大雅文王之篇。言周雖后稷以來舊爲諸侯。其受天命而有天下則自文王始也。子指文公諸侯未踰年之稱也。

講而況滕興王之業即基於此乎詩文王之篇有云周自后稷始封以來雖爲

舊邦而其受天命而有天下則自今日始也詩所言乃文王之謂也文王能行養民教民之王政故也子若能奮然而力行助法學校之政則天命日集而舊業日增亦以新子之國如文王矣爲國之道孰過於是哉蒙序

大全雙峰饒氏曰新其國小大雖不同可以爲善便是新其國○東陽許氏曰文公問爲國孟子告以教養其民有養然後可教故先言助法而後及學校也自民事不可緩至雖周亦助也養之事設爲庠序一節教之事下至新子之國總言之答文公者止此下答畢戰却只言分田蓋畢戰惟掌井田之事也

翼註民之爲道也三節是議論民事不可緩之意夏后氏以下五節是舉三代制度以實之夏后四節應上恒產意設爲節應上恒心意有王者起二節則結勉滕君也

使畢戰問井地孟子曰子之君將行仁政選擇而使子子必勉

之。夫仁政必自經界始。經界不正，井地不均，穀祿不平。是故暴君汙吏必慢其經界。經界既正，分田制祿可坐而定也。夫音扶

畢戰，滕臣。文公因孟子之言，而使畢戰主為井地之事，故又使之來問其詳也。井地即井田也。經界謂治地分田經畫其溝塗封植之界也。此法不修，則田無定分去聲而豪強得以兼并去聲，故井地有不均一本作鈞；賦無定法而貪暴得以多取，故穀祿有不平。此欲行仁政者之所以必從此始，而暴君汙吏則必欲慢而廢之也。有以正之，則分田制祿可不勞而定矣。

講文公因孟子之言，遂欲行井田之制，而使畢戰主其事，因使之來問其詳。孟子曰：先王仁天下之政，莫大於井田。今子之君將行此井田之仁政，選擇於群臣之中而獨使子，其任重其責專也。子必勉勵為之，不負其所托可也。夫仁政之要，必自經畫其界限始。如通水道則有溝洫，正阡陌則有道塗，立疆塍則有

所封之土堠（五里一堠）所植之樹木之類劃然分明爲先務也若經畫之疆界不正則田之在民無一定之分而井地不均豪强者得以兼併於下賦出於田無一定之法而穀祿不平貪暴者得以多取於上是故暴虐之君貪汚之吏必欲慢廢其經界所以亂之而恣其欲也若經界旣正則豪强貪暴弊無所容而在下之分民田在上之制穀祿可坐而定而不勞餘力矣此仁政必自經界始也　彙序

大全雙峰饒氏曰分田制祿雖平說然却相因穀祿卽井地公田中擀其穀以爲祿分田始可制祿

存疑孟子之言教養兼舉文公獨使畢戰問井田者蓋必先養而後可教也孟子合下就說民事不可緩主意還重在養上

顧麟士曰汚吏謂貪官非掾吏之吏

劉上玉曰下節方指滕言此節槩論

夫滕壤地褊小。將爲君子焉。將爲野人焉。無君子莫治野人。無野人莫養君子。夫音扶。養去聲

言滕地雖小。然其閒亦必有爲君子而仕者。亦必有爲野人而耕者。是以分田制祿之法。不可偏廢也。

講 行仁政必重正經界。如此。試以滕言之。夫滕截長補短。將五十里。壤地雖甚褊小。將必有食祿於朝而爲君子者焉。必有自食其力而爲野人者焉。使無君子。則莫爲之施政教以治野人。故祿不可不制也。使無野人。則莫爲之貢賦稅以養君子。故田不可不分也。彙存疑直解

存疑 分田制祿。是尋起前面恭儉禮下取民有制說。無君子二句。正見當分田制祿也。

請野九一而助。國中什一使自賦。

此分田制祿之常法所以治野人使養君子也。野郊外都鄙之地也。九一而助爲公田而行助法也。國中郊門之內鄉遂之地也。田不井授但爲溝洫使什而自賦其一。蓋用貢法也。周所謂徹法者蓋如此。以此推之當時非惟助法不行其貢亦不止什一矣

講夫分田制祿之法必因地而制其宜有如郊野之外土地廣濶可爲井田則請爲田九區中一爲公田八家助耕收其所入以爲君子之祿而行助法至於郊關之內爲國中此間相屬難行井田則約田百畝使一夫受之而自賦其什分之一於上以充國用此周家徹法正如此而君子養小人治矣袁輔氏直解

大全周禮司徒鄉老遂人百里內爲六鄉外爲六遂萬二千五百家爲鄉六鄉七萬五千家遂亦如之遂人主六遂之地自遠郊以達於畿中有公邑家邑小

都大都焉遂謂王國百里外也

蒙引溝洫亦經界之法井地亦有溝洫註云田不井授但爲溝洫者貢法只有溝洫無井田也○輔氏謂助法收公田所入以爲君子之祿卽所謂君十卿祿卿祿倍大夫大夫倍上士者皆有畝數决是助法之公田無疑又謂貢法什一自賦以充國家所用蓋國家供費萬端將何取給故知貢法所取者實以給之此外又有布縷力役之征工商虞衡之入凡皆野人所供也○前只要滕行助法此兼貢何也想滕當時只是行貢法世祿已行者正是將貢上之粟充世祿也惟助法未行故始切切然只言助法此告畢戰不得不兼言貢助蓋授以方略形勢也然滕雖嘗用貢而貢不止什一亦不止鄉遂用貢也故集註云然○（見夏后氏條下）鄉遂用貢法見於周禮遂人曰凡治田夫間有遂遂上有徑十夫有溝溝上有畛百夫有洫洫上有涂千夫有澮澮上有道萬夫有川川上有路以達於畿右鄭註以爲此鄉遂用溝洫之法也用之近郊都鄙用助法見於考工記匠人曰

匠人爲溝洫耜廣五寸二耜爲耦一耦之伐廣尺深尺謂之甽田首倍之廣二尺深二尺謂之遂九夫爲井井間廣四尺深四尺謂之溝方十里爲成成間廣八尺深八尺謂之洫方百里爲同同間廣二尋深二仞謂之澮專達於川右鄭註以爲此都鄙用井田之法也用之野外縣都○野九一者乃受田之制國中什一者乃取民之制○行助法之地必須以平地之田分畫作爲九夫中爲公田而八夫之私田環之列如井字整如棋局所謂溝洫直欲限田之多少而爲之疆界亦以便蓄洩行貢法之地則無問高原下隰截長補短每夫授之百畝所謂溝洫者不限於十夫百畝不過隨地之高下而爲之蓄洩此二法之所以異也○鄉遂迫近王城凶豐易察故可行貢法都鄙僻在遐方凶豐難知故止行助法貢法以濟助法之不及爾鄉遂之地少都鄙之地多則行貢法之地必少而行助法之地必多

舉註此節正答井田之問下二節乃法外之仁又其兼及者耳

卿以下必有圭田圭田五十畝。

此世祿常制之外又有圭田所以厚君子也圭潔也所以奉祭祀也不言世祿者滕已行之但此未備耳。

講夫因田制祿固所以厚君子然不但此也於君子世祿常制之外又自卿以下至於士必有圭潔之田其田五十畝所以供祭祀也彙趙註

趙註井田之民養公田者受百畝圭田半之故五十畝

纂引制祿之法卿大夫士其田皆有定分惟圭田乃分外加厚之田則一視同仁無卿大夫之別蓋先王之特恩也

講按仕有尊卑則廟有多寡如大夫三廟適士二官師一上士中士下士是也廟有多寡則祭有豐殺如三鼎五鼎之類是也而圭田定於五十者蓋卿大夫祿厚故廟多祭豐而圭田不必增士之祿薄故廟少祭儉而圭田不可減也

餘夫二十五畝。

程子曰。一夫上父母下妻子以五口八口爲率受田百畝。如有弟。是餘夫也。年十六別受田二十五畝。俟其壯而有室然後更受百畝之田。愚按此百畝常制之外又有餘夫之田。以厚野人也。

講 計口授田固所以厚野人。然不但此也。於一夫八口之外其家中子弟尚有餘力者謂之餘夫則受田二十五畝以利民也凡此皆自井田而通之者也 彙趙註

大全 問卿大夫之圭田必有耕之者。豈亦有耕屬可耕乎朱子曰恐圭田只是給公田之在民者大抵古者田祿皆是助法之公田充而八家因爲之屬如有田一成有衆一旅是也（公田）圭田恐亦如此（私田）○雙峰饒氏曰圭田餘夫亦是百畝中撥與他半分則五十畝四分則二十五畝問各受田百畝六十傳與其子孫養

其父但只是長子受父之田次子便是餘夫年十六以上爲餘夫別請二十五畝若無子則百畝納之官曰然

死徙無出鄉。鄉田同井。出入相友。守望相助。疾病相扶持。則百姓親睦。

死謂葬也。徙謂徙其居也。同井者八家也。友猶伴也。守望防寇盜也。

［講］井田既定。不但厚民生。且以善民俗。一鄉之民。凡死而葬者。徙而遷居者。皆不出其鄉。蓋以此鄉之田。八家同井故也。惟其同井。所以出而在田。入而在家。皆相友伴而同其勞苦。近而守家。遠而望盜。皆相援助而連其聲勢。不幸而有疾病。又皆匡其羸弱。濟其困急。而相扶持焉。如此則同井之民。無不相親而不疎。相睦而不戾矣。不益見助法之善哉。彙趙註直解

蒙引此節言井田之法之有以善乎民俗也若只說井田之善則上下俱見其

者不獨民俗矣。今觀此節，都是就百姓說，故定為井田之法，有以善民俗也。蓋都是井田之制使然耳。

〔諺按〕鄉田同井句，乃結上接下之語。○蒙引謂聖賢信筆成文，若論道理之審處，當云鄉田同井，出入相友，至扶持，然後接死徙無出鄉，則百姓親睦，方順。故知同井句為結上以接下也。鄉字作里字看，非鄉遂之鄉。

方里而井，井九百畝，其中為公田。八家皆私百畝，同養公田。公事畢，然後敢治私事，所以別野人也。養去聲。別彼列反。

此詳言井田形體之制，乃周之助法也。公田以為君子之祿，而私田野人之所受。先公後私，所以別君子野人之分去聲也。不言君子，據野人而言，省文耳。上言野及國中二法，此獨詳於治野者，國中貢法當時（功本作世）已行，但取之過於什一爾。

【講】井田之善當行如此試以其形體詳之每地方正一里而畫爲九區形如井字每區田百畝九區共田九百畝其中百畝爲公田以爲君子之祿外八家各私百畝以自贍而此八家之民則同出力以治公田凡耕耘收穫之時必公田之事已畢然後敢治私田之事所以別野人以下服上養君子之分也周之行助有如此彙序

大全通考朱子井田類說曰班志古者建步立畝六尺爲步步百爲畝畝百爲夫夫三爲屋屋三爲井井方一里是爲九夫八家共之一夫一婦受私田百畝公田十畝是爲八百八十畝餘二十畝以爲廬舍民受田上田夫百畝中田夫二百畝下田夫三百畝歲更耕之換易其處注何休曰司空謹別田之高下善惡分爲三品上田一歲一墾中田二歲一墾下田三歲一墾肥饒不得獨樂墝埆不得獨苦三年一換土易居其家衆男爲餘夫亦以口受田如此比○慶源輔氏曰上既言助法之善故此遂言周之助法也

顧麟士曰詩孔疏夫有百步三夫爲一里然則此言方里者縱横皆一里其體正方中九百畝耳此爲不易之解○古者畝非方正其濶一步長一百步然積至百畝濶亦百步矣但以一畝三畎之法治田故畝計長而不方然夫計井計仍是方也

謹按袁氏明善曰井田始於黄帝經界如井字後世因號爲井田觀此則井田之制由來久矣禹時雖行貢法未始無井田遺制也

此其大略也若夫潤澤之則在君與子矣夫音扶

井地之法諸侯皆去上聲其籍此特其大略而已潤澤謂因時制宜使合於人情宜於土俗而不失乎先王之意也○吕氏曰子張子慨然有意三代之治去聲論治人先務未始不以經界爲急講求法制粲然備具要平聲之可以行於今如有用我者舉而措之耳嘗曰仁政必自經界始貧富不均教養無法雖欲言治去聲

皆苟而已世之病難行者未始不以亟奪富人之田爲辭然茲法之行悅之者衆苟處上聲之有術期以數年不刑一人而可復所病者特上之未行耳乃言曰縱不能行之天下猶可驗之一鄉方與學者議古之法買田一方畫爲數井上不失公家之賦役退以其私正經界分宅里立斂去聲法廣儲蓄敕六反興學校成禮俗救菑與災同卹患厚本抑末足以推先王之遺法明當今之可行有志未就而卒○愚按喪禮經界兩章見孟子之學識其大者是以雖當禮法廢壞之後制度節文不可復扶又反考而能因略以致詳推舊而爲新不屑屑於既往之迹而能合乎先王之意眞可謂命世亞聖之才矣

講然井田之法其廢久矣凡我之所言定中外辨公私若此者其大畧也以爲經畫井田之準則耳若夫古今異時彼此異地有不可以執一者惟是變通而化裁之使合於人情宜於土俗不拘先王之法又不失先王之意潤而澤之以不滯於行則在滕君主持於上而子協力於下同心共濟以急民事而行仁政

使國勢日漸而已豈吾言之所能盡哉。蒙淺說

大全或問潤澤之說雙峰饒氏曰前面說底是箇硬局子到這裏須是要變通使合人情宜土俗也潤澤非文飾之謂乃是和軟底意思不至是硬局子溫潤滑澤方可行得此朱子善於形容孟子用心處○南軒張氏曰井田王政之本而經界又井田之本也大要在分田制祿二事而已田得其分則小民安其業祿得其制則君子賴其養上下相需而各宜焉治之所由興也人皆知商鞅廢井田開阡陌者孟子之言則井田之廢久矣

蒙引自仁政必自經界始至別野人也此段比周禮亦為畧今動輒以周禮律之蓋孟子不見周禮王制又漢儒剌六經為之者故講孟子者只用孟子大意不必過求强合益紛紜而不相入矣但其所以異處亦當考而知之○潤柔而不硬也澤滑而不澁也

全存疑民事不可緩一句是一章大指通章皆是此意引詩是証民事不可緩

之說民之爲道也一節是說民事所以不可緩處民無恒心由於無恒産此民事所以不可緩而民之恒産不可不制也故承之曰賢君必恭儉云云自夏后氏五十而貢至雖周亦助都是說此事設爲庠序一節又是旣富而敎之之事亦在民事內蓋必敎養兼舉然後爲治法也然終歸重在養民上故自畢戰問井地後只說井田不復言學校

翼註告文公與畢戰分兩段看民事不可緩也一章之大旨不緩民事在制恒産而行助法欲行助法在正經界章內雖以恒産恒心貢法助法分田制祿并言而恒産邊重恒心邊輕助法邊重貢法邊輕分田邊重制祿邊輕

○有爲神農之言者許行自楚之滕踵門而告文公曰遠方之人聞君行仁政願受一廛而爲氓文公與之處其徒數十人皆

衣褐捆屨織席以爲食。衣去聲 捆音閫○正韻處上聲 屨居遇反

神農炎帝神農氏。始爲耒耜教民稼穡者也。爲其言者。史遷所謂農家者流也。許姓行名也。踵門足至門也。仁政。上章所言井地之法也。廛民所居也。氓野人之稱。褐毛布。賤者之服也。捆扣椓竹角反之欲其堅也。以爲食。賣以供食也。程子曰許行所謂神農之言乃後世稱述上古之事。失其義理者耳。猶陰陽醫方稱黃帝之說也。

講滕文公因孟子之言欲行三代井田之法乃有農家者流而學習神農之言者許行自楚之滕踵文公之門而告曰吾遠方之人聞君分田制禄而行仁政願受一廛之居而爲之氓於是文公與之居處但見其徒有數十人所衣皆褐相與捆屨織席以供食蓋明自食其力不費公家之廩餼也此亦可以窺其意之所在矣 彙淺說

大全問許行爲神農之言而有君臣並耕市不二賈之說何耶朱子曰程子之言盡矣然以易考之二者皆神農之所爲也當時民淳事簡容或有如許行之說者及乎世變風移至於唐虞之際則雖神農復生亦當隨時以立政而不容固守其舊矣況許行之妄乃欲以是而行於戰國之時乎

陳良之徒陳相與其弟辛負耒耜而自宋之滕曰聞君行聖人之政是亦聖人也願爲聖人氓。

陳良楚之儒者耜所以起土耒其柄也。

講又有楚儒陳良之徒陳相者與其弟辛躬負耒耜而自宋之滕曰聞君行三代聖人之政是亦今之聖人也願爲聖人氓彼本學於陳良不爲出疆而舍其耒耜耳非若許行直欲售其邪說而來也彙茂說

翼註陳相歸滕却是誠心但不合後來學許行耳

陳相見許行而大悦。盡棄其學而學焉。陳相見孟子。道許行之言曰。滕君則誠賢君也。雖然。未聞道也。賢者與民並耕而食。饔飧而治。今也滕有倉廩府庫。則是厲民而以自養也。惡得賢。饔〔旨〕

雍飧音孫惡平聲

○正韻道去聲

饔飧熟食也。朝曰饔。夕曰飧。言當自炊爨七亂反以爲食。而兼治民事也。厲病也。許行此言。蓋欲陰壞音怪孟子分別必列反君子野人之法。

〔講〕乃邪說易以惑人、陳相一見許行而大悦、盡棄其所學於陳良者、而學許行焉、陳相既學其道、乃見孟子、道述許行之言曰、滕君能行仁政、則誠賢君也、雖然未聞古聖人治天下之大道也、彼賢君不將必與民並耕田而供已之食、自爲朝饔夕飧之餘而兼理治民之事、所以爲天下任勞而無所取於民也、今也滕有倉廩以貯穀粟有府庫以藏貨財都是取之於民者則是厲病其民而以自安養也惡得爲賢許行此言蓋欲陰壞孟子分別君子野人之法也彙參說

存疑 並耕而食一句正是許行邪說害道處故通章節節辨之

翼註 並耕二句不平以並耕作主食字牽連饔飧作過接而又兼治民事作尾

孟子曰許子必種粟而後食乎曰然許子必織布而後衣乎曰否許子衣褐許子冠乎曰冠曰奚冠曰冠素曰自織之與曰否以粟易之曰許子奚爲不自織曰害於耕曰許子以釜甑爨以鐵耕乎曰然自爲之與曰否以粟易之衣去聲與平聲○正韻種去聲甑子孕反

釜所以煮甑所以炊爨然火也鐵耜屬也此語八反皆孟子問而陳相對也

講孟子將折其非而先詰之曰據子之言許子必種粟而後食乎相對曰然孟

子蓋亦决知其然特以起下之難端耳又詰曰許子必織布而後衣乎對曰否
許子衣褐蓋相欲以衣褐逃孟子之駁也然褐不待織乎孟子姑置之又詰曰
許子冠乎對曰冠又詰曰奚冠恐其如衣褐之説也相對曰冠素蓋以素布爲
之取其質也因即詰曰許子自織之與至此則相無所逃因對曰否以粟易之
則已爲孟子闢之之地矣乃又詰之曰然則許子奚爲不自織又對曰爲其有
妨於耕故不得自織也至此可闢之端已盡露矣孟子乃姑置之詰曰許子以
釜甑爲爨且以鐵器爲耕具乎對曰然詰曰自爲之與對曰否以粟易之此可
見許子服食器用皆必出於粟易如此彙蒙引

蒙引許子奚爲不自織曰害於耕則已可折之矣然孟子理義之在胸中者歷
飫充足酬應不窮而其辭辯之出於頰舌間者變化敏妙而無方方且欲多其
邪遁之辭以爲折服開悟之地故不即闢之而又曰許子以釜甑云云彼則又
曰然又曰以粟易之然後曰以粟易械器者云云人但見孟子之多其辭説而

不知此法節省了多少辭說也不然彼之邪說蔽錮已深其執拗論辨可遽申吾說耶○上文因論冠彼曰以粟易之則詰之曰許子奚爲不自織論釜甑爨鐵耕彼又曰以粟易之則不復曰許子奚不自爲之者蓋以其理之同也即此是言語之長才文章之妙法

彙註孟子最善辨不直言人君不能並耕先就許子身上所難兼者歷詰之問得其精然後折之此機最妙○許子必種粟而後食乎曰然此作一頭孟子非不知許子種粟但此開辨問之端耳下文衣冠作一脚釜甑鐵作一脚皆種粟之身所不能兼者冠素只是無文飾不限白色

謹按上文捆屨織席以爲食此何以云必種粟而後食蓋上文據其事此據其教也不是已在滕種粟

以粟易械器者不爲厲陶冶陶冶亦以其械器易粟者豈爲厲

農夫哉且許子何不爲陶冶舍皆取諸其宮中而用之何爲紛紛然與百工交易何許子之不憚煩曰百工之事固不可耕且爲也舍去聲○正韻械下戒反

此孟子言而陳相對也械器釜甑之屬也陶爲甑者冶爲釜鐵者舍止也或讀屬音燭上句舍謂作陶冶之處也

講孟子承其說微辨而詰之曰許子之粟易如此是則以己之粟易陶人冶人之械器者原不爲有病於陶冶彼陶人冶人亦以其械器易農夫之粟者豈爲有病於農夫哉凡相易固不相厲也我且問子許子何不自爲陶冶則凡百械器止皆自取其家而用之是多少便乃何爲紛紛然與百工交易是何許子之不憚煩勞也對曰許子耕者也百工之事固不可既已耕而且兼爲之也棄家川

大全新安陳氏曰厲陶冶厲農夫之説乃是因行厲民自養之言承其厲字而

明辨以闢之

蒙引械器凡民生日用所資器皿皆是故註用之屬二字以該之

翼註此與上節俱是詰問之詞俱未斷定也豈爲厲農夫哉觀豈字哉字亦帶

詰詞○且許子何不爲陶冶至不憚煩一氣看交易本非煩乃反激陳相耳

然則治天下獨可耕且爲與有大人之事有小人之事且一人之身而百工之所爲備如必自爲而後用之是率天下而路也故曰或勞心或勞力勞心者治人勞力者治於人治於人者食人治人者食於人天下之通義也與平聲食音嗣

此以下皆孟子言也路謂奔走道路無時休息也治於人者見治於人也食人

者出賦稅以給公上也。食於人者見食於人也。此四句皆古語而孟子引之也。君子無小人則飢，小人無君子則亂。以此相易，正猶農夫陶冶以粟與械器相易，乃所以相濟而非所以相病也。治天下者豈必耕且爲哉。

講孟子即應其言而辨之曰：子謂百工之事尚不可耕且爲，然則人君之治天下，視百工之事何如？獨可耕而且爲之與？蓋凡在上之大人自有大人之事，在下之小人自有小人之事，固不可得而兼也。且就一人之身計之，服食器用，百工之所爲無不具備，如必出於自爲而後用之，是使天下之人既營此又營彼，奔走道路無時休息也。是則小人一身而猶不能相兼，況欲以大人之事兼小人之事乎？故古語有曰：或爲大人而勞心於上，以思化理之原；或爲小人而勞力於下，以効手足之烈。勞心於上者須政布教以治在下之人；勞力於下者安分務本以受治於在上之人。治於人者出賦稅以食在上之人；治人者取正供以受食於在下之人。以此相易，正猶農夫陶冶相濟而非相病。此乃天下古今

通行之大義也許子何妄議滕君乎。彙通解
大全南軒張氏曰聽治於人者宜出力以食其上而治人者享其食焉此理天
實爲之萬世所共由者故曰天下之通義也如許行之說則昧天理之當然務
小惠以妨大德狥私情以妨正體卒歸于不可行耳
蒙引上既承其害於耕之說而明彼此之不相厲也見滕君之非厲民以自養
矣此則又承其百工不可耕且爲之說而明彼此之交相資亦以此見滕君之
不厲民以自養也只是一意錯出於語次之間不必强分爲二意抑通章是此
意也
翼註義者宜也凡爲上者皆宜勞心而治人凡爲下者皆宜勞力而食人矣曰
通義
謹按有大人之事二句且說各有其事而不相兼勿遽說出治與耕來留下文
引古語處暢發其旨

當堯之時天下猶未平洪水橫流氾濫於天下草木暢茂禽獸繁殖五穀不登禽獸偪人獸蹄鳥跡之道交於中國堯獨憂之舉舜而敷治焉舜使益掌火益烈山澤而焚之禽獸逃匿禹疏九河瀹濟漯而注諸海決汝漢排淮泗而注之江然後中國可得而食也當是時也禹八年於外三過其門而不入雖欲耕得乎。瀹音藥濟子禮反漯他合反

天下猶未平者洪荒之世生民之害多矣聖人迭興漸次除治至此尚未盡平也洪大也橫流不由其道而散溢妄行也氾濫橫流之貌暢茂長上聲盛也繁殖衆多也五穀稻黍稷麥菽也登成熟也道路也獸蹄鳥跡交於中國言禽獸多

也敷布也益舜臣名烈熾也禽獸逃匿然後禹得施治水之功疏通也分也九河曰徒駭（下楷反）曰太史曰馬頰（音莢）曰覆釜曰胡蘇曰簡曰潔曰鉤盤曰鬲（音隔）津淪亦疏通之意濟漯二水名決排皆去（上聲）其壅塞也汝漢淮泗亦皆水名也據禹貢及今水路惟漢水入江耳汝泗則入淮而淮自入海此謂四水皆入于江記者之誤也

講 嘗觀自古聖人未有與民並耕而治天下者且以堯言之蓋前此洪荒之世生民之害甚多聖人迭興漸次除治至於當堯之時天下猶未盡平也蓋其時洪水不由其道而散溢妄行遂至氾濫於天下水盛故草木暢茂草木盛故禽獸繁衍生殖禽獸草木皆妨害五穀者故五穀於是不登人類日稀而禽獸偪人凡獸蹄鳥跡之道交遍於中國焉天下之未平如此然他人不知憂也惟堯爲當日勞心之大人而獨憂之知天下之患非一人之所獨理於是舉舜而敷布其治焉堯既以天下之憂爲憂而托之舜舜遂以堯之憂爲憂而分任於諸

臣蓋是時草木充塞於路禽獸巢穴其中雖欲治水而無所施其力也舜灼見其理勢乃先使益爲主火之官益將山林藪澤所生之草木一切焚之使禽獸失所依遂皆逃避而匿於他所然後舜使大禹爲司空而施治水之功焉如黄河之水天下之最大者也禹則於兖州之域疏大河之流爲九河以分其勢又疏通濟水漯水並九河皆注之海而北條之水有所歸矣又次南决汝水漢水排淮水泗水而注之江而南條之水有所歸矣天下大水只此數者今既有所歸自然不至泛濫而地皆可耕然後中國人民可得耕而食以免昏墊溺之患也當是時禹勤事於外凡八年之中三過其門而不及入見其家人其爲天下拯溺勤勞如此雖欲並耕而食其可得乎　蒙引直解

大全仁山金氏曰汝出今河南梁縣天息山至蔡州下入淮漢出今漢中利路之間兩縣嶓冢山東南流二千四百里至漢陽軍大別山入江淮出唐州桐栢山下七百里至海州入海泗出襲慶府泰山陪尾有泗源南至下邳入淮當是

疏九河瀹濟排淮江而注之海決汝泗而注之淮決漢而注之江○朱子曰決
汝漢句似但取其字數足以對偶云耳只是行文之失無害於義理不必曲爲
之說○新安陳氏曰雖欲耕得乎是提掇耕字以照應前獨可耕且爲與一句
要註可得而食是有田可耕尚未耕也
訓擬禹貢云導河積石至於龍門蓋河出崑崙至積石而流始大又禹貢云浮
元窮其源謂出星宿海
於濟漯達於河注漯水出東郡東武陽縣又云導沇水東流爲濟山海經云濟
水出河東郡垣曲縣王屋山初名沇水東出溫縣西北始名濟水

后稷教民稼穡樹藝五穀五穀熟而民人育人之有道也飽食煖衣逸居而無教則近於禽獸聖人有憂之使契爲司徒教以人倫父子有親君臣有義夫婦有別長幼有序朋友有信放勳曰勞之來之匡之直之輔之翼之使自得之又從而振德之聖

人之憂民如此而暇耕乎契音薛別彼列反長放並上聲勞來並去聲〇正韻翼夷益反

言水土平然後得以教稼穡衣食足然後得以施教化后稷官名棄爲之然言教民則亦非並耕矣樹亦種也藝殖也契亦舜臣名也司徒官名也人之有道言其皆有秉彝之性也然無教則亦放逸怠惰而失之故聖人設官而教以人倫亦因其固有者而道去聲之耳書曰天敘有典勑我五典五惇哉此之謂也放勳本史臣贊堯之詞孟子因以爲堯號也德猶惠也堯言勞如字者勞之來如字者來之邪者正之枉者直之輔以立之翼以行之使自得其性矣又從而提撕音西警覺以加惠焉不使其放逸怠惰而或失之蓋命契之辭也

講水土既平則民有可耕之地矣於是舜命棄爲后稷之官使之教民稼穡以種植五穀五穀成熟而天下之民人皆相生相養而無阻饑之患矣然民之有此秉彝之道也若飽食煖衣安逸居處而無以教之則不知由其道習於邪僻

而違禽獸不遠矣聖人有憂之又使契爲司徒之官教民以人倫令其父慈子孝而有親君令臣共而有義夫外婦內而有別長先幼後而有序朋友之交而有信此五者人所固有之大倫也必設官以教之而後民性始復也乃放勳又告戒之曰教民之道因人而施民之用力於人倫而爲勞者則慰勞以安之民之歸向於人倫而爲來者則引進以來之此裒善之教也民之立心背於人倫而爲邪者則開其心以匡之民之所行戾乎人倫而爲枉者則矯其行以直之此救失之教也而凡此勞來匡直皆所以輔之使立乎人倫而不移翼之使行乎人倫而不怠以自得其性也既自得其性矣又從而提撕警覺以加惠焉不使其放逸怠惰而或失之也聖人憂民之切惓惓無已如此而暇爲耕之事乎彙達說

大全趙氏悳曰稷乃五穀之長故以稷爲農官之稱后者有爵土之號說文種曰稼斂曰穡○新安陳氏曰聖人有憂之又言堯所憂者大使契爲司徒以教民所憂在此何暇于並耕末二句是再提掇耕字以照應獨可耕且爲與一句

蒙引上言治人者食於人正以見其不暇耕自此以下皆是反覆證明此意蓋堯之時敷治者舜也烈山澤者益也治水至三過其門不入者禹也皆治人者也雖欲耕得乎食於人也又教民稼穡者稷也承勞來匡直之命而教民人倫者契也亦治人者也而暇耕乎亦食於人也本文雖欲耕一句只承禹八年於外說聖人之憂民如此而暇耕乎亦只承勞來匡直輔翼五句說似於舜益后稷諸公有欠詞焉然古人之文多取意足而已其於詞有不屑屑然者而實足以互見而相發也抑亦多是舉其切而重以該其餘如上段禹八年於外三過其門而不入則於不暇耕之意尤切放勳曰一段聖人之命官教民叮嚀煩悉如此其於憂民之意尤切故曰聖人之憂民如此而暇耕乎其他則皆可以意會矣〇水土方平稷便教民粒食以免其艱食之患民纔得粒食又慮其無教而近於禽獸又急急使契為司徒教以人倫又且叮嚀告戒之曰勞之來之云云聖人之憂民如此而暇耕乎此聖人與聖人有憂之聖人俱指堯言集註謂

契亦舜臣名者舜攝政事時也然當時堯爲天子禮樂政令自天子出民無二
王當時誥勅之類必皆出於堯故只言堯之憂而舜與契亦非恝然無慮者矣
顧麟士曰此節兩聖人俱當指堯說但觀下堯以不得舜爲已憂舜以不得禹
皐陶爲已憂兩憂字安得堯之憂舜不憂之耶或意兼堯舜而語則以聖人字
渾說還他似亦無不可也

堯以不得舜爲已憂舜以不得禹皐陶爲已憂夫以百畝之不易爲已憂者農夫也 ○夫音扶易去聲 ○正韻陶音遙

易治也堯舜之憂民非事事而憂之也急先務而已所以憂民者其大如此則
不惟不暇耕而亦不必耕矣

講夫堯之憂民急急于舉舜舜之憂民急急于使益使禹使稷契如此是堯當
日非事事而憂之而惟以不得舜爲已憂舜當日亦非事事而憂之而惟以不

得禹臯陶爲已憂蓋得舜得禹臯陶乃知人安民之先務也若夫以百畝之不治爲已憂者乃農夫一手一足之烈小人之事也豈堯舜之所憂哉彙存疑直解

蒙引此節以下只言堯舜蓋代天救生民者堯也贊堯代天救生民者舜也故不及益禹諸人以百畝之不易二句言非堯舜之所憂也明是斥許行並耕之說正是以百畝之不易爲已憂農夫之所爲也

翼註兩爲已憂卽含下節爲天下三字之意蓋若不得相相不得群有司天下由治也

顧麟士曰上節無臯陶而此舜之憂無益稷契獨禹臯陶非列者亦大槩言之不屑分配耳

分人以財謂之惠教人以善謂之忠爲天下得人者謂之仁是故以天下與人易爲天下得人難易爲易並去聲

分人以財小惠而已教人以善雖有愛民之實然其所及亦有限而難久惟若堯之得舜舜之得禹皐陶乃所謂爲天下得人者而其恩惠廣大教化無窮矣。此其所以爲仁也。

講堯舜之憂惟在得人者何也誠以得人之所係爲甚大也且如憂人之困乏而分人以財止可謂之小惠而已憂人之愚昧而以善道教之雖可謂之盡心而忠然其所及亦有限而難久惟若堯之得舜舜之得禹皐陶乃爲天下而得人則恩惠及於天下而民無不遂其生教化施於四海而民無不復其性始并濟天下而謂之仁也得人所係之大如此則得人豈容易哉是故天下大器而推以與人雖若至難然既得其人而與之則自聖人視之猶以爲易惟是爲天下得人則悉才不易得人不易知而負天下蒼生之托此爲至難也堯舜所以切切然憂之正爲此耳使其得之不難則堯舜又何憂哉　彙存疑

上六節兩言憂字

存疑當堯之時二節言堯舜之憂民急於爲治而不暇耕堯以不得舜爲已憂

二節言堯舜之憂民所憂之大而不必耕要之得人意上面堯獨憂之舉舜而敷治使契爲司徒裏使都有了但上文方重在急于爲治不暇耕上且未及此意至此則專露其意見聖人憂民所憂者大其澤自有以及天下不惟不暇耕而亦不必耕也觀註不惟不暇耕與不必耕二句便見得有兩層意

翼註爲天下得人非一官一才之寄則其人必大賢大聖不易識拔者故曰難爲天下三字當着力看

劉上玉曰上節堯以不得舜爲已憂二句只見堯舜專有所憂而急先務註非事事而憂之急先務二句本節正解止此至此節爲天下得人謂之仁方言得人所係之大爲天下得人難方言堯舜所憂之大皆是發明堯以不得舜爲已憂二句之意上節註所以憂民者其大如此因憂百畝句相形而預透此意於前耳至下節豈無所用其心哉雙峯論二句方徹完不必耕意上節註而亦不必耕矣又是預透下意而言之於前耳此與上節皆宜渾渾漸次說去存疑分徹處尚

覺未妥

謹按分財教善承上文教養二意來此二句當就在人君身上說故不若得人之大集註解忠字云雖有愛民之實看一民字可見是就君說若泛論衆人則二者亦未見其爲小矣仁字註恩惠廣大教化無窮亦是承上教養二意○又按集註解教善句云然其所及亦有限而難久蓋謂人君居廟堂之上教之所及不過行於朝廷與畿內耳固不若得一司徒其教可遍及天下也且人君一日萬幾豈能專以教人爲事故曰難久若司徒之職終身不改何難久之有

孔子曰大哉堯之爲君惟天爲大惟堯則之蕩蕩乎民無能名焉君哉舜也巍巍乎有天下而不與焉堯舜之治天下豈無所用其心哉亦不用於耕耳與去聲○正韻巍吾回反

則法也。蕩蕩廣大之貌。君哉言盡君道也。巍巍高大之貌。不與猶言不相關。言其不以位爲樂也。樂音洛

講孔子有言曰。大而不可限量哉。堯之爲君。惟天道爲大。惟堯之爲君能法之。其德蕩蕩乎廣遠。民無得而稱焉。眞與天同大者也。能盡君道哉。舜也。其德巍巍乎高大。雖富有天下。若與已不相關涉。而惟以治天下爲憂。眞盡君道者也。孔子稱堯舜如此。然則堯舜之治天下。至於蕩蕩巍巍。功業之大如此。豈無所用其心哉。蓋民害未除。思得人以除之。民生未遂。思得人以養之。民性未復。思得人以復之。此皆其用心所在。亦不屑屑然用之於耕耳。並耕而治之說。古之聖君孰有爲之者。甚哉許行之謬也。彔直解序

大全新安陳氏曰。亦不用於耕耳。至此三提掇耕字。以照應收結。獨可耕且爲與一句。不特辨闢明白痛快。文法亦照顧得好。以上已辨倒許行之說。下文乃責陳相也。

其註則見法天意不與見憂勤意與論語不同如此看方捉得下用心字

劉上玉曰當堯之時二節是一意見不暇耕也堯以不得舜至此是一意言耕非其所用心也不必如存疑作三層看○不得耕不暇耕猶以事勢言不用於耕直以事理言正解所謂勞心治人爲大人之事也

吾聞用夏變夷者未聞變於夷者也陳良楚產也悅周公仲尼之道北學於中國北方之學者未能或之先也彼所謂豪傑之士也子之兄弟事之數十年師死而遂倍之正韻倍步妹反

此以下責陳相倍師而學許行也夏諸夏禮義之教也變夷變化蠻夷之人也變於夷反見變化於蠻夷之人也產生也陳良生於楚在中國之南故北遊而學於中國也先過也豪傑才德出衆之稱言其能自拔於流俗也倍與背同言

陳良用夏變夷陳相變於夷也

【講】許行之學悖謬如此而子乃悅而從之亦異乎吾所聞矣吾聞用中夏禮義之教以變乎蠻夷之俗者未聞以中夏之人而反爲蠻夷所變者也子之師陳良生長於楚者也而能悅周公仲尼之道自楚而北學於中國中國北方之士素學周孔者其造詣未能或居其先也彼能用夏變夷如此乃所謂豪傑之士自拔流俗者也宜終身師之可矣子之兄弟事之已數十年乃一旦師死而遂倍之是何心哉彙滙說直解

大全慶源輔氏曰陳良楚人北學於中國是用夏變夷陳相素學於陳良乃爲許行所變則是變於夷也

【存疑】稱陳良見其不當悖也

【翼註】豪傑只是非常意全在自拔流俗上見

【劉上王】曰吾聞用夏變夷二句起直至子是之學亦爲不善變矣方是煞落題

應處此處只宜責相倍師由孔子没至南蠻[illegible]節方說到學許行因又引曾須以責他變於夷而結之也時講俱凌躐犯下

昔者孔子没三年之外門人治任將歸入揖於子貢相嚮而哭皆失聲然後歸子貢反築室於場獨居三年然後歸他日子夏子張子游以有若似聖人欲以所事孔子事之彊曾子曾子曰不可江漢以濯之秋陽以暴之皜皜乎不可尚已任平聲彊上聲暴蒲木反皜音杲

三年古者爲去聲師心喪三年若喪父而無服也任擔都濫反也場冢上之壇場也有若似聖人蓋其言行去聲氣象有似之者如檀弓所記子游謂有若之言似夫

子之類是也所事孔子所以事夫子之禮也江漢水多言濯之潔也秋日燥烈言暴之乾音干也皜皜潔白貌尚加也言夫子道德明著光輝潔白非有若所能彷非兩反彿音弗也或曰此三語者孟子贊美曾子之辭也

講子亦知孔門弟子之不忘師者乎昔者孔子沒門人在魯皆服心喪三年三年之外各治行擔將散而歸時以子貢主喪事入揖辭之彼此相嚮而哭至於失聲然後歸門人追慕其師有如此子貢猶不忍遽去又返於墓旁築室於壇場之上獨居三年然後歸子貢追慕其師又如此至他日子夏子游子張思慕孔子不得見其音容乃以有若言行氣象有似孔子欲以平日所事孔子之禮事之以寄其思慕之意亦不忍忘其師者也因彊曾子共事曾子曰不可以事夫子者事之也蓋師原論道德不論形似我夫子之道德極其純粹而無一毫之襍就如江漢之水洗濯出來底一般又極其光明而無一毫之累就如秋陽之燥暴曬出來底一般皜皜乎舉天下之言潔白者無以加於其上矣豈有若

所能彷彿哉。曾子之尊信其師而不忍倍更有如此。彙直解序

大全記檀弓事師無犯無隱左右就養無方服勤至死心喪三年又云孔子之喪門人疑所服子貢曰昔者夫子之喪顏子若喪子而無服喪子路亦然請喪夫子若喪父而無服○趙氏悳曰築室於場冢上祭祀壇場孔子葬魯城北泗上去城十里冢塋百畝南北廣十步東西廣十三步高一丈二尺冢前以甃甓爲祠壇丈六尺冢塋種樹以百數皆異種魯人世世無能名者弟子各持其方樹來種之塋中不生荊棘及刺人草

存疑江漢水多而濯之潔無一點汚也秋日燥烈而暴之乾無些濕氣也在聖人則是一疵不存萬理明淨人欲淨盡天理流行○皜皜潔白也都是承上江漢以濯秋陽以暴上說凡物濯不潔暴不乾則不潔白濯之潔暴之乾則潔白矣註明著光輝潔白通是就道德上說

翼註本文原不以江漢秋陽喻聖德而以江漢秋陽所濯所暴言聖德作文影

切江漢秋陽者俱隔一層

今也南蠻鴃舌之人非先王之道子倍子之師而學之亦異於曾子矣鴃亦作鶪古役反

鴃博勞也惡聲之鳥南蠻之聲似之指許行也

講有若雖不及聖人猶有似於聖人曾子尚不肯以事孔子者事之今也許行乃南蠻鴃舌之人所學不是先王所傳之道與子之師正相反也子乃倍子之師而學之亦異於曾子之尊其師者矣蒙淺說

蒙引非字不訓詆毀與論語異端非聖人之道而別爲一端者同○獨言異於曾子者舉其不改所事與陳相正相反者言爲尤切耳實則上節之不倍師不止於曾子○

吾聞出於幽谷遷于喬木者。未聞下喬木而入於幽谷者。

小雅伐木之詩云伐木丁丁中耕反鳥鳴嚶嚶音鶯出自幽谷遷于喬木

講且子倍陳良而學許行。其於取舍之間。可謂不知所擇矣。吾聞有出於幽谷之卑而遷於喬木之高者。未聞反下喬木而入於幽谷者。蒙序

大全新安陳氏曰。譬陳相由高趨下。不如禽能舍下遷高也

劉上玉曰。此節且就吾闢槩說。下節乃明斥之

謹按此節雖與吾聞用夏變夷二句是一意。但前是起此一段冒頭語。此節則承上與於曾子。起下不善變。乃兩節過接語也

魯頌曰。戎狄是膺。荆舒是懲。周公方且膺之。子是之學。亦爲不善變矣。

魯頌閟宮之篇也膺擊也荆楚本號也舒國名近楚者也懲艾音乂也按今此詩爲僖公之頌而孟子以周公言之亦斷都管反章取義也

講魯閟宮之頌曰於夷狄則擊而逐之於荆舒則伐而懲之周公輔相成王方且膺之以正夷夏之防如此今許行蠻夷之人正周公之所膺也子乃從而受學焉所謂下喬木入幽谷而變於夷者也亦爲不善變矣其何以對陳良乎彙

大全新安陳氏曰不善變謂變於夷也

從許子之道則市賈不貳國中無僞雖使五尺之童適市莫之或欺布帛長短同則賈相若麻縷絲絮輕重同則賈相若五穀多寡同則賈相若屨大小同則賈相若賈音價下同○正韻縷郎苫反絮尸何反屨居遇反

陳相又言許子之道如此。蓋神農始爲市井，故許行又託於神農而有是說也。五尺之童，言幼小無知也。許行欲使市中所粥（余六反）之物皆不論精粗美惡，但以長短輕重多寡大小爲價也。

【講】陳相復稱述許行曰：並耕雖不可爲，然許子亦有可從者。從許子淳樸之道，可使市無二價，國中之人不相爲僞，雖使五尺之幼童適市，亦不相欺詐。如布與帛，但丈尺長短同，則價即相若；麻縷絲絮，但斤兩輕重同，則價即相若；五穀但斗斛多寡同，則價即相若；屨之大小同，則價即相若。所以市無二價，人無欺僞，而淳樸之風可再見也。許子之道其可從如此。彙趙註淺說

蒙引：陳相又見許行之道如此，蓋神農始爲市井，故許子又托於神農而有是說也。

翼註：市價不二是主，惟不二，所以無僞而莫欺。非布與帛同價，謂布與布同價，帛與帛同價也。亦非長與短同價，但使或長或短相同，則價相若，不論精粗美

四書彙解　孟子滕文上

惡矣餘倣此精粗美惡字集註透下意言之於陳相語中且勿露

備考吾郭璞麻贊曰草皮之良莫貴纑武　麻之已績者於麻用無不給服無不加○縷藍縷敝衣也又結縷草名郭璞曰結縷蔓生如縷相結○絲蠶所吐也細絲爲綿絮敝縕也

曰夫物之不齊物之情也或相倍蓰或相什伯或相千萬子比而同之是亂天下也巨屨小屨同賈人豈爲之哉從許子之道相率而爲僞者也惡能治國家夫音扶蓰音師又山綺反比必二反惡平聲

倍一倍也蓰五倍也什伯千萬皆倍數也比次也孟子言物之不齊乃其自然之理其有精粗猶其有大小也若大屨小屨同價則人豈肯爲其大者哉今不論精粗使之同價是使天下之人皆不肯爲其精者而競具映反爲濫惡之物以

相欺耳。

講孟子曰不二價之說除非凡物都是一般乃可夫萬物美惡異質精粗異功其不能齊同乃物本然之實也極其不齊之致其價或相去一倍或相去五倍或相去什倍伯倍甚之或相去千倍萬倍子欲盡合而同之是淆亂天下本然之實也且物有精粗美惡猶屨有巨小也設使巨屨小屨同價人豈爲其巨者哉然則精美者與粗惡者同價人豈爲其精美者哉從許子之道是率天下競爲濫惡之物以相欺而教人爲僞者耳本欲去僞適以長僞本欲息爭適以啓爭安能治國家哉如許子之說無一可者也彙趙註直解

蒙引此巨屨與上文屨大小不同上言屨之大者與大者同價小者與小者同價此是借言屨之大小以爲精粗美惡之喻也

顧麟士曰巨屨畧讀斷便有理會

謹按物之情也情字與大學無情者情字同作實字解故註曰自然之理○亂

天下且就物之情上說相率爲僞方說到人上

全旨翼註通章以並耕爲主而末二節同價之說特因其所遁而闢之不得平重○自章首至之義也是就許行身上所不能兼者而明治之不能耕已折倒並耕之說自當堯之時至暇耕乎是言堯舜憂民之切而不暇耕自堯以不得舜至用於耕耳是言堯舜所憂之大而不必耕二段相承皆足上文之意吾聞用夏至不善變矣是責陳相倍師而學許行也末段乜明

謹按並耕之說是欲不分貴賤而齊君子小人市價之說是欲不分美惡精粗而齊物價皆托淳古之風而行其邪說故孟子闢之以明唐虞三代之正道也

○墨者夷之因徐辟而求見孟子孟子曰吾固願見今吾尚病病愈我且往見夷子不來（辟音璧又音闢）

墨者治墨翟（音狄）之道者夷姓之名徐辟孟子弟子孟子稱疾疑亦託辭以觀其

意之誠否

謂有爲墨翟之道者夷之因徐辟而求見孟子意其慕道而來或亦反正之機也然未知其意之誠否何如孟子曰吾固願見夷子奈今吾尚病病愈我且往見之夷子不必再來也蓋托病以辭之欲堅其求見之心以爲施敎之地也彙直解序

顧麟士曰墨子兼愛近於無父而之獨厚葬其親是其本心明處求見亦以此

他日又求見孟子。孟子曰吾今則可以見矣。不直則道不見我且直之。吾聞夷子墨者。墨之治喪也以薄爲其道也。夷子思以易天下豈以爲非是而不貴也然而夷子葬其親厚則是以所賤事親也不見之見音現又求見則其意已誠矣故因徐辟以質之如此直盡言以相正也莊子曰墨子生不歌死無服桐棺三寸而無槨是墨之治喪以薄爲道也易天下謂移易天下之風俗也夷子學於墨氏而不從其教其心必有所不安者故孟子因以詰之克乙反

諭他日又來求見孟子則其意誠矣孟子曰吾今已病愈則可以見矣但夷子來意爲吾道也若不盡言相正則吾儒之道不見我且未見而先盡言以正之吾聞夷子乃學於墨氏之道者墨氏之治親喪也凡棺槨之類一槩從薄此墨氏之道也夷子既從其教將思以此移易天下之風俗皆以墨氏之道爲不是而不貴重之也既以薄爲貴則必以厚爲賤矣然而夷子之葬其親反從乎厚則是不以墨氏之所貴者事親而以墨氏之所賤者事親也學其術而不遵其教是誠何心哉蒙直解辭士

大全慶源輔氏曰夷子雖師墨氏之教至於葬親之時天理自然發動有不得

如其師之說者故不用其制而凡事從厚也此於人情固宜有之故孟子因舉此一事以詰之而下文又舉掩葬之說以發其意此正夷子之天理一點明處也

徐子以告夷子。夷子曰：儒者之道，古之人若保赤子，此言何謂也？之則以爲愛無差等，施由親始。徐子以告孟子。孟子曰：夫夷子信以爲人之親其兄之子爲若親其鄰之赤子乎？彼有取爾也。赤子匍匐將入井，非赤子之罪也。且天之生物也，使之一本，而夷子二本故也。夫音扶，下同。匍音蒲。匐音蒲北反。〇正韻差楚宜反

若保赤子，周書康誥篇文，此儒者之言也。夷子引之，蓋欲援音爰儒而入於墨以

非孟子之非己又曰愛無差等施由親始則推吐回反墨而附於儒以釋己所以厚葬其親之意皆所謂遁辭也孟子言人之愛其兄子與鄰之子本有差等書之取譬本爲上聲小民無知而犯法如赤子無知而入井耳且人物之生必各本於父母而無二乃自然之理若天使之然也故其愛由此立而推以及人自有差等今如夷京本作墨子之言則是視其父母本無異於路人但其施之之序姑自此始耳非二本而何哉然其於先後之閒猶知所擇則又其本心之明有終不得而息者此其所以卒能受命而自覺其非也

【講】徐子以孟子之言告夷子夷子知孟子欲兩路辨難他若申吾之厚葬爲是則與其道之薄者戾矣若申其道之薄者爲是則己之厚葬又無謂矣乃爲兩救之說曰夫子以吾兼愛爲非是然儒者之道如康誥之言古之人保民若保赤子此言何謂也不猶吾之兼愛乎在之則以爲愛天下之人與愛吾之親皆無差等但其所施有序必由親始耳故我厚葬其親亦欲推之以厚葬天下人

之親乃施由親始之意也夫豈以所賤事親乎徐子以夷子之言告孟子孟子先解書意以闢之曰夫夷子引康誥之語眞以爲人之親愛其兄之子爲即若親愛其鄰之赤子都無分別乎彼書之言蓋有所取義云爾也書言以爲小民之犯法出於無知非小民之罪乃上之失教使然亦猶赤子匍匐將入井出於無知非赤子之罪也故保民當如保赤子不使無知之民陷于刑罰耳謂儒者之道亦兼愛不亦謬乎夷子之引書詞已失其旨矣且天之生物也受氣成形只有一箇父母使他從這根本上發生出來故愛親之心根於天性雖愛由此立而推以及人自有差等今夷子待路人如其親始有兩箇根本故愛無差等也豈人理哉彙存疑直解

大全慶源輔氏曰夷子蓋以儒者若保赤子有似乎墨者愛無差等之說故謂其援儒入墨〇新安陳氏曰施由親始一句髣髴竊取儒家立愛自親始之意書曰立愛惟親故謂其推墨附儒〇朱子曰施由親始便是把愛無差等之心施之〇慶源輔

氏曰夷子雖陷於墨教而其天理一點之明終有不可息滅者此蓋秉彝之心也故其先親後疎之際猶知所擇而不至於逆施故孟子之言得因其所明而入之夷子亦得因其明而受之也

蒙引待路人如其親抑豈惟二本蓋千萬本也

翼註夷子雖有援儒推墨二意然之則以爲二句卽以巳意釋上書詞相承貫說○親其兄之子爲若親其鄰之赤子只是親疎一致意

顧麟士曰夫夷子信以爲至非赤子之罪也先辨儒無兼愛之說且天之生物至二本故也方正愛無差等之誤既辨儒無兼愛之說則不得援儒入墨也後正愛無差等之誤亦不得推墨附儒也

謹按曰兄之子則巳之子可知覩親之愛子則子之愛親可知互見之詞也

蓋上世嘗有不葬其親者其親死則舉而委之於壑他日過之

狐貍食之蠅蚋姑嘬之其顙有泚睨而不視夫泚也非爲人泚中心達於面目蓋歸反虆梩而掩之掩之誠是也則孝子仁人之掩其親亦必有道矣蚋音汭嘬楚怪反泚七禮反睨音詣爲去聲虆力追反梩力知反○正韻蠅于輕反夫音扶

因夷子厚葬其親而言此以深明一本之意上世謂太古也委棄也壑山水所趨也蚋蚊屬姑語助聲或曰螻音婁蛄音姑也嘬攢祖官反共食之也顙額也泚泚然汗出之貌睨邪視也視正視也不能不視而又不忍正視哀痛迫切不能爲心之甚也非爲人泚言非爲他人見之而然也所謂一本者於此見之尤爲親切蓋惟至親故如此在他人則雖有不忍之心而其哀痛迫切不至若此之甚矣反覆也虆土籠盧紅反也梩土轝音預也於是歸而掩覆敷救反其親之尸此葬埋之

禮所由起也此掩其親者若所當然則孝子仁人所以掩其親者必有其道而不以薄爲貴矣。

講夫夷子二本如此而其厚葬之心爲何心亦自知之耶蓋時在上世禮制未備嘗有不葬其親者其親死則子即舉而委之於壑及他日過其處但見大而狐狸食其肉微而蠅蚋嘬其膚於是其顙即泚然汗出但邪視而不忍正視夫其泚也非爲人見之而然也蓋其哀痛之至由中心達於面目而不自禁故不能爲心之甚也使非一本之親何以如是於是蓋歸取虆梩覆土而掩其親之尸此掩之誠合乎理之當然也則後世葬親之禮起而孝子仁人之掩覆其親亦必有當然不容已之道而不以薄爲貴矣可見人必出於一本道必由於從厚夷子之厚葬其親正其天性之良而一本之眞情所自見也何必執愛無差等之說乎 彙序

大全慶源輔氏曰此又孟子畧其遊詞而專以其良心之發有不容已處深明

夫惟一本。故其於親之喪。哀痛迫切。非他人之所可得同者。而因以見先王所制葬埋之禮。必誠必信。勿之有悔者。固皆自然之理。而墨子二本薄葬之說。爲不可行也。

蒙引夷子二本一條。只破其所謂愛無差等者。以其逆夫一本之理也。此條又因其厚葬之本心而痛言之。以申明一本之意。其所以開發之者。可謂中其肯綮矣。

翼註非爲旁人見我薄親如此而發愧也。正與中心達於面目反看。

顧麟士曰。必有道從厚也。孝子仁人謂今日對上世言

徐子以告夷子。夷子憮然爲閒曰。命之矣。憮音武　閒如字

憮然。茫然自失之貌。爲閒者。有頃之閒也。命。猶教也。言孟子已教我矣。蓋因其本心之明。以攻其所學之蔽。是以吾之言易去聲下同入。而彼之惑易解也。

講徐子以孟子之言告夷子。夷子聞之，遂憮然自失。少頃之間，曰：孟子不待面命，即此已教我矣。蓋其本心復萌，而感悟其非，故反而歸正如此。彙序

大全朱子曰：之，夷子名。若作虛字，不成句法。

翼註茫然自失，如人迷路，忽被人點破，躊躇悵望，盡失所據也。

全旨大全雲峰胡氏曰：夷子之學，愚非也，而葬其親厚。此一厚字，猶是夷子行得是處。愛無差等，施由親始，夷子之所言非也，然此一始字，猶是夷子說得是處。所以可因其本心之明而教之也。

四書彙解卷之三十一終

提督江南通省學政　渝東衡謙居先生
甬東虞龍倉先生　全鑒定四書彙解卷之三十二

廣陵史以徵靜庵父纂輯

門姪　繼鰭司直父
夷壽平父　參訂

男繼弼幼謙父校閱

孟子

滕文公章句下

凡十章

陳代曰。不見諸侯。宜若小然。今一見之。大則以王。小則以霸。且志曰。枉尺而直尋。宜若可為也。王去聲

陳代孟子弟子也。小謂小節也。枉屈也。直伸也。八尺曰尋。枉尺直尋。猶屈己一見諸侯而可以致王霸。所屈者小。所伸者大也。

〔講〕戰國之時。惟孟子抱道自重。陳代疑而問曰。夫子不肯枉見諸侯。此固守身常法。然以代觀之。宜若小節。然使今但一往而見之。得行其道。大則為伊為周而以其君王。小則為管為晏。而以其君霸。得志建功。將在於此。且古書有曰。枉僅尺而直則尋。此屈小而伸大也。即志言觀之。以枉見之小屈。成王霸之大伸。宜若可為而不必過執也。蒙存

大全南軒張氏曰。謂屈己事小。王霸為大。此自春秋以來。風俗習於霸者計較功利之說。而有是言。

孟子曰昔齊景公田招虞人以旌不至將殺之志士不忘在溝壑勇士不忘喪其元孔子奚取焉取非其招不往也如不待其招而往何哉喪去聲

田獵也虞人守苑囿之吏也招大夫以旌招虞人以皮冠元首也志士固窮常念死無棺槨棄溝壑而不恨勇士輕生常念戰鬭而死喪其首而不顧也此二句乃孔子歎美虞人之言夫音扶虞人招之不以其物尚守死而不往況君子豈可不待其招而自往見之耶此以上是掌反告之以不可往見之意

講 孟子曰我非不欲得君行道但揆之於義不當往見耳昔齊景公田獵虞人當有執事使人持旌以招之虞人不至公將殺之孔子美之曰志士固窮常念死無棺槨棄在溝壑而不恨勇士輕生常念戰鬭而死喪其元首而不顧虞人

可謂志士勇士矣夫孔子何取於虞人若是焉取非其所招之皮冠而守死不往也彼虞人小吏耳招之非其官守尚且不往如并不待諸侯之招而先自往見果何爲哉君子義不出虞人下矣　彙序

大全南軒張氏曰虞人守官義不敢往義有重於死故也充虞人之心行不義而得天下不爲之心也人紀之所由立也故孔子取之

蒙引不忘是活句言是拚了死不顧利害不是說定要死於溝壑而喪其元

翼註志士二句寬說而贊美虞人在其中○非其招尚有招也不待其招則全無幣聘之加

謹按此招字即梁惠王上甲禮厚幣以招賢者之招非不召之臣之召

且夫枉尺而直尋者以利言也如以利則枉尋直尺而利亦可爲與　夫音扶　與平聲

此以下。正其所稱枉尺直尋之非。夫所謂枉小而所伸者大則爲之者。計其利耳。一有計利之心則雖枉多伸少而有利亦將爲之邪。甚言其不可也。

【講】君子既無不招而往之義矣。且郎志之言尤有所不可者。夫所謂枉尺而直尋者。謂所失少而所得多。此以圖利而言也。如有計利之心。即枉者尋直者尺。大壞名節而小就功名。亦將爲之與。吾知其必有所不可矣。彙序

大全和靖尹氏曰。枉尺而直尋之心。則亦必至於枉尋而直尺矣。○慶源輔氏曰。人一有計利之心。則惟利是務。始猶有枉小直大之辨。浸浸不已。至終併大小皆不復計。不至滅天理壞人紀不止也。孟子所以極其流而言之

顧麟士曰。始論大小者。究只論得失。亦常情所必至耳。此節末句與上節末句。後節如枉道而從彼何也。俱斷詞。

劉上玉曰。以利言也。是就其言而解之。如以利以下。是反其言而詰之。亦可爲與。與宜若可爲句兩下緊相對照

昔者趙簡子使王良與嬖奚乘終日而不獲一禽嬖奚反命曰天下之賤工也或以告王良良曰請復之彊而後可一朝而獲十禽嬖奚反命曰天下之良工也簡子曰我使掌與女乘謂王良良不可曰吾爲之範我馳驅終日不獲一爲之詭遇一朝而獲十詩云不失其馳舍矢如破我不貫與小人乘請辭乘去聲彊上聲女音汝爲去聲舍上聲〇正蔡嬖兵媚反復扶又反貫音慣

趙簡子晉大夫趙鞅於兩反也王良善御者也嬖奚簡子幸臣與之乘爲之御也復之再乘也彊而後可嬖奚不肯彊之而後肯也一朝自晨至食時也掌專主也範法度也詭遇不正而與禽遇也言奚不善射以法馳驅則不獲廢法詭遇

而後中去聲下同也。詩小雅車攻之篇。言御者不失其馳驅之法，而射者發矢皆中而力。坊本作其今嬖奚不能也。貫，習也。

講試以一藝之士言之。昔者趙簡子使王良與其嬖臣名奚者御車以田獵，乃終日之久而不獲一禽。嬖奚反命於簡子曰：此天下不善御之賤工也。或以告王良，良曰：請復爲奚乘。彊奚而後可，乃一朝之暫而遂獲十禽。嬖奚又反命曰：此天下善御之良工也。簡子曰：既爲良工，我使專掌與汝御車。遂使人以此命王良，良不可，曰：御者自有法度，射者自有巧力，原不相謀。始吾於奚也，爲之循我法度以馳驅，彼不能左右迎射，乃終日不獲一。繼而廢我法度，不由正道，看禽獸之來，迎而遇之，他纔會迎著射去，一朝而獲十。是彼之射必使御者廢法而後可中也。詩小雅車攻之篇有曰：御者不失其馳驅之法，而射者舍矢即中，有如手破物之能。此射者與御者一法相成，君子之事也。若奚必廢法俾中，小人之事也。我平日只知有法，不習慣與小人御，請辭掌乘之命。彙序

大全雙峰饒氏曰前引虞人明不可往見之意後引王良明不可枉尺直尋之意

蒙引謂王良想是簡子使人謂之觀下云云非面語簡子之詞〇虞人非招不往一條重在如不待其招而往何哉一句王良一條重在比而得禽獸雖若丘陵弗爲何上一是言其能守義一是言其不忘義以徇利意固不得而殺也但能不顧害便能不徇利矣

存疑以易王用三驅失前禽來看凡田獵是前面驅禽來我馳車迎而射之馳車者自有正法禽獸之來不皆正或左或右此在射者顧盼左右迎而射之耳奚不善射但是禽獸當頭者方能射其或左或右者皆不能射故終日不獲一詭遇是因他左右不能迎射合馳驅正法驅車左右以迎之所以一朝而獲十也

翼註請復之是欲以自白其長小人二字只在不善射上見

御者且羞與射者比。比而得禽獸，雖若丘陵，弗為也。如枉道而從彼，何也？且子過矣：枉己者，未有能直人者也。」比，必二反。

比，阿黨也。若丘陵，言多也。○或曰：居今之世，出處上聲去就不必一一中去聲，下同節，欲其一一中節，則道不得行矣。楊氏曰：何其不自重也？枉己其能直人乎？古之人寧道之不行，而不輕其去就。是以孔孟雖在春秋戰國之時，而進必以正，以至終不得行而死也。使不卹其去就而可以行道，孔孟當先為之矣。孔孟豈不欲道之行哉？

講 以王良觀之，不過一御者耳，且羞與射者局意為比，推其羞與比之心，倘以比而得禽獸，雖使若丘陵之多，御者亦弗肯為之也。其守法而不肯徇利如此。如以士君子之身，枉其自守之道，以從彼而見之，反御者之不若也，果何為也。此則無論枉尋直尺不肯為，即枉尺直尋，而亦不可為也，明矣。且子枉尺直尋之言過矣。君子一身乃天下表率。必能正己。方能正人。若枉己以從人。則己先不直。決未有能直人而得伸其用者也。是則枉尺而可以直尋。君子猶且不爲。況從枉而無益乎。益枉己者決不能行道。而不見諸侯豈小節也。蒙引

大全南軒張氏曰。事無巨細。莫不有義利之兩端存焉。日此而得禽獸雖若丘陵。弗爲也。學者要當立此志。而後可以守身。

蒙引御者且羞四句。當連屬上條。且子過矣二句。當更提頭自爲一條。

顧麟士曰。天下只有理義利害二種而已。前所言者理義也。至枉己未能直人二句。并利害亦破矣。陳代且交語塞。○總說一個枉字。已不好了。何論枉尋直尺。枉尺直尋。○如不待其招而往。何哉。如枉道而從彼。何也。何哉何也。總是說如何其可也。

全卞存疑此章答陳代。大段有兩意。齊景公田一條。是說不見諸侯之義。且夫枉尺直尋以下。是說其枉尺直尋之非。枉尺直尋以下。又自分三節。以利言節是

言計利之心將無所不至以見不可爲趙簡至如枉道而從彼何也是言枉尺而直尋君子之所不爲且子過矣以下是言枉尺無直尋之理

〇景春曰。公孫衍張儀豈不誠大丈夫哉。一怒而諸侯懼安居而天下熄。

景春人姓名。公孫衍張儀皆魏人。怒則說音稅諸侯使相攻伐故諸侯懼也

〔講〕景春曰我觀當世之士如公孫衍張儀豈不誠大丈夫哉何以見之蓋二子一有憤怒則能搆動强大之兵而天下之諸侯皆恐懼若安居無事不用詞說而天下兵革即便止息以一人之喜怒而係天下之安危非大丈夫而何彙蒐註淺說

〔〕孫疏史記云犀首者魏之陰晉人也名衍姓公孫氏與張儀不善張儀之魏魏王相張儀犀首弗利故令人說韓公叔而犀首相魏張儀去魏復相秦卒犀首

入相秦司馬彪曰犀首者魏之官名若今虎牙將軍是也又史記本傳云張儀魏人也嘗事鬼谷先生後相魏而卒

大全新安陳氏曰二人皆破六國之從以爲衡者熄如火之熄滅以兵猶火焚也

孟子曰是焉得爲大丈夫乎子未學禮乎丈夫之冠也父命之女子之嫁也母命之往送之門戒之曰往之女家必敬必戒無違夫子以順爲正者妾婦之道也焉於虔反冠去聲女家之女音汝

加冠於首曰冠女家夫家也婦人內夫家以嫁爲歸也夫子夫也女子從人以順爲正道也蓋言二子阿諛苟容竊取權勢乃妾婦順從之道耳非丈夫之事也

【講】孟子曰衍儀之所爲如此是焉得爲大丈夫乎子豈未曾學禮乎禮經有云丈夫之行冠禮也其父則醮而訓之女子之出嫁也其母則醮而訓之嫁時往送之於門戒之曰女今歸於夫家必要敬謹必要戒懼惟夫子之命是從而毋違可乎禮言如此可見以順從爲其正禮者乃爲人妾爲人婦之道也今二子雖權勢可畏其實皆迎合其君之好惡而順從之不過妾婦之道耳豈大丈夫之所爲哉。彙直解

【蒙引】引禮意全在女子之嫁云云丈夫之冠二句是夾帶說○上文諸侯懼是他國諸侯懼也本國諸侯他却著阿諛苟容始得

【翼註】衍儀如何似妾婦之順從葢他實不能以喜怒安危天下乃竊取強國之勢耳如戰國策云衡人日夜以秦權恐喝諸侯是也權勢在人而我竊之必有許多依阿淟涊窺伺逢迎處故曰以順爲正以順二句乃孟子釋禮之詞且就女子說外補衍儀

居天下之廣居。立天下之正位。行天下之大道。得志與民由之。不得志獨行其道。富貴不能淫。貧賤不能移。威武不能屈。此之謂大丈夫。

廣居仁也。正位禮也。大道義也。與民由之推其所得於人也。獨行其道守其所得於己也。淫蕩其心也。移變其節也。屈挫其志也。○何叔京曰。戰國之時聖賢道否（部鄙反）天下不復（扶又反）見其德業之盛。但見姦巧之徒得志橫行氣焰（以念反）可畏。遂以爲大丈夫。不知由君子觀之。是乃妾婦之道耳。何足道哉。

（講）所謂大丈夫者何。如仁以天地萬物爲一體。乃天下至廣之居也。彼則存心以仁而無一毫之私意。是居天下之廣居也。禮以大中至正爲範圍。乃天下至正之位也。彼則持身以禮而無一毫之邪曲。是立天下之正位也。義合經權常變而共由乃天下至大之道也彼則制事以義而無一毫之乖戾是行天下之大道也由是得志而見用於時則推仁禮義之道而與民共由之不得志而隱居於下則守仁禮義之道而獨行於已故時而富貴不能誘而蕩其心時而貧賤不能撓而變其節時而遇威武之人不能脅而挫其志是其學術正大而無計功謀利之私舉動光明而無阿順依違之態如此纔可謂之大丈夫彼二子何人乃以此稱之哉　彙直解翼註

大全朱子曰廓然大公心不狹隘則所居者眞天下之廣居矣履繩蹈矩身不茍安則所立者必天下之正位矣秉彝循理事不茍從則所行者皆天下之大道矣得志與民由之則出而推此於人也不得志獨行其道則退而樂此於已也如是則富貴豈能誘而淫其心貧賤豈能撓而移其志威武豈能脅而屈其節哉此其視衍儀之以睢盱側媚得志於一時眞可謂妾婦之爲而所謂大丈夫者不在彼而在此也決矣然此一節皆以居廣居立正位行大道爲主

蒙引此惟孟子能之術儀所爲件件反此三箇天下字不開蓋皆是第一等的直到至極處○與民由之之字獨行其道道字皆指仁禮義○孟子因景春大丈夫字生出此等議論不是學問徹底精微心胸徹底明朗如何有此雄辨

存疑居如人之居宅孟子嘗曰仁人之安宅此又曰天下廣居者自其安固不危言則曰安宅自其寬大有容言則曰廣居仁者心之德愛之理曰安宅從心之德言也故曰在人則爲本心全體之德有天理自然之安無人欲陷溺之危曰廣居從愛之理言也故曰殺一無罪非仁也居惡在仁是也仁者愛之理近而親親遠而仁民又遠而愛物皆此愛也何廣如之此人之所宜居故謂之廣居也廣居者看來只是充無欲害人之心而仁不可勝用意蓋充得此理盡便是能居廣居也○位乃人身所立之位了曰不學禮無以立可見禮是位又曰拜下禮也孟子曰禮朝廷不歷位而相與言可體認立正位意禮是人道之紀綱經禮三百曲禮三千散見於日用事物之間皆吾身所當立之位也○孟子

旨曰義人之正路也此曰天下之大道正言無邪曲也此曰大道言不狹小也
義者心之制事之宜乃人出入往來之所當由故謂之正路又謂之大道居廣
居存心也立正位持身也行大道處事也居如居室位如坐立之位道如人行
之路卽此味之體用可見矣○得志與民由之達則兼善天下也不得志獨行
其道窮則獨善其身也不淫不移不屈此便是直養而無害則塞乎天地之間
貴不期驕富不期侈淫也窮斯濫移也雖褐寬博吾不惴焉屈也孟子此章是
以生平所得者言之看他何等氣魄何等力量泰山巖巖氣象於此可見
【翼註】講上三句只會大意不露仁禮義字面更佳○大道道字是路字獨行其
道道字是道理兼三者言○丈夫之所以大者大于性耳廣居正位大道皆性
也而與民由至不能屈一皆定性之學盡已之性正與恃他人權勢者相反
【全講】按首節景春以大丈夫許儀衍次節孟子斥儀衍不得為大丈夫末節則
旨
詳所以為大丈夫者以曉之總之儀衍所恃在權勢俯仰從人孟子所恃在道

德主持自我其大小可見矣

○周霄問曰古之君子仕乎孟子曰仕傳曰孔子三月無君則皇皇如也出疆必載質公明儀曰古之人三月無君則弔傳直戀反質與贄同下同

周霄魏人無君謂不得仕而事君也皇皇如有求而弗得之意出疆謂失位而去國也質所執以見人者如士則執雉也出疆載之者將以見所適國之君而事之也

【講】孟子不見諸侯周霄諷之曰古之君子亦欲得位而仕乎孟子曰君子志在行道豈得不仕傳有說孔子當日若三個月失位無君則皇皇如而不寧也及其出疆而之他國必然載贄以往以爲見君之禮也又公明儀有言曰古之人

若二月無君而仕則人皆求弔而慰安之即此而觀君子之仕可知矣　東序

大全周禮春官大宗伯以禽作六摯以等諸侯孤執皮帛卿執羔大夫執鴈士執雉庶人執鶩工商執雞摯之爲言至也所執以自致也亦作贄皮帛者束帛而表以爲之節皮虎豹之皮羔小羊取其羣而不失其類鴈取其候時而行雉取其守介而死不失其節鶩取其不飛去雞取其守時而動

三月無君則弔不以急乎

周霄問也以已通太也後章放此上聲

講霄復問曰三月無君其時未久遂至於相弔古人欲仕之心不太急乎　東序

曰士之失位也猶諸侯之失國家也禮曰諸侯耕助以共粢盛夫人蠶繅以爲衣服犧牲不成粢盛不潔衣服不備不敢以祭

惟士無田，則亦不祭。牲殺、器皿、衣服不備，不敢以祭，則不敢以
宴，亦不足弔乎。粢盛音成　繅素刀反　皿武永反。○
正韻粢津私反　共坊本作供

禮曰：諸侯爲籍秦昔反百畝，冕而青紘音宏，躬秉耒以耕，而庶人助以終畝。收而藏
之御廩，以供宗廟之粢盛。使世婦蠶于公桑蠶室，奉繭古典反以示于君，遂獻于
夫人。夫人副褘音暉而受之，繅三盆手，遂布于三宮世婦，使繅以爲黼黻音斧弗文章，
而服以祀先王先公。又曰：士有田則祭，無田則薦。黍稷曰粢，在器曰盛。牲殺，
必特殺也。皿所以覆敷救反器者。

〔講〕孟子曰三月無君則弔，非急於功名也，正以至情所關爲甚切耳。夫士之有
位，猶諸侯之有國家也。士之有位而失位，猶諸侯有國家而失國家也。蓋孝子
莫重于祀先，而祀先必由於田祿。禮記祭義有曰：諸侯親耕籍田，庶人終畝，及
其收穫則藏之御廩，以奉祭祀之粢盛。夫人親蠶，受繭繅絲以頒之世婦，使爲

黼黻文章以供祭祀之衣服禮言如此是諸侯之能備祭祀以其有國家也若失其國家則犧牲不能肥腯稷稻無以致潔衣服無以致備便不敢以奉宗廟之祭雖有尊祖敬宗之心何以自盡乎禮記王制有曰士有田則祭無田則薦禮言又如此無他以失位而無田祿則特殺之牲器皿之資祭祀之衣服皆缺然不備便不敢以祭而無以遂孝親之心戚戚然不敢自安矣乎常有祭一日失位而不得祭一年有四時之祭若失位三月便廢一祭故不得不弔之也夫不得於君不足弔而不得以祭亦不足弔乎此古之人所以急急於仕也彙參

饒氏直解

補註言惟紬祿之士無圭田者不祭

大全記祭義昔者天子爲籍千畝冕而朱紘躬秉耒諸侯爲藉百畝冕而青紘躬秉耒以事天地山川社稷先古以爲醴酪粢盛於是乎取之敬之至也○周禮天官甸師掌師其屬而耕耨王籍以時入之以供粢盛王以孟春躬耕帝籍

天子三推三公五推卿諸侯九推庶人終千畝籍之爲言借也王一耕之而使
庶人耘芋終之粢盛祭祀所用穀也粢稷也穀以稷爲長在器曰盛○穀梁傳
桓公十四年天子親耕以供粢盛王后親蠶以供祭服甸（甸甸師掌田之官）粟而內三宮（三宮
三夫人也）米而藏之御廩宗廟之禮君親割夫人親舂之○又祭義古者天子諸侯必有公
桑蠶室近川而爲之及大昕（季春朔旦之朝）之朝君皮弁素積卜三宮之夫人世婦之吉者使
入蠶於蠶室奉種浴於川桑於公桑風戾以食之世婦卒蠶奉繭以示於君遂
獻繭於夫人夫人曰此所以奉爲君服與遂副褘而受之因少牢以禮之及良
日夫人繅三盆手遂布於三宮夫人世婦之吉者使繅遂朱綠之玄黃之以爲
黼黻文章服既成君服以祭先王先公敬之至也○東陽許氏曰紘以組爲之
而屬兩端於武所以固冠於首也副者王后之首服猶王之冕褘者王后之衣
猶王之衮衣二者皆王后之服此言諸侯之夫人者禮記注謂審二王之后與
○吳氏程曰副編髮爲之所以覆首爲飾褘與翬同刻繒爲翟雉之形而采畫

之綴於衣也

蒙引蠶本是世婦繭成然後獻夫人繅者蠶亦夫人主之也且曰使世婦使者誰使之夫人治內事也○禮云諸侯爲藉百畝按禮天子亦爲藉千畝此不云者只從諸侯之失國家上說○夫人副禕受之註云二者皆王后之服此言諸侯之夫人者禮記注謂審二王之後愚謂王后之服只循舊文而不察夫人亦有副也如袞冕一般天子有袞冕諸侯亦有袞冕但天子之袞冕與王后之副禕較之諸侯夫人制固必有差等矣此處小註都欠主張○繅三盆手小註不甚明禮記註曰三盆手者置繭於盆中而手三次淹之每淹則以爪振出其緒故曰三盆手也方氏云夫人之繅止於三盆猶天子之耕止於三推○孟子註淹大總也繅繹繭爲絲也亦作繰○牲殺牲必特殺也不敢用見成牲肉也故曰牲殺皿所以覆器者此器與皿之別

存疑諸侯耕助二句與惟士無田二句是孟子檃括祭義王制之文不是全文○

其餘皆孟子解書意士不仕則無公田之入故亦不祭蓋牲殺器皿衣服皆無從出也不敢以祭則此心不得以自安矣此所以弔也

顧麟士曰士連大夫言之則是有位者且有宗廟則有田矣而又云有田則祭無田則薦似王制亦因有位失位言之注云祭有常月薦無常時祭必卜日薦不擇日祭有尸薦無尸祭以三牲黍稷薦無牲其隆殺不同固如此亦宜人子之不敢以宴而至於弔也〇趙岐注田作圭田尤確圭田自卿以下至於下士之爲一官之長者皆有廟有田則田即此田更無他田以待祭也

王制大夫士宗廟之祭有田則祭無田則薦

出疆必載質何也

周霄問也

講霄又問曰三月無君而不得祭是誠可弔矣若出疆初失位耳便必載質以往這等急於得君又是何也東序

曰。士之仕也、猶農夫之耕也。農夫豈爲出疆舍其耒耜哉。爲、去聲。舍、上聲。

【講】孟子曰、仕以行道者、士之事也。猶夫耕以謀食者、農夫之事也。見君不可無質、耕田不可無耒耜。農夫豈爲出疆舍棄其耒耜而不用哉。然則士必仕、仕必質、士之出疆豈得不載質也。蒙引淺說直解

曰。晉國亦仕國也。未嘗聞仕如此其急。仕如此其急也、君子之難仕何也。曰。丈夫生而願爲之有室、女子生而願爲之有家。父母之心、人皆有之。不待父母之命、媒妁之言、鑽穴隙相窺、踰牆相從、則父母國人皆賤之。古之人未嘗不欲仕也、又惡不由其

道不由其道而往者，與鑽穴隙之類也。為去聲妁音酌隙去逆反惡去聲

晉國解見形甸反前篇。仕國謂君子游宦之國。霄意以孟子不見諸侯為難仕，故先問古之君子仕否。然後言此以風去聲切之也。男以女為室，女以男為家。妁亦媒也。言為父母者，非不願其男女之有室家，而亦惡其不由道。蓋君子雖不潔身以亂倫，而亦不徇利而忘義也。

〔講〕霄得欲仕之說，遂諷曰：吾晉亦士君子游宦之國也。然未嘗聞無君則弔、出疆載質，求仕如此其急。今由夫子之言觀之，求仕既如此其急也，宜其仕之易矣。君子乃不見諸侯而難於仕者，何也？孟子曰：夫仕固有仕之道也。譬如丈夫生而、願有女為之室，女子生而即願有男為之家，此父母之心，人皆有之者也。若以其為父母之心也，遂不待父母婚媾之命、媒妁通好之言，竟至鑽穴隙以私、窺踰牆以私相從，則內而父母，外而國人，皆賤惡之，為其苟合而不以

正也由此觀之是以古之人如君臣之義不可廢未嘗不欲仕也又惡其去就無義進退無禮而不由其道之正不由其道而枉已徇人以往見諸侯者與鑽穴隙之類等也其能免於人之賤惡哉此君子之所以雖急於仕而又難於仕也彙序

蒙引由前段出疆必載質三月無君則弔之說君子之急於仕也如此由後段又惡不由其道之說則君子又有不欲速者在雖曰不敢以祭則不敢以宴而有所不恤也

存疑仕如此其急二句此方是周霄發問之本意故孟子答之曰古之人未嘗不欲仕也云云此君子所以難仕也

謹按晉國註云解見前篇蓋謂周霄魏人魏本分晉梁惠王稱晉國天下莫強是也

全謹按先言急於仕者君子之本心後言惡不由道者君子之大節重在不徇旨

利忘義上

○彭更問曰後車數十乘從者數百人以傳食於諸侯不以泰乎孟子曰非其道則一簞食不可受於人如其道則舜受堯之天下不以爲泰子以爲泰乎

更平聲乘從皆去聲傳直戀反簞音丹食音嗣

彭更孟子弟子也泰侈也

講孟子門人有彭更者問於孟子曰今以一介之士而隨行後車有數十乘隨行從者有數百人乘傳而食於衆諸侯之國不已侈泰而過分乎孟子曰君子之處世辭受取予只看道理上何如耳非其道之所當得則一簞食之微亦不可妄受於人如其道之所當得則舜以匹夫而受堯之天下亦不得以之爲泰據子泰傳食之心豈以舜受堯之天下爲泰乎蒙述詳序

蒙引傳與傳車之傳同正韻云驛遞也
翼註非其道二段抑揚重下段

曰否士無事而食不可也

言不以舜爲泰但謂今之士無功而食人之食則不可也

講彭更曰否者不以舜爲泰也更但以士於人國無所事事而晏然食其食爲不可也 彙序

翼註無事而食如上不爲公卿大夫之事下不爲農工商賈之事皆是

劉上玉曰集註功字且勿露

曰子不通功易事以羨補不足則農有餘粟女有餘布子如通之則梓匠輪輿皆得食於子於此有人焉入則孝出則悌守先

王之道以待後之學者而不得食於子。子何尊梓匠輪輿而輕爲仁義者哉。羨，延面反。

也。梓人匠人，木工也。輪人輿人，車工也。通功易事，謂通人之功而交易其事。羨，餘也。有餘，言無所貿（音茂）易而積於無用。

講　孟子曰：子以士爲無事而食，不知士之功爲甚大也。子不通人之功而交易其事，以其羨者補其不足者，以兩相濟，則農只有餘粟，女只有餘布，皆積於無用，此勢之所必不可者也。子如通之，則我之所不能爲者而待人爲之，如梓人匠人輪人輿人，皆得以其事而食於子。乃於此邪說横行之秋，縱横馳騖之日，而有擔當世教之人焉，以先王之道莫大於仁義，而仁義之實不外乎孝弟，於是入則盡孝，出則盡弟，固守先王所傳仁義之道，以待後來之學仁義者，使有所師法，此其事爲何事，而不得食於子。子何尊梓匠輪輿之小，而輕則行仁義

之大者哉亦甚異矣彙直解序

大全趙氏悳曰梓人成器械以利用匠人營宮室以安居輪人作車輪以運行輿人作車輿以利載

蒙引孟子當時無位無他功可言故只云云其曰孝弟舉大端也

存疑先王之道廣矣大矣獨言孝弟者孝弟人道之本也觀有子孝弟爲仁之本孟子堯舜之道孝弟而已可見守先王之道雖承上孝弟說亦須說得寬如井田學校之類莫非先王之道也

亦皆孝弟所推

翼註子不通功四句反言以見功之當通○如農耕女織是事其有功於衣食是功通功云者不執定爲此事然後享此功但彼此互相准而交相濟也兩有餘是言其滯積無用而外此皆缺也梓匠輪輿雖不曾種粟而食然據他有功於器用可以博換得食來此正是通功處

曰梓匠輪輿其志將以求食也君子之爲道也其志亦將以求食與曰子何以其志爲哉其有功於子可食而食之矣且子食志乎食功乎曰食志與平聲可食而食食志食功之食皆音嗣下同

孟子言自我而言固不求食自彼而言凡有功者則當食之

講更因孟子之詰乃變其說以應之曰吾非敢尊梓匠輪輿而輕爲仁義之士也但梓匠輪輿乃技藝之流其志固將以求食也若君子之爲仁義之道也豈其志亦將以求食與孟子折之曰人之所志固自不同然子何以君子之志爲哉惟是有仁義之功於子理可以食則稱其功以食之而已矣且子平日之食人也以其志之所在而食之與抑以其功之所在而食之與更强對曰食志當因其人之所求也蒙直解序

大全南軒張氏曰君子之志固不在食而爲國者知其有功則當食之蓋王者之祿夫人爲有以賴其用而可祿耳豈必以其志之欲而祿之哉如以其志是率天下而利也

翼註子何以其志爲哉三句指定君子說勿泛

劉上玉曰前說無事而食不可此又曰食志不論功下文又不食毀瓦畫墁何自相矛盾也更眞窮矣

曰有人於此毀瓦畫墁其志將以求食也則子食之乎曰否曰然則子非食志也食功也墁武安反子食之食亦音嗣

墁牆壁之飾也毀瓦畫墁言無功而有害也既曰食功則以士爲無事而食者眞尊梓匠輪輿而輕爲仁義者矣

講孟子又詰之曰子固食志矣設有人於此毀子之瓦畫子之墁無功而有害

如此但原其志亦將以求食也則子食之乎曰否吾不食之孟子因折之曰然則子之食人本非爲其志於食而食之也還是因其有功而食之也夫食必於有功而士有功於斯道乃以爲無事而食不亦尊梓匠輪輿而輕爲仁義者哉

彙序

大全雙峰饒氏曰當時諸侯尚知尊敬儒者皆有所養亦是先王之澤未泯

蒙引墁牆壁之飾也如白灰或細土近白者塗之便是飾之於外畫非畫以釆也如以木石縱橫畫之皆畫墁也

顧麟士曰毀瓦畫墁非謂以此去求食言毀畫無功有害而志則求食何以處之塗甚其辭以見志之不可徇也

全解註此章前三節言士有功可食後二節因其遁辭而折之也仁義二字最重

○萬章問曰宋小國也今將行王政齊楚惡而伐之則如之何

惡去聲

萬章孟子弟子。宋王偃嘗滅滕伐薛。敗齊楚魏之兵。欲霸天下。疑即此時也。

【講】孟子弟子有萬章者問曰宋小國也今將伐暴安民以行王政齊楚乃惡而伐之則如之何而後可也 彙序

【趙註】問宋當如齊楚何也

【大全】史記宋世家偃立爲君十一年自立爲王東敗齊取五城南敗楚取地三百里西敗魏軍乃與齊魏爲敵國盛血以韋囊懸而射之命曰射天淫於酒婦人羣臣諫者輒射之於是諸侯皆曰桀宋宋其復爲紂所爲不可不誅告齊伐宋王偃四十七年齊湣王與魏楚伐宋殺王偃遂滅宋而三分其地

【存疑】宋王偃欲伯天下是小不可以敵大弱不可以敵強自速其亡者也萬章以爲行王政其識可知矣

謹按戰國時孰知有王政者萬章爲孟子之徒習聞王政之說故假此以加宋也若王偃所行何嘗一事合王政

孟子曰湯居亳與葛爲鄰葛伯放而不祀湯使人問之曰何爲不祀曰無以供犧牲也湯使遺之牛羊葛伯食之又不以祀湯又使人問之曰何爲不祀曰無以供粢盛也湯使亳衆往爲之耕老弱饋食葛伯率其民要其有酒食黍稻者奪之不授者殺之有童子以黍肉餉殺而奪之書曰葛伯仇餉此之謂也遺唯季反

盛音成往爲之爲去聲饋食酒食之食音嗣要平聲餉式亮反○亚韻仇渠尤反

葛國名伯爵也放而不祀放縱無道不祀先祖也亳衆湯之民其民葛民也授

與也。餉亦饋也。書，商書仲虺許偉反之誥也。仇餉，言與餉者爲仇也。

講 孟子曰，了以宋小而王政難行乎。試以湯觀之。湯始與葛國爲鄰。葛伯放縱無道，不祀先祖。湯使人問之曰：祀大典也，何爲不祀。葛伯託言曰：祀必備物，吾無以供犧牲也。湯乃使人送與之牛羊。葛伯自己食之，又不以祀。湯又使人問之曰：犧牲既備，何爲不祀。葛伯又託言曰：祀重黍稷，吾無以供粢盛也。湯乃使亳邑之民往葛爲之耕，以供粢盛。亳之老弱饋耕者之食。葛伯率其民，視其所饋有酒食黍稻者，要而奪之，其不肯與者，從而殺之。時有童子以黍肉來餉葛伯，殺而奪之。故商書仲虺之誥曰：葛伯與餉耕者爲仇，正此殺童子而奪其黍肉之謂也。彙

條疏 地理志云：葛，今梁國寧陵有葛鄉。裴駰亦引之，而謚史記亳都亦在梁國，故云爲鄰。牲之色純無雜色，謂之犧牲。

蒙引 要，攔截也。食，飯也。黍稻須爲飯者，未熟者也。食，指熟者。

爲其殺是童子而征之四海之內皆曰非富天下也爲匹夫匹婦復讎也爲去聲

非富天下言湯之心非以天下爲富而欲得之也

【講】葛伯之虐至殺童子極矣湯爲其殺是童子而征之但見四海之內皆信之曰湯之心非有利乎天下也實爲匹夫匹婦而復其無罪被殺之仇也彙序

翼註爲匹夫匹婦復仇只是說爲小民報怨耳不必作童子之父母

湯始征自葛載十一征而無敵於天下東面而征西夷怨南面而征北狄怨曰奚爲後我民之望之若大旱之望雨也歸市者弗止芸者不變誅其君弔其民如時雨降民大悅書曰徯我后

后來其無罰。正韻芸與耘同

載亦始也。十一征，所征十一國也。餘已見形甸反前篇。

〔講〕書有曰湯始征自葛始，從此十一征而無敵於天下。東向而征而極西之人皆怨，南向而征而極北之人皆怨。怨之者曰：奚爲其征獨後我？觀書所言，可見湯師未至，民之望之若大旱之望雨也；及其旣至，歸市者亦弗止，芸者亦不變。惟誅其有罪之君而救其無罪之民，如大旱而時雨之降一般，民皆大悦。書又有曰：待我后之來，庶幾無虐政之罰乎？葢其人悦有如此。此湯以七十里而行王政於天下也。蒙序

大全趙氏悳曰：所征十一國，按詩商頌：韋顧旣伐，昆吾夏桀。韋，豕韋也；顧，國也；昆吾，氏也。三國黨於桀惡，湯先伐韋顧，克之；昆吾夏桀則同時伐也。據此則葛门韋门顧円昆吾曰夏桀又尚書云遂伐三膢音宗，凡六伐，餘無可考。

有攸不爲臣，東征綏厥士女，匪厥玄黃，紹我周王見休，惟臣附于大邑周。其君子實玄黃于匪以迎其君子，其小人簞食壺漿以迎其小人。救民於水火之中，取其殘而已矣。食音嗣

按周書武成篇載武王之言，孟子約其文如此，然其辭時與今書文不類，今姑依此文解之。有所不爲臣，謂助紂爲惡而不爲周臣者。匪與篚同。玄黃，幣也。紹，繼也，猶言事也。言其士女以匪盛音成玄黃之幣迎武王而事之也。商人而曰我周王，猶商書所謂我后也。休，美也。言武王能順天休命，而事之者皆見休也。臣附，歸服也。孟子又釋其意，言商人聞周師之來，各以其類相迎者，以武王能救民於水火之中，取其殘民者誅之，而不爲暴虐耳。君子，謂在位之人。小人，謂細民也。

講所以武王觀之武成之書有云有所助紂爲惡而不爲周家之臣者武王以其時八百諸侯皆已歸周故云然其爲士女之害於是東征以安厥士女但見士女以筐篚盛玄黄之幣而言曰昔事殷今繼事我周王庶得蒙恩澤而見休美乎於是心悅誠服惟願爲臣而歸附於大邦之周也書之言如此可見當時商家在位之君子則實玄黄之幣於篚以迎周之將帥其在野之小人則以一簞之食一壺之漿以迎周之卒徒是果何爲蓋以商紂暴虐民皆陷於水火之中武王之師則救民於水火之中惟取其殘賊民者誅之而已矣并不濫及無辜也所以各以類相迎爲此故耳彙趙註

蒙引大誥紹繼也猶言事也紹何以爲事蓋向日事商今則繼事周矣

顧麟士曰孟子引書亦只順口取大意或兼已說夾和言之不必全憶本文觀此類可見〇不爲臣如奄與五十國之類皆害及士民者

太誓曰我武惟揚侵于之疆則取于殘殺伐用張于湯有光

太誓周書也。今書文亦小異。言武王威武奮揚，侵彼紂之疆界，取其殘賊而殺伐之功因以張大，比於湯之伐桀又有光焉。引此以證上文取其殘之義。

〔講〕武王取殘於何見之？泰誓有曰：我武王威武奮揚，侵于紂之疆界，則取其殘民者誅之而殺伐之功用以張大，比於湯之伐桀除暴救民又有光焉。葢武王取殘如此，此武王以百里而行王政於天下也。彙序

〔 〕趙註：泰誓古尚書百二十篇之時太誓也。今之尚書太誓篇後得以充學，故不與古泰誓同。諸傳記引泰誓皆古泰誓也。

不行王政云爾，苟行王政，四海之內皆舉首而望之，欲以爲君，齊楚雖大，何畏焉。

宋實不能行王政，後果爲齊所滅，王偃走死。○尹氏曰：爲國者能自治而得民心，則天下皆將歸往之，恨其征伐之不早也，尚何疆國之足畏哉？苟不自治而

以强弱之勢言之是可畏而已矣。

【講】觀湯武行王政而無敵於天下如此。今宋惟不是行王政云爾。苟能以德行仁，如湯之弔民，如武王之取殘，以行王者之政，則四海之內皆舉首而望之，欲以宋爲君，而有後我之怨、依黃之迎矣。齊楚雖大，必不能率其子弟攻其父母也，又何畏焉？而乃切切然惡而伐之之爲慮也。彙序

全翼註湯武對看，歸重末節。

謹按通章未告以王政之實，只舉湯武爲法，見能如湯武之行王政，自無敵於天下也。王政在乎日修德行仁上說。

○孟子謂戴不勝曰：子欲子之王之善與？我明告子。有楚大夫於此，欲其子之齊語也，則使齊人傅諸？使楚人傅諸？曰：使齊人

傳之曰一齊人傳之衆楚人咻之雖日撻而求其齊也不可得矣引而置之莊嶽之閒數年雖日撻而求其楚亦不可得矣與平聲咻音休

戴不勝宋臣也齊語齊人語也傳教也咻讙也齊齊語也莊嶽齊街里名也楚楚語也此先設譬以曉之也

講孟子謂宋臣戴不勝曰吾觀子之事王亦欲其志仁當道以爲善與我明告子以善王之道譬如有楚大夫於此欲其子舍楚鴂舌之語而爲齊中夏之語也則使齊人傳而教之乎抑仍使楚人傳而教之乎不勝曰欲學齊語必使齊人傳之孟子曰傳之以齊人誠是矣然一齊人傳之衆楚人於其旁讙譁而咻之所聽不專積習難變雖日加鞭撻而求其子之齊語也不可得矣若引其子

置之齊莊嶽街里之間且歷數年之久則所與居者皆齊人所熟聞者皆齊語必然與之俱化雖日撻而求其楚語也亦不可得矣可見所與者衆則所習者成學語如此况善君乎彙序

翼註咻聒噪之意

子謂薛居州善士也使之居於王所在於王所者長幼卑尊皆薛居州也王誰與為不善在王所者長幼卑尊皆非薛居州也王誰與為善一薛居州獨如宋王何長上聲

居州亦宋臣言小人衆而君子獨無以成正君之功

講今子謂薛居州立心制行誠善士也多方引進使之居於王朝廷之上可謂得以人事君之義矣但王所非一人也使在於王所者長而老成幼而新進卑

而察求尊而秉衡皆如薛居州之善士也則所聞皆善言所見皆善行王雖欲爲不善其誰與之今在於王所者長幼卑尊皆非薛居州之善士也則善言少而詖言日進善行少而逢惡多端王雖欲爲善又誰與之然則子所使者雖善士得一薛居州耳傳之者寡咻之者衆羣邪害正孤忠無與獨如宋王何哉子其廣善類進同心以成善王之道焉可矣蒙序

大全南軒張氏曰衆君子之間豈一小人猶足以蔽主而敗類一君子而遇衆小人君子且不能安其身如正君何格君之任有孟子而戴不勝不能知也尚何望焉○慶源輔氏曰古之大臣欲正其君者豈特取辦於一人而已哉必也兼收並蓄旁求廣取使忠賢之士畢集於朝在君之左右前後者無非正人端士然後可以薰陶漸染以變化其氣質成就其德性是豈獨欲趨事赴功而已哉

蒙引味孟子此意蓋不勝是得宋柄且有心格國者故告之以此

全旨翼註上節引起下節總是進賢貴廣意

○公孫丑問曰不見諸侯何義孟子曰古者不爲臣不見。

不爲臣謂未仕於其國者也此不見諸侯之義也

講孟子不肯往見諸侯故公孫丑問曰君子以行道爲心必欲得君而仕今夫子不肯往見諸侯果何義也孟子曰古之爲士者不曾委贄爲諸侯之臣則不往見之此自重之道也彙直解序

蒙引不爲臣不見此句正答不見諸侯之義

段干木踰垣而辟之泄柳閉門而不內是皆已甚迫斯可以見矣

辟去聲內與納同

段干木魏文侯時人泄柳魯繆音穆公時人文侯繆公欲見此二人而二人不肯見之蓋未爲臣也已甚過甚也迫謂求見之切也

【講】昔魏文侯時有段干木者未爲文侯之臣文侯往見則踰垣而避之魯繆公時又有泄柳者未爲繆公之臣繆公往見則閉門而不納是皆守不見之節者也但未免過甚耳二君誠意迫切斯亦可以出而見之矣可以見而猶不見亦守義過峻者也彙序

【翼註】是皆已甚以下輕帶說不重

【謹按】蔡氏曰此不重說二子之非見士必過文侯繆公之君則不見方爲已甚是乃無傷于見耳

【附錄】皇甫謐高士傳曰段干木者晉人也少貧且賤心志不遂乃治清節遊西河師事卜子夏居於魏守道不仕魏文侯欲見就造其門段干木踰垣而避文侯以客禮待之出過其廬而軾其僕問曰干木布衣也君軾其廬不已甚乎文侯曰段干木賢者也不移勢利懷君子之道隱處窮巷聲馳千里吾敢不軾乎干木光乎德寡人光乎勢干木富乎義寡人富乎財勢不若德貴財不若義高

又請爲相不肯復卑巳而請見與語文侯立倦不敢息夫文侯名過齊桓公者蓋能尊段干木敬卜子夏友田子方故也居無幾何秦興兵欲攻魏司馬唐諫秦君曰段干木賢者也而魏禮之天下莫不聞無乃不可加兵乎秦君以爲然遂按兵輟不敢攻○通義仁山金氏曰戰國策有段干綸段干越人則段干姓也○禮檀弓曰子柳之母死子碩（子柳弟）請具子柳曰何以哉子碩曰請鬻庶弟之母子柳曰如之何其鬻人之母以葬其母也不可旣葬子碩欲以賻布（以物助喪曰賻布錢）之餘具祭器（也）子柳曰不可吾聞之也君子不家於喪請班諸兄弟之貧者○說苑曰繆公問子柳賢者見之子柳閉門不納或曰子以匹夫而枉國君之駕何若是哉子柳曰吾聞君子其道行則樂其治不行則樂其身天下誠有欲治之君能行其道則雖徒步以朝固猶爲之不然是徒徼國君之寵也

陽貨欲見孔子而惡無禮大夫有賜於士不得受於其家則往

拜其門陽貨瞯孔子之亡也而饋孔子蒸豚孔子亦瞯其亡也而往拜之當是時陽貨先豈得不見欲見之見音現惡去聲瞯音勘

此又引孔子之事以明可見之節也欲見孔子欲召孔子來見己也惡無禮畏人以己為無禮也受於其家對使去聲人拜受於家也其門大夫之門也瞯窺也陽貨於魯為大夫孔子為士故以此物及其不在而饋之欲其來拜而見之也先謂先來加禮也

講昔魯陽貨欲孔子見己而又惡人以為無禮因禮有云大夫有賜於士士偶出在外不得受於其家則親往拜于大夫之門陽貨以大夫自處者也孔子士也貨於是窺孔子偶出在外而餽孔子蒸豚欲使孔子來荅拜而見之也孔子不墮其術亦窺其外出也而往拜之蓋孔子雖不欲見貨然既往拜之則亦見之矣所以然者正以當是時陽貨先來加禮豈得不往見之若非貨先以禮來

孔子先不往見也。此孔子所謂得其宜也。蒙趙註

蒙引注曰陽貨於魯爲大夫孔子爲士貨本陪臣而執國命僭以大夫自處耳然能先施則孔子亦往見之乃士禮也奈何亦以大夫處貨耶曰恐是見惡人避咎之義。

存疑孔子瞰亡往拜實未嘗見曰陽貨先豈得不見者雖欲不見其名則見也。此處不重瞰亡之意。只重在往見上。

謹按雖重在往見上。然非陽貨先則豈往見仍當歸重不輕見意方合本旨。

曾子曰脅肩諂笑病于夏畦子路曰未同而言觀其色赧赧然非由之所知也由是觀之則君子之所養可知已矣。脅虛業反 赧奴簡反

○王韻畦弦雞反

脅肩竦音悚體諂笑強上聲下同笑皆小人側媚之態也病勞也夏畦夏月治畦之人
也言為此者其勞過於夏畦之人也未同而言與人未合而強與之言也赧赧
慙而面赤之貌由子路名言非己所知甚惡去聲之之辭也孟子言由此二言觀
之則二子之所養可知必不肯不俟其禮之至而輒往見之也○此章言聖人
禮義之中正過之者傷於迫切而不洪不及者淪于汙音烏賤而可京本作不恥

講若不嘗見而輕見之不幾為聖門高弟所識乎嘗聞曾子曰今有人脅其肩○
諂其笑以媚悅乎人此等情狀不勝勞苦比於夏月治畦之人為更甚焉子路
曰人有平素無交未嘗與之同合而乃強與之言以邀其寵澤但見其心慚面
赤赧赧然若無所容者此等人品非由之所知也由二子之言觀之則君子平
日之所以涵養氣節者必光明正大直道不阿可知已矣豈不為諸侯之臣而
肯任己以見之乎古人守節不屈如此此不見諸侯之義也蔡虛齋解序
翼註脅肩諂笑未同而言不必指定見諸侯大抵是趨權勢者○養字如養高

養重之養舍不見諸侯意〇一說君子字不指二子作孟子自寓說與君子亦仕而已矣君子之所爲衆人固不識也一例甚是然集註雖指二子而孟子自寓意亦在其中

顧麟士曰曾子是憐而譏之子路是惡而譏之

謹按脅解爲竦體下諂字以實字作虛字看〇非由所知言其人品汚賤不足比數也甚賤之之詞

全旨翼註不爲臣不見此句是一章之大指下三節勿以太過不及中正立意總是明不見諸侯之義若謂段干木泄柳皆守不臣不見之義者但已甚耳孔子不爲已甚然亦必先而後見不先則不可見也觀曾子子路得孔子家法者其所議評如此則君子之所養可知必不輕見諸侯矣

〇戴盈之曰什一去關市之征今茲未能請輕之以待來年然

後巳何如（上去聲）

盈之亦宋大夫也什一井田之法也關市之征商賈之稅也巳止也

〔識〕宋大夫戴盈之曰吾聞什一而賦關市譏而不征此古仁政也今欲於農行什一之法於商去關市之征但今茲時勢尚有未能驟更者請先輕之以待來年然後盡從而巳之何如或亦革弊以漸之道乎（纂序）

孟子曰今有人日攘其鄰之雞者或告之曰是非君子之道曰請損之月攘一雞以待來年然後巳（攘如羊反）

攘物自來而取之也損減也

〔識〕孟子曰此如攘雞之說矣今有人每日攘其鄰之雞者或告之曰是非君子所爲之道曰請從此損之每月攘其一雞以待來年然後巳子欲待來年何以

異於此乎○彙序

如知其非義斯速已矣何待來年○

知義理之不可而不能速改與月攘一雞何以異哉○

【講】子之欲去重賦與厚征者亦以其爲非義也使不知其非義猶無足怪如已知其非義在所當已斯速已之可矣何待來年乎夫非義尚能安之於心而待時乎子大夫勿以攘雞貽誚可也彙序

【大全】南軒張氏曰君子之遠不義也如惡惡臭其不敢邇也如探湯其不敢須臾寧也如坐塗炭而其從義也如饑渴之於飲食蓋見之明而決之勇以爲不如是不足以自拔而自新也士之持身於改過遷善之際而爲盈之之說則將終身汨沒於過失之中人臣謀國於革弊復古之事而爲盈之之說則終陷於因循苟且之域故自修身至於治國智仁勇之三德缺一不可也智以知之仁

以行之勇以決之可不務哉

蒙引此節只是就正意說不必兼攝雜註知義理之不可云云自有賓主末用一句繳耳

存疑已止也與上文然後已相應

翼註只認本題義字既知非義斷不可一朝居矣何待來年

○公都子曰外人皆稱夫子好辯敢問何也孟子曰予豈好辯哉予不得已也好去聲下同天下之生久矣一治一亂治去聲

生謂生民也一治一亂氣化盛衰人事得失反覆相尋理之常也

講公都子曰外人皆以夫子好與人辯論敢問何爲而然也孟子曰辯則予固有之若謂予好爲此也予豈好辯哉予蓋有不能相安於無言不得已而然者也夫天下之有生民其來已久非一世矣當其氣化盛人事得則天下爲之一

治及其氣化衰人事失則天下爲之一亂治亂二者反覆相尋如環無端此理勢之常也所貴乎聖賢之生斯世救失扶衰反亂而歸治焉耳　彙程氏直解

大全新安陳氏曰學者當深察孟子所以不得已之心下文詳之章末又申言此二句以結之豈惟孟子凡聖賢出而任三才扶三綱皆不得已也一治一亂乃此章綱領下文節節照應之

存疑天下治亂本乎人事氣化故註兼言之反覆相尋氣化人事俱有

翼註不得已而辯則非好也不得已意在維持世道上故下接天下之生二句兩一字見循環意

當堯之時水逆行氾濫於中國蛇龍居之民無所定下者爲巢上者爲營窟書曰洚水警余洚水者洪水也洚音降又胡貢胡工反

水逆行下流壅塞故水倒流而旁溢也下下地上高地也營窟穴處上聲也書虞

書大禹謨也。洚水洚胡貢反洞無涯之水也。警戒也。此一亂也。

講所謂一治一亂者，何以徵之？昔當帝堯在位之時，水不循正道，倒流逆行，以至氾溢濫浸徧於中國，水生蛇龍，水盛則蛇龍居民之地，而民患水，避之無所定止。於是地勢卑者，則架木為巢以處，猶鳥之有巢；地勢高者，則營度掘地為窟穴以處，猶獸之有窟。生民之命至此其甚急矣。故虞書有曰：此洚洞無涯之水，乃天降災異以警余者。彼舜所云洚水者，正指堯時之洪水也。帝且以為警余，則洪水之害可知。此氣化之衰，天下一亂也。蒙趙註直解

大全雲峰胡氏曰：自開闢至於堯時，不知幾治亂，斷自堯起，有徵也。洚水繫乎氣化，而曰警余，未嘗不反而求諸人事也。所以一亂即轉而為一治也。

顧麟士曰：洪水為主，洚水證之，不要倒看了。○堯典曰：帝曰咨四岳，湯湯洪水方割。此帝曰謂堯也。洪水字出於堯曰，是知洪水為堯時一亂之水也。大禹謨曰：帝曰來禹，洚水警余。此帝曰謂舜也。洚水字出於舜曰，而實即是堯時之洪

水是知舜所謂洚水者亦即謂堯時一亂之洪水也

使禹治之禹掘地而注之海驅蛇龍而放之菹水由地中行江淮河漢是也險阻既遠鳥獸之害人者消然後人得平土而居之菹側魚反

掘地掘去上聲**壅塞也菹澤生草者也地中兩涯之閒也險阻謂水之氾濫也遠去也消除也此一治也**

講洪水之害如此於是堯舉舜舜使禹治之禹乃掘去地之壅塞將此氾濫之水注之於海而不使其橫決蛇龍因水而至者也遂驅逐蛇龍放之菹澤之地而不使之盤據於是水不氾濫而由地中行即今之江淮河漢是也水患除而險阻既遠蛇龍驅而鳥獸之害人者俱已消除然後地平天成不必爲巢爲窟

舉天下之民皆得平土而居以遂樂生之願矣此禹以人事挽回氣化而天下一治也〇蒙存疑直解

大全新安陳氏曰洪水一亂禹反其亂而治之此禹之不得已於有爲者也

存疑洪水汎濫便蛇龍居之葢水蛇龍之所都也二者相因故說禹之一治只此二項然二項又歸重在水上故下文曰水由地中行

翼註掘地即疏瀹之類江漢南條之水河淮北條之水咏是也二字是指今日安流以見當時禹功

堯舜既沒。聖人之道衰。暴君代作。壞宮室以爲汙池。民無所安息。棄田以爲園囿。使民不得衣食。邪說暴行又作。園囿汙池沛澤多。而禽獸至。及紂之身。天下又大亂。壞音怪行去聲下同沛蒲內反

暴君謂夏太康孔甲履癸商武乙之類也宮室民居也沛草木之所生也澤水所鍾也自堯舜没至此治去聲亂非一及紂而又一大亂也

圕堯舜既没聖人之正道已衰歷夏及商暴虐之君相繼而起壞民之宮室以爲汙池使民無所安息棄民之土田以爲園囿使民不得衣食於是害民之邪説害民之暴行又作且土田棄爲園囿宮室壞爲汙池則凡民之所生聚者皆化爲水草之區沛澤愈以多而禽獸因以交至爲害百姓何得安生及紂之身愈爲不道而天下又大亂焉是固人事之失而亦氣化之衰也彙直解序

大全慶源輔氏曰自堯舜没其間夏太康至商武乙等暴君不一難以類數至紂則大敗極亂而無以復加矣故直推至紂時言之想見夏桀之時亦未必有飛廉等惡人與夫虎豹犀象之害也○雙峰饒氏曰暴行即上面壞宮室棄田宅也暴行通上下而言必有邪説糊塗了箇理義然後暴行始作

蒙引不及桀之亂湯之治者姑舉其尤大者耳如炮烙之刑剖心刳孕之事恐

紂亦未至此

存疑邪說暴行只是上面壞宮室棄田故下只曰園囿汙池沛澤多而禽獸至曰又作是對前一治說言至此又一亂也看下文世衰道微邪說暴行有作可見饒氏曰通上下而言上是紂下是飛廉五十國也

周公相武王誅紂伐奄三年討其君驅飛廉於海隅而戮之滅國者五十驅虎豹犀象而遠之天下大悅書曰丕顯哉文王謨丕承哉武王烈佑啟我後人咸以正無缺相去聲奄平聲○正韻奄與郁同衣檢衣廉二反說文云衣檢反丕普回反

奄東方之國助紂為虐者也飛廉紂幸臣也五十國皆紂黨虐民者也書周書君牙之篇丕大也顯明也謨謀也承繼也烈光也佑助也啟開也缺壞也此一

治大亂也

講於是武王受命而興周公爲之輔佐伐紂救民奉行天討以誅獨夫紂又以奄國之君助紂爲虐於外則興師伐奄三年之久其君始就誅戮又以幸臣飛廉助紂爲虐於內則驅之於海隅而戮之又滅紂之惡黨五十國而後人害以息且驅其園囿中所畜之猛獸如虎豹犀象之類皆使之遠去而後物害以除當時之民於是大悅而享太平之治焉故周書君牙篇有曰大能光顯哉文王創業之謨大能承繼哉武王致治之烈所以建立法制以佑助啟廸我後人者莫非至正無偏之道而又法制詳備無一毫之缺略焉凡此文武貽謀皆周公輔相以撥亂之功也此一治是人事之得而亦氣化之盛也　彙直解

趙註奄東方無道國飛廉紂諛臣

孫疏鄭伭云奄國在淮夷之北史記云飛廉顓頊之苗裔也飛廉善走其子惡來有力父子俱以材力事紂周武王伐紂并殺之

四書□角　卷之三十二　三

大全鄒晉昭曰奄書作郁古通用○慶源輔氏曰正可爲也無缺爲難無缺謂禮樂刑政四達而不悖三千三百之儀與至誠無僞之道并立而不偏凡所以正德厚生利用之宜無一之不備防僞禁邪正慝之法無一之或隳夫然後可以爲無缺至春秋時則道墜於地而無復有存者矣○新安陳氏曰商末大亂武王周公反其亂而治之此武王周公不得已於有爲者也

存疑三年討其君是承伐奄說書曰云云只是說上文勘亂之功正與無缺是兩意輔氏之說可玩

翼註引書見文謨之顯武烈能承之而佑啓後人者皆周公之力也文謨武烈不平看

顧麟士曰君牙穆王臣名時命爲大司徒乃作誥也故曰我後人云

謹按蔡氏曰周公相武王亞是大古誅紂作一領奄紂之助飛廉紂之幸五十國紂之黨虎豹犀象紂所貴之異物也討奄戮廉滅國驅獸人物之害俱除于是

天下大悅悅其無人物之害也引書承上大悅而贊其治功之盛

世衰道微邪說暴行有作臣弑其君者有之子弑其父者有之

有作之有讀爲

又古字通用

此周室東遷之後又一亂也

講周室東遷之後其世衰而不振武周之道微而不明於是壞倫之邪說壞倫之暴行又作至於以臣而弑其君者有之以子而弑其父者有之天理滅絕彝倫攸斁如此此尤人事之失而亦氣化之衰世之一大亂也彙序

大全慶源輔氏曰此一亂又氣化人事相符者也前乎此者雖曰世亂然但禽獸繁殖有以戕民之生而猶未至賊人之性至此以後則遂至傷壞人倫將使人盡爲禽獸之歸其禍又慘矣

孔子懼作春秋。春秋天子之事也。是故孔子曰知我者其惟春秋乎。罪我者其惟春秋乎。

胡氏曰。仲尼作春秋以寓王法。惇典庸禮。命德討罪。其大要皆天子之事也。知孔子者謂此書之作。遏人欲於橫（去聲）流。存天理於既滅。爲（去聲）後世慮至深遠也。罪孔子者以謂無其位而託二百四十二年南面之權。使亂臣賊子禁其欲而不得肆。則戚矣。愚謂孔子作春秋以討亂賊。則致治（去聲下同）之法垂於萬世。是亦一治也。

【講】孔子生當其時。既不得卿相之位。操賞罰之權。以施其撥亂反正之功。乃深爲世道人心憂懼。於是假魯史舊文而作春秋。是春秋也。所載皆天子惇典庸禮命德討罪之事也。如爲善者褒。是天子之法所必賞。爲惡者貶。是天子之法所必誅也。惟春秋爲天子之事。所以孔子自言曰。春秋之作。本非得已。世有諒我之心而知我者。謂其以片言之間而正一王之法。使父子君臣之倫大明於世。其惟春秋乎。世有因我之迹而罪我者。謂其以匹夫之賤而假天子之權。使黜陟賞罰之柄託於微言。而亂臣賊子不得肆其欲。其亦惟春秋乎。然則此書之作。君子有所勸而為善。則知我固所深幸。小人有所懼而不為惡。則罪我有所不辭矣。孔子作春秋之意如此。雖不得典治道於一時。而垂一王之法於萬世。豈非天下之一治乎。此一治純乎人事者也。彙淺說直解

通義仁山金氏曰。魯舊自有春秋。東遷之後。書法失周公制作典禮之意。善惡是非不明。雖弑逆之變亦多不書其實。故孔子因而修之。使是非邪正昭然可見。因此而鑒戒明。亂臣賊子懼。致治之法可垂萬世。故謂之作。

大全新安陳氏曰。惇典庸禮。命德討罪。書臯陶謨篇言天子治天下之事。孔子作春秋。正以明此治天下之事而為後世法也。○惇典之惇。集註避宋光宗諱而以厚字代之。○問孔子作春秋。特載之空言。亂賊何緣便懼。恐未足以為一

治○朱子曰非謂當時使一治只是存得一箇治法使道理光明燦爛有能舉而行之為治不難當時史書掌於史官想人不得見孔子取而筆削之而其義大明孔子亦何嘗有意用某字使人知勸用某字使人知懼用某字有甚微詞奥義使人曉不得足以褒貶榮辱人來不過如今之史書直書其事善惡瞭然在目觀者知所勸懲故亂臣賊子有所懼而不敢犯耳○慶源輔氏曰此一治又純乎人事者也雖氣化不應而不使孔子得位以撥亂而反之正然討亂賊垂治法其功又大於舜禹矣○潛室陳氏曰此謂聖人以王法繩諸侯所褒所貶皆是奉行王法此聖人大用非孟子不能知○雲峰胡氏曰集註前言禹與周公之功曰此一治也此當時之治也此言孔子春秋之功此亦一治也萬世之治也○新安陳氏曰孔子雖不能興治道於當時而能垂治法於後世蓋在當時倫紀亂矣孔子欲反其亂而治之此孔子之不得已於有言者也

‖蒙引要看是故二字下兩句都要粘著天子之事一句說

存疑　如何見得是天子之事如天王下勞晉侯則削而不書晉侯以臣召君則書天王狩於河陽皆所以存君臣之分也可見其悖典也名宰咺歸賵以譏亂法書履緰逆女以志變常所以定衆妾之分嚴大昏之禮可見其瀆禮也召陵之師書次書來盟以序其績城邢之役再敘三國之師以美其義可見其命德也討罪意尤明凡春秋所褒者皆是是故二字要說有著落惟春秋為天子之事所以知之者以是罪之者亦以是知之者以其功也罪之者以其僭也知之者君子也罪之者小人也

翼註　天子之事雖有惇庸命討四意只以正綱常誅悖逆括之

謹按　罪我句㒺註有無其位禁其欲兩意蓋無其位是他騰口之詞禁其欲是其罪夫子之本意也○傳曰誅死者於前所以懼生者于後死者指夫子以前之臣子言生者當指夫子同時之臣子及後世之臣子言若專指夫子以後之臣子則罪我與懼字俱無著落○春秋時史權甚重卿大夫才甚于之觀書趙

弑其君宣子曰我之懷矣自詒伊戚書崔杼弑其君南史執簡以往可見當時甚畏史書故亂臣賊子懼之也

聖王不作諸侯放恣處士橫議楊朱墨翟之言盈天下天下之言不歸楊則歸墨楊氏為我是無君也墨氏兼愛是無父也無父無君是禽獸也公明儀曰庖有肥肉廄有肥馬民有飢色野有餓莩此率獸而食人也楊墨之道不息孔子之道不著是邪說誣民充塞仁義也仁義充塞則率獸食人人將相食（橫為皆去聲莩皮表反○正韻恣資四反處上聲翟音狄莩與殍同）

楊朱但知愛身而不復（扶又反）知有致身之義故無君墨子愛無差（楚宜反）等而視

其至親無異衆人故無父。無父無君則人道滅絕是亦禽獸而已。公明儀之言義見形甸反首篇充塞仁義謂邪說徧滿妨於仁義也。孟子引儀之言以明楊墨道行則人皆無父無君以陷於禽獸而大亂將起。是亦率獸食人而人又相食也。此又一亂也。

講古來治亂相尋如此。至於今日聖王不作爲日已久。列國諸侯力戰相爭而放恣於法紀之外。於是異端之處士因各以其一家之學横議於下。如楊朱墨翟二人乃其尤者。二人之言佈滿天下。天下之言學術者不歸於楊則歸於墨。而去聖人之道遠矣。彼楊氏之言主於爲我。則但知愛身而不復知有致身之義。是無君也。墨氏之言生於兼愛。則視其親無異於衆人。是無父也。夫人之所以爲人者。以其有君臣父子之大倫也。今楊墨無父無君。則人道滅絕。是亦禽獸而已。横議惑人一至於此。其害可勝言哉。昔公明儀有言曰。庖有肥肉。廐有肥馬。民有飢色。野有餓莩。此率獸而食人也。乃觀今楊墨之害又有甚於此者盖仁以事親義以事君本萬世不易之道自堯舜以來傳之孔子者也而楊墨以爲我兼愛之敎亂之使楊墨之道流而不息則孔子仁義之道蔽而不著是邪説誣惑人心而充滿天下以蔽塞仁義也仁義爲楊墨充塞則人皆無父無君以陷於禽獸而大亂將起是楊墨倡爲禽獸之敎以食人心而人又轉相傳递而相食其心也其爲生民之亂豈特如春秋之時巳哉此氣化衰人事失而天下又一亂也纂疏通解

大全慶源輔氏曰聖人之道非不愛身也然有致身事君之義有殺身成仁之時故不至於無君非不愛物也然親親而仁民仁民而愛物有自然之序故不至於無父無君無父則人道滅絶亦將視弑父與君而冥然不覺矣是人與禽獸無異也〇雙峰饒氏曰墨氏無父之教便充塞了仁楊氏無君之教便充塞了義

蒙引墨氏之道主於仁而仁非其仁楊氏之道主於義而義非其義惟孔子之

道仁也而未嘗不義則仁非兼愛矣義也而未嘗不仁則義非爲我矣此其所以爲大中至正之極而可爲萬世皇極之主而楊墨之所執乃爲吾道之賊此孟子所以闢楊墨以閑孔子之道也

存疑 無父無君是據目前說率獸食人二句方是流弊

顧麟士曰此條任獸也分上只斷楊墨是禽獸下即言禽獸之害大能食人也公明儀數句起下不承上人將相食流毒轉甚遂使無父無君之害戕賊無窮世道大壞矣率獸獸字實指楊墨不是空說

謙按 孔子時亂臣賊子顯壞人倫天下知其爲非孟子時楊墨之說隱壞人倫天下且皆以爲是而趨之所以其亂爲更甚也

吾爲此懼閑先聖之道距楊墨放淫辭邪說者不得作作於其心害於其事作於其事害於其政聖人復起不易吾言矣 爲去聲復

扶又

反

閑衛也放驅而遠去聲之也作起也事所行政大體也孟子雖不得志於時然楊墨之害自是滅息而君臣父子之道賴以不墜是亦一治去聲也程子曰楊墨之害甚於申韓佛氏之害甚於楊墨蓋楊氏爲我疑於義墨氏兼愛疑於仁申韓則淺陋易去聲見故孟子止闢楊墨爲其惑世之甚也佛氏之言近理又非楊墨之比所以爲害尤甚

【講】楊墨之誣民如此吾深爲世道人心懼於是欲閑衛先聖孔子仁義之道使之著明於世而不爲異端所蔽塞故於楊墨之學則深拒而痛絕之以放斥其淫蕩之辭使天下之人曉然知其爲非而邪說者不得復起以誣民蓋邪說之作雖發於言論實本於心術既作於其心則日用舉止俱悖於正而害於其事既害於其事則世道綱紀俱反其常而害於其政端甚微而禍甚大此理之必

然雖聖人復起不易吾作心害事害政之言矣使不距而放之天下何由而治乎此則人事之不可不盡者也　彙直解序

大全西山眞氏曰事者政之目政者事之綱○新安陳氏曰此孟子所以不得已而有言也○慶源輔氏曰此一治又純乎人事也雖氣化不應孟子亦不得志於時然因其言而異端滅息吾道至今得以不墜此孟氏之功所以不在禹下而亞於孔子也

蒙引不易吾言矣自信其言之甚者欲其言之信於人故也所謂賢人之言必引而自高不如此則道不尊者豈虛語哉非故爲浪誇也

存疑距楊墨放淫辭歸於使邪說者不得作蓋邪說即楊墨之說淫辭即其說之浩瀚放蕩也

翼註閑距放三字相應欲閑故距放距放故不得作一氣說下害事害政不分先後總在無父無君上見得

昔者禹抑洪水而天下平，周公兼夷狄驅猛獸而百姓寧，孔子成春秋而亂臣賊子懼。

抑，止也。兼，并(平聲)之也。總結上文也。

講 合而觀之，昔者禹抑止洪水而天下之水土皆[illegible]，天下不得平也。周公兼并夷狄，驅逐猛獸，而百姓寧，微周公，百姓不得寧也。孔子成春秋之書，而亂臣賊子懼，微孔子，亂賊不知懼也。此天下轉亂爲治，皆賴三聖人之功，而三聖人所不得已於當世如此。(彙斥)

存疑 上既歷敘三聖人之事，以已繼之，至此下三條又總舉上文之意而申結之。周公戮飛廉，滅五十國，獨曰夷狄者，五十國之中必有夷狄，舉重以見輕也。

詩云：戎狄是膺，荊舒是懲，則莫我敢承。無父無君，是周公所膺也。

詖見形甸反 上篇。承當也。

講 魯頌之詩有云戎狄則膺擊之荊舒則懲創之則莫有承而當我者此詩言周公正夷夏之防其嚴如此今楊墨無父無君與夷狄無異正是周公之所必擊而遠之者也有世教之責者豈能坐視其害而不思所以息之乎彙直解序

蒙引此段直是要起下段不連上意。

翼註此節只重楊墨之當膺不重周公上。

我亦欲正人心息邪說距詖行放淫辭以承三聖者豈好辯哉

予不得已也。行好皆去聲

詖淫解見形甸反前篇。辭者說之詳也。承繼也。三聖禹周公孔子也。蓋邪說橫去聲流壞（音怪）人心術甚於洪水猛獸之災慘於夷狄篡弒之禍故孟子深懼而力救之再言豈好辯哉予不得已也所以深致意焉然非知道之君子孰能真知其所以不得已之故哉

【講】故我在今日亦欲講明仁義之道以正陷溺之人心欲正人心必息楊墨之邪說而距絕其偏詖之行放斥其淫蕩之辭以承禹周公孔子三聖人之功撥亂世而反之正者然則予豈好辯哉畏天命悲人窮憂之深言之切有所不得已而然也彼不知楊墨之害而無心於天下之治者烏足以知之（彙序）

‖大全朱子曰當時如縱橫刑名之徒孟子都不管他蓋他只害得箇粗底若楊墨則害了人心須著與之辨也然孟子於當時只在私下恁地說所謂楊墨之徒也未怕他到後世却因其言而知聖人之道為是知異端之學為非乃是孟子有功於後世耳○雙峰饒氏曰說既邪辟其行必偏詖其辭愈見淫蕩詖行淫辭自邪說上來放者放廢距者距絕○雲峰胡氏曰洪水之災由氣化夷狄

簒弑之禍由人事邪說爲人心之害則有甚於此者矣故孟子之辯孳孳欲正人心也

【翼註】我亦欲三字直貫到以承三聖者一口氣說下正人心是主謂使人心復歸於仁義也息距放皆爲正人心而設者此處予不得已實塡楊墨在內

能言距楊墨者聖人之徒也。

言苟有能爲此距楊墨之說者則其所趨正矣雖未必知道是亦聖人之徒也。孟子既答公都子之問而意有未盡故復扶又反言此盖邪說害正人人得而攻之不必聖賢如春秋之法亂臣賊子人人得而誅之不必士師也聖人救世立法之意其切如此若以此意推之則不能攻討而又唱坊本作倡爲不必攻討之說者其爲邪詖之徒亂賊之黨可知矣○尹氏曰學者於是非之原毫釐有差則害流於生民禍及於後世故孟子辯邪說如是之嚴而自以爲承三聖之功也

當是時方且以好辯目之是以常人之心而度待洛反聖賢之心也

講此豈獨予一人之責所當與之辯哉使天下之人有能立爲言論以距斥楊墨之邪說者雖其學之所造未必能真知吾道然其心先正是亦禹周公孔子之徒也蓋邪說害正人人得而攻之宜其勉爲聖人之徒以爲天下續予豈得以好辯爲嫌而遂已於言耶此可見其自任之重而望人之切矣　蒙朱子直解

存疑能言距楊墨謂能立言距楊墨也故曰有能爲此距楊墨之說非但言此距楊墨三字也

全旨大全朱子曰此段最好看見諸聖賢遭時之變各行其道是這樣時節其所以救正之者是這般樣子這見得聖賢是甚麼樣大力量恰似天地有缺罅處得聖賢出來補敎周全過得稍久又不免有缺又得聖賢出來補這見聖賢是甚力量真有闔闢乾坤之功〇新安陳氏曰聖賢反世之亂而治之達而在上則見於有爲而治功見於當時窮而在下則不免於有言而治法垂於後世孔

子作春秋以爲法猶未至乎辯者孔子之時異端未熾而孔子之聖言救易乎故也至孟子則時益降異端益熾其闢楊墨焉得而不言言烏得而不辯蓋有大不得已焉者旣以不得已者自致其力尤以能言距楊墨望凡爲吾徒者之同致其力焉非朱子深知孟子之心孰能發其精微之蘊如此哉此章於古今世道聖賢事業關係甚大宜精察深思之○東陽許氏曰氣化盛人事得則天下治氣化衰人事失則天下亂是固然矣然易亂爲治全賴人事以補天道之不足反氣化之衰而至於盛也觀禹周孔孟之事皆盡人事以回氣化也此正聖賢作用參天地贊化育之功讀此章當如此會集註之意

翼註予豈好辯哉二句一章之大指中間歷敘治亂而昔者以下總結之以見自任之意而又公其責於人也

○匡章曰陳仲子豈不誠廉士哉居於陵三日不食耳無聞目

無見也井上有李螬食實者過半矣匍匐往將食之三咽然後耳有聞目有見於音烏下於陵同螬音曹咽音宴〇正韻匍音蒲匐步墨反

匡章陳仲子皆齊人廉有分辨不苟取也於陵地名螬蠐音齊螬蟲也匍匐言無力不能行也咽吞也

講齊人匡章曰廉美德也若陳仲子者豈不誠廉潔之士哉觀其居於於陵之地一介不取至於三日不食耳亦無聞目亦無見也其貧苦如此亦不求食於人適井上有李螬虫食其實者已過半矣仲子乃匍匐往而食之咽至三次然後耳有聞目有見潔其身而至於不顧其生非至廉其孰能之蒙序

蒙引居於陵三日不食云云言其飢餓之甚也蓋仲子本是世家之子乃甘於窮約如此匡章所以取其廉〇按高士傳陳仲子字子終齊人也楚王遣使持金百鎰聘以爲相夫妻相與逃去爲人灌園

孟子曰於齊國之士吾必以仲子爲巨擘焉雖然仲子惡能廉充仲子之操則蚓而後可者也擘薄厄反惡平聲蚓音引○正韻操平聲下同

巨擘大指也言齊人中有仲子如衆小指中有大指也充推而滿之也操所守也蚓丘蚓也言仲子未得爲廉也必若滿其所守之志則惟丘蚓之無求於世然後可以爲廉耳

講孟子曰齊國之士多貪溺富貴而仲子能淸苦如此吾於齊國之中必以仲子爲出衆之人如衆小指中之大指焉雖然仲子亦惡能自遂其廉哉若就仲子如此之操行充而極之則如蚓而後可以成其所操也其勢將能乎不能乎

彙序

翼註非以蚓責仲子只是極言其充不去耳惡能廉能字即下充字意充不去是不能廉也此何便是以仲子律仲子

顧麟士曰廉只是不苟取耳仲子却主於不取故勢有不能

劉上玉曰末句且渾淪說下節自緊接明之

夫蚓上食槁壤下飲黃泉仲子所居之室伯夷之所築與抑亦盜跖之所築與所食之粟伯夷之所樹與抑亦盜跖之所樹與是未可知也夫音扶與平聲○正韻跖音職

槁壤乾音干土也黃泉濁水也抑發語辭也言蚓無求於人而自足而仲子未免居室食粟若所從來或有非義則是未能如蚓之廉也

講吾所謂蚓而後可者何也夫蚓上而食也惟槁壤耳下而飲也惟黃泉耳絕能無求於世若人生世間豈能如此仲子居必有室室必待人而築食必有粟粟必待人而樹此居食之所從來豈能逆料其義與不義乎且天下之言義者

必歸伯夷言不義者必歸盜跖推仲子之心除非義如伯夷者所築所樹然後居之食之稍有不然即以盜跖視之矣然今仲子所居之室果義如伯夷者之所築與抑亦或不甚義而即爲盜跖之所築與所食之粟果義如伯夷者之所樹與抑亦或不甚義而即爲盜跖之所樹與是其從來皆未可知也仲子既不能無居無食而又不能必其皆出於伯夷之義亦惡能自成其爲廉哉彚直解序

蒙引伯夷四句言未知其果合義與否不要泥伯夷盜跖字

翼註是未可知也重跖一邊

曰是何傷哉彼身織屨妻辟纑以易之也辟音壁纑音盧○正韻屨居遇反

辟績也纑練麻也

講匡章曰仲子之居食是何傷於其廉哉彼身親織屨妻手辟纑以易之也此皆自食其力非不義而取諸人者豈必出自伯夷而後爲廉哉彚直解序

曰仲子齊之世家也兄戴蓋祿萬鍾以兄之祿爲不義之祿而不食也以兄之室爲不義之室而不居也辟兄離母處於於陵他日歸則有饋其兄生鵝者已頻顣曰惡用是鶂鶂者爲哉他日其母殺是鵝也與之食之其兄自外至曰是鶂鶂之肉也出而哇之蓋音閤辟音避頻與顰同顣與蹙同子六反惡平聲鶂魚一反哇音蛙

世家世卿之家兄名戴食采音菜於蓋其入萬鍾也歸自於陵歸也已仲子也鶂鶂鵝聲也頻顣而言以其兄受饋爲不義也哇吐湯故反之也

講孟子曰子以自食其力遂爲廉乎不知是亦非所當然也仲子固齊之世家也其兄名戴食邑於蓋其入有萬鍾之祿此王朝常典也仲子乃以兄所食之

祿爲不義之祿而不食也以兄所居之室爲不義之室而不居也辟其兄因離
其母僻處於陵之地其於天親之誼謂之何矣及他日歸偶有饋其兄生鵝者
此亦交際常禮而仲子乃頻顣曰惡用是鶃鶃不義之物爲哉及他日歸其母
殺是鵝也與仲子共食之其兄適自外至譏之曰是卽前日所饋鶃鶃之肉也
仲子聞兄言竟出而哇之仲子所爲如此　彙直解序
翼註　此節只敘事勿斷下節方斷之

以母則不食以妻則食之以兄之室則弗居以於陵則居之是尚爲能充其類也乎若仲子者蚓而後充其操者也

言仲子以母之食兄之室爲不義而不食不居其操守如此至於妻所易之粟
於陵所居之室旣未必伯夷之所爲則亦不義之類耳今仲子於此則不食不
居於彼則食之居之豈爲能充滿其操守之類者乎必其無求自見如丘蚓然

乃爲能滿其志而得爲廉耳。然豈人之所可爲哉。○范氏曰：天之所生，地之所養，惟人爲大。人之所以爲大者，以其有人倫也。仲子避兄離母，無親戚君臣上下，是無人倫也。豈有無人倫而可以爲廉哉。

〔講〕自我觀之，以母之食爲不義而不食，天下無復有義而食之者矣，而以妻之辟纑則食之；以兄之室爲不義而弗居，天下無復有義而可居者矣，而以於陵之地則居之。彼妻之食、於陵之居，安見其爲義於母與兄，而遂食之居之，是尚爲能充其不食不居之類也乎？不能充其類，則必不能充其操矣。吾故謂仲子之操，必如蚓而後可充也。人安能爲蚓，則亦何至如仲子之廉哉。（秉直解序）

〔蒙引〕類是何類？仲子所操之類也。仲子所操之類，謂何以母之食、兄之室爲不義而不食不居是也。

〔顧麟士曰〕不能充其類，言未能由所不食不居而充之於所食所居也。然則欲充其操，亦惟并不居於陵、不食妻之食，然後可。然已斷斷不能矣，故曰惡能。

曰是尚爲能盡實論也。

全旨翼註前三節言仲子不能充其操。下是揭出仲子之操而斷其難充也。前段律以食槁壤飲黃泉之蚓。匡章疑爲太刻。後段揭出以母則不食。以兄之室則不居。此二句正是仲子之操。執此以例其餘。信無可食可居者矣。故匡章不得復疑也。○通章皆是就仲子律仲子。而聖賢中正之槩皆未及也。○孟子此章俱是反詞。與許子之不憚煩同一機括。本欲明相兼之不可。反責以交易之爲煩。此欲明母兄食室之當安。反責以槁壤黃泉之爲潔。此文字最巧最深處。○亦以責仲子之廢兄母之倫。此章不重人倫上。只重在不能充操上。

四書彙解卷之三十二　終

書集解　卷之三十二

美[illegible]堂